9급 공무원

개념서 + 문제집

말도 안되는 이 가격~ 실화임?

나도
동영상강의

3만원 가격파괴

익사이팅한 초필살 이론 **개념서** 동영상 강의와
센세이셔널한 알짜 문제풀이 **문제집** 동영상 강의가 만나

9급 공무원으로 가는 탄탄한 길!

+ 개념서 국어
문제집 국어 | 민상윤 교수님

종합반 국어(3만원)

+ 개념서 영어
문제집 영어 | 조성열 교수님

종합반 영어(3만원)

+ 개념서 한국사
문제집 한국사 | 박기훈 교수님

종합반 한국사(3만원)

+ 개념서 행정법총론
문제집 행정법총론 | 김일영 교수님

종합반 행정법총론(3만원)

+ 개념서 행정학개론
문제집 행정학개론 | 이승철 교수님

종합반 행정학개론(3만원)

+ 개념서 국어+영어+한국사
문제집 국어+영어+한국사

종합반 3과목 패키지(7만원)

+ 개념서 국어+영어+한국사+행정법총론+행정학개론
문제집 국어+영어+한국사+행정법총론+행정학개론

종합반 5과목 패키지(10만원)

▷ 동영상 강의 커리큘럼

※ 강의 커리큘럼은 사정에 따라 변경될 수 있습니다. 자세한 내용은 나두공 홈페이지를 참조하시기 바랍니다.

※ 경찰 공무원, 소방 공무원, 교사 등 특정직 공무원의 채용은 별도 법령에 의거하고 있어 응시자격 등 이 다를 수 있으니 해당법령과 공고문을 참고하시기 바랍니다.

※ 매년 채용시험 관련 법령 개정으로 응시자격이 변경될 수 있으므로 필요한 경우 확인절차를 거치시기 바랍니다.

01 최종시험 예정일이 속한 연도를 기준으로 공무원 응시가능 연령(9급 : 18세이상)에 해당한다.
(단, 9급 교정·보호직의 경우 20세 이상)

02 아래의 공무원 응시 결격사유 중 어느 하나에도 해당되지 않는다.

1. 피성년후견인

2. 파산선고를 받고 복권되지 아니한 자

3. 금고 이상의 실형을 선고받고 그 집행이 종료되거나 집행을 받지 아니하기로 확정된 후 5년이 지나지 아니한 자

4. 금고 이상의 형을 선고받고 그 집행유예 기간이 끝난 날부터 2년이 지나지 아니한 자

5. 금고 이상의 형의 선고유예를 받은 경우에 그 선고유예 기간 중에 있는 자

6. 법원의 판결 또는 다른 법률에 따라 자격이 상실되거나 정지된 자

7. 징계로 파면처분을 받은 때부터 5년이 지나지 아니한 자

8. 징계로 해임처분을 받은 때부터 3년이 지나지 아니한 자

단, 검찰직 지원자는 금고 이상의 형을 선고받은 경우 응시할 수 없습니다.

03 공무원으로서의 직무수행에 지장을 주지 않는 건강상태를 유지하고 있어, 공무원 채용 신체검사에서 불합격 판정기준에 해당되지 않는다.

04 9급 지역별 구분모집 지원자의 경우, 시험시행년도 1월 1일을 포함하여 1월 1일 전 또는 후로 연속하여 3개월 이상 해당 지역에 주민등록이 되어 있다.

05 지방직 공무원, 경찰 등 다른 공무원시험을 포함하여 공무원 임용시험에서 부정한 행위를 한 적이 없다.

06 국어, 영어, 한국사와 선택하고자 하는 직류의 시험과목 기출문제를 풀어보았으며, 합격을 위한 최소한의 점수는 과목별로 40점 이상임을 알고 있다.

● 위의 요건들은 7급, 9급 공무원 시험에 응시하기 위한 기본 조건입니다.

● 장애인 구분모집, 저소득층 구분모집 지원자는 해당 요건을 추가로 확인하시기 바랍니다.

"나두 공무원 할 수 있다"

나두공

9급 공무원

행정법총론

개념서

2025
나두공 9급 공무원 행정법총론 개념서

인쇄일 2024년 10월 1일 4판 1쇄 인쇄
발행일 2024년 10월 5일 4판 1쇄 발행
등 록 제17-269호
판 권 시스컴2024

발행처 시스컴 출판사
발행인 송인식
지은이 나두공 수험연구소

ISBN 979-11-6941-412-8 13350
정 가 26,000원

주소 서울시 금천구 가산디지털1로 225, 514호(가산포휴) ㅣ **시스컴** www.siscom.co.kr / **나두공** www.nadoogong.com
E-mail siscombooks@naver.com ㅣ **전화** 02)866-9311 ㅣ **Fax** 02)866-9312

최근 경제 불황은 심각해진 상태이다. 경제 불황에서 시작된 고용 불안은 이제 만성화 단계에 이르렀다. 이러한 현실에서 많은 젊은이들이 공무원에 주목하는 것은 당연한 일일 것이다.

최근 9급 공무원의 위상은 많이 바뀌었다. 대학 진학을 하지 않고 준비하는 학생들이 증가하고 있고, 상당수의 대학 1학년생들이 입학 직후부터 9급 공무원 시험 준비를 시작한다. 또한 다니던 직장을 그만두고 9급 공무원 시험을 준비하는 사람들도 찾아볼 수 있다. 이러한 응시생의 증가는 시험 문제의 변별력 및 난이도 상승으로 이어지고 있다. 이러한 이유로 오랜 준비에도 불구하고 합격을 장담하기가 어려워지고 있다.

따라서 이 책에서는 짧은 시간에 수험생들이 고득점을 획득할 수 있도록 시험에 나오는 핵심 내용을 위주로 구성하였다. 불필요한 부분을 과감히 쳐내고 반드시 필요한 부분만을 엄선하였고, 수험생의 이해를 돕기 위한 Check Point를 추가하여 공무원 시험 준비를 더욱 쉽게 할 수 있도록 하였다.

이 책을 통해 공무원 시험을 준비하는 수험생들에게 합격의 밝은 내일이 있길 기원한다.

시험 과목

직렬	직류	시험 과목
행정직	일반행정	국어, 영어, 한국사, 행정법총론, 행정학개론
	고용노동	국어, 영어, 한국사, 행정법총론, 노동법개론
	선거행정	국어, 영어, 한국사, 행정법총론, 공직선거법
직업상담직	직업상담	국어, 영어, 한국사, 노동법개론, 직업상담 · 심리학개론
세무직(국가직)	세무	국어, 영어, 한국사, 세법개론, 회계학
세무직(지방직)		국어, 영어, 한국사, 지방세법, 회계학
사회복지직	사회복지	국어, 영어, 한국사, 사회복지학개론, 행정법총론
교육행정직	교육행정	국어, 영어, 한국사, 교육학개론, 행정법총론
관세직	관세	국어, 영어, 한국사, 관세법개론, 회계원리
통계직	통계	국어, 영어, 한국사, 통계학개론, 경제학개론
교정직	교정	국어, 영어, 한국사, 교정학개론, 형사소송법개론
보호직	보호	국어, 영어, 한국사, 형사정책개론, 사회복지학개론
검찰직	검찰	국어, 영어, 한국사, 형법, 형사소송법
마약수사직	마약수사	국어, 영어, 한국사, 형법, 형사소송법
출입국관리직	출입국관리	국어, 영어, 한국사, 국제법개론, 행정법총론
철도경찰직	철도경찰	국어, 영어, 한국사, 형사소송법개론, 형법총론
공업직	일반기계	국어, 영어, 한국사, 기계일반, 기계설계
	전기	국어, 영어, 한국사, 전기이론, 전기기기
	화공	국어, 영어, 한국사, 화학공학일반, 공업화학
농업직	일반농업	국어, 영어, 한국사, 재배학개론, 식용작물
임업직	산림자원	국어, 영어, 한국사, 조림, 임업경영
시설직	일반토목	국어, 영어, 한국사, 응용역학개론, 토목설계
	건축	국어, 영어, 한국사, 건축계획, 건축구조
	시설조경	국어, 영어, 한국사, 조경학, 조경계획 및 설계

방재안전직	방재안전	국어, 영어, 한국사, 재난관리론, 안전관리론
전산직	전산개발	국어, 영어, 한국사, 컴퓨터일반, 정보보호론
	정보보호	국어, 영어, 한국사, 네트워크 보안, 정보시스템 보안
방송통신직	전송기술	국어, 영어, 한국사, 전자공학개론, 무선공학개론
법원사무직 (법원직)	법원사무	국어, 영어, 한국사, 헌법, 민법, 민사소송법, 형법, 형사소송법
등기사무직 (법원직)	등기사무	국어, 영어, 한국사, 헌법, 민법, 민사소송법, 상법, 부동산등기법
사서직 (국회직)	사서	국어, 영어, 한국사, 헌법, 정보학개론
속기직 (국회직)	속기	국어, 영어, 한국사, 헌법, 행정학개론
방호직 (국회직)	방호	국어, 영어, 한국사, 헌법, 사회
경위직 (국회직)	경위	국어, 영어, 한국사, 헌법, 행정법총론
방송직 (국회직)	방송제작	국어, 영어, 한국사, 방송학, 영상제작론
	취재보도	국어, 영어, 한국사, 방송학, 취재보도론
	촬영	국어, 영어, 한국사, 방송학, 미디어론

- 교정학개론에 형사정책 및 행형학, 국제법개론에 국제경제법, 행정학개론에 지방행정이 포함되며, 공직선거법에 '제16장 벌칙'은 제외됩니다.
- 노동법개론은 근로기준법 · 최저임금법 · 노동조합 및 노동관계조정법에서 하위법령을 포함하여 출제됩니다.
- 시설조경 직류의 조경학은 조경일반(미학, 조경사 등), 조경시공구조, 조경재료(식물재료 포함), 조경생태(생태복원 포함), 조경관리(식물, 시설물 등)에서, 조경계획 및 설계는 조경식재 및 시설물 계획, 조경계획과 설계과정, 공원 · 녹지계획과 설계, 휴양 · 단지계획과 설계, 전통조경계획과 설계에서 출제됩니다.

※ 추후 변경 가능하므로 반드시 응시 기간 내 시험과목 및 범위를 확인하시기 바랍니다.

응시자격

1. 인터넷 접수만 가능

2. 접수방법 : 사이버국가고시센터(www.gosi.kr)에 접속하여 접수할 수 있습니다.

3. 접수시간 : 기간 중 24시간 접수

4. 비용 : 응시수수료(7급 7,000원, 9급 5,000원) 외에 소정의 처리비용(휴대폰·카드 결제, 계좌이체비용)이 소요됩니다.

※ 저소득층 해당자(국민기초생활 보장법에 따른 수급자 또는 한부모가족지원법에 따른 지원대상자)는 응시수수료가 면제됩니다.

※ 응시원서 접수 시 등록용 사진파일(JPG, PNG)이 필요하며 접수 완료 후 변경 불가합니다.

학력 및 경력

제한 없음

시험방법

1. 제1·2차시험(병합실시) : 선택형 필기

2. 제3차시험 : 면접

※ 교정직(교정) 및 철도경찰직(철도경찰)의 6급 이하 채용시험의 경우, 9급 제1·2차 시험(병합실시) 합격자를 대상으로 실기시험(체력검사)을 실시하고, 실기시험 합격자에 한하여 면접시험을 실시합니다.

원서접수 유의사항

1. 접수기간에는 기재사항(응시직렬, 응시지역, 선택과목 등)을 수정할 수 있으나, 접수기간이 종료된 후에는 수정할 수 없습니다.

2. 응시자는 응시원서에 표기한 응시지역(시·도)에서만 필기시험에 응시할 수 있습니다.

※ 다만, 지역별 구분모집[9급 행정직(일반), 9급 행정직(우정사업본부)] 응시자의 필기시험 응시지역은 해당 지역모집 시·도가 됩니다.(복수의 시·도가 하나의 모집단위일 경우, 해당 시·도 중 응시희망 지역을 선택할 수 있습니다.)

3. 인사혁신처에서 동일 날짜에 시행하는 임용시험에는 복수로 원서를 제출할 수 없습니다.

양성평등채용목표제

1. 대상시험 : 선발예정인원이 5명 이상인 모집단위(교정 · 보호직렬은 적용 제외)
2. 채용목표 : 30%

   ※ 시험실시단계별로 합격예정인원에 대한 채용목표 비율이며 인원수 계산 시, 선발예정인원이 10명 이상
   인 경우에는 소수점 이하를 반올림하며, 5명 이상 10명 미만일 경우에는 소수점 이하는 버립니다.

응시 결격 사유

해당 시험의 최종시험 시행예정일(면접시험 최종예정일) 현재를 기준으로 국가공무원법 제33조(외무공무
원은 외무공무원법 제9조, 검찰직 · 마약수사직 공무원은 검찰청법 제50조)의 결격사유에 해당하거나, 국
가공무원법 제74조(정년) · 외무공무원법 제27조(정년)에 해당하는 자 또는 공무원임용시험령 등 관계법령
에 의하여 응시자격이 정지된 자는 응시할 수 없습니다.

가산점 적용

구분	가산비율	비고
취업지원대상자	과목별 만점의 10% 또는 5%	• 취업지원대상자 가점과 의사상자 등 가점은 1개만 적용
의사상자 등	과목별 만점의 5% 또는 3%	• 취업지원대상자/의사상자 등 가점과 자격증 가산점은 각각 적용
직렬별 가산대상 자격증 소지자	과목별 만점의 3~5% (1개의 자격증만 인정)	

기타 유의사항

1. 필기시험에서 과락(만점의 40% 미만) 과목이 있을 경우에는 불합격 처리됩니다. 필기시험의 합격선은
   공무원임용시험령 제4조에 따라 구성된 시험관리위원회의 심의를 통해 결정되며, 구체적인 합격자 결
   정 방법 등은 공무원임용시험령 등 관계법령을 참고하시기 바랍니다.
2. 9급 공채시험에서 가산점을 받고자 하는 자는 필기시험 시행 전일까지 해당요건을 갖추어야 하며, 반드
   시 필기시험 시행일을 포함한 3일 이내에 사이버국가고시센터(www.gosi.kr)에 접속하여 자격증의 종류
   및 가산비율을 입력해야 합니다.

※ 자격증 종류 및 가산비율을 잘못 기재하는 경우에는 응시자 본인에게 불이익이 있을 수 있습니다.

※ 반드시 응시 기간 내 공고문을 확인하시기 바랍니다.

간결한 내용 구성

빠른 시간 안에 공무원 수험을 마칠 수 있도록 만들어진 단기완성용 공무원 수험서입니다. 꼭 필요한 내용만 쏙쏙 뽑아 공부하면서 합격까지 한번에!

Check Point

공부하면서 알아두어야 하는 요소를 모아 관련 내용 옆에 수록하였습니다. 본문 학습 시 슬쩍 주워가세요.

기출 plus

이해도를 높이는 가장 빠른 방법, 문제풀이! 요점정리와 함께 기출 plus로 실력을 쑥쑥 키웁시다.

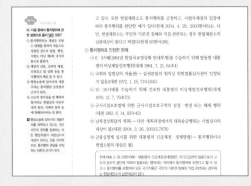

Tip

본문의 흐름과 내용을 이해하는 데 참고가 되는 자료를 정리하여 수록하였습니다. 머릿속에 쏙쏙 담아 가세요.

학습한 내용을 바로바로 확인 할 수 있도록 기출문제를 적재적소에 배치하였습니다. 학습 성과를 점검하세요.

요점 정리만으로는 부족한 내용을 실었으며, 이론 범위의 주요 개념 등을 한 단계 더 깊이 학습할 수 있는 수험생을 위한 보충자료입니다.

기출문제의 상세한 정답 해설은 물론 오답 해설까지 친절하게 풀어드립니다.

4주완성 Study Plan

		분류	날짜	학습 시간
1st Week	1편 행정법 통론	제1장 행정 제2장 행정법 제3장 행정법관계 제4장 행정법상의 법률요건과 법률사실		
2nd Week	2편 행정작용법	제1장 행정상 입법 제2장 행정행위 제3장 비권력적 행정작용 제4장 행정계획 제5장 정보공개 및 개인정보보호제도		
3rd Week	3편 행정법상의 의무이행확보수단	제1장 행정강제 제2장 행정벌 제3장 새로운 의무이행확보수단		
4th Week	4편 행정구제법	제1장 총설 제2장 사전적 구제제도 제3장 행정상 손해전보 제4장 행정쟁송		

1편

행정법 통론

제1장

행정

제1절 행정의 의의

1. 행정개념의 성립

(1) 행정개념의 역사성

행정은 근대국가의 성립 후 확립된 권력분립의 원칙과 법치주의를 토대로 성립 · 발전된 개념으로, 절대군주국가가 아닌 근대 국민주권국가의 성립을 전제로 입법 · 사법 · 행정으로 국가작용이 분리되면서 성립되었다. 따라서 행정은 실정법상 · 학문상의 개념이 아닌 역사적 · 경험적으로 나타난 개념이라 할 수 있다.

권력분립론

국가권력 간의 상호 견제를 통해 권력의 집중과 남용, 자의적 권력행사를 억제함으로써 국민의 자유와 권리의 침해를 방지하는 통치기구의 조직 · 구성원리이다. 고전적 의미의 권력분립론은 J. Locke에 의해 시작되어 C. Montesquieu 등에 의해 완성되었다. 이러한 권력분립론은 오늘날 국가권력의 형식적 분립보다는 국가권력의 기능(정책결정 · 정책집행 · 정책통제기능)의 분리로 이해되고 있다(K. LöWenstein의 기능적 · 동태적 권력분립론 등).

(2) 행정개념의 다양성

일반적으로 행정개념은 국가기관의 권한을 기준으로 하여 정립하는 형식적 의미의 행정과 국가작용의 성질을 기준으로 하는 실질적 의미의 행정으로 구분할 수 있다.

2. 형식적 의미의 행정과 실질적 의미의 행정

(1) 형식적(제도적) 의미의 행정

① 의의 : 형식적 의미의 행정이란 제도적으로 나타나는 현실적인 국가기관의 권한을 기준으로 하는 개념으로서 행정부에 속하는 기관에 의해 이루어지는 모든 작용을 의미한다. 따라서 성질상 입법부에 속하는 작용(예 행정입법)이든 사법부에 속하는 작용(예 행정쟁송)이든 그것이 행정기관의 작용이면 모두 형식적 의미의 행정에 속한다.

② 유형 : 형식적 의미의 행정은 입법적 행위, 집행적 행위, 사법적 행위로 구분된다.

구분	내용
입법적 행위 (실질적 의미의 입법)	• 행정부에 의한 일반적·추상적인 법규의 정립행위 • 법규명령(대통령령·총리령·부령) 및 행정규칙의 제정·개정 • 조례·규칙의 제정, 조약 체결, 대통령의 긴급명령 등
집행적 행위 (실질적 의미의 행정)	• 법규 등으로 정해진 국가의사를 현실적으로 실현하기 위한 행정청의 행위 • 각종 증명서발급, 공무원의 임명, 징계처분, 조세부과 및 체납처분, 대집행의 계고 및 대집행, 영업허가·사용허가, 인가, 특허, 토지의 수용, 예산의 편성 및 집행, 취소 및 철회, 확인·공증, 군 당국의 징발처분 등
사법적 행위 (실질적 의미의 사법)	• 행정청이 일정한 사실을 인정하고 거기에 법규를 해석·적용하여 일정한 판정을 내리는 행위 • 행정심판의 재결, 이의신청에 대한 결정, 토지수용위원회의 재결, 소청심사위원회의 결정, 징계의결, 대통령의 사면, 통고처분, 검사의 공소제기 등

(2) 실질적 의미의 행정

① 의의 : 실질적 의미의 행정은 국가작용의 성질상의 차이를 전제로 그 성질에 따라 행정을 입법, 사법과 구별하는 것을 말한다. 이에 따르면, 행정은 법에 의해 정해진 국가의 의사나 목적을 현실적·구체적으로 실현시키기 위한 계속적·미래지향적·형성적 국가작용, 입법은 일반적·추상적 법규를 정립하는 국가작용, 사법은 구체적인 법률상의 쟁송제기를 전제로 하여 무엇이 법인가를 판단함으로써 법질서의 유지를 실현하는 법판단 및 법선언적 작용이라 할 수 있다.

구분	실질적 의미의 행정	실질적 의미의 입법	실질적 의미의 사법
형식적 의미의 행정	각종 영업허가, 대통령의 대법원장·대법관 임명, 조세부과 처분, 행정대집행, 군의 징발처분, 집회 금지통고, 지방공무원 임명	대통령의 긴급명령제정, 행정입법(대통령령·총리령·부령·조례, 규칙) 제정	행정심판의 재결, 토지수용위원회의 이의신청 재결, 소청심사위원회의 재결, 행정청이 행하는 통고처분 등 행정벌의 부과

 서울시 9급 기출

01. 행정법의 대상인 행정에 대한 설명으로 가장 옳지 않은 것은?

① 행정은 적극적 미래지향적 형성작용이다.

② 국가행정과 자치행정은 행정주체를 기준으로 행정을 구분한 것이다.

③ 행정법의 대상이 되는 행정은 실질적 행정에 한한다.

④ 행정은 그 법 형식을 기준으로 하여 공법형식의 행정과 사법형식의 행정으로 구분할 수 있다.

해 일반적으로 실질적 의미의 행정을 행정법의 대상으로 보나, 행정입법이나 행정쟁송 등의 형식적 의미의 행정도 그 대상으로 포함하고 있다. 따라서 행정법의 대상이 되는 행정은 실질적 행정에 한정되지 않고, 형식적 행정을 모두 포함한다.

답 01 ③

형식적 의미의 입법	국회사무총장 소속 직원 임명	법률의 제정	국회의원의 자격심사 · 징계 · 제명
형식적 의미의 사법	대법원 소속 공무원 임명, 일반법관 임명, 등기 사무	대법원규칙의 제정	법원의 재판

② 학설

　㉠ 긍정설

　　• 소극설(3권분립적 공제설) : 권력분립론에서 출발한 이론으로서 행정을 전체 국가작용에서 입법과 사법을 공제한 나머지 작용, 즉 입법도 사법도 아닌 국가작용으로 정의하는 견해(W. Jellinek)

　　• 적극설

　　　– 목적설(국가목적실현설) : 행정을 국가가 법질서하에서 국가목적 내지 공익의 실현을 위해 행하는 사법 이외의 작용으로 보는 견해(O. Mayer)

　　　– 양태설(결과실현설) : 행정을 법의 규제를 받으면서 국가목적의 사실상 실현을 위하여 행하는 통일적 · 계속적 · 형성적 국가작용이라 보는 견해(F. Fleiner 등)

　㉡ 부정설

　　• 법함수설(법단계설) : 행정과 입법 · 사법의 구별은 오직 그 작용이 차지하는 실정법 질서의 단계적 구조에 불과하다고 보는 견해(H. Kelsen)

　　• 기관양태설 : 행정 작용의 성질에 따른 구별은 불가능하며 그 집행을 담당하는 기관의 양태상 구별이라는 형식적 기준에 의할 수밖에 없다는 견해(A. Merkel)

　㉢ 개념징표설

　　• 하나의 학설로 행정개념을 정확하게 정립하기는 어려우므로 행정의 본질적 성격을 규정할 수 있는 개념징표를 모색함으로써 행정과 입법 · 사법을 구별할 수 있다는 견해(E. Forsthoff)

　　• 오늘날 일반적으로 인정되는 행정의 가장 중요한 개념징표로는 공익 내지 공공복리를 들 수 있으며, 이러한 기준에서 행정은 공익(공공복리)을 실현하는 국가작용이라 할 수 있다.

Check Point

양태설(결과실현설)
행정과 사법이 행사되는 양태를 기준으로 구분하는 견해로, 행정을 법을 집행하는 능동적 작용으로, 사법을 수동적인 법 선언 작용으로 파악한다.

Check Point

행정의 개념징표
• 행정은 행정주체의 작용임
• 행정은 공익실현을 목적으로 함
• 행정은 공동체에서 사회형성을 담당함
• 행정은 적극적 · 미래지향적 형성활동임
• 행정은 다양한 형식에 의해 행해짐
• 행정은 구체적 사안에 대한 규율을 행함
• 행정은 법규와 상하관계에 지도 · 감독을 받으면서도 광범위한 활동자유를 가짐

꼭! 확인 기출문제

실질적 의미의 사법인 것은? [지방직 9급 기출]

❶ 행정심판의 재결
② 긴급명령의 제정
③ 무허가 건물에 대한 행정대집행
④ 법무사시행규칙의 제정

해 ① 실질적 의미의 사법은 법률상 쟁송에 대해 무엇이 법인가를 판단함으로써 법질서를 유지하는 작용을 말하는데, 행정심판의 청구에 대해 행하는 판단을 의미하는 행정심판의 재결은 실질적 의미의 사법에 해당한다(행정기관이 행하므로 형식적 의미의 행정에 해당함).
② 긴급명령의 제정은 행정부(대통령)가 행하므로 형식적 의미의 행정이며, 규범을 정립하는 작용이므로 실질적 의미의 입법에 해당한다.
③ 행정대집행은 국가의 의사를 현실적으로 실현시키기 위한 행정청의 행위이므로 형식적 의미의 행정이면서 실질적 의미의 행정에 해당한다.
④ 규칙의 제정은 행정부에서 행하는 것이므로 형식적 의미에서는 행정이며, 규범의 정립에 해당하므로 실질적 의미에서는 입법활동이다.

제2절 통치행위와 행정의 구별

1. 개설

(1) 통치행위의 의의

① 통치행위란 입법 · 사법 · 행정의 어디에도 속하지 않는 국가최고기관의 행위로, 국가행위 중 국가존립이나 국가통치의 기본방향을 정하는 것과 같이 고도의 정치성을 갖기 때문에 사법심사의 대상에서 제외되는 행위를 의미한다.

② 통치행위는 국가행위에 대한 사법심사의 문제와 관련하여 판례와 이론을 통해 형성된 관념으로, 법치주의가 확립되고 행정쟁송 사항의 개괄주의가 적용되며, 개인의 권리보호를 위한 사법심사제도가 발전되어 있는 경우 그 논의의 실익이 크다고 할 수 있다. 이러한 통치행위의 개념은 프랑스 행정재판소의 판례를 통해 최초로 논의 · 발전되기 시작하였다.

(2) 통치행위의 근거

① 긍정설

㉠ 권력분립설(내재적 한계설) : 사법권은 내재적인 한계가 있기 때문에 정치문제에 대한 판단권은 법원이 아니라 의회에서 정치적으로 해결하거나 국민의 판단과 감시에 의해 민주적으로 통제하여야 한다는 견해로, 통치행위

Check Point

개괄주의(槪括主義)
원칙적으로 모든 사항에 대하여 행정쟁송을 인정하는 것으로, 쟁송사항으로 규정된 것에 대해서만 행정쟁송을 인정하는 열기주의(列記主義)와 대비되는 개념이다.

Check Point

통치행위를 긍정한다는 것은 법치국가원리의 실현에 중대한 위협이 될 수 있는 부분으로 통치행위의 인정근거는 중요한 문제라 할 수 있다.

이론을 최초로 인정한 미국의 Luther vs Borden 사건(1849)을 계기로 성립되었다. 미국과 일본의 판례 입장이며, 우리나라는 다수설과 판례의 입장에 해당한다. 이 견해에 대해서는 사법권에 내재적인 한계가 있는 것인지 명백하지 않다는 점, 정치적 행위에 의하여 국민의 권리나 의무가 침해될 수 있다는 비판이 제기된다.

ⓛ **재량행위설(합목적성설)** : 통치행위는 정치문제로서 자유재량행위에 속하므로 사법심사대상이 되지 않는다는 견해로, 제2차 세계대전 전의 독일과 일본의 입장이다. 재량행위일지라도 재량권을 남용하거나 재량권의 범위를 일탈할 경우에는 위법을 구성하여 사법심사의 대상이 된다는 점에서(행정소송법 제27조) 비판이 제기된다.

ⓒ **사법자제설** : 이론상으로는 통치행위에도 사법권이 미치나 사법의 정치화를 막기 위하여 사법부가 스스로 자제하는 것이 좋다는 견해로, 프랑스의 국참사원의 판례이다. 우리나라의 헌법재판소도 이러한 입장에서 판단한 예가 있다. 이 견해는 사법의 과도한 자제는 기본권의 수호자인 법원이 사법권을 포기하는 결과가 초래된다는 비판이 따른다.

ⓔ **독자성설** : 통치행위는 국가지도적인 최상위의 행위로서 본래적으로 사법권의 판단에 적합한 사항이 아닌 독자적인 정치행위라는 견해로, 통치행위가 위헌·위법하여도 사법심사에서 제외된다는 입장이다. 여기에는 독자적인 정치행위라는 의미와 사법심사의 배제가 언제나 결합될 수 있는 것은 아니라는 비판이 제기된다.

ⓜ **대권행위설** : 영미법사상에서 유래된 것으로, 국왕의 대권에 근거한 행위는 사법심사의 대상에서 제외된다는 대권행위불심사사상 또는 주권면책사상에 기인한 견해이다.

② **제한적 긍정설(정책설)** : 통치행위를 인정하는 것은 국가의 존립에 혼란을 초래할 수 있으나, 정치적 사안들의 경우 예외적으로 통치행위로 인정될 수 있다.

③ **부정설** : 국가작용에 있어 법치주의 원칙과 행정소송사항에 대한 개괄주의(헌법 제107조 제2항, 행정소송법 제1조)가 인정되고 있는 이상 사인의 권리를 침해하는 모든 행정작용은 사법심사의 대상이 되며, 통치행위의 관념은 인정될 수 없다는 견해이다(순수법학파의 견해). 이러한 입장에서는 결국 통치행위의 인정을 사법권의 포기로 이해한다. 국가경영을 함에 있어서 고도의 정치적 판단은 법 이론만으로 해결하기에는 어려운 문제가 있다는 것을 간과하였다는 비판이 제기되고 있다.

Check Point

- 대한민국헌법 제107조 제2항 : 명령·규칙 또는 처분이 헌법이나 법률에 위반되는 여부가 재판의 전제가 된 경우에는 대법원은 이를 최종적으로 심사할 권한을 가진다.
- 행정소송법 제1조(목적) : 이 법은 행정소송절차를 통하여 행정청의 위법한 처분 그 밖에 공권력의 행사·불행사 등으로 인한 국민의 권리 또는 이익의 침해를 구제하고, 공법상의 권리관계 또는 법적용에 관한 다툼을 적정하게 해결함을 목적으로 한다.

2. 각국의 통치행위

(1) 외국의 통치행위

① 대륙법계 국가

㉠ 프랑스 : 집행부의 모든 행위는 최고행정재판소인 국참사원(Conseil d'Etat)의 통제를 받지만, 의회의 내부적 행위, 의회와 정부와의 관계, 외교관계, 선전포고, 강화조약의 체결, 영전의 수여 등 정치성이 강한 일련의 행위는 심리(審理)하기에 부적당하다는 이유로 그 심판을 거부하는 판례를 형성함으로써 통치행위의 개념이 성립·발전하였다(사법자제설).

㉡ 독일 : 프랑스와 달리 주로 이론적인 측면에서 통치행위의 관념이 성립하였다. 제2차 세계대전 당시까지 행정소송사항에 대하여 열기주의를 택한 관계로 통치행위의 문제가 없었으나 제2차 세계대전 이후 개괄주의를 택함에 따라 헌법재판의 한계와 관련하여 통치행위 관념이 문제로 제기되었다. 학설·판례에서 수상선거, 국회해산, 조약체결 등을 통치행위로 보고 있다(재량행위설).

㉢ 일본 : 개괄주의의 채택에 따라 통치행위 문제가 제기되어 학설상 통치행위 관념이 인정되고 있으며, 판례도 미일안보조약의 해석[1959년 사천(砂川)사건], 중의원 해산처분[1960년 점미지(苫米地)사건] 등에 대하여 통치행위를 긍정하고 있다.

② 영미법계 국가

㉠ 영국 : '국왕은 제소되지 아니한다'는 원칙하에 국가의 승인, 선전포고, 강화, 조약체결 등 일련의 국왕의 대권행위와 의회해산, 수상임명, 의원징계행위 등 의회 내부문제를 사법심사의 대상에서 제외하고 있다. 이러한 행위들은 국사행위 또는 대권행위 등으로 불리며 이론과 판례상 승인되고 있다(대권행위설).

㉡ 미국 : 권력분립원리의 엄격한 해석에 따라 국제조약의 체결·해석, 대통령의 군사행위 등 일련의 정치문제는 입법부나 행정부의 전권에 속하는 것으로 보아 사법심사에서 제외하면서 확립되었다(권력분립설).

(2) 우리나라의 통치행위

① 학설과 판례의 입장

㉠ 학설 : 권력분립설(내재적 한계설)과 사법자제설을 토대로 통치행위의 관념을 긍정하는 것이 통설적 입장이다.

㉡ 판례 : 대법원도 권력분립설과 사법자제설의 입장에서 통치행위를 긍정하

Check Point

통치행위가 법원에 의한 사법심사의 대상에서는 제외될 수 있지만, 헌법재판소에 의한 헌법소원의 대상에서까지 제외될 것인가에 대하여는 견해가 나뉘고 있다. 헌법재판소도 상반된 결정을 한 바 있다.

고 있다. 또한 헌법재판소도 통치행위를 긍정하고, 사법자제설의 입장에 따라 통치행위를 판단한 예가 있다(헌재 2004. 4. 29, 2003헌마814). 다만, 헌법재판소는 국민의 기본권 침해와 직접 관련되는 경우 헌법재판소의 심판대상이 된다고 하였다(헌재 93헌마186).

② 통치행위로 인정한 판례

　㉠ 6·3사태(1964년 한일국교정상화 반대투쟁)를 수습하기 위해 발동한 대통령의 비상계엄선포행위(대재 1964. 7. 21, 64초4)

　㉡ 국회의 입법상의 자율권(→ 삼권분립의 원칙상 위헌법률심사권이 인정되지 않음)(대판 1972. 1. 18, 71도1845)

　㉢ 10·26사태를 수습하기 위해 선포한 대통령의 비상계엄선포행위(대재 1979. 12. 7, 79초70)

　㉣ 군사시설보호법에 의한 군사시설보호구역의 설정·변경 또는 해제 행위(대판 1983. 6. 14, 83누43)

　㉤ 남북정상회담의 개최(→ 다만 개최과정에서의 대북송금행위는 사법심사의 대상이 됨)(대판 2004. 3. 26, 2003도7878)

　㉥ 금융실명제 실시를 위한 대통령의 긴급재정·경제명령(→ 통치행위이나 헌법소원의 대상은 됨)

> 헌재 1996. 2. 29, 93헌마186 : 대통령의 긴급재정경제명령은 국가긴급권의 일종으로서 고도의 정치적 결단에 의하여 발동되는 행위라는 의미에서 통치행위에 속한다고 할 수 있으나, 통치행위를 포함하여 모든 국가작용은 국민의 기본권 침해와 직접 관련되는 경우에는 헌법재판소의 심판대상이 된다.

　㉦ 대통령의 사면(헌재 2000. 6. 1, 97헌바74)

　㉧ 대통령의 자이툰부대 이라크 파병결정(→ 통치행위로서 헌법소원의 대상이 아님)

> 헌재 2004. 4. 29, 2003헌마814 : 파병결정은 그 성격상 국방 및 외교에 관련된 고도의 정치적 결단을 요하는 문제로서, 헌법과 법률이 정한 절차를 지켜 이루어진 것임이 명백하므로, 대통령과 국회의 판단은 존중되어야 하고 헌법재판소가 사법적 기준만으로 이를 심판하는 것은 자제되어야 한다.

　㉨ 신행정수도건설이나 수도이전의 결정(→ 통치행위이나 헌법소원의 대상이 됨)

> 헌재 2004. 10. 21, 2004헌마554·566(병합) : 신행정수도건설이나 수도이전의 문제가 정치적 성격을 가지고 있는 것은 인정할 수 있지만, 그 자체로 고도의 정치적 결단을 요하여 사법심사의 대상으로 하기에는 부적절한 문제라고까지는 할 수 없다. 더구나 이 사건 심판의 대상은 이 사건 법률의 위헌 여부이고 대통령 행위의 위헌 여부가 아닌바, 법률의 위헌 여부가 헌법재판의 대상으로 된 경우 당해 법률이 정치적인 문제를 포함한다는 이유만으로 사법심사의 대상에서 제외된다고 할 수는 없다.

③ 통치행위가 아니라고 본 판례
⑦ 군인들의 군사반란 및 내란행위

> 대판 1997. 4. 17, 96도3376 : 대통령령의 비상계엄의 선포나 확대행위는 고도의 정치적·군사적 성격을 지닌 행위라 할 것이므로, 헌법이나 법률에 위반되는 것으로서 명백하게 인정될 수 있는 특별한 사정이 없는 한 그 계엄선포의 요건 구비 여부나 선포의 당·부당을 판단할 권한이 사법부에 없다고 할 것이나, 비상계엄의 선포나 확대가 국헌문란의 목적을 달성하기 위하여 행하여진 경우에는 법원은 그 자체가 범죄행위에 해당하는지의 여부에 관하여 심사할 수 있다. … 전두환 등 군인들이 군사반란과 내란을 통하여 폭력으로 정권을 장악한 것은 통치행위에 해당되지 아니하고, 그 군사반란과 내란행위는 처벌의 대상이 된다.

⑥ 남북정상회담의 개최과정에서 사업권의 대가명목으로 이루어진 대북송금행위

> 대판 2004. 3. 26, 2003도7878 : 남북정상회담의 개최는 고도의 정치적 성격을 지니고 있는 행위라 할 것이므로 특별한 사정이 없는 한 그 당부를 심판하는 것은 사법권의 내재적·본질적 한계를 넘어서는 것이 되어 적절하지 못하지만, 남북정상회담의 개최과정에서 재정경제부장관에게 신고하지 아니하거나 통일부장관의 협력사업 승인을 얻지 아니한 채 북한측에 사업권의 대가 명목으로 송금한 행위 자체는 헌법상 법치국가의 원리와 법 앞에 평등원칙 등에 비추어 볼 때 사법심사의 대상이 된다.

⑥ 대통령의 2007년 전시증원연습결정

> 헌재 2009. 5. 28, 2007헌마369 : 한미연합 군사훈련은 1978. 한미연합사령부의 창설 및 1979. 2. 15. 한미연합연습 양해각서의 체결 이후 연례적으로 실시되어 왔고, 특히 이 사건 연습은 대표적인 한미연합 군사훈련으로서, 피청구인이 2007. 3.경에 한 이 사건 연습결정이 새삼 국방에 관련되는 고도의 정치적 결단에 해당하여 사법심사를 자제하여야 하는 통치행위에 해당된다고 보기 어렵다.

Check Point

계엄선포에 관한 판례의 입장(대판 96도3376 등)
• 대통령령의 비상계엄의 선포는 고도의 정치적·군사적 성격을 지닌 행위로, 원칙적으로 법원은 계엄선포 요건의 구비 여부나 선포의 당·부당을 판단할 권한이 없음(국회의 고유권한에 해당)
• 비상계엄의 선포나 확대가 국헌문란의 목적을 위해 행하여진 경우 법원은 범죄행위에 해당하는지의 여부에 관해 심사 가능

꼭! 확인 기출문제

통치행위에 대한 판례의 입장으로 옳지 않은 것은? [지방직 9급 기출]

① 고도의 정치적 성격을 지니는 남북정상회담 개최과정에서 정부에 신고하지 아니하거나 협력사업 승인을 얻지 아니한 채 북한측에 사업권의 대가 명목으로 송금한 행위 자체는 사법심사의 대상이 된다.
② 기본권 보장의 최후 보루인 법원으로서는 사법심사권을 행사함으로써, 대통령의 긴급조치권 행사로 인하여 우리나라 헌법의 근본이념인 자유민주적 기본질서가 부정되는 사태가 발생하지 않도록 그 책무를 다하여야 한다.
❸ 신행정수도건설이나 수도이전문제는 그 자체로 고도의 정치적 결단을 요하므로 사법심사의 대상에서 제외되고, 그것이 국민의 기본권 침해와 관련되는 경우에도 헌법재판소의 심판 대상이 될 수 없다.
④ 외국에의 국군 파견결정은 그 성격상 국방 및 외교에 관련된 고도의 정치적 결단을 요하는 문제로서, 헌법과 법률이 정한 절차가 지켜진 것이라면 대통령과 국회의 판단은 존중되어야 하고 사법적 기준만으로 이를 심판하는 것은 자제되어야 한다.

해 ③ 행정수도 이전문제는 그 자체로 고도의 정치적 결단을 요하여 사법심사의 대상으로 하기에는 부적절한 문제라고 할 수 없다. 법률의 위헌여부이고 대통령의 행위의 위헌 여부가 아닌바, 법률의 위헌여부가 헌법재판의 대상으로 된 경우 당해법률이 정치적인 문제를 포함한다는 이유만으로 사법심사의 대상에서 제외된다고 할 수는 없다. 헌법 제130조에 의하면 헌법의 개정은 반드시 국민투표를 거쳐야 한다. 이 사건 법률은 헌법 개정에 있어서 국민이 가지는 참정권적 기본권인 국민투표권의 행사를 배제한 것이므로 동 권리를 침해하여 헌법에 위반된다(헌재2004.10.21.).

3. 통치행위의 범위 및 통제

(1) 통치행위의 범위

① **통치행위의 축소 경향** : 통치행위로 인정하는 경우에도 국민의 기본권 보장이나 실정법 규정과 관련하여 제한적으로 인정하는 것이 일반적 추세이며, 판례도 이러한 입장을 취하고 있다.

> 관련 판례 : 고도의 정치성을 띤 국가행위에 대하여는 이른바 통치행위라 하여 법원 스스로 사법심사권의 행사를 억제하여 그 심사대상에서 제외하는 영역이 있으나, 이와 같이 통치행위의 개념을 인정한다고 하더라도 과도한 사법심사의 자제가 기본권을 보장하고 법치주의 이념을 구현하여야 할 법원의 책무를 태만히 하거나 포기하는 것이 되지 않도록 그 인정을 지극히 신중하게 하여야 하며, 그 판단은 오로지 사법부만에 의하여 이루어져야 한다(대판 2004. 3. 26, 2003도7878).

② **통치행위의 일반적 범위**

㉠ **정부의 행위**

• 외교행위(국가승인 · 조약체결 · 선전포고 · 남북회담제의), 사면 및 복권, 영전수여 등 국가원수의 지위에서 행하는 국가작용

• 국무총리 · 국무위원의 임면 등 조직법상 행위

• 긴급명령, 긴급재정 · 명령, 계엄선포, 국민투표회부, 임시국회소집요구, 법률안거부 등

㉡ **국회의 행위** : 국무총리 · 국무위원의 해임건의, 국회의 의사자율권, 국회 의원의 자격심사 · 징계 · 제명, 국회의 조직행위 등

통치행위에 해당되지 않는 행위

법률안 제출행위(헌재 92헌마174), 비정치적 공무원의 징계 · 파면, 대법원장의 법관인사조치, 국회 소속공무원의 임면, 대통령 국회의원 선거, 지방자치단체장 선거연기, 도시계획확정공고, 법규명령 및 행정규칙의 제정, 서울시장의 국제협약 체결 행위, 헌법재판소의 위헌법률심사, 계엄관련 집행행위, 서훈취소 등

(2) 통치행위의 통제

① 통치행위에 대한 구속

㉠ **합목적성의 구속** : 합목적적인 수단을 선택하고, 공공의 의사에 구속될 것이 요구된다.

㉡ **헌법에의 구속** : 통치행위는 헌법형성의 기본결단에 구속되고, 법치국가의 원리에 합당하여야 한다.

㉢ **법률에 의한 구속** : 통치행위에 관해 개별적으로 정한 법률이 있는 경우 그 법률에 구속되어야 한다.

② **통치행위의 법적 한계** : 통치행위가 모두 정치적 문제라고 하여 사법심사의 대상에서 배제되는 것은 아니며, 헌법의 기본결단 및 법치국가의 원리(평등의 원칙, 비례의 원칙, 최소제한의 원칙 등)에 의한 제한을 받는다. 또한 진정한 의미의 정치적 분쟁은 법원의 심사대상에서 제외될 것이지만, 정치적 법률 분쟁은 법원의 심사대상이 되어야 한다.

③ **국가배상청구권의 인정 여부** : 통치행위도 국가작용이라는 측면에서 위법한 통치행위에 대한 국가배상법의 적용 여부와 관련하여 학설은 긍정설과 제한적 긍정설로 나뉘고 있다.

㉠ **긍정설** : 국가배상에 있어서 위법성의 문제는 수권(授權)의 근거, 즉 통치행위가 법에 근거하고 있는지 여부에 따라 검토됨으로써 국가의 배상책임을 인정해야 한다는 견해이다.

㉡ **제한적 긍정설** : 통치행위는 "누구에게도 일견(一見)하여 헌법이나 법률에 위반되는 것으로서 명백하게 인정될 수 있는 특별한 사정이 있는 경우에 한하여 사법심사가 가능(대판 1997. 4. 17, 96도3376)"하므로, 이러한 범위 안에서 위법성의 주장이 가능하다는 견해이다.

제3절 행정의 분류

1. 주체에 의한 분류

(1) 국가행정

국가가 직접 그 기관을 통하여 하는 행정을 말한다. 행정권은 원래 국가통치권의 일부이므로 국가행정은 행정의 원칙적 형태로 보아야 한다.

(2) 자치행정

지방자치단체, 그 밖의 공공단체가 주체가 되어 행하는 행정을 말한다.

(3) 위임(위탁)행정

국가나 공공단체가 자기 사무를 다른 공공단체나 그 기관 또는 수권사인(공무수탁사인)에게 위임하여 처리하게 하는 행정을 말한다.

2. 법형식에 따른 분류

(1) 공법상 행정(고권행정)

행정법(공법)에 따라 이루어지는 행정을 말하며, 행정주체에게 사인보다 우월한 지위를 부여하는 데 그 특징이 있다. 이러한 공법상 행정은 권력행정(협의의 고권행정)과 관리행정(단순 고권행정)으로 구분된다.

(2) 사법상 행정(국고행정)

사법상 행정은 공행정작용이기는 하나, 행정주체가 공권력의 주체로서가 아니라 공기업 · 공물 등의 경영관리주체로서 국민과 대등한 지위에서 행하는 작용을 말한다. 따라서 사법상 행정은 국가와 사인 간의 관계가 대등하며 사법에 따라 이루어지는 특징이 있다.

3. 수단에 의한 분류

(1) 권력행정

행정주체가 우월한 지위에서 행정행위 또는 행정강제 등의 형식으로 개인의 자유와 재산을 침해하거나 구속하는 것을 주된 내용으로 행하는 행정으로, 엄격한 법적 기속이 수반된다(예 과세처분 · 경찰처분, 공용부담 등).

(2) 비권력행정

① 관리작용 : 강제성이 없는 공법상 행정을 말하는 것으로, 수행수단이 비권력적이라는 점에서 권력행정과 구별된다. 공법상 계약과 공법상 합동행위, 공물관리, 공기업경영, 재정 및 군정상 관리 등이 있다.

② 국고작용(사경제적 작용)

　　㉠ 행정사법작용

　　㉡ 협의의 사법행정(국고행정) : 조달행정(예 공사도급계약 등), 영리행정(예 지방자치단체의 광산경영 등)

4. 법적 기속의 정도에 따른 분류

(1) 법률종속적 행정(기속행정)

법률상의 규정에 구속되어 행하여지는 행정작용을 말한다.

(2) 법률로부터 자유로운 행정(재량행정)

행정청이 자신의 고유한 판단에 따라 행하는 행정작용을 말한다.

5. 상대방에 대한 법적 효과에 따른 분류

(1) 수익적 행정

국민에게 권리나 이익을 주는 행정을 말하며, 구체적 예로는 금전·물품·서비스의 제공, 각종 인·허가, 특허 등이 있다.

(2) 침익적 행정(부담적 행정)

국민의 권리나 이익을 박탈 또는 제한하거나 의무를 부과하는 것을 내용으로 하여 국민에게 불이익을 주는 행정을 말한다. 구체적 예로는 세금부과, 허가취소, 행정강제 등이 있다.

(3) 복효적 행정(이중효과적 행정)

수익적 효과가 발생하나 동시에 침익적 효과가 발생하는 행정을 말한다. 여기에는 동일인에게 수익적 효과와 침익적 효과가 동시에 발생하는 혼합적 행정(예 부담부 단란주점허가)과 한 사람에게는 수익적 효과가 발생하고 다른 사람에게는 침익적 효과가 발생하는 제3자효 행정(예 건축허가)이 있다.

기출 Plus 지방직 9급 기출

01. 행정상 법률관계에 관한 설명 중 옳은 것은?

① 국유재산의 매각관계는 공법관계이므로 공정력이 인정된다.

② 관리관계는 일정한 경우에 법률유보원칙이 적용되지 아니한다.

③ 행정재산의 사용허가는 국고관계이다.

④ 관리관계는 원칙상 항고소송의 대상이 된다.

해 관리관계는 행정주체가 공공복리의 실현을 위해 개인과 맺는 법률관계(비권력관계)로 일정한 경우 법률유보원칙은 적용되지 않는다(→ 법률우위의 원칙은 적용됨).

답 01 ②

6. 내용에 따른 분류(Stein의 분류)

전통적 분류방식	행정조직(대내적 조직관계)		
	행정작용 (대외적 활동관계)	사회목적적 행정 (내무행정)	• 질서행정 : 경찰행정 등(→ 소극목적을 위한 행정) • 복리행정 : 급부행정(공급행정 · 조성행정 · 사회보장행정) • 규제행정(경제 · 환경규제행정) • 공용부담행정(인적 · 물적 공용부담행정) (→ 적극목적을 위한 행정)
		국가목적적 행정	• 재무행정 • 군사행정 • 외무행정 • 사법(司法)행정
새로운 분류방식	질서행정, 급부행정, 유도행정, 계획행정, 공과행정, 조달행정		

(1) 질서행정

공적 안전과 공적 질서의 유지를 위하여 위해를 방지 · 제거하는 행정을 말한다. 질서행정에는 교통정리, 영업규제, 감염병(전염병) 예방활동 등이 있다.

(2) 급부행정

① **사회보장행정** : 헌법상 국민의 인간다운 생활을 할 권리와 국가의 사회보장 · 사회복지증진의무에 따라 직접 개인을 대상으로 하여 행하여지는 행정활동으로 공공부조, 사회보험, 사회복지활동이 이에 속한다.

② **공급행정** : 일상생활상 필요불가결한 공공역무를 제공하는 행정활동으로 교통 · 통신시설, 문화 · 교양적 역무, 보건 · 복지시설의 제공활동이 이에 속한다.

③ **조성행정** : 사회구조정책의 일환으로 또는 개인생활개선을 목적으로 하여 행하여지는 행정활동으로 자금의 조성 · 교부, 청소년의 보호 · 육성, 지식 · 기술의 제공 등이 이에 속한다.

(3) 유도행정

사회 · 경제 · 문화생활 등을 일정한 방향으로 유도하고 개선하기 위하여 행하는 행정활동으로, 행정계획이나 보조금 지급 등이 대표적인 예이다.

(4) 계획행정

해당 부분에 있어서 관련된 모든 권리 · 이익을 비교형량하고 관계 상황을 구체적으로 검토하여 행하는 계획적 · 형성적 행정작용이다. 대표적 예로는 각종 건축 및 시설수요 계획, 자원이용 및 보존계획 등이 있다.

Check Point

급부행정(給付行政)
국민의 복지증진을 위하여 행하는 수익적 행정작용으로, 질서행정과 달리 명령 · 강제수단이 사용되지 않으며 공법적인 방식 외에 사법적 방식으로도 이루어진다.

Check Point

계획행정
과학기술이 발달함에 따라 오늘날의 계획행정은 다양한 형식으로 행하여지고 있다.

(5) 공과행정(재무행정)

국가 · 지방자치단체 등이 그 소요재원을 마련하기 위하여 조세, 그 밖의 공과금을 징수하고 관리하는 행정을 말한다.

(6) 조달행정

행정목적의 달성에 필요한 인적 · 물적 수단을 취득하고 관리하는 행정이다. 구체적 예로는 공무원의 채용, 청사부지 조성을 위한 부동산 매입, 사무용품의 구입 등이 있다.

7. 기타 분류

(1) 사무의 성질에 따른 분류

① 입법적 행위 : 법규명령의 제정행위 등
② 집행적 행위 : 하명, 허가, 인가 등
③ 사법적 행위 : 행정심판재결 등

(2) 행정의 대상에 따른 분류

행정의 대상에 따라 교육행정, 문화행정, 경제행정, 사회행정 등으로 구분된다.

제2장

행정법

제1절 행정법의 의의와 특성

1. 행정법의 의의

일반적으로 행정법은 '행정의 조직·작용 및 구제에 관한 국내공법(O. Mayer)'으로 정의된다. 이를 분석하면 다음과 같다.

(1) 행정법은 행정에 관한 법이다

① **실질적 의미의 행정을 대상으로 하는 법** : 행정법학 대상으로서의 행정은 실질적 의미의 행정을 의미하므로, 실질적인 입법에 해당하는 행정입법과 실질적인 사법에 해당하는 행정쟁송은 본질적 측면이 아닌 사실적 측면에서 행정법의 대상이 된다.

② **행정관념을 중심으로 하는 법(헌법과의 구별)** : 행정법은 행정관념을 중심으로 하는 법이므로, 국가와 통치권을 중심관념으로 하여 국가의 기본조직과 작용에 관한 근본원칙을 정한 헌법과는 구별된다. 헌법이 국가전체를 대상으로 하는 데 비해 행정법은 행정권을 주된 대상으로 한다. 행정에 관한 내용을 규정한 헌법은 기본법의 성격을 지니며, 행정법은 하위법 내지 부분법(세부법)의 성격을 지닌다.

③ **행정권의 조직·작용 및 그 구제에 관한 법** : 행정법은 행정권의 조직·작용 및 구제에 관한 법이므로, 입법권이나 사법권의 조직과 작용에 관한 입법법, 사법법과는 구분된다. 그렇다고 하여 행정법이 입법권이나 사법권과 전혀 무관하다는 것은 아니며, 행정입법이나 행정형벌 등과 밀접한 관련을 가지고 있다. 이러한 의미에서 행정법은 크게 행정조직법과 행정작용법, 행정구제법으로 구성된다.

헌법과의 관계에 대한 표현
- "헌법은 변해도 행정법은 변하지 않는다"(O. Mayer) : 헌법의 정치성과 대비되는 행정법의 비정치성(불변성, 기술성)을 강조한 표현
- "행정법은 헌법의 구체화법이다"(F. Werner) : 행정법은 헌법이 구현하는 국가목표와 방향을 달성하기 위하여 구체적 수단과 방법을 제시하는 법이므로 헌법이 변하면 행정법도 변한다는 것을 의미하며, 행정법의 헌법종속성과 가변성을 강조한 표현

(2) 행정법은 행정에 관한 공법이다

행정법은 행정에 관한 법의 전부를 의미하는 것이 아니라, 그 가운데에서 행정에 관한 고유한 공법만을 의미한다. 행정에 관한 사법을 제외한 공법만을 의미한다는 점에서 행정법은 공법의 한 부분이라 할 수 있다. 다만, 행정주체가 사인과 같은 지위에서 활동하는 경우(국고행정 등)는 원칙적으로 사법이 적용된다.

(3) 행정법은 행정에 관한 국내공법이다

행정법은 국가 내의 행정에 관한 법으로서 국내공법이므로, 국제법과 구별된다. 넓은 의미에서의 행정은 국내행정뿐만 아니라 국제행정도 포함하지만, 국제행정은 국제법의 규율을 받으며 국제법은 국내법과 성질·원리를 달리하므로 행정법의 일반적인 대상에는 포함되지 않는다. 다만, "헌법에 의하여 체결·공포된 조약과 일반적으로 승인된 법규는 국내법과 같은 효력을 가진다"는 헌법 제6조 제1항의 규정에 따라 여기에 해당되는 조약과 국제법규는 국내행정법의 한 부분으로서 행정법의 대상이 된다.

2. 행정법의 특성

(1) 규정형식상의 특성

① 성문성 : 행정법은 행정작용의 공공성으로 인하여 국민의 권리와 의무에 관한 사항의 규율을 주된 대상으로 하면서 동시에 행정주체가 일방적으로 국민의 권리를 제한하고 의무를 부과할 수 있도록 하고 있다. 따라서 국민의 안정된 법생활, 즉 법적 안정성을 도모하기 위해서는 그 규율의 내용을 보다 명확히 하여 국민들의 행정작용에 대한 예측가능성을 보장할 수 있도록 하여야 한다. 이로 인해 행정법은 성문법주의를 택하고 있지만 이것이 행정법에 불문법이 존재할 수 없다는 것을 의미하는 것은 아니다.

② 법원(法源)의 다양성 : 행정법의 규율대상은 복잡·다양하고 유동적·전문적

Check Point

행정법은 여러 법으로 구성되어 있어 일반적으로 통일된 법전이 없다는 것이 그 특징이다. 그러나 행정법도 그 전체를 특정 짓는 고유한 독자적 성질(고유성·독자성)을 가지고 있어 공통된 기본원리와 통일적인 법체계 구성이 가능하다.

인 성격을 띠는 경우가 많아 행정법을 구성하는 법의 존재형식도 헌법과 법률 외에 매우 다양하게 존재할 수밖에 없다(예 법규명령, 자치법규·조례·규칙, 관습법·판례(법), 조약 및 국제법규 등).

(2) 규정내용상의 특성

① **공익목적성(공익우선성)** : 사법이 사인 간의 이해관계를 조절하는 내용으로 하는 데 비해 행정법은 공익실현을 기본적인 목적 내지 내용으로 하여 사법체계 와는 달리 상이한 규율을 적용하는 경우가 많다. 이러한 특질은 사익을 배제 하는 의미가 아니라 공익과 사익의 조화를 전제로 한다는 의미이다.

② **행정주체의 우월성** : 사법상 법률관계 당사자는 대등주의가 원칙적으로 적용되 지만, 공익의 효과적인 실행을 위하여 행정법은 행정주체에 대하여 우월한 법 적 지위를 부여한다. 이러한 행정주체의 우월성은 일방적으로 국민에 대해 명 령할 수 있고(행정주체의 지배권과 형성권), 국민이 의무를 불이행한 경우 일 방적으로 강제집행할 수 있으며(강제력·자력집행력), 행정주체의 법적 행위 는 취소할 때까지 유효한 것으로 추정되며(행정행위의 공정력), 행정법 위반행 위에 대해 행정주체에 의한 제재권 행사가 가능하다는 점 등을 들 수 있다.

③ **집단성·평등성** : 행정법은 공익실현과 관련하여 사법과는 달리 불특정다수인 을 규율대상으로 하는 집단적 성질을 지니며, 집단구성원 상호 간의 법적 평 등의 보장을 내용으로 하는 것이 일반적이다.

(3) 규정성질상의 특성

① **획일성·강행성** : 사적 자치의 원칙에 따라 당사자의 자유의사를 존중하는 사 법과는 달리, 행정법은 다수의 국민을 대상으로 공익 등 행정목적의 실현을 위해 획일·강행적으로 규율된다.

② **재량성** : 행정법은 공공복리나 구체적 합목적성의 실현을 위해 사법에 비하여 행정청에 많은 재량을 부여하고 있으나, 이러한 재량은 법적 한계 내에서의 합목적성을 판단하는 데 그쳐야 한다. 일반적으로 재량권의 한계를 일탈한 행 위는 위법으로, 재량성은 법규 강행성의 예외라 볼 수 없다.

③ **기술성·수단성** : 행정법은 보다 효과적인 행정목적 달성을 위해 다수인의 이 해조절과 관련된 절차를 정하는 법이므로 기술적·수단적 성질을 지닌다.

④ **명령규정성(단속규정성)** : 행정법은 공익목적을 효과적으로 달성하기 위하여 국민에게 의무를 명하는 명령규정(단속규정)으로 이루어져 있는 것이 일반적 이다. 법규범은 그것이 의무를 명하는 것인가, 법률상 능력(권리)에 관한 것인 가에 따라 명령규정(단속규정)과 효력규정(능력규정)으로 나눌 수 있는데 행

정법은 명령규정을, 사법은 효력규정을 주로 한다. 명령규정의 위반에 대해서는 제재(처벌)가 가해지나 그 행위의 효력 자체가 무효가 되는 것은 아니다. 이와 달리 효력규정에 위반한 행위는 그 효력이 부정되는 것이 일반적이다.

⑤ **행위규범성** : 사법은 사적자치를 전제로 당사자 간의 분쟁발생 시 재판규범으로서의 성격을 강하게 띠지만, 행정법은 법치행정의 원리상 행정이 법률에 따라 이루어져야 한다는 점에서 행위규범의 성질을 강하게 띤다.

Check Point

재판규범, 행위규범
• **재판규범** : 재판의 적용 근거나 준칙이 되는 법규범을 말한다.
• **행위규범** : 개인의 행위에 대한 명령 또는 금지를 통해 행위를 직접 규율하는 법규범을 말한다.

제2절 행정법의 성립과 유형

1. 대륙법계 국가

(1) 행정법의 성립

① **법치국가사상의 확립** : 행정법의 성립은 근대법치국가의 탄생에 의하여 그 기반이 조성되었다고 할 수 있다. 일반적으로 법치국가사상은 국민주권주의와 자유주의사상을 토대로 모든 국가권력이 국민의 대표기관인 의회에서 제정한 법률에 의해서만 행사되어야 한다는 사상을 말하는데, 이러한 법치국가사상의 확립에 따라 행정도 법률에 종속되고 법률의 근거에 의해서만 행해지게 되면서 행정을 규율하는 법의 정립과 체계화가 불가피하게 되었다.

② **행정제도의 발전** : 행정제도란 행정작용에 대해 사법권의 제약으로부터 독립적인 지위를 보장하는 제도를 말하는데, 이는 행정에 특수한 법체계(공법 · 행정법)를 구성하고 그에 관한 문제를 일반법원과는 다른 행정재판소를 설치(정부 내에 별도 설치)하는 것을 주요 내용으로 한다. 이러한 행정제도는 대륙법계 국가에서만 발전한 특유한 제도로, 프랑스에서 성립 · 발전하여 독일, 오스트리아제국 등으로 전파되었다.

(2) 행정법의 유형

① **프랑스 행정법**

㉠ 프랑스혁명 이후 제고된 자유주의적 · 개인주의적 사상을 배경으로 행정에 대한 사법권의 간섭을 배제하고 행정권의 독립성을 보장하기 위하여 1799년에 행정권 내부에 설치된 국참사원의 판례를 통하여 행정사건의 특수성

에 입각한 고유한 법리가 발전되었고, 이를 기초로 하여 행정법이 성립되었다.

ⓛ 본래 행정작용을 권력작용과 관리작용으로 이분하여 파악하였으나, 블랑코 판결(1873)을 계기로 하여 이분법적 사고는 지양하고 공역무(Service Public)의 개념을 인정함으로써 관리작용도 행정법분야로 인정하게 되었다.

ⓒ 프랑스의 경우 행정법의 기본원리가 행정판례를 중심으로 구성되며, 행정사건은 일반 사법재판소와 독립된 행정재판소가 관할하고 있다는 점이 특징이다.

② **독일 행정법** : 근대 독일 행정법은 국가권위주의 사상에 기초하여 국가공권력을 중심으로 성립·발전하였다. 전통적인 국고학설의 영향 아래 국가가 재산권의 주체로서 활동하는 경우에는 사법의 적용을 받지만, 공권력의 주체로서 활동하는 경우에는 행정법이 적용되었다. 국가의 우월성을 인정하여 권력작용이 그 중심 관념을 이루었다. 일반적으로는 프랑스의 경우보다 공법의 적용범위가 좁은 것으로 평가되었으나, 제2차 세계대전 후 법치주의가 실질화되고 사회국가사상이 강조됨에 따라 행정주체의 우월적 특수성은 완화되었으며, 관권 중심의 행정법에서 벗어나 국민의 기본권보장이 강조되고 있다.

2. 영미법계 국가

(1) 행정법의 성립

① 영미법계 국가에서는 전통적으로 '법 지배의 평등원리'에 입각하여 국가의 특별한 지위를 인정하지 않고, 국가도 개인과 동일하게 보통법(common law)의 적용을 받는다고 보았기 때문에 행정법이 성립될 여지가 없었다. 그러나 20세기에 접어들면서 자본주의 발달에 따른 급격한 사회적·경제적 변화에 적극적으로 대처하기 위하여 행정적 권한은 물론 준입법적·준사법적 권한까지 가진 무수한 행정위원회가 설치·운영되었으며, 이들의 조직과 권한행사의 절차 및 사법심사 등을 규율하기 위한 수단으로 행정법이 성립·발달하게 되었다.

② 이러한 영미의 행정법은 보통법의 전통을 부정함으로써 발전한 것이 아니라 보통법과의 조화 내지 보통법에 대한 예외(특별법)로서 발전하였다고 할 수 있다.

(2) 행정법의 내용

공공복리의 보장을 위해 행정기능의 확대를 인정하면서도 개인의 권리보장과의 조화를 목적으로 하므로, 행정구제법(특히 행정절차법)과 법원에 의한 사법통제를 중심내용으로 하고 있다.

3. 우리나라 행정법의 성립과 유형

(1) 행정법의 성립

우리나라 근대 행정법은 일제에 의하여 비민주적 경찰권 중심의 행정법으로 성립하였으나, 광복 이후 민주주의 이념과 영미법의 영향으로 혼합적 성격의 행정법으로 발전하였다.

(2) 행정법의 유형

① **사법국가원칙** : 우리나라는 독일 · 프랑스 등의 대륙법계의 영향으로 공법 · 사법의 이원적 법체계를 전제로 한 행정의 특유한 공법으로서의 성격을 강조하고 있으나, 모든 법률적 쟁송을 별도의 독립된 행정법원이 아닌 사법(司法)법원이 관할하는 영미식의 사법국가원칙을 취하고 있다(헌법 제107조, 법원조직법 제2조).

② **행정국가요소의 가미** : 사법국가원칙을 취하면서도 대륙법계의 행정국가적 요소를 가미하여 행정법의 독립적 체계가 형성되어 있으며, 행정사건에 고유하게 적용되는 절차법(행정소송법)을 두고 일반 민사사건과 구별되는 특수성을 인정하고 있다.

제3절 행정과 법치주의(법치행정)

1. 법치주의와 법치행정

(1) 법치주의의 의의

법치주의라 함은 인권보장을 목적으로 한 권력분립의 원칙하에 모든 국가작용은 국회가 제정한 법률에 기하여 행해져야 하고, 재판제도를 통해 사법적 구제절차를 확보하여야 한다는 원리를 말한다. 결국 법치주의란 법에 의한 통치를 말하며, 절대주의 국가를 부정함으로써 성립한 근대 시민국가의 정치원리이다.

(2) 법치행정의 의의

① 개념 : 행정은 법률의 근거에 따라 법률의 기속을 받아서 행해져야 하며, 이를 위반하여 개인에게 피해가 생기면 이에 대해 사법적인 구제가 확보되어야 하는 원리를 말한다. 결국 법치행정의 원리는 헌법상 법치주의가 행정면에서 표현된 것을 말하며, 헌법상 법치주의는 형식적 의미의 법치주의와 실질적 의미의 법치주의를 모두 포함하는 것으로 이해된다.

② 목적 : 법치행정은 행정권의 자의적 행사로부터 개인의 권리를 보호하고 행정작용에 대한 예측가능성을 확보하는 데 궁극적 목적이 있다고 할 수 있다.

꼭! 확인 기출문제

법치행정의 원칙에서 볼 때 옳지 않은 것은? (다툼이 있는 경우 다수설에 의함) [국가직 9급 기출]

❶ 법치행정의 목적은 행정의 효율성과 행정작용의 예견가능성을 보장하는 데 있다.
② 동종사건에 관하여 대법원의 판례가 있더라도 하급법원은 그 판례와 다른 판단을 하는 것이 가능하다.
③ 조례는 법령의 범위 내에서 상위법령의 구체적 위임이 없는 사항도 규율하는 것이 가능하다.
④ 상대방의 신청내용을 모두 인정하는 경우에는 그 처분의 근거와 이유를 제시하지 아니하더라도 무방하다.

🔳 ① 행정의 효율성을 법치행정의 목적으로 볼 수는 없다. 법치행정은 행정권의 자의적 행사로부터 개인의 권리를 보호하고 행정작용의 예측가능성을 확보하는 데 그 궁극적 목적이 있다.
② 상급법원의 재판에 있어서의 판단은 '당해 사건에 관하여 하급심을 기속한다'는 법원조직법(제8조)과 민사소송법(제435조)의 규정 등을 토대로 하여, '동종사건'의 경우는 하급심을 기속하지 않으므로 상급법원의 판례와 다른 판단이 가능하다는 것이 다수설의 입장이다.
③ 다수설과 판례(92헌마264, 대판 90누613 등)는 조례의 경우 구체적으로 범위도 정하지 않고 법령의 범위 내에서 포괄적으로 위임할 수 있다고 한다.
④ 행정청은 처분을 할 때에는 당사자에게 그 근거와 이유를 제시하여야 한다. 다만, 신청내용을 모두 그대로 인정하는 처분인 경우와 단순·반복적인 처분 또는 경미한 처분으로서 당사자가 그 이유를 명백히 알 수 있는 경우, 긴급히 처분을 할 필요가 있는 경우에는 제시하지 않을 수 있다(행정절차법 제23조 제1항).

(3) 헌법과 법치행정

법치국가라는 명문을 헌법에서는 사용하고 있지 않지만, 행정영역에서 민주주의 원리를 실현하기 위한 기본권보장(헌법 제2장), 권력분립원리에 관한 규정(헌법 제40조, 제66조 제4항, 제101조 제1항), 헌법재판제도(헌법 제111조), 사법심사제도(헌법 제107조), 포괄적 위임입법의 금지에 관한 규정(헌법 제75조, 제95조) 등은 법치주의 원리와 관련이 있는 제도로 볼 수 있다. 다만, 국가긴급권(헌법 제76조, 제77조) 등과 같은 규정의 경우 법치국가의 원리에 제약이 가해질 수도 있으나 이러한 경우에도 헌법과 법률이 정한 범위 내에서만 가능하다고 할 수 있다.

2. 형식적 법치주의

(1) 형식적 법치주의의 의의

① 의의 : 형식적 법치주의는 법치주의를 의회가 제정한 형식적 의미의 법률에 의한 행정의 지배로 이해한다. 형식적 법치주의에서는 법률의 목적이나 내용적 정당성은 고려되지 않으며, 행정의 합법성이 곧 행정의 정당성이 된다.

② 내용

㉠ **법률의 법규창조력** : 국민의 권리·의무를 규율하는 법률은 의회의 제정에 의해서만 창조할 수 있으며, 의회가 정립한 법률만이 법규로서의 구속력을 가진다는 원칙이다. 따라서 행정권은 의회의 수권 없이 독자적으로 법규를 창조할 수 없다. 그러나 형식적 법치주의에서는 법률에 근거하지 않은 법규명령·긴급명령이 제정되고 행정에 의한 포괄적 위임입법이 인정되는 등의 근본적 한계가 있다.

㉡ **법률의 우위** : 법률의 형식으로 표현된 국가의사는 다른 어떤 국가의사보다 우선하므로, 행정권의 행사는 합헌적 절차에 따라 의회가 제정한 법률에 위반되어서는 안 된다는 원칙이다. 형식적 법치주의에서는 형식적 법률유보원칙이 적용되어, 법률의 내용이나 목적의 합헌성은 고려되지 않았다.

㉢ **법률의 유보** : 행정권 발동은 반드시 법률의 근거(수권)를 요한다는 원칙이다. 형식적 법치주의하에서는 법률유보원칙의 적용범위가 상대적으로 제한적이라는 문제가 있다(침해유보설 적용).

(2) 형식적 법치주의의 특징 및 한계

① **실질적 인권보장의 미흡(형식적 인권보장)** : 법치행정을 의회가 제정한 형식적 법률에 적합한 것으로 이해하고 법률의 내용과 목적, 이념 등은 문제 삼지 않음으로써 국민의 권리보장은 형식적인 것에 그치게 되었다.

② **소송과 재판상의 권익구제 기회의 축소** : 법치행정 보장을 위한 재판을 사법재판소에서 독립된 행정재판소가 담당하게 되고, 행정소송사항에 있어서도 열기주의를 취하여 국민의 권익구제의 기회가 축소되었다.

③ **법률우위의 지나친 강조** : 법률우위가 지나치게 강조되는 경우 국가권력에 대한 무조건적 복종을 강요하는 수단으로 전락할 수 있다.

④ **법률로부터 자유로운 행정의 인정** : 행정권 발동의 근거에 있어 침해유보설의 입장을 취하는 경우 법률로부터 자유로운 행정 영역을 인정하게 된다.

⑤ **인권탄압의 수단으로 악용** : 법률의 근거만 있으면 어떠한 권력의 발동도 정당화될 수 있다는 위험성을 내재하고 있어 인권탄압의 합법적 수단으로 악용되

Check Point

형식적 법치주의는 19세기 후반 독일에서 확립된 이론으로, Mayer 등에 의해 체계화되어 제2차 세계대전 이후 독일에서 인정되었다.

기도 하였다(예 나치독일과 일본의 군국주의).

3. 실질적 법치주의

(1) 실질적 법치주의의 의의

① 실질적 법치주의는 형식적인 측면은 물론 법의 실질적 내용에서도 기본권 침해가 없도록 하려는 원리(법의 지배원리)를 말하며, 합헌적 법률의 지배와 기본권의 실질적 보장을 그 이념으로 한다.

② 실질적 법치주의는 소극적으로는 행정권에 의하여 자의적 권리침해를 억제·배제하는 기능(억제적 기능)을 수행하며, 적극적으로는 국민의 복지향상을 위해 적정한 행정권 발동이 유도하는 기능(유도적 기능)을 수행하여야 한다는 원리이다.

(2) 현대적 법치주의

① **실질적 법치주의 확립** : 실질적 법치주의는 종래 형식적 법치주의에 대한 비판에서 제기되어 법의 형식만이 아닌 법의 내용까지도 인권침해가 없는 법의 지배를 실현하기 위해 도출되었다. 따라서 현대 법치주의에는 민주국가적 관점에서 기본권 보장을 이념으로 하고, 그 실질적 구현을 내용으로 하는 실질적 법치주의가 채택되고 있다.

㉠ **법치행정원칙의 일반적 적용** : 종래 행정조직이나 특별권력관계의 내부행위, 통치행위, 행정재량행위 등은 행정의 자유영역으로 법의 간섭을 받지 않는다고 보았으나, 현대는 이러한 부분도 법칙주의가 적용되어 법에 의한 지배범위가 확대되어 가고 있는 실정이다.

㉡ **새로운 이론적 경향** : 행정입법권에 대한 일반적·포괄적 위임의 금지, 위헌법률심사제도, 헌법재판제도, 행정소송사항에 있어서 개괄주의, 행정재판소의 사법화, 국가배상책임이론의 확대, 행정절차의 통제, 행정억제적 기능에서 행정지도적 기능으로의 전환, 소의 이익확대, 위험책임이론의 확대 등을 통하여 법치주의 원리의 보장을 위한 제도를 강화하고 있다.

㉢ **법률유보의 확대** : 종래에는 법률의 유보범위를 매우 제한적으로 파악하였으나, 현대에는 그 범위를 확대하는 것이 학설 및 판례의 일반적 경향이다.

② **법의 지배원리**

㉠ **영미법계 국가의 법치주의** : 영미법계에서는 A. Dicey에 의해 체계화된 법의 지배원리가 보편화되었는데, 여기에는 다음의 내용이 포함된다.

• 권력의 자의적 지배에 대치되는 정당한 법의 지배(일반법의 절대적 우위)

- 모든 사람이 일반법 앞에 균등하게 복종한다는 법 앞의 평등(법적 평등)
- 인권에 관한 헌법원칙은 일반법원이 결정한 판결의 결과(판례법상 원칙)

ⓛ 법의 지배원리의 수정

- 일반법의 절대적 우위는 위임입법의 등장·확대로 수정되고 있음
- 법 앞의 평등과 관련한 행정법의 등장으로 국가는 사인과 달리 행정법의 적용을 받게 됨
- 통상 법원의 관할에 속하지 않는 행정재판소가 설치·운영됨

ⓒ 법의 지배원리의 확대

- 독일의 경우 제2차 세계대전 이후 기본권 보장을 위해 실질적 법치주의를 채택
- 대한민국헌법에서도 기본권 보장 규정, 위헌법률심사제, 헌법재판제, 행정의 사법적 통제 보장 등을 통해 실질적 법치주의를 확립

(3) 실질적 법치주의의 내용(행정의 법률적합성 원리)

① 법률의 법규창조력

ⓐ 의의 : 국민의 권리제한과 의무부담에 관해 규율하는 법규는 의회의 제정에 의해서만 창조할 수 있으며, 의회가 정립한 형식적 법률만이 법규로서 구속력을 가진다.

ⓑ 법규의 범위 : 의회에서 제정한 법률 이외에도 헌법에서 인정하고 있는 법률적 효력을 갖는 명령(긴급명령, 긴급재정·경제명령), 법률에서 구체적 범위를 정해 위임한 사항에 대하여 규정하는 위임명령, 행정법 일반원칙, 관습법, 일부 행정규칙 등의 경우 예외적으로 법규성이 인정된다.

② 합헌적 법률우위의 원칙(형식적 법률우위원칙 → 합헌적 법률우위의 원칙)

ⓐ 의의 : 행정은 합헌적 절차에 따라 제정된 법률에 위반하여서는 안 된다는 것을 의미한다. 이는 권력분립원칙에서 직접 나온 법치주의의 최소한의 불가결한 요소로, 행정의 합헌적 법률에의 종속성을 의미한다. 행정이 법규에 위반하여서는 안 된다는 의미에서 소극적 의미의 법률적합성의 원칙(법치주의의 소극적 측면)이라고도 한다.

ⓑ 적용범위 : 법률우위의 원칙은 행정의 모든 영역, 즉 공법형식이든 사법형식이든 구분 없이 모든 국가작용에 적용된다는 점에서 학설에 따라 제한적으로 적용되는 법률유보의 원칙과 차이가 있다.

ⓒ 위반의 효과 : 법률에 위반한 국가작용의 효과에 대해서는 달리 정함이 없는 한 무효라 볼 수 있다. 따라서 그 행정행위 하자의 중대성과 명백성 여하에 따라 무효 또는 취소의 대상이 될 수 있어 사법심사의 대상이 된다.

Check Point

행정권에는 독자적이고 시원적인 법규창조력이 인정되지 않으므로, 의회의 수권 없이 독자적으로 법규를 창조할 수 없다.

Check Point

법률우위원칙에서의 '법률'

법률우위원칙에서의 법률은 헌법과 국회에서 제정한 법률 외에도 법률의 위임에 따른 법규명령, 관습법·판례법과 같은 불문법을 포함한다.

또한 그 위반행위로 개인에게 손해가 발생하였다면 국가는 그에 대한 손해배상책임을 지게 된다.

③ 법률유보의 원칙

ㄱ 의의 : 행정작용은 반드시 법률이나 법률의 위임에 의한 법규명령 등 법적 근거에 의해서만 행하여진다는 원칙이다. 법률우위의 원칙이 소극적으로 기존 법률의 침해를 금지하는 것인 데 비해, 법률유보의 원칙은 적극적으로 행정주체가 행위를 할 수 있게 하는 법적 근거의 문제이므로 적극적 의미의 법률적합성의 원칙(법치주의의 적극적 측면)이라 한다.

ㄴ 적용범위 : 헌법에서 입법사항으로 규정하고 있지 않은 행정영역에 법률유보의 원칙이 적용되는가의 여부, 즉 법률유보원칙이 적용되는 행정작용의 범위와 관련하여 다음과 같이 견해가 대립되고 있다.

• 침해유보설(일부유보설) : 국민의 자유와 권리를 제한하거나 새로운 의무를 부과하는 침해적 행정작용은 법률의 근거를 요하나, 수익적 행정작용이나 특별권력관계를 포함한 국가내부적 영역과 같이 국민의 권리와 의무에 직접 관계없는 행정작용은 법률의 근거를 요하지 아니한다는 견해이다.

• 19세기 후반 입헌주의 발흥기에 개인의 영역(기본권)을 군주의 권력으로부터 보호하기 위해 그 침해행위는 국민대표기관의 동의를 얻어야 한다는 자유주의적 법치국가사상에 기반한 견해로서 독일과 일본에서 통설적 지위를 누려왔으나, 제2차 세계대전 이후 민주주의가 중요한 헌법원리로 등장하면서 지지기반을 상실하였다.

• 권력행정유보설(권리·의무유보설) : 모든 권력적 국가작용은 법률의 근거를 요한다는 것으로, 법률의 법규창조력을 근거로 한다. 이러한 입장에 대해서는 침해유보설의 변형적 견해에 불과하다는 비판이 있다.

• 사회유보설(급부유보설) : 침해행정뿐만 아니라 급부행정 중 사회보장행정에 대하여 법률의 수권이 필요하다는 견해이다.

• 급부행정유보설 : 침해행정뿐만 아니라 수익적 행정인 급부행정 전반에 대해서도 법률의 수권이 필요하다는 견해로서 사회국가이념과 법 앞에 평등원칙에 기초하고 있다. 침해유보설이 국가(행정)에 대한 자유를 강조한 데 비해, 급부행정유보설은 급부에 대한 공평한 참여와 수익을 의미하는 국가(행정)를 통한 자유의 중요성을 강조하였다.

• 본질사항유보설(중요사항유보설, 단계설) : 독일의 연방헌법재판소의 판례(Kalkar 결정, 1978)에 의해 정립된 것으로, 각 행정부문에 있어 중요하고도 본질적인 사항에 관한 규율은 법률에 유보되어야 한다는 견해이다.

본질사항유보설은 중요성에 따라 법률의 유보 여부가 결정되어야 한다는 입법사항의 문제(1단계)와 법률유보를 전제로 입법자가 위임입법을 할 수 없고 반드시 입법자가 스스로 정해야 한다는 의미의 문제(2단계)로 구분해 볼 수 있다. 여기서 2단계에서의 문제 즉 위임금지를 통해서 강화된 법률유보를 의회유보라고 하기도 한다. 즉, 의회유보설은 본질성설과 관련하여 제시된 이론으로, 중요한 사항 중에서 보다 중요한 사항은 반드시 의회(입법자) 스스로가 정해야 한다는 것을 의미한다.

- 신침해유보설(확장된 침해유보설) : 원칙적으로 침해유보설의 기본 입장을 유지하면서 급부행정유보설과 전부유보설에 대해 반대하며 제기된 견해이다. 특별권력관계의 경우에도 법률유보의 적용을 긍정하며, 급부행정의 경우 조직법의 근거만 있으면 권한 내에서 예산에 근거하여 발동할 수 있다고 본다(법률의 범위를 형식적 의미의 법률에 한정하지 않고 조직법이나 예산을 포함시켜 이해함).
- 전부유보설 : 국민주권주의와 의회민주사상을 기초로 하여 모든 행정작용은 법률의 근거가 필요하다는 견해이다. 전부유보설의 경우 입법자가 법률을 제정하지 않는 한 국민에게 필요한 급부를 할 수 없는 문제가 있으며, 규범의 결여로 인하여 행정청의 활동영역이 좁아지게 되어 권력분립원칙을 저해하는 결과를 초래할 수 있다는 비판이 제기된다.
- 개별적·단계별 검토설(다수설) : 행정의 행위형식과 행정유형별로 법률유보의 범위를 개별적·단계적으로 결정하여야 한다는 입장, 즉 권력적 행정작용의 경우 침해적 행정이든 수익적 행정이든 법률유보원칙이 엄격히 적용되어야 하며, 비권력적 행정작용에는 그 실질적 기반에 따라 법률유보의 적용을 개별적·단계적으로 결정해야 한다는 개별적·단계적 검토설이 다수설의 입장이다.

본질사항유보설에 입각한 관련 판례
- 고급주택, 고급오락장이 무엇인지 하는 것은 취득세 중과세요건의 핵심적 내용을 이루는 본질적이고도 중요한 사항 : 고급주택, 고급오락장이 무엇인지 하는 것은 취득세 중과세요건의 핵심적 내용을 이루는 본질적이고도 중요한 사항임에도 불구하고 그 기준과 범위를 구체적으로 확정하지도 않고 또 그 최저기준을 설정하지도 않고 단순히 "대통령령으로 정하는 고급주택" 또는 "대통령령으로 정하는 고급오락장"이라고 불명확하고 포괄적으로 규정함으로써 실질적으로는 중과세 여부를 온전히 행정부의 재량과 자의에 맡긴 것이나 다름없을 뿐만 아니라, 입법목적, 지방세법의 체계나 다른 규정, 관련법규를 살펴보더라도 고급주택과 고급오락장의 기준과 범위를 예측해 내기 어려우므로 이 조항들은 헌법상의 조세법률주의, 포괄위임입법금지원칙에 위배된다(헌재 1998. 7. 16, 96헌바52).
- 텔레비전 방송수신료 결정은 수신료에 관한 본질적인 중요한 사항이므로 법률유보원칙이 적용됨(의회유보사항) : 오늘날 법률유보원칙은 단순히 행정작용이 법률에 근거를 두기만 하면 충분한 것이 아니라, 국가공동체와 그 구성원에게 기본적이고도 중요한 의미를 갖는 영역, 특히 국민의 기본권실현과 관련

 지방직 9급 기출

01. 행정의 행위형식에 관한 설명으로 옳지 않은 것은?
① 급부행정유보설에 따르면 국민의 자유와 재산에 대한 침해행정에 대해서는 법률의 근거가 필요하지 않다고 한다.
② 행정계획이란 행정활동의 일정한 목표를 설정하고 그 목표를 달성하기 위하여 필요한 수단을 선정하고 조정하는 것을 말한다.
③ 국가를당사자로하는계약에관한법률에 따르면 계약은 상호 대등한 입장에서 당사자의 합의에 따라 체결되어야 하며, 당사자는 계약의 내용을 신의성실의 원칙에 따라 이를 이행하여야 한다.
④ 판례는 단수처분에 대해 행정소송법상 처분에 해당하는 것으로 인정하고 있다.

해 법률유보원칙의 적용범위와 관련하여, 급부행정유보설은 국민의 자유와 재산에 대한 침해행정뿐만 아니라 수익적 행정인 급부행정 전반에 대해서도 법률의 수권이 필요하다(법률유보가 적용된다)는 견해이다. 법률유보의 원칙이란 행정작용은 반드시 법률이나 법률의 위임에 의한 법규명령 등 법적 근거에 의해서만 행하여진다는 원칙을 말한다.

답 01 ①

된 영역에 있어서는 국민의 대표자인 입법자가 그 본질적 사항에 대해서 스스로 결정하여야 한다는 요구까지 내포하고 있다(의회유보원칙). 텔레비전 방송수신료는 대다수 국민의 재산권 보장의 측면이나 한국방송공사에게 보장된 방송자유의 측면에서 국민의 기본권실현에 관련된 영역에 속하고, 수신료금액의 결정은 납부의무자의 범위 등과 함께 수신료에 관한 본질적인 중요한 사항이므로 국회가 스스로 행하여야 하는 사항에 속하는 것임에도 불구하고 한국방송공사법 제36조 제1항에서 국회의 결정이나 관여를 배제한 채 한국방송공사로 하여금 수신료금액을 결정해서 문화관광부장관의 승인을 얻도록 한 것은 법률유보원칙에 위반된다(헌재 1999. 5. 27, 98헌바70).

- 각 국가유공자 단체의 대의원 선출에 관한 사항은 기본적이고 본질적인 사항이라고 볼 수 없어 법률유보 내지 의회유보의 원칙이 적용되지 않음 : 법률이 자치적인 사항을 정관에 위임할 경우 원칙적으로 헌법상의 포괄위임입법금지원칙이 적용되지 않는다 하더라도, 그 사항이 국민의 권리 · 의무에 관련되는 것일 경우에는, 적어도 국민의 권리와 의무의 형성에 관한 사항을 비롯하여 국가의 통치조직과 작용에 관한 기본적이고 본질적인 사항은 반드시 국회가 정하여야 할 것인바, 각 국가유공자 단체의 대의원의 선출에 관한 사항은 각 단체의 구성과 운영에 관한 것으로서, 국민의 권리와 의무의 형성에 관한 사항이나 국가의 통치조직과 작용에 관한 기본적이고 본질적인 사항이라고 볼 수 없으므로, 법률유보 내지 의회유보의 원칙이 지켜져야 할 영역이라고 할 수 없다. 따라서 각 단체의 대의원의 정수 및 선임방법 등은 정관으로 정하도록 규정하고 있는 국가유공자등단체설립에관한법률 제11조가 법률유보 혹은 의회유보의 원칙에 위배되어 청구인의 기본권을 침해한다고 할 수 없다(헌재 2006. 3. 30, 2005헌바31).

- 구 도시및주거환경정비법상 조합(사업시행자)의 사업시행인가 신청 시의 토지 등 소유자의 동의요건은 재산상 권리 · 의무에 관한 기본적이고 본질적인 사항이라 볼 수 없음 : 조합의 사업시행인가 신청 시의 토지 등 소유자의 동의요건이 비록 토지 등 소유자의 재산상 권리 · 의무에 영향을 미치는 사업시행계획에 관한 것이라고 하더라도, 그 동의요건은 사업시행인가 신청에 대한 토지 등 소유자의 사전 통제를 위한 절차적 요건에 불과하고 토지 등 소유자의 재산상 권리 · 의무에 관한 기본적이고 본질적인 사항이라고 볼 수 없으므로 법률유보 내지 의회유보의 원칙이 반드시 지켜져야 하는 영역이라고 할 수 없고, 따라서 개정된 도시및주거환경정비법 제28조 제4항 본문이 법률유보 내지 의회유보의 원칙에 위배된다고 할 수 없다(대판 2007. 10. 12, 2006두14476).

- 수신료 징수업무를 한국방송공사가 직접 수행할 것인지 제3자에게 위탁할 것인지 등은 국민의 기본권 제한에 관한 본질적인 사항이 아님 : 수신료의 부과 · 징수에 관한 본질적인 요소들은 방송법에 모두 규정되어 있다고 할 것이다. 한편, 수신료 징수업무를 한국방송공사가 직접 수행할 것인지 제3자에게 위탁할 것인지, 위탁한다면 누구에게 위탁하도록 할 것인지, 위탁받은 자가 자신의 고유업무와 결합하여 징수업무를 할 수 있는지는 징수업무 처리의 효율성 등을 감안하여 결정할 수 있는 사항으로서 국민의 기본권제한에 관한 본질적인 사항이 아니라 할 것이다. 따라서 방송법 제64조 및 제67조 제2항은 법률유보의 원칙에 위반되지 아니한다(헌재 2008. 2. 28, 2006헌바70).

ⓒ 위반의 효과 : 법적 수권 없이 이루어진 행적작용의 효과에 대해 규정한 명시적 법규나 법 원칙이 없어 개별적으로 검토되어야 한다. 법규명령의 경우 처음부터 무효이고, 법적 근거가 없는 행정행위는 중대명백설에 따라 무효 또는 취소가 된다.

형식적 법치주의와 실질적 법치주의의 비교

형식적 법치주의	실질적 법치주의
• 법률의 내용과 관계없이 절차와 형식만 중시함 (합법성만 중시)	• 법률의 절차, 형식은 물론 그 내용도 중시(합법성과 타당성 중시)
• 포괄적 위임입법 인정	• 포괄적 위임입법 금지
• 광범위한 재량권 인정	• 재량권 통제

• 국가배상책임 부인	• 국가배상책임 인정(무과실, 위험책임까지 인정)
• 행정소송에서 열기주의 채택	• 행정소송에서 개괄주의 채택
• 법의 일면적 구속력	• 법의 양면적 구속력
• 행정권한 확대	• 국가권한 통제
• 국민권익보호 미흡	• 국민권익보호 확대

꼭! 확인 기출문제

법률유보원칙에 관한 설명으로 가장 옳은 것은? [서울시 9급 기출]

❶ 헌법재판소 결정에 따를 때 기본권 제한에 관한 법률 유보원칙은 법률에 근거한 규율을 요청하는 것이므로 그 형식이 반드시 법률일 필요는 없더라도 법률상의 근거는 있어야 한다.
② 행정상 즉시강제는 개인에게 미리 의무를 명할 시간적 여유가 없는 경우를 전제로 하므로 그 긴급성을 고려할 때 원칙적으로 법률적 근거를 요하지 아니한다.
③ 헌법재판소는 법률이 공법적 단체 등의 정관에 자치법적 사항을 위임하는 경우에는 의회유보원칙이 적용될 여지가 없다고 한다.
④ 헌법재판소는 국회의 의결을 거쳐 확정되는 예산도 일종의 법규범이므로 법률과 마찬가지로 국가기관뿐만 아니라 국민도 구속한다고 본다.

🔲 ① 헌법은 법치주의를 그 기본원리의 하나로 하고 있으며, 법치주의는 행정작용에 국가가 제정한 형식적 법률의 근거가 요청된다는 법률유보를 그 핵심적 내용의 하나로 하고 있다. 헌법 제37조 제2항은 기본권제한에 관한 일반적 법률유보조항이라고 할 수 있는데, 법률유보의 원칙은 '법률에 의한 규율'만을 요청하는 것이 아니라 '법률에 근거한 규율'을 요청하는 것이기 때문에 기본권의 제한에는 법률의 근거가 필요할 뿐이고 기본권제한의 형식이 반드시 법률의 형식일 필요는 없다(헌재 2011. 4. 28, 2009헌바167).
② 행정상 즉시강제란 행정상 장해가 존재하거나 장해의 발생이 목전의 급박한 경우 그 장해를 제거할 필요가 있는 경우에, 미리 의무를 명할 시간적 여유가 없거나 그 성질상 의무를 명해서는 행정 목적을 달성할 수 없는 때에 법률적 근거 없이도 행정청이 직접 개인의 신체나 재산에 실력을 가하여 행정상 필요한 상태를 실현하는 권력적 사실행위의 작용을 말한다.
③ 헌법 제75조, 제95조가 정하는 포괄적인 위임입법의 금지는, 그 문리해석상 정관에 위임한 경우까지 그 적용 대상으로 하고 있지 않고, 또 권력분립의 원칙을 침해할 우려가 없다는 점 등을 볼 때, 법률이 정관에 자치법적 사항을 위임한 경우에는 원칙적으로 적용되지 않는다(헌재 2001. 4. 26, 2000헌마122).
④ 예산은 일종의 법규범이고 법률과 마찬가지로 국회의 의결을 거쳐 제정되지만 법률과 달리 국가기관만을 구속할 뿐 일반국민을 구속하지 않는다. 국회가 의결한 예산 또는 국회의 예산안 의결은 헌법재판소법 제68조 제1항 소정의 '공권력의 행사'에 해당하지 않고 따라서 헌법소원의 대상이 되지 아니한다(헌재 2006. 4. 25, 2006헌마409).

제4절 행정법의 법원(法源)

1. 개설

(1) 법원의 의의

① 개념 : 법원(法源)이란 행정권의 조직과 작용 및 그 구제에 관한 실정법의 존

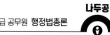

재형식 또는 법의 인식근거를 말한다. 이러한 법원은 크게 성문법원과 불문법원으로 나누어진다.

② 법원의 범위 : 우리나라의 경우 광의설이 다수설이다.

　　㉠ 협의설(법규설) : 법규만을 법원으로 보는 견해로 일본과 독일의 다수설 입장이다. 이 견해에 의하면 행정주체 내부관계를 규율하는 행정규칙은 법원에서 제외된다.

　　㉡ 광의설(행정기준설) : 수범자의 범위에 관계없이 법적으로 구속력을 갖는 성문·불문의 규율을 법규로 이해하는 견해로, 법규는 물론 행정사무의 기준이 되는 법규범까지 법원으로 본다(행정규칙도 법원이 됨).

(2) 법원의 특징

① 성문법주의

　　㉠ 의의 : 성문법이란 법정립 행위를 통해 문서상으로 확정된 법령을 말하며, 행정법의 성문법주의란 행정법의 존재 형식이 원칙적으로 성문법의 형식이어야 한다는 것을 말한다.

　　㉡ 이론적 근거

　　　• 행정에 대한 예측가능성과 안전성을 높이고, 행정작용의 공정성을 확보할 수 있음

　　　• 행정사무의 공정을 기하기 위해 행정목적과 수단을 명백히 할 필요가 있음

　　　• 행정법의 획일·강행성과 기술성으로 인해 성문화가 요청됨

　　　• 국가의 규제·지도·조성·보호 등의 행정에 관해서는 그 목적 및 기관을 명확하게 할 필요가 있음

　　　• 행정구제사항을 명확히 하여 국민의 권익보호를 용이하게 함

② 단일법전의 부존재 : 행정은 그 대상이 다양하고 유동적이며, 행정영역이 확대됨에 따라 모든 행정작용을 성문법으로 규정하기에는 한계가 있기 때문에 행정법은 단일법전이 존재하지 않고 개별적으로 수많은 법규가 존재한다.

③ 불문법에 의한 보완 : 모든 행정작용을 성문법으로 규정하기에는 한계가 있다. 따라서 성문법이 정비되지 않은 분야는 불문법에 의하여 보완되어야 한다.

2. 법원의 종류

(1) 성문법원

행정법의 성문법원으로는 헌법, 법률, 조약 및 국제법규, 명령, 자치법규 등이 있

다. 이러한 성문법원은 계층적 구조를 이루고 있으며, 상호간에 충돌이 있을 경우 상위법이 우선 적용되고 동위의 법령에서는 신법 및 특별법이 우선 적용된다.

① **헌법** : 헌법은 국가의 조직과 작용 및 구제에 관한 사항과 관련된 근본적인 사항을 규정하고 있는 국가의 기본법으로 행정법의 법원 중 가장 기본적인 법원이며 최고법원이 된다(헌법은 다른 어떤 국내법보다 우위에 있음).

② **법률** : 법률은 행정법의 가장 중요한 시원적 법원이라 할 수 있다. 여기서 법률이라 함은 형식적 의미의 법률, 즉 의회가 헌법이 정한 절차에 따라 제정한 법률만을 의미한다. 또한 법률은 전래적 법원인 명령(행정입법)이나 조례·규칙보다 우월한 상위의 효력을 가지는데, 헌법은 예외적으로 법률과 같은 효력을 갖는 명령(긴급명령, 긴급재정·경제명령)을 규정하고 있다. 일반적으로 동위의 효력을 갖는 법률 상호 간에 있어서는 신법 우선의 원칙과 특별법 우선의 원칙과 같은 법해석원칙이 적용된다.

③ **조약 및 국제법규**

　㉠ **의의** : 조약(협정·협약)이란 국가와 국가 사이 또는 국가와 국제기구 사이의 법적 구속력이 있는 합의를 말하며, 국제법규란 우리나라가 당사국이 아닌 국제조약으로서 국제사회에서 일반적으로 승인된 것과 국제관습법 등을 말한다.

　㉡ **효력**

　　• 조약과 국제법규의 효력에 관해서는 이원설과 일원설(국제법우위설·국내법우위설·동위설) 등의 대립이 있으나, 헌법 제6조 제1항에서 "헌법상 절차에 따라 체결·공포된 조약과 일반적으로 승인된 국제법규는 국내법과 같은 효력을 갖는다"고 규정하고 있으므로 국내법과 동위의 효력을 지닌다고 할 수 있다. 따라서 국내법과 충돌 시 그 적용에 있어 특별법 우선의 원칙과 신법 우선의 원칙과 같은 법해석 원칙에 따른다.

　　• 예외적으로 종전 우편법(제11조), 특허법(제26조)에서는 조약이 국내법보다 우선 적용된다는 규정을 두었으나, 이는 '대한민국과 미합중국 간의 자유무역협정 및 대한민국과 미합중국 간의 자유무역협정(한미 FTA)에 관한 서한교환'의 합의사항에 따라 삭제되었다.

　　• 조약과 일반적으로 승인된 국제법규는 국내행정에 관한 사항이면 그 자체로 국내법과 동위의 효력을 지닌 행정법의 법원이 된다. 이는 조약이나 국제법규의 내용이 국내행정에 관한 것인 때에는 의회에 의한 별도의 국내법 제정절차를 거치지 않고 직접 적용된다는 것을 의한다.

기출 Plus　　서울시 9급 기출

01. 행정법의 법원(法源)에 대한 설명 중 가장 옳은 것은?

① 헌법재판소 판례에 의하면 감사규칙은 헌법에 근거가 없으므로 법규명령으로 인정되지 않는다.

② 법원(法源)을 법의 인식근거로 보면 헌법은 행정법의 법원이 될 수 없다.

③ 관습법은 성문법령의 흠결을 보충하기 때문에 법률유보 원칙에서 말하는 법률에 해당한다.

④ 행정법의 일반원칙은 다른 법원(法源)과의 관계에서 보충적 역할에 그치지 않으며 헌법적 효력을 갖기도 한다.

해 행정법의 일반원칙은 다른 법원(法源)과의 관계에서 보충적 역할을 하는 것이 원칙이지만, 일반원칙을 위반하면 헌법적 효력을 갖는다.

Check Point

조약과 국내법의 충돌 시에는 신법우선의 법칙, 특별법우선의 법칙, 상위법우선의 법칙을 통하여 해결한다.

 01 ④

조약 및 국제법규 관련 판례

- **국제조약이 특별법으로서 일반법인 국내법에 우선 적용되는 경우** : 국제항공운송에 관한 법률관계에 대하여는 일반법인 민법에 대한 특별법으로서 우리 정부도 가입한 1955년 헤이그에서 개정된 바르샤바협약이 우선 적용되어야 한다(대판 1986. 7. 22, 82다카1372).
- **남북 간의 화해와 불가침 및 교류협력에 관한 합의서는 법적 구속력이 있는 조약이나 이에 준하는 것으로 볼 수 없음** : 남북 사이의 화해와 불가침 및 교류협력에 관한 합의서는 남북관계가 '나라와 나라 사이의 관계가 아닌 통일을 지향하는 과정에서 잠정적으로 형성되는 특수관계'임을 전제로, 조국의 평화적 통일을 이룩해야 할 공동의 정치적 책무를 지는 남북한 당국이 특수관계인 남북관계에 관하여 채택한 합의문서로서, 남북한 당국이 각기 정치적인 책임을 지고 상호 간에 그 성의 있는 이행을 약속한 것이기는 하나 법적 구속력이 있는 것은 아니어서 이를 국가 간의 조약 또는 이에 준하는 것으로 볼 수 없고, 따라서 국내법과 동일한 효력이 인정되는 것도 아니다(대판 1999.7.23, 98두14525).
- **관세 및 무역에 관한 일반협정이나 정부조달에 관한 협정은 국내법령과 동일한 효력을 가짐** : 관세 및 무역에 관한 일반협정(General Agreement on Tariffs and Trade), 정부조달에 관한 협정(Agreement on Government Procurement)은 국회의 동의를 얻어 공포시행된 조약으로서 각 헌법 제6조 제1항에 의하여 국내법령과 동일한 효력을 가지므로 지방자치단체가 제정한 조례가 GATT나 AGP에 위반되는 경우에는 그 효력이 없다… 특정 지방자치단체의 초·중·고등학교에서 실시하는 학교급식을 위해 위 지방자치단체에서 생산되는 우수 농수축산물과 이를 재료로 사용하는 가공식품('우수농산물')을 우선적으로 사용하도록 하고 그러한 우수농산물을 사용하는 자를 선별하여 식재료나 식재료 구입비의 일부를 지원하며 지원을 받은 학교는 지원금을 반드시 우수농산물을 구입하는 데 사용하도록 하는 것을 내용으로 하는 위 지방자치단체의 조례안이 내국민대우원칙을 규정한 '1994년 관세 및 무역에 관한 일반협정'(GATT 1994)에 위반되어 그 효력이 없다(대판 2005. 9. 9, 2004추10).
- **국가 간의 권리·의무관계를 설정하는 국제협정에 따른 반덤핑부과처분이 WTO 협정위반이라는 이유만으로 사인이 직접 국내 법원에 그 처분의 취소를 구하는 소를 제기할 수는 없음** : 국회의 비준동의를 얻어 발효된 '1994년 국제무역기구 설립을 위한 마라케쉬협정'의 일부인 '1994년 관세 및 무역에 관한 일반협정 제6조의 이행에 관한 협정' 중 그 판시 덤핑규제 관련 규정을 근거로 이 사건 규칙의 적법 여부를 다투는 주장도 포함되어 있으나, 위 협정은 국가와 국가 사이의 권리·의무관계를 설정하는 국제협정으로, 그 내용 및 성질에 비추어 이와 관련한 법적 분쟁은 위 WTO 분쟁해결기구에서 해결하는 것이 원칙이고, 사인에 대하여는 위 협정의 직접 효력이 미치지 아니한다고 보아야 할 것이므로, 위 협정에 따른 회원국 정부의 반덤핑부과처분이 WTO 협정위반이라는 이유만으로 사인이 직접 국내 법원에 회원국 정부를 상대로 그 처분의 취소를 구하는 소를 제기하거나 위 협정위반을 처분의 독립된 취소사유로 주장할 수는 없다(대판 2009. 1. 30, 2008두17936).

④ **명령(행정입법)** : 명령이란 행정권에 의하여 제정된 법형식을 의미한다. 여기에는 법규명령과 행정규칙이 포함된다.

ㄱ. **법규명령** : 행정권이 정립하는 일반적·추상적 규정으로서 법규의 성질을 가지는 것을 말한다. 법규명령은 법률 등의 위임에 의하여 정해지므로 원칙상 법률종속적 명령만이 인정되나, 예외적으로 긴급명령, 긴급재정·경제명령은 법률과 동일한 효력을 갖는다.

ㄴ. **행정규칙** : 행정조직 내부 또는 특별권력관계 내부의 조직과 활동을 규율하기 위해 행정권이 정립하는 일반적·추상적 규정으로서 법규에 해당되지 않는 것을 말한다. 행정규칙은 행정기관 내부에서만 효력을 가질 뿐 국민에게는 구속력이 없다. 즉 법규성이 없는 명령이다. 따라서 그 법원성에 대하여 논란이 있으나, 훈령·예규 등의 행정규칙도 행정사무의 기준이 된다는

점에서 법원성을 인정하는 견해가 다수설이다(판례는 반대 입장에 있음).

⑤ **자치법규** : 자치법규란 지방자치단체가 자치입법권에 의하여 헌법과 법령의 범위 내에서 정립하는 법규를 말한다. 이러한 자치법규에는 지방의회의 의결로 제정하는 조례와 지방자치단체의 장이 제정하는 규칙, 교육감이 제정하는 교육규칙이 있다.

(2) 불문법원

행정법은 성문법주의가 원칙이지만, 성문법이 정비되지 아니한 행정분야에 있어서는 불문법이 보충적 법원이 된다.

① **관습법**

　㉠ **의의** : 행정영역에서 국민 사이에 계속적·장기적으로 관행이 반복되고, 그 관행이 국민 일반의 법적 확신을 얻어 법규범으로서 승인된 것을 말한다.

　㉡ **성립요건** : 통설과 판례에 의하면, 객관적 요소로서 장기적이고 일반적인 관행·관습이 있으며 주관적 요소로서 민중의 법적 확신이 있다면 관습법이 인정된다(법적확신설·법력내재설·국가승인불요설). 그 외에 국가에 의한 명시적 또는 묵시적 승인이 필요하다는 견해(국가승인필요설)도 있다.

　㉢ **법원성(행정관습법의 성립 여부)** : 법규에서 명문으로 관습법에 의한다는 규정을 두는 경우(민법 제1조)에는 행정관습법의 성립에 의문의 여지가 없으나, 이러한 명문규정이 없는 경우에는 견해가 대립된다. 이에 대해 법규에 명문규정이 없는 경우에도 행정관습법의 성립을 긍정하는 적극설이 통설이다.

　㉣ **효력(적용범위)** : 관습법과 성문법의 관계에서 성문법의 흠결을 보충하는 보충적 효력만을 갖는지 성문법을 개폐하는 효력까지 인정되는지에 대해 견해가 대립되고 있으나, 관습법은 성문법의 결여 시 성문법을 보충하는 범위에서 효력을 갖는다는 것이 통설과 판례의 태도이다.

> 관련 판례 : 가족의례준칙 제13조의 규정과 배치되는 관습법의 효력을 인정하는 것은 관습법의 제정법에 대한 열후적, 보충적 성격에 비추어 민법 제1조의 취지에 어긋나는 것이다(대판 1983. 6. 14. 80다3231).

　㉤ **종류**

　　• 행정선례법 : 행정청의 선례가 계속 반복되어 형성되는 관습법을 말한다. 행정선례법이 구체화된 대표적인 법으로는 국세기본법을 들 수 있는데, 국세기본법 제18조 제3항에서 "세법의 해석 또는 국세행정의 관행이 일반적으로 납세자에게 받아들여진 후에는 그 해석 또는 관행에 의한 행위 또는 계산은 정당한 것으로 보며, 새로운 해석 또는 관행에 의하여 소

Check Point

관습법과 사실인 관습의 차이 및 법원성

관습법이란 사회의 거듭된 관행으로 생성한 사회생활규범이 사회의 법적 확신과 인식에 의하여 법적 규범으로 승인·강행되기에 이른 것을 말하고, 사실인 관습은 사회의 관행에 의하여 발생한 사회생활규범인 점에서 관습법과 같으나 사회의 법적 확신이나 인식에 의하여 법적 규범으로서 승인된 정도에 이르지 않은 것을 말하는 바, 관습법은 바로 법원으로서 법령과 같은 효력을 갖는 관습으로 법령에 저촉되지 않는 한 법칙으로서의 효력이 있는 것이며, 이에 반하여 사실인 관습은 법령으로서의 효력이 없는 단순한 관행으로서 법률행위의 당사자의 의사를 보충함에 그치는 것이다(대판 1983. 6. 14. 80다3231).

급하여 과세되지 아니한다"고 하여 행정선례법의 존재를 명시적으로 인정하고 있다.

> 관련 판례 : 비과세의 사실상태가 장기간에 걸쳐 계속되고 있으며, 이러한 상황이 당해 사항에 대하여 과세의 대상으로 삼지 아니한다는 과세관청의 묵시적인 의향표시로 볼 수 있는 경우에는, 이를 국세행정의 관행이라고 인정할 수 있다(대판 1987. 2. 24, 86누571).

• 민중적 관습법 : 민중 사이에 행정법관계에 관한 관행이 장기적으로 계속됨으로써 형성된 관습법을 말한다. 이는 주로 공물 등의 이용관계에서 주로 나타나는데, 입어권(수산업법 제2조, 제46조), 하천용수에 관한 관습법(유수사용권, 음용용수권, 관개용수이용권) 등을 구체적 예로 들 수 있다. 단, 어업권은 형성적 행정행위의 일종인 특허에 해당되며 관습법이 아니다.

② 판례법

　㉠ 의의 : 행정사건에 대한 법원의 판결이 동종사건에 대한 재판의 준거가 될 때 법원으로서의 효력을 가지게 되는 것을 말한다.

　㉡ 필요성 및 문제제기 : 행정사건에 대한 법원판결은 제기된 분쟁에 있어서 사실관계를 심리하고 그에 관한 법령을 적용함으로써 당해 분쟁해결을 목적으로 하지만, 그 판단과정에 있어서 관계 법령의 흠결이 있거나 관계 법령의 규정이 다의적이고 불확실한 경우 법의 해석·작용과 관련해서 법원리 및 기준을 설정하는 판례법이 필요하다. 이 경우 판례의 법원성에 대한 문제가 제기된다.

　㉢ 법원성

• 입법례 : 영미법계에서는 선례구속성원칙이 확립되어 판례의 법원으로서의 지위가 인정되지만, 성문법주의를 취하는 대륙법계에서는 판례에 대한 법적 구속력은 없고 단지 사실상의 구속력만을 가지며 판례도 변경된다는 점에서 법원성에 대하여 논란이 있다(법원성 긍정설과 법원성 부정설).

• 우리나라의 태도(절충설) : 상급법원의 판단은 당해 사건에 관하여 하급심을 기속하는 효력을 가진다는 법원조직법(제8조)과 민사소송법(제436조)의 규정 등을 토대로 형식적으로는 판례법의 법원성이 부정되어 법적 구속력이 없으나, 실질적인 관점에서 대법원의 판례는 하급심을 구속하므로(사실상의 구속력을 지님), 판례는 어느 정도 법원성이 인정된다는 것이 통설의 입장이다.

Check Point

입어권, 유수사용권
• 입어권 : 입어(공동어업의 어장에서 수산동식물을 포획·채취하는 것)를 할 수 있는 권리
• 유수사용권 : 하천 등 유수(流水)를 사용할 수 있는 권리

Check Point

법원조직법 제8조(상급심재판의 기속력)
상급법원의 재판에 있어서의 판단은 당해 사건에 관하여 하급심을 기속한다.

Check Point

민사소송법 제436조(파기환송, 이송) 제2항
사건을 환송받거나 이송 받은 법원은 다시 변론을 거쳐 재판하여야 한다. 이 경우에는 상고법원이 파기의 이유로 삼은 사실상 및 법률상 판단에 기속된다.

헌법재판소 위헌결정의 법원성 여부

헌법재판소의 위헌결정은 법원 기타 국가기관 및 지방자치단체를 기속(헌법재판소법 제47조)하므로 법원성이 인정되며, 관련 판례는 다음과 같다.

헌법재판소의 위헌결정의 효력은 위헌제청을 한 당해 사건, 위헌결정이 있기 전에 이와 동종의 위헌 여부에 관하여 헌법재판소에 위헌여부심판제청을 하였거나 법원에 위헌여부심판제청신청을 한 경우만이 아니라 따로 위헌제청신청은 하지 아니하였지만 당해 법률 또는 법률의 조항이 재판의 전제가 되어 법원에 계속 중인 사건과 위헌결정 이후에 위와 같은 이유로 제소된 일반 사건에도 미친다(대판 2003. 7. 24, 2001다48781).

③ 조리법(행정법의 일반원칙)

ㄱ 의의 : 재량의 영역에서 큰 의미를 가지는 조리란 '사물의 본질적 법칙' 또는 '일반사회의 정의감에 비추어 보았을 때 반드시 그렇게 하여야 할 것이라고 인정되는 것'을 말한다.

ㄴ 기능 : 조리는 행정법 해석의 기본원리로서 성문법 · 관습법 · 판례법이 모두 부재할 경우 최후의 보충적 법원으로서 중요한 기능을 가진다(→ 조리의 법원성을 부정하는 견해도 있음).

ㄷ 지위 : 조리는 헌법을 포함한 여러 법규들로부터 발현되나, 대부분은 관습법이나 판례법의 형태를 취한다. 조리가 어떤 형식을 취하든 간에 헌법차원으로서 의의를 갖는 조리에 위반한 행정작용은 위헌 · 위법한 행정작용이 된다.

ㄹ 내용 : 학설과 판례에서는 평등의 원칙, 비례의 원칙, 신뢰보호의 원칙, 부당결부금지의 원칙 등을 들고 있다.

Check Point

조리

조리는 시대가 변함에도 불구하고 변하지 않는 사물의 본질적인 법칙 또는 법의 일반원칙을 의미한다.

3. 행정법의 일반원칙

(1) 일반법 원칙과 행정법의 일반원칙

① 일반법 원칙 : 법적 공동체로서 당연히 도출되는 윤리적 기초를 통한 최소한의 원칙으로 정의의 원칙을 말하며, 기본적인 법규범으로서 법원의 성격을 갖는다.

② 행정법의 일반원칙 : 일반법 원칙의 행정법에서의 표현이라 할 수 있으며, 행정법의 모든 분야에 적용되고 지배되는 일반적 원리로서 행정은 이러한 행정법의 일반원칙에도 구속된다고 볼 수 있다.

(2) 종류

① 신의성실의 원칙

Check Point

행정법의 일반원칙 중에는 평등원칙이나 비례원칙과 같이 실정법상의 근거 규정이 있는 경우도 있으나, 주로 헌법의 기본원리의 구체화를 통해 도출된다.

지방직 9급 기출

02. 다음 중 행정규칙에 대한 설명으로 가장 옳지 않은 것은?

① 대법원 판례에 의하면, 법령보충적 행정규칙은 행정기관에 법령의 구체적 사항을 정할 수 있는 권한을 부여한 상위 법령과 결합하여 대외적 효력을 갖게 된다.

② 대법원 판례에 의하면, 법령보충적 행정규칙은 상위 법령에서 위임한 범위 내에서 대외적 효력을 갖는다.

③ 헌법재판소 판례에 의하면, 헌법상 위임입법의 형식은 열거적이기 때문에, 국민의 권리·의무에 관한 사항을 고시 등 행정 규칙으로 정하도록 위임한 법률 조항은 위헌이다.

④ 헌법재판소 판례에 의하면, 재량준칙인 행정규칙도 행정의 자기구속의 법리에 의거하여 헌법소원심판의 대상이 될 수 있다.

🖐 헌법재판소 판례에 의하면, 헌법상 위임입법의 형식은 예시적이기 때문에, 국민의 권리·의무에 관한 사항을 고시 등 행정 규칙으로 정하도록 위임한 법률 조항은 위헌이 아니다.

㉠ 의의 : 민법상의 기본원리인 신의성실의 원칙은 행정법의 일반원칙에도 해당된다는 것이 통설과 판례의 입장이며, 행정절차법 등에서도 이러한 원칙을 규정하고 있다. 따라서 신의성실의 원칙에 반하는 행정작용은 위법하다고 할 수 있다.

㉡ 실정법상의 근거
- 행정절차법 제4조 제1항("행정청은 직무를 수행할 때 신의에 따라 성실히 하여야 한다.")
- 국세기본법 제15조("납세자가 그 의무를 이행할 때에는 신의에 따라 성실하게 하여야 한다. 세무공무원이 그 직무를 수행할 때에도 또한 같다.")

관련 판례
- **신의성실의 원칙의 의미와 적용 요건** : 신의성실의 원칙은 법률관계의 당사자는 상대방의 이익을 배려하여 형평에 어긋나거나 신뢰를 저버리는 내용 또는 방법으로 권리를 행사하거나 의무를 이행하여서는 아니된다는 추상적 규범을 말하는 것으로서, 신의성실의 원칙에 위배된다는 이유로 그 권리의 행사를 부정하기 위하여는 상대방에게 신의를 주었다거나 객관적으로 보아 상대방이 그러한 신의를 가짐이 정당한 상태에 이르러야 하고, 이와 같은 상대방의 신의에 반하여 권리를 행사하는 것이 정의 관념에 비추어 용인될 수 없는 정도의 상태에 이르러야 하고, 일반 행정법률관계에서 관청의 행위에 대하여 신의칙이 적용되기 위해서는 합법성의 원칙을 희생하여서라도 처분의 상대방의 신뢰를 보호함이 정의의 관념에 부합하는 것으로 인정되는 특별한 사정이 있을 경우에 한하여 예외적으로 적용된다(대판 2004. 7. 22, 2002두11233).
- **근로복지공단의 소멸시효 항변은 신의성실의 원칙에 반함** : 근로자가 입은 부상이나 질병이 업무상 재해에 해당하는지 여부에 따라 요양급여 신청의 승인, 휴업급여청구권의 발생 여부가 차례로 결정되고, 따라서 근로복지공단의 요양불승인처분의 적법 여부는 사실상 근로자의 휴업급여청구권 발생의 전제가 된다고 볼 수 있는 점 등에 비추어, 근로자가 요양불승인에 대한 취소소송의 판결확정 시까지 근로복지공단에 휴업급여를 청구하지 않았던 것은 이를 행사할 수 없는 사실상의 장애사유가 있었기 때문이라고 보아야 하므로, 근로복지공단의 소멸시효 항변은 신의성실의 원칙에 반하여 허용될 수 없다(대판 2008. 9. 18, 2007두2173).
- **국가보안법 위반죄로 기소유예 처분을 받은 전력이 있는 임용신청자에 대한 임용거부처분은 신의칙에 반하지 않음** : 국립대학교총장이 국가보안법위반죄로 기소유예 처분을 받은 전력이 있는 당해 임용신청자를 사범대학의 전임강사로 임용하기에는 적절하지 않다고 보아 임용을 거부한 것은 위 임용신청자의 여러 사정을 참작하더라도 재량권을 남용하였다고 할 수 없고, … 신의칙에 반한다거나 자기구속의 원리에 위배된다고 할 수 없다(대판 1998. 1. 23, 96누12641).
- **잘못 기재된 호적상 출생연월일을 정정한 후 이를 기준으로 정년의 연장을 요구하는 것은 신의칙에 반하지 않음** : 지방공무원 임용신청 당시 잘못 기재된 호적상 출생연월일을 생년월일로 기재하고, 이에 근거한 공무원인사기록카드의 생년월일 기재에 대하여 처음 임용된 때부터 약 36년 동안 전혀 이의를 제기하지 않다가, 정년을 1년 3개월 앞두고 호적상 출생연월일을 정정한 후 그 출생연월일을 기준으로 정년의 연장을 요구하는 것이 신의성실의 원칙에 반하지 않는다(대판 2009. 3. 26, 2008두21300).

② 평등의 원칙
㉠ 의의 : 행정기관이 행정작용을 함에 있어서 정당한 사유가 없는 한 상대방인 국민을 평등하게 대우하여야 한다는 원칙으로, 행정법 영역에서 재량권 행사의 한계를 설정하는 중요한 의미를 가진다.
㉡ 법적 성격 : 평등원칙은 헌법 제11조("누구든지 성별·종교 또는 사회적 신

분에 의하여 정치적·경제적·사회적·문화적 생활의 모든 영역에 있어서 차별을 받지 아니한다.")에 명시된 법원칙으로 보는 견해도 있으나, 이는 어디까지나 법 앞의 평등원칙만을 규정하고 있는 것이고 행정법상 평등원칙의 내용을 이루고 있는 공공부담 앞의 평등원칙, 공역무 앞의 평등원칙 등이 모두 규정된 것이 아닌 것으로 보아 평등의 원칙을 헌법 제11조의 기본이념에서 도출되는 불문법원이라고 보는 견해도 있다.

ⓒ **효력** : 평등원칙은 헌법적 효력을 가지는 행정법 일반원칙이므로 이에 위반한 행정작용은 위헌·위법이 된다. 평등원칙은 행정 내부의 규정에 불과한 재량준칙(행정규칙)을 국민에 대해 간접적인 구속력을 발생하게 하는 전환규범의 역할을 한다.

관련 판례

- **평등원칙에 위반된다고 판결한 사례**
  - 과거 소년이었을 때 죄를 범하여 형의 집행유예를 선고받은 사람이 장교·준사관 또는 하사관으로 임용된 경우, 그 임용이 유효한지 여부 : 구 소년법(1988. 12. 31. 법률 제4057호로 전부 개정되기 전의 것, 이하 '구 소년법'이라 한다)은 20세 미만인 자를 그 대상으로 하여, 소년으로 범한 죄에 의하여 형의 선고를 받은 자가 그 집행을 종료하거나 집행의 면제를 받은 때에는 자격에 관한 법령의 적용에서는 장래에 향하여 형의 선고를 받지 않은 것으로 본다고 정하고 있었다. 그런데 구 소년법이 1988. 12. 31. 법률 제4057호로 전부 개정되면서 제60조가 그 내용을 그대로 유지한 채 제67조로 이전되었고, 헌법재판소는 2018. 1. 25. 구 소년법(1988. 12. 31. 법률 제4057호로 전부 개정되고, 2018. 9. 18. 법률 제15757호로 개정되기 전의 것) 제67조에 대하여 집행유예를 선고받은 경우에 대해서는 이와 같은 특례조항을 두지 않은 것이 평등원칙에 위반된다는 이유로 헌법불합치 결정을 하였다. 따라서 과거 소년이었을 때 죄를 범하여 형의 집행유예를 선고받은 사람이 장교·준사관 또는 하사관으로 임용된 경우에는, 구 군인사법 제10조 제2항 제5호에도 불구하고 소년법 제67조 제1항 제2호와 부칙 제2조에 따라 그 임용이 유효하게 된다(대판 2019. 2. 14. 2017두62587).
  - 국·공립학교의 채용시험에 있어 만점의 10%를 가산하도록 규정한 국가유공자 가산점제도[헌재 2006. 2. 23. 2004헌마675·981·1022(병합)]
  - 군가산점 제도 : 가산점제도는 아무런 재정적 뒷받침 없이 제대군인을 지원하려 한 나머지 결과적으로 여성과 장애인 등 이른바 사회적 약자들의 희생을 초래하고 있으며, 각종 국제협약, 실질적 평등 및 사회적 법치국가를 표방하고 있는 우리 헌법과 이를 구체화하고 있는 전체 법체계 등에 비추어 우리 법체계 내에 확고히 정립된 기본질서라고 할 '여성과 장애인에 대한 차별금지와 보호'에도 저촉되므로 정책수단으로서의 적합성과 합리성을 상실한 것이다(헌재 1999. 12. 23. 98헌마363).
  - 청원경찰의 인원감축을 위한 면직처분대상자 선정에 있어서 학력을 기준으로 감원비율을 선정한 경우 : 청원경찰의 인원감축을 위한 면직처분대상자를 선정함에 있어서 초등학교 졸업 이하 학력소지자 집단과 중학교 중퇴 이상 학력소지자 집단으로 나누어 각 집단별로 같은 감원비율 상당의 인원을 선정한 것은 합리성과 공정성을 결여하고, 평등의 원칙에 위배하여 그 하자가 중대하다 할 것이나, 그 하자가 객관적으로 명백하다고 보기는 어렵다(당연무효는 아니다)(대판 2002. 2. 8. 2000두4057).
  - 개발제한구역 훼손부담금의 부과율을 규정함에 있어서 전기공급시설 등과는 달리 집단에너지공급시설에 차등을 두는 규정 : 구 개발제한구역의지정및관리에관한특별조치법 시행령 제35조 제1항 제2호 (다)목에서는 공익시설 중 전기공급시설, 가스공급시설, 유류저장 및 송유설비에 대하여 개발제한구역 훼손부담금의 부과율을 100분의 20으로 정하고 있는 반면, 같은 항 제3호에서는 집단에너지공급시설을 포함한 다른 공익시설들에 대하여 훼손부담금의 부과율을 100분의 100으로 정하고 있는 바, … 위 시행령 제35조 제1항 제3호에서 집단에너지공급시설에 대한 훼손부담금의 부과율을 전기공급시설 등에 대한 훼손부담금의 부과율인 100분의 20의 다섯 배에 이르는 100분의 100으로 정한 것은

… 부과율에 과도한 차등을 둔 것으로서 합리적 근거 없는 차별에 해당하므로 헌법상 평등원칙에 위배되어 무효이다(대판 2007. 10. 29, 2005두14417).

• 평등원칙에 위반되지 않는다고 판결한 사례
- 입학년도를 기준으로 일률적으로 3년 동안 복수전공 가산점을 부여하고 있는 이 사건 가산점 조항은 헌법상의 기본권인 평등권, 공무담임권, 직업선택의 자유, 행복추구권 등의 본질적 내용을 침해하는 것으로서 헌법에 위배된다는 원고의 주장에 대하여 이 사건 가산점 조항이 신설된 이후에 복수전공을 시작한 2004학년도 및 2005학년도 입학생들을 가산점 제도의 적용대상에 포함시키고 부여 횟수 또한 이 사건 가산점 조항이 신설되기 전에 복수전공을 시작한 응시자들과 동일하게 규정하였다고 하여 이를 두고 재량의 범위를 넘어서는 합리적인 이유 없는 차별에 해당한다고 보기 어려우므로, 이 사건 가산점 조항이 헌법상의 평등의 원칙에 위배된다고 할 수 없다(대판 2009. 11. 26, 2009두6759).
- 공무원 임용을 위한 면접전형에 있어서 임용신청자의 능력이나 적격성 등에 관한 판단은 면접위원의 고도의 교양과 학식, 경험에 기초한 자율적 판단에 의존하는 것으로서 오로지 면접위원의 자유재량에 속하고, 그와 같은 판단이 현저하게 재량권을 일탈 내지 남용한 것이 아니라면 이를 위법하다고 할 수 없다. 검사 신규임용을 위한 면접전형에 불합격한 자에 대한 검사임용거부처분이 평등권 및 신뢰보호의 원칙에 반하거나 재량권의 일탈·남용으로 볼 수 없다(대판 1997. 11. 28, 97누11911).
- 같은 정도의 비위를 저지른 자들 사이에 있어서도 그 직무의 특성 등에 비추어, 개전의 정이 있는지 여부에 따라 징계의 종류 선택과 양정에 있어서 차별적으로 취급하는 것은, 사안의 성질에 따른 합리적 차별로서 이를 자의적 취급이라고 할 수 없는 것이어서 평등원칙 내지 형평에 반하지 아니한다(대판 1999. 8. 20, 99두2611).

③ 행정의 자기구속의 원칙

㉠ 의의 : 행정의 자기구속의 원칙이란 행정권의 행사를 통해 이미 행한 행정결정 또는 행정규칙에 근거하여 미래에 예견되는 행정결정의 체계에 행정청이 구속받는다는 원칙을 말한다. 이는 동종의 사안에 대하여 행정청이 제3자에게 한 것과 동일한 결정을 상대방에게 하도록 선례에 의해 구속당한다는 것을 의미한다.

㉡ 인정근거 : 신뢰보호원칙 내지 신의성실원칙에서 찾는 견해와 평등의 원칙에서 찾는 견해가 있으나, 평등의 원칙에서 찾는 견해가 다수설이다. 판례는 평등원칙과 신뢰보호원칙을 그 근거로 하고 있다(대판 2009두7967 등).

㉢ 기능 : 행정의 자기구속의 원칙은 재량권 행사에 있어서 행정권의 자의를 방지하여 국민의 권리보호 및 행정통제(사후적 사법통제)를 확대시키는 기능을 한다.

㉣ 적용영역 : 행정의 자기구속의 법리는 수익적 행위에서의 평등 보장을 위해 발전된 것이지만 침익적 행위에도 적용되며, 재량행위와 판단여지가 인정되는 영역에서도 의미가 있다. 그러나 기속행위에서는 행정청이 어떠한 선택의 자유가 없기 때문에 자기구속의 원칙을 논할 실익이 없다.

㉤ 적용요건
• 재량행위의 영역이어야 한다.
• 그 재량영역에 관해 행정청이 재량준칙을 마련하여 시행하는 경우 그 행정규칙이 정하는 바에 따라 동일하게 처리하여야 한다.

Check Point

행정의 자기구속의 원칙을 평등의 원칙에서 찾는 견해
이러한 견해는 행정의 자기구속이 자유로운 판단이 가능한 영역에서 스스로 제시한 기준에 따라 자신이 행한 그간 행위로부터 정당한 사유 없이 이탈할 수 없으며, 이를 이탈하는 경우 신뢰유무를 불문하고 불합리한 차별에 해당되어 평등의 원칙에 위반된다는 것을 논거로 한다.

- 동종의 사안, 동일한 행정청이어야 한다.
- 행정의 선례가 존재하여야 한다.

> 이에 대해서는 선례불필요설과 선례필요설이 대립하고 있는데, 독일 판례에서는 행정규칙의 최초 적용에 있어서도 예기관행을 인정하여 행정의 자기구속의 법리를 긍정하고 있으나 우리의 경우 예기관행을 부정하는 것이 유력한 견해이다.

- 자기구속은 근거가 되는 행정관행이 적법하여야 한다.

> 불법행위에 대하여 행정의 자기구속 요구는 행정의 법률적합성 원칙에 반하기 때문에 인정되지 않으며, 위법한 경우에는 신뢰보호원칙으로 해결을 모색할 수 있다.

ⓑ 원칙 위반의 효과 : 자기구속의 법리는 일반적으로 법원성이 인정되므로 이에 위배되는 처분 등은 위법으로서 항고소송의 대상이 되거나 손해배상책임을 진다. 여기에서 쟁송대상으로 삼는 위법행위는 재량준칙이라는 행정규칙을 위반했다는 것이 아니라 평등원칙이나 신뢰보호원칙을 통해 인정된 자기구속의 법리를 위반하여 처분하였다는 것이다. 즉, 이 경우 행정의 자기구속의 법리는 행정규칙에 위배되는 행정작용에 대한 사법심사를 가능하게 하는 매개적 기능을 수행한다.

행정의 자기구속의 법리를 인정한 판례
- 상급행정기관이 하급행정기관에 대하여 업무처리지침이나 법령의 해석적용에 관한 기준을 정하여 발하는 이른바 '행정규칙이나 내부지침'은 일반적으로 행정조직 내부에서만 효력을 가질 뿐 대외적인 구속력을 갖는 것은 아니므로 행정처분이 그에 위반하였다고 하여 그러한 사정만으로 곧바로 위법하게 되는 것은 아니다. 다만, 재량권 행사의 준칙인 행정규칙이 그 정한 바에 따라 되풀이 시행되어 행정관행이 이루어지게 되면 평등의 원칙이나 신뢰보호의 원칙에 따라 행정기관은 그 상대방에 대한 관계에서 그 규칙에 따라야 할 자기구속을 받게 되므로, 이러한 경우에는 특별한 사정이 없는 한 그를 위반하는 처분은 평등의 원칙이나 신뢰보호의 원칙에 위배되어 재량권을 일탈·남용한 위법한 처분이 된다(대판 2009. 12. 24, 2009두7967).
- 행정규칙이 법령의 규정에 의하여 행정관청에 법령의 구체적 내용을 보충할 권한을 부여한 경우, 또는 재량권행사의 준칙인 규칙이 그 정한 바에 따라 되풀이 시행되어 행정관행(行政慣行)이 이룩되게 되면, 평등의 원칙이나 신뢰보호의 원칙에 따라 행정기관은 그 상대방에 대한 관계에서 그 규칙에 따라야 할 자기구속을 당하게 되고, 그러한 경우에는 대외적인 구속력을 가지게 된다 할 것이다(헌재 1990. 9. 3, 90헌마13).

 꼭! 확인 기출문제

행정의 자기구속의 원칙에 대한 설명으로 옳지 않은 것은? [국가직 9급 기출]

① 헌법재판소는 평등의 원칙이나 신뢰보호의 원칙을 근거로 행정의 자기구속의 원칙을 인정하고 있다.
❷ 반복적으로 행해진 행정처분이 위법하더라도 행정의 자기구속의 원칙에 따라 행정청은 선행처분에 구속된다.

Check Point

선례불필요설과 선례필요설
- **선례불필요설** : 재량준칙 존재 하에서 재량준칙 자체만으로도 행정관행이 성립되는 것으로 보고 자기구속을 인정함
- **선례필요설** : 자기구속은 선례가 되풀이 되어 관행이 된 경우에만 인정함

③ 행정의 자기구속의 원칙은 법적으로 동일한 사실관계, 즉 동종의 사안에서 적용이 문제되는 것으로 주로 재량의 통제 법리와 관련된다.

④ 재량준칙이 공표된 것만으로는 행정의 자기구속의 원칙이 적용될 수 없고, 재량준칙이 되풀이 시행되어 행정관행이 성립한 경우에 행정의 자기구속의 원칙이 적용될 수 있다.

해 ② 행정의 자기구속의 법리가 인정되기 위해서는 1회 이상의 행정이 있어야 하고, 재량인 행정이어야 하며, 적법해야 한다. 따라서 위법한 행정이 반복되었다면 자기구속의 법리가 인정되지 않는다.
① 행정규칙이라도 재량권행사의 준칙으로서 그 정한 바에 따라 되풀이 시행되어 행정관행이 이룩되게 되면, 평등의 원칙이나 신뢰보호의 원칙에 따라 행정기관은 그 상대방에 대한 관계에서 그 규칙에 따라야 할 자기구속을 당하게 되는 경우에는 대외적인 구속력을 가지게 된다 할 것이다(헌재 1990.09.03, 90헌마13).
③ 행정의 자기구속의 원칙이란 행정권의 행사를 통해 이미 행한 행정결정 또는 행정규칙에 근거하여 미래에 예견되는 행정결정의 체계에 행정청이 구속받는다는 원칙을 말한다. 이는 동종의 사안에 대하여 행정청이 제3자에게 한 것과 동일한 결정을 상대방에게 하도록 선례에 의해 구속당한다는 것을 의미한다. 즉 동종의 사안에서 적용이 문제되는 것으로 주로 재량의 통제법리와 관련된다.
④ 재량준칙이 반복적용되어 행정규칙이 법규명령으로 인정되는 준법규설은 자기구속의 법리를 통하여 간접적 외부적 효력을 인정하는 것이므로 재량준칙의 단순공표만으로는 자기구속의 법리가 형성되지 않는다.

④ **비례의 원칙(과잉금지의 원칙)**

Check Point

비례의 원칙(과잉금지의 원칙)
판례는 비례의 원칙에 대하여 '행정목적과 그 목적을 실현하기 위한 수단은 그 행정목적을 실현하는 데에 적합하여야 하고 또한 최소 침해를 가져오는 것이어야 할 뿐만 아니라 아울러 그 수단의 도입으로 인해 생겨나는 침해가 의도하는 이익 · 효과를 능가하여서는 안 된다는 원칙'이라 판시한 바 있다(대판 1997. 9. 26, 96누10096).

㉠ 의의 : 넓은 의미의 비례원칙(과잉금지의 원칙)은 행정작용에 있어 목적실현을 위한 수단과 당해 목적 사이에는 합리적인 비례관계가 유지되어야 한다는 원칙을 말한다.

㉡ 인정근거

• 헌법상 근거(헌법 제37조 제2항) : "국민의 모든 자유와 권리는 국가안전보장 · 질서유지 또는 공공복리를 위하여 필요한 경우에 한하여 법률로써 제한할 수 있으며, 제한하는 경우에도 자유와 권리의 본질적인 내용을 침해할 수 없다."는 규정내용 중 '필요한 경우'를 들 수 있다. 여기에서 '필요한 경우'란 광의의 비례원칙, 즉 적합성의 원칙, 필요성의 원칙, 상당성의 원칙을 포괄적 의미로 해석한다. 따라서 비례원칙은 헌법상 지위를 가지며 헌법적 효력을 갖는다.

• 법령상 근거

  − 경찰관직무집행법 제1조 제2항("이 법에 규정된 경찰관의 직권은 그 직무수행에 필요한 최소한도 내에서 행사되어야 하며 이를 남용하여서는 아니 된다.")

  − 행정소송법 제27조("행정청의 재량에 속하는 처분이라도 재량권의 한계를 넘거나 그 남용이 있는 때에는 법원은 이를 취소할 수 있다.")

  − 행정규제기본법 제5조 제3항("규제의 대상과 수단은 규제의 목적실현에 필요한 최소한의 범위에서 가장 효과적인 방법으로 객관성 · 투명성 및 공정성이 확보되도록 설정되어야 한다.")

  − 기타 행정대집행법 제2조, 식품위생법 제79조 제4항 등

• 판례 : 헌법재판소와 대법원도 행정법의 법원으로서 비례원칙을 인정하

고 있으며, 이는 헌법상 원칙이라고 판시한 바 있다.

ⓒ **내용** : 광의의 비례원칙은 적합성의 원칙, 필요성의 원칙(최소 침해의 원칙), 상당성의 원칙(협의의 비례원칙, 균형성의 원칙)의 3가지 원칙으로 구성되며, 이는 적합한 수단 중에서도 필요한 수단을, 그중에서도 상당성 있는 수단을 선택해야 한다는 단계구조를 이루고 있다. 또한 어느 하나라도 위반되면 비례원칙에 위배되는 효과가 발생된다.

광의의 비례원칙
- **적합성의 원칙** : 행정목적의 달성을 위해 행정청이 행하는 행정작용(수단)은 그 행정목적 달성에 적합하여야 한다는 원칙으로, 반드시 가장 적합한 수단일 것을 요구하는 것은 아니며 목적 달성에 기여하는 것이면 충분하다.
- **필요성의 원칙(최소 침해의 원칙)** : 행정목적을 위해 행하는 행정작용(수단)은 그 상대방과 일반국민에 대하여 최소한의 침해여야 한다는 원칙으로, 행정수단이 최소한의 범위 안에서 가장 효과적인 방법으로 객관성·투명성 및 공정성이 확보되도록 설정되어야 한다는 원칙이다. 판례는 이와 관련하여, 위험한 건물에 대한 개수명령으로 목적 달성이 가능함에도 불구하고 철거명령을 발하는 것은 비례원칙 중 필요성의 원칙에 반한다고 판시한 바 있다.
- **상당성의 원칙(협의의 비례원칙, 균형성의 원칙)** : 공익이나 질서유지 등의 행정목적 달성과 그에 따른 기본권의 침해·제한 간에는 합리적인 비교형량이 요구된다는 원칙이다. 판례는 이와 관련하여, 제재적 행정처분이 재량권의 범위를 일탈하였거나 남용하였는지 여부는 처분사유로 된 위반행위의 내용과 그 위반의 정도, 당해 처분에 의하여 달성하려는 공익상의 필요와 개인이 입게 될 불이익 및 이에 따르는 제반 사정 등을 객관적으로 심리하여 공익침해의 정도와 그 처분으로 인하여 개인이 입게 될 불이익을 비교교량하여 판단하여야 한다고 판시한 바 있다.

ⓓ **적용영역** : 비례원칙은 침해행정이든 급부행정이든 관계없이 행정의 전영역에 적용되는 것을 원칙으로 한다. 다만, 사법관계에서는 사적 자치가 적용되는 까닭에 비례원칙이 적용되지 아니한다.

ⓔ **위반의 효과** : 비례원칙은 헌법원칙이자 행정법 일반원칙이므로 이에 위배되는 처분 등은 위헌·위법으로서 항고소송의 대상이 되거나 손해배상책임을 진다.

비례원칙 관련 판례
- **비례원칙에 반한다고 본 판례**
  - 주유소 영업의 양도인이 등유가 섞인 유사휘발유를 판매한 바를 모르고 이를 양수한 석유판매영업자에게 전 운영자인 양도인의 위법사유를 들어 사업정지기간 중 최장기인 6월의 사업정지에 처한 영업정지처분이 석유사업법에 의하여 실현시키고자 하는 공익목적의 실현보다는 양수인이 입게 될 손실이 훨씬 커서 재량권을 일탈한 것으로서 위법하다(대판 1992. 2. 25, 91누13106).
  - 요양기관이 실시한 요양급여 내용과 요양급여비용의 액수, 의료기관 개설·운영 과정에서의 개설명의인의 역할과 불법성의 정도, 의료기관 운영성과의 귀속 여부와 개설명의인이 얻은 이익의 정도, 그 밖에 조사에 대한 협조 여부 등의 사정을 고려하지 않고 의료기관의 개설명의인을 상대로 요양급여비용 전액을 징수하는 것은 다른 특별한 사정이 없는 한 비례의 원칙에 위배된 것으로 재량권의 일탈·남용에 해당한다(대판 2020. 6. 4, 2015두39996).

– 청소년유해매체물로 결정·고시된 만화인 사실을 모르고 있던 도서대여업자가 그 고시일로부터 8일 후에 청소년에게 그 만화를 대여한 것을 사유로 그 도서대여업자에게 금 700만 원의 과징금이 부과된 경우, 그 과징금부과처분은 재량권을 일탈·남용한 것으로서 위법하다(대판 2001. 7. 27, 99두9490).

– 구 독점규제및공정거래에관한법률상의 불공정거래행위인 사원판매행위에 대하여 부과된 과징금의 액수가 법정 상한비율을 초과하지 않는다고 하더라도 그 사원판매행위로 인하여 취득한 이익의 규모를 크게 초과하여 그 매출액에 육박하게 된 경우, 불법적인 경제적 이익의 박탈이라는 과징금 부과의 기본적 성격과 그 사원판매행위의 위법성의 정도에 비추어 볼 때 그 과징금 부과처분은 비례의 원칙에 위배된 재량권의 일탈·남용에 해당한다(대판 2001. 2. 9, 2000두6206).

– 경찰관은 … 필요한 때에는 최소한의 범위 안에서 가스총을 사용할 수 있으나, … 이를 사용하는 경찰관으로서는 인체에 대한 위해를 방지하기 위하여 상대방과 근접한 거리에서 상대방의 얼굴을 향하여 이를 발사하지 않는 등 가스총 사용 시 요구되는 최소한의 안전수칙을 준수함으로써 장비 사용으로 인한 사고 발생을 미리 막아야 할 주의의무가 있다. 경찰관이 난동을 부리던 범인을 검거하면서 가스총을 근접 발사하여 가스와 함께 발사된 고무마개가 범인의 눈에 맞아 실명한 경우는 비례원칙에 위반되어 국가배상책임이 인정된다(대판 2003. 3. 14, 2002다57218).

– 변호사법 제10조 제2항의 개업지 제한규정은 직업선택의 자유를 제한하는 것으로서, 그 선택된 수단이 목적에 적합하지 아니할 뿐만 아니라, 그 정도 또한 과잉하여 비례원칙의 한계를 벗어난 것으로 헌법 제37조 제2항에 위배됨은 물론, 헌법 제11조 제1항(평등권)과 제15조(직업선택의 자유)에 위반되어 위헌이다(헌재 1989. 11. 20, 89헌가102).

– 입법자가 임의적 규정으로도 법의 목적을 실현할 수 있는 경우에 구체적 사안의 개별성과 특수성을 고려할 수 있는 가능성을 일체 배제하는 필요적 규정을 둔다면 이는 비례의 원칙의 한 요소인 "최소침해성의 원칙"에 위배된다(헌재 2000. 6. 1, 99헌가11).

• 비례원칙에 반하지 않는다고 본 판례

– 지방식품의약품안전청장이 수입 녹용 중 전지 3대를 절단부위로부터 5cm까지의 부분을 절단하여 측정한 회분함량이 기준치를 0.5% 초과하였다는 이유로 수입 녹용 전부에 대하여 전량 폐기 또는 반송처리를 지시한 경우, 녹용 수입업자가 입게 될 불이익이 의약품의 안전성과 유효성을 확보함으로써 국민보건의 향상을 기하고 고가의 한약재인 녹용에 대하여 부적합한 수입품의 무분별한 유통을 방지하려는 공익상 필요보다 크다고는 할 수 없으므로 위 폐기 등 지시처분이 재량권을 일탈·남용한 경우에 해당하지 않는다(대판 2006. 4. 14, 2004두3854).

– 15년간 공무원으로 재직하면서 다른 징계를 받은 바 없고, 2회에 걸쳐 장관급 표창을 받은 것과 가정형편을 감안하더라도, 직무와 관련한 부탁을 받거나 때로는 스스로 사례를 요구하여 5차례에 걸쳐 합계 금 3,100,000원을 수수하였다면 이에 대하여 행하여진 해임처분이 징계권의 범위를 일탈한 것이 아니다(대판 1996. 5. 10, 96누2903).

– 원고가 다른 차들의 통행을 원활히 하기 위하여 승용차를 주차목적으로 자신의 집 앞 약 6m를 운행했다 해도 이는 도로교통법상의 음주운전에 해당하고, 이미 음주운전으로 면허정지처분을 받은 적이 있는데도 혈중 알코올 농도 0.182%의 만취상태에서 운전한 것이라면 교통사고가 발생하지 않았고 운전승용차로 서적을 판매하여 가족의 생계를 책임져야 한다는 사정을 고려하더라도 이 사건 운전면허취소는 적법하다(대판 1996. 9. 6, 96누5995).

– 법령이 규정하는 산림훼손 금지 또는 제한 지역에 해당하는 경우는 물론 금지 또는 제한 지역에 해당하지 않더라도 허가관청은 산림훼손허가신청 대상토지의 현상과 위치 및 주위의 상황 등을 고려하여 국토 및 자연의 유지와 환경의 보전 등 중대한 공익상 필요가 있다고 인정될 때에는 허가를 거부할 수 있고, 그 경우 법규에 명문의 근거가 없더라도 거부처분을 할 수 있다. 산림의 형질변경을 수반하는 공장의 설립에 대하여 그 형질변경이 중대한 공익상의 필요에 위배됨을 이유로 공장설립승인신청을 거부한 행정청의 처분이 재량권의 일탈·남용에 해당하지 않는다(대판 2003. 3. 28, 2002두12113).

⑤ 신뢰보호의 원칙

㉠ 의의 : 행정기관의 명시적(적극적)·묵시적(소극적) 언동의 정당성 또는 존속성에 대하여 국민이 신뢰를 가지고 행위를 한 경우에는 그 국민의 보호

Check Point

신뢰보호원칙의 이론상 근거

• **법적 안정성설** : 신뢰보호의 근거를 헌법상 법치국가의 구성요소인 법적 안정성에서 찾는 견해로, 오늘날의 다수설에 해당한다.

• **신의칙설** : 신뢰보호의 원칙에 대한 이론적 근거를 사법 분야에서 발달된 신의성실의 원칙에서 찾는 견해로, 독일 연방헌법재판소의 '미망인 연금청구권 사건'에서 인용된 바 있다(종전의 다수설).

가치 있는 신뢰를 보호해 주어야 하는 원칙을 말한다.

ⓒ 근거

- 이론상 근거 : 신뢰보호의 원칙에 대한 논리적인 근거로는 법적 안정성설 (다수설), 신의칙설, 사회국가원리설, 기본권설, 독자성설이 논의되고 있다.

- 실정법적 근거

  - 행정절차법 제4조 제2항("행정청은 법령 등의 해석 또는 행정청의 관행이 일반적으로 국민들에게 받아들여졌을 때에는 공익 또는 제3자의 정당한 이익을 현저히 해칠 우려가 있는 경우를 제외하고는 새로운 해석 또는 관행에 따라 소급하여 불리하게 처리하여서는 아니 된다.")

  - 국세기본법 제18조 제3항("세법의 해석이나 국세행정의 관행이 일반적으로 납세자에게 받아들여진 후에는 그 해석 또는 관행에 의한 행위 또는 계산은 정당한 것으로 보며, 새로운 해석이나 관행에 의하여 소급하여 과세되지 아니한다.")

  - 행정심판법 제27조 제5항("행정청이 심판청구 기간을 제1항에 규정된 기간보다 긴 기간으로 잘못 알린 경우 그 잘못 알린 기간에 심판청구가 있으면 그 행정심판은 제1항에 규정된 기간에 청구된 것으로 본다.")

- 판례상의 근거 : 판례는 행정절차법 제정 이전부터 신뢰보호의 원칙을 인정하고 있다.

ⓒ 일반적 요건

- 행정청의 선행조치 : 신뢰보호가 인정되기 위해서는 행정청의 선행조치가 있어야 한다. 이러한 선행조치는 법령·행정규칙·처분·확약·계약·합의·행정계획·행정지도 등에 의해 적극적·소극적 또는 명시적·묵시적 언동, 적법·위법행위를 불문하고 국민이 신뢰하게 만드는 것을 말하는데, 판례는 이를 '공적인 견해표명'이라 표현하고 있다. 무효인 행정행위는 신뢰의 대상이 될 수 없으므로 여기에 해당하지 않는다.

> 판례는 상대방의 질의에 대한 행정청의 회신내용이 일반론적인 견해표명에 그치는 경우 선행조치로 인정하지 않는다(대판 90누10384). 또한 판례는 '행정청의 공적 견해표명이 있었는지의 여부를 판단하는 데 있어 반드시 행정조직상의 형식적인 권한분장에 구애될 것은 아니고 담당자의 조직상의 지위와 임무, 당해 언동을 하게 된 구체적인 경위 및 그에 대한 상대방의 신뢰가능성에 비추어 실질에 의하여 판단하여야 한다'고 판시하고 있다(대판 1997. 9. 12, 96누18380).

- 보호가치가 있는 사인(관계인)의 신뢰 : 행정청의 선행조치에 대한 존속성이나 정당성에 대한 사인의 신뢰는 보호가치가 있어야 한다. 사인의 신뢰획득과정에서 귀책사유(고의, 과실)가 존재하거나, 부정행위(사기, 강박, 사위, 신청서의 허위기재 등)가 있는 경우, 처분의 위법성을 사

Check Point

행정심판법 제27조(심판청구의 기간) 제1항
행정심판은 처분이 있음을 알게 된 날부터 90일 이내에 청구하여야 한다.

Check Point

귀책사유
어떠한 결과를 발생하게 한 것에 대한 법률상 책임의 원인이 되는 것으로, 본인의 과실로 선행조치에 하자가 있었음을 알지 못한 경우 등도 모두 포함한다.

전에 인지하였거나 중대한 과실로 알지 못한 경우에 당사자의 신뢰는 보호가치가 없는 것으로 취급된다. 판례 또한 이와 같은 입장을 보이고 있다(대판 91누13274, 94누6529, 95누14190, 2001누1512, 2001두5286, 2005두6300 등).

- 신뢰에 기인한 사인의 처리(처리보호) : 행정청의 선행조치를 신뢰하고 관계인이 어떠한 행위, 즉 처리(예 투자, 건축개시, 사업착수 등)를 하여야 한다. 따라서 행정청의 선행조치를 신뢰하였다 하여도 이러한 처리행위가 없는 경우는 신뢰보호가 인정되지 않는다.
- 인과관계 : 신뢰대상인 행정청의 공적인 견해표명과 그것을 신뢰한 관계인의 행위 사이에는 상당한 인과관계가 있어야 한다(상당인과관계설). 따라서 행정청의 선행조치와 인과관계가 없이 이루어진 처리행위는 보호 대상이 아니다.
- 선행조치에 반하는 후행처분과 권익침해 : 선행조치에 반하는 행정청의 후행처분이나 부작위가 있어야 하고, 그 행정처분으로 인하여 신뢰한 개인의 이익이 침해되는 결과가 초래되어야 한다. 따라서 후행처분이 존재하지 않는 경우 기대이익이나 예상이익만을 이유로 신뢰보호를 주장할 수는 없다.
- 공익이나 제3자의 정당한 이익을 현저히 해할 우려가 없을 것 : 다른 요건을 충족한 때에도 공익이나 제3자의 정당한 이익을 현저히 해할 우려가 있는 경우에는 신뢰보호원칙을 적용할 수 없다.

신뢰보호원칙 관련 판례
- 신뢰보호의 요건을 엄격하게 요구하는 판례의 입장 : 일반적으로 행정상의 법률관계에 있어서 행정청의 행위에 대하여 신뢰보호원칙이 적용되기 위해서는, 첫째 행정청이 개인에 대하여 신뢰의 대상이 되는 공적인 견해표명을 하여야 하고, 둘째 행정청의 견해표명이 정당하다고 신뢰한 데에 대하여 그 개인에게 귀책사유가 없어야 하며, 셋째 그 개인이 그 견해표명을 신뢰하고 이에 상응하는 어떠한 행위를 하였어야 하고, 넷째 행정청이 위 견해표명에 반하는 처분을 함으로써 그 견해표명을 신뢰한 개인의 이익이 침해되는 결과가 초래되어야 하며, 마지막으로 위 견해표명에 따른 행정처분을 할 경우 이로 인하여 공익 또는 제3자의 정당한 이익을 현저히 해할 우려가 있는 경우가 아니어야 한다(대판 2006. 2. 24. 2004두13592).
- 신뢰보호원칙에 반한다고 본 판례
  - 운전면허 취소사유에 해당하는 음주운전을 적발한 경찰관의 소속 경찰서장이 사무착오로 위반자에게 운전면허정지처분을 한 상태에서 위반자의 주소지 관할 지방경찰청장이 위반자에게 운전면허취소처분을 한 것은 선행처분에 대한 당사자의 신뢰 및 법적 안정성을 저해하는 것으로서 허용될 수 없다(대판 2000. 2. 25. 99두10520).
  - 동사무소 직원이 행정상 착오로 국적이탈을 사유로 주민등록을 말소한 것을 신뢰하여 만 18세가 될 때까지 별도로 국적이탈신고를 하지 않았던 사람이, 만 18세가 넘은 후 동사무소의 주민등록 직권 재등록 사실을 알고 국적이탈신고를 하자 '병역을 필하였거나 면제받았다는 증명서가 첨부되지 않았다'는 이유로 이를 반려한 처분은 신뢰보호의 원칙에 반하여 위법하다(대판 2008. 1. 17. 2006두10931).

- 신뢰보호원칙에 반하지 않는다고 본 판례
  - 주택건설사업을 시행하려고 하는 당해 임야가 일반 주거지역에 속하더라도 풍치 · 미관이 수려한 국립공원 내의 산림보호라는 공익목적을 위하여 주택건설사업계획 사전결정을 거부하는 것이 신뢰보호의 원칙에 어긋나거나 재량권을 남용한 것이라고 볼 수 없다(대판 1997. 11. 11, 97누11966).
  - 국립대학교 총장이 대학 인사위원회의 결의내용을 존중하여 교수임용거부처분을 한 사안에서, 임용거부처분이 사회통념상 현저히 타당성을 잃었다고 보이지 아니하여 재량권을 일탈 · 남용한 위법이 없고, 대학 인사위원회가 개최되지 아니한 상태에서는 교수로 임용될 것이라는 보호가치 있는 정당한 신뢰를 가진다고 보기 어려워 신뢰보호원칙에 위배되지 않는다(대판 2006. 9. 28, 2004두7818).
  - 건축허가기준에 관한 개정 전 조례 조항의 존속에 대한 국민의 신뢰가 자연녹지지역 안에서의 난개발 억제라는 개정 후 조례 조항이 추구하는 공익보다 더 보호가치가 있는 것이라고 할 수 없으므로, 건축허가신청에 대하여 개정 후 조례를 적용하는 것이 신뢰보호원칙에 반하지 않는다(대판 2007. 11. 16, 2005두8092).
  - 수익적 행정처분의 하자가 당사자의 사실은폐나 기타 사위의 방법에 의한 신청행위에 기인한 것이라면, 당사자는 처분에 의한 이익을 위법하게 취득하였음을 알아 취소가능성도 예상하고 있었을 것이므로, 그 자신이 처분에 관한 신뢰이익을 원용할 수 없음은 물론, 행정청이 이를 고려하지 않았다 하여도 재량권의 남용이 되지 않는다(대판 2008. 11. 13, 2008두8628).

ⓔ 법적 효과(신뢰보호의 내용) : 신뢰보호원칙에 의하여 보호하여야 할 것에 대해 '존속보호를 통한 신뢰보호인가' 아니면 '보상을 통한 신뢰보호인가'의 여부가 논란이 되고 있으나, 비교형량에 입각한 존속보호(선행조치의 존속)를 원칙으로 하고, 그것이 불가능할 경우에는 보상보호(재산상의 손실로 보상)를 하는 것이 다수설의 입장이다(→ 독일 연방행정절차법에서는 보상보호가 원칙).

ⓜ 적용영역

- 수익적 행위의 직권취소나 철회의 제한 : 상대방에 대한 수익적 행정행위가 성립 당시에 하자가 있어 위법한 경우 종래에는 이를 자유로이 취소할 수 있었으나, 현재는 취소 자체가 제한되거나 취소하더라도 손실보상을 하거나 또는 그 효과가 제한되는 경우가 많다.
- 행정법상의 확약 : 행정청이 상대방에게 장래에 일정한 행정작용을 할 것을 약속한 경우 상대방의 신뢰보호를 위해 행정청이 이에 스스로 구속된다(행정의 자기구속법리).
- 행정법상의 실권(失權) : 실권의 법리란 행정청이 행정행위의 위법상태를 장기간 묵인 · 방지함으로써 상대방에게 행위의 존속에 대한 신뢰를 주게 된 경우에는 신뢰보호의 원칙에 의해 취소가 제한된다는 것을 말한다.

실권의 법리 관련 판례
- **실권의 법리는 신의성실의 원칙에 바탕을 둔 파생원칙** : 실권 또는 실효의 법리는 법의 일반원리인 신의성실의 원칙에 바탕을 둔 파생원칙인 것이므로 공법관계 가운데 관리관계는 물론이고 권력관계에도 적용되어야 함을 배제할 수는 없다 하겠으나 그것은 본래 권리행사의 기회가 있음에도 불구하고 권리자가 장기간에 걸쳐 그의 권리를 행사하지 아니하였기 때문에 의무자인 상대방은 이미 그의 권리를 행

Check Point

신뢰보호의 법적 효과
- **존속보호** : 위법한 수익적 행정행위를 취소하는 경우 그 신뢰를 취소함으로써 얻을 공익과 비교형량하여 보호가치가 있을 때에는 취소할 수 없도록 하자는 것으로, 기존에 형성된 위법상태를 그대로 둠으로써 이를 신뢰한 자의 이익을 보호하자는 견해이다.
- **보상보호** : 수익적 행정행위에 대해 취소할 수 있으나 보상청구를 할 수 있도록 하는 것으로, 기존에 형성된 위법상태를 시정하고 이로 인하여 상대방에 손해가 발생하면 이 손해를 전보해 주어야 한다는 견해이다.

사하지 아니할 것으로 믿을만한 정당한 사유가 있게 되거나 행사하지 아니할 것으로 추인케 할 경우에 새삼스럽게 그 권리를 행사하는 것이 신의성실의 원칙에 반하는 결과가 될 때 그 권리행사를 허용하지 않는 것을 의미한다(대판 1988. 4. 27, 87누915).

- **실권의 법리의 적용 여부**
  - 실권의 법리가 적용됨 : 택시운전사가 1983. 4. 5 운전면허정지기간 중에 운전행위를 하다가 적발되어 형사처벌을 받았으나 행정청으로부터 아무런 행정조치가 없어 안심하고 계속 운전업무에 종사하고 있던 중 행정청이 위 위반행위가 있은 이후에 장기간에 걸쳐 아무런 행정조치를 취하지 않은 채 방치하고 있다가 3년여가 지난 1986. 7. 7에 와서 이를 이유로 행정제재를 하면서 가장 무거운 운전면허를 취소하는 행정처분을 하였다면 이는 행정청이 그간 별다른 행정조치가 없을 것이라고 믿은 신뢰의 이익과 그 법적안정성을 빼앗는 것이 된다(대판 1987. 9. 8, 87누373).
  - 실권의 법리가 적용되지 않음 : 교통사고가 일어난지 1년 10개월이 지난 뒤 그 교통사고를 일으킨 택시에 대하여 운송사업면허를 취소하였더라도 … 택시운송사업자로서는 자동차운수사업법의 내용을 잘 알고 있어 교통사고를 낸 택시에 대하여 운송사업면허가 취소될 가능성을 예상할 수도 있었을 터이니, 자신이 별다른 행정조치가 없을 것으로 믿고 있었다 하여 바로 신뢰의 이익을 주장할 수는 없다(대판 1989. 6. 27, 88누6283).

Check Point

진정소급효 · 부진정소급효
소급에는 변경 법령의 효력발생일 이전에 이미 완성된 사항에 대해 소급적용하는 진정소급효와 효력 발생일까지 진행 중인 사항에 대해 소급적용하는 부진정소급효가 있다.
- **진정소급효** : 원칙적으로 금지되나, 예외적으로 허용된다.
- **부진정소급효** : 원칙적으로 허용되나(입법작의 입법형성권이 우선함), 예외적으로 제한된다.

- **소급효** : 소급효 금지란 법령이 공포·시행되기 전에 종결된 사실에 대하여 적용되지 않는다(진정소급효는 인정되지 않음)는 것을 말한다. 신뢰보호원칙과 법적 안정성의 견지에서 원칙적으로 행정법규의 소급적용은 금지되나, 과거에 시작되어 현재 진행 중인 사실에 대해 신 법령을 소급하여 적용하는 부진정소급의 경우 판례에서 인정하고 있다.

  행정처분의 경우 원칙적으로 처분시의 법령에 근거하여 행해져야 하고 법령 개정으로 기준이 달라진 경우에도 처분시의 개정법령에서 규정하고 있는 기준이 적용된다(대판 99두4594). 다만, 예외적으로 사인의 신뢰보호 요구가 법령 개정에 따른 공익상의 요구보다 중하다고 인정되는 경우 구법이 적용될 수 있다(대판 2000두8745 · 2003두12899 · 2005두4649, 헌재 2003헌마226).

소급효의 인정 여부에 관한 판례
- **진정소급효는 인정되지 않음** : 법률은 원칙적으로 그 효력이 생긴 때부터 그 후에 발생한 사실에 대하여서만 적용된다는 법리와 구 국가유공자등특별원호법, 구 국가유공자예우등에관한법률, 국가유공자등예우및지원에관한법률의 목적 및 그 변천과정에서 각각 규정된 공상공무원의 정의규정과 그 경과규정의 내용에 비추어 보면, 구 국가유공자등특별원호법 제3조 제9항에서 말하는 공상공무원은 위 법률이 적용·시행될 당시의 관계 법령에 따른 국가공무원 또는 지방공무원이어야 하고, 그러한 공무원으로서 공무수행 중 상이를 입은 자를 가리키는 것이라고 할 것이다(대판 1999. 7. 13, 97누15067).
- **부진정소급효를 인정한 경우** : 매년 그때의 상황에 따라 적절히 면허 숫자를 조절해야 할 필요성이 있는 개인택시 면허제도의 성격상 그 자격요건이나 우선순위의 요건을 일정한 범위 내에서 강화하고 그 요건을 변경함에 있어 유예기간을 두지 아니하였다 하더라도 그러한 점만으로는 행정청의 면허신청 접수거부처분이 신뢰보호의 원칙이나 형평의 원칙, 재량권의 남용에 해당하지 아니한다(대판 1996. 7. 30, 95누12897).

- **처분사유의 추가 · 변경** : 취소소송이 진행 중인 경우에 처분행정청이 처

분사유를 추가·변경할 수 있는가에 대해 통설과 판례는 신뢰보호의 원칙을 근거로 하여 당초의 처분사유와 기본적 사실관계의 동일성이 인정되는 범위 안에서만 허용된다고 본다.

- 행정계획의 변경 : 행정청의 행정계획의 변경 또는 폐지로 인하여 사인의 신뢰가 침해되는 경우 신뢰보호의 원칙을 근거로 하여 당해 계획보장(존속)을 청구하는 것이 허용될 것인지에 대해, 독일의 경우 광의의 계획보장청구권 중 계획존속청구권은 인정하지 않고 계획존속을 신뢰한 자에 대한 손실보상(협의의 계획보장청구권)을 인정하고 있다. 따라서 이 경우 신뢰보호의 원칙에 의거하더라도 일반적인 계획존속청구권은 인정되지 않지만, 신뢰보호를 이유로 한 손해전보는 청구할 수 있다.
- 개정법령의 적용 : 법령이 개정되는 경우에도 신뢰보호원칙이 적용될 수 있으므로 개정 전 법령에 대한 당사자의 신뢰이익과 개정 후 법령에 대한 공익 간의 이익형량을 따져 해결해야 한다.
- ㅂ 위반의 효과 : 신뢰보호의 원칙에 위반된 행정작용은 위법하다. 위법의 정도에 대해서는 당연무효설과 단순위법으로서의 취소사유설이 대립하나, 취소사유설이 다수설과 판례의 입장이다.
- ㅅ 한계(신뢰보호원칙과 법률적합성의 대립문제) : 신뢰보호원칙과 행정의 법률적합성의 원칙(법률우위)이 충돌하는 경우 사인의 신뢰라는 사익을 보호할 것인지 아니면 법률에 근거한 공익을 보호할 것인지에 대해 법률적합성 우위설과 양자동위설이 대립되고 있으나, 통설과 판례는 양자동위설에 입각한 비교형량설(이익형량설, 이익교량설)에 따라 사익과 공익을 비교형량하여 판단하고 있다.

신뢰보호원칙의 위반의 구체적 효과

행정입법이나 공법상 계약은 무효로, 행정행위의 경우에는 하자가 중대하고 명백할 경우 무효로, 그렇지 아니한 경우 취소유가 된다. 한편, 공무원 행위로 인하여 발생된 피해는 국가배상법에 따라 국가가 손해배상책임을 지는 경우도 있다.

꼭! 확인 기출문제

신뢰보호의 원칙에 대한 설명으로 옳지 않은 것은? (다툼이 있는 경우 판례에 의함) [국가직 9급 기출]

❶ 관할관청이 폐기물처리업 사업계획에 대하여 적정통보를 한 것만으로도 그 사업부지 토지에 대한 국토이용계획변경신청을 승인하여 주겠다는 취지의 공적인 견해표명을 한 것으로 볼 수 있다.

② 행정청의 확약 또는 공적인 의사표명이 있은 후에 사실적·법률적 상태가 변경되었다면, 그와 같은 확약 또는 공적인 의사표명은 행정청의 별다른 의사표시를 기다리지 않고 실효된다.

③ 행정청의 공적 견해표명이 있었는지 여부를 판단하는 데 있어 반드시 행정조직상의 형식적인 권한분장에 구애될 것은 아니고 담당자의 조직상의 지위와 임무, 당해언동을 하게 된 구체적인 경위 및 그에 대한 상대방의 신뢰가능성에 비추어 실질에 의하여 판단하여야 한다.

④ 입법 예고를 통해 법령안의 내용을 국민에게 예고한 적이 있다고 하더라도 그것이 법령으로 확정되지 아니한 이상 국가가 이해관계자들에게 그 법령안에 관련된 사항을 약속하였다고 볼 수 없으며, 이러한 사정만으로 어떠한 신뢰를 부여하였다고 볼 수도 없다.

> **해** ① 폐기물관리법령에 의한 폐기물처리업 사업계획에 대한 적정통보와 국토이용관리법령에 의한 국토이용계획변경은 각기 그 제도적 취지와 결정단계에서 고려해야 할 사항들이 다르다는 이유로, 폐기물처리업 사업계획에 대하여 적정통보를 한 것만으로 그 사업부지 토지에 대한 국토이용계획변경신청을 승인하여 주겠다는 취지의 공적인 견해표명을 한 것으로 볼 수 없다(대판 2005. 4. 28, 2004두8828).
> ② 행정청의 확약 또는 공적인 의사표명이 있은 후에 사실적·법률적 상태가 변경되었다면, 그와 같은 의사표명은 행정청의 별다른 의사표시를 기다리지 않고 실효된다(대판 1996. 8. 20, 95누10877).
> ③ 행정청의 공적 견해표명이 있었는지의 여부를 판단함에 있어서는 담당자의 조직상의 지위와 임무, 당해 언동을 하게 된 구체적인 경위 및 그에 대한 상대방의 신뢰가능성에 비추어 실질에 의하여 판단하여야 한다(대판 2008. 1. 17, 2006두10931).
> ④ 정책의 주무 부처인 중앙행정기관이 그 소관 사항에 대하여 입안한 법령안은 법제처 심사 등의 절차를 거쳐 공포함으로써 확정되므로, 법령이 확정되기 이전에는 법적 효과가 발생할 수 없다. 따라서 이러한 사정만으로 어떠한 신뢰를 부여하였다고 볼 수도 없다(대판 2018. 6. 15, 2017다249769).

⑥ 부당결부금지의 원칙

 ㉠ 의의 : 행정청이 행정작용을 함에 있어서 그것과 실체적인 관련성이 없는 상대방의 반대급부를 조건으로 하여서는 안 된다는 원칙을 말한다. 이는 행정기관의 권한행사와 반대급부 간에 실질적 관련성이 있어야 한다는 의미에서 관련성의 명령이라 하기도 한다.

 ㉡ 법적 근거 : 헌법적 효력설과 법률적 효력설, 별도 근거설이 대립되나 헌법상의 법치국가원리와 자의금지원칙을 근거로 한다는 헌법적 효력설이 다수설의 입장이다.

 ㉢ 요건
  • 행정청의 행정작용의 존재, 즉 공권력의 행사가 있어야 한다.
  • 공권력의 행사가 상대방의 반대급부와 결부되어야 한다.
  • 공권력의 행사와 상대방의 반대급부 사이에 실질적 관련성이 없어야 한다.

 ㉣ 적용영역
  • 부관 : 행정행위의 목적과는 무관한 목적을 위해 부관을 결부시키는 것은 부당결부금지의 원칙에 위배된다. 판례 또한 '행정청이 당해 사업과 무관한 토지를 기부채납하도록 하는 부관을 주택사업계획승인에 붙인 사실은 부당결부금지의 원칙에 반하여 위법하다'(대판 96다49650)고 판시한 바 있다.
  • 공법상 계약 : 공법상 계약은 상대방의 승낙을 요하기는 하나, 사법상 계약과 달리 행정청에 의해 일방적으로 결정되거나 취소·해제시키는 등의 경우가 많아 행정작용과 상대방의 급부내용 사이에는 부당결부금지의 원칙이 요구된다.
  • 의무이행확보수단 : 법정된 의무이행수단으로 그 행정실효를 거두지 못함에 따라 행정행위의 실효성을 확보하기 위해 한계를 일탈하는 공급거부와 관허사업제한, 여권발급의 제한 등을 결부시키는 것은 부당결부금지의 원칙에 반한다는 것이 다수설의 입장이다.

ⓜ **위반의 효과** : 헌법상 지위를 가지므로 이 원칙을 위반한 법률은 위헌심판 및 헌법소원의 대상이 될 수 있고 부관부 행정작용은 무효 또는 취소의 대상이 될 수 있다.

부당결부금지원칙 관련 판례

• 부당결부금지원칙에 반한다고 본 판례
- 이륜자동차로서 제2종 소형면허를 가진 사람만이 운전할 수 있는 오토바이는 제1종 대형면허나 보통면허를 가지고서도 이를 운전할 수 없는 것이어서 이와 같은 이륜자동차의 운전은 제1종 대형면허나 보통면허와는 아무런 관련이 없는 것이므로 이륜자동차를 음주운전한 사유만 가지고서는 제1종 대형면허나 보통면허의 취소나 정지를 할 수 없다(대판 1992. 9. 22, 91누8289).
- 지방자치단체장이 사업자에게 주택사업계획승인을 하면서 그 주택사업과는 아무런 관련이 없는 토지를 기부채납하도록 하는 부관을 주택사업계획승인에 붙인 경우, 그 부관은 부당결부금지의 원칙에 위반되어 위법하지만, … 부관의 하자가 중대하고 명백하여 당연무효라고는 볼 수 없다(대판 1997. 3. 11, 96다49650).

• 부당결부금지원칙에 반하지 않는다고 본 판례
- 특수면허가 제1종 운전면허의 하나이 이상 특수면허 소지자는 승용자동차로서 자동차운수사업법, 같은 법 시행령, 사업용자동차구조등의기준에관한규칙 등에 규정된 사업용자동차인 택시를 운전할 수 있다. 따라서 택시의 운전은 제1종 보통면허 및 특수면허 모두로 운전한 것이 되므로 택시의 음주운전을 이유로 위 두 가지 운전면허 모두를 취소할 수 있다(대판 1996. 6. 28, 96누4992).
- 65세대의 공동주택을 건설하려는 사업주체(지역주택조합)에게 주택건설촉진법 제33조에 의한 주택건설사업계획의 승인처분을 함에 있어 그 주택단지의 진입도로 부지의 소유권을 확보하여 진입도로 등 간선시설을 설치하고 그 부지 소유권 등을 기부채납하며 그 주택건설사업 시행에 따라 폐쇄되는 인근 주민들의 기존 통행로를 대체하는 통행로를 설치하고 그 부지 일부를 기부채납하도록 조건을 붙인 경우 … 필요한 범위를 넘어 과중한 부담을 지우는 것으로서 형평의 원칙 등에 위배되는 위법한 부관이라 할 수 없다(대판 1997. 3. 14, 96누16698).
- 제1종 대형면허의 취소에는 당연히 제1종 보통면허소지자가 운전할 수 있는 차량의 운전까지 금지하는 취지가 포함된 것이어서 이들 차량의 운전면허는 서로 관련된 것이라고 할 것이므로, 제1종 대형면허로 운전할 수 있는 차량을 운전면허정지기간 중에 운전한 경우에는 이와 관련된 제1종 보통면허까지 취소할 수 있다(대판 2005. 3. 11, 2004두12452).
- 고속국도 관리청이 고속도로 부지와 접도구역에 송유관 매설을 허가하면서 상대방과 체결한 협약에 따라 송유관 시설을 이전하게 될 경우 그 비용을 상대방에게 부담하도록 하였고, 그 후 도로법 시행규칙이 개정되어 접도구역에는 관리청의 허가 없이도 송유관을 매설할 수 있게 된 사안에서, 위 협약이 효력을 상실하지 않을 뿐만 아니라 위 협약에 포함된 부관이 부당결부금지의 원칙에도 반하지 않는다(대판 2009. 2. 12, 2005다65500).

 확인 기출문제

행정법의 일반원칙에 관한 설명으로 옳지 않은 것은? [지방직 9급 기출]

① 우리나라 행정절차법은 신뢰보호의 원칙을 명문으로 규정하고 있다.
❷ 대법원은 승합차를 혈중알코올농도 0.1% 이상의 음주상태로 운전한 자에 대하여 제1종 보통운전면허 외에 제1종 대형운전면허까지 취소한 행정청의 처분이 부당결부금지원칙을 위반한 것으로 보았다.
③ 대법원은 실권의 법리를 신의성실의 원칙에 바탕을 둔 파생원칙으로 보았다.
④ 평등의 원칙은 행정작용에 있어서 특별히 합리적인 차별사유가 없는 한 국민을 공평하게 처우하여야 한다는 원칙으로 재량권 행사의 한계 원리로서 중요한 의미를 갖는다.

제5절 행정법의 효력

1. 효력의 의의

행정법의 효력이란 행정법이 시간적 · 장소(지역)적 · 대인적 측면에서 어느 범위
까지 관계자에 대한 구속력을 가지는가에 대한 문제이다. 행정법의 경우 규율 대
상이 자주 변하기 때문에 법령의 개폐가 잦으며, 경우에 따라서는 특정시간이나
특정지역만을 규율하기도 한다.

2. 효력의 종류

(1) 시간적 효력

① 효력발생시기

ㄱ **시행일(효력발생일)** : 법률과 대통령령 · 총리령 · 부령, 조례 · 규칙 등은 특
별한 규정이 없으면 공포한 날부터 20일이 경과함으로써 효력을 발생한다
(헌법 제53조, 법령등공포에관한법률 제13조, 지방자치법 제32조).

ㄴ **법령의 시행유예기간(주지기간)** : 국민의 권리 제한 또는 의무 부과와 직접
관련되는 법률, 대통령령, 총리령 및 부령은 긴급히 시행하여야 할 특별한
사유가 있는 경우를 제외하고는 공포일부터 적어도 30일이 경과한 날부터
시행되도록 하여야 한다(법령등공포에관한법률 제13조의2).

② **소급효 금지의 원칙** : 소급효(진정소급효)는 금지되는 것이 원칙이다. 따라서
다른 특별한 규정이 없는 한 법령 변경 전에 발생한 사항에 대해서는 변경 전
의 구 법령이 적용된다. 다만, 경과규정을 두는 경우는 그에 따르며, 법령을
소급적용하더라도 일반국민의 이해에 직접 관계가 없는 경우나 오히려 그 이

익을 증진하는 경우, 불이익이나 고통을 제거하는 경우 등의 특별한 사정이 있는 경우에 한하여 예외적으로 법령의 소급적용이 허용된다(대판 2005. 5. 13, 2004다8630).

행정법규의 소급적용에 관한 판례와 진정소급효와 부진정소급효 관련 판례

- **헌법재판소의 헌법불합치결정에 따른 개선입법의 소급적용 여부와 소급적용의 범위는 입법자의 재량에 해당함** : 어떠한 법률조항에 대하여 헌법재판소가 헌법불합치결정을 하여 그 법률조항을 합헌적으로 개정 또는 폐지하는 임무를 입법자의 형성 재량에 맡긴 이상, 그 개선입법의 소급적용 여부와 소급적용의 범위는 원칙적으로 입법자의 재량에 달린 것이다(대판 2008. 1. 17, 2007두21563).
- **행정법규의 소급적용이 인정되지 않는 경우** : 법령이 변경된 경우 명문의 다른 규정이나 특별한 사정이 없는 한 그 변경 전에 발생한 사항에 대하여는 변경 후의 신 법령이 아니라 변경 전의 구 법령이 적용되므로, 건설업자인 원고가 면허수첩을 대여한 것이 그 당시 시행된 건설업법 소정의 건설업면허 취소사유에 해당된다면 그 후 동법시행령이 개정되어 건설업면허 취소사유에 해당하지 아니하게 되었다 하더라도 대여행위 당시 시행된 건설업법을 적용하여 원고의 건설업면허를 취소하여야 할 것이다(대판 1982. 12. 28, 82누1).
- **예외적으로 행정법규의 소급적용이 인정된 경우** : 개정된 산업재해보상보험법 시행령의 시행 전에 장해급여 지급청구권을 취득한 근로자의 외모의 흉터로 인한 장해등급을 결정함에 있어, 위 개정이 위헌적 요소를 없애려는 반성적 고려에서 이루어졌고 이를 통하여 근로자의 균등한 복지증진을 도모하고자 하는 데 그 취지가 있으며, 당해 근로자에 대한 장해등급 결정 전에 위 시행령의 시행일이 도래한 점 등에 비추어, 예외적으로 위 개정 시행령을 적용하여야 한다(대판 2007. 2. 22, 2004두12957).
- **진정소급효 관련 판례** : 소급입법은 새로운 입법으로 이미 종료된 사실관계 또는 법률관계에 작용케 하는 진정소급입법과 현재 진행 중인 사실관계 또는 법률관계에 작용케 하는 부진정소급입법으로 나눌 수 있는 바, 부진정소급입법은 원칙적으로 허용되지만 소급효를 요구하는 공익상의 사유와 신뢰보호의 요청 사이의 교량과정에서 신뢰보호의 관점이 입법자의 형성권에 제한을 가하게 되는 데 반하여, 기존의 법에 의하여 형성되어 이미 굳어진 개인의 법적 지위를 사후입법을 통하여 박탈하는 것 등을 내용으로 하는 진정소급입법은 개인의 신뢰보호와 법적 안정성을 내용으로 하는 법치국가원리에 의하여 특단의 사정이 없는 한 헌법적으로 허용되지 아니하는 것이 원칙이고, 다만 일반적으로 국민이 소급입법을 예상할 수 있었거나 법적 상태가 불확실하고 혼란스러워 보호할 만한 신뢰이익이 적은 경우와 소급입법에 의한 당사자의 손실이 없거나 아주 경미한 경우 그리고 신뢰보호의 요청에 우선하는 심히 중대한 공익상의 사유가 소급입법을 정당화하는 경우 등에는 예외적으로 진정소급입법이 허용된다(헌재 1999. 7. 22, 97헌바76).
- **부진정소급효 관련 판례** : 새로운 입법으로 이미 종료된 사실관계에 작용케 하는 진정소급입법은 헌법적으로 허용되지 않는 것이 원칙이며 특단의 사정이 있는 경우에만 예외적으로 허용될 수 있는 반면, 현재 진행 중인 사실관계에 작용케 하는 부진정소급입법은 원칙적으로 허용되지만 소급효를 요구하는 공익상의 사유와 신뢰보호의 요청 사이의 교량과정에서 신뢰보호의 관점이 입법자의 형성권에 제한을 가하게 된다(헌재 1998. 11. 26, 97헌바58).

③ **효력의 소멸**

   ⊙ **한시법(限時法)인 경우** : 일정한 유효기간이 규정되어 있는 한시법의 경우에는 그 기간(종기)이 도래함으로써 효력이 소멸된다. 다만, 유효기간 내의 위법행위에 대해서는 한시법의 실효 이후에도 그 법령의 벌칙규정을 적용할 수 있기 때문에(추급효) 그 위반행위에 대한 가벌성이 소멸되는 것은 아니다(대판 94도221).

   ⓛ **한시법이 아닌 경우** : 당해 법령 또는 그와 동위 또는 상위의 법령에 의한

명시적 개폐가 있거나, 그와 저촉되는 동위 또는 상위의 후법 제정에 의하여 그 효력이 상실된다(상위법·신법 우선의 원칙). 이에 대해 판례도 '구법을 개폐하는 신법이 제정된 경우에도 별도의 명문규정이 없는 이상 구법 시행 당시에 발생한 사유에 대하여는 개폐된 구법이 그대로 적용되어야 한다(대판 93누19719)'고 판시한 바 있다.

꼭! 확인 기출문제

법령의 효력발생에 관한 설명으로 옳지 <u>않은</u> 것은? [국가직 9급 기출]

❶ 대통령령·총리령 및 부령은 특별한 규정이 없는 한 공포한 날로부터 14일이 경과함으로서 효력을 발생한다.
② 대통령령·총리령 및 부령의 공포일은 그 법령 등을 게재한 관보 또는 신문이 발행된 날로 한다.
③ 법령의 공포시점은 관보 또는 공보가 판매소에 도달하여 누구든지 이를 구독할 수 있는 상태가 된 최초의 시점으로 보는 것이 판례의 입장이다.
④ 새 법령이 시행되기 전에 종결된 사실에 대하여는 당해 법령을 적용하지 않는 것을 원칙으로 한다.

웹 ① 대통령령, 총리령 및 부령은 특별한 규정이 없으면 공포한 날부터 20일이 경과함으로써 효력을 발생한다(법령등공포에관한법률 제13조).
② 법령 등의 공포일 또는 공고일은 해당 법령 등을 게재한 관보 또는 신문이 발행된 날로 한다(동법 제12조).
③ 공포한 날이란 법령을 게재한 관보가 발행된 날을 의미하는데, 통설과 판례는 도달주의 입장에서 국민이 최초구독가능시점(관보 등이 중앙보급소에 도달하여 구독 가능 상태에 놓인 최초 시점)을 공포된 날로 본다.

> 관련 판례 : 구 광업법 시행령 제3조에 이른바 관보 게재일이라 함은 관보에 인쇄된 발행일자를 뜻하는 것이 아니고 관보가 전국의 각 관보보급소에 발송 배포되어 이를 일반인이 열람 또는 구독할 수 있는 상태에 놓이게 된 최초의 시기를 뜻한다(대판 1969. 11. 25, 69누129).

④ 신뢰보호원칙과 기득권 내지 법적 안정성, 예측가능성이라는 실질적 법치주의 요청에 따라 원칙적으로 법령이 공포·시행되기 전에 종결된 사실에 대하여 적용되지 않는다(소급효 금지의 원칙).

(2) 지역적(장소적) 효력

① 원칙 : 행정법규는 그 법규의 제정권자·제정기관의 권한이 미치는 지역적 범위 내에서 효력을 가지므로 법률과 대통령령·총리령·부령은 전국적으로 효력을 미치고, 자치법규(조례·규칙)의 효력은 당해 지방자치단체의 관할구역에 한정된다.

② 예외
  ㉠ 국가가 제정한 법령이라도 내용에 따라 일부 지역에만 효력이 미치는 경우 : 수도권정비계획법, 제주특별자치도설치및국제자유도시조성을위한특별법, 자유무역지역의지정및운영에관한법률 등
  ㉡ 제정기관의 관할구역을 넘어 영향을 미치는 경우 : 지방자치단체가 자치법규로 타 지방자치단체 관할구역에 공공시설을 설치한 경우 당해 시설을 설치한 자치단체의 법규가 적용되는 경우 등
  ㉢ 국내 행정법규의 적용이 제한되는 경우 : 외국 대사관·영사관 등 국제법상

치외법권이 인정되는 자가 사용하는 토지 · 시설의 경우

(3) 대인적 효력

① 원칙

　㉠ 행정법규는 속지주의를 원칙으로 하여, 그 영토 또는 당해 지역 내에 있는 모든 사람에게 적용되므로 내국인과 외국인, 자연인 · 법인 여부를 불문하고 적용된다.

　㉡ 속인주의에 따라 외국에 있는 내국인에게도 행정법규가 적용된다.

> 판례는 북한국적소지자인 북한동포에게도 우리 행정법이 적용된다고 판시한 바 있으며(대판 96누1221), 대한민국 국민으로 일본에서 영주권을 취득한 경우에도 우리 국적을 상실하지 않는다고 보았다(대판 80다2435).

② 예외

　㉠ 국제법상 치외법권을 가진 외국원수 · 외교사절의 경우 「외교관계에 관한 비엔나협약」에 따라 우리나라의 행정법규가 적용되지 않으며, 한미행정협정에 따라 주한미군 구성원에게도 적용이 배제 · 제한된다.

　㉡ 일반적으로 외국인에게도 우리의 행정법규가 적용되는 것이 원칙이나, 상호주의의 유보하에서 적용되거나(국가배상법 제7조), 법령상 외국인에 대한 특칙을 두는 경우가 있다.

Check Point

국가배상법 제7조(외국인에 대한 책임)

이 법은 외국인이 피해자인 경우에는 해당 국가와 상호보증이 있을 때에만 적용한다.

제3장

행정법관계

제1절 행정법관계의 관념

1. 행정상 법률관계

(1) 개설

① 행정상 법률관계의 의의 : 행정상 법률관계라 함은 행정에 관한 법률관계, 즉 행정상 관련된 당사자 상호 간의 권리·의무관계를 말한다.

② 행정상 법률관계의 종류 : 행정상 법률관계는 행정조직법적 관계와 행정작용법적 관계로 구분되며, 행정작용법적 관계는 다시 사법이 지배하는 사법관계와 공법이 지배하는 공법관계로 구분된다.

행정상 법률관계 (광의의 행정상 법률관계)	행정조직법 관계	행정조직 내부관계	
		행정주체 상호 간의 관계	
	행정작용법 관계 (협의의 행정상 법률관계)	공법관계 (행정법관계)	권력관계(본래적 공법관계)
			관리관계(전래적 공법관계)
		사법관계 (광의의 국고관계)	협의의 국고관계
			행정사법관계

(2) 행정조직법적 관계

① 행정조직 내부관계

㉠ 의의 : 행정조직 내부관계는 상·하급 관청 간의 권한의 위임·지휘 및 감독관계나, 대등관청 간의 사무위탁 등의 관계와 같은 관청 상호 간의 관계를 말한다.

  ⓒ 성질 : 이 관계는 권리주체 간의 권리 · 의무관계가 아닌, 직무권한 · 기관
권한의 관계이므로 그 권한행사에 다툼이 있을 때에는 개별적인 특별규정
이 있어야 법원에 제소할 수 있는 객관적 쟁송(기관소송)의 대상이 된다.

 ② 행정주체 상호 간의 관계
  ㉠ 국가와 지방자치단체 간의 관계 : 국가의 지방자치단체에 대한 인 · 허가 등
의 감독관계, 보조금 및 교부금의 교부 등 원조관계
  ㉡ 지방자치단체 상호 간의 관계 : 자치단체 상호 간의 직무원조 · 협력관계,
조합의 설립관계 등

(3) 행정작용법적 관계

행정작용법적 관계란 행정주체와 국민 간의 권리 · 의무관계(대외적 관계)를 말
하며, 행정법의 규율을 받는 공법관계(행정법관계)와 사법에 의하여 규율되는 사
법관계(국고관계)로 구분된다.

 ① 공법관계(행정법관계, 고권행정관계)
  ㉠ 권력관계(본래적 공법관계, 협의의 고권행정관계)
   • 의의 : 권력관계란 행정주체가 공권력의 주체로서 우월적 지위에서 국민
의 권리와 의무를 명령 · 강제하거나 국민과의 법률관계를 발생 · 변경 ·
소멸시키는 관계, 즉 본래적 의미의 행정법관계를 말한다.
   • 구분 : 국가의 통치권(일반 지배권)에 복종하는 관계로서 모든 국민에게
당연히 성립하는 법률관계인 일반권력관계와 공법상 행정목적을 위해
특별한 법적 원인에 근거하여 성립하는 특별권력관계로 구분된다.
   • 특징 : 부대등한 지배 · 복종관계로서 행정주체의 행위에 공정력 · 확정
력 · 강제력 등 법률상 우월한 효력이 인정되며, 특별한 규정이 없는 한
사법이 아닌 공법원리가 적용된다. 따라서 이에 관한 불복은 항고쟁송
(항고심판 · 항고소송)의 방법에 의해서만 가능하다.
  ㉡ 관리관계(비권력관계, 전래적 공법관계, 단순고권행정관계)
   • 의의 : 관리관계란 행정주체가 공권력의 주체로서가 아니라 공적 재산이
나 사업의 관리주체로서, 공익목적 달성을 위해 공법상 계약 · 공법상 합
동행위 · 공물관리 · 공기업경영 등을 행하는 관계를 말한다.
   • 특징 : 성질상 사인의 행위와 유사하여 일반적으로 사법이 적용되고, 분
쟁은 민사소송에 의한다. 다만, 공익목적의 달성에 필요한 한도 내에서
만 공법규정 및 공법원리 적용된다(공공성이 강한 수도공급관계나 윤
리성이 강조되는 교육관계 등의 경우에는 공법규정이 적용됨).
   • 유형 : 행정청이 공물을 관리하는 것은 일반 사인이 자신의 재산을 관리

Check Point

행정작용법적 관계는 행정작용으
로 인하여 권익이 침해당한 경우
법률에 특별한 규정이 없더라도
법원에 소송을 제기할 수 있는 주
관적 쟁송의 대상이 된다.

Check Point

권력관계의 예
하명, 인 · 허가처분, 과세처분, 환
지처분, 토지수용 및 사용, 행정강
제, 행정벌 등이 여기에 해당된다.

Check Point

공물
도로나 공원, 유원지, 공공도서관
등과 같이 공익을 위하여 존재하
는 유체물을 말한다.

하는 것과 본질적으로 같지만, 공익목적을 위하여 관리하는 것이므로 관리관계에 해당한다. 이러한 관리관계에는 공물관리 이외에도 영조물(공기업)의 경영, 공법상 계약, 공법상 합동행위 등이 있다.

② 사법관계(국고관계)

　ⓐ 의의 : 사법관계란 행정주체가 공권력 주체로서가 아니라 재산권 주체로서 사인과 맺는 법률관계를 말한다. 즉, 행정주체가 사인의 자격으로 사인과 대등한 관계에서 사법적 효과를 발생시킬 목적으로 하는 관계를 말한다.

　ⓑ 특징 : 특별히 공공성을 띠지 않는 법률관계로서 원칙적으로 사법이 적용된다. 다만, 국가재정법·국유재산법 등의 법률은 공공성 등과 관련하여 계약의 방법·내용 등에 관해 제한을 하는 경우가 있으나, 이러한 사법행위가 공법행위로 그 성질이 변질되는 것은 아니다.

> 관련 판례 : 구 국유재산법 제31조 제3항, 구 국유재산법 시행령 제33조 제2항의 규정에 의하여 국유잡종재산에 관한 관리처분의 권한을 위임받은 기관이 국유잡종재산을 대부하는 행위는 국가가 사경제 주체로서 상대방과 대등한 위치에서 행하는 사법상의 계약이지 행정청이 공권력의 주체로서 상대방의 의사 여하에 불구하고 일방적으로 행하는 행정처분이라고 볼 수 없고, 국유잡종재산에 관한 사용료의 납입고지 역시 사법상의 이행청구에 해당하는 것으로서 이를 항고소송의 대상이 되는 행정처분이라고 할 수 없다(대판 1995. 5. 12, 94누5281).

　ⓒ (협의의) 국고관계와 행정사법관계

　　• (협의의) 국고관계 : 행정주체가 공권력의 주체가 아닌 사법상의 재산권 주체로서 사인과 맺는 관계

　　• 행정사법관계 : 행정주체가 공행정 과제를 수행함에 있어 맺는 관계로, 공법과 사법이 혼재하는 법의 관계

Check Point

사법관계의 예

행정주체의 물품구입·공사도급계약관계, 국유재산의 불하, 국채 및 지방채 모집, 수표발행, 국가의 회사주식매매, 은행으로부터의 일시차입, 국공립병원 이용관계, 시영버스·식당 이용관계, 지하철승차 및 이용관계, 전화이용관계(단, 전화요금 강제징수관계는 공법관계임) 등이 이에 해당된다.

공법관계와 사법관계의 구분(판례)	
공법관계로 본 판례	상하수도이용관계 및 수도료 강제징수관계, 귀속재산처리관계, 서울대학생 제적 관계, 채권입찰관계, 조세채무관계, 징발권자(국가)와 피징발자의 관계, 공립유치원 전임강사 근무관계, 공유재산 관리청의 행정재산 사용·수익의 허가(특허) 및 사용·수익자에 대한 사용료 부과처분, 무단점유자에 대한 국유재산 관리청의 변상금부과처분, 농지개량조합의 조합직원에 대한 징계처분, 도시재개발조합에 대한 조합원자격확인을 구하는 관계, 공무원연금관리공단의 급여결정, 국가나 지방자치단체에 근무하는 청원경찰에 대한 징계처분
사법관계로 본 판례	가스·전기·전화의 공급관계, 국가재정법에 의한 입찰보증금 국고귀속조치, 서울지하철공사와 소속 임·직원의 관계, 종합유선방송위원회 직원의 근무관계, 공무원 및 사립학교교직원 의료보험관리공단 직원의 근무관계, 조세과오납금 환급청구권의 행사, 행정청의 국유임야 대부·매각행위, 환매권의 행사 등

2. 공법과 사법의 구별

(1) 의의

① **공법** : 국가와 지방자치단체를 당사자로 하거나 국가 · 지방자치단체와 개인 간의 관계 또는 국가나 지방자치단체의 조직 · 활동을 정하는 법을 말한다.

② **사법** : 사인 간의 사적 생활관계를 규율하는 법을 말한다.

(2) 공법과 사법의 구별

① **절차법상 구별** : 행정청의 처분 등의 절차는 행정절차법이 정하는 바에 따라야 하며, 사적 영역은 사적 자치가 적용된다.

② **실체법상 구별**

　㉠ 법률관계에서 사인 간에는 사법원리가, 행정청과 사인 간 관계는 공법원리가 적용된다.

　㉡ 의무 불이행 시 사인은 자력강제를 할 수 없으나 행정청은 자력강제가 가능하다.

　㉢ 손해배상에 있어서 사법은 민법에 의하지만 행정상 손해배상은 공법(국가배상법 등)에 의한다.

　㉣ 법인의 법형식에 대하여 공법인과 사법인으로 구분된다.

　㉤ 공법의 재판관할은 행정법원이고, 사법의 재판관할은 지방법원이다.

③ **소송법상 구별** : 사인 간의 법적 분쟁에 따른 소송은 민사소송법에 의하여 사법적 구제를 받지만 행정청과 사인 간의 법적 분쟁은 행정소송법(기관소송, 당사자 소송, 민중소송, 항고소송)에 의하여 사법적 구제를 받는다(적용법과 관할법원의 결정 등을 위해 양자의 구별이 필요함).

(3) 구별기준

① 학설

　㉠ **주체설** : 법률관계의 주체를 기준으로 공 · 사법관계를 구별하자는 견해이다. 즉, 국가나 국가기관이 법률관계의 일방당사자인 경우를 규율하는 법이 공법이고, 사인 간의 법률관계를 규율하는 법이 사법이라는 것이다. 그러나 행정청이 사인의 지위에서 행하는 국고작용은 사법 적용을 받으며, 공무수탁사인은 공권을 부여받고 공법의 적용을 받는다는 점에서 문제점이 지적된다.

　㉡ **성질설** : 상하관계(불평등관계)를 규율하는 법이 공법이고, 대등관계(평등관계)를 규율하는 법이 사법이라는 견해이다. 이러한 성질설은 권력설 · 복

> **Check Point**
>
> **구별의 필요성**
> 공법과 사법의 구별은 특정 법률관계에 적용할 법규나 법원칙을 결정하거나 행정에 관한 사건의 관할을 결정하기 위해서 필요하다.

> **Check Point**
>
> **공법관계와 사법관계의 구별에 대한 논의**
> 공법에 의해 지배되는 법률관계가 공법관계이며 사법이 적용되는 법률관계가 사법관계라는 점에서 공법과 사법의 구별을 전제로 공법관계와 사법관계의 구별을 논의할 수 있다.

종설·종속설·잉여가치설이라고 한다. 그러나 사법에도 친자관계와 같이 상하관계가 존재하고 있고, 공법에서도 공법상 계약과 같이 대등한 관계가 있다는 점에 대해 논리적으로 설명할 수 없다는 비판이 제기되고 있다.

ⓒ 이익설 : 법률관계의 목적이 공익인가 사익인가에 따라 공법과 사법을 구분한다는 견해이다. 즉, 공익실현을 위한 법이 공법이고 사익실현을 위한 법이 사법이라는 것이다. 그러나 공익과 사익은 상호의존적이고 완전 분리할 수 없어, 오늘날에는 다수 법규가 공익과 사익을 동시에 고려대상으로 하고 있음을 간과하였다는 비판이 제기되고 있다.

ⓓ 귀속설(신주체설) : 귀속설은 주관적 권리와 의무가 귀속되는 주체에 따라 공법과 사법을 구분하는 견해이다. 즉, 공권력주체에 대해서만 배타적으로 권리와 의무를 귀속시키는 법이 공법이고, 어느 누구에게나 권리와 의무를 귀속시키는 법은 사법이라는 것이다. Wolff가 주장한 귀속설은 현재 독일의 다수설로, 신주체설·특별법설·수정주체설로 불린다. 그러나 하나의 법률관계 속에 공법관계와 사법관계가 혼재하는 경우에 어떠한 법규범이 적용되어야 하는지에 대해서는 모호하다.

ⓜ 구별부인설 : Kelsen 등에 의해 제시된 견해로, 공법이든 사법이든 관계없이 모두 법률상 권리와 의무관계라는 점에서 본질적으로 동일한 것이므로 양자를 구분할 필요가 없다는 법일원설의 견해이다. 영미법계도 이러한 법일원주의의 입장에서 공법과 사법의 구별을 부정한다.

ⓗ 복수기준설 : 여러 개의 기준을 통해 공법과 사법을 구분해야 한다는 견해로, 공법과 사법을 구별 짓는 여러 학설 중 통설로 보고 있다.

② 실정법적 구별기준

㉠ 법규에 규정이 있는 경우 : 법규에서 행정상 강제집행, 행정벌, 손실보상이나 국가배상, 행정상 쟁송제도가 규정되어 있다면 공법관계로 보아야 한다.

㉡ 법규에 규정이 없는 경우 : 특정의 법적 문제에 있어서 그에 적용될 법규범이 없는 경우, 개개의 법규가 담고 있는 성질이 공공성·윤리성을 강조하고 있다면 공법으로 보아야 한다.

공법과 사법의 상호융화

종래 서로 배타적인 관계로 여겨온 공법과 사법관계는 오늘날 상호 별개의 것이 아니라 상호 영향을 주고받는 관계로 파악되고 있으며, 양자가 서로 혼합되어 나타나는 경우도 많다. 즉, 공법적 행위가 사법적 효과를 발생하기도 하고(예 토지수용으로 인한 소유권 취득), 공법적 행위가 사법적 행위의 구성요건요소가 되기도 하며(예 혼인신고), 공법이 사법의 효과를 제한하기도 하고(예 부관에 의한 영업행위의 제한), 공법이 사법을 보완하기도 한다. 이러한 측면에서 공법과 사법의 구별에 있어서도 상대적 구별론의 관점이 통설적 견해로 제시되고 있다.

3. 행정법관계의 당사자

(1) 의의

행정법관계의 당사자란 행정법관계에 있어서의 권리·의무의 주체, 즉 행정권을
행사하고 그 법적 효과가 귀속되는 행정주체와 그 행정권의 발동대상인 행정객
체를 말한다.

(2) 행정주체

① 의의

ㄱ **행정주체의 의의** : 행정주체는 행정권의 담당자로서 행정권을 행사하는 자
를 말한다. 법기술상으로는 '자신의 이름으로 행정권을 행사하고, 그 법적
효과가 자신에게 귀속되는 법률관계의 한쪽 일방'이라 할 수 있다. 이러한
행정주체에는 인격이 주어진 국가와 공공단체, 공권이 주어진 개인(공무수
탁사인)이 있다.

ㄴ **행정기관과의 구별** : 행정주체는 법인이므로 행정주체가 공행정 임무를 수
행하기 위해서는 행정권을 실제로 행사하는 기관(행정기관, 행정청)이 필
요하다. 행정기관(행정청)은 행정주체를 구성하는 개개의 법적 단위(대통
령, 장관 등)를 말하며, 공무원은 이러한 행정기관을 구성하는 인적 요소로
서 행정사무를 직접 담당한다.

> **행정기관의 종류**
> • **행정청** : 행정에 관한 의사를 결정하여 표시하는 국가 또는 지방자치단체의 기관
> • **의결기관** : 의사를 결정하는 권한은 있으나 이를 외부에 표시할 권한은 없는 행정기관
> • **그 외의 기관** : 보조기관, 보좌기관, 자문기관, 집행기관, 감사기관, 공기업 및 공공시설기관 등

② 종류

ㄱ **국가** : 국가는 시원적으로 행정권을 가지고 있는 행정주체이다.

ㄴ **공공단체** : 특정한 국가목적을 위해 설립되어 법인격이 부여된 단체를 말
한다. 광의의 공공단체에는 지방자치단체, 공공조합(공법상 사단법인), 공
법상 재단법인, 영조물법인이 있으며, 협의의 공공단체는 공공조합을 의미
한다.

• **지방자치단체** : 국가영토의 일부 지역을 그 구성단위로 하여 그 지역 안
의 주민을 통치하는 포괄적 자치권을 가진 공법인으로서 전래적 행정주
체이다. 지방자치단체에는 보통지방자치단체(광역단체와 기초단체)와
특별지방자치단체(지방자치단체조합)가 있다.

- 공공조합(공법상 사단법인) : 특정한 행정목적을 위하여 일정한 법적 자격을 갖춘 사람의 결합으로 설립된 사단법인을 말한다. 국민건강보험조합, 농업협동조합, 농지개량조합, 토지구획정리조합, 도시재개발조합, 대한변호사회, 의사회, 상공회의소 등이 있다.

- 공법상 재단법인(공재단) : 국가나 지방자치단체 등 재단설립자가 출연한 재산을 관리하기 위해 설립된 공공단체를 말한다. 공공재단은 공공조합과 같은 구성원이 없고, 영조물법인과 같은 이용자도 없으며, 수혜자와 운영자, 직원만이 존재한다. 여기에는 공무원연금관리공단, 한국소비자원, 한국학술진흥재단, 한국학중앙연구원 등이 있다.

- 영조물법인 : 특정한 행정목적을 달성하기 위해 설립된 인적·물적 결합체에 공법상 법인격을 부여한 것을 말한다. 영조물법인은 이용자가 존재하고, 운영자와 직원은 있어도 구성원은 없다는 점에서 공공조합과 구별된다. 대표적인 영조물법인으로는 한국은행 등의 각종 국책은행, 한국도로공사·한국토지주택공사·지하철공사·한국방송공사 등의 각종 공사, 국립공원관리공단, 국립대학병원, 적십자병원, 한국기술검정공단 등이 있다.

ⓒ 공무수탁사인(수권사인, 공권력이 부여된 사인)

- 의의 : 공무수탁사인이란 자신의 이름으로 공행정 사무를 처리할 수 있는 권한을 법률 또는 법률에 근거한 행위에 의해 위임받아 그 범위 안에서 행정주체로서의 지위에 있는 사인을 말한다.

- 구별개념
  - 행정보조인 : 행정임무를 자기 책임하에 수행함이 없이 단순한 기술적 집행만을 하는 사인으로, 독립적인 행정권한이 없고 법률관계의 대외적 행정주체가 될 수 없음
  - 공의무부담사인 : 공행정의무를 처리할 의무가 법적으로 부여된다는 점에서는 공무수탁사인과 유사하나, 공법상 권한이 인정되지 않고 행정주체에 해당되지 않는다는 점에서 구별됨

- 법적 성질(행정주체성) : 공무수탁사인은 기관에 불과할 뿐 행정주체가 될 수 없다는 행정기관설과 국가의 권력행사를 행하는 자로서의 행정주체라고 보는 설이 있다. 행정주체의 법적 지위를 가진다는 행정주체설이 다수설이다.

Check Point

대표적인 공무수탁사인
- 별정우체국장(체신)
- 경찰임무를 수행 중인 선장 및 기장
- 학위를 수여하는 사립대학교 총장
- 토지수용에 있어서의 사업시행자
- 집달관
- 소득세법에 의한 소득세원천징수의무자(다수설이나, 판례는 부정)
- 방송통신위원회의 위탁을 받은 한국광고자율심의기구(헌재 2005헌마506)
- 도시및주거환경정비법에 따른 주택재건축정비사업조합(대판 2009마596)
- 교정업무를 수행하는 교정법인이나 민영교도소

공무수탁사인의 법적 근거
- **정부조직법 제6조 제3항** : 행정기관은 법령으로 정하는 바에 따라 그 소관사무 중 조사·검사·검정·관리업무 등 국민의 권리·의무와 직접 관계되지 아니하는 사무를 지방자치단체가 아닌 법인·단체 또는 그 기관이나 개인에게 위탁할 수 있다.
- **지방자치법 제117조 제3항** : 지방자치단체의 장은 조례나 규칙으로 정하는 바에 따라 그 권한에 속하는 사무 중 조사·검사·검정·관리업무 등 주민의 권리·의무와 직접 관련되지 아니하는 사무를 법인·단체 또는 그 기관이나 개인에게 위탁할 수 있다.
- **공익사업을위한토지등의취득및보상에관한법률 제19조 제1항** : 사업시행자는 공익사업의 수행을 위하여 필요하면 이 법에서 정하는 바에 따라 토지 등을 수용하거나 사용할 수 있다.
- **별정우체국법 제2조 제1항** : 별정우체국이란 과학기술정보통신부장관의 지정을 받아 자기의 부담으로 청사와 그 밖의 시설을 갖추고 국가로부터 위임받은 체신 업무를 수행하는 우체국을 말한다.
- **선원법 제6조** : 선장은 해원을 지휘·감독하며, 선내에 있는 사람에게 선장의 직무를 수행하기 위하여 필요한 명령을 할 수 있다.

- **국가와의 법률관계** : 위탁자인 국가 등과 수탁사인의 관계는 공법상 위임관계이다. 따라서 수탁사인은 관계 법령에 따라 국가와 독립하여 사무를 행하고 위탁자에 비용청구권을 가진다. 그러나 수탁사인은 국가와 지방자치단체의 감독을 받아야 한다.
- **권리구제(국민과의 관계)**
  - **행정쟁송을 통한 권리구제** : 수탁사인의 처분에 의해 권리를 침해당한 자는 행정심판이나 행정소송을 제기할 수 있다(행정소송법 제2조 제2항, 행정심판법 제3조). 공무수탁사인은 법률상 행정청에 해당되므로 행정심판의 피청구인이나 항고소송의 피고가 된다(위임·위탁행정청이 피청구인이나 피고가 되는 것이 아님).

    > 관련 판례 : 성업공사가 체납압류된 재산을 공매하는 것은 세무서장의 공매권한 위임에 의한 것으로 보아야 할 것이므로, 성업공사가 한 그 공매처분에 대한 취소 등의 항고소송을 제기함에 있어서는 수임청으로서 실제로 공매를 행한 성업공사를 피고로 하여야 하고, 위임청인 세무서장은 피고적격이 없다(대판 1997. 2. 28, 96누1757).

  - **손해배상의 청구** : 학설상 공무수탁사인의 위법한 침해에 대한 손해의 경우 민법상 손해배상청구를 해야 한다는 견해와 국가배상청구를 해야 한다는 견해가 대립되나, 국가배상법 개정(2009. 10. 21)으로 이 경우 국가나 지방자치단체를 상대로 국가배상청구를 해야 한다.
- **공무수탁사인 지위의 종료** : 수탁사인의 공적 지위는 사망·파산·기간경과·유죄선고 등 일정한 사실의 발생 또는 공무수탁사인에 대한 공권 부여의 근거인 법률이나 행정행위의 폐지 등으로 인하여 종료된다.

Check Point

공무수탁사인의 법적 근거
일반법적 근거로는 정부조직법과 지방자치법, 개별법적 근거로는 공익사업을위한토지등의취득및보상에관한법률, 별정우체국법, 선원법, 항공안전및보안에관한법률 등이 있다.

Check Point

행정소송법 제2조(정의) 제2항
② 이 법을 적용함에 있어서 행정청에는 법령에 의하여 행정권한의 위임 또는 위탁을 받은 행정기관, 공공단체 및 그 기관 또는 사인이 포함된다.

Check Point

행정심판법 제3조(행정심판의 대상)
① 행정청의 처분 또는 부작위에 대하여는 다른 법률에 특별한 규정이 있는 경우 외에는 이 법에 따라 행정심판을 청구할 수 있다.
② 대통령의 처분 또는 부작위에 대하여는 다른 법률에서 행정심판을 청구할 수 있도록 정한 경우 외에는 행정심판을 청구할 수 없다.

(3) 행정객체

① 의의 : 행정객체란 행정주체가 행정권을 행사할 경우에 행사의 대상이 되는
자를 말한다. 사인과 공공단체는 행정객체가 될 수 있으나 국가는 행정객체가
될 수 없다고 본다(통설).

② 종류

㉠ 사인 : 사인에는 자연인과 법인(사법인)이 있는데, 일반적으로 사인은 행정
의 상대방, 즉 행정객체가 된다.

㉡ 공공단체 : 행정주체인 공공단체도 경우에 따라서는 국가나 다른 공공단체
에 대한 관계에서 행정객체가 될 수 있다.

꼭! 확인 기출문제

행정상 법률관계의 당사자에 관한 설명으로 옳은 것은? (다툼이 있는 경우 판례에 의함) [서울시 9급 기출]

❶ 국가나 지방자치단체는 행정청과는 달리 당사자소송의 당사자가 될 수 있고 국가배상책임의 주체가
될 수 있다.

② 법인격 없는 단체는 공무수탁사인이 될 수 없다.

③ 「도시 및 주거환경정비법」에 따른 주택재건축정비조합은 공법인으로서 행정주체의 지위를 가진다고
보기 어렵다.

④ 「민영교도소 등의 설치 운영에 관한 법률」상의 민영교도소는 행정보조인(행정보조자)에 해당한다.

🔟 ① 당사자 소송의 당사자(피고)는 행정주체가 되며, 국가배상책임의 주체에 대하여는 헌법은 국가, 공공단체로 하고 있고,
국가배상법은 국가, 지방자치단체로 하고 있다.

② 공무수탁사인이 되는 단체는 반드시 법인격이 있어야 하는 것은 아니다.

③ 구 도시 및 주거환경정비법에 따른 주택재건축정비사업조합은 관할 행정청의 감독 아래 위 법상 주택재건축사업을 시
행하는 공법인으로서, 그 목적 범위 내에서 법령이 정하는 바에 따라 일정한 행정작용을 행하는 행정주체의 지위를 가
진다(대판 2009.9.17, 2007다2428, 대판 2009.11.2, 2009마596).

④ 민영교도소 등의 설치·운영에 관한 법률에 따라 민영교도소를 운영하는 종교재단은 행정보조인이 아니라 독립된 법인
격을 가진 행정주체에 해당한다.

제2절 행정법관계의 내용

1. 공권(公權)

(1) 국가적 공권

① 의의 : 국가적 공권이란 국가 또는 공공단체 등 행정주체가 우월적인 의사주
체로서 행정객체에 대하여 가지는 권리를 말한다. 이는 행정법규가 행정주체

에게 부여한 권한을 의미한다.

② **특성** : 국가적 공권은 공익에 미치는 영향이 크기 때문에 포기가 제한되며, 지배권으로서의 성격을 지니므로 권리자율성(일방적 명령) · 자력강제성 · 확정성 · 공정성 등의 특수성이 인정된다.

③ **종류**

　㉠ **목적에 따른 분류** : 조직권, 경찰권, 형벌권, 통제(규제)권, 군정권, 재정권, 조세권, 공기업특권, 공용부담특권 등으로 분류

　㉡ **내용에 따른 분류** : 하명권, 강제권, 형성권, 공법상 물권 등으로 분류

④ **한계** : 발동에 있어 법적 근거를 요하며, 법규상 · 조리상 제한이 따른다.

(2) 개인적 공권

① **의의** : 개인적 공권이란 개인 또는 단체가 자기의 이익을 위하여 행정주체에게 일정한 행위(작위 · 부작위 · 급부 등)를 요구할 수 있는 법률상의 힘을 말한다. 이는 행정법규가 강행적으로 개인의 이익을 직접 보호함으로써 성립한다. 이러한 개인적 공권을 주관적 공권이라 한다.

② **반사적 이익과의 구별**

　㉠ **반사적 이익의 의의** : 행정법규가 개인이 아닌 공익목적만을 위해 행정주체에게 일정한 제한과 의무를 부과한 결과 그에 대한 반사적 효과로서 개인이 얻게 되는 이익을 말한다. 이는 행정법규가 개인의 이익을 보호하려는 의도가 없을 때 반사적 효과로 발생하는 사실상의 이익이라 할 수 있다.

　㉡ **구별의 실익** : 반사적 이익의 관념은 행정쟁송에 있어서 심판청구인적격과 원고적격의 인정문제와 관련하여 중요한 의미가 있다. 즉, 반사적 이익은 법의 보호를 받는 이익이 아니므로 공권과 달리 반사적 이익이 침해된 경우에는 행정쟁송을 통해 구제받을 수 없다(원고적격이 인정되지 않음).

　㉢ **구별기준**

　　• 옐리네크(G. Jellinek) : 법규가 보호하려는 이익이 사익이면 공권, 공익이면 반사적 이익이라 하여 양자를 구별

　　• 뷜러(O. Bühler) : 개인적 공권의 3요소로서 강행법규성 · 사익보호성 · 의사력의 존재를 들어 반사적 이익과의 구별기준으로 제시

　㉣ **원고적격의 인정 여부(판례)**

　　• 법률상 보호이익으로 보아 원고적격을 인정한 판례

Check Point

반사적 이익의 예

공공용물의 허가사용으로서 얻는 이익, 영업허가 등에 의하여 발생하는 이익(영업상의 이익 등), 제3자에 대한 법적 규제로부터 얻는 이익(의사의 진료거부금지의무 등), 훈령이나 직무명령 등 행정명령 준수로 얻는 이익, 수입규제로 국내업체가 얻는 이익 등을 들 수 있다.

Check Point

구별의 상대화

최근에는 반사적 이익을 공권화(법적이익화)하거나 보호이익화하는 경향이 있어 반사적 이익의 범위는 축소되고 상대적으로 공권의 범위는 확대되는 추세이므로, 그 구별이 상대화되고 있다. 이로 인해 종래 반사적 이익으로 보아 행정쟁송에서 원고적격이 부인되던 것 중 일부는 원고적격이 인정되어 쟁송을 통해 구제받을 수 있는 경우가 늘고 있다. 판례도 점차 법률상 보호이익의 범위를 확대하여 종래에 반사적 이익으로 보았던 것에 대해 사법적 구제를 인정하는 경향을 보이고 있다. 그러나 모든 반사적 이익이 법적이익화나 보호이익화되는 것이 아니므로 양자의 개념적 구별은 필요하다.

인근주민의 원고적격을 인정한 판례	• 연탄공장건축허가취소청구
	• 자동차 LPG충전소설치허가취소청구
	• 공설화장장 설치 금지로 보호되는 부근 주민들의 이익
	• 납골당 설치장소에서 500m 내에 20호 이상의 인가가 밀접한 지역에 거주하는 주민
	• 도로의 용도폐지처분에 관하여 직접적인 이해관계를 가지는 주민
	• 공장설립승인처분으로 환경상 이익의 침해나 침해우려가 있는 것으로 사실상 추정되는 주민
	• 환경영향평가 대상지역 안의 주민
	  – 공유수면매립면허처분과 농지개량사업 시행인가처분의 무효확인을 구할 원고적격이 인정됨
	  – 국립공원집단시설지구개발사업에 있어 그 시설물기본설계 변경승인처분 등의 취소를 구할 원고적격이 인정됨
	• 환경영향평가 대상지역 밖의 주민이 공유수면매립면허처분 등으로 인해 환경상 이익에 대한 침해 또는 침해우려가 있다는 것을 입증할 경우(그 처분 등의 무효확인을 구할 원고적격이 인정됨)

기존업자의 원고적격을 인정한 판례	• 거래제한으로 얻는 기존 주유소업자의 독점적인 경제적 이익 • 약종상영업장소 이전허가처분과 관련된 이전지역 기존업자의 이익 • 주세법상 주류제조면허를 통해 누리는 기존업자의 이익 • 담배 일반소매인으로 지정되어 영업 중인 기존업자의 이익(신규 일반소매인 지정처분의 취소를 구할 원고적격) • 광업법상의 거리제한규정을 위배한 광구허가에 대한 인접 광업권자의 이익 • 자동차운수사업법에 의한 신규의 노선연장인가처분에 대하여 당해 노선에 관한 기존업자의 이익 • 기존 시외버스의 시내버스로의 전환을 허용하는 사업계획변경인가처분에 대한 기존 시내버스업자의 이익 • 동일 사업구역 내의 동종의 사업용 화물자동차면허대수를 늘리는 보충인가처분에 대한 기존업자의 이익 • 중계유선방송사업 허가를 받은 중계유선방송 사업자의 사업상 이익 • 기존업자의 선박운항사업면허취소청구 • 하천부지점용허가를 받아 점용허가 기간 중에 있는 업자의 이익

• 반사적 이익으로 보아 원고적격을 부정한 판례

인근주민의 원고적격을 부정한 판례	• 인근주민들의 농경지 등이 훼손 또는 풍수해를 입을 우려가 제거되는 것과 같은 이익 • 상수원에서 급수를 받고 있는 지역주민들이 가지는 상수원의 오염 방지를 통해 양질의 급수를 받을 이익 • 환경영향평가 대상지역 밖의 주민(공유수면매립면허처분과 농지개량사업 시행인가처분의 무효확인을 구할 원고적격이 인정되지 않음)

기존업자의 원고적격을 부정한 판례	• 영업허가에 있어 허가를 받은 기존업자의 독점적 이익
	  – 기존 목욕장업자가 거리제한으로 얻는 독점적인 영업상 이익
	  – 기존 양곡가공업자가 누리는 영업상의 이익
	  – 신규 담배 구내소매인 지정처분에 대한 담배 일반소매인의 이익
	  – 무역거래법상 수입제한·금지조치로 국내 생산업체가 얻는 이익
	  – 석탄수급조정에관한임시조치법 소정의 석탄가공업허가를 받은 기존업자의 이익
	• 식품접객업소에서의 합성수지 도시락용기 사용금지와 관련된 합성수지 도시락용기 생산업자의 이익
	• 면허받은 장의자동차운송사업구역과 관련된 동종업자의 이익

기타 원고적격을 부정한 판례	• 행정청에 대하여 제3자에 대한 건축허가 · 준공검사의 취소나 건축물 철거명령을 요구할 권리
	• 국립대학교수가 타인을 같은 학과 부교수로 임용한 처분에 대해 갖는 이해관계
	• 전공이 다른 교수임용으로 학습권이 침해당했다고 주장하는 학생들의 이해관계
	• 문화재의 지정으로 지역주민이나 국민일반, 학술연구자가 이를 활용하여 얻는 이익
	• 귀속재산불하처분취소 후 그 귀속재산에 대한 권리를 양도받은 자가 갖는 이해관계
	• 하천부지 점용권자의 폐천부지매각에 대한 연고권

원고적격 관련 판례

- 원고적격 인정 판례

  - 공유수면매립면허처분 등과 관련하여 갖고 있는 위와 같은 환경상의 이익은 주민 개개인에 대하여 개별적으로 보호되는 직접적 · 구체적 이익으로서 그들에 대하여는 특단의 사정이 없는 한 환경상의 이익에 대한 침해 또는 침해우려가 있는 것으로 사실상 추정되어 공유수면매립면허처분 등의 무효확인을 구할 원고적격이 인정된다. 한편, 환경영향평가 대상지역 밖의 주민이라 할지라도 공유수면매립면허처분 등으로 인하여 그 처분 전과 비교하여 수인한도를 넘는 환경피해를 받거나 받을 우려가 있는 경우에는, 공유수면매립면허처분 등으로 인하여 환경상 이익에 대한 침해 또는 침해우려가 있다는 것을 입증함으로써 그 처분 등의 무효확인을 구할 원고적격을 인정받을 수 있다(대판 2006. 3. 16, 2006두330).

  - 주거지역 안에서는 공익상 부득이 하다고 인정될 경우를 제외하고는 거주의 안녕과 건전한 생활환경의 보호를 해치는 모든 건축이 금지되고 있을 뿐 아니라 주거지역 내에 거주하는 사람이 받는 위와 같은 보호이익은 법률에 의하여 보호되는 이익이라고 할 것이므로 주거지역 내에 위 법조 소정 제한면적을 초과한 연탄공장 건축허가처분으로 불이익을 받고 있는 제3거주자는 비록 당해 행정처분의 상대자가 아니라 하더라도 그 행정처분으로 말미암아 위와 같은 법률에 의하여 보호되는 이익을 침해받고 있다면 당해 행정 처분의 취소를 소구하여 그 당부의 판단을 받을 법률상의 자격이 있다(대판 1975. 5. 13, 73누96,97).

  - 국민보건상 위해를 끼칠 우려가 있는 지역, 도시계획법 제17조의 규정에 의한 주거지역, 상업지역, 공업지역 및 녹지지역 안의 풍치지구 등에의 공설화장장 설치를 금지함에 의하여 보호되는 부근 주민들의 이익은 위 도시계획결정처분의 근거 법률에 의하여 보호되는 법률상 이익이다(대판 1995. 9. 26, 94누14544).

  - 납골당 설치장소에서 500m 내에 20호 이상의 인가가 밀집한 지역에 거주하는 주민들에게는 납골당이 누구에 의하여 설치되는지를 따질 필요 없이 납골당 설치에 대하여 환경 이익 침해 또는 침해 우려가 있는 것으로 사실상 추정되어 원고적격이 인정된다고 보는 것이 타당하다(대판 2011. 9. 8, 2009두6766).

  - 전원개발사업실시계획승인처분의 근거 법령 등의 규정 취지는 환경영향평가대상사업에 해당하는 발전소건설사업과 관련된 환경공익을 보호하려는 데 그치는 것이 아니라 당해 사업으로 인하여 직접적이고 중대한 환경피해를 입으리라고 예상되는 환경영향평가대상지역 안의 주민들의 개별적 이익까지도 이를 보호하려는 데에 있으므로, 주민들이 위 승인처분과 관련하여 갖는 환경상 이익은 단순히 환경공익 보호의 결과로서 국민일반이 공통적으로 갖게 되는 추상적 · 평균적 · 일반적 이익에 그치지 아니하고 주민 개개인에 대하여 개별적으로 보호되는 직접적 · 구체적 이익이라고 보아야 하고, 따라서 위 사업으로 인하여 직접적이고 중대한 환경침해를 받게 되리라고 예상되는 환경영향평가대상지역 안의 주민에게는 위 승인처분의 취소를 구할 원고적격이 있다(대판 1998. 9. 22, 97누19571).

  - 원자력법 제12조 제2호의 취지는 방사성물질 등에 의한 생명 · 건강상의 위해를 받지 아니할 이익을 일반적 공익으로서 보호하려는 데 그치는 것이 아니라 방사성물질에 의하여 보다 직접적이고 중대한 피해를 입으리라고 예상되는 지역 내의 주민들의 위와 같은 이익을 직접적 · 구체적 이익으로서

지방직 9급 기출

01. 개인적 공권에 대한 설명으로 옳은 것은? (다툼이 있는 경우 판례에 의함)

① 근로자가 퇴직급여를 청구할 수 있는 권리와 같은 이른바 사회적 기본권은 헌법규정에 의하여 바로 도출되는 개인적 공권이라고 할 수 없다.

② 개인적 공권은 명확한 법규의 존재를 전제로 하는 것이므로 성문법에 근거하지 않으면 성립할 수 없다.

③ 개인적 공권은 공법상 계약을 통해서는 성립할 수 없다.

④ 개인적 공권은 강행적인 행정법규에 의하여 행정청을 기속함으로써 비로소 성립하는 것일 뿐 개인의 사익보호성은 성립요건이 아니라는 것이 일반적인 견해이다.

🖼 사회적 기본권과 청구권적 기본권은 자유권적 기본권과 달리 헌법 규정에 의해 바로 도출되는 개인적 공권이 아니라, 관련 법률이 구체적으로 정하는 바에 따라 비로소 구체적 권리로 인정된다. 판례도 이러한 입장을 취해, 근로자가 퇴직급여를 청구할 수 있는 권리는 헌법 규정에 의해 바로 도출되는 것이 아니라 퇴직급여법 등 관련 법률이 구체적으로 정하는 바에 따라 비로소 인정될 수 있다고 하였다.

도 보호하려는 데에 있다 할 것이므로, 위와 같은 지역 내의 주민들에게는 방사성물질 등에 의한 생명·신체의 안전침해를 이유로 부지사전승인처분의 취소를 구할 원고적격이 있다(대판 1998. 9. 4, 97누19588).

• 원고적격 부정 판례

– 행정처분에 대한 취소소송에서의 원고적격이 있는지 여부는 당해 처분의 상대방인지 여부에 따라 결정되는 것이 아니라 그 취소를 구할 법률상의 이익이 있는지 여부에 따라 결정되는 것이고, 여기서 말하는 법률상 이익이라 함은 당해 처분의 근거 법률에 의하여 보호되는 직접적이고 구체적인 이익이 있는 경우를 가리키며, 간접적이거나 사실적·경제적 이해관계를 가지는 데 불과한 경우는 포함되지 아니한다(대판 2001. 9. 28, 99두8565).

– 상수원보호구역 설정의 근거가 되는 수도법 제5조 제1항 및 동 시행령 제7조 제1항이 보호하고자 하는 것은 상수원의 확보와 수질보전일 뿐이고, 그 상수원에서 급수를 받고 있는 지역주민들이 가지는 상수원의 오염을 막아 양질의 급수를 받을 이익은 직접적이고 구체적으로는 보호하고 있지 않음이 명백하여 위 지역주민이 가지는 이익은 상수원의 확보와 수질보호라는 공공의 이익이 달성됨에 따라 반사적으로 얻게 되는 이익에 불과하므로 지역주민들에 불과한 원고들에게는 위 상수원보호구역변경처분의 취소를 구할 법률상의 이익이 없다(대판 1995. 9. 26, 94누14544).

꼭! 확인 기출문제

개인적 공권에 대한 설명으로 옳지 <u>않은</u> 것은? [국가직 9급 기출]

① 개인적 공권이 성립하려면 공법상 강행법규가 국가 기타 행정주체에게 행위의무를 부과해야 한다. 과거에는 그 의무가 기속행위의 경우에만 인정되었으나, 오늘날에는 재량행위에도 인정된다고 보는 것이 일반적이다.

② 상수원보호구역 설정의 근거가 되는 규정은 상수원의 확보와 수질보전일 뿐이고, 그 상수원에서 급수를 받고 있는 지역 주민들이 가지는 이익은 상수원의 확보와 수질보호라는 공공의 이익이 달성됨에 따라 반사적으로 얻게 되는 이익에 불과하다.

③ 행정처분에 있어서 불이익처분의 상대방은 직접 개인적 이익의 침해를 받은 자로서 취소소송의 원고적격이 인정되지만 수익 처분의 상대방은 그의 권리나 법률상 보호되는 이익이 침해 되었다고 볼 수 없으므로 달리 특별한 사정이 없는 한 취소를 구할 이익이 없다.

❹ 환경영향평가에 관한 자연공원법령 및 환경영향평가법령들의 취지는 환경공익을 보호하려는 데 있으므로 환경영향평가 대상지역 안의 주민들이 수인한도를 넘는 환경침해를 받지 아니하고 쾌적한 환경에서 생활할 수 있는 개별적 이익까지 보호하는 데 있다고 볼 수는 없다.

🖼 ④ 환경영향평가에 관한 자연공원법령 및 환경영향평가법령의 규정들의 취지는 집단시설지구개발사업이 환경을 해치지 아니하는 방법으로 시행되도록 함으로써 집단시설지구개발사업과 관련된 환경공익을 보호하려는 데에 그치는 것이 아니라 그 사업으로 인하여 직접적이고 중대한 환경피해를 입으리라고 예상되는 환경영향평가대상지역 안의 주민들이 개발 전과 비교하여 수인한도를 넘는 환경침해를 받지 아니하고 쾌적한 환경에서 생활할 수 있는 개별적 이익까지도 이를 보호하려는 데에 있다(대판 1998.4.24, 97누3286).

① 과거에는 공권 성립요건으로서 법규가 기속행위인 강행법규성을 요구하였으나 공권의 확대화 경향에 따라 무하자재량행사청구권이 인정되면서 재량행위에서도 공권이 인정되게 되었다.

② 상수원에서 급수를 받고 있는 지역주민들이 가지는 이익은 상수원의 확보와 수질보호라는 공공의 이익이 달성됨에 따라 반사적으로 얻게 되는 이익에 불과하므로 지역주민들에 불과한 원고들에게는 위 상수원보호구역변경처분의 취소를 구할 법률상의 이익이 없다(대판 1995.9.26, 94누14544).

③ 행정처분에 있어서 수익처분의 상대방은 그의 권리나 법률상 보호되는 이익이 침해되었다고 볼 수 없으므로 달리 특별한 사정이 없는 한 취소를 구할 이익이 없다(대판 1995.8.22, 94누8129).

③ **법률규정에 의한 개인적 공권의 성립(2요소)**

    ㉠ **강행법규성(강행법규에 의한 의무부과)** : 공권도 그에 상응하는 의무를 전

제로 하는 것이므로, 개인적 공권이 성립하기 위해서는 강행법규에 의해 국가 기타 행정주체에게 일정한 행위의무가 부과되어야 한다. 즉, 행정주체의 의무는 당해 강행법규에 의거한 기속행위여야 한다. 따라서 행정법규가 임의 또는 재량법규인 경우에는 공권이 성립되지 않는 것이 원칙이다.

> 다만, 재량권이 0으로 수축되어 기속행위가 되는 때에는 행정행위발급청구권·행정개입청구권 등이 성립되고, 결정재량이 부인되고 선택재량만 인정된 경우에는 무하자재량행사청구권이 성립된다.

ⓒ **사익보호성(사익보호 목적의 존재)**

- 의의 : 개인적 공권이 성립하기 위해서는 관련 법규의 목적이나 취지가 오로지 공익실현만을 목표로 하는 것이 아니라, 적어도 관계인의 사익을 보호하고자 하는 것이어야 한다. 따라서 관련 법규의 목적이나 취지가 오로지 공익실현만 있는 때에는 그로부터 개인이 일정한 이익을 받더라도 그것은 법규가 공익목적을 위하여 행정주체에게 의무를 부과한 반사적 효과로 얻는 반사적 이익에 불과하여 공권을 인정할 수 없다.
- 사익보호 목적(법률상 이익)의 존부에 대한 판단기준 : 학설은 당해 법률의 규정과 취지만을 고려해야 한다는 견해와 당해 법률의 규정과 취지 외에 관련 법률의 취지도 고려해야 한다는 견해, 당해 법률의 규정·취지와 관련 법률의 취지 그리고 기본권 규정도 고려해야 한다는 견해(다수설)로 구별된다.
- 판례 : 법률상 이익과 관련하여 기본적으로 당해 처분의 근거 법률에 의해 보호되는 직접적·구체적 이익이어야 한다고 보았다.

> 관련 판례 : 행정처분의 상대방이 아닌 제3자라도 당해 행정처분의 취소를 구할 법률상의 이익이 있는 경우에는 그 처분의 취소를 구할 수 있으나, 이 경우 법률상의 이익이란 당해 처분의 근거 법률에 의하여 직접 보호되는 구체적인 이익을 말하므로 제3자가 단지 간접적인 사실상 경제적인 이해관계를 가지는 경우에는 그 처분의 취소를 구할 원고적격이 없다(대판 2002. 8. 23, 2002추61).

④ **개인적 공권의 종류**

- ㉠ **자유권** : 행정주체에 의한 침해를 저지하는 소극적인 권리로, 헌법상의 자유권적 기본권이 이에 해당된다. 따라서 위법한 행정청의 처분으로 거주·이전의 자유를 침해받은 자는 헌법 제14조에 근거하여 직접 당해 처분의 취소를 구할 수 있다. 자유권은 수익권과 달리 적극적 기능은 없으며, 위법한 공권력행사를 거부하고 배제하는 기능을 지닌다.
- ㉡ **수익권** : 개인이 적극적으로 행정주체에 대하여 작위나 급부 등을 청구할 수 있는 권리를 말한다. 이러한 수익권의 존부 또는 그 구체적 내용은 헌

Check Point

개인적 공권의 성립

- G. Jellinek : 「공권의 체계론」에서 공권의 개념요소로 이익성과 의사성을 주장하였다.
- O. Bühler의 3요소론(공권이 성립하기 위한 요건)
  - 강행법규성 : 강행법규에 의하여 행정주체에게 일정한 행위의무를 부과할 것
  - 강행법규의 사익보호성 : 당해 법규의 목적이나 취지가 공익실현만을 목표로 하는 것이 아니라 적어도 관계인의 이익을 보호하고자 하는 것이어야 함
  - 이익관철의사력의 존재 : 행정주체에 대하여 소송에 의하여 관철할 수 있는 의사력 또는 법적인 힘이 사인에 부여되어야 함
  - 3요소론은 독일행정법에 있어 일반론으로 되어 있으나, 우리나라는 헌법상 재판청구권이 보장되고 행정소송법상 행정소송사항의 개괄주의가 채택되어 있어 공권 성립의 3요소 중 의사력의 존재는 독자적 의의를 인정할 필요가 없어지게 되었다. 따라서 강행법규성 및 사익보호성 두 가지 기준에 의해 결정되는 것으로 보고 있다.

Check Point

대한민국헌법 제14조
모든 국민은 거주·이전의 자유를 가진다.

법·법률의 규정이나 행정행위 또는 행정계약에 의해서 결정되는 근거를 필요로 한다. 수익권의 예로는, 공법상 금전청구권(공무원 보수청구권 등), 공물사용권(도로 등의 사용권), 영조물이용권(국립대학에서 교육을 받을 권리 등), 특정행위 요구권(허가, 등록청구권, 급부청구권, 행정심판청구권 등)을 들 수 있다.

　　ⓒ 참정권 : 국민이 능동적으로 국가·공공단체 등의 통치작용에 참가하는 권리로서 선거권·국민투표권·공무담임권 등이 있다.

⑤ 공권의 특수성

　　㉠ 이전성의 제한

　　　• 이전성이 제한되는 공권 : 일신전속적인 성격이 강한 선거권, 자유권, 공무원연금법상의 연금청구권, 국가배상법상의 손해배상청구권, 국민기초생활보장법상의 급여를 받을 권리, 국가나 지자체에 대한 보조금청구채권 등은 그 이전성이 제한되어 양도·상속 등이 금지되며, 압류도 제한 또는 금지되는 경우가 많음

　　　• 이전이 인정되는 공권 : 공권 중에서도 주로 순수 채권적·경제적 가치를 내용으로 하는 하천법상 하천사석채취권, 손실보상청구권, 공무원 여비청구권, 공물사용권, 특허기업경영권, 재산권 침해로 인한 국가배상권 등은 그 이전이 인정됨(대판 94누9146 등)

　　㉡ 포기성의 제한

　　　• 포기성이 제한되는 공권 : 공무원연금청구권, 봉급청구권, 소권, 선거권, 고소권과 같은 공권은 그 행사에 의하여 공익목적의 실현에 기여하는 것이므로 임의로 이를 포기할 수 없는 것이 원칙

　　　• 포기가 인정되는 공권 : 공권 중에서도 주로 채권적·경제적 가치를 내용으로 하는 손실보상청구권, 여비청구권, 국회의원 세비청구권 등은 그 포기가 인정됨

　　ⓒ 대행의 제한 : 선거권·투표권·응시권 등과 같은 일신전속적인 성격을 가지는 공권은 대리나 위임이 제한된다. 예외적으로 소권의 경우 대리나 위임이 인정된다.

　　㉣ 보호의 특수성 : 공권이 침해된 경우 행정상의 손해전보나 행정쟁송제도 등을 통해 구제받을 수 있다.

　　㉤ 시효제도의 특수성 : 공권의 소멸시효는 사권에 비해 단기인 경우가 많은데, 공법상 금전채권의 소멸시효는 사법상 금전채권의 경우(10년)와 달리 5년이다(국가재정법 제96조, 지방재정법 제82조).

Check Point

공권의 불행사로 인한 소멸
소권·선거권의 제척기간 경과로 인한 소멸, 봉급 및 연금청구권의 시효기간 경과로 인한 소멸 등은 공권의 포기가 아니라 공권의 불행사로 인한 소멸에 해당한다.

Check Point

일신전속적
특정한 자에게만 귀속되어 타인에게 양도되지 않는 법률적 권리

(3) 개인적 공권의 확대(새로운 공권의 등장)

① 개설 : 민주주의 강화와 기본권 보장의 강화를 통한 법치주의 확립, 개인 권리 의식의 확대 등에 따라 개인적 공권의 확대를 통한 지위강화의 경향이 나타나고 있다. 이러한 경향을 반영하기 위해 행정절차상 개인 참여가 확대되었고, 새로운 공권(무하자재량행사청구권, 행정개입청구권, 행정행위발급청구권)이 등장하였다.

② 무하자재량행사청구권

㉠ 의의 : 무하자재량행사청구권이란 사인이 행정청에 대하여 하자 없는 적법한 재량처분을 구하는 공권을 말한다. 즉, 그 특정행위의 발령권한이 행정청의 재량권에 속하고 동시에 그 결정이 법적으로 보호되는 사인의 이익과 관련된 경우, 사인이 행정청에 대하여 하자 없는 결정을 구할 수 있는 권리를 말한다.

㉡ 성립배경
- 무하자재량행사청구권은 1914년 독일의 O. Bühler에 의해 전개되고 O. Bachof에 의해 체계화되었으며, 독일 판례에서 널리 인용되고 있다.
- 우리나라에서는 행정기관의 재량영역이 확대됨에 따라 행정청의 위법한 재량권 행사로부터 권리침해가 발생할 수 있으므로 이에 대한 사전적 보장을 위해서 무하자재량행사청구권이 논의되고 있다. 특히, 행정청에 인정된 재량권이 예외적으로 0으로 수축될 경우, 무하자재량청구권은 상대방이 행정청에 대하여 일정한 행위를 행사해 줄 것을 요구할 수 있는 행정개입청구권으로 전환된다는 점을 유의하여야 한다.

㉢ 성질
- 단순히 위법한 처분을 배제하는 소극적·방어적 권리가 아니라, 행정청에 대해 적법한 재량처분을 구하는 적극적 공권이다. 한편, 하자있는 행정행위의 취소나 배제를 구하는 권리라는 점에서 소극적 성질도 지닌다.
- 기속행위에 대한 것과는 달리 특정처분을 구하는 실질적·실체적 공권은 아니며, 종국적 처분의 형성과정에 있어서 재량권의 법적 한계를 준수하면서 처분을 할 것을 구하는 데 그치고, 특정처분이 아니라 어떤 처분을 요구하는 권리라는 점에서 제한적·절차적·형식적 공권으로서의 성질을 가지고 있다(기속규범에서는 인정되지 않고 재량규범에서 인정됨).

㉣ 형식적 권리설
- 무하자재량행사청구권은 반드시 행정청이 발령하여야 하는 특정한 행위에 대한 청구권인 실질적 공권이 아니며, 종국적 처분의 형성과정에 있어서 재량권의 법적 한계를 준수하면서 어떤 처분을 요구하는 형식적 공

Check Point

광의·협의의 무하자재량행사청구권
광의의 무하자재량행사청구권은 결정재량과 선택재량이 인정되는 경우에 개인이 행정청에 대해 하자 없는 재량처분을 청구하는 권리이며, 협의의 무하자재량행사청구권은 결정재량이 부인되고 선택재량만 인정되는 경우에 그 재량권의 하자 없는 행사를 청구하는 권리이다.

Check Point

법적 성질
형식적 권리성, 적극적 권리성, 절차적 권리성 여부(무하자재량행사청구권을 절차적 권리라고 보기 어렵다는 견해가 많으나, 'formelles'의 번역상 형식적 권리 또는 절차적 권리라고 표현될 수 있음)

권으로서의 성질을 갖는다는 것으로, 독일의 통설이다.

- **판례** : 판례는 검사임용거부처분취소청구사건에 대한 판결(대판 90누 5825)에서 무하자재량행사청구권을 독자적인 권리로 인정하였다(다수 설). 다만, 이에 대해 '원고의 응답신청권은 단순한 응답신청권이 아니라 검사임용청구와 관련된 응답청구인 것이고, 그러한 응답권은 헌법·국 가공무원법·검찰청법 등에서 나오는 공무담임권에서 나오는 실질적인 권리이지, 재량행사의 하자 그 자체를 대상으로 하는 권리는 아니다'라고 하여 이 판결이 무하자행사재량청구권을 원고적격(소권)을 가져다주는 독자적인 권리로 인정한 것은 아니라는 견해도 있다.

> **관련 판례** : 검사의 임용 여부는 임용권자의 자유재량에 속하는 사항이나, 임용권자가 동일한 검사신규임용의 기회에 원고를 비롯한 다수의 검사 지원자들로부터 임용 신청 을 받아 전형을 거쳐 자체에서 정한 임용기준에 따라 이들 일부만을 선정하여 검사로 임용하는 경우에 있어서 법령상 검사임용 신청 및 그 처리의 제도에 관한 명문 규정이 없다고 하여도 조리상 임용권자는 임용신청자들에게 전형의 결과인 임용 여부의 응답 을 해줄 의무가 있다고 할 것이며, 응답할 것인지 여부조차도 임용권자의 편의재량사항 이라고는 할 수 없다. 검사의 임용에 있어서 임용권자가 임용 여부에 관하여 어떠한 내 용의 응답을 할 것인지는 임용권자의 자유재량에 속하므로 일단 임용거부라는 응답을 한 이상 설사 그 응답내용이 부당하다고 하여도 사법심사의 대상으로 삼을 수 없는 것 이 원칙이나, 적어도 재량권의 한계 일탈이나 남용이 없는 위법하지 않은 응답을 할 의 무가 임용권자에게 있고 이에 대응하여 임용신청자로서도 재량권의 한계 일탈이나 남 용이 없는 적법한 응답을 요구할 권리가 있다고 할 것이며, 이러한 응답신청권에 기하 여 재량권 남용의 위법한 거부처분에 대하여는 항고소송으로서 그 취소를 구할 수 있 다고 보아야 하므로 임용신청자가 임용거부처분이 재량권을 남용한 위법한 처분이라 고 주장하면서 그 취소를 구하는 경우에는 법원은 재량권남용 여부를 심리하여 본안에 관한 판단으로서 청구의 인용 여부를 가려야 한다(대판 1991. 2. 12, 90누5825).

ⓜ **독자성 인정 여부** : 무하자재량행사청구권이 개인적 공권의 일종으로 분 류되지만, 항고소송에서 요구되는 소송요건의 하나인 당사자적격(원고적 격)을 가져다주는 독자적인 권리로서 인정되는가 여부에 대해 견해 차이가 있다.

- **독자성 부정설** : 무하자재량행사청구권을 인정할 필요가 없다고 보는 견 해이다.
- **독자성 긍정설(다수설·판례)** : 무하자재량행사청구권을 인정하는 견해 로, 재량영역에서 실체적 권리침해를 인정할 수 없는 경우에도 행정소송 을 제기할 수 있음에 따라 원고적격의 확대를 가져오고, 민중소송화 우 려에 대해 공권의 성립요소인 강행법규성·사익보호성의 심사로 통제 가능하며, 재량권을 행사함에 있어서 사전에 재량권의 한계를 준수해 줄 것을 청구할 수 있는 실익이 있다는 점 등을 그 근거로 들고 있다.

ⓑ **성립요건** : 무하자재량행사청구권도 공권의 하나이나 헌법에 규정된 청구

권은 아니므로, 재량행위의 영역에서 이 청구권이 성립하기 위해서는 개인적 공권의 성립요건이 충족되어야 한다.

- **강행법규성(행정청의 의무의 존재)** : 성립의 전제로서, 국가에 대해 재량권을 하자 없이 행사할 의무를 부과하는 강행법규가 존재해야 한다. 이는 재량한계를 준수하여야 한다는 의미의 강행법규성이 존재해야 한다는 것이다.
- **사익보호성** : 당해 재량처분을 규정하고 있는 관계 법규의 목적 및 취지가 공익뿐만 아니라 개인의 이익도 보호하고자 하는 경우에 이 청구권이 인정된다.

ⓐ **청구내용** : 무하자재량행사청구권은 재량권의 일탈·남용, 재량권의 해태·불행사 등의 재량하자를 범하지 말 것을 청구하는 공권이다.

ⓔ **행사방법** : 관계인이 행정청에 하자 없는 재량처분을 구하고, 행정청이 이를 거부하거나 부작위로 방치할 경우 당사자는 거부처분의 위법을 이유로 행정심판이나 취소소송 또는 부작위위법확인소송을 제기할 수 있다.
- **부담적 행정행위인 경우** : 취소심판이나 취소소송을 제기할 수 있다.
- **수익적 행정행위에 대해 거부처분을 내린 경우** : 의무이행심판이나 취소소송을 제기할 수 있다.
- **부작위인 경우** : 의무이행심판이나 부작위위법확인소송을 제기할 수 있다.

③ **행정개입청구권**

㉠ **의의** : 행정개입청구권은 독일의 학설과 판례(띠톱판결 등)를 통해 성립·발전된 개념으로, 법률상 행정청에 규제·감독 기타 행정권 발동의무가 부과되어 있는 경우에 그에 대응하여 사인이 행정권 발동을 요구하는 권리를 말한다. 즉, 행정청의 부작위로 인하여 권익을 침해당한 자가 행정청에 대하여 자기 또는 타인(제3자)에게 일정한 행정권 발동을 청구할 수 있는 권리로서 행정청의 위법한 부작위에 대한 구제수단이 된다.

㉡ **구분**
- 자신에 대한 수익적 처분(인·허가 등)을 발해줄 것을 청구할 수 있는 권리(행정행위발급청구권)와 제3자에 대해 규제적 처분을 발해줄 것을 청구할 수 있는 권리(협의의 행정개입청구권)로 구분된다.
- 행정행위발급청구권과 협의의 행정개입청구권은 공권력발동청구권이라는 점에서는 같으나, 전자가 자신의 이익을 위해 자신에 대한 행정권 발동을 청구하는 권리인 데 비해, 후자는 자신의 이익을 위해 타인(제3자)에 대한 행정권 발동을 청구하는 권리라는 점에서 차이가 있다.

㉢ **성질**

Check Point

강행법규성(무하자재량행사의무의 존재)
기속행위에 있어서의 법적 의무는 관계 법규상 규정되어 있는 특정 처분을 할 의무인 데 비하여, 재량행위에 있어서 법적 의무는 재량권의 한계를 준수할 의무에 그치는 것이지 특정처분을 할 의무는 아니라는 점에서 차이가 있다.

Check Point

띠톱판결
주거지역에 설치된 석탄제조업소에서 사용하는 띠톱에서 배출되는 먼지와 소음으로 피해를 받고 있는 인근주민이 행정청에 건축경찰상의 금지처분을 발할 것을 청구한 것에 대해, 독일 연방헌법재판소가 경찰법상의 일반수권조항의 해석에 있어 인근주민의 무하자재량행사청구권을 인정하고, 재량권의 0으로의 수축이론에 의거하여 원고의 청구를 인용한 판결이다.

Check Point

광의의 행정개입청구권
협의의 행정개입청구권과 행정행위발급청구권을 합하여 광의의 행정개입청구권이라 하는데, 일반적으로 행정개입청구권이라 하면 협의의 행정개입청구권을 의미한다.

논의의 배경

행정에 대한 개인의 의존도가 증대됨에 따라 현대국가에서는 종래의 반사적 이익도 법이 보호하는 이익으로 이해되는 경향에 있으며, 행정권 발동 여부에 있어서도 이것이 행정권의 자유영역에 속하는 것이 아니라는 인식이 확대되고 있다. 이로 인해 기속행위는 물론이고 재량행위의 경우라도 그 재량이 0으로 수축된 때에는 사인의 이익을 위해서 행정권 발동이 의무화된다는 인식이 널리 인정되게 되었다. 결국, 행정개입청구권은 행정편의주의와 반사적 이익론의 극복을 위한 수단으로 인정된 공권으로 볼 수 있다.

- 행정개입청구권은 행정작용을 구하는 적극적 공권이며, 행정청에 특정한 행위를 요구할 수 있는 실체적 권리이다. 실체적 권리라는 점에서 무하자재량행사청구권과 구별된다.
- 재량권(결정재량)이 0으로 수축되고 선택재량도 부인되는 상황에서 무하자재량행사청구권은 특정행위를 구하는 실체적 권리로 변한다(무하자재량행사청구권의 행정개입청구권화). 따라서 행정개입청구권은 결정재량과 관련되어 논의되는 것이며, 선택재량과 관련되어 논의되는 것은 아니다.
- 행정청의 위법한 부작위에 대한 구제수단으로서 사전예방적·사후시정적 수단으로서의 성질을 지니며, 특히 복효적 행정행위에서 중요한 역할을 수행한다.

재량권의 0으로의 수축이론
- **의의** : 재량권의 0으로의 수축이란 재량행위임에도 행정청이 자유영역을 갖지 못하고 오로지 하나의 결정만을 하여야 하는 것을 말한다. 여기서 '0'이란 재량영역이 없다는 것을 의미한다.
- **도입배경** : 종래 재량영역에서는 행정권에게 어떠한 의무도 존재하지 않아 공권의 성립여지가 없었다. 그러나 반사적 이익을 공권으로 해석하는 경향이 확대되면서 생명·신체, 재산에 중대한 위해가 발생하여 다른 구제수단이 없는 경우에는 재량권이 0으로 수축되어 행정청이 특정한 처분을 발동하여야 하는 경우가 상정되었고, 여기에서 행정개입청구권이 발생되었다. 결국, 재량권의 0으로의 수축이론은 행정청의 부작위에 대한 행정개입청구권과 손해배상청구권을 구성하기 위한 법리로서 성립·발전되어 왔다.
- **성질** : 0으로의 재량축소의 경우 행정청은 특정한 행위만을 해야 하므로 기속행위와 같은 결과가 된다. 이 경우 재량이 사인의 법률상 이익과 관련된다면 특정한 결정을 청구할 수 있는 권리를 가지게 되며, 무하자재량행사청구권은 형식적인 권리에서 실질적 권리로 그 성질이 변하게 된다.
- **발동요건과 쟁송수단** : 재량권의 0으로의 수축이론은 경찰영역(위험방지 영역)에서 기본권의 보호를 위해 빈번히 등장하는 이론으로, 특정인의 신체·생명이 타인에 의해 위협받고 있는 긴급한 상황이어야 하고, 국민의 생명을 구하기 위하여 경찰권 발동 여부에 대하여 결정할 재량의 여지가 없어야 한다. 이 경우 국민은 행정청에 행정권의 발동을 청구할 수 있는 권리가 발생하며, 그럼에도 불구하고 행정청이 부작위로 일관하여 손해가 발생한 경우는 위법이 되므로 국가에 대해 손해배상청구나 행정쟁송을 제기할 수 있다.

ⓔ **독자성 인정 여부** : 행정개입청구권이 항고소송에서 요구되는 소송요건의 하나인 당사자적격(원고적격)을 가져다주는 독자적인 권리로서 인정되는가 여부에 대해 견해 차이가 있다.
- **부정설** : 행정청의 부작위로 인하여 실체적 권리가 침해된 경우에는 권리침해를 이유로 소송을 제기할 수 있으므로, 행정청의 위법한 부작위를 근거로 하여 행정개입청구권을 인정할 필요가 없다고 보는 견해이다.
- **긍정설(통설·판례)** : 반사적 이익의 보호이익화이론과 재량권의 0으로의 수축이론 등에 근거해 행정개입청구권을 인정하고 있다. 특히 생명·

신체 등의 중대한 법익에 대한 목전의 위험이 있는 경우에 있어서는 재량권 행사를 행정청의 편의에 맡길 수 없어 행정개입의 의무가 당연히 존재하며, 따라서 행정개입청구권이 인정될 수 있다고 본다.

> 관련 판례 : 연탄공장사건에서 인근주민의 '법률상 이익'을 인정한 바 있고(대판 73누96), 김신조무장공비사건에서 재량이 0으로 수축된 경우 행정청의 개입의무가 존재한다고 보아 부작위에 대한 국가의 손해배상책임을 인정한 바 있다(대판 71다124).

ⓛ **성립요건** : 행정개입청구권도 공권의 성질을 가지므로 공권의 요건을 갖추어야 한다.

- **긴급성** : 개인의 생명 · 신체 · 재산에 대한 급박한 위해를 예방 또는 제거하여야 할 필요가 있어야 한다.
- **강행법규성** : 관계 법규에서 개입의무를 규정하고 있어야 한다.

> 행정기관의 개입의무는 보충성의 원칙이 적용되어 당사자 스스로 법익에 대한 위해제거를 못할 경우에 한해서 최종적으로 발생한다.

- **사익보호성** : 관계 법규가 공익목적뿐만 아니라 개인의 이익보호도 목적으로 하는 제3자 보호규범의 성질을 지녀야 한다.

ⓗ **적용영역** : 행정개입청구권은 기속행위뿐만 아니라 재량이 0으로 수축된 경우에 적용된다. 독일의 경우에는 '띠톱판결'에서도 알 수 있듯이 위험방지분야와 관련하여 논의되고 있지만, 우리나라의 경우에는 행정의 전영역과 관련하여 논의되고 있다. 예를 들면, 위법건축물에 대한 규제행정, 공해업소 규제와 같은 환경규제행정, 위해한 장난감업소에 대한 규제와 같은 소비자보호행정, 무장공비출현으로 인한 위협이나 생명 · 신체의 침해의 제거와 같은 경찰(질서)행정 분야 등이 있다.

ⓢ **행사방법** : 행정청의 부작위로 인하여 권익을 침해당한 자는 국가배상청구나 행정쟁송을 제기할 수 있다.

- **거부처분의 경우** : 거부처분 취소심판이나 취소소송을 할 수 있다.
- **부작위의 경우** : 의무이행심판이나 부작위위법확인소송을 제기할 수 있다.
- **손해가 발생한 경우** : 국가배상법에 의한 배상청구를 할 수 있다.

무하자재량행사청구권과 행정개입청구권의 비교		
구분	무하자재량행사청구권	행정개입청구권
법적 성질	형식적 · 절차적 권리	실질적 · 실체적 권리(사전 · 사후적 기능)

Check Point

행정개입청구권의 행사방법
사실상 행정개입청구권의 실행을 위한 가장 실효적인 소송형식은 의무이행소송이나 우리나라의 법체계에서는 인정되지 않고 있다.

내용	법적 한계를 준수하며 처분할 것을 청구	특정처분의 발동청구
적용영역	재량행위	기속행위 + 재량행위
성립요건	강행법규성(처분의무), 사익보호성	강행법규성(개입의무), 사익보호성
관련 이론	재량한계이론	재량권의 0으로의 수축이론

꼭! 확인 기출문제

개인적 공권에 관한 설명으로 옳지 않은 것은? [국가직 9급 기출]

① 개인적 공권은 공익적 성질을 가지므로 임의로 포기할 수 없는 것이 원칙이다.

② 개인적 공권은 일반적으로 일신전속적 성질을 가지므로 대행이나 위임이 제한되는 경우가 많다.

③ 무하자재량행사청구권은 기속규범에서는 인정되지 않고 재량규범에서 인정된다.

❹ 무하자재량행사청구권은 위법한 처분의 배제를 구하는 실체적 권리이다.

해 ④ 무하자재량행사청구권은 특정한 처분을 요구하는 것을 내용으로 하는 실질적·실체적 권리가 아니라 재량 한계를 준수하면서 어떠한 처분을 할 것을 청구하는 제한적·형식적·절차적 권리이며, 단순히 위법한 처분을 배제하는 소극적·방어적 성질의 권리가 아니라 하자 없는 적법한 재량처분을 구하는 적극적 성질을 지닌다.

① 공권은 그 행사에 의하여 공익목적의 실현에 기여하는 것이므로 임의로 이를 포기할 수 없는 것이 원칙이다. 다만, 공권 중에서도 주로 채권적·경제적 가치를 내용으로 하는 손실보상청구권, 여비청구권, 세비청구권 등은 예외적으로 포기가 인정된다.

② 개인적 공권은 국가나 사회공공성을 위해서 인정되는 성질도 가지고 있어 일신전속성을 지닌다. 따라서 이를 포기하거나 타인에게 이전하는 것을 제한하는 경우가 많다.

③ 무하자재량행사청구권은 기속규범에서는 인정되지 않고 재량규범에서 인정되는 것으로, 재량행위가 종국적 처분에 이르는 과정에서 재량 한계를 준수하면서 하자 없는 어떠한 처분을 할 것을 청구하는 권리를 말한다.

④ **사익보호성의 확대**

㉠ **인근주민** : 이웃하는 자들 사이에서 특정인의 수익적 행위가 타인에게 불이익을 초래할 경우의 관계를 말한다.

㉡ **경업자관계** : 사업을 영위하고 있는 기존업자가 있는데, 신규로 들어와 경쟁관계에 있는 영업자 관계를 말한다.

㉢ **경원자관계** : 수익적 행정처분을 신청한 수인이 서로 경쟁관계에 있어 일방에 대한 인·허가 등의 처분이 타방에 대한 불허가 등으로 귀결될 수밖에 없는 경우의 관계를 말한다.

2. 공의무

(1) 의의

① **개념** : 공의무는 공권에 대응하는 개념으로서 타인의 이익을 위하여 의무자에게 의무가 부과된 공법상의 구속을 말한다.

② 특수성

　　㉠ 공의무는 사법상의 의무와는 달리 의무자의 의사에 관계없이 법령에 의거한 행정처분에 의하여 과하여진다.

　　㉡ 공의무의 불이행에 대하여는 행정상 제재나 강제집행이 가능하며, 위반 시에는 벌칙이 과하여질 수 있는 경우가 많다.

　　㉢ 공의무는 일신전속권이 대부분이어서 공권과 같이 이전·포기가 제한된다. 다만, 금전 기타 경제적 가치의 급부를 내용으로 하는 공의무의 경우 이전이 인정된다(㉣ 납세의무 등에 대한 상속인의 승계).

(2) 종류

① 의무자(주체)에 따른 분류

　　㉠ 국가적 공의무 : 봉급지급의무, 배상금지급의무 등

　　㉡ 개인적 공의무 : 환경보전의 의무, 납세의무 등

② 성질(내용)에 따른 분류 : 작위의무, 부작위의무, 급부의무, 수인의무

제3절　특별권력관계(특별행정법관계)

1. 전통적 특별권력관계

(1) 의의

특별권력관계라 함은 특별한 공법상 원인 또는 동의에 기하여 성립되어 공법상 행정목적에 필요한 한도 내에서 그 특별권력관계주체에게 포괄적 지배권이 부여되고, 그 상대방인 특별한 신분에 있는 자는 이에 복종하여야 하는 법률관계로서 법치주의가 배제되는 권력관계를 말한다.

(2) 특별권력관계의 특징

① 법률유보 배제(포괄적 지배권) : 특별권력주체에게 포괄적 지배가 인정되므로, 특별권력의 발동은 법률의 근거를 요하지 않는다. 다만, 법률우위의 원칙이 적용되기 때문에 내부관계의 규율을 적용하는 법률이 존재하는 경우 그에 따라야 하며, 이에 위반한 처분은 위법하다.

② 기본권 제한 : 특별권력관계는 행정목적을 위하여 그 필요한 범위 내에서 법

Check Point

특별권력관계론의 성립 및 체계화
특별권력관계이론은 19세기 후반 독일의 P. Laband에 의해 성립해, O. Mayer 등에 의해 체계화된 독일 특유의 공법이론이라 할 수 있다.

률근거 없이도 기본권을 제한할 수 있다.

③ **사법심사 배제** : 특별권력관계에서 권력주체의 행위는 포괄적 지배권이 부여되므로, 원칙적으로 사법심사가 배제된다. 다만, 그 처분이 내부관계에만 그치지 아니하고 외부관계에까지 영향을 미친다면 사법심사의 대상이 된다.

(3) 일반권력관계와의 차이

① **일반권력관계의 의의** : 일반권력관계는 행정주체의 통치권(일반 지배권)에 복종하는 법률관계로서 모든 국민에게 당연히 성립하며, 법치주의가 적용되는 권력관계를 말한다. 특별권력관계는 일반권력관계 중 특별한 신분이 있는 자와의 관계를 말하므로 특별권력관계에 있는 자는 국민인 한 일반권력관계의 지위를 갖고 있다.

② **특별권력관계와 일반권력관계의 차이**

구분	전통적 특별권력관계	일반권력관계
성립 원인	특별한 법률원인(법률상의 규정)	국민지위로서 당연 성립
지배권	포괄적인 특별권력(명령권, 징계권 등)	일반통치권(일반적 지배권)
관계	행정주체와 공무원(내부관계)	행정주체와 행정객체(외부관계)
법치주의의 적용	법치주의원칙이 제한됨(법률유보가 적용되지 않으며, 법적 근거 없이 기본권이 제한되는 경우가 많음)	법치주의원칙 적용(법률유보 인정)
사법심사	원칙적으로 제한됨(내부행위의 경우 사법심사가 제한)	전면적으로 가능

(4) 특별권력관계의 성립과 소멸

① **성립** : 일반권력관계는 출생·귀화에 의하여 국민의 신분을 취득하면 당연히 성립되나, 특별권력관계는 법률규정이나 당사자의 동의에 의하여 성립된다.

  ㉠ 법률규정으로 성립하는 경우(동의 불요) : 감염병(전염병)환자의 강제수용(감염병의예방및관리에관한법률), 공공조합에의 강제가입(산림법), 수형자의 수감(형의집행및수용자의처우에관한법률), 징집대상자의 입대(병역법) 등

  ㉡ 당사자(상대)의 동의로 성립하는 경우

   • 임의적 동의에 의한 경우 : 국·공립대학 입학, 공무원관계의 설정, 국·공립도서관 이용 등

   • 의무적 동의에 의한 경우 : 학령아동의 초등학교 취학 등

② **소멸** : 특별권력관계는 목적의 달성, 탈퇴, 일방적 배제 등의 사유로 소멸된다.

  ㉠ 목적 달성으로 소멸하는 경우 : 국·공립학교 졸업, 병역의무 완수, 공무원

Check Point

학령아동
의무교육을 받아야 할 연령층에 있는 아동

정년퇴임 등

ⓛ **임의탈퇴로 소멸하는 경우** : 국·공립학생의 자퇴, 공무원·조합원 등의 사임 등

ⓒ **권력주체의 일방적 배제로 소멸하는 경우** : 국·공립학교 학생의 퇴학, 공무원 파면 등

(5) 종류 및 내용

① **특별권력관계의 종류**

ⓐ **공법상 근무관계** : 특정인이 법률원인에 의하여 국가나 지방자치단체에 포괄적인 근무관계를 지니는 법률관계로, 공무원법에 의한 공무원 근무관계나 병역법에 의한 군복무관계 등이 그 예이다.

ⓛ **공법상 영조물이용관계** : 영조물관리자와 영조물이용자 간의 법률관계를 말하며, 국·공립학교 학생의 재학관계, 국립도서관 이용관계, 국·공립병원의 재원관계, 수형자의 교도소 재소관계 등이 해당된다.

ⓒ **공법상 특별감독관계** : 국가 또는 공공단체와 특별한 법률관계로 인하여 국가 등에 의하여 감독을 받는 관계로, 공공조합·특허기업자·행정사무수임자 등에 대한 국가나 공공단체의 특별한 감독관계 등이 해당된다. 다만, 특허기업자와 국가와의 관계는 해당되지 않는다는 일부 견해도 있다.

ⓔ **공법상 사단관계** : 공공조합과 그 직원(조합원)과의 관계를 말하며, 농지개량조합(현 한국농어촌공사)과 조합원, 변호사회와 변호사의 관계 등이 해당된다.

> 관련 판례 : 농지개량조합과 그 직원과의 관계는 사법상의 근로계약관계가 아닌 공법상의 특별권력관계이고, 그 조합의 직원에 대한 징계처분의 취소를 구하는 소송은 행정소송사항에 속한다(대판 1995. 6. 9. 94누10870).

② **특별권력관계의 내용(특별권력)**

ⓐ **특별권력의 종류** : 특별권력관계의 내용으로서의 특별권력은 특별권력관계의 종류에 따라 직무상 권력, 영조물권력, 감독권력, 사단권력으로 구분된다.

ⓛ **특별권력의 내용**

• **포괄적 명령권** : 특별권력의 주체가 개별적인 법률근거 없이도 그 구성원에게 목적수행상 필요한 명령·강제를 할 수 있는 권한을 말한다. 명령권의 발동형식에는 일반적·추상적인 행정규칙(훈령·영조물 규칙 등)이나 개별적·구체적인 하명처분(직무명령·시행명령 등)의 형식에 의한다.

    • 징계권 : 개별적 법률근거 없이도 특별권력관계 내부질서유지나 의무이행을 위하여 일정한 제재나 강제를 할 수 있는 권한을 말한다. 이러한 징계권은 명령권의 행사에 따른 의무를 강제적으로 실현하는 수단이 된다.

    ⓒ 특별권력의 한계 : 법규상·조리상의 한계 내에서 발동되어야 하며, 이를 벗어날 경우 위법이 될 수 있다.

2. 특별권력관계론(일반권력관계와의 구별)

(1) 특별권력관계론과 그 성립배경

특별권력관계론은 독일 특유의 공법이론으로 19세기 후반 독일 입헌군주제하의 법치주의 형성과정에서 군주의 특권적 지위, 즉 법으로부터 자유로운 영역을 확보해 주기 위해 구성된 이론으로서 P. Laband에 의해 성립하여 O. Mayer 등에 의해 체계화된 이론이다. 이 이론은 국가를 법인격자로 보아 국가의 내부관계에는 법이 침투할 수 없다는 논리(불침투성 이론)를 바탕으로, 법치주의의 예외로서 행정권의 우월적·특권적 지위를 인정하자는 것이다. 따라서 이 이론은 행정을 국민의 의사인 법률에 의하여 제한하려는 시민계급의 입장과 행정의 특권적 지위를 계속 확보하려는 군주의 입장 간의 타협적 산물로서 성립되었다고 할 수 있다.

(2) 구별긍정설

① 절대적 구별설 : 특별권력관계는 일반권력관계와 그 성립기반을 달리하고 지배권의 성질이 다르므로 양자의 법적용 체계는 전혀 다르다는 이론이다. 즉, 외부관계(행정주체와 행정객체, 일반권력관계)에서는 서로 대립하는 권리·의무관계가 형성되어 법치주의 적용을 받는 반면, 내부관계(특별권력관계)에서는 그 구성원과 법주체로서의 행정권이 일체를 이루고 있어 상호 대립하는 법주체를 전제로 그 관계를 규율하는 법규는 존재하지 않는다는 것이다.

② 상대적 구별설 : 특별권력관계는 일반권력관계의 본질적·절대적 차이를 부정하고 양적·상대적 차이만 있다고 보는 견해이다. 즉, 특별권력관계에 있어서는 특별한 행정목적을 위해 필요한 범위 내에서 포괄적 지배권과 명령권, 복종의 의무가 강화된 것일 뿐이라는 것이다(F. Fleiner, G. Jellinek).

(3) 구별부정설

① 전면적·형식적 부정설 : 헌법상 이념이 지배하는 오늘날의 특별권력관계라는 관념 자체를 부정하여야 한다는 견해이다.

② **개별적 · 실질적 부정설** : 종래의 특별권력관계로 다루던 권력관계를 비권력관계(사법관계 또는 관리관계) 내지 일반권력관계로 귀속시킴으로써 이를 개별적 · 실질적으로 부정하는 견해이다.

③ **기능적 재구성설** : 특별권력관계의 관념을 부정하여 일반권력관계와는 다른 부분사회의 내부관계에 따른 고유한 법이론으로 구성하려는 견해이다.

(4) 특별권력관계 수정설(내부 · 외부관계 수정설)

① **의의** : 특별권력관계의 관념은 인정하지만 종래 내부 · 외부관계의 개괄적 구별을 지양하며 법치주의 적용이 배제되는 내부관계의 범위를 축소하고 외부관계에 대하여는 법치주의 적용을 확대시키려는 수정이론으로, 오늘날 독일에서 유력한 견해로 부각되어 있다.

② **기본관계**

　㉠ 특별권력관계 자체의 발생 · 변경 · 종료 또는 구성원의 법적 지위의 본질적 사항에 관한 법률관계를 말한다.

　㉡ 군인의 입대 · 제대, 수형자의 형 집행, 공무원의 임명 · 전직 · 파면, 국 · 공립학교학생의 입학허가 · 제적 · 정학 · 전과 등이 기본관계에 해당된다.

　㉢ 기본관계에서 이루어지는 행정작용은 행정처분의 성격을 지니고 있어 법치주의와 사법심사가 적용된다.

③ **경영수행관계(업무관계)**

　㉠ 방위근무관계 : 군인에 대한 훈련 · 관리 등

　㉡ 공무원관계(구성원의 직무관계) : 공무원에 대한 직무명령 등(사법심사 배제)

　㉢ 영조물이용관계

　　• 폐쇄적 이용관계 : 감염병(전염병)환자 강제입원 등 격리병원재원관계, 수형자에 대한 행형 등 교도소재소관계 등

　　• 개방적 이용관계 : 국 · 공립학교 재학관계, 국 · 공립도서관 이용관계, 국 · 공립병원 재원관계, 학생에 대한 통상적인 수업이나 과제물부과행위, 시험평가 등(사법심사 배제)

(5) 특별권력의 한계와 법치주의

① **학설의 입장** : 원칙적으로 전면적 사법심사가 인정되나, 특별권력관계 내의 행위를 재량행위로 보고 그 재량권의 일탈 · 남용이 있는 경우에 사법심사가 인정된다고 보는 것이 다수설의 견해이다.

② **판례의 입장** : 공법상 근무관계나 국 · 공립학교 재학관계 등에 있어 이를 재량행위로 보면서 그 징계권 행사에 대하여는 전면적인 사법심사를 인정하고

Check Point

기본관계 · 경영관계론(C. H. Ule 의 이론)

특별권력관계 수정설의 대표적 이론으로, 특별권력관계를 기본관계와 경영수행관계로 구분하고 있다. 경영수행관계 중 공무원관계와 개방적 영조물이용관계만을 사법심사가 배제되는 내부관계로 보고, 나머지 법률관계는 모두 외부관계로서 사법심사가 인정된다고 보는 이론이다.

Check Point

학설의 입장

특별권력관계도 일반권력관계와 본질적 차이가 없으므로 법규상 또는 조리상의 한계 및 특별권력관계 성립목적의 한계를 지켜야 한다. 따라서 특별권력관계라 하더라도 그 구성원의 권리 · 의무에 관한 명령 · 강제는 법률에 근거가 있어야 하고, 소의 이익이 있다면 사법심사 또한 긍정되어야 한다. 다만, 부분사회의 자율성을 보장하는 관점에서 본질적인 사항을 제외하고는 특별행정법관계의 특수성을 고려할 때 그 기능수행상 필요한 범위 내에서 법치주의가 다소 완화될 수는 있을 것이다.

있다. 관련된 판례를 보면 다음과 같다.

㉠ 국 · 공립대학의 퇴학처분

> 학생에 대한 징계권의 발동이나 징계의 양정이 징계권자의 교육적 재량에 맡겨져 있다 할지라도 법원이 심리한 결과 그 징계처분에 위법사유가 있다고 판단되는 경우에는 이를 취소할 수 있는 것이고, 징계처분이 교육적 재량행위라는 이유만으로 사법심사의 대상에서 당연히 제외되는 것은 아니다(대판 1991. 11. 22, 91누2144).

㉡ 농지개량조합의 임 · 직원의 징계처분

> 농지개량조합과 그 직원과의 관계는 사법상의 근로계약관계가 아닌 공법상의 특별권력관계이고, 그 조합의 직원에 대한 징계처분의 취소를 구하는 소송은 행정소송사항에 속한다(대판 1995. 6. 9, 94누10870).

㉢ 국립 교육대학 학생에 대한 퇴학처분(행정처분에 해당)

> 행정소송의 대상이 되는 행정처분이란 행정청이 행하는 구체적 사실에 관한 법집행으로서의 공권력의 행사 또는 그 거부와 그 밖에 이에 준하는 행정작용을 말하는 것인 바, 국립 교육대학 학생에 대한 퇴학처분은 국가가 설립 · 경영하는 교육기관인 동 대학의 교무를 통할하고 학생을 지도하는 지위에 있는 학장이 교육목적 실현과 학교의 내부질서유지를 위해 학칙 위반자인 재학생에 대한 구체적 법집행으로서 국가공권력의 하나인 징계권을 발동하여 학생으로서의 신분을 일방적으로 박탈하는 국가의 교육행정에 관한 의사를 외부에 표시한 것이므로, 행정처분임이 명백하다(대판 1991. 11. 22, 91누2144).

㉣ 구속된 피고인 또는 피의자와 타인 간의 필요 이상의 접견권 제한

> 구속된 피고인 또는 피의자의 타인과의 접견권이 헌법상의 기본권이라 하더라도 국가안전보장, 질서유지 또는 공공복리를 위하여 필요한 경우에는 법률로 제한할 수 있음은 헌법 제37조 제2항의 규정에 의하여 명백하며, 구체적으로는 접견을 허용함으로써 도주나 증거인멸의 우려 방지라는 구속의 목적에 위배되거나 또는 구금시설의 질서유지를 해칠 현저한 위험성이 있을 때와 같은 경우에는 구속된 피고인 또는 피의자의 접견권을 제한할 수 있을 것이지만, 그와 같은 제한의 필요가 없는데도 접견권을 제한하거나 또는 제한의 필요가 있더라도 필요한 정도를 지나치게 과도한 제한을 하는 것은 헌법상 보장된 기본권의 침해로서 위헌이라고 하지 않을 수 없다(대판 1992. 5. 8, 91부8).

㉤ 구청장의 면직처분(구청장과 동장의 관계는 특별권력관계)

> 특별권력관계에 있어서도 위법, 부당한 특별권력의 발동으로 말미암아 권리를 침해당한 자는 행정소송법 제1조에 따라 그 위법, 부당한 처분의 취소를 구할 수 있다(대판 1982. 7. 27, 80누86).

꼭! 확인 기출문제

다음 사례에 대한 설명으로 가장 옳은 것은? [국가직 9급 기출]

> 국립 ○○교육대학 교수회는 학칙에 의거해 징계권자인 학장(피고)의 요구에 따라 교내·외의 과격시위 등에 가담한 갑(원고) 외 학생들에게 무기정학과 퇴학처분 등의 징계의결을 하였다. 피고가 위 징계의결의 내용이 미흡하다는 이유로 재심을 요청하여 다시 교수회가 개최되었는데, 그 자리에서 피고는 자신에게 위 징계의결내용을 직권으로 조정할 권한을 위임하여 줄 것을 요청하여 찬반토론을 거쳤으나 표결은 하지 않았다. 이에 피고는 같은 일자로 원고에 대한 위 교수회의 징계의결내용을 변경하여 원고에 대하여 퇴학처분을 하였다.

① 오늘날 특별권력관계의 특수성은 여전히 인정되므로, 특별권력관계의 목적달성을 위하여는 법률의 근거가 없는 경우에도 당연히 기본권이 제한된다.

② 학생에 대한 징계권의 발동이나 징계의 양정은 징계권자인 ○○교육대학 학장의 교육적 재량에 맡겨져 있지만, 교수회의 의결을 요건으로 하므로 위 징계처분은 기속행위로 보아야 한다.

③ 효과재량설의 입장에서 보면 징계처분은 재량행위라고 보게 되므로, 관계 법령 또는 학칙상 징계사유가 존재하더라도 반드시 징계를 하여야 하는 것은 아니다.

❹ ○○교육대학 학생에 대한 퇴학처분은 국립대학교의 내부질서유지를 위해 학칙 위반자인 재학생에 대한 구체적 법집행으로서 행정소송법상의 처분에 해당한다.

🖪 ④ 판례는, 국립 교육대학 학생에 대한 퇴학처분은 교육목적 실현과 학교의 내부질서유지를 위해 학칙 위반자인 재학생에 대한 구체적 법집행으로서 행한 것이므로 행정처분에 해당한다고 하였다(대판 1991. 11. 22, 91누2144).
　① 종래의 특별권력관계론에서는 법률의 근거 없이 기본권 제한이 가능하다고 보았으나, 오늘날은 원칙적으로 기본권 제한을 위해서는 법률의 근거가 있어야 한다는 것이 일반적 견해이다.
　② 특별행정법관계에서 징계는 통상 재량행위에 해당한다. 위 사안에서 교수회의 의결 요건이 해당 징계처분을 기속행위로 전환하는 것은 아니다.
　③ 효과재량설의 입장에 따르면, 징계처분은 침익적 행위이므로 기속행위라고 보게 된다. 일반적으로 효과재량설에서는 국민의 권리나 이익을 제한·침해하거나 의무를 부과하는 침익적·부담적 행위는 기속행위로, 새로운 권리를 설정하거나 기타 이익을 부여하는 수익적 행위는 재량행위로 본다.

제4절 행정법관계에 대한 사법규정의 적용

1. 개설

(1) 의의

사법은 그 자체가 정밀하고 완벽하여 사법규정의 흠결이 있더라도 그것을 보충할 사법이론이 마련되어 있으나, 행정법은 통일법전이 없고 그 역사도 짧아서 공법이론이 완벽하게 확립되지 않아 법적 흠결이 발생하게 된다. 이러한 경우 공법관계(행정법관계)에 그 보충으로서 사법규정을 적용할 수 있느냐 하는 문제가 발생한다. 이러한 논의는 공법과 사법이라는 이원적 구조를 갖는 대륙법계 국가에서는 문제가 제기되지만, 공·사법의 구별을 부정하는 영미법계 국가(법일원론적 체계)에서는 문제가 되지 않는다.

(2) 학설

① **소극설(적용부정설)** : 공법과 사법은 별개의 법체계로서 공통적인 법제가 없으므로 사법규정의 적용을 통하여 공법의 흠결을 보충할 수 없다는 견해이다(O. Mayer).

② **적극설(적용설)**

  ㉠ **일반적 적용설(특별사법설)** : 행정법을 일반사법에 대한 특별사법으로 보아 행정법규의 흠결이 있으면 당연히 사법규정이 적용된다는 견해이다(Kelsen, Merkel).

  ㉡ **제한적 적용설(한정적 유추적용설)** : 행정법의 특수성을 인정하여 흠결이 있는 경우 우선 다른 공법규정을 유추적용한 후 다음으로 사법규정을 제한적으로 유추적용할 수 있다는 견해로, 다수설과 판례가 취하고 있는 입장이다.

    • 1차적 유추적용 : 공법규정의 흠결이 있는 경우 1차적으로 다른 공법규정을 유추적용할 수 있다.

    • 2차적 유추적용(사법규정의 유추적용)

      – 공법규정의 흠결이 있는 경우로서 행정법 스스로 다른 사법규정을 적용할 수 있다는 명문규정을 두는 때에는 이를 직접 적용함(예 국가배상법 제8조의 손해배상책임, 국세기본법 제4조의 기간계산과 제27조·제54조의 소멸시효, 국가재정법 제96조·지방재정법 제83조·관세법 제23조의 소멸시효 중단·정지 규정 등)

      – 공법규정의 흠결이 있는 경우로서 명문의 규정이 없는 때에는 사법규정의 성질 및 당해 법률관계의 내용에 따라 제한적으로 유추적용함

유추적용설 관련 판례

• 실권 또는 실효의 법리는 법의 일반원리인 신의성실의 원칙에 바탕을 둔 파생원칙인 것이므로 공법관계 가운데 관리관계는 물론이고 권력관계에도 적용되어야 함을 배제할 수는 없다(대판 1988. 4. 27, 87누915).

• 부당하게 징수한 조세를 환급함에 있어서 국세와 관세를 구별할 합리적인 이유가 없고 과오납관세의 환급금에 대하여만 법의 규정이 없다 하여 환급가산금을 지급치 아니한다는 것은 심히 형평을 잃은 것이라 할 것이므로(따라서 현행 관세법에는 환급가산금에 관한 규정을 신설함) 국세기본법의 환급가산금에 관한 규정을 유추적용하여 과오납관세의 환급금에 대하여도 납부한 다음날부터 환급가산금(이자)을 지급하여야 한다(대판 1985. 9. 10, 85다카571).

- 하천법 … 위 법의 시행으로 인하여 국유화가 된 제외지의 소유자에 대하여 그 손실을 보상한다는 직접적인 보상규정을 둔 바가 없으나 동법 제74조의 손실보상요건에 관한 규정은 보상사유를 제한적으로 열거한 것이라기보다는 예시적으로 열거하고 있으므로 국유로 된 제외지의 소유자에 대하여는 위 법조를 유추적용하여 관리청은 그 손실을 보상하여야 한다(대판 1987. 7. 21, 84누126).
- 사업시행자가 손실보상의무를 이행하지 아니한 채 공유수면에서 허가어업을 영위하던 어민들에게 피해를 입힐 수 있는 공유수면매립공사를 시행함으로써 어민들이 더 이상 허가어업을 영위하지 못하는 손해를 입게 된 경우에는, 어업허가가 취소 또는 정지되는 등의 처분을 받았을 때 손실을 입은 자에 대하여 보상의무를 규정하고 있는 수산업법 제81조 제1항을 유추적용하여 그 손해를 배상하여야 할 것이다(대판 2004. 12. 23, 2002다73821).

꼭! 확인 기출문제

공법상 시효에 관한 설명으로 옳지 않은 것은? [지방직 9급 기출]

① 국가에 대한 금전채권은 다른 법률에 특별한 규정이 없는 한 5년간 행사하지 않으면 소멸된다.
② 관세법에 의한 관세과오납금반환청구권의 소멸시효도 5년이다.
❸ 공법의 특수성상 소멸시효의 중단 · 정지에 관하여는 민법의 규정이 적용될 수 없다.
④ 판례에 의할 때 공공용 또는 공용의 행정재산은 공용폐지를 하지 않는 한 잡종재산과 달리 시효취득의 대상이 되지 아니한다.

해 ③ 국가재정법 제96조와 지방재정법 제83조, 관세법 제23조 등에서 소멸시효 중단 · 정지에 관하여 다른 특별한 규정이 없는 경우 민법의 규정을 적용한다고 규정하고 있다. 따라서 일반적으로 공법상 소멸시효의 중단 · 정지에 관해서는 다른 특별한 규정이 없는 한 민법의 규정이 준용된다고 할 수 있다.

① 금전의 급부를 목적으로 하는 국가의 권리로서 시효에 관하여 다른 법률에 규정이 없는 것은 5년 동안 행사하지 아니하면 시효로 인하여 소멸하며, 국가에 대한 권리로서 금전의 급부를 목적으로 하는 경우도 이와 같다(국가재정법 제96조 제1항 · 제2항)(행정법관계에서의 원칙적 소멸시효기간은 5년).
② 관세과오납금반환청구권의 소멸시효는 5년이다("납세자의 과오납금 기타 관세의 환급청구권은 이를 행사할 수 있는 날부터 5년간 행사하지 아니하면 소멸시효가 완성된다."(관세법 제22조 제2항)).
④ 판례는 행정목적을 위해 공용되는 행정재산은 공용폐지를 하지 않는 한 잡종재산과 달리 시효취득의 대상이 될 수 없다고 하였다.

> 관련 판례 : 행정목적을 위하여 공용되는 행정재산은 공용폐지가 되지 않는 한 사법상 거래의 대상이 될 수 없으므로 취득시효의 대상도 될 수 없다. 공물의 용도폐지 의사표시는 명시적이든 묵시적이든 불문하나 적법한 의사표시이어야 하고 단지 사실상 공물로서의 용도에 사용되지 아니하고 있다는 사실이나 무효인 매도행위를 가지고 용도폐지의 의사표시가 있다고 볼 수 없다(대판 1983. 6. 14, 83다카181).

2. 사법규정의 적용과 한계

(1) 사법규정의 성질

① **일반법원리적 규정과 법기술적 규정** : 신의성실의 원칙, 권리남용금지의 원칙, 자연인과 법인, 물건 등의 총칙적 규정, 사무관리 · 부당이득 · 불법행위에 관한 채권적 규정과 같은 일반법원리적 규정과 기간 · 시효 · 주소와 같은 법기술적 규정은 공법과 사법관계에 모두 적용될 수 있다.

② **기타의 사법규정** : 일반법원리적 규정을 제외한 사적 자치적 규정, 이해조정

Check Point

행정법관계에 사법규정을 적용하는 경우에는 사법규정의 성질과 법률관계의 내용을 검토하여 적용 여부를 결정하여야 한다.

적 규정 등은 공법관계 중 관리관계에만 적용되며, 권력관계에는 적용되지 않는다.

행정법관계에 그대로 적용되지 않는 사법규정

사적자치의 원칙(제한), 행위무능력자의 행위(취소권제한, 유효), 착오에 의한 의사표시(착오결과에 따라 무효·취소·유효), 공서양속에 반하는 행위(취소사유), 소멸시효기간(5년), 주소의 수(단수주의), 시효중단 사유(독촉, 납입고지서, 통고처분 등도 중단사유가 됨), 등기(공유수면 등은 등기 배제), 취득시효의 대상(공물은 취득시효 대상이 아님) 등

(2) 행정법관계의 종류에 따른 적용 여부

① **권력관계** : 부대등관계·종속관계이므로 일반법원리적 규정과 법기술적 규정을 제외하고는 사법규정이 적용되지 않는 것이 원칙이다.

② **관리관계** : 비권력관계라는 점에서 사법관계와 성질상 동일하므로 다른 특별한 규정이 없는 한 사법규정이 적용되는 것이 원칙이다.

 꼭! 확인 기출문제

행정소송에 대한 판례의 입장으로 옳은 것은? [국가직 9급 기출]

① 사립학교 교원에 대한 학교법인의 해임처분을 취소소송의 대상이 되는 행정청의 처분으로 볼 수 있으므로 학교법인을 상대로 한 불복은 행정소송에 의한다.

② 취소소송에 당해 처분의 취소를 선결문제로 하는 부당이득 반환청구가 병합된 경우 그 청구가 인용되려면 소송절차에서 당해 처분의 취소가 확정되어야 한다.

③ 특정 소송사건에서 당사자 일방을 보조하기 위하여 보조참가를 하려면 당해 소송의 결과에 대하여 사실상, 경제상 또는 감정상의 이해관계가 있으면 충분하며 법률상의 이해관계가 요구되는 것은 아니다.

❹ 행정처분에 대한 무효확인과 취소청구는 서로 양립할 수 없는 청구로서 주위적·예비적 청구로서만 병합이 가능하고 선택적 청구로서의 병합은 허용되지 않는다.

해 ④ 행정처분에 대한 무효확인과 취소청구는 서로 양립할 수 없는 청구로서 주위적·예비적 청구로서만 병합이 가능하고 선택적 청구로서의 병합이나 단순병합은 허용되지 아니한다(대판 1999.8.20, 97누6889).

① 사립학교 교원은 학교법인 또는 사립학교 경영자에 의하여 임면되는 것으로서 사립학교 교원과 학교법인의 관계를 공법상의 권력관계라고는 볼 수 없으므로 사립학교 교원에 대한 학교법인의 해임처분을 취소소송의 대상이 되는 행정청의 처분으로 볼 수 없고, 따라서 학교 법인을 상대로 한 불복은 행정소송에 의할 수 없고 민사소송절차에 의할 것이다(대판 1993.2.12, 92누13707).

② 행정처분의 취소를 구하는 취소소송에 당해 처분의 취소를 선결문제로 하는 부당이득반환청구가 병합된 경우, 그 청구가 인용되기 위해서는 그 소송절차에서 판결에 의해 당해 처분이 취소되면 충분하고 그 처분의 취소가 확정되어야 하는 것은 아니다(대판 2009.4.9, 2008두23153).

③ 어느 소송사건에서 당사자 일방을 보조하기 위하여 보조참가를 하려면 당해 소송의 결과에 대하여 이해관계가 있어야 하고, 여기서 말하는 이해관계란 사실상·경제상 또는 감정상의 이해관계가 아니라 법률상의 이해관계를 가리킨다(대판 2014.10.30, 2012두17223).

제4장

행정법상의
법률요건과 법률사실

제1절 개설

1. 의의 및 종류

(1) 의의

① 행정법상의 법률요건 : 행정법관계의 발생·변경·소멸이라는 행정법상 법률 효과를 발생시키는 원인이 되는 사실을 말한다.

② 행정법상 법률사실 : 법률요건을 이루는 개개의 사실을 말한다. 이러한 법률요 건은 한 개의 법률사실로 이루어지는 경우(예 권리포기, 실효, 시효완성, 상계 등)가 있고, 여러 개의 법률사실로 이루어지는 경우(예 공법상 계약행위에서 청약과 승낙, 건축허가에서의 신청과 허가)도 있다.

③ 여기서 법률사실은 의사표시를 요소로 하는 법률요건을 말한다. 따라서 법률 사실이 모여서 법률요건을 이루고, 법률요건이 갖추어지면 법률효과가 발생 된다.

(2) 법률사실의 종류

행정법상 법률사실은 민법에서와 같이 사람의 정신작용을 요소로 하는가 여부에 따라 사건과 용태로 나누어진다.

① 사건(事件)

㉠ 의의 : 행정법상 사건이란 사람의 정신작용을 요소로 하지 않는 법률사실 을 말한다.

㉡ 분류

• 자연적 사실 : 사람의 출생·사망, 시간의 경과(기간, 시효, 제척기간),

Check Point

상계
채권자와 채무자가 서로 동종의 채권과 채무를 가지는 경우에, 그 채권·채무를 대등액만큼 소멸케 하는 당사자 일방의 의사표시를 말한다(민법 제492조·제493조).

일정한 연령에의 도달(취학의무, 선거권·피선거권 발생), 목적물의 멸실 등

- 사실행위 : 공법상 사무관리, 부당이득, 물건의 소유·점유, 거주행위, 행정기관의 도로공사, 분뇨처리장 설치 등

② 용태(容態)

　㉠ 의의 : 행정법상 용태란 사람의 정신작용을 요소로 하는 법률사실을 말하며, 외부적 용태와 내부적 용태가 있다.

　㉡ 외부적 용태

- 의의 : 사람의 정신작용이 외부에 표시되어 일정한 행정법상의 법률효과를 발생시키는 것을 말한다.

- 분류

공법행위	적법행위	법률행위적 공법행위	행위자의 의사표시를 요소로 하고 그 효과의사의 내용에 따라 법률효과가 발생하는 공법행위(예 허가·면제·특허·인가, 사인의 신청·출원 등)
		준법률행위적 공법행위	행위자의 효과의사표시와 관계없이 판단·인식·관념 등을 표시하고 그 효과는 법률의 규정에 의하여 발생하게 되는 행위(예 확인·공증·통지·수리)
	위법행위		법규를 위반한 행위(예 불법행위, 채무불이행 등)
	부당행위		자유재량을 그르친 행위(단순한 공익위반행위)로, 행정심판의 대상이 되나 행정소송의 대상이 되지는 않음
사법행위			사법행위 중 공법적 효과를 발생시키는 경우가 있으며, 이 경우는 사법행위도 공법상 법률사실이 됨(예 매매·증여가 납세의무를 발생시키는 경우)

　㉢ 내부적 용태(내심적 의식) : 외부에 표시되지 않은 의식내용, 즉 외부에 표시되지 않는 내부적 정신작용으로 행정법상 효과를 발생시키는 것을 말한다. 고의·과실, 선의·악의, 선량한 관리자의 주의의무 등이 있다.

2. 행정법관계의 변동(발생·변경·소멸)원인

(1) 행정법관계의 발생원인

행정법관계의 발생원인은 다양한데, 그중 가장 중요한 원인은 행정주체에 의한 공법행위(행정입법, 행정행위, 행정법상 계약, 행정계획)와 사인의 공법행위이다. 행정법상의 사건(시효 등)도 행정법관계의 발생원인이 된다.

(2) 행정법관계의 소멸원인

행정법관계는 급부의 이행, 상계, 소멸시효의 완성, 기간의 경과, 대상의 소멸, 사망, 권리의 포기 등 다양한 원인으로 종료된다.

제2절 공법상의 사건

1. 시간의 경과(자연적 사실)

(1) 기간

① 의의 : 기간이란 한 시점에서 다른 시점까지의 시간적 간격을 말한다. 따라서 기간 개념에는 시간적 간격의 출발점인 기산점과 종료점인 만료점이 기본요소가 된다. 이러한 기간의 계산방법에 대해서 공법에 특별한 규정이 없는 한 민법의 기간계산에 관한 규정(법기술적 규정)이 적용된다(민법 제155조).

② 민법상의 기간계산방법

ⓐ 기간의 기산점(초일불산입의 원칙)

- 기간을 시 · 분 · 초로 정한 때에는 즉시로부터 기산한다(제156조).
- 기간을 일 · 주 · 월 · 연으로 정한 때에는 기간의 초일은 산입하지 않는다. 그러나 그 기간이 오전 0시로부터 시작하는 때에는 초일을 산입한다(제157조).

ⓑ 기간의 만료점 : 기간을 일 · 주 · 월 · 연으로 정한 때에는 기간 말일의 종료로 기간이 만료한다(제159조).

ⓒ 역(曆)에 의한 계산(제160조)

- 기간을 주 · 월 · 연으로 정한 때에는 역에 의하여 계산한다.
- 주 · 월 · 연의 처음으로부터 기간을 기산하지 아니하는 때에는 최후의 주 · 월 · 연에서 그 기산일에 해당한 날의 전일로 기간이 만료한다.
- 월 · 연으로 정한 경우에 최종의 월에 해당일이 없는 때에는 그 월의 말일로 기간이 만료한다.

ⓓ 공휴일 등과 기간의 만료점 : 기간의 말일이 토요일 또는 공휴일에 해당한 때에는 기간은 그 익일로 만료한다(제161조).

Check Point

민법 제155조(본 장의 적용범위)
기간의 계산은 법령, 재판상의 처분 또는 법률행위에 다른 정한 바가 없으면 본 장(제6장 기간)의 규정에 의한다.

Check Point

기간의 역산
민법상의 원칙을 따른다.

기간의 역산 구분

- **'선거일 15일 전'** : 선거일의 전일부터 계산하여 15일에 해당하는 날의 이전을 말한다. 예를 들어, 선거일이 4월 25일인 경우 '선거일 15일 전'이란 4월 10일 이전(4월 9일, 8일, 7일, …)을 말한다.
- **'선거일 전 15일'** : 선거일의 전일부터 계산하여 15일에 해당하는 날을 말한다. 예를 들어, 선거일이 4월 25일인 경우 '선거일 전 15일'이란 4월 10일을 말한다.

③ **공법의 특별규정이 있는 경우** : 공법 규정에서 초일을 산입하도록 특별규정을 두는 경우가 있다. 여기에 해당하는 규정으로는 민원의 처리기간(민원처리에 관한법률 제19조 제2항), 출생 · 사망 등의 신고기간의 기산점(가족관계의등록등에관한법률 제37조), 기간의 기산일(국회법 제168조), 형의 집행과 시효기간의 초일(형법 제85조) 등이 있다.

공법상의 초일(첫날) 산입규정

- **민원처리에관한법률 제19조(처리기간의 계산)**
  - 민원의 처리기간을 5일 이하로 정한 경우에는 민원의 접수시각부터 '시간' 단위로 계산하되, 공휴일과 토요일은 산입하지 아니한다. 이 경우 1일은 8시간의 근무시간을 기준으로 한다.
  - 민원의 처리기간을 6일 이상으로 정한 경우에는 '일' 단위로 계산하고 첫날을 산입하되, 공휴일과 토요일은 산입하지 아니한다.
  - 민원의 처리기간을 주 · 월 · 연으로 정한 경우에는 첫날을 산입하되, 민법 제159조부터 제161조까지의 규정을 준용한다.
- **가족관계의등록등에관한법률 제37조(신고기간의 기산점)**
  - 신고기간은 신고사건 발생일부터 기산한다.
  - 재판의 확정일부터 기간을 기산하여야 할 경우에 재판이 송달 또는 교부 전에 확정된 때에는 그 송달 또는 교부된 날부터 기산한다.
- **국회법 제168조(기간의 기산일)** : 이 법에 따른 기간을 계산할 때에는 첫날을 산입한다.
- **형법 제85조(형의 집행과 시효기간의 초일)** : 형의 집행과 시효기간의 초일은 시간을 계산함이 없이 1일로 산정한다.

(2) 시효

① **의의** : 시효란 일정한 사실상태가 일정기간 계속된 경우에 그 사실상태가 진실한 법률관계와 합치되는가 여부를 불문하고 계속된 사실상태를 존중하여 그것을 진실한 법률관계로 인정하는 것을 말한다. 이는 법률생활의 안정을 도모하기 위하여 인정되는 제도로, 공법상 특별한 규정이 없는 한 민법상의 시효 규정이 적용된다. 이러한 시효제도에는 취득시효와 소멸시효가 있다.

② **공물의 취득시효**

㉠ 사물(私物)의 경우 원칙적으로 시효취득의 대상이 되지만(민법 제245조, 제246조), 공물(公物)의 경우 학설상의 대립(긍정설 · 부정설)에도 불구하

Check Point

취득시효

타인의 물건을 일정기간 동안 계속하여 점유하는 자에게 소유권을 갖게 하거나 기타 권리를 갖게 하는 것이다. 국 · 공유의 공물은 공용폐지되지 않는 한 취득시효의 대상이 되지 않는다.

고 국유재산법 제7조 제2항("행정재산은 민법 제245조에도 불구하고 시효취득의 대상이 되지 아니한다.")의 규정에 따라 시효취득의 대상이 되지 않는다.

ⓛ 국유재산 중 행정재산만이 시효취득의 대상에서 제외되므로 일반재산(종전의 잡종재산)은 시효취득의 대상이 된다. 잡종재산을 시효취득의 대상에서 제외하던 구 국유재산법의 관련 규정은 헌법재판소의 위헌결정(헌재 89헌가97)으로 개정되었다.

> **취득시효 관련 판례**
> • 행정재산은 공용이 폐지되지 않는 한 사법상 거래의 대상이 될 수 없으므로 취득시효의 대상이 되지 않는다(대판 1994. 3. 22, 93다56220).
> • 공용폐지의 의사표시는 명시적이든 묵시적이든 상관이 없으나 적법한 의사표시가 있어야 하고, … 원래의 행정재산이 공용폐지되어 취득시효의 대상이 된다는 사실에 대한 입증책임은 시효취득을 주장하는 자에게 있다(대판 1994. 3. 22, 93다56220).
> • 예정공물인 토지도 일종의 행정재산인 공공용물에 준하여 취급하는 것이 타당하다고 할 것이므로 구 국유재산법 제5조 제2항이 준용되어 시효취득의 대상이 될 수 없다(대판 1994. 5. 10, 93다23442).
> • 국유재산 중 공물에 대한 취득시효를 배제하는 것은 긍정되나, 사물과 같은 잡종재산에 대해서 취득시효를 부정하는 것은 국가와 사인을 차별하는 것으로 평등원칙에 위반된다(헌재 1991. 5. 13, 89헌가97).

③ 소멸시효

ⓞ **소멸시효의 기간** : 시효기간에 대한 공법상의 특별규정에 따라 민법의 시효기간보다 단축되는 경우가 있다.
  • 금전채권의 소멸시효 기간 : 5년(국가재정법 제96조, 지방재정법 제82조)
  • 관세징수권, 관세과오납반환청구권 : 5년(관세법 제22조)
  • 국가배상청구권 : 3년
  • 공무원 단기급여지급청구권 : 3년(단, 장기급여는 5년)
  • 공무원징계권 : 3년(단, 금품의 향응·수수, 공금의 유용·횡령의 경우는 5년)

ⓛ **소멸시효의 기산점** : 소멸시효는 권리를 행사할 수 있는 때로부터 진행한다(민법 제166조 제1항).

ⓒ **시효의 중단 및 정지** : 다른 법률의 규정이 없는 때에는 민법의 규정을 적용하나, 민법에 대한 특별규정으로 국가가 행하는 납입고지의 시효중단 효력을 인정하고 있다(국가재정법 제96조, 지방재정법 제83조, 국세기본법 제28조 등).

Check Point

국유재산의 구분

용도에 따라 행정재산과 일반재산(종전의 잡종재산)으로 구분된다. 행정재산에는 공용재산·공공용재산·기업용재산·보존용재산이 있으며, 일반재산은 행정재산 외의 모든 국유재산을 말한다.

Check Point

공용폐지, 예정공물

• **공용폐지** : 행정주체가 공공용물에 대하여 그 물건을 공용에 제공하는 것을 폐지하는 의사표시를 말한다.
• **예정공물** : 장래 공물로서 공공목적에 제공하기로 공적으로 결정된 물건을 말한다. 따라서 장래의 공공목적에 필요한 한도 내에서는 공물에 준하여 취급된다.

Check Point

관세법 제22조(관세징수권 등의 소멸시효)

① 관세의 징수권은 이를 행사할 수 있는 날부터 다음 각 호의 구분에 따른 기간 동안 행사하지 아니하면 소멸시효가 완성된다.
  1. 5억원 이상의 관세(내국세를 포함한다.) : 10년
  2. 제호 외의 관세 : 5년
② 납세자의 과오납금 또는 그 밖의 관세의 환급청구권은 그 권리를 행사할 수 있는 날부터 5년간 행사하지 아니하면 소멸시효가 완성된다.
③ 제1항에 따른 관세의 징수권과 제2항에 따른 과오납금 또는 그 밖의 관세의 환급청구권을 행사할 수 있는 날은 대통령령으로 정한다.

시효의 중단·정지 관련 판례

• 소멸시효의 중단은 소멸시효의 기초가 되는 권리의 불행사라는 사실상태와 맞지 않는 사실이 생긴 것을 이유로 소멸시효의 진행을 차단케 하는 제도인 만큼, 납입고지에 의한 변상금 징수권자의 권리행사에 의하여 이미 발생한 소멸시효중단의 효력은 그 부과처분이 취소(쟁송취소에 의한 것이든 또는 직권취소에 의한 것이든 불문한다)되었다 하여 사라지지 아니한다(대판 1996. 3. 8, 95누12804).

• 예산회계법 제98조에서 법령의 규정에 의한 납입고지를 시효중단 사유로 규정하고 있는 바, 이러한 납입고지에 의한 시효중단의 효력은 그 납입고지에 의한 부과처분이 취소되더라도 상실되지 않는다(대판 2000. 9. 8, 98두19933).

ⓔ **소멸시효 완성의 효력** : 절대적 소멸설과 상대적 소멸설이 대립되나, 소멸시효기간의 경과로 권리는 당연히 소멸한다는 절대적 소멸설이 다수설의 견해이다. 판례는 절대적 소멸설을 취하면서도 시효 이익을 받는 당사자의 원용이 필요하다고 보았다.

> 관련 판례 : 소멸시효에 있어서 그 시효기간이 만료되면 권리는 당연히 소멸하지만 그 시효의 이익을 받는 자가 소송에서 소멸시효의 주장을 하지 아니하면 그 의사에 반하여 재판할 수 없고, 그 시효이익을 받는 자는 시효기간 만료로 인하여 소멸하는 권리의 의무자를 말한다(대판 1991. 7. 26, 91다5631).

 꼭! 확인 기출문제

행정법관계에서 「민법」의 적용에 대한 설명으로 옳지 <u>않은</u> 것은? [국가직 9급 기출]

① 「민법」상의 일반법원리적인 규정은 행정법상 권력관계에 대해서도 적용될 수 있다.
② 행정법관계에서 기간의 계산에 관하여 특별한 규정이 없으면 「민법」의 기간계산에 관한 규정이 적용된다.
❸ 현행법상 국가에 대한 금전채권의 소멸시효에 대하여는 「민법」의 규정이 그대로 적용된다.
④ 현행법상 행정목적을 위하여 제공된 행정재산에 대해서는 공용폐지가 되지 않는 한 「민법」상 취득시효규정이 적용되지 않는다.

해 ③ 민법상 금전채권의 소멸시효는 10년이나, 국가에 대한 금전채권 소멸시효는 5년(국가재정법 제96조)으로 규정이 그대로 적용되지 않는다.
① 민법상의 일반법원리적인 규정은 행정법상 권력관계에 대해서도 적용될 수 있다(대판 1988.4.27, 87누915).
② 행정법관계에서 기간의 계산에 관하여 특별한 규정이 없으면 민법의 기간 계산에 관한 규정이 적용된다(민법 제155조).
④ 현행법상 행정목적을 위하여 제공된 행정재산에 대해서는 공용폐지가 되지 않는 한 민법상 취득시효규정이 적용되지 않는다(대판 1995.12.22, 95다19478).

(3) 제척기간

① **의의** : 일정한 권리에 관해 법률이 정하는 존속기간, 즉 권리를 행사할 수 있는 법정기간을 말한다. 행정심판청구기간이나 행정소송제소기간 등이 여기에 해당한다.

② **시효기간과의 구별**

⊙ **공통점** : 제척기간은 기간 만료 시 그 권리가 소멸된다는 점에서 소멸시효
와 같다.

ⓒ **차이점**

구분	소멸시효	제척기간
목적	사실상태의 보호를 통한 법적 안정 도모	법률관계의 신속한 확정(소멸시효기간보다 단기)
중단 및 정지	인정	불인정
입증책임	시효취득의 이익을 주장하는 자	법원이 직권으로 참작
시효이익의 포기	시효완성 후 포기 가능(시효완성 전 포기 불가)	포기제도 없음
기간	장기(원칙상 5년)	단기(통상 1년 이내)
기간 기산점	권리행사를 할 수 있는 때부터	권리가 발생한 때부터
소급효	소급하여 권리소멸(소급효)	장래에 향하여 권리소멸(비소급효)
재판상 원용 (주장)	당사자의 원용 필요(변론주의)	당사자의 원용 불필요(법원의 직권조사사항)
일반적 규정	있음(국가재정법 제96조 등)	없음(개별적 규정)

2. 사실행위

(1) 공법상의 주소 · 거소

① **주소** : 사법(민법 제18조)에서는 생활의 근거가 되는 곳을 주소로 보고 있으
나, 공법(주민등록법)의 경우 다른 특별한 규정이 없는 한 '주민등록지'를 주
소로 본다. 또한 주소의 수에 있어서도 민법은 객관주의를 전제로 복수주의를
취하고 있으나, 공법관계에서는 이중등록을 금하고 있으므로(주민등록법 제
10조) 다른 특별한 규정이 없는 한 1개소만 가능하다.

② **거소** : 거소란 사람이 일정기간 동안 거주하는 장소를 말하며, 이는 생활의 본
거지로 하고 있으나 주민등록을 하지 않은 경우로 그 장소와의 밀접도가 주소
보다 낮다. 민법에서는 거소 또한 주소로 보나, 공법에서는 소득세법에서와
같이 일정한 법률효과를 부여하는 경우도 있다. 거소에 대한 다른 특별한 규
정이 없는 한 민법의 규정을 준용한다.

(2) 공법상의 사무관리

① **의의** : 공법상 사무관리란 법률상의 의무 없이 타인을 위하여 그 사무를 관리

Check Point

민법 제18조(주소)
① 생활의 근거되는 곳을 주소로
한다.
② 주소는 동시에 두 곳 이상 있
을 수 있다.

Check Point

법률요건으로서의 공법상의 주소
지방자치단체의 주민이 되는 요건
과 주민세 등 납세의무의 성립요
건, 외국인의 귀화요건, 선거권 및
피선거권의 성립요건, 서류송달의
장소 등

Check Point

민법에서의 거소
• 제19조 : 주소를 알 수 없으면
거소를 주소로 본다.
• 제20조 : 국내에 주소 없는 자
에 대하여는 국내에 있는 거소
를 주소로 본다.

Check Point

소득세법 제2조(납세의무) 제1항
다음 각 호의 어느 하나에 해당하
는 개인은 이 법에 따라 각자의
소득에 대한 소득세를 납부할 의
무를 진다.
1. 거주자(국내에 주소를 두거나 1
년 이상의 거소를 둔 개인)
2. 비거주자로서 국내원천소득이
있는 개인

하는 행위를 말한다. 이는 사법상 관념에 해당되지만, 공법분야에서도 인정된다는 것이 일반적 견해이다.

② 인정 여부 : 행정법의 영역은 법치주의의 요청에 따라 행정청의 권한과 의무가 법정되어 있기 때문에 공법분야에 대해서도 인정되느냐 여부에 대해 견해의 대립이 있다.

  ㉠ 부정설(G. Jellinek) : 공법상 사무관리가 인정되는 경우에는 대부분 공법상의 의무(예 수난구호법상 수난구호, 경찰관직무집행법상 경찰관의 보호조치, 자치단체의 행려병자·사자(死者)의 관리 등)가 존재하기에 공법영역의 사무관리는 성립될 여지가 없다는 견해이다.

  ㉡ 긍정설(통설) : 공법상 의무는 국가에 대한 것이고 피관리자에 대한 것이 아니므로, 피관리자에 대한 관계에서는 사무관리를 인정하여야 한다는 견해이다.

③ 종류

  ㉠ 강제관리 : 공기업 등 국가의 특별감독 아래에 있는 사업에 대한 강제관리

  ㉡ 보호관리 : 수난구호, 행려병자의 유류품관리, 행려병자·사망자보호관리 등

  ㉢ 역무제공 : 사인이 비상재해 등의 경우 국가사무의 일부를 관리

④ 적용법규 : 사무관리에 관해서는 다른 법률(수난구호법, 항로표지법 등)에 특별한 규정이 없는 한 민법(제734조 ~ 제740조)의 사무관리의 규정을 준용한다.

⑤ 법적 효과 : 공법상 특별한 규정이 없는 한 민법을 적용하므로, 관리인은 그 사무의 신의성실에 따라 가장 이익이 되는 방법으로 관리하여야 하며, 이에 위반하면 과실이 없는 때에도 손해를 배상하여야 한다. 단, 관리행위가 공공이익에 적합하거나 타인의 생명·신체·재산에 급박한 위해를 면하기 위한 때에는 고의나 중과실이 없는 한 배상책임이 없다. 또한 사무관리의 통지의무 및 비용상환청구권 기타 이해조절 등에 관해서도 특별한 규정이 없는 한 민법의 규정이 적용된다.

(3) 공법상의 부당이득

① 의의 : 법률상 원인 없이 타인의 재산 또는 노무로 인하여 이익을 얻고 이로 인하여 타인에게 손해를 가하는 것을 말한다(민법 제741조). 이는 형평이념에 입각한 것으로, 재산관계의 불공정을 조정하기 위한 제도이다. 이러한 부당이득은 사실 또는 사건이며, 채권발생의 원인이 된다.

② 성립요건

  ㉠ 법률상 원인이 없어야 한다. 이는 그 부당이득의 법률상 원인이 무효이거나 실효이어야 한다는 것이다.

ⓒ 타인의 재산 또는 노무로 인하여 이익을 얻어야 한다. 즉, 타인의 재산 또는 노무로 인하여 법률관계의 한 당사자에게는 이익이 발생함과 동시에 다른 당사자에게는 손실이 발생해야 한다.

③ **적용법규** : 다른 법률(국세기본법, 지방세기본법, 관세법, 우편법 등)에 특별한 규정이 없는 한 민법(제741조 내지 제749조)의 부당이득 규정이 직접 또는 유추적용된다. 따라서 반환범위는 선의·악의를 불문하고 전액을 반환하여야 한다. 다만, 국세기본법 등에서는 조세과오납금의 반환의 경우 이자를 붙이도록 하고 있다.

④ **부당이득반환청구권의 성질**

ㄱ **사권설(판례)** : 공법상 부당이득은 민사사건과 마찬가지로 경제적 견지에서 인정되는 이해조정제도이므로 사권으로 보아야 하며, 이에 관한 소송은 민사소송에 의하여 한다는 견해이다.

> 관련 판례 : 조세부과처분이 당연무효임을 전제로 하여 이미 납부한 세금의 반환을 청구하는 것은 민사상의 부당이득반환청구로서 민사소송절차에 따라야 한다(대판 1995. 4. 28, 94다55019).

ㄴ **공권설(다수설)** : 공법상 부당이득은 공법상의 원인에 기하여 발생한 결과를 조정하기 위한 제도이므로 공권으로 보아야 하며, 이에 관한 소송은 당사자소송으로 하여야 한다는 견해이다.

⑤ **종류**

ㄱ **행정주체의 부당이득**

• 행정행위로 인한 경우 : 무효세금의 납부, 조세의 과오납과 같은 행정행위로 인하여 행정주체에게 이득이 생겼으나, 그 행정행위가 무효이거나 실효 또는 취소(단, 취소되기 전까지 공정력으로 인해 부당이득의 문제가 성립되지 않음)되어 기존의 이득의 근거가 없어지는 경우 법률상 특별한 규정이 없는 한 부당이득이 성립된다.

> 관련 판례 : 지방재정법 제87조 제1항에 의한 변상금부과처분이 당연무효인 경우에 이 변상금부과처분에 의하여 납부자가 납부하거나 징수당한 오납금은 지방자치단체가 법률상 원인 없이 취득한 부당이득에 해당한다(대판 2005. 1. 27, 2004다50143).

• 행정행위 이외의 행정작용으로 인한 경우 : 행정주체가 정당한 권한 없이 착오에 의하여 사유지를 국유지로 편입하거나 개인토지를 불법으로 도로로 점용하는 것과 같은 경우 법률상 특별한 규정이 없는 한 부당이득이 성립된다.

ㄴ **사인의 부당이득**

- 행정행위로 인한 경우 : 처분이 무효 또는 소급 취소된 무자격자의 기초
  생활보장금 및 연금수령, 봉급의 과액수령 등
- 행정행위 외의 작용으로 인한 경우 : 사인이 국유지를 무단 경작하거나
  사적 목적으로 사용하는 경우 등

관련 판례
- 조세의 과오납이 부당이득이 되기 위하여는 납세 또는 조세의 징수가 실체법적으로나 절차법적으로 전혀 법률상의 근거가 없거나 과세처분의 하자가 중대하고 명백하여 당연무효이어야 하고, 과세처분의 하자가 단지 취소할 수 있는 정도에 불과할 때에는 과세관청이 이를 스스로 취소하거나 항고소송절차에 의하여 취소되지 않는 한 그로 인한 조세의 납부가 부당이득이 된다고 할 수 없다(대판 1994. 11. 11. 94다28000).
- 취득세 및 등록세는 신고납세방식의 조세로서 이러한 유형의 조세에 있어서는 원칙적으로 납세의무자가 스스로 과세표준과 세액을 정하여 신고하는 행위에 의하여 조세채무가 구체적으로 확정되고, 그 납부행위는 신고에 의하여 확정된 구체적 조세채무의 이행으로 하는 것이며 국가나 지방자치단체는 그와 같이 확정된 조세채권에 기하여 납부된 세액을 보유하는 것이므로, 납세의무자의 신고행위가 중대하고 명백한 하자로 인하여 당연무효로 되지 아니하는 한 그것이 바로 부당이득에 해당한다고 할 수 없다(대판 2005. 5. 12. 2003다43346).
- 무권리자가 타인의 권리를 제3자에게 처분하였으나 선의의 제3자 보호규정에 의하여 원래 권리자가 권리를 상실하는 경우, 권리자는 무권리자를 상대로 제3자에게서 처분의 대가로 수령한 것을 이른바 침해부당이득으로 보아 반환청구할 수 있다(대판 2011. 6. 10. 2010다40239).

⑥ 부당이득반환청구권의 소멸시효

㉠ 부당이득반환청구권은 공법상 채권이므로, 다른 특별한 규정이 없으면 국가재정법 제96조와 국세기본법 제54조 등의 규정에 의하여 그 시효는 5년이다. 단, 각 법률에 특별한 규정이 있는 경우에는 그에 따른다.

㉡ 당연무효인 부당이득반환청구권의 소멸시효 기산점은 납부 또는 징수 시이다.

> 관련 판례 : 지방재정법 제87조 제1항에 의한 변상금부과처분이 당연무효인 경우에 이 변상금부과처분에 의하여 납부자가 납부하거나 징수당한 오납금은 지방자치단체가 법률상 원인 없이 취득한 부당이득에 해당하고, 이러한 오납금에 대한 납부자의 부당이득반환청구권은 처음부터 법률상 원인이 없이 납부 또는 징수된 것이므로 납부 또는 징수 시에 발생하여 확정되며, 그 때부터 소멸시효가 진행한다(대판 2005. 1. 27. 2004다50143).

㉢ 위법한 행정처분(과세처분)으로 과오납한 조세에 대한 행정소송의 경우는 예외적으로 소멸시효 중단사유인 재판상 청구에 해당한다.

> 관련 판례 : 일반적으로 위법한 행정처분의 취소, 변경을 구하는 행정소송은 사권을 행사하는 것으로 볼 수 없으므로 사권에 대한 시효중단사유가 되지 못하는 것이나, 다만 오납한 조세에 대한 부당이득반환청구권을 실현하기 위한 수단이 되는 과세처분의 취소 또는 무효확인을 구하는 소는 … 비록 행정소송이라고 할지라도 조세환급을 구하는 부당이득반환청구권의 소멸시효중단사유인 재판상 청구에 해당한다(대판 1992. 3. 31. 91다32053).

제3절 공법행위

1. 의의

공법행위란 공법관계에서의 행위로서 공법적 효과를 형성(발생·변경·소멸)하는 모든 행위를 말한다. 강학상의 개념으로, 넓게는 입법행위·사법행위 및 행정법관계에서의 행위를 모두 포함하나 행정법상의 공법행위는 공법관계에서의 행위만을 의미한다.

2. 사인의 공법행위

(1) 의의

① **개념** : 사인의 공법행위란 공법관계에서 공법적 효과발생을 목적으로 하는 행정주체에 대하여 행하는 사인의 모든 행위를 말한다. 이는 사인의 의사표시를 요소로 하는 행위(행정행위의 신청 등)이든, 의사표시 이외의 정신작용을 요소로 하는 행위(사망신고 등)이든 불문한다.

② **법적 성질** : 사인의 공법행위는 공법적 효과를 발생한다는 점에서 사법규정이 적용되지 않는다는 것이 통설이며 판례의 태도이다.

③ **일반적 특성** : 공법적 효과가 나타나는 점에서는 행정청의 행정행위와 같지만, 권력작용이 아니므로 공정력·확정력·강제력·집행력 등의 우월적 효력은 인정되지 않는다. 다만, 사법행위에 비해 공공성·객관성·형식성·획일성이 더 요구된다.

(2) 적용법규

원칙적으로는 사인의 공법행위에 적용할 일반적·통칙적 규정이 없어 다른 특별규정이 없는 한 민법상의 법원칙이나 법률행위에 대한 규정을 유추적용한다. 다만, 행정심판법(심판대상·절차)이나 행정절차법(신고 등), 민원처리에관한법률(민원의 처리 등) 등의 개별법에서 특별규정을 두고 있다.

① 의사능력과 행위능력

   ㉠ 의사능력이 없는 자의 공법행위는 민법과 같이 무효이다.

   ㉡ 행위무능력자(현 제한능력자)의 공법행위의 경우, 재산법관계에서는 민법규정을 유추적용하므로 취소사유가 되지만 민법규정과는 다른 공법상 명문규정을 두는 경우도 있다. 예를 들면, 우편법 제10조, 도로교통법 제82

조에서는 제한능력자의 행위도 능력자의 행위로 의제한다는 규정을 두고 있다.

② **대리** : 금지규정(병역법 등)을 두거나 일신전속성상 금지되는 경우를 제외하고는 대리가 인정된다. 일반적으로, 소송대리·등기신청대리 등은 일신전속성이 없어 대리가 인정되나 선거·사직원제출·귀화신청 등은 일신전속적 행위에 해당되어 대리가 인정되지 않는다.

③ **행위의 형식** : 사인의 공법행위는 원칙적으로 요식행위가 아니지만, 공법적 효과가 발생하므로 행위의 존재를 명백히 하기 위해 법령 등에서 문서나 서식을 요하는 요식행위인 경우가 많다(예 행정심판청구서, 인·허가신청서, 여권신청서 등).

④ **효력발생시기** : 민법에서와 같이 도달주의에 의함이 원칙이나, 예외적으로 행정의 필요성이나 상대방보호의 견지에서 발신주의를 규정하는 경우도 있다(국세기본법 제5조의2 등).

⑤ **의사표시의 하자**
㉠ 다른 특별한 규정이 없는 한 민법(제107조 내지 제110조)규정이 원칙적으로 유추적용되므로, 착오·사기·강박에 의한 행위는 취소사유가 된다. 다만, 투표행위와 같은 합성행위는 단체적·형식적 성질이 강하여 착오로 취소될 수 없다.
㉡ 판례에서는 민법상 비진의 의사표시의 무효에 관한 규정(민법 제107조 제1항 단서)은 사인의 공법행위에 적용되지 않는다는 입장을 취하고 있다.

> 관련 판례
> • 1980년의 공직자숙정계획의 일환으로 일괄사표의 제출과 선별수리의 형식으로 공무원에 대한 의원면직처분이 이루어진 경우, 사직원 제출행위가 강압에 의하여 의사결정의 자유를 박탈당한 상태에서 이루어진 것이라고 할 수 없고 민법상 비진의 의사표시의 무효에 관한 규정은 사인의 공법행위에 적용되지 않는다는 등의 이유로 그 의원면직처분을 당연무효라고 할 수 없다(대판 2000. 11. 14, 99두5481).
> • 민법의 법률행위에 관한 규정은 행위의 격식화를 특색으로 하는 공법행위에 당연히 타당하다고 말할 수 없으므로 공법행위인 영업재개업신고에 민법 제107조(진의 아닌 의사표시 규정)는 적용될 수 없다(대판 1978. 7. 25, 76누276).

⑥ **부관** : 사인의 공법행위는 명확성과 법률관계의 신속한 확정을 위해서 부관이 허용되지 않는 것이 원칙이다.

⑦ **철회·보정**
㉠ 사법관계에서는 의사표시가 상대방에게 도달한 경우에는 그것을 철회할 수 없다. 그러나 행정법관계에서는 행정행위가 행하여질 때까지 사인의 공법행위가 행정주체에 도달되더라도 그에 의거하여 행정행위가 행해지기

전까지는 철회 · 보정할 수 있다. 판례 또한 이와 같은 입장을 취해 공무원 사직원은 그에 따른 의원면직처분이 있을 때까지는 철회할 수 있지만, 일단 면직처분이 있고 난 이후에는 철회할 수 없다고 하였다.

> 관련 판례 : 공무원이 한 사직 의사표시의 철회나 취소는 그에 터잡은 의원면직처분이 있을 때까지 할 수 있는 것이고, 일단 면직처분이 있고 난 이후에는 철회나 취소할 여지가 없다(대판 2001. 8. 24, 99두9971).

ⓒ 다만, 투표행위 · 수험행위의 경우 행위의 성질상 획일성이 요구되므로 철회 · 보정이 제한되며, 과세표준수정신고(국세기본법 제45조)의 경우 법률상 규정으로 제한된다.

(3) 종류

① 사인의 지위에 따른 분류

　㉠ 행정주체의 지위에서 행하는 행위 : 선거나 국민투표행위 등

　㉡ 행정객체의 지위에서 행하는 행위 : 행정쟁송제기, 각종 신고 · 신청 등

② 행위의 성질에 따른 분류

분류기준	내용
의사표시를 요소로 하는지 여부	• 의사표시의 통지(이혼신고 등) • 관념 · 사실의 통지(출생신고, 사망신고 등)
의사표시의 수	• 단순행위 : 그 자체로서 하나의 공법행위가 되는 것으로, 신고나 신청이 해당됨 • 합성행위 : 복수의 의사표시가 결합해 하나의 의사표시를 구성하는 것으로, 국민투표와 선거 등이 해당됨
의사표시의 방향	• 단독행위 : 허가신청과 같이 의사표시가 한쪽 방향으로 표시되는 행위 • 계약행위 : 의사표시가 대립적 · 교환적인 행위 • 합동행위 : 목적을 같이하는 두 개 이상의 의사표시가 합치하여 성립하는 법률행위로, 도시개발조합과 같은 사단법인 설립행위 등이 해당됨

③ 법적 효과의 완성 여부에 따른 분류

구분	자기완결적 공법행위	행정요건적 공법행위
의의	투표, 혼인, 출생 및 사망신고와 같이 사인의 공법행위가 있으면, 그 행위자체만으로 일정한 법률효과가 발생하는 행위	행정행위 일방당사자로서 의사표시에 지나지 아니하여 그 자체만으로는 법률효과가 발생되지 않으며, 행정주체의 행위와 결합해서야 비로소 법적 효과가 발생하는 행위(예 공법상 계약인 보조금교부계약은 신청만으로는 부족하고 행정주체의 승낙이 있어야 그 효력이 발생)

기출 Plus　서울시 9급 기출

01. 다음 중 사인의 공법행위에 대한 설명으로 가장 옳지 않은 것은?

① 사인의 공법행위에는 행위능력에 관한 『민법』의 규정이 원칙적으로 적용된다.

② 판례에 의하면 『민법』상 비진의 의사표시의 무효에 관한 규정은 그 성질상 영업재개신고나 사직의 의사표시와 같은 사인의 공법행위에 적용된다.

③ 사인의 공법행위가 행정행위의 단순한 동기에 불과한 경우에는 그 하자는 행정행위의 효력에 아무런 영향을 미치지 않는다는 것이 일반적인 견해이다.

④ 공무원이 한 사직의사표시의 철회나 취소는 그에 터잡은 의원면직처분이 있을 때까지 할 수 있는 것이고, 일단 면직처분이 있고 난 이후에는 철회나 취소할 여지가 없다.

해 판례에 의하면 『민법』상 비진의 의사표시의 무효에 관한 규정은 그 성질상 영업재개신고나 사직의 의사표시와 같은 사인의 공법행위에 적용되지 않는다(대판 1978.7.25, 76누276).

답 01 ②

종류	• 행정청의 일정한 사실 · 관념의 통지 행위로서의 신고(혼인신고, 퇴거신고, 출생신고, 사망신고 등) • 합성행위인 투표행위 • 합동행위(각종 조합의 설립행위 등)	• 신청에 의한 경우 : 국 · 공립학교 학생의 수업료 납부신청, 입학원서의 제출, 공기업 특허신청, 각종 인 · 허가 신청, 국고보조금 신청, 행정쟁송제기, 청원서 제출 등 • 동의 · 승낙에 의한 경우 : 공무원임명에 있어서의 동의, 공법상 계약에서의 승낙 등

(4) 효과

① **법규에 의한 효력발생** : 사인의 공법행위는 원칙적으로 그 행위의 내용과 각 해당법규가 정하는 바에 따른다.

② **자기완결적 사인의 공법행위**

    ㉠ **형식적 심사의무** : 법령에서 행정청에 대하여 일정한 사항을 통지함으로써 의무가 끝나는 신고를 규정한 경우, 당해 신고서의 기재사항에 하자가 없고 필요한 구비서류가 첨부되었으며, 법령 등에 규정된 형식상 요건에 적합하면, 신고서가 접수기관에 도달한 시점에 신고의무가 이행된 것으로 본다(행정절차법 제40조 제2항).

    ㉡ **반려** : 행정청은 신고서의 적법요건을 구비하지 못한 신고서가 제출된 경우 지체 없이 상당한 기간을 정하여 신고인에게 보완을 요구하여야 하고, 보완기간 내에 보완을 하지 않은 경우에는 그 이유를 구체적으로 밝혀 해당 신고서를 되돌려 보내야 한다(행정절차법 제40조 제3항 · 제4항).

    ㉢ **확인행위** : 투표와 같은 합성행위는 그 자체로서 완성되는 것이나, 객관적 명확성 확보를 위해 행정청이 공적 권위로 합성행위에 의해 구성된 의사를 확인하는 것이 보통이다(예 당선인 확정 등).

③ **행정행위의 전제요건적인 사인의 공법행위**

    ㉠ **행정청의 수리 · 처리의무**

      • 당해 행위에 대해서 청구권이 있는 경우 : 사인의 공법행위가 적법한 경우에는 행정청은 이를 수리하여 처리할 의무가 있으며, 행정청의 거부나 부작위에 대하여 사인은 거부처분취소소송이나 부작위위법확인소송을 제기할 수 있다.

      • 당해 행위에 대해서 청구권이 없는 경우 : 행정청은 이에 대해 수리 · 처리해야 할 의무가 없다. 다만 개별법에서 그에 대한 처리결과를 통지해야 한다는 규정이 있을 경우 통지의무가 있다.

    ㉡ **수정인가의 가부** : 인가는 사인의 법적 행위를 완성시켜주는 보충적 행정행위에 불과하다는 점에서 법률에 특별한 규정이 없는 한 수정인가는 허용되지 않는다.

Check Point

행정절차법 제40조(신고) 제1항

법령 등에서 행정청에 일정한 사항을 통지함으로써 의무가 끝나는 신고를 규정하고 있는 경우 신고를 관장하는 행정청은 신고에 필요한 구비서류, 접수기관, 그 밖에 법령 등에 따른 신고에 필요한 사항을 게시(인터넷 등을 통한 게시를 포함한다)하거나 이에 대한 편람을 갖추어 두고 누구나 열람할 수 있도록 하여야 한다.

ⓒ 재신청의 가부 : 한번 신청하였다가 재신청을 할 수 있는가와 관련하여, 행정행위에는 일사부재리의 효력이 없으므로 당해 행위의 성질에 반하지 않는 한 사정변경 등의 이유로 재신청이 가능하다.

④ 사인의 공법행위에서의 하자의 효과

ⓐ 사인의 공법행위가 행정행위의 단순한 동기에 불과한 경우 : 이 경우 행정권의 발동 여부는 행정청의 재량에 속하는 것이므로, 행정행위의 효력에는 아무런 영향을 미치지 못한다. 예를 들면, 통행금지해제신청이 없음에도 불구하고 이를 착오하여 통행금지해제를 발한 경우 그 신청은 행정행위의 동기에 불과하므로 이 해제행위는 그대로 유효하다.

ⓑ 사인의 공법행위가 행정행위의 전제요건이 되는 경우

• 무효인 경우 : 원칙적으로 사인의 공법행위가 무효이면, 그에 기초한 행정행위도 무효가 된다(예 항거가 불가능한 강박에 의하여 제출된 사직원을 제출한 경우 등). 판례도 같은 입장을 취하고 있다.

> 관련 판례 : 상사인 세무서장이 원고에게 사직원을 제출할 것을 강력히 요구하므로, 원고는 사직원을 제출할 의사가 없으면서 사직원을 제출하더라도 반려될 것으로 알고 수리되는 경우에는 행정소송을 할 의사로 사직원을 제출하였다면, 이는 무효로 보아야 할 것이다(대판 1975. 6. 24, 75누46).

• 취소사유인 경우 : 사인의 공법행위가 단순한 하자에 지나지 않아 취소할 수 있는 경우, 그에 기초한 행정행위는 원칙적으로 유효하다. 다만, 이 경우라도 그 하자가 치유되는 것은 아니며, 행정청은 이를 취소할 수 있다. 예를 들면, 사기에 의하여 제출된 사직원을 수리한 행정행위는 유효하나, 행정청이 이를 취소할 수 있다.

관련 판례

사직서의 제출이 감사기관이나 상급관청 등의 강박에 의한 경우에는 그 정도가 의사결정의 자유를 박탈할 정도에 이른 것이라면 그 의사표시가 무효로 될 것이고 그렇지 않고 의사결정의 자유를 제한하는 정도에 그친 경우라면 그 성질에 반하지 아니하는 한 의사표시에 관한 민법 제110조의 규정을 준용하여 그 효력을 따져 보아야 할 것이나, 감사담당 직원이 당해 공무원에 대한 비리를 조사하는 과정에서 사직하지 아니하면 징계파면이 될 것이고 또한 그렇게 되면 퇴직금 지급상의 불이익을 당하게 될 것이라는 등의 강경한 태도를 취하였다고 할지라도 그 취지가 단지 비리에 따른 객관적 상황을 고지하면서 사직을 권고·종용한 것에 지나지 않고 위 공무원이 그 비리로 인하여 징계파면이 될 경우 퇴직금 지급상의 불이익을 당하게 될 것 등 여러 사정을 고려하여 사직서를 제출한 경우라면 그 의사결정이 의원면직처분의 효력에 영향을 미칠 하자가 있었다고는 볼 수 없다(대판 1997. 12. 12, 97누13962).

(5) 사인의 공법행위로서의 신고

① 신고의 의의 : 신고란 사인이 공법적 효과의 발생을 목적으로 행정주체에 대

하여 일정한 사실·관념을 알리거나 의사를 표시하는 행위를 말한다. 일반적으로 신고에는 자기완결적 공법행위로서의 신고(본래적 의미의 신고)와 행정요건적 공법행위로서의 신고(완화된 허가제로서의 신고)가 있다.

② 신고의 종류

　㉠ 자기완결적 공법행위로서의 신고(본래적 의미의 신고) : 체육시설의 변경신고, 혼인신고, 담장설치신고, 건축법상의 신고와 같이 법령 등에서 사인이 행정청에 대하여 일정한 사항을 통지함으로써 신고의무가 이행되는 신고를 말한다. 이는 단순한 사실로서의 신고에 해당하므로 행정청의 수리를 요하지 않는다(일방적 통고행위의 성격을 지님). 다만, 신고 그 자체로서 아무런 법적 효과가 수반되지 아니하는 통보와는 구별된다.

　㉡ 행정요건적 공법행위로서의 신고(완화된 허가제로서의 신고) : 체육시설업(영리목적으로 체육시설을 설치·경영하는 업)신고, 건축주 명의변경신고, 사업양수·영업양도에 따른 지위승계신고 등과 같이 사인이 행정청에 일정한 사항을 통지하고 행정청이 이를 수리함으로써 법적 효과가 발생하는 신고를 말한다.

　㉢ 비교

Check Point

행정요건적 공법행위로서의 신고에서 '수리'는 행정청이 유효한 행위를 받아들이는 것으로서 형식적 심사를 거친다. 또한 허가제에서 허가는 형식적 심사 외에 실질적 검사도 거친다는 점에서 구분된다.

구분	수리를 요하지 않는 신고 (자기완결적 신고)	수리를 요하는 신고 (행정요건적 신고)
내용	• 접수된 때에 법적 효과 발생 • 신고필증은 단순한 사실적 의미 • 접수거부는 항고소송의 대상인 처분이 아님 • 본래적 의미의 신고	• 수리가 있어야 법적 효과 발생 • 신고필증은 법적 의미 • 접수(수리)거부는 항고소송의 대상인 처분에 해당 • 완화된 허가제의 성질
예	• 체육시설업(당구장업) 신고 • 체육시설의 변경신고(골프연습장 등) • 건축법상의 신고(대문·담장설치 등), 용도변경신고 • 국세환급금결정의 신청 • 수산업법상의 수산제조업 신고 • 골프연습장 이용료 변경신고 • 의원·치과·한의원·조산소 개설신고 • 숙박업·목욕장업·이용업·미용업·세탁업의 영업신고 • 출생·사망·이혼·국적이탈·납세신고 • 종교단체의 납골탑 주변시설 신고 • 옥외집회 및 시위의 신고	• 학교보건법상 학교환경위생정화구역 내 체육시설업(당구장업 등) 신고 • 개발제한구역 내 골프연습장 신고 • 체육시설업(볼링장업) 신고 • 건축법상(건축대장상) 건축주 명의변경신고, 건축법상의 인·허가 의제 효과를 수반하는 건축신고 • 사업양도에 의한 지위승계신고(액화석유가스사업, 주유소사업, 관광사업 등) • 식품위생법에 따른 영업허가명의 변경신고 • 수산업법에 의한 어업신고(수산제조업 신고는 수리를 요하지 않음) • 사설납골시설의 설치신고 • 주민등록신고 • 사회단체등록

③ 신고의 요건

ⓐ 요건의 내용 : 신고의 요건은 개별법률에서 구체적으로 정하는 바에 의한
다. 다만, 행정절차법은 자기완결적 사인의 공법행위로서의 신고 중에서
의무적인 성질을 갖는 신고요건으로, 당해 신고서의 기재사항에 하자가 없
고 필요한 구비서류가 첨부되는 등 형식상 요건에 적합하여야 한다고 규정
하고 있다. 그 내용의 진실성이 증명될 필요는 없다.

ⓑ 요건의 심사 : 행정절차법은 자기완결적 사인의 공법행위로서의 신고 중에
서 의무적인 성질을 갖는 신고의 경우에 기술적 요건(신고서의 적법요건)
을 구비하지 못한 신고서가 제출된 경우 지체 없이 상당한 기간을 정하여
신고인에게 구체적 보완을 요구하여야 하고, 보완기간 내에 보완을 하지
않은 경우에는 그 이유를 명시하여 당해 신고서를 돌려보내야 한다고 규정
하고 있다.

④ 신고의 수리

ⓐ 의무적 수리 : 행정요건적 사인의 공법행위에서만 문제가 되는데, 법령이
정한 요건을 구비한 적법한 신고가 있으면 행정청은 의무적으로 수리하여
야 하며, 법령이 없는 사유를 내세워 수리를 거부할 수 없다는 것이 판례의
태도이다(대판 1997. 8. 29, 96누6646).

ⓑ 신고필증 : 자기완결적 사인의 공법행위에 있어서 신고필증은 행정기관에
알렸다는 사실을 확인해 주는 의미만 가진다. 즉, 이러한 신고에 있어 신고
필증 교부행위는 신고 사실의 확인 행위에 해당하며, 이 경우 신고필증의
교부가 없다 하여 개설 신고의 효력을 부정할 수 없다(대판 84도2953). 이
에 비해 수리를 요하는 신고의 경우 주어지는 신고필증에서 그 서면에 나
타나고 있는 수리는 신고한 사인에게 새로운 법적 효과를 발생시키는 직접
적인 원인행위가 된다(그 수리는 사실적인 것이 아니라 법적인 것이 됨).

⑤ 신고의 효과

ⓐ 적법한 신고

• 신고의 요건을 갖춘 경우 그 신고서가 접수기관에 도달한 시점에 신고의
무가 이행된 것으로 본다.

• 수리를 요하지 않는 신고(자기완결적 신고, 본래적 의미의 신고)의 경우에
는 신고가 행정청에 도달한 때 효력이 발생하며, 수리 여부가 효력발생에
영향을 미치지 않으므로 수리거부는 취소소송의 대상이 되지 않는다.

• 수리를 요하는 신고(행위요건적 신고, 완화된 허가제로서의 신고)의 경우
에는 행정청이 수리함으로써 신고의 효과가 발생하며, 행정청의 수리거
부행위는 취소소송의 대상이 된다.

ⓑ 부적법한 신고

- 자기완결적 사인의 공법행위로서의 신고인 경우에는 부적법한 신고를 행정청이 수리하였다 하더라도 신고의 효과가 발생되지 않는다.
- 수리를 요하는 신고의 경우 행정청이 부적법한 신고를 수리하였다면 그 수리행위는 위법한 행위가 되며, 그 하자가 중대하고 명백하였다면 그 수리행위는 무효가 된다.

⑥ 수리거부의 효과

  ㉠ **자기완결적 공법행위로서의 신고(본래적 의미의 신고)** : 그 신고서가 행정청에 접수된 때에 관계 법령이 정한 법적 효과가 발생하는 것이지, 행정청의 신고 수리 여부는 아무런 영향을 미치지 않으므로 거부처분취소소송의 대상에서 제외된다. 판례 또한 단순한 사실로서의 신고는 법적 행위로서 신고에 해당되지 않는 것으로 본다(대판 99두455).

  ㉡ **행정요건적 공법행위로서의 신고(수리를 요하는 신고)** : 신고의 요건을 갖춘 신고가 있었다 하더라도 행정청이 수리하지 않으면 법적 효과가 발생하지 않는다. 따라서 신고의 수리 여부는 거부처분취소소송의 대상이 된다.

(6) 신청

① 의의 : 신청이란 사인이 행정청에 대해 어떠한 조치를 취해 줄 것을 요구하는 공법상의 의사표시를 말한다.

② 신청의 요건 : 신청이 적법하기 위해서는 우선 신청인에게 신청권이 있어야 하고, 법령상 요구되는 기타 서류 등을 준비하여야 한다. 이때의 신청권은 신청된 대로의 처분을 구하는 권리가 아닌, 행정청의 응답을 구하는 권리이다. 신청을 할 때에는 원칙적으로는 문서로 하여야 하며, 행정청의 컴퓨터 등에 입력된 때에는 전자문서로 할 수도 있다.

③ 신청의 효과

  ㉠ **접수의 의무** : 행정청은 다른 법령 등의 특별한 규정이 있는 경우를 제외하고는 신청된 접수를 보류하거나 거부하면 안 되며 부당하게 되돌려 보내서도 안 된다(행정절차법 제17조 제4항).

  ㉡ **처리의 의무(응답의무)** : 행정청은 적법한 신청을 받은 경우, 기간 내에 신청에 대한 응답을 해주어야 하는데 이때 행정기관은 신청에 따른 행정행위를 하거나(신청 전부를 받아들이거나 일부만 받아들이거나) 거부처분을 하여도 상관이 없다. 만일 신청 처분을 허가하는 경우에는 형식적 심사와 실질적 심사(안정성, 공익성 등) 모두를 거쳐야 한다.

  ㉢ **처리의 의무 불이행과 권리 보호** : 처리기간이 지나가면 경우에 따라 거부처분이 될 수도 있고, 인용처분이 될 수도 있다.

Check Point

행정절차법 제17조 제4항
행정청은 신청을 받았을 때에는 다른 법령등에 특별한 규정이 있는 경우를 제외하고는 그 접수를 보류 또는 거부하거나 부당하게 되돌려 보내서는 아니 되며, 신청을 접수한 경우에는 신청인에게 접수증을 주어야 한다. 다만, 대통령령으로 정하는 경우에는 접수증을 주지 아니할 수 있다.

ⓔ 부적법한 신청의 효과

- 보완요구 : 행정청은 신청에 부족함이 있는 경우 곧바로 접수 거부를 하면 안 되고 보완에 필요한 일정 기간을 정해 신청인에게 보완을 요구하여야 한다. 신청인이 기간 내에 보완을 하지 못 했을 경우, 그 이유를 명시하여 신청을 되돌려 보낼 수 있다.
- 보완 대상 : 보완의 대상이 되려면 그 내용이 형식적ㆍ절차적 요건이어야 한다. 다만 실질적 요건에 흠이 있을 경우 원칙상 보완 요구를 해야 하는 것은 아니나, 그것이 민원인의 단순 착오나 일시적 사정에 의한 것이라면 보완의 대상이 되기도 한다.

④ 권리구제

ⓐ 행정청이 신청에 대해 아무런 응답을 하지 않는 경우 : 부작위위법확인소송 또는 의무이행심판을 제기할 수 있다.

ⓑ 신청에 대해 거부처분이 있는 경우 : 거부처분취소소송 또는 의무이행심판 등을 제기할 수 있다.

ⓒ 보완하지 아니한 것을 이유로 신청서를 반려한 경우 : 항고소송이 가능하다.

ⓓ 손해가 있는 경우 : 국가배상을 청구할 수 있다.

꼭! 확인 기출문제

신고와 수리에 대한 설명으로 옳지 않은 것은? (다툼이 있는 경우 판례에 의함) [서울시 9급 기출]

❶ 다른 법령에 의한 인허가가 의제되지 않는 일반적인 건축신고는 자기완결적 신고이므로 이에 대한 수리 거부행위는 항고소송의 대상이 되는 처분이 아니다.

② 「국토의 계획 및 이용에 관한 법률」상의 개발행위허가가 의제되는 건축신고는 특별한 사정이 없는 한 행정청이 그 실체적 요건에 관한 심사를 한 후 수리하여야 하는 이른바 '수리를 요하는 신고'로 보아야 한다.

③ 「행정절차법」은 '법령 등에서 행정청에 일정한 사항을 통지함으로써 의무가 끝나는 신고'에 대하여 '그 밖에 법령 등에 규정된 형식상의 요건에 적합할 것'을 그 신고의무 이행요건의 하나로 정하고 있다.

④ 「식품위생법」에 따른 식품접객업(일반음식점영업)의 영업신고의 요건을 갖춘 자라고 하더라도, 그 영업신고를 한 당해 건축물이 「건축법」 소정의 허가를 받지 아니한 무허가 건물이라면 적법한 신고를 할 수 없다.

🔟 ① 건축신고 반려행위가 이루어진 단계에서 당사자로 하여금 반려행위의 적법성을 다투어 그 법적 불안을 해소한 다음 건축행위에 나아가도록 함으로써 장차 있을지도 모르는 위험에서 미리 벗어날 수 있도록 길을 열어 주고, 위법한 건축물의 양산과 그 철거를 둘러싼 분쟁을 조기에 근본적으로 해결할 수 있게 하는 것이 법치행정의 원리에 부합한다. 그러므로 건축신고 반려행위는 항고소송의 대상이 된다고 보는 것이 옳다(대판 2010. 11. 18. 2008두167).

② 인ㆍ허가의제 효과를 수반하는 건축신고는 일반적인 건축신고와는 달리, 특별한 사정이 없는 한 행정청이 그 실체적 요건에 관한 심사를 한 후 수리하여야 하는 이른바 '수리를 요하는 신고'로 보는 것이 옳다(대판 2011. 1. 20. 2010두14954).

③ 「행정절차법」 제40조 제1항에 따른 신고가 '그 밖에 법령등에 규정된 형식상의 요건에 적합할 것'을 갖춘 경우에는 신고서가 접수기관에 도달된 때에 신고 의무가 이행된 것으로 본다(「행정절차법」 제40조 제2항 제3호).

④ 식품위생법과 건축법은 그 입법 목적, 규정사항, 적용범위 등을 서로 달리하고 있어 식품접객업에 관하여 식품위생법이 건축법에 우선하여 배타적으로 적용되는 관계에 있다고는 해석되지 않는다. 그러므로 식품위생법에 따른 식품접객업(일반음식점영업)의 영업신고의 요건을 갖춘 자라고 하더라도, 그 영업신고를 한 당해 건축물이 건축법 소정의 허가를 받지 아니한 무허가 건물이라면 적법한 신고를 할 수 없다(대판 2009. 4. 23. 2008도6829).

2편

행정작용법

제1장

행정상 입법

제1절 개설

1. 행정입법의 관념

(1) 의의

행정입법이라 함은 행정주체가 법조의 형식으로 일반적 · 추상적 법규범을 정립하는 작용을 말한다. 행정입법은 학문상 용어이며, 위임입법 · 종속입법 · 준입법이라 하기도 한다.

(2) 성질

① 실질적 의미 : 법규범의 정립작용이라는 점에서 입법작용에 속한다.
② 형식적 의미 : 행정권의 의사표시라는 점에서 행정작용에 해당된다.

2. 행정입법의 종류

(1) 주체를 기준으로 한 분류

① 국가행정권에 의한 행정입법 : 법규명령(대통령령, 총리령, 부령)과 행정규칙
② 지방자치단체에 의한 행정입법 : 자치입법(조례, 규칙, 교육규칙)

(2) 성질(법규성의 유무)을 기준으로 한 분류

① 법규명령 : 행정청과 일반국민에 법적 구속력(대외적 구속력)이 발생한다.
② 행정규칙 : 특별권력관계 내부에만 효력이 있고, 일반국민에 대하여는 구속력이 없다.

행정입법의 필요성

근대법치국가의 의회민주주의 아래에서는 행정권의 행정입법이 인정될 수 없었다. 그러나 복지국가를 이념으로 하는 현대국가에서는 사회구조의 변화에 따른 행정수요의 다양성과 그에 따른 행정기능의 확대, 의회의 전문성에 대한 한계와 급변하는 사회에 대한 빠른 대처의 필요성 등을 근거로 행정입법의 존재를 인정하고 있다.

오늘날의 현대국가에서는 이러한 행정입법의 필요성을 인식하면서 그 행정입법의 한계를 어디까지 인정하며(한계론), 그 한계를 벗어날 경우 어떻게 통제할 것인가(통제론) 하는 문제가 제기되고 있다.

제2절 법규명령

1. 법규명령의 관념

(1) 의의

법규명령이란 법령상의 수권에 근거하여 행정권이 정립하는 일반적 · 추상적 법규범으로서 국민과의 관계에서 법규성을 갖는 행정입법을 말한다. 즉, 국민과 행정청을 구속하고 재판규범이 되는 성문의 법규범을 총칭한다.

(2) 성질

법규명령은 국민과 행정청을 구속하는 법규의 성질을 가지므로, 법규명령에 위반한 행정청의 행위는 위법행위가 되어 무효확인이나 취소소송을 제기할 수 있으며, 손해배상청구가 가능하다.

2. 법규명령의 종류

(1) 법적 효력의 위상(법률과의 관계)을 기준으로 한 분류

① **헌법대위명령(비상명령)** : 제4공화국 당시 헌법상의 긴급조치 등과 같이 비상사태의 수습을 위해 행정권이 발하는 헌법적 효력을 지닌 독립명령을 말한다. 현행 헌법에는 존재하지 않는다.

② **법률대위명령(독립명령)** : 헌법적 근거에 의하여 행정권이 발하는 법률적 효력을 가진 명령을 말한다. 현행 헌법 제76조의 대통령의 긴급명령, 긴급재정 ·

Check Point

법규성
전통적 견해에 의하면, 법령근거와 법규성(국민관계에서의 구속성)을 법규명령 개념의 필수요소로 보나, 일부는 법규성은 통상적으로 요구되는 요소일 뿐 필수요소가 아니라는 견해도 있다.

Check Point

헌법에 명시된 법률종속명령

• 제75조 : 대통령은 법률에서 구체적으로 범위를 정하여 위임받은 사항과 법률을 집행하기 위하여 필요한 사항에 관하여 대통령령을 발할 수 있다.

• 제95조 : 국무총리 또는 행정각부의 장은 소관사무에 관하여 법률이나 대통령령의 위임 또는 직권으로 총리령 또는 부령을 발할 수 있다.

• 제114조 제6항 : 중앙선거관리위원회는 법령의 범위 안에서 선거관리 · 국민투표관리 또는 정당사무에 관한 규칙을 제정할 수 있으며, 법률에 저촉되지 아니하는 범위 안에서 내부규율에 관한 규칙을 제정할 수 있다.

경제명령이 이에 해당된다.

③ **법률종속명령(위임명령 · 집행명령)** : 법률의 명시적 수권에 기하여(위임명령) 또는 법률의 집행을 위하여(집행명령) 발하는 명령을 말한다. 이는 가장 전형적인 법규명령의 형태로서 법률보다 하위의 효력을 갖는 법규명령이다. 헌법 제75조의 대통령령, 헌법 제95조의 총리령 · 부령, 헌법 제114조 제6항의 중앙선거관리위원회의 규칙 등이 이에 해당된다.

(2) 내용에 따른 분류

① **위임명령(법률보충명령)** : 법률 또는 상위명령에서 구체적 · 개별적으로 범위를 정한 위임된 사항에 관하여 발하는 명령을 말한다. 따라서 위임명령은 반드시 상위법령의 수권을 요한다. 다만, 그 수임된 범위 내에서 새로운 법규사항을 정할 수 있다.

② **집행명령(독립명령 · 직권명령)** : 법률 또는 상위명령을 집행하기 위해 필요한 구체적 · 기술적 사항을 규율하기 위해 발하는 명령을 말한다. 즉, 집행명령은 법령에 의한 소관사무를 집행하기 위하여 직권으로 발하는 명령일 뿐이다. 따라서 집행명령은 상위법령의 수권을 요하지 아니하며, 권리의무에 대한 새로운 법규사항을 규정할 수 없고, 단지 사무집행에 관련한 형식적 · 절차적 사항만 규율할 수 있다.

위임명령과 집행명령의 차이점

구분	위임명령	집행명령
성립상 차이점	• 상위법률에서 구체적 범위를 정하여 위임한 사항을 규정 • 법률의 내용을 보충하는 보충명령으로, 개별적이고 구체적인 근거가 있어야 함	• 상위법률의 위임 없이 직권으로 법률의 집행을 위해 필요한 사항을 규정 • 개별적이고 구체적인 근거 없이도 헌법 제75조의 포괄적 근거만으로 성립 가능
내용상 차이점	위임받은 범위 내에서 국민의 권리 · 의무에 대한 새로운 법규사항의 규정이 가능	법규사항을 규정하지만, 위임이 없기에 국민의 권리 · 의무에 대한 새로운 법규사항은 규정이 불가

(3) 법형식에 따른 분류(권한의 소재에 따른 분류)

① 대통령령

ㄱ) 대통령의 긴급명령과 긴급재정 · 경제명령 : 대통령의 긴급명령은 '국가의 안위에 관계되는 중대한 교전상태에 있어서 국가를 보위하기 위하여 긴급한 조치가 필요하고, 국회의 집회가 불가능한 때'에 한하여 발하여야 하

Check Point

대통령의 긴급명령과 긴급재정 · 경제명령은 법률적 효력을 가진다.

고(헌법 제76조 제2항), 대통령의 긴급재정·경제명령은 '내우·외환·천재·지변 또는 중대한 재정·경제상의 위기에 있어서 국가의 안전보장 또는 공공의 안녕질서를 유지하기 위하여 긴급한 조치가 필요하고, 국회의 집회를 기다릴 여유가 없을 때'에 한하여 발한다(헌법 제76조 제1항).

   ⓛ **대통령령(시행령)** : 대통령은 법률에서 구체적으로 범위를 정하여 위임받은 사항과 법률을 집행하기 위하여 필요한 사항에 관하여 대통령령을 발할 수 있다(헌법 제75조)고 규정되어 있으며, 이러한 대통령령에는 법률의 위임에 따라 제정하는 위임명령과 법률을 집행하기 위하여 제정하는 집행명령이 있다.

  ② **총리령과 부령(시행규칙·시행세칙)** : 국무총리 또는 행정각부의 장은 소관사무에 관하여 법률이나 대통령령의 위임 또는 직권으로 총리령 또는 부령을 발할 수 있다(헌법 제95조).

> **총리령과 부령의 효력**
>
> 총리령과 부령 간 효력의 우월문제에 대해서는 헌법상 우열규정이 없으므로 총리령과 부령의 효력은 동일하다는 견해(동위설)와, 국무총리는 행정각부를 통할하는 기능을 하기 때문에 총리령이 우월하다는 견해(다수설)가 있다. 일반적으로, 국무총리는 행정에 관하여 대통령의 명을 받아 행정각부를 통할한다는 헌법(제86조 제2항) 규정에 따라 총리령이 부령보다 실질적으로 우월한 효력을 가진다고 본다.

  ③ **중앙선거관리위원회 규칙** : 중앙선거관리위원회는 법령의 범위 안에서 선거관리·국민투표관리 또는 정당사무에 관한 규칙을 제정할 수 있으며, 법률에 저촉되지 아니하는 범위 안에서 내부규율에 관한 규칙을 제정할 수 있다(헌법 제114조 제6항).

  ④ **감사원 규칙**

    ⓛ 감사원은 감사에 관한 절차, 감사원의 내부규율과 감사사무처리에 관한 규칙을 제정할 수 있다(감사원법 제52조).

    ⓛ 헌법상 근거 없이 감사원법에 근거하여 제정된 감사원규칙에 대해 그 법규적 성질을 인정할 수 있는지 여부에 대해, 행정입법은 의회입법원칙에 대한 예외를 이루는 것이므로 법규명령은 헌법상 근거가 있는 경우에만 인정된다는 견해(행정규칙설·제한규정설·형식설)와 헌법이 인정하는 행정입법형식은 제한적인 것이 아니라고 보아 감사원규칙을 법규명령으로 보아야 한다는 견해(법규명령설·예시규정설·실질설)의 다툼이 있으나, 법규명령이라는 것이 다수설의 입장이다.

    ⓒ 헌법재판소 또한 다수설(법규명령설)의 입장을 취하여, 헌법이 인정하고 있는 위임입법의 형식은 예시적인 것으로 보아 법률이 입법사항을 대통령

령이나 부령이 아닌 고시와 같은 행정규칙의 형식으로 위임하는 것을 제한 적으로 인정하고 있다.

> 관련 판례 : 국회입법에 의한 수권이 입법기관이 아닌 행정기관에게 법률 등으로 구체적인 범위를 정하여 위임한 사항에 관하여는 당해 행정기관에게 법정립의 권한을 갖게 되고, 입법자가 규율의 형식도 선택할 수도 있다 할 것이므로, 헌법이 인정하고 있는 위임입법의 형식은 예시적인 것으로 보아야 할 것이고, 그것은 법률이 행정규칙에 위임하더라도 그 행정규칙은 위임된 사항만을 규율할 수 있으므로, 국회입법의 원칙과 상치되지도 않는다. 다만, 형식의 선택에 있어서 규율의 밀도와 규율영역의 특성이 개별적으로 고찰되어야 할 것이고, 그에 따라 입법자에게 상세한 규율이 불가능한 것으로 보이는 영역이라면 행정부에게 필요한 보충을 할 책임이 인정되고 극히 전문적인 식견에 좌우되는 영역에서는 행정기관에 의한 구체화의 우위가 불가피하게 있을 수 있다. 그러한 영역에서 행정규칙에 대한 위임입법이 제한적으로 인정될 수 있다(헌재 2004. 10. 26, 99헌바91).

> **고시형식의 법규명령(법령보충적 행정규칙)**
> 판례는 법령의 위임에 따라 그 법령을 보충하는 기능을 가지는 행정규칙(훈령 · 예규 · 고시 · 지침 등)에 대하여 법규명령의 성질을 갖는 고시를 인정하고 있으며, 행정규제기본법 제4조 제2항에서도 "규제는 법률에 직접 규정하되, 규제의 세부적인 내용은 법률 또는 상위법령에서 구체적으로 범위를 정하여 위임한 바에 따라 대통령령 · 총리령 · 부령 또는 조례 · 규칙으로 정할 수 있다. 다만, 법령에서 전문적 · 기술적 사항이나 경미한 사항으로서 업무의 성질상 위임이 불가피한 사항에 관하여 구체적으로 범위를 정하여 위임한 경우에는 고시 등으로 정할 수 있다."고 규정하고 있다.

3. 법규명령의 근거

(1) 위임명령

Check Point

법규명령은 일반적으로 헌법이나 상위법령의 근거를 요한다.

위임명령은 헌법 제75조와 제95조에 따라 법률이나 상위명령에서 구체적 · 개별적으로 범위를 정한 상위법령의 수권이 있어야 제정할 수 있다(헌법상의 포괄적 · 일반적 근거만으로는 제정할 수 없음). 판례도 이와 같은 입장을 취하고 있다.

> 관련 판례
> • 위임명령은 법률이나 상위명령에서 구체적으로 범위를 정한 개별적인 위임이 있을 때에 가능하고, 여기에서 구체적인 위임의 범위는 규제하고자 하는 대상의 종류와 성격에 따라 달라지는 것이어서 일률적 기준을 정할 수는 없지만, 적어도 위임명령에 규정될 내용 및 범위의 기본사항이 구체적으로 규정되어 있어서 누구라도 당해 법률이나 상위명령으로부터 위임명령에 규정될 내용의 대강을 예측할 수 있어야 하나, 이 경우 그 예측가능성의 유무는 당해 위임조항 하나만을 가지고 판단할 것이 아니라 그 위임조항이 속한 법률이나 상위명령의 전반적인 체계와 취지 · 목적, 당해 위임조항의 규정형식과 내용 및 관련 법규를 유기적 · 체계적으로 종합 판단하여야 하고, 나아가 각 규제대상의 성질에 따라 구체적 · 개별적으로 검토함을 요한다(대판 2002. 8. 23, 2001두5651).
> • 법규적 효력을 가지는 행정입법의 제정은 반드시 구체적이어야 하며 명확한 법률의 위임을 요한다(헌재 2001. 4. 26, 2000헌마122).

(2) 집행명령

집행명령은 법률 또는 상위법령을 현실적으로 집행하기 위하여 필요한 절차·형식 등을 규정하는 법규명령으로, 국민의 권리·의무에 관한 새로운 사항을 규정하는 것이 아니다. 따라서 위임명령과 달리 구체적·개별적 수권이 없이도 헌법 제75조의 포괄적 근거만으로 제정할 수 있다.

> 관련 판례 : 법이 징계절차 및 소청절차에 관하여서만 대통령령에 위임을 하고 직권면직절차에 관하여는 위임에 관한 아무런 규정을 두지 아니하였다고 하더라도 대통령령은 직권면직에 관한 법의 규정을 집행하기 위하여 필요한 사항에 관하여 규정할 수 있다 할 것이다(대판 2006. 10. 27. 2004두12261).

4. 법규명령의 한계

(1) 대통령의 긴급명령, 긴급재정·경제명령의 한계

① **긴급명령의 한계** : 대통령의 긴급명령은 '국가의 안위에 관계되는 중대한 교전상태에 있어서 국가를 보위하기 위하여 긴급한 조치가 필요하고, 국회의 집회가 불가능한 때'에 한하여 발하여야 한다(헌법 제76조 제2항)는 한계를 가지고 있다.

② **긴급재정·경제명령의 한계** : 대통령의 긴급재정·경제명령은 '내우·외환·천재·지변 또는 중대한 재정·경제상의 위기에 있어서 국가의 안전보장 또는 공공의 안녕질서를 유지하기 위하여 긴급한 조치가 필요하고, 국회의 집회를 기다릴 여유가 없을 때'에 한하여 발한다(헌법 제76조 제1항)는 한계를 가지고 있다.

(2) 위임명령의 한계

① 위임의 범위(수권의 한계)

ㄱ 포괄적 위임의 금지원칙(구체적 위임의 원칙)

- 헌법규정에 의한 포괄적 위임의 제한 : 헌법 제75조에서 "대통령은 법률에서 구체적으로 범위를 정하여 위임받은 사항과 법률을 집행하기 위하여 필요한 사항에 관하여 대통령령을 발할 수 있다."고 규정하고 있는데, 여기서 '구체적으로 범위를 정하여'라는 의미는 일반적·추상적·포괄적·전면적 위임을 금지한다는 의미라고 할 수 있다.

- 구체적 위임의 의미 : '구체적'이란 대상이 특정되어야 하고 그 기준도 명확하여야 함을 의미한다. 대법원은 이에 대해 '해당 법률의 전반적인 체

Check Point

구체성·명확성의 요구 정도에서의 차이

위임의 구체성·명확성의 요구 정도는 규제대상의 종류와 성격에 따라 달라지는데, 일반적으로 기본권에 대한 직접적 제한·침해의 소지가 있는 영역에서는 급부행정의 영역보다 위임의 요건과 범위에서 좀 더 엄격히 제한적으로 규정되어야 한다.

계와 취지·목적, 당해 조항의 규정형식과 내용 및 관련 법규의 해석을 통하여 그 내재적인 위임의 범위나 한계가 객관적으로 분명히 확정될 수 있는 것'이라면 일반적·포괄적인 위임에 해당하지 않는다(대판 95누3640)고 판시한 바 있으며, 헌법재판소 또한 '법률조항의 포괄위임 여부는 당해 조항 및 관련 규정과 종합하여 유기적·체계적으로 판단하여야 할 것이므로, 위임범위의 대강을 객관적으로 예측할 수 있으면 포괄위임에 해당한다고 할 수 없다(헌재 2002헌바56)'고 하였다. 즉, 대법원과 헌법재판소는 구체적 위임의 판단 기준을 상위법령으로부터의 예측가능성이라고 보고 있다.

> 관련 판례 : 위임명령은 법률이나 상위명령에서 구체적으로 범위를 정한 개별적인 위임이 있을 때에 가능하고, 여기에서 구체적인 위임의 범위는 규제하고자 하는 대상의 종류와 성격에 따라 달라지는 것이어서 일률적 기준을 정할 수는 없지만, 적어도 위임명령에 규정될 내용 및 범위의 기본사항이 구체적으로 규정되어 있어서 누구라도 당해 법률이나 상위명령으로부터 위임명령에 규정될 내용의 대강을 예측할 수 있어야 하나, 이 경우 그 예측가능성의 유무는 당해 위임조항 하나만을 가지고 판단할 것이 아니라 그 위임조항이 속한 법률이나 상위명령의 전반적인 체계와 취지·목적, 당해 위임조항의 규정형식과 내용 및 관련 법규를 유기적·체계적으로 종합 판단하여야 하고, 나아가 각 규제 대상의 성질에 따라 구체적·개별적으로 검토함을 요한다(대판 2002. 8. 23, 2001두5651).

ⓛ 국회 전속적 입법사항의 위임한계

- 의회의 전속적 입법사항이란 헌법에서 법률로 정한다고 규정하여 타 기관에 위임할 수 없는 사항을 말한다. 그러나 이러한 사항도 반드시 법률로만 정해야 하는 것은 아니며, 일정한 사항에 대해 구체적으로 범위를 정하여 행정입법에 위임하는 것은 가능하다는 것이 통설과 판례의 입장이다.

> 관련 판례 : 헌법 제75조는 대통령에 대한 입법권한의 위임에 관한 규정이지만, 국무총리나 행정각부의 장으로 하여금 법률의 위임에 따라 총리령 또는 부령을 발할 수 있도록 하고 있는 헌법 제95조의 취지에 비추어 볼 때, 입법자는 법률에서 구체적으로 범위를 정하기만 한다면 대통령령뿐만 아니라 부령에 입법사항을 위임할 수도 있다(헌재 1998. 2. 27, 97헌마64).

- 현행법(법인세법·소득세법 등)에서도 조세의 종목과 세율은 법률로 정하되(조세법률주의), 과세요건 등은 대통령령이나 부령으로 정하도록 위임하고 있다.

- 헌법에 규정된 국회 전속적 입법사항으로는 국적취득요건(제2조), 죄형법정주의(제12조), 재산권의 내용과 한계(제23조 제1항), 공용침해(수용·사용·제한)와 보상(제23조 제3항), 국가배상의 요건과 절차(제29조

제1항), 국회의원의 수와 선거구(제41조), 조세의 종목과 세율(제59조), 행정각부의 설치 · 조직과 직무범위(제96조), 법관의 자격(제101조 제3항), 지방자치단체의 종류 · 조직 · 운영과 자치단체장의 선임방법 및 지방의회의 조직 · 권한 · 의원선거(제117조 · 제118조) 등이 있다.

ⓒ **조례에 대한 포괄적 위임의 허용** : 다수설과 판례는 조례의 경우 구체적으로 범위를 정하지 않고 포괄적으로 위임할 수 있음을 인정하고 있다. 다만, 지방자치법 제28조 단서 규정에 따라 주민의 권리 제한이나 의무 부과, 벌칙의 경우에는 법률의 위임을 요한다.

> 관련 판례
> • 조례의 제정권자인 지방의회는 선거를 통해서 그 지역적인 민주적 정당성을 지니고 있는 주민의 대표기관이고 헌법이 지방자치단체에 포괄적인 자치권을 보장하고 있는 취지로 볼 때, 조례에 대한 법률의 위임은 법규명령에 대한 법률의 위임과 같이 반드시 구체적으로 범위를 정하여 할 필요가 없으며 포괄적인 것으로 족하다(헌재 1995. 4. 20, 92헌마264 · 279).
> • 지방자치법 제15조(현행 제28조)는 원칙적으로 헌법 제117조 제1항의 규정과 같이 지방자치단체의 자치입법권을 보장하면서, 그 단서에서 주민의 권리제한, 의무부과에 관한 사항을 규정하는 조례의 중대성에 비추어 입법 정책적 고려에서 법률의 위임을 요한다고 규정하고 있는 바, 이는 기본권제한에 대하여 법률유보원칙을 선언한 헌법 제37조 제2항의 취지에 부합하므로 조례제정에 있어 위와 같은 경우에 법률의 근거를 요구하는 것이 위헌성이 있다고 할 수 없다(대판 1995. 5. 12, 94추28).

② **위임명령의 재위임의 한계**

㉠ **원칙** : 위임입법의 재위임은 수임된 입법권을 다시 하위명령에 위임하는 것을 말하는데, 전면적인 재위임은 실질적으로 수권법의 내용을 임의로 변경하는 결과가 초래되므로 허용되지 않는다. 또한 위임명령은 위임의 범위 내에서 제정되어야 하는데, 그 범위를 벗어난 법률에서 수권되지 않은 사항에 대해서는 규정할 수 없다. 또한 위임명령은 내용상 상위법령을 위반하여도 안 되며 명확하고 실현 가능해야 한다.

㉡ **예외** : 법률에서 위임된 사항에 관하여 대통령령에서 위임받은 사항에 관한 요강을 정한 다음 그의 세부적인 사항의 보충을 다시 부령과 같은 하위명령에 위임하는 것은 허용된다고 보는 것이 일반적인 견해이다. 즉, 세부적인 사항의 보충을 재위임하는 것은 가능하다.

> 관련 판례 : 재위임에 의한 부령의 경우에도 위임에 의한 대통령령에 가해지는 헌법상의 제한이 당연히 적용되어야 할 것이므로 법률에서 위임받은 사항을 전혀 규정하지 아니하고 그대로 재위임하는 것은 허용되지 않으며 위임받은 사항에 관하여 대강을 정하고 그 중의 특정사항을 범위를 정하여 하위법령에 다시 위임하는 경우에만 재위임이 허용된다(헌재 1996. 2. 29, 94헌마213).

③ **처벌규정의 위임한계** : 처벌대상(범죄구성요건)은 위임법률에서 구체적 기준

기출 Plus

서울시 9급 기출

01. 법규명령에 대한 설명 중 옳지 않은 것은?

① 제정권자를 기준으로 대통령령, 총리령, 부령 등으로 구분할 수 있다.

② 법규명령에 위반하는 행위는 위법행위가 된다.

③ 법규명령 중 위임명령은 원칙적으로 헌법 제75조와 헌법 제95조에 따라 법률이나 상위명령에 개별적인 수권규범이 있는 경우만 가능하다.

④ 행정의 효율성을 도모하기 위해 법률에서 위임받은 사항을 전혀 규정하지 않고 하위의 법규명령에 재위임하는 것도 가능하다.

❸ 재위임에 의한 부령의 경우에도 위임에 의한 대통령령에 가해지는 헌법상의 제한이 당연히 적용되어야 할 것이므로 법률에서 위임받은 사항을 전혀 규정하지 아니하고 그대로 재위임하는 것은 허용되지 않으며 위임받은 사항에 관하여 대강을 정하고 그 중의 특정사항을 범위를 정하여 하위법령에 다시 위임하는 경우에만 재위임이 허용된다(헌재 1996.2.29. 94헌마213).

을 정하여 위임할 수 있으며, 처벌의 내용인 형벌의 종류나 형량은 위임법률에서 상한과 폭을 명백히 정하여 위임할 수 있다.

> 관련 판례 : 범죄와 형벌에 관한 사항에 있어서도 위임입법의 근거와 한계에 관한 헌법 제75조는 적용되는 것이고, 다만 법률에 의한 처벌법규의 위임은, 헌법이 특히 인권을 최대한 보장하기 위하여 죄형법정주의와 적법절차를 규정하고, 법률에 의한 처벌을 강조하고 있는 기본권보장 우위사상에 비추어 바람직하지 못한 일이므로, 그 요건과 범위가 보다 엄격하게 제한적으로 적용되어야 하는 바, 따라서 처벌법규의 위임을 하기 위하여는, 첫째, 특히 긴급한 필요가 있거나 미리 법률로써 자세히 정할 수 없는 부득이한 사정이 있는 경우에 한정되어야 하며, 둘째, 이러한 경우에도 법률에서 범죄의 구성요건은 처벌대상행위가 어떠한 것일 것이라고 예측할 수 있을 정도로 구체적으로 정하고, 셋째, 형벌의 종류 및 그 상한과 폭을 명백히 규정하여야 하되, 위임입법의 위와 같은 예측가능성의 유무를 판단함에 있어서는 당해 특정조항 하나만을 가지고 판단할 것이 아니고 관련 법조항 전체를 유기적·체계적으로 종합하여 판단하여야 한다(헌재 1997. 5. 29. 94헌바22).

꼭! 확인 기출문제

행정입법에 대한 설명으로 옳지 않은 것은? (다툼이 있는 경우 판례에 의함) [지방직 9급 기출]

① 집행명령은 상위법령의 집행에 필요한 세칙을 정하는 범위 내에서만 가능하고 새로운 국민의 권리·의무를 정할 수 없다.

② 구 「청소년보호법 시행령」 제40조 [별표 6]의 위반행위의 종별에 따른 과징금처분 기준에서 정한 과징금 수액은 정액이 아니고 최고한도액이다.

③ 집행명령은 상위법령이 개정되더라도 개정법령과 성질상 모순·저촉되지 아니하고 개정된 상위법령의 시행에 필요한 사항을 규정하고 있는 이상, 개정법령의 시행을 위한 집행명령이 제정·발효될 때까지는 여전히 그 효력을 유지한다.

❹ 상위법령에서 세부사항 등을 시행규칙으로 정하도록 위임하였으나, 이를 고시 등 행정규칙으로 정하였더라도 이는 대외적 구속력을 가지는 법규명령으로서 효력이 인정된다.

⬛ ④ 상위법령에서 세부사항 등을 시행규칙으로 정하도록 위임하였음에도 이를 고시 등 행정규칙으로 정하였다면 그 역시 대외적 구속력을 가지는 법규명령으로서 효력이 인정될 수 없다(대판 2012. 7. 5, 2010두72076).

① 집행명령이란 법률 또는 상위명령을 집행하기 위해 필요한 구체적·기술적 사항을 규율하기 위해 발하는 명령을 말한다. 즉, 집행명령은 법령에 의한 소관사무를 집행하기 위하여 직권으로 발하는 명령일 뿐이다. 따라서 집행명령은 상위법령의 수권을 요하지 아니하며, 권리의무에 대한 새로운 법규사항을 규정할 수 없고, 단지 사무집행에 관련한 형식적·절차적 사항만 규율할 수 있다.

② 구 청소년보호법 제49조 제1항, 제2항의 위임에 따른 같은 법 시행령 제40조 [별표 6]의 위반행위의종별에 따른 과징금처분기준은 법규명령이기는 하나 모법의 위임규정의 내용과 취지 및 헌법상의 과잉금지의 원칙과 평등의 원칙 등에 비추어 같은 유형의 위반행위라 하더라도 그 규모나 기간·사회적 비난 정도·위반행위로 인하여 다른 법률에 의하여 처벌받은 다른 사정·행위자의 개인적 사정 및 위반행위로 얻은 불법이익의 규모 등 여러 요소를 종합적으로 고려하여 사안에 따라 적정한 과징금의 액수를 정하여야 할 것이므로 그 수액은 정액이 아니라 최고한도액이다(대판 2001. 3. 9, 99두5207).

③ 집행명령은 근거법령인 상위법령이 폐지되면 특별한 규정이 없는 이상 실효되는 것이나, 상위법령이 개정됨에 그친 경우에는 개정법령과 성질상 모순, 저촉되지 아니하고 개정된 상위법령의 시행에 필요한 사항을 규정하고 있는 이상 그 집행명령은 상위법령의 개정에도 불구하고 당연히 실효되지 아니하고 개정법령의 시행을 위한 집행명령이 제정, 발효될 때까지는 여전히 그 효력을 유지한다(대판 1989. 9. 12, 88누6962).

(3) 집행명령의 한계

집행명령은 새로운 법규사항을 규정하는 것이 아니라 법률 또는 상위 명령에서 정해진 내용을 실현하는 것이므로 법률 또는 상위 명령에 개별적, 구체적 위임 규정이 없더라도 직권으로 발할 수 있다. 다만, 집행명령은 법률 또는 상위명령의 집행에 필요한 구체적 절차 · 형식만을 규정하여야 하며, 상위법령에 규정이 없는 국민의 권리와 의무에 관한 사항을 집행명령에서 새롭게 규정할 수 없다.

5. 법규명령의 성립·효력요건과 그 하자 및 소멸

(1) 성립요건

① **주체적 요건** : 법규명령은 정당한 권한을 가진 기관인 대통령, 국무총리, 행정 각부장관, 중앙선거관리위원회 등이 그 권한의 범위 내에서 제정하여야 한다.

② **내용적 요건** : 법규명령은 수권의 범위 내에서 상위법령에 저촉되지 않아야 하고, 실현할 수 있어야 하며, 그 규정내용이 명백하여야 한다.

③ **절차적 요건** : 대통령령은 법제처의 심의와 국무회의의 심의를 거쳐야 하고, 총리령과 부령은 법제처의 심의를 거쳐야 한다. 또한 다수국민의 일상생활과 관련된 중요분야의 법령안의 경우 입법예고 절차를 요한다.

④ **형식적 요건** : 법규명령은 조문형식을 갖추어야 하며, 서명 · 날인 및 부서, 번호 · 일자, 관보게재 및 공포의 요건을 요한다.

(2) 효력요건

법규명령은 효력발생의 요건으로서 관보에 공포를 요하며, 다른 특별한 규정이 없으면 공포한 날부터 20일이 경과함으로서 법규명령의 효력이 발생한다. 다만, 국민의 권리 및 의무와 관련되는 법규명령은 특별한 사유가 있는 경우를 제외하고는 공포일로부터 적어도 30일이 경과한 날로부터 시행한다(법령등공포에관한 법률 제13조 · 제13조의2).

(3) 하자있는 법규명령의 효과

① 하자있는 행정행위(원칙상 무효 또는 취소함)와 달리 위법한 법규명령으로 무효가 된다는 것이 다수설이자 판례의 태도이다. 다만, 하자가 중대 · 명백한 경우에 이르지 않은 경우에는 취소할 수 있다는 일부 견해도 있다.

② 법규명령의 근거법률(모법) 위반에 의한 무효인지 여부의 판단은 입법 취지, 시행령의 다른 규정들과 연혁 등을 종합적으로 검토하여 판단해야 한다.

Check Point

공포일 · 공고일
법령 등의 공포일 또는 공고일은 해당 법령 등을 게재한 관보 또는 신문이 발행된 날로 한다(법령등 공포에관한법률 제12조).

> 관련 판례 : 어느 시행령의 규정이 모법에 저촉되는지의 여부가 명백하지 아니하는 경우에는 모법과 시행령의 다른 규정들과 그 입법 취지, 연혁 등을 종합적으로 살펴 모법에 합치된다는 해석도 가능한 경우라면 그 규정을 모법위반으로 무효라고 선언하여서는 안 된다(대판 2001. 8. 24, 2000두2716).

하자있는 법규명령에 근거한 행정행위의 효력

하자있는 행정행위는 단순한 위법인 경우 취소사유이고 중대·명백한 위법인 경우 무효사유가 되는데, 하자있는(위헌·위법) 법규명령에 근거한 행정행위는 내용상 중대한 하자에 해당하나 행정청에 법령심사권이 없으므로 반드시 명백하다고는 단정할 수 없어(무효로 볼 수 없어) 원칙적으로 취소사유로 보는 것이 타당하다(판례도 법원의 판결 이전에는 명백한 것이 아니므로 취소사유에 해당한다고 판시함). 다만, 그 하자가 외관상 명백한 경우는 중대·명백한 위법에 해당되므로 그 법규명령에 근거한 행정행위도 무효가 된다.

Check Point

법규명령의 소멸
법규명령은 폐지의 의사표시 또는 일정한 사실의 발생으로 소멸(실효)된다.

(4) 법규명령의 소멸

① 폐지

㉠ **직접폐지** : 법규명령의 효력을 장래에 향하여 소멸시키는 행정권의 직접적·명시적 의사표시로 개개의 구체적인 법규명령을 폐지하는 것을 말한다.

㉡ **간접적 폐지** : 법규명령은 내용이 충돌하는 동위의 명령(신법우선의 원칙 적용) 또는 상위법령의 제정이나 개정에 의하여 저촉되게 됨으로써 효력이 소멸되는 것을 말한다(사실상의 실효사유).

상위근거법령의 개폐와 법규명령(집행명령)의 효력

집행명령의 경우 상위근거법령이 폐지(소멸)되는 경우 실효되는 것이 원칙이며, 다만 상위근거법령이 개정됨에 그친 경우는 해당 집행명령을 대체할 새로운 집행명령의 제정·발효 시까지 효력을 유지한다.

> 관련 판례 : 상위법령의 시행에 필요한 세부적 사항을 정하기 위하여 행정관청이 일반적 직권에 의하여 제정하는 이른바 집행명령은 근거법령인 상위법령이 폐지되면 특별한 규정이 없는 이상 실효되는 것이나, 상위법령이 개정됨에 그친 경우에는 개정법령과 성질상 모순, 저촉되지 아니하고 개정된 상위법령의 시행에 필요한 사항을 규정하고 있는 이상 그 집행명령은 상위법령의 개정에도 불구하고 당연히 실효되지 아니하고 개정법령의 시행을 위한 집행명령이 제정, 발효될 때까지는 여전히 그 효력을 유지한다(대판 1989. 9. 12, 88누6962).

② **실효** : 일정한 사실의 발생(종기의 도래, 해제조건의 성취, 근거법령의 소멸 등)으로 간접적 또는 결과적으로 법규명령의 효력이 소멸된 경우를 말한다.

㉠ 대통령의 긴급명령, 긴급재정·경제명령의 경우 국회의 승인을 얻지 못한 때 그 효력을 상실한다(헌법 제76조).

㉡ **법정부관의 성취** : 법규명령이 한시법인 경우 종기의 도래 또는 해제조건의 성취에 의하여 그 효력이 소멸된다.

ⓒ 근거법령의 소멸과 사후보완 : 상위법령의 소멸로 실효되면 이에 근거한 법
규명령은 법적 근거가 없는 것으로 되어 그 효력이 소멸되는 반면, 위임근
거가 없어 무효인 법규명령에 위임근거가 부여된 경우 그때부터 유효한 법
규명령이 된다.

> 관련 판례 : 법률의 위임에 의하여 효력을 갖는 법규명령의 경우, 구법에 위임의 근거가
> 없어 무효였더라도 사후에 법개정으로 위임의 근거가 부여되면 그때부터는 유효한 법규
> 명령이 되나, 반대로 구법의 위임에 의한 유효한 법규명령이 법개정으로 위임의 근거가
> 없어지게 되면 그때부터 무효인 법규명령이 되므로, 어떤 법령의 위임근거 유무에 따른
> 유효 여부를 심사하려면 법개정의 전·후에 걸쳐 모두 심사하여야만 그 법규명령의 시기
> 에 따른 유효·무효를 판단할 수 있다(대판 1995. 6. 30, 93추83).

6. 법규명령의 통제

(1) 행정적 통제

① 감독권에 의한 통제 : 상급행정청에 의한 행정입법권 행사(훈령권이나 취소권
행사 등), 국민권익위원회의 경우 법령 등의 개선 권고 및 의견 표명

② 행정입법의 절차적 통제 : 관련 부서의 의견제출·협의·심의, 통지 및 청문절
차 등(법제처의 심사, 국무회의의 심의 등)

③ 심사·심의기관에 의한 통제(시정조치 요청권)

㉠ 행정기관의 법령심사권(법제처 심사나 국무회의 심의 등)

㉡ 행정심판권, 중앙행정심판위원회의 법령에 대한 개선요청권(행정심판법
제59조)

(2) 입법적 통제

① 국회에 의한 통제

㉠ 직접통제 : 승인유보제도, 의회제출제도, 동의권유보(독일), 의회 제출 절
차(영국), 입법적 거부(미국) 등

㉡ 간접통제 : 국정감사 및 조사, 국무위원해임건의, 탄핵, 예산안심의 등

우리나라의 정치적 통제방식(승인유보제도, 의회제출제도)

간접적 통제방식에 의하며 직접적 통제방식은 시행되고 있지 않다. 다만, 법률대위명령인 긴급명령이나
긴급재정·경제명령의 경우 적극적 결의방식인 국회의 승인을 받아야 하며(승인유보제), 소관상임위원회
에 법규명령을 제출하도록 하고 있다. 즉, 중앙행정기관의 장은 법률에서 위임한 사항이나 법률을 집행하
기 위하여 필요한 사항을 규정한 대통령령·총리령·부령·훈령·예규·고시 등이 제정·개정 또는 폐

Check Point

중앙행정심판위원회의 불합리한 법령 등의 개선(행정심판법 제59조)

중앙행정심판위원회는 심판청구를 심리·재결할 때에 처분 또는 부작위의 근거가 되는 명령 등(대통령령·총리령·부령·훈령·예규·고시·조례·규칙 등을 말한다. 이하 같다)이 법령에 근거가 없거나 상위 법령에 위배되거나 국민에게 과도한 부담을 주는 등 크게 불합리하면 관계 행정기관에 그 명령 등의 개정·폐지 등 적절한 시정조치를 요청할 수 있다. 이 경우 중앙행정심판위원회는 시정조치를 요청한 사실을 법제처장에게 통보하여야 한다.

Check Point

동의권유보, 입법적 거부

• **동의권유보** : 행정입법의 성립 및 발효에 있어 국회의 동의를 받도록 유보하는 것
• **입법적 거부** : 행정입법이 일정 기간 내에 국회의 동의를 얻지 못한 경우 그 효력을 상실케 하는 것

135

지된 때에는 10일 이내에 이를 국회 소관상임위원회에 제출하여야 하며, 대통령령의 경우에는 입법예고를 하는 때(입법예고를 생략하는 경우에는 법제처장에게 심사를 요청하는 때를 말한다)에도 그 입법예고안을 10일 이내에 제출하여야 한다(국회법 제98조의2 제1항).

② **국민에 의한 통제(민중통제)** : 법규명령안에 대한 사전공고를 통하여 의견청취를 거치도록 하여 국민의 의견을 반영토록 하고 있다.

(3) 사법적 통제

① **구체적 규범통제(간접적 통제)**

ⓐ **의의**

- 구체적 규범통제란 규범 그 자체는 직접 소송의 대상이 될 수 없고, 구체적 사건에서 재판의 전제가 된 경우에 한하여 법원의 심사대상이 될 수 있다는 것이다.
- 대한민국헌법 제107조 제2항은 "명령·규칙 또는 처분이 헌법이나 법률에 위반되는지 여부가 재판의 전제가 된 경우에는 대법원은 이를 최종적으로 심사할 권한을 가진다"고 하여 구체적 규범통제제도를 채택하고 있다. 따라서 우리나라의 법규명령에 대한 통제는 처분에 대해 소송이 제기되는 경우 선결문제 심리방식에 의한 간접적 통제방식으로 행해진다 (위헌·위법한 명령·규칙의 심사권).

ⓑ **주체와 대상** : 구체적 규범통제의 주체는 각급법원이지만 최종심사의 권한을 가진 자는 대법원이다. 구체적 규범통제의 대상은 법규성을 가지는 법규명령(명령·규칙 등)이므로 법규성이 없는 행정규칙은 제외된다.

ⓒ **효력범위** : 법원의 심사권은 개별적 사건에 있어서 적용거부만을 그 내용으로 하는 것이지, 명령·규칙 또는 처분을 무효로 하는 것이 아니다(간접적 재판통제방식). 이에 대해 다수설은 법원에 의한 구체적 규범통제에서 위헌 내지 위법판결을 받은 법규명령은 당해 사건에서의 적용거부만을 내용으로 하는 것이며, 법령 그 자체를 심사하여 무효로 하는 것은 아니라고 하여 개별적 효력만 인정하고 그 대체적 효력을 부정하였다. 다만, 대법원은 구체적 규범통제를 행하면서 법규명령의 무효를 선언하고 있다.

> 관련 판례
> - 무효가 아니라고 본 판례 : 담배사업법 시행령 제4조 제1항 제1호가 300억 원 이상의 자본금을 갖출 것을 허가기준으로 하여 자본금이 그에 미치지 못하는 기업의 담배제조업 진입을 제한함으로써 직업선택의 자유나 중소기업의 활동을 일부 제한하는 측면이 없지 않으나, … 위 조항이 직업선택의 자유의 본질적인 내용을 침해하였다거나 합리적 근거 없는 차별에 해당하여 평등권을 침해하였다고 보기 어려울 뿐만 아니라, 헌법 제123조 제3항이 가지는 규범적 성격과 헌법 제36조 제3항에 따른 국민보건에 관한 국가

의 의무를 아울러 고려하면 위 조항이 헌법상의 중소기업 보호·육성 의무에 위반된다고 볼 수도 없으므로, 결국 위 시행령 조항은 헌법에 위반되지 않는다(대판 2008. 4. 11, 2008두2019).

- 무효라고 본 판례 : 구 자원의절약과재활용촉진에관한법률 시행령 제11조 [별표 2] 제7호에서 플라스틱제품의 수입업자가 부담하는 폐물부담금의 산출기준을 아무런 제한 없이 그 수입가만을 기준으로 한 것은, 합성수지 투입량을 기준으로 한 제조업자에 비하여 과도하게 차등을 둔 것으로서 합리적 이유 없는 차별에 해당하므로, 위 조항 중 '수입의 경우 수입가의 0.7%' 부분은 헌법상 평등원칙을 위반한 입법으로서 무효이다(대판 2008. 11. 20, 2007두8287).

② 추상적 규범통제

　㉠ 의의 : 추상적 규범통제란 행정입법의 위헌·위법을 구체적 법적 분쟁을 전제로 하지 않고 공익적 견지에서 직접 다툴 수 있다는 것을 말한다(행정입법통제이론).

　㉡ 적용 : 우리나라의 경우 구체적 규범통제를 원칙으로 하며(헌법 제107조 등), 지방자치법 제120조 및 제192조에서 조례에 대한 추상적 규범통제를 예외적으로 인정하고 있다.

③ 처분적 법규명령(처분법규)

　㉠ 문제제기 : 우리나라는 원칙적으로 구체적 규범통제를 취하는 법제이므로 영국이나 독일과 같이 재판의 전제 없이 추상적 규범통제를 할 수 없는 것이 기본원칙인데, 여기서 그 명령이나 규칙이 처분법규로서 국민의 권리와 의무를 구체적으로 규율할 때에는 재판의 구체적 사건의 전제가 없어도 규범통제의 대상이 되는가에 관하여 논란이 제기된다. 이에 대해 행정입법은 일반적으로는 처분성을 부정하여 구체적 처분을 매개하여야만 통제가 가능하나 법규명령이 처분법규로서 국민의 권리·의무를 구체적으로 규율할 때에는 예외적으로 법규명령도 처분성이 인정되어 항고소송의 대상이 될 수 있다는 것이 일반적 입장이다.

　㉡ 소송형식

- 학설에서는 처분적 법규명령에 대해서는 항고소송을 인정하여야 한다는 적극설과 처분적 법규명령이라도 처분성을 부정하여야 한다는 소극설이 대립하고 있으나, 이 경우 항고소송을 인정하고 그 소송형식에 있어서는 무효확인소송을 제기할 수 있다는 것이 다수설(무효확인소송설)의 입장이다.
- 판례도 처분법규를 항고소송의 대상이 된다고 보고 있으며, 그 소송형식에 있어서 실무상 법규의 형식을 취하고 있는 부령이나 조례에 대해서는 무효확인소송, 법규명령의 성질을 갖는 행정규칙에 대해서는 취소소송의 형식으로 제기되고 있다.

Check Point

지방자치법상 추상적 규범통제 관련 규정

- 제120조(지방의회의 의결에 대한 재의요구와 제소) 제1항 : 지방자치단체의 장은 지방의회의 의결이 월권이거나 법령에 위반되거나 공익을 현저히 해친다고 인정되면 그 의결사항을 이송 받은 날부터 20일 이내에 이유를 붙여 재의를 요구할 수 있다.
- 제192조(지방의회 의결의 재의와 제소) 제1항 : 지방의회의 의결이 법령에 위반되거나 공익을 현저히 해친다고 판단되면 시·도에 대하여는 주무부장관이, 시·군 및 자치구에 대하여는 시·도지사가 해당 지방자치단체의 장에게 재의를 요구하게 할 수 있고, 재의요구 지시를 받은 지방자치단체의 장은 의결사항을 이송받은 날부터 20일 이내에 지방의회에 이유를 붙여 재의를 요구하여야 한다.

관련 판례
- 조례가 집행행위의 개입 없이도 그 자체로서 직접 국민의 구체적인 권리의무나 법적 이익에 영향을 미치는 등의 법률상 효과를 발생하는 경우 그 조례는 항고소송의 대상이 되는 행정처분에 해당한다(대판 1996. 9. 20, 95누8003).
- 어떠한 고시가 일반적·추상적 성격을 가질 때에는 법규명령 또는 행정규칙에 해당할 것이지만, 다른 집행행위의 매개 없이 그 자체로서 직접 국민의 구체적인 권리의무나 법률관계를 규율하는 성격을 가질 때에는 항고소송의 대상이 되는 행정처분에 해당한다(대판 2003. 10. 9, 2003무23).

(4) 헌법재판소에 의한 통제

① 법규명령에 대한 심사

㉠ 문제제기 : 헌법 제107조 제2항은 "명령·규칙 또는 처분이 헌법이나 법률에 위반되는지 여부가 재판의 전제가 된 경우에는 대법원은 이를 최종적으로 심사할 권한을 가진다"고 하여 법규명령의 최종심사기관으로 대법원을 규정하고 있어, 헌법재판소가 법규명령을 심판(헌법소원심판)할 수 있는가의 문제가 제기된다.

㉡ 학설

- 소극설(대법원의 태도) : 헌법 제107조 제2항을 근거로 법규명령은 대법원이 최종심이므로 헌법소원으로 헌법재판소가 심사할 수 없다는 입장
- 적극설(다수설) : 헌법 제107조 제2항은 구체적 사건에서 재판의 전제가 된 경우의 적용일 뿐이며, 재판의 전제가 되지 아니한 법규명령이 직접 국민의 기본권을 침해한다면 이는 헌법재판소법의 '공권력의 행사·불행사'에 해당하므로 헌법소원의 대상이 된다는 입장

㉢ 헌법재판소의 태도

- 헌재는 대법원규칙인 법무사법 시행규칙에 대한 헌법소원을 인정한 바 있고(헌재 89헌마178), 구 체육시설의설치·이용에관한법률 시행규칙 제5조, 구 교육법 시행규칙 제71조, 초·중등교육법 제47조 제2항과 동법 시행령 제84조 제2항 등에 대해 헌법소원을 인정하였다.

관련 판례
- 법무사법 시행규칙에 대한 헌법소원심판 : 헌법 제107조 제2항이 규정한 명령·규칙에 대한 대법원의 최종심사권이란 구체적인 소송사건에서 명령·규칙의 위헌여부가 재판의 전제가 되었을 경우, 법률의 경우와는 달리 헌법재판소에 제청할 것 없이 대법원이 최종적으로 심사할 수 있다는 의미이며, 명령·규칙 그 자체에 의하여 직접 기본권이 침해되었음을 이유로 하여 헌법소원심판을 청구하는 것은 위 헌법규정과는 아무런 상관이 없는 문제이다. 따라서 입법부·행정부·사법부에서 제정한 규칙이 별도의 집행행위를 기다리지 않고 직접 기본권을 침해하는 것일 때에는 모두 헌법소원심판의 대상이 될 수 있는 것이다(헌재 1990. 10. 15, 89헌마178).

- 초·중등교육법 제47조 제2항은 학생의 수요와 고등학교의 공급을 조절할 필요성의 정도, 해당 지역 주민들과 교육청의 의사 등을 고려하여 고교평준화지역의 고등학교의 입학방법 및 절차를 교육과학기술부령으로 정하도록 한 것으로 보아야 하므로, 이 사건 조항의 법적 근거가 되며, 이 사건 조항은 교육감이 학생의 수요와 고등학교의 공급을 조절할 필요성의 정도, 해당 지역 주민들과 교육청의 의사 등을 고려하여 학생의 수요와 고등학교의 공급을 조절하여 교육시설을 효율적으로 활용할 수 있도록 하기 위한 것이라는 점에서 수권법률의 위임취지에 부합한다(헌재 2009. 4. 30, 2005 헌마514).

- 또한 제정형식이 행정규칙이지만 그것이 상위법령과 결합하여 대외적인 구속력을 갖는 법규명령(행정규칙 형식의 법규명령)에 대해서도 헌법소원을 인정한 바 있다(헌재 1993. 5. 13, 92헌마80).

② 행정입법부작위에 대한 심사
　　㉠ 학설상의 견해 대립이 있으나, 법규명령의 헌법소원을 인정하는 견해에서는 입법부작위도 공권력의 행사나 불행사에 해당되므로 헌법소원의 대상이 된다고 한다.
　　㉡ 헌법재판소도 진정입법부작위의 경우, 그 부작위가 기본권을 구체적으로 침해하는 것이라면 위법함을 심판할 수 있다고 하여 헌법소원의 대상이 된다고 판시하고 있다(헌재 2004. 2. 26, 2001헌마718).

행정입법부작위에 대한 헌법소원 관련 판례

치과의사로서 전문의가 되고자 하는 자는 대통령이 정하는 수련을 거쳐 보건복지부장관의 자격인정을 받아야 하고 전문의의 자격인정 및 전문과목에 관하여 필요한 사항은 대통령령으로 정하는 바 … '시행규칙'이 위 규정에 따른 개정입법 및 새로운 입법을 하지 않고 있는 것은 진정입법부작위에 해당하므로 이 부분에 대한 심판청구는 청구기간의 제한을 받지 않는다. 입법부작위에 대한 행정소송의 적법여부에 관하여 대법원은 "행정소송은 구체적 사건에 대한 법률상 분쟁을 법에 의하여 해결함으로써 법적 안정을 기하자는 것이므로 부작위위법확인소송의 대상이 될 수 있는 것은 구체적 권리의무에 관한 분쟁이어야 하고, 추상적인 법령에 관하여 제정의 여부 등은 그 자체로서 국민의 구체적인 권리의무에 직접적 변동을 초래하는 것이 아니어서 행정소송의 대상이 될 수 없다"고 판시하고 있으므로, 피청구인 보건복지부장관에 대한 청구 중 위 시행규칙에 대한 입법부작위 부분은 다른 구제절차가 없는 경우에 해당한다(헌재 1998. 7. 16, 96헌마246).

 확인 기출문제

행정상 입법에 대한 설명으로 옳지 않은 것은? [지방직 9급 기출]

① 위임명령은 새로운 법규사항을 정할 수 있으나 집행명령은 상위법령의 집행에 필요한 절차나 형식을 정하는 데 그쳐야 하며 새로운 법규사항을 정할 수 없다.
② 대법원은 제재적 처분의 기준이 대통령령의 형식으로 정해진 경우 당해 기준을 법규명령으로 보고 있다.
❸ 판례는 행정입법부작위에 대하여 헌법소원을 인정하고 있지 않다.
④ 법규명령에 대하여 헌법소원을 제기할 수 있는가에 대하여 우리 헌법재판소는 이를 긍정하고 있다.

답 02 ①

해 ③ 헌법재판소는 행정입법부작위에 대하여 헌법소원을 인정하고 있다. 즉, 헌법재판소는 보건복지부장관의 치과전문 자격
시험에 관한 시행규칙 제정과 관련하여 제기된 헌법소원사건에서, 대법원이 행정입법부작위를 행정소송의 대상에서 배
제하고 있으므로 다른 구제절차가 없는 경우(보충성 원칙의 예외)에 해당한다고 보아 행정입법부작위(진정입법부작위)
에 대한 헌법소원을 인정하고 있다(헌재 1998. 7. 16, 96헌마246).
① 집행명령은 법률이나 상위명령을 집행하기 위해 필요한 구체적·기술적 사항을 규율하기 위하여 발하는 명령으로, 위
임명령과 달리 국민의 권리·의무에 대한 새로운 법규사항을 규정할 수 없고 단지 사무집행에 관련한 형식적·절차적
사항만 규율할 수 있을 뿐이다.
② 대법원은 제재적 처분과 관련하여 그 기준의 제정형식이 대통령령의 형식으로 정해진 경우 당해 기준에 대하여 법규성
을 인정하였고, 제정형식이 부령형식이면 법규성을 부인하였다.
④ 헌법재판소는 법규명령에 대하여 헌법소원을 제기할 수 있다고 하였다(법무사자격시험을 실시하지 않을 수 있도록 규
정한 법무사법 시행규칙(대법원규칙)이나 체육시설의설치·이용에관한법률 시행규칙 등을 헌법소원의 심판대상으로
긍정).

7. 행정입법부작위

(1) 의의

행정입법부작위란 행정입법을 제정 및 개폐할 법적 의무가 있음에도 불구하고
행정청이 이를 시행하지 않는 경우를 말한다. 우리나라의 법제에서는 행정입법
의 제정의무를 규정하는 명시적인 법률규정이 없음에도 불구하고, 법치행정상
현행 헌법에서는 행정입법의 제정의무가 있는 것이 다수설이자 헌법재판소의 태
도이다. 다만, 집행명령이 없어도 법령이 시행될 수 있는 경우에 특별한 규정이
없는 한 행정권에게 집행명령을 제정해야 할 의무는 없다.

(2) 행정입법부작위의 요건

① 행정입법의 제정의무 : 행정입법부작위가 인정되기 위해서는 행정권에게 명령
을 제정·개폐할 법적 의무가 있다. 다만 내용이 충분히 명확한 경우에는 행
정입법의 제정의무는 없다.

② 기간의 경과 : 법규명령을 제정하기 위해서는 제정 등에 필요한 합리적인 시
간이 필요하다.

③ 행정입법이 제정되지 않은 경우 : 시행명령 등을 제·개정하였지만 그것이 불충
분·불완전한 경우(부진정입법부작위)는 행정입법부작위에 해당되지 않는다.

(3) 항고소송의 여부

① 학설·판례 : 행정입법부작위가 행정소송법상 항고소송의 대상이 되는 '부작위'
에 해당되는가(행정청에게 처분을 해야 할 법률상 의무가 있는가)와 관련하여
부정설과 긍정설의 다툼이 있으나, 판례는 부정설의 입장을 취하고 있다.

> 관련 판례 : 행정소송은 구체적 사건에 대한 법률상 분쟁을 법에 의하여 해결함으로써 법적 안정을 기하자는 것이므로 부작위위법확인소송의 대상이 될 수 있는 것은 구체적 권리의무에 관한 분쟁이어야 하고 추상적인 법령에 관하여 제정의 여부 등은 그 자체로서 국민의 구체적인 권리의무에 직접적 변동을 초래하는 것이 아니어서 그 소송의 대상이 될 수 없다(대판 1992. 5. 8, 91누11261).

② **법령** : 행정소송법 제36조 규정에 근거하여 행정입법부작위에 대해 부작위위법확인소송이 가능한지 여부에 대하여, 행정소송법의 규정은 '행정입법의 부작위'를 다투는 소송이 아니라 '신청한 처분의 부작위'를 다투는 것이므로 행정입법의 부작위에 대해 소송을 제기할 수 없다고 본다.

③ 다만, 처분적 법규명령의 입법부작위의 경우에는 처분조치에 대한 부작위에 해당되므로 부작위위법확인소송의 제기가 가능하다고 보며, 행정입법부작위로 인하여 손해가 발생한 경우 국가배상청구가 인정될 수 있다.

> 관련 판례 : 입법부가 법률로써 행정부에게 특정한 사항을 위임했음에도 불구하고 행정부가 정당한 이유 없이 이를 이행하지 않는다면 권력분립의 원칙과 법치국가 내지 법치행정의 원칙에 위배되는 것으로서 위법함과 동시에 위헌적인 것이 되는바, 구 군법무관임용법 등이 군법무관의 보수를 법관 및 검사의 예에 준하도록 규정하면서 그 구체적 내용을 시행령에 위임하고 있는 이상, 위 법률의 규정들은 군법무관의 보수의 내용을 법률로써 일차적으로 형성한 것이고, 위 법률들에 의해 상당한 수준의 보수청구권이 인정되는 것이므로, 위 보수청구권은 단순한 기대이익을 넘어서는 것으로서 법률의 규정에 의해 인정된 재산권의 한 내용이 되는 것으로 봄이 상당하고, 따라서 행정부가 정당한 이유 없이 시행령을 제정하지 않은 것은 위 보수청구권을 침해하는 불법행위에 해당한다(대판 2007. 11. 29, 2006다3561).

(4) 헌법소원의 가능성

① **입법부작위의 종류**

　㉠ **진정입법부작위** : 입법자가 전혀 입법을 하지 않음으로써 입법행위의 흠결이 있는 경우이다.

　㉡ **부진정입법부작위** : 입법자가 입법은 하였으나 입법의 내용 등이 당해 사항을 불충분하게 규율함으로써 입법행위에 결함이 있는 경우로 입법부작위 자체가 헌법소원의 대상이 될 수는 없고 법령 자체에 대해 헌법소원을 제기해야 한다.

② **대상여부** : 행정입법을 제정하는 법적인 의무가 있을 경우 행정입법부작위는 공권력의 불행사에 해당하기 때문에 헌법소원의 대상이 된다. 다만, 헌법소원이 인정되려면 국민의 기본권 직접 침해가 발생했어야 한다.

③ **국가배상청구의 여부** : 행정입법부작위로 인한 손해 발생 시, 손해배상청구의 요건을 충족하면 손해배상청구가 가능하다.

Check Point

행정소송법 제36조(부작위위법확인소송의 원고적격)
부작위위법확인소송은 처분의 신청을 한 자로서 부작위의 위법의 확인을 구할 법률상 이익이 있는 자만이 제기할 수 있다.

 국가직 9급 기출

03. '행정입법에 대한 통제'에 대한 설명으로 옳지 **않은** 것은?

① 법규명령이 그 자체로서 처분적 효과를 발생하는 때에는 이를 항고소송으로 다투는 것이 가능하다.

② 명령·규칙의 위헌·위법 심사는 그 위헌 또는 위법의 여부가 재판의 전제가 된 경우에 가능하다.

③ 판례는 행정입법의 부작위에 대하여 이를 항고소송으로 다툴 수 있다고 본다.

④ 명령·규칙에 대한 헌법소원도 가능하다는 것이 헌법재판소 결정례의 입장이다.

해 판례는 행정입법부작위에 대하여 이를 행정소송법상 항고소송의 대상이 되는 '부작위'에 해당되지 않는다고 보아 항고소송(부작위위법확인소송) 대상이 아니라 하였다.

 답 03 ③

제3절 행정규칙

1. 개설

(1) 의의

① **일반적 개념** : 행정규칙이란 행정조직관계 또는 특별한 공법상 법률내부관계에서 그 조직과 활동을 규율하는 일반적 · 추상적 명령으로서 법규범의 성질을 갖지 않는 것을 말한다. 즉, 행정기관이 내부관계에서 독자적으로 제정하는 일반적 · 추상적 규정으로, 흔히 훈령 · 예규 · 지시 · 운영지침 등의 형식으로 제정되는 행정내부규범을 의미한다. 이러한 행정규칙은 학문상의 용어로, 이를 행정명령 또는 행정규정이라고도 한다.

② **특별명령과의 구분** : 특별명령은 특별권력관계의 구성원을 수범자로 하여 법률의 수권 없이 규율하는 일반적 · 추상적 규정을 말한다. 즉, 특별권력관계 내부에서 권력자의 지위 · 신분 · 이용관계를 규율하는 명령이다(영조물규칙 등). 우리나라에서는 이러한 특별명령을 행정규칙으로 보아 법규성을 부정하는 것이 일반적이다.

(2) 필요성

현대행정조직의 복잡성과 행정작용의 전문성과 기술성, 관련 행정법규의 해석과 집행에 있어 행정기관의 재량권 확대 등에 따른 행정작용 간의 통일 · 조화 및 효율성 제고를 위해 상급기관에 의한 행정규칙의 제정이 필요하다.

(3) 근거와 한계

① **행정규칙의 근거**

㉠ 행정규칙은 국민의 법적 지위에 직접 영향을 미치는 것이 아니고 하급기관의 권한행사를 지휘하는 것이므로, 상급기관이 포괄적 감독권에 근거하여 발한다. 따라서 행정규칙은 개별적인 근거법규, 즉 상위법령의 구체적인 수권 없이도 행정목적의 달성을 위하여 발동될 수 있다.

㉡ 이러한 성격으로 인해 행정규칙을 조직규범으로 보며, 행정규칙의 발령을 규율하는 법률은 직무범위에 관한 권한규범이지 수권규범으로 보지 않는다. 다만, 다른 행정주체소속의 행정기관이나 소속원에게 의무를 부과하려면 법률의 수권이 있어야 한다.

② **행정규칙의 한계** : 행정규칙의 제정은 법률이나 상위규칙 또는 비례원칙 등에

반하지 아니한 범위 내에서(법규상 한계), 행정목적을 달성하는 데 필요한 범위 내에서(목적상 한계) 발하여야 한다. 또한, 행정규칙은 법규성이 인정될 수 없으므로 국민의 권리와 의무에 관련한 사항을 새로이 규정할 수 없다(내용상 한계).

2. 행정규칙의 종류

(1) 규정형식에 의한 분류

① 고시 형식의 행정규칙 : 고시는 행정기관의 의사표현의 한 방법으로 법적 성질이나 효력은 그 내용에 따라 결정되며, 법규명령적 고시와 행정규칙적 고시, 일반처분적 고시, 통지행위적 고시, 사실행위로서의 고시 등이 있다.

㉠ 법규명령적 고시 : 특별한 규정과 결합하여 법규의 내용을 보충하는 법규적 성질을 가지는 고시로 물가안정에관한법률 제2조에 의한 최고가격의 지정 등의 고시, 대외무역법에 의한 수출입공고 등이 있다.

㉡ 일반처분적 고시 : 부동산가격공시및감정평가에관한법률에 의한 공시지가 결정고시, 도로법에 의한 도로구역결정고시 등이 있다. 판례는 처분적 고시의 경우 행정처분성을 인정하고 있다.

> 관련 판례
> • 어떠한 고시가 일반적 · 추상적 성격을 가질 때에는 법규명령 또는 행정규칙에 해당할 것이지만, 다른 집행행위의 매개 없이 그 자체로서 직접 국민의 구체적인 권리의무나 법률관계를 규율하는 성격을 가질 때에는 행정처분에 해당한다. 보건복지부 고시인 약제급여 · 비급여목록 및 급여상한금액표는 다른 집행행위의 매개 없이 그 자체로서 국민건강보험가입자, 국민건강보험공단, 요양기관 등의 법률관계를 직접 규율하는 성격을 가지므로 항고소송의 대상이 되는 행정처분에 해당한다(대판 2006. 9. 22, 2005두2506).
> • 구 청소년보호법에 따른 청소년유해매체물 결정 및 고시처분은 당해 유해매체물의 소유자 등 특정인만을 대상으로 한 행정처분이 아니라 일반 불특정 다수인을 상대방으로 하여 일률적으로 표시의무, 포장의무, 청소년에 대한 판매 · 대여 등의 금지의무 등 각종 의무를 발생시키는 행정처분이다(대판 2007. 6. 14, 2004두619).
> • 고시 또는 공고의 법적 성질은 일률적으로 판단될 것이 아니라 고시에 담겨진 내용에 따라 구체적인 경우마다 달리 결정된다고 보아야 한다. 즉, 고시가 일반 · 추상적 성격을 가질 때는 법규명령 또는 행정규칙에 해당하지만, 고시가 구체적인 규율의 성격을 갖는다면 행정처분에 해당한다. 이 사건 국세청 고시는 특정 사업자를 납세병마개 제조자로 지정하였다는 행정처분의 내용을 모든 병마개 제조자에게 알리는 통지수단에 불과하므로, 청구인의 이 사건 국세청 고시에 대한 헌법소원심판청구는 고시 그 자체가 아니라 고시의 실질적 내용을 이루는 국세청장의 위 납세병마개 제조자 지정처분에 대한 것으로 해석함이 타당하다(헌재 1998. 4. 30, 97헌마141).

② 훈령(광의) 형식의 행정규칙

Check Point
물가안정에관한법률 제2조(최고가격의 지정 등)
① 정부는 내우외환, 천재지변, 긴급한 재정 · 경제상의 위기 등 대통령령으로 정하는 사유가 있는 경우로서 국민생활과 국민경제의 안정을 위하여 필요하다고 인정할 때에는 특히 중요한 물품의 가격, 부동산 등의 임대료 또는 용역의 대가에 대하여 최고가액(이하 "최고가격")을 지정할 수 있다.
② 최고가격은 생산단계 · 도매단계 · 소매단계 등 거래단계별 및 지역별로 지정할 수 있다.
③ 정부는 제1항에 따라 지정한 최고가격을 계속 유지할 사유가 없어졌다고 인정할 때에는 지체 없이 폐지하여야 한다.
④ 정부는 제1항 또는 제3항에 따라 최고가격을 지정하거나 폐지하였을 때에는 지체 없이 그 사실을 고시하여야 한다.

㉠ **훈령(협의)** : 상급기관이 하급기관(보조기관 포함)에 대하여 상당히 장기간에 걸쳐 권한의 행사를 일반적으로 지휘 · 감독하기 위하여 발하는 명령이다.

㉡ **지시** : 상급기관이 직권 또는 문의 · 신청에 의하여 개별적 · 구체적으로 발 하는 명령이다. 이에 대해 일반적 · 추상적 규율이 아니므로 행정규칙이 아 니라는 견해가 있다.

㉢ **예규** : 법규문서 이외의 문서로서 반복적 행정사무의 기준을 제시하는 명 령이다.

㉣ **일일명령** : 당직 · 출장 · 시간외근무 · 휴가 등의 일일업무에 관한 명령이 다. 이에 대해 일반적 · 추상적 규율이 아니므로 행정규칙이 아니라는 견해 가 있다.

꼭! 확인 기출문제

행정입법에 대한 설명 중 가장 옳지 않은 것은? [서울시 9급 기출]

① 헌법이 인정하고 있는 위임입법의 형식은 예시적인 것이다.

❷ 행정 각부가 아닌 국무총리 소속의 독립기관은 독립하여 법규명령을 발할 수 있다.

③ 행정규칙인 고시가 법령의 수권에 의해 법령을 보충하는 사항을 정하는 경우에는 근거법령규정과 결 합하여 대외적으로 구속력 있는 법규명령의 효력을 갖는다.

④ 재량권 행사의 기준을 정하는 행정규칙을 재량준칙이라 한다.

🖪 ② 국무총리 또는 행정각부의 장은 소관사무에 관하여 법률이나 대통령령의 위임 또는 직권으로 총리령 또는 부령을 발할 수 있다(헌법 제95조).
① 회의 입법독점주의에서 입법중심주의로 전환하여 일정한 범위 내에서 행정입법을 허용하게 된 동기가 사회적 변화에 대응한 입법수요의 급증과 종래의 형식적 권력분립주의로는 현대사회에 대응할 수 없다는 기능적 권력분립론에 있다 는 점 등을 감안하여 헌법 제40조와 헌법 제75조, 제95조의 의미를 살펴보면, 국회입법에 의한 수권이 입법기관이 아 닌 제2의 국가기관인 행정기관에게 법률 등으로 구체적인 범위를 정하여 위임한 사항에 관하여 법정립의 권한을 갖게 되고, 입법자가 규율의 형식을 선택할 수도 있다 할 것이다. 따라서, 헌법이 인정하고 있는 위임입법의 형식은 예시적인 것으로 보아야 할 것이다(헌재 2004. 10. 28, 99헌바91).
③ 행정규칙인 고시가 법령의 수권에 의하여 법령을 보충하는 사항을 정하는 경우에는 그 근거 법령규정과 결합하여 대외 적으로 구속력이 있는 법규명령으로서의 성질과 효력을 가진다(대판 2006. 4. 27, 2004도1078).
④ 재량준칙이란 재량권을 남용하거나 일탈하지 않도록 하기 위하여 상급기관이 하급기관에 발하는 재량권행사의 일반적 기준을 말한다.

(2) 내용 또는 기능에 의한 분류

① **조직규칙** : 행정기관이 그 보조기관 또는 소속관서의 설치 · 조직 · 내부적 권 한 배분 · 사무처리절차 등을 정하기 위해 발하는 행정규칙이다.

② **근무규칙** : 상급기관이 하급기관의 근무에 관한 사항을 계속적으로 규율하기 위하여 발하는 규칙으로, 훈령, 통첩, 지시, 예규, 일일명령 등이 있다.

③ **규범해석규칙(법령해석준칙)** : 법규의 불확정한 개념의 통일적 적용을 위한 법 규범의 해석과 적용에 관한 규칙이다. 이는 하급행정기관의 법해석 · 적용의 준거기준이 되나, 법해석에 있어 행정청의 고유한 판단권이 인정되지 않는다

는 점에서 법적 효력이 인정되지 않으며, 계쟁처분의 판단에 있어 법원을 구속하는 것도 아니다.

④ 재량준칙(재량지도규칙) : 재량권을 남용하거나 일탈하지 않도록 하기 위하여 상급기관이 하급기관에 발하는 재량권행사의 일반적 기준을 말한다.

⑤ 간소화지침 : 세법상 합산과세의 기준설정, 조세감면의 기준설정과 같이 대량적 행정처분의 통일적 처분기준을 설정하는 행정규칙을 말한다.

⑥ 법률대위규칙과 법률보충규칙

　㉠ 법률대위규칙 : 법률이 필요한 영역이지만 법률이 없는 경우 이를 대신하는 고시·훈령 등의 행정규칙을 말한다.

　㉡ 법률보충규칙 : 지나치게 일반적인 법률의 내용을 보충·구체화하기 위한 고시·훈령 등의 행정규칙을 말한다(법규성을 가짐).

규범구체화 행정규칙

- **의의** : 규범구체화 행정규칙이란 원자력이나 환경문제와 같이 입법기관이 전문성 부족의 이유로 법률에 세부적 기준을 직접 규정하지 못하고 행정기관의 그 세부적 내용을 구체화할 수 있는 권한을 일임한 경우, 행정기관이 법률의 시행을 위하여 그 내용을 구체화하여 발하는 행정규칙이다. 독일의 연방내무부장관의 행정규칙인 '방사선피해에 관한 일반적 산정기준'에 대해서 법규성을 인정한 빌(Wyhl) 판결에 의해 처음으로 인정되었다.
- **성격** : 법률의 내용이 지나치게 일반적이어서 이 자체만으로는 시행하기 어렵기 때문에 이를 보충 또는 구체화하는 고시·훈령 가운데 법규성을 부여하려는 것으로, 법률보충규칙의 일종이다.
- **법규성 인정 여부** : 규범구체화의 수권과 고도의 전문적·기술적 분야에서는 행정의 독자적 기능영역을 인정하여 행정기관에게 법령을 구체화할 권한이 부여되어야 한다는 긍정설과, 대외적 효력을 갖는 행정규칙을 인정한다면 법치주의에 반하게 된다는 점에서 이를 부정하는 설이 대립되고 있다.
- **우리나라에서의 논의** : 판례는 '재산제세조사사무처리규정'과 '개별토지가격합동조사지침'에 대해서 법규성을 인정한 바 있는데, 이를 규범구체화 행정규칙으로 볼 것인가와 관련해 학설의 대립이 있으나 부정설이 다수설의 입장이다.

3. 행정규칙의 법적 성질(법규성 인정 여부)

(1) 법규명령의 형식을 취하는 행정규칙

① 의의 : 법규명령의 형식을 취하는 행정규칙이란 고시·훈령·예규 등의 형식이 아니라 법규명령의 형식으로 정립된 행정규칙을 말한다. 즉, 내용상 행정청의 재량권 행사를 위한 사무처리기준·절차에 불과한 사항을 법규명령의 형식으로 정립한 것으로, 식품위생법 시행규칙, 공중위생법 시행규칙 등과 같이 그 형식이 부령으로 되어 있는 경우이다.

② 법규성 인정 여부(학설)

　㉠ 법규명령설(형식설) : 형식을 강조하는 견해로, 국민의 자유와 재산에 관련

 국가직 9급 기출

01. 행정규칙에 대한 설명으로 옳지 않은 것은? (다툼이 있는 경우 판례에 의함)

① 서울특별시가 정한 개인택시 운송사업면허지침은 재량권행사의 기준으로 설정된 행정청의 법규명령에 해당한다.

② 교육부장관의 내신성적 산정지침은 행정조직의 내부적 심사기준을 시달한 것에 불과하므로 처분성이 인정되지 않는다.

③ 구 노인복지법 및 같은 법 시행령은 65세 이상인 자에게 노령수당의 지급을 규정하고 있는데, 같은 법 시행령의 위임에 따라 보건사회부(현 보건복지부)장관이 정한 70세 이상의 보호대상자에게만 노령수당을 지급하는 1994년도 노인복지사업지침은 법규명령의 성질을 가진다.

④ 법령보충적 행정규칙은 상위법령과 결합하여 그 위임 한계를 벗어나지 아니하는 범위 내에서 상위법령의 일부가 됨으로써 대외적 구속력을 발생한다.

해 판례는 서울특별시의 개인택시운송사업면허지침은 행정청 내부의 사무처리준칙(행정규칙)에 불과하다고 보아, 대외적으로 국민을 기속하는 법규명령의 경우와는 달리 외부에 고지되어야만 효력이 발생하는 것은 아니라고 하였다(대판 95누12941).

답 01 ①

이 없는 사항이라도 그것이 법규의 형식으로 규정되었다면 국민과 법원을 구속하는 법규명령으로 보아야 한다는 견해이다.

ⓒ 행정규칙설(실질설) : 실질을 강조하는 견해로, 그 내용상 행정규칙인 것이 명백한 경우에는 그 형식을 법규명령으로 제정하였다 하더라도 행정규칙의 성질이 변하는 것이 아니므로 그것이 국민과 법원을 구속하는 것은 아니라는 견해이다.

③ 판례의 태도 : 판례는 그 행정규칙의 제정형식에 따라 그것이 대통령령 형식이면 법규성을 인정하여 각 처분기준에 의해서 발령되어야 적법하고 그렇지 않은 경우에는 위법한 처분이 된다고 보며, 그 행정규칙이 부령 형식이면 법규성을 부인하고 그 적법여부는 재량권의 일탈 · 남용에 따라 심사하고 있다.

- 대통령령(시행령) 형식으로 규정된 행정처분의 기준을 법규명령으로 본 판례
  - 당해 처분의 기준이 된 주택건설촉진법 시행령 제10조의3 제1항 [별표 1]은 주택건설촉진법 제7조 제2항의 위임규정에 터잡은 규정형식상 대통령령이므로 그 성질이 부령인 시행규칙이나 또는 지방자치단체의 규칙과 같이 통상적으로 행정조직 내부에 있어서의 행정명령에 지나지 않는 것이 아니라 대외적으로 국민이나 법원을 구속하는 힘이 있는 법규명령에 해당한다(대판 1997. 12. 26, 97누15418).
  - 구 청소년보호법 제49조 제1항, 제2항에 따른 같은 법 시행령 제40조 [별표 6]의 위반행위의 종별에 따른 과징금처분기준은 법규명령이기는 하나 모법의 위임규정의 내용과 취지 및 헌법상의 과잉금지의 원칙과 평등의 원칙 등에 비추어 같은 유형의 위반행위라 하더라도 그 규모나 기간 · 사회적 비난 정도 · 위반행위로 인하여 다른 법률에 의하여 처벌받은 다른 사정 · 행위자의 개인적 사정 및 위반행위로 얻은 불법이익의 규모 등 여러 요소를 종합적으로 고려하여 사안에 따라 적정한 과징금의 액수를 정하여야 할 것이므로 그 수액은 정액이 아니라 최고한도액이다(대판 2001. 3. 9, 99두5207).
  - 국민건강보험법 제85조 제1항, 제2항에 따른 같은 법 시행령 제61조 제1항 [별표 5]의 업무정지처분 및 과징금부과의 기준은 법규명령이기는 하나 모법의 위임규정의 내용과 취지 및 헌법상의 과잉금지의 원칙과 평등의 원칙 등에 비추어 같은 유형의 위반행위라 하더라도 그 규모나 기간 · 사회적 비난 정도 · 위반행위로 인하여 다른 법률에 의하여 처벌받은 다른 사정 · 행위자의 개인적 사정 및 위반행위로 얻은 불법이익의 규모 등 여러 요소를 종합적으로 고려하여 사안에 따라 적정한 업무정지의 기간 및 과징금의 금액을 정하여야 할 것이므로 그 기간 내지 금액은 확정적인 것이 아니라 최고한도라고 할 것이다(대판 2006. 2. 9, 2005두11982).
- 총리령 · 부령(시행규칙)의 형식으로 정한 행정처분 기준의 법규성을 부정한 판례
  - 규정형식상 부령인 시행규칙 또는 지방자치단체의 규칙으로 정한 행정처분의 기준은 행정처분 등에 관한 사무처리기준과 처분절차 등 행정청 내의 사무처리준칙을 규정한 것에 불과하므로 행정조직 내부에 있어서의 행정명령의 성격을 지닐 뿐 대외적으로 국민이나 법원을 구속하는 힘이 없고, 그 처분이 위 규칙에 위배되는 것이라 하더라도 위법의 문제는 생기지 아니하고, 또 위 규칙에서 정한 기준에 적합하다 하여 바로 그 처분이 적법한 것이라고도 할 수 없으며, 그 처분의 적법 여부는 위 규칙에 적합한지의 여부에 따라 판단할 것이 아니고 관계 법령의 규정 및 그 취지에 적합한 것인지 여부에 따라 개별적 · 구체적으로 판단하여야 한다(대판 1995. 10. 17, 94누14148).
  - 도로교통법 시행규칙 제91조 [별표 28] 운전면허행정처분기준

– 식품위생법 시행규칙 제53조 [별표 15](대판1993. 6. 29. 93누5635)(→ 다만, 식품위생법 제58조에 의한 처분과 관련하여 동법 제53조 [별표 15]의 처분기준에 대하여, 부령으로 되어 있으나 성질은 행정기관 내부의 사무처리준칙을 규정한 것에 불과한 것으로서 법규성이 없다고 하여 종래 입장을 반복하면서도, 특별한 사유가 없는 한 행정청은 당해 위반사항에 대하여 위 처분기준에 따라 행정처분을 함이 보통이라 할 것이고 행정청이 이러한 처분기준을 따르지 아니하고 특정한 개인에 대하여만 위 처분기준을 과도하게 초과하는 처분을 한 경우에는 재량권의 한계를 일탈하였다고 볼 만한 여지가 충분하다고 하여 준법규성을 긍정하고 있음).

(2) 행정규칙 형식의 법규명령(법령보충규칙, 법규적 내용을 가진 행정규칙)

① 의의

ㄱ 행정규칙의 형식으로 규정되었지만 실질적으로는 근거법령의 규정과 결합하여 보충적 성질을 가지는 것을 말한다(법규명령사항을 행정규칙으로 정한 경우라 봄).

ㄴ 예를 들어, 불공정거래행위의 지정고시(독점규제및공정거래에관한법률), 물품수입공고(대외무역법), 재산제세조사사무처리규정(국세청장훈령) 등이 이에 해당된다.

② **법규성 인정 여부** : 학설상 법규명령설과 행정규칙설, 규범구체화 행정규칙설, 위헌무효설 등이 대립되고 있으나, 법규명령설(실질설)이 다수설이다. 즉, 상위 법령의 위임한계를 벗어나는 등의 특별한 사정이 없는 한 이를 법규명령으로 보는 것이 다수설의 입장이다.

③ **판례의 태도** : 판례는 실질(내용)을 중시하여 법규명령이라는 입장을 취하고 있다. 여기에 해당하는 판례로는 국세청장훈령인 '재산제세사무처리규정'(대판 86누484)·'재산제세조사사무처리규정'(대판 89누5676)·'주류도매면허제도개선업무처리지침'(대판 93누21668), 국무총리훈령인 '개별토지가격합동조사지침'(대판 93누111), 식품위생법에 따른 보건복지부 고시인 '식품제조영업허가기준'(대판 92누1728), 보건복지부장관이 고시형식으로 정한 '의료보험진료수가기준'(대판 98두17807), 구 독점규제및공정거래에관한법률의 위임에 따라 동법 제3조의2 제1항 제2호 내용을 보충하는 '시장지배적 지위남용행위의 유형 및 기준'에 관한 공정거래위원회 고시(대판 99두1141) 등이 있다.

④ **행정규칙의 예** : 법령보충적 행정규칙이 그 자체로서 대외적 구속력을 발생하는 것은 아니며, 상위법령과 결합하여 일체가 되는 한도 내에서 대외적 구속력을 갖는다고 보았다. 이러한 행정규칙에는 다음과 같은 것이 있다.

Check Point

규범구체화 행정규칙설
행정규칙 형식의 법규명령(법령보충규칙)을 규범구체화 행정규칙으로 보아 대외적 구속력을 갖는다고 보는 견해이다. 이 견해에서는 전문성과 기술성이 인정되는 행정영역에서는 통상적인 행정규칙과는 달리 자치입법권이 인정되어야 한다고 본다.

훈령 형식의 행정규칙	• 국세청장훈령인 '재산제세사무처리규정'(대판 1989. 9. 29, 86누484) • 국세청장훈령인 '재산제세조사사무처리규정'(대판 1989. 11. 14, 89누5676) • 국무총리훈령인 '개별토지가격합동조사지침'(대판 1994. 2. 8, 93누111) • 국세청장훈령인 '주류도매면허제도개선업무처리지침'(대판 1994. 4. 26, 93누21668) • 보건복지부장관훈령인 '노령복지사업지침'(대판 1996. 4. 12, 95누7727) • 국토해양부장관훈령인 '택지개발업무처리지침'[대판 2008. 3. 27, 2006두3742 · 3759(병합)]
고시 형식의 행정규칙	• 액화석유가스판매업허가처리기준에관한고시(대판 1991. 4. 23, 90누6460) • 생수판매제한을 규정한 '식품제조영업허가기준에관한고시'(대판 1994. 3. 8, 92누1728) • 식품위생법에 따른 보건복지부 고시인 '식품제조영업허가기준'(대판 1994. 3. 8, 92누1728) • 전라남도주유소등록요건에관한고시(대판 1998. 9. 25, 98두7503) • 보건복지부장관이 고시 형식으로 정한 '의료보험진료수가기준'(대판 1999. 6. 22, 98두17807) • 산업자원부장관이 산업집적활성화및공장설립에관한법률 규정에 따라 공장입지의 기준을 구체적으로 정한 고시(대판 1999. 7. 23, 97누6261) • 구 독점규제및공정거래에관한법률의 위임에 따라 동법 제3조의2 제1항 제2호 내용을 보충하는 '시장지배적 지위남용행위의 유형 및 기준'에 관한 공정거래위원회 고시(대판 2001. 12. 24, 99두1141) • 수입선다변화품목의 지정 등에 관한 구 상공부 고시(대판 1993. 11. 23, 93도662) • 정보통신망이용촉진및정보보호등에관한법률에 근거한 청소년 유해매체물 표시방법에 관한 정보통신부 고시(헌재 2004. 1. 29, 2001헌마894) • 산업자원부고시 공장입지기준 제5조 제2호의 위임에 따라 공장입지의 보다 세부적인 기준을 정한 김포시 고시 공장입지제한처리기준 제5조 제1항(대판 2004. 5. 28, 2002두4716) • 방송법에 근거한 방송통신위원회 고시 형식으로 제정된 방송법의 심의 규정(헌재 2004. 10. 28, 99헌바91) • 산지관리법령의 위임에 따라 그 내용이 될 사항을 구체적으로 정한 '산지전용허가기준의 세부검토기준에 관한 규정'인 산림청 고시(대판 2008. 4. 10, 2007두4841) • 음반 · 비디오물및게임물에관한법률에 근거한 문화체육관광부 고시[헌재 2009. 2. 26, 2005헌바94 · 2006헌바30(병합)]

관련 판례

• 소득세법 제23조 제4항, 제45조 제1항 제1호에서 양도소득세의 양도차익을 계산함에 있어 실지거래가액이 적용될 경우를 대통령령에 위임함으로써 동법 시행령 제170조 제4항 제2호가 위 위임규정에 따라 양도소득세의 실지거래가액이 적용될 경우의 하나로서 국세청장으로 하여금 양도소득세의 실지거래가액이 적용될 부동산투기억제를 위하여 필요하다고 인정되는 거래를 지정하게 하면서 그 지정의 절차나 방법에 관하여 아무런 제한을 두고 있지 아니하고 있어 이에 따라 국세청장이 재산제세사무처리규정 제72조 제3항에서 양도소득세의 실지거래가액이 적용될 부동산투기억제를 위하여 필요하다고 인정되는 거래의 유형을 열거하고 있으므로, 이는 비록 위 재산제세사무처리규정이 국세청장의 훈령 형식으로 되어 있다 하더라도 이에 의한 거래지정은 소득세법 시행령의 위임에 따라 그 규정의 내용을 보충하는 기능을 가지면서 그와 결합하여 대외적 효력을 발생하게 된다 할 것이므로 그 보충규정의 내용이 위 법령의 위임한계를 벗어났다는 등 특별한 사정이 없는 한 양도소득세의 실지거래가액에 의한 과세의 법령상의 근거가 된다(대판 1987. 9. 29, 86누484).

- '청소년유해매체물의 표시방법'에 관한 정보통신부 고시는 청소년유해매체물을 제공하려는 자가 하여야 할 전자적 표시의 내용을 정하고 있는데, 이는 정보통신망이용촉진및정보보호등에관한법률 제42조 및 동법 시행령 제21조 제2항, 제3항의 위임규정에 의하여 제정된 것으로서 국민의 기본권을 제한하는 것인 바 상위법령과 결합하여 대외적 구속력을 갖는 법규명령으로 기능하고 있는 것이므로 헌법소원의 대상이 된다(헌재 2004. 1. 29, 2001헌마894).

꼭! 확인 기출문제

법규명령에 대한 설명으로 옳지 않은 것은? (다툼이 있는 경우 판례에 의함) [국가직 9급 기출]

① 법규명령이 구체적인 집행행위 없이 직접 개인의 권리의무에 영향을 주는 경우 처분성이 인정된다.
② 법규명령이 법률상 위임의 근거가 없어 무효이더라도 나중에 법률의 개정으로 위임의 근거가 부여되면 그때부터는 유효한 법규명령으로서 구속력을 갖는다.
❸ 행정 각부의 장이 정하는 고시(告示)는 법령의 규정으로부터 구체적 사항을 정할 수 있는 권한을 위임받아 그 법령 내용을 보충하는 기능을 가진 경우라도 그 형식상 대외적으로 구속력을 갖지 않는다.
④ 법규명령이 법률에서 위임받은 사항에 관하여 대강을 정하고 그 중의 특정사항에 대하여 범위를 정하여 하위법령에 다시 위임하는 경우에는 재위임이 허용된다.

해 ③ 일반적으로 행정 각부의 장이 정하는 고시라 하더라도 그것이 특히 법령의 규정에서 특정 행정기관에게 법령 내용의 구체적 사항을 정할 수 있는 권한을 부여함으로써 그 법령 내용을 보충하는 기능을 가질 경우에는 그 형식과 상관없이 근거 법령 규정과 결합하여 대외적으로 구속력이 있는 법규명령으로서의 효력을 가진다(대판 1999. 11. 26, 97누13474).
① 조례가 집행행위의 개입 없이도 그 자체로서 직접 국민의 구체적인 권리의무나 법적 이익에 영향을 미치는 등의 법률상 효과를 발생하는 경우 그 조례는 항고소송의 대상이 되는 행정처분에 해당한다(대판 1996. 9. 20, 95누8003).
② 일반적으로 법률의 위임에 의하여 효력을 갖는 법규명령의 경우, 구법에 위임의 근거가 없어 무효이더라도 사후에 법개정으로 위임의 근거가 부여되면 그 때부터는 유효한 법규명령이 되나, 반대로 구법의 위임에 의한 유효한 법규명령이 법개정으로 위임의 근거가 없어지게 되면 그 때부터 무효인 법규명령이 되므로, 어떤 법령의 위임 근거 유무에 따른 유효 여부를 심사하려면 법개정의 전·후에 걸쳐 모두 심사하여야만 그 법규명령의 시기에 따른 유효·무효를 판단할 수 있다(대판 1995. 6. 30, 93추83).
④ 법규명령이 법률에서 위임받은 사항에 관하여 대강을 정하고 그 중의 특정사항을 범위를 정하여 하위법령에 다시 위임하는 경우에만 재위임이 허용된다(헌재 1996.2.29, 94헌마213).

4. 행정규칙의 적법요건과 하자 및 소멸

(1) 적법요건

① 성립요건

㉠ 주체 : 행정규칙은 정당한 권한을 가진 행정기관이 그 권한의 범위 내에서 제정하여야 한다.
㉡ 내용 : 상위법령이나 규칙에 적합하고 실현가능성이 있어야 하며, 명확하여야 한다.
㉢ 형식 : 일반적으로 법조의 형식이며, 문서나 구술의 형식으로 발하여진다.
㉣ 절차 : 대통령훈령과 국무총리훈령은 법제처의 사전심사를 받아야 하며, 모든 중앙행정기관의 훈령·예규는 법제처의 사후평가를 받아야 한다. 행

정규칙은 법규명령과 달리 공포절차는 요하지 않는다.

② **효력발생요건** : 행정규칙은 특별규정이 없는 한 관보게재 · 통첩 · 게시 등을 통해 통보되어 도달하면 그 효력이 발생한다.

(2) 행정규칙의 하자

적법요건을 갖춘 행정행위는 유효한 효력이 발생하나, 적법요건을 갖추지 못한 행정규칙은 하자있는 행정규칙으로서 그 효력이 발생되지 않는다. 즉 적법요건을 갖추지 못한 하자있는 행정규칙의 위법성의 정도는 무효이다.

(3) 소멸

유효하게 성립된 행정규칙도 명시적 · 묵시적 폐지, 종기의 도래, 해제조건의 성취, 내용이 상이한 상위 또는 동위의 행정규칙의 제정 · 개정 · 폐지 등으로 인하여 소멸된다.

5. 행정규칙의 효력(구속력)

(1) 내부적 효력

행정규칙은 행정조직 내부 또는 특별행정법관계 구성원에 대하여 직접적 구속력을 가지게 되어, 행정규칙을 준수할 의무를 발생시킨다.

(2) 외부적 효력

① **원칙**

㉠ 행정규칙은 행정조직의 내부규율에 불과하여 직접적인 외부적 효력을 발생하지 못하므로(통설 · 판례) 국민이나 법원을 기속하는 효력이 없으며, 이에 위반하여도 위법이 되지 않는다.

> 관련 판례 : '서울특별시철거민등에대한국민주택특별공급규칙'은 '주택공급에관한규칙' 제19조 제1항 제3호 (다)목에서 규정하고 있는 '도시계획사업으로 철거되는 주택의 소유자'에 해당하는지 여부를 판단하기 위한 서울특별시 내부의 사무처리준칙에 해당하는 것으로서 위 규정의 해석 · 적용과 관련하여 대외적으로 국민이나 법원을 기속하는 효력이 있는 것으로 볼 수 없다(대판 2007. 11. 29, 2006두8495).

㉡ 행정규칙에 따른 행정처분은 적법성이 추정되지 않는다.

> 관련 판례 : 행정처분이 법규성이 없는 내부지침 등의 규정에 위배된다고 하더라도 그 이유만으로 처분이 위법하게 되는 것은 아니고, 또 내부지침 등에서 정한 요건에 부합한다고 하여 반드시 그 처분이 적법한 것이라고 할 수도 없다. 처분의 적법 여부는 그러한 내

Check Point

내부적 효력 중 행정규칙의 위반
행정규칙은 복종의무를 위반할 경우 징계책임이나 징계벌을 받는다. 다만 위법함이 명백할 경우에는 복종을 거부할 수 있다. 한편 행정규칙의 내용이 상위법령에 위반될 경우, 법질서상 당연무효에 행정내부적 효력도 인정되지 않는다.

부지침 등에서 정한 요건에 합치하는지 여부가 아니라 일반 국민에 대하여 구속력을 가지는 법률 등 법규성이 있는 관계 법령의 규정을 기준으로 판단하여야 한다(대판 2018. 6. 15, 2015두40248).

② 법령해석규칙(규범해석규칙)

ㄱ 대외적 구속력 부정 : 법령 해석의 최종권한은 법원에 있기 때문에 법령해석규칙은 원칙적으로 대외적 구속력을 가지지 않는다.

ㄴ 신뢰보호의 문제 : 법령해석규칙이 위법한 경우 먼저 행정규칙에 대한 해석이 국민들에게 받아들여진 경우, 행정절차법 제4조 제2항에 의해 새로운 해석을 통해 상대에게 불리한 조치를 해서는 안 된다. 만약 해석이 국민들에게 받아들여지지 않은 경우라도 신뢰보호원칙의 요건을 충족했다면 신뢰보호원칙이 적용된다.

③ 재량준칙과 규범구체화 행정규칙

ㄱ 재량준칙(행위통제규칙) : 재량준칙으로 행정관행이 성립하게 되면 그것은 헌법상의 평등원칙에 따라 행정기관을 구속하게 되므로 당해 행정규칙은 간접적으로 외부적 효력을 가지게 된다. 이 경우 평등원칙은 행정규칙을 외부적 효력을 갖는 법규로 전환시키는 전환규범의 역할을 한다고 볼 수 있다.

> 관련 판례 : 행정규칙이 법령의 규정에 의하여 행정관청에 법령의 구체적 내용을 보충할 권한을 부여한 경우, 또는 재량권행사의 준칙인 규칙이 그 정한 바에 따라 되풀이 시행되어 행정관행이 이룩되게 되면, 평등의 원칙이나 신뢰보호의 원칙에 따라 행정기관은 그 상대방에 대한 관계에서 그 규칙에 따라야 할 자기구속을 당하게 되고, 그러한 경우에는 대외적인 구속력을 가지게 된다 할 것이다(헌재 1990. 9. 3, 90헌마13).

ㄴ 규범구체화 행정규칙 : 대법원 판례 중 국세청장훈령인 재산제세사무처리규정 등을 규범구체화 행정규칙으로 보는 견해가 있으나 다수설은 이를 부정하고 있다.

④ 법령보충규칙

ㄱ 법규성 인정 : 법령보충규칙은 법령의 수권에 의해서 법령을 구체화하는 사항을 결정하는 행정규칙을 뜻하는데, 이에 대해 법규성을 인정하는 것이 다수설이다.

> 상급행정기관이 하급행정기관에 대하여 업무처리지침이나 법령의 해석적용에 관한 기준을 정하여 발하는 이른바 행정규칙은 일반적으로 행정조직 내부에서만 효력을 가질 뿐 대외적인 구속력을 갖는 것은 아니다. 하지만 법령의 규정이 특정 행정기관에 그 법령 내용의 구체적 사항을 정할 수 있는 권한을 부여하면서 그 권한행사의 절차나 방법을 특정하고 있지 아니한 관계로 수임행정기관이 행정규칙의 형식으로 그 법령의 내용이 될 사항을 구체적으로 정하고 있다면 그와 같은 행정규칙은 위에서 본 행정규칙이 갖는 일반적 효력으로서가 아니라, 행정기관에 법령의 구체적 내용을 보충할 권한을 부여한 법령

기출 Plus 서울시 9급 기출

02. 행정입법에 대한 설명 중 가장 옳지 않은 것은?

① 헌법이 인정하고 있는 위임입법의 형식은 예시적인 것이다.
② 행정 각부가 아닌 국무총리 소속의 독립기관은 독립하여 법규명령을 발할 수 있다.
③ 행정규칙인 고시가 법령의 수권에 의해 법령을 보충하는 사항을 정하는 경우에는 근거법령규정과 결합하여 대외적으로 구속력 있는 법규명령의 효력을 갖는다.
④ 재량권 행사의 기준을 정하는 행정규칙을 재량준칙이라 한다.

해 국무총리 또는 행정각부의 장은 소관사무에 관하여 법률이나 대통령령의 위임 또는 직권으로 총리령 또는 부령을 발할 수 있다(헌법 제95조).

> 규정의 효력에 의하여 그 내용을 보충하는 기능을 갖게 된다. 따라서 이와 같은 행정규칙은 당해 법령의 위임한계를 벗어나지 않는 한 그것들과 결합하여 대외적인 구속력이 있는 법규명령으로서의 효력을 가진다(대판 2019. 10. 31, 2013두5845).

    ⓒ 재위임과 사법적 통제 : 법령보충적 행정규칙은 재위임도 가능하며 법규명령과 동일하게 법원 혹은 헌법재판소의 통제대상이 된다.

6. 행정규칙의 통제

(1) 행정적 통제

법규명령과 마찬가지로 감독권에 의한 통제(예 훈령권 행사, 취소권 행사), 행정입법의 절차적 통제(예 관련 부서의 의견제출, 협의, 심의 등), 행정기관의 법령심사권(예 법제처심사나 국무회의 심의 등), 행정심판 등이 있다.

(2) 정치적 통제(입법적 통제)

① 국회에 의한 통제 : 직접통제(예 동의권유보, 제출(심의), 입법적 거부, 적극적·소극적 결의절차 등)와 간접통제(예 국정감사 및 조사, 국무위원해임건의, 탄핵, 예산안심의 등)가 있다. 우리나라는 간접적 통제방식을 채택하고 있다.

② 국민에 의한 통제 : 행정상 입법을 제정하는 과정에서 여론, 자문, 청원, 압력단체의 활동 등에 의하여 통제를 받을 수 있다.

(3) 사법적 통제

① 행정규칙 그 자체는 처분성의 결여로 행정소송의 대상이 될 수 없을 뿐만 아니라, 법규성의 결여로 행정규칙이 재판의 기준이 될 수 없다는 것이 통설과 판례의 태도이다.

② 다만, 행정규칙이 직접적으로 국민의 권리·의무에 변동을 가져오는 성질을 가지는 경우 이를 행정소송법상의 처분으로 보아 항고소송에 의한 통제가 적용될 수 있다. 또한 행정규칙이 대외적 구속력을 갖고 행정처분의 취소소송에서 행정규칙의 위법여부가 재판의 전제가 되는 경우, 법규명령의 경우와 같이 선결문제심리를 통한 간접적 통제가 가능하다.

(4) 헌법재판소에 의한 통제

① 원칙적으로 행정규칙은 헌법소원심판의 대상이 되는 공권력의 행사 또는 불행사에 해당되지 않지만, 행정규칙이 사실상의 구속력을 가지고 있어 국민의 기본권을 현실적으로 침해하고 있는 경우 헌법소원의 청구가 가능하다.

② 행정규칙의 헌법소원 청구와 관련하여 헌법재판소는 제2외국어를 제외한 서
울대학교 1994년도 대학입시요강(헌재 92헌마68), 보건복지부장관이 고시한
생활보호사업지침상의 '94년 생계보호기준'(헌재 94헌마33), 외교통상부의 여
권 사용제한 등에 관한 고시(헌재 2007헌마1366) 등을 헌법소원의 대상으로
판시한 바 있다.

법규명령과 행정규칙의 비교

구분	법규명령		행정규칙
	위임명령	집행명령	
법규성	법규성 인정		법규성 부정
성질	형식적 행정, 실질적 입법		형식적 · 실질적 행정
권력의 기초	일반통치권		특별권력
형식	대통령령, 총리령, 부령, 중앙선거관리위원회 규칙, 감사원규칙		훈령, 지시, 예규, 일일명령, 공시, 통첩, 지침, 시달 등
법적근거 요부	수권요함	수권불요	행정권의 당연한 권능
효력	대내적 · 대외적 구속력		일면적 구속력
규율대상	새로운 법규사항 규율 가능	새로운 법규사항 규율 불가	행정조직 또는 특별권력관계 내부의 사항 규율
범위와 한계	개별적 · 구체적 위임 범위 내에서 규정	상위명령시행에 필요한 절차규정	법규명령에 위반하지 않는 범위 내에서 규정
제정절차	• 대통령령 : 법제처의 사전심사 + 국무회의 심의 • 기타 법규명령 : 법제처의 사전심사		특별한 절차규정 없음
형식과 공포	문서에 의한 조문 형식으로 관보에 게재하여야 하며, 공포로서 효력이 발생		문서나 구두로 가능하며, 하급기관에 도달하면 효력이 발생(공포 불요)
통제수단	• 간접적 통제수단 • 직접적 통제수단이 일부 인정됨(상임위 제출 · 심사, 상위법령의 제정 등		간접적 통제수단이 인정됨
위반의 효과	위반행위는 위법행위이며, 행정소송의 대상이 됨		원칙적으로 위반행위에 대해 행정소송 불가
공통점	제정기관은 행정기관이며, 형식은 일반적 · 추상적 법조형식을 취하며, 행정법의 법원성으로 인정됨		

꼭! 확인 기출문제

행정규칙에 대한 설명으로 가장 옳은 것은? [서울시 9급 기출]

❶ 행정각부의 장이 정하는 고시라도 법령 내용을 보충하는 기능을 가지는 경우에는 형식과 상관없이 근거 법령규정과 결합하여 법규명령의 효력을 가진다.

② 구「지방공무원보수업무 등 처리지침」은 안전행정부 예규로서 행정규칙의 성질을 가진다.

③ 법령에 근거를 둔 고시는 상위 법령의 위임범위를 벗어난 경우에도 법규명령으로서 기능한다.

④ 2014년도 건물 및 기타물건 시가표준액 조정기준은 「건축법」 및 지방세법령의 위임에 따른 것이지만 행정규칙의 성격을 가진다.

해 ① 일반적으로 행정 각부의 장이 정하는 고시라 하더라도 그것이 특히 법령의 규정에서 특정 행정기관에게 법령 내용의 구체적 사항을 정할 수 있는 권한을 부여함으로써 그 법령 내용을 보충하는 기능을 가질 경우에는 그 형식과 상관없이 근거 법령 규정과 결합하여 대외적으로 구속력이 있는 법규명령으로서의 효력을 가진다(대판 1999. 11. 26, 97누13474).

② 구 지방공무원보수업무 등 처리지침(2014. 8. 8. 안전행정부 예규 제104호로 개정되기 전의 것, 이하 '지침'이라 한다) [별표 1] '직종별 경력환산율표 해설'이 정한 민간근무경력의 호봉 산정에 관한 부분은 지방공무원법 제45조 제1항과 구 지방공무원 보수규정(2014. 11. 19. 대통령령 제25751호로 개정되기 전의 것) 제8조 제2항, 제9조의2 제2항, [별표 3]의 단계적 위임에 따라 행정자치부장관이 행정규칙의 형식으로 법령의 내용이 될 사항을 구체적으로 정한 것이고, 달리 지침이 위 법령의 내용 및 취지에 저촉된다거나 위임 한계를 벗어났다고 보기 어려우므로, 지침은 상위법령과 결합하여 대외적인 구속력이 있는 법규명령으로서의 효력을 갖게 된다(대판 2016. 1. 28, 2015두53121).

③ 특정 고시가 비록 법령에 근거를 둔 것이더라도 규정 내용이 법령의 위임 범위를 벗어난 것일 경우에는 법규명령으로서의 대외적 구속력을 인정할 여지는 없다(대판 2016. 8. 17, 2015두51132).

④ '2014년도 건물 및 기타물건 시가표준액 조정기준'의 각 규정들은 일정한 유형의 위반 건축물에 대한 이행강제금의 산정기준이 되는 시가표준액에 관하여 행정자치부장관으로 하여금 정하도록 한 위 건축법 및 지방세법령의 위임에 따른 것으로서 그 법령 규정의 내용을 보충하고 있으므로, 그 법령 규정과 결합하여 대외적인 구속력이 있는 법규명령으로서의 효력을 가지고, 그중 증 · 개축 건물과 대수선 건물에 관한 특례를 정한 '증 · 개축 건물 등에 대한 시가표준액 산출요령'의 규정들도 마찬가지라고 보아야 한다(대판 2017. 5. 31, 2017두30764).

제2장

행정행위

제1절 개설

1. 행정행위의 개념

(1) 개념의 정립

① 학설

㉠ 학설상의 행정행위 개관

Check Point

행정행위의 구별부정설
순수법학자들에 따르면 법일원적 입장(공법과 사법의 구별부정)에서 사법행위와 다른 행정행위의 개념은 인정할 필요가 없다는 견해가 있으나(Kelsen, Merkel), 행정행위를 구분하는 것이 일반적 입장이다.

구분	최광의	광의	협의	최협의 (통설 · 판례)
내용	행정청이 행하는 일체의 행위	행정청이 행하는 공법행위	행정청이 법 아래에서 구체적 사실에 대한 법집행으로서 행하는 공법행위	행정청이 법 아래에서 구체적 사실에 대한 법집행으로서 행하는 권력적 단독행위로서의 공법행위
특징	통치행위, 사실행위, 법적 행위(공법 · 사법행위) 모두 포함	행정상 사법행위 · 입법행위, 협의의 행정행위 포함	협의의 행정행위인 권력적 단독행위와 관리행위(공법상 계약과 합동행위) 포함	법률행위적 · 준법률행위적 행정행위 등이 포함

㉡ 통설적 견해 : 최협의의 행정행위가 통설로, '행정청이 법 아래에서(법률유보) 구체적 사실에 대한 법집행으로서 행하는 권력적 단독행위로서의 공법행위(사실행위 제외)'를 의미한다.

② 판례 : 법원에서는 '행정행위'라는 용어 대신 '행정처분'이라는 용어를 사용하고 있다.

> 관련 판례 : 직접적으로 국민의 권리, 의무가 설정, 변경, 박탈되거나 그 범위가 확정되는 등 기존의 권리상태에 어떤 변동을 가져오는 것이 아니므로 이를 행정소송의 대상이 되는 행정처분이라고 할 수 없다(대판 1993. 9. 14, 93누9163).

③ **일반론**

　㉠ **학문상 개념** : 우리나라에서 '행정행위'란 실정법상의 개념이 아닌 학문상의 개념으로, 인가 · 허가 · 면허 · 결정 · 재정 등 용어들의 공통점을 포괄하는 개념이다.

　㉡ **개념 정립의 실익**

　　• **효력상 특수성** : 행정행위는 다른 행정작용이나 사법행위와는 달리 행정청의 권력작용이라는 점에서 공정력 · 확정력 · 자력집행력 등의 특수한 효력이 인정된다.

　　• **권리구제제도상 특수성** : 행정소송 중 항고소송은 행정행위만을 대상으로 하는 특수한 소송형태이므로, 항고소송의 배타적 관할대상을 정하기 위하여 개념의 정립이 필요하다. 따라서 행정행위가 아닌 것은 민사소송이나 당사자소송의 대상이 된다.

(2) 행정행위의 개념요소(관념징표)

① **행정청의 행위** : 행정행위라는 것은 행정청의 행위를 말한다. 여기서의 행정청은 행정조직법상의 행정청인 국가와 지방자치단체의 행정기관 외에 행정권한의 위임 · 위탁을 받은 공공단체 및 그 기관 또는 사인 등이 포함된다.

> 관련 판례 : 행정청에는 처분 등을 할 수 있는 권한이 있는 국가 또는 지방자치단체와 같은 행정기관뿐만 아니라 법령에 의하여 행정권한의 위임 또는 위탁을 받은 행정기관, 공공단체 및 그 기관 또는 사인이 포함되는바, 특별한 법률에 근거를 두고 행정주체로서의 국가 또는 지방자치단체로부터 독립하여 특수한 존립목적을 부여받은 특수한 행정주체로서 국가의 특별한 감독하에 그 존립목적인 특정한 공공사무를 행하는 공법상의 특수행정조직 등이 이에 해당한다(대판 1992. 11. 27, 92누3618).

② **행정청의 법적 행위**

　㉠ 행정행위는 행정청의 의사표시에 의하여 외부적으로 개인의 권리 · 의무의 발생 · 변경 · 소멸 등 직접적으로 법적 효과를 가져오는 행위여야 한다. 따라서 의사표시를 요소로 하지 않는 사실행위는 법적 행위가 아니며, 또한 행정조직내부행위(예 지시, 명령, 훈령, 예고 등)나 법적 효과가 없는 행위(예 행정지도, 도로청소 등 사실행위)도 법적 행위로 볼 수 없다.

　㉡ 다만, 사실행위도 수인의무를 내포하는 강제격리나 강제철거는 법적 행위에 해당되며, 특별권력관계에 있어서 그 구성원의 지위에 법적 효과를 일

으키는 처분(징계 등)은 행정행위로 인정하는 것이 판례와 다수설의 입장
이다.

③ **법적 행위 중 공법상 행위** : 공법행위란 그 효과가 공법적이라는 것이 아니라, 행위의 근거가 공법적이라는 것이다. 따라서 물품구입이나 국유재산매각과 같은 사법행위는 해당되지 않는다.

④ **구체적 사실에 관한 법집행행위** : 행정행위는 구체적 사실에 대하여 행정목적을 실현하기 위한 법집행작용이다. 구체적 사실의 여부는 관련자가 개별적인지 일반적인지, 규율대상이 구체적인지 추상적인지에 따라 판단된다. 이러한 견지에서 일반·추상적 규범의 정립 작용인 행정입법이나 조례·규칙 등은 특정범위의 사람을 대상으로 하더라도 행정행위가 될 수 없다.

⑤ **권력적 단독행위** : 행정행위는 공권력의 행사로서 국민의 권리·의무에 대한 것을 일방적으로 처분(결정)하는 것으로, 사법행위나 공법상 계약, 합동행위는 이에 포함되지 않는다.

⑥ **거부행위** : 행정행위 신청에 대한 거부 역시 행정행위가 되는데 이때 단순한 사실행위의 거부나 사법상 계약체결 요구에 대한 거부 등은 행정행위가 아니다. 거부행위가 항고소송의 대상이 되기 위해서는 상대방에게 법규상 또는 조리상 신청권이 있어야 한다. 또한 신청인에게 직접적인 거부표시를 하지 않더라도 어떠한 경우에는 묵시적 거부처분이 있을 수 있다. 이러한 묵시적 거부는 본인에게 직접 고지되지 않았더라도 본인이 이를 알게 되거나 알 수 있었을 때에 효력이 발생한다.

> 관련 판례 : 이 사건에서와 같이 동일한 검사신규임용의 기회에 임용신청을 낸 다수의 검사지원자 중 그 일부만을 선정하여 검사로 임용할 경우에, 임용권자가 임용대상으로 선정한 자에 대하여만 임용의 의사표시를 하여 이를 공표하고 임용대상에서 제외하여 임용치 않기로 한 나머지 자에 대하여는 형식상 별다른 의사표시를 하지 않았다고 하여도, 위와 같은 검사지원자 중 한정된 수의 임용대상자에 대한 임용결정은 한편으로는 그 임용대상에서 제외한 자에 대한 임용거부결정이라는 양면성을 지니는 것이므로 임용대상자에 대한 임용의 의사표시는 동시에 임용대상에서 제외한 자에 대한 임용거부의 소극적 의사표시를 포함한 것으로 볼 수 있고, 이러한 임용거부의 의사표시는 본인에게 직접 고지되지 않았다고 하여도 본인이 이를 알았거나 알 수 있었을 때에 그 효력이 발생한 것으로 보아야 할 것이다(대판 1991. 2. 12, 90누5825).

(3) '처분' 개념과의 구별

① **의의** : 학문상의 포괄적 개념인 '행정행위'는 실정법상으로 '인가·허가·면허·특허·면제·결정·확인·공증 등' 다양한 용어로 사용되고 있다. 행정소송법에서는 취소소송 등 항고소송의 대상을 '처분'이라는 용어로 규정하고 있는데, 구체적으로 행정심판법과 행정소송법에서는 '처분' 개념을 "행정청이

행하는 구체적 사실에 관한 법집행으로서의 공권력의 행사 또는 그 거부, 그 밖에 이에 준하는 행정작용"이라 규정하고 있다. 이러한 개념상의 구분은 행정쟁송의 대상적격의 범위와 관련하여 그 의의가 있다.

② 학설

㉠ 실체법상 처분설(일원설) : 양자를 동일한 의미로 보는 견해로, 쟁송법상 처분의 개념을 실체법상 행정행위의 개념으로 본다.

㉡ 쟁송법상 처분설(이원설) : 쟁송법에 규정된 '처분'의 개념 중 '그 밖에 이에 준하는 행정작용'에 해당하는 부분을 논거로 하여, 행정쟁송법상의 처분 개념이 학문상의 행정행위(실체법상의 처분)의 개념보다 더 넓은 의미로 사용된다고 보는 견해이다.

Check Point

쟁송법상 처분설
이 견해는 국민의 권리구제기회를 확대하기 위해 쟁송의 대상으로서의 행정청의 행위(처분)에 다양한 행정작용을 포함하여야 한다는 입장으로, 처분의 개념은 행정행위와 구별된다고 보고 있다.

행정행위와 처분의 개념 비교

실체법상(강학상) 행정행위	실정법상(행정쟁송법) 처분	비고
행정청이 법 아래서	행정청이 행하는	
구체적 사실에 대한	구체적 사실에 관한	처분의 개념이 보다 넓음
법집행으로서 행하는	법집행으로서	
권력적 단독행위로서 공법상 행위	공권력의 행사 또는 그 거부와 그밖에 이에 준하는 행정작용	

③ 판례 : 대법원은 행정쟁송의 대상이 되는 처분 관념과 관련하여, 기본적으로 실체법상 개념설의 입장을 취해 이를 좁게 보면서도, 동시에 쟁송법상 개념설의 입장에 따라 실체법상 개념설에 따르는 한계를 극복하고 권리구제의 가능성을 확대하려는 경향을 보이고 있다.

㉠ 처분의 개념을 좁게 본 판례

> 항고소송의 대상이 되는 행정처분이라 함은 행정청의 공법상의 행위로서 특정사항에 대하여 법규에 의한 권리의 설정 또는 의무의 부담을 명하거나 기타 법률상 효과를 발생하게 하는 등 국민의 권리의무에 직접 관계가 있는 행위를 가리키는 것이다(대판 1996. 3. 22, 96누433).

㉡ 처분의 개념을 넓게 본 판례

> 행정청의 어떤 행위를 행정처분으로 볼 것이냐의 문제는 추상적 일반적으로 결정할 수 없고, 구체적인 경우 행정처분은 행정청이 공권력의 주체로서 행하는 구체적 사실에 관한 법집행으로서 국민의 권리의무에 직접 영향을 미치는 행위라는 점을 고려하고 행정처분이 그 주체, 내용, 절차, 형식에 있어서 어느 정도 성립 내지 효력요건을 충족하느냐에 따

라 개별적으로 결정하여야 하며, 행정청의 어떤 행위가 법적 근거도 없이 객관적으로 국민에게 불이익을 주는 행정처분과 같은 외형을 갖추고 있고, 그 행위의 상대방이 이를 행정처분으로 인식할 정도라면 그로 인하여 파생되는 국민의 불이익 내지 불안감을 제거시켜 주기 위한 구제수단이 필요한 점에 비추어 볼 때 행정청의 행위로 인하여 그 상대방이 입는 불이익 내지 불안이 있는지 여부도 그 당시에 있어서의 법치행정의 정도와 국민의 권리의식 수준 등은 물론 행위에 관련한 당해 행정청의 태도 등도 고려하여 판단하여야 한다(대판 1993. 12. 10, 93누12619).

④ 처분의 개념 중 '그 밖에 이에 준하는 행정작용'의 내용 : 일반처분, 개별적 · 구체적 규율, 권력적 · 법적 작용(처분법규, 구속적 행정계획 등), 권력적 사실행위 등이 있다. 다만, 여기에 형식적 행정행위가 포함되는가에 대해서는 견해가 대립되고 있다.

㉠ 일반처분

- 의의 : 일반처분은 구체적 사실과 관련하여 불특정 다수인을 대상으로 하여 발하여지는 행정청의 단독적 · 권력적 규율행위를 말하며, 규율대상인 사람은 불특정 다수인이고 규율의 시간이나 장소(공간)는 한정되어 있다는 측면에서 일반적 · 구체적 규율의 성격을 지닌다.
- 구분
  - 대인적 일반처분 : 구체적 사안에서 불특정 다수인에 대한 행정행위(예 시위참가자 해산명령, 불특정 주민을 대상으로 야간 공원출입금지 등)
  - 대물적 일반처분 : 직접적으로 물건의 법적 상태를 규율함과 동시에 간접적으로 개인의 권리 · 의무를 설정하는 행정행위(예 주 · 정차금지 교통표지판, 도로의 공용지정 행위, 공시지가 결정, 골동품의 문화재로의 지정행위, 도시관리계획에 의한 용도지구 · 지역의 지정행위 등)

㉡ 형식적 행정행위

- 의의 : 행정행위의 본질적 요소인 법적 행위로서의 공권력행사의 실체가 없는 비권력적 행위가 국민의 권리와 의무에 직접적으로 영향을 미치는 경우에는 형식적 · 기술적으로 공권력행사에 해당한다고 보아 행정쟁송의 대상이 되는 것으로 보는데, 이러한 비권력적 행위를 형식적 · 기술적 행정행위라 한다. 이러한 형식적 행정행위는 실체법상 행정행위 이외에 취소소송의 대상이 되는 행위를 말한다고 할 수 있다.
- 개념의 인정 여부 : 항고소송의 대상적격을 확대시키는 것이 국민의 권익구제에 타당하다고 보아 긍정하는 견해와 형식적 행정행위는 위법성을 다투는 전통적 항고소송의 대상이 될 수 없다고 부정하는 견해가 대립된다. 이와 관련하여 판례는 '규제목적인 행정지도를 항고소송의 대상이 되는 처분이라고 단정하기 어렵다'고 판시한 바 있는데(대판 95누9099), 이는 부정설의 입장을 취한 것이라고 보는 견해가 유력하다.

Check Point

일반처분의 성격
일반처분에 대해서는 법규범과 행정처분의 중간영역으로 평가된다는 견해도 있으나, 구체적 사실을 규율하는 처분이나 개별적 규율은 행정행위의 일종으로 보는 것이 다수설과 판례의 입장이다.

Check Point

순수한 사실행위와 처분성
원칙적으로 순수한 사실행위는 처분성이 인정되지 않아 행정소송의 대상에서 제외되나, 형식적 행정행위의 개념을 인정한다면 처분성이 인정될 수 있을 것이다.

꼭! 확인 기출문제

행정행위에 대한 설명으로 옳은 것은? [국가직 9급 기출]

① 행정행위를 '행정청이 법아래서 구체적 사실에 대한 법집행으로서 행하는 공법행위'로 정의하면, 공법상 계약과 공법상 합동행위는 행정행위의 개념에서 제외된다.

② 강학상 허가와 특허는 의사표시를 요소로 한다는 점과 반드시 신청을 전제로 한다는 점에서 공통점이 있다.

③ 행정행위의 효력으로서 구성요건적 효력과 공정력은 이론적 근거를 법적 안정성에서 찾고 있다는 공통점이 있다.

❹ 「행정소송법」상 처분의 개념과 강학상 행정행위의 개념이 다르다고 보는 견해는 처분의 개념을 강학상 행정행위의 개념보다 넓게 본다.

해 ④ 실체법상의 행정행위와 쟁송법상의 처분을 구분하는 견해에 따르면 쟁송법상의 처분 개념이 강학상 행정행위의 개념보다 더 넓게 보게 된다.
　① 행정행위의 개념을 행정청이 구체적 사실에 대한 법집행으로서 행하는 공법행위로 보는 견해는 협의설의 입장이다. 이 견해에 따르면 비권력적 행위를 포함시킨다. 따라서 공법상 계약과 같은 비권력적 행위도 행정행위 개념에 포함되게 된다.
　② 특허는 반드시 신청이 요구되지만, 허가는 통행금지의 해제와 같이 신청이 요구되지 않는 경우도 있다.
　③ 공정력은 법적 안정성에서 이론적 근거를 찾지만 구성요건적 효력은 행정기관 상호간 권한 존중에서 그 근거를 찾는다.

2. 행정행위의 특성

(1) 법률적합성

　행정행위는 국민의 권리와 의무에 관련된 일방적 단독행위인 공권력의 행사이므로, 이는 법에 근거하여야 하고, 법률의 적합한 범위 내에서 행하여져야 한다.

(2) 공정성(예선적 효력)

　행정행위는 성립상의 하자가 있더라도 그 하자가 중대·명백하여 당연무효가 아닌 한, 그 권한 있는 기관이 취소하기 전까지는 계속하여 잠정적으로 유효한 것으로 통용되는 효력을 지닌다. 이는 행정법관계의 안전성과 상대방의 신뢰를 보호하는 등의 행정정책적 이유로 인정된다.

(3) 확정성(존속성)

　행정행위는 위법한 것이라도 그 하자가 중대·명백하여 당연무효가 아닌 한, 일정기간이 경과되면 더 이상 상대방이 쟁송으로 다툴 수 없게 되는 불가쟁성(형식적 확정성)을 가지며, 수익적 행정행위나 확약 기타 준사법적 행위 등의 행정행위를 행정청 자신이 임의로 취소·변경할 수 없는 불가변성(실질적 확정성)을 가진다.

(4) 실효성(강제성)

행정청은 행정행위의 실효성을 담보하기 위하여 법률이 정하는 바에 따라 그 이행을 강제로 실현시킬 수 있을 뿐만 아니라(자력집행성), 제재를 통하여 그 의무의 이행을 확보할 수 있는 특성을 가지고 있다(제재성).

(5) 권리구제의 특수성

① 행정쟁송제도 : 위법·부당한 행정행위로 인하여 권익을 침해받은 자의 권리구제뿐만 아니라 공익실현의 작용으로서 그 적정성 확보도 고려하여야 한다는 점에서 민사소송법에 비하여 여러 가지 특수성을 인정하고 있다.

② 행정상 손해전보제도

㉠ 국가배상 : 위법한 행정행위로 인하여 권익을 침해받은 자는 헌법 제29조 제1항과 국가배상법에 따라 행정상 발생된 손해의 배상을 청구할 수 있는 바, 민사상의 손해배상책임과는 다른 특수성을 지니고 있다.

㉡ 손실보상청구 : 적법한 행정행위로 인하여 재산적 손실이 발생하고 그 손실이 특별한 희생에 해당하는 경우 공평부담의 견지에서 손실보상이 인정된다(헌법 제23조 제3항).

> **Check Point**
>
> **대한민국헌법 제29조 제1항**
> 공무원의 직무상 불법행위로 손해를 받은 국민은 법률이 정하는 바에 의하여 국가 또는 공공단체에 정당한 배상을 청구할 수 있다. 이 경우 공무원 자신의 책임은 면제되지 아니한다.

> **Check Point**
>
> **대한민국헌법 제23조 제3항**
> 공공필요에 의한 재산권의 수용·사용 또는 제한 및 그에 대한 보상은 법률로써 하되, 정당한 보상을 지급하여야 한다.

제2절 행정행위의 종류

1. 행정행위의 분류

(1) 발령주체에 따른 분류

행정행위는 그 발령주체를 기준으로 국가의 행정행위, 공공단체(지방자치단체·공공조합)의 행정행위, 공권력이 부여된 사인(수탁사인)의 행정행위로 분류할 수 있다.

(2) 법률효과의 발생원인에 따른 분류(행정행위의 내용에 따른 분류)

① 법률행위적 행정행위 : 의사표시를 요소로 하며, 그 법적 효과는 행정청의 효과의사의 내용에 따라 발생하는 행정행위로, 명령적 행정행위와 형성적 행정행위로 구분된다.

② **준법률행위적 행정행위** : 의사표시 이외의 정신작용, 즉 인식이나 판단 등을 요소로 하며, 그 법적 효과는 행정청의 효과의사와 관계없이 법령이 정하는 바에 의하여 발생하는 행정행위를 말한다.

(3) 법적 효과의 성질에 따른 분류(상대방에 대한 효과에 따른 분류)

① **수익적 행정행위**

　㉠ **의의** : 수익적 행정이란 국민에게 권리나 이익을 부여하는 행정행위 또는 국민의 권리와 의무와 관계없는 행정행위를 말한다. 예를 들면, 금전·물품·서비스의 제공, 각종 인·허가 및 특허, 수익적 행정행위의 취소에 대한 취소, 부담적 행정행위의 취소나 철회 등이 있다.

　㉡ **법적 성질** : 수익적 행정행위는 상대방의 신청을 요하는 행위로, 쌍방적 행정행위가 대부분이다. 일반적으로 수익적 행정행위는 근본적으로 상대방의 신뢰보호라는 관점에서 무효는 엄격하게 해석되어야 하며, 취소·철회 또한 일정한 제한이 따른다.

　㉢ **법률유보원칙과의 관계** : 수익적 행정행위에 대해 그 법적 근거를 요하지 아니한다는 견해가 있으나(전통적 침해유보설), 국민생활의 행정에 대한 밀접한 의존성을 고려한다면 수익적 행정행위의 거부는 침익적인 성격을 갖는다는 점에서 그 법률의 근거를 요한다는 것이 다수의 견해이다.

　㉣ **수익적 처분의 거부 또는 부작위에 대한 구제** : 취소심판이나 취소소송을 제기하거나 의무이행심판이나 부작위위법확인소송을 제기할 수 있다.

② **침익적 행정행위(침해적·부담적 행정행위)**

　㉠ **의의** : 국민의 권리나 이익을 박탈 또는 제한하거나 의무 및 부담을 부과하는 것을 내용으로 하여 국민에게 불이익을 주는 행정행위를 말한다. 예를 들면, 세금부과, 허가취소, 하명, 박권행위, 수익적 행정행위의 거부·취소·철회, 행정강제 등이 있다.

　㉡ **법적 성질** : 침익적 처분은 상대방의 신청 없이 행정청이 직권에 의하여 일방적으로 행하는 것이 일반적이므로 그 법적 성질은 법률유보가 엄격하게 적용되는 기속행위이며, 법치행정의 원리 및 절차적 규제에 있어 수익적 행위보다는 그 적용이 강화된다.

　㉢ **법률유보원칙과의 관계** : 국민의 권리 내용과 범위의 구체화, 당해 처분에 있어서 평등성 보장 등의 견지에서 침익적 처분의 발동은 반드시 법률의 근거가 있어야 한다.

　㉣ **침익적 처분의 취소·철회** : 침익적 처분을 취소·철회하면 상대방에게 이익을 제공하는 것이 되므로, 그 행정행위의 효과를 취소·철회하는 것은

Check Point

박권행위(탈권행위)
권리나 능력, 포괄적 법률관계 등을 소멸시키는 행위를 말한다(특허취소, 공무원파면, 법인해산 등).

자유롭다(불가변력이 발생하지 않음).

③ **복효적 행정행위**(이중효과적 행정행위, 제3자효적 행정행위) : 하나의 행정행위에 의해서 수익적 효과와 침익적 효과가 동시에 발생하는 행정행위를 말한다.

Check Point

복효적 행정행위 구분
• 혼합효 행정행위 : 동일인에게 효과 발생
• 제3자효적 행정행위 : 누구에게는 이익을, 다른 누구에게는 불이익을 주는 효과 발생

(4) 행정주체에 대한 법의 구속 정도에 따른 분류(재량 여부에 따른 분류)

① **기속행위** : 행정청은 법의 규정에 따라 적용할 뿐 행정청의 독단적 판단의 여지가 없는 행정행위를 말한다(행정주체에게 재량이 없는 행위).

② **재량행위** : 행정법규가 행정청에 선택의 여지를 부여하는 행정행위를 말한다(행정주체에게 재량이 있는 행위).

(5) 대상의 표준에 따른 분류

① **대인적 행정행위**

  ㉠ 의사면허나 운전면허, 인간문화재 지정 등과 같이 개인의 능력·인격과 같은 사람의 주관적 요소에 기초를 둔 행정행위를 말한다.

  ㉡ 대인적 행정행위는 일신전속적 성격을 띠므로 그 행정행위의 효과가 이전·승계되지 않는다.

② **대물적 행정행위**

  ㉠ 건축허가, 차량검사합격처분, 건축물사용승인 및 준공검사, 문화재지정, 공중위생업소폐쇄명령, 채석허가, 환지처분 등과 같이 물건의 객관적 사정(구조·설비·성질 등)을 기초로 권리관계·법률관계가 형성되는 행정행위를 말한다.

  ㉡ 직접적인 규율의 대상은 물건이지만, 사람은 그에 의하여 간접적으로 규율을 받게 됨에 따라 그 행정행위의 효과가 이전·승계될 수 있다(이 경우 보통 승인·신고 등의 절차를 요함).

  > 관련 판례 : 국토의 계획 및 이용에 관한 법률(이하 '국토계획법'이라고 한다) 제135조 제2항이 국토계획법에 의한 처분, 그 절차 및 그 밖의 행위에 대하여 그 행위와 관련된 토지 또는 건축물의 소유권이나 그 밖의 권리를 가진 자의 승계인에게 그 효력을 미치도록 규정하고 있는 점, 국토계획법에 의한 개발행위허가는 대물적 허가의 성질을 가지고 있는 점 등을 종합하여 볼 때, 개발행위허가를 받은 자가 사망한 경우 특별한 사정이 없는 한 상속인이 개발행위허가를 받은 자의 지위를 승계하고, 이러한 지위를 승계한 상속인은 국토계획법 제133조 제1항 제5의2호에서 정한 개발행위허가기간의 만료에 따른 원상회복명령의 수범자가 된다(대판 2014. 7. 24, 2013도10605).

③ **혼합적 행정행위**

  ㉠ 총포·화약류영업허가나 약국영업허가, 석유정제업허가, 전당포영업허가 등과 같이 인적인 자격요건 외에 물건의 객관적 사정을 모두 고려하는 행

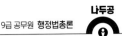
정행위를 말한다.

ⓛ 혼합적 행정행위의 경우 이전성이 제한되는 것이 일반적으로, 이전 · 상속에 있어 관계 법령에 따라 행정청의 허가를 받아야 하거나 대인적 자격요건을 갖춘 자에 대해서만 허가가 허용되는 경우가 있다.

꼭! 확인 기출문제

행정소송의 대상인 행정처분에 대한 설명으로 옳지 <u>않은</u> 것은? (다툼이 있는 경우 판례에 의함)

[지방직 9급 기출]

① 구 「민원사무 처리에 관한 법률」에서 정한 사전심사결과 통보는 항고소송의 대상이 되는 행정처분에 해당하지 않는다.

❷ 「교육공무원법」상 승진후보자 명부에 의한 승진심사 방식으로 행해지는 승진임용에서 승진후보자 명부에 포함되어 있던 후보자를 승진임용인사발령에서 제외하는 행위는 항고소송의 대상인 처분에 해당하지 않는다.

③ 건축주가 토지소유자로부터 토지사용승낙서를 받아 그 토지 위에 건축물을 건축하는 건축허가를 받았다가 착공에 앞서 건축주의 귀책사유로 해당 토지를 사용할 권리를 상실한 경우, 토지소유자의 건축허가 철회신청을 거부한 행위는 항고소송의 대상이 된다.

④ 사업시행자인 한국도로공사가 구 「지적법」에 따라 고속도로 건설공사에 편입되는 토지소유자들을 대위하여 토지면적등록 정정신청을 하였으나 관할 행정청이 이를 반려하였다면, 이러한 반려행위는 항고소송 대상이 되는 행정처분에 해당한다.

酉 ② 교육공무원법상 승진후보자 명부에 의한 승진심사 방식으로 행해지는 승진임용에서 승진후보자 명부에 포함되어 있던 후보자를 승진임용인사발령에서 제외하는 행위는 불이익처분으로서 항고소송의 대상인 처분에 해당한다(대판 2018. 3. 27, 2015두47492).

① 행정청은 사전심사결과 불가능하다고 통보하였더라도 사전심사결과에 구애되지 않고 민원사항을 처리할 수 있으므로 불가능하다는 통보가 민원인의 권리의무에 직접적 영향을 미친다고 볼 수 없고, 통보로 인하여 민원인에게 어떠한 법적 불이익이 발생할 가능성도 없는 점 등 여러 사정을 종합해 보면, 구 민원사무처리법이 규정하는 사전심사결과 통보는 항고소송의 대상이 되는 행정처분에 해당하지 아니한다(대판 2014. 4. 24, 2013두7834).

③ 건축허가는 대물적 성질을 갖는 것이어서 행정청으로서는 허가를 할 때에 건축주 또는 토지 소유자가 누구인지 등 인적 요소에 관하여는 형식적 심사만 한다. 건축주가 토지 소유자로부터 토지사용승낙서를 받아 그 토지 위에 건축물을 건축하는 대물적 성질의 건축허가를 받았다가 착공에 앞서 건축주의 귀책사유로 해당 토지를 사용할 권리를 상실한 경우, 건축허가의 존재로 말미암아 토지에 대한 소유권 행사에 지장을 받을 수 있는 토지 소유자로서는 건축허가의 철회를 신청할 수 있다고 보아야 한다. 따라서 토지 소유자의 위와 같은 신청을 거부한 행위는 항고소송의 대상이 된다(대판 2017. 3. 15, 2014두41190).

④ 평택~시흥 간 고속도로 건설공사 사업시행자인 한국도로공사가 고속도로 건설공사에 편입되는 토지들의 지적공부에 등록된 면적과 실제 측량 면적이 일치하지 않는 것을 발견하고 구 지적법 제24조 제1항, 제28조 제1호에 따라 토지소유자들을 대위하여 토지면적등록 정정신청을 하였으나 화성시장이 이를 반려한 사안에서, 반려처분은 공공사업의 원활한 수행을 위하여 부여된 사업시행자의 관계 법령상 권리 또는 이익에 영향을 미치는 공권력의 행사 또는 그 거부에 해당하는 것으로서 항고소송 대상이 되는 행정처분에 해당한다(대판 2011. 8. 25, 2011두3371).

(6) 행정객체의 협력을 요건으로 하느냐의 여부에 따른 분류

① 단독적 행정행위(일방적 행정행위) : 상대방의 협력을 요건으로 하지 않고 행정청 일방적으로 행하는 행정행위(직권행위)를 말한다(예 조세부과, 허가취소, 경찰하명, 공무원 징계 등).

② 쌍방적 행정행위

ⓐ 의의 : 상대방의 협력(신청 · 출원 · 동의 등)을 요건으로 하는 행정행위를

말한다. 상대방의 신청을 요건으로 하는 행위로는 허가·인가·특허 등이 있으며, 공무원 임명에 상대방의 동의를 요하는 행위로는 공무원의 임명(동의) 등이 있다.

ⓛ 성질상의 구별
- 상대방의 신청·동의가 단순한 희망의 표시로서 행정행위의 동기에 불과한 경우에는 상대방의 신청·동의가 없어도 행정행위의 효력에 영향이 없다.
- 상대방의 신청·동의가 행정행위의 필요적 전제요건인 경우에는 상대방의 의사표시에 단순한 흠(하자)이 있더라도 그에 기한 행정행위가 유효이나, 상대방의 의사표시가 부존재 또는 무효인 때에는 그에 기한 행정행위가 무효이다(예 강박에 의한 사직원 제출 등).
- 판례 : 신청이 허가의 필요적 전제요건인 경우 상대방의 신청 없는 허가처분은 무효라 판시하였다.

> 관련 판례 : 행정관청에 대하여 특정사항에 관한 허가신청을 하도록 위임받은 자가 위임자명의의 서류를 위조하여 위임받지 아니한 하자있는 허가신청에 기하여 이루어진 허가처분은 무효다(대판 1974. 8. 30. 74누168).

(7) 성립형식에 따른 분류(행위형식을 요하느냐의 여부에 따른 분류)

① 요식행위 : 행정행위의 내용을 명확히 하고 확실하게 하기 위하여 법령에서 일정한 형식에 의할 것을 요건으로 하는 행정행위를 말한다. 이러한 행위에는 납세고지서발부, 대집행계고, 행정심판의 재결, 징집영장발부 등이 있다.

② 불요식행위 : 행정행위에 일정한 형식을 요하지 않는 행정행위를 말한다.

(8) 법률상태의 변경 여부에 따른 분류

① 적극적 행정행위 : 현재의 법률상태에 변동을 초래하는 행정행위를 말하며, 하명·허가·특허·취소 등이 이에 해당된다.

② 소극적 행정행위 : 현재의 법률상태에 아무런 변동을 초래하지 않는 행정행위로, 각종 거부(각하)처분, 부작위 등이 이에 해당된다.

(9) 의사결정의 단계를 표준으로 한 분류

① 가행정행위(잠정적 행정행위)
ⓛ 의의 : 가행정행위란 징계의결이 요구 중인 공무원에 대하여 직위해제를 하는 경우 또는 확정세율에 의하여 세액을 확정하기 전의 잠정세율에 의한 조세부과와 같이 사실관계 또는 법률관계의 계속적인 심사를 유보한 상태

Check Point

가행정행위
가행정행위는 행정행위의 종국적 결정이 있을 때까지만 잠정적으로 구속력을 가지며, 종국적 결정이 있으면 그 가행정행위는 종국적 결정에 의해 대체된다.

에서 당해 행정법관계의 권리와 의무를 잠정적으로만 확정하는 행정행위를 말한다.

ⓛ **특성** : 가행정행위는 효과의 잠정성(불가변력이 발생하지 않음), 종국적 결정에 의한 대체성(신뢰보호를 주장하지 못함), 사실관계의 미확정성을 그 특징으로 한다.

ⓒ **법적 성질** : 가행정행위가 잠정적인 효과를 가지나, 그 잠정적인 시간 범위 내에서 종국적이고 최종적인 규율을 가지므로 그 자체가 하나의 행정행위로서 성격을 갖는다는 것이 다수의 견해이다.

ⓔ **법적 근거의 요부** : 가행정행위가 잠정적인 효력을 갖고 있으나, 그 자체만으로 행정행위에 해당하는 것이기 때문에 법적 근거를 요한다는 견해가 있으나, 가행정행위는 본처분의 사전처리작용으로서 본처분의 일부를 이룬다고 보아 본처분의 법적 근거가 있다면 별도의 법적 근거를 가질 필요가 없다 할 것이다.

ⓜ **성립요건** : 가행정행위는 장래에 행하게 될 본행정행위에 대해 사전적으로 행하는 사전처리작용으로서 그 자체로 행정행위로서의 실체를 가지고 있으므로, 정당한 권한을 가진 행정청이 적법하고 실현가능하며 확정할 수 있는 내용에 대하여 행하여야 한다.

ⓗ **권리구제** : 가행정행위는 행정행위가 실체를 갖는 한 행정쟁송법상 처분개념에 해당하기 때문에 이로 인해 법률상 이익이 위법하게 침해된 자는 행정쟁송을 제기할 수 있다. 다만, 가행정행위의 처분성을 부인하는 견해는 이를 부정한다.

② 예비결정(사전결정)

ⓛ **의의** : 예비결정이란 최종적인 행정결정이 있기 전 사전적인 단계로서 전제요건이 되는 형식적 또는 실질적 요건의 심사에 대한 종국적 판단에 따라 내려지는 결정을 말한다. 예를 들면, 체육시설업 건설과 관련하여 그 사업계획서에 대해 지방자치단체장이 행하는 승인이나 일정한 용도 및 규모의 건축 허용 여부와 관련하여 건축주가 신청하는 예비결정신청에 대한 자치단체장의 결정 등이 있다.

ⓒ **관련 규정** : 건축법 제10조에서는 건축 관련 입지와 규모의 사전결정 신청에 대한 규정을 두고 있다.

• 제1항 : 제11조에 따른 건축허가 대상 건축물을 건축하려는 자는 건축허가를 신청하기 전에 허가권자에게 그 건축물의 건축에 관한 각 호의 사항에 대한 사전결정을 신청할 수 있다.

• 제4항 : 허가권자는 제1항과 제2항에 따른 신청을 받으면 입지, 건축물의

Check Point

다단계 행정결정

다단계 행정결정이라 함은 행정결정에 대한 신중성을 기하기 위하여 전체 행정절차를 주요단계로 구분하여 행하는 개개의 결정을 말한다. 여기에는 예비결정과 부분인허가 있다.

규모, 용도 등을 사전결정한 후 사전결정 신청자에게 알려야 한다.

ⓒ **법적 성질** : 예비결정은 그 결정에서 정해진 부분에만 제한적인 효력을 갖는 바, 예비결정 그 자체가 하나의 행정행위로서의 성질을 갖는다. 판례도 그 처분성을 인정하고 있다.

> 관련 판례 : 폐기물처리업의 허가를 받기 이전의 예비결정에 대한 부적정 통보는 폐기물 처리업의 허가신청을 불가능하게 하기 때문에 사인의 개별적, 직접적, 구체적 이익을 침해하므로 처분성이 인정된다(대판 1998. 4. 28. 97누21086).

ⓔ **권리구제** : 예비결정이 행정행위로서의 성질을 갖는 한, 예비결정의 발령 또는 불발령으로 인한 법률상 이익의 침해에 대해서 행정쟁송의 제기가 가능하다.

③ **부분인허(부분허가, 부분승인)**

ⓐ **의의** : 비교적 장기간의 시간을 요하고 공익에 중대한 시설물의 건설에 있어서 단계적으로 시설의 일부에 대하여 승인하는 행위를 말한다. 예를 들어, 발전용 원자로 및 관계 시설의 건설허가 전에 부지승인을 받아야 하며(예비결정), 제한된 범위의 기초공사에 대한 사전승인(부분승인)을 받아 그 범위 내의 기초공사를 실시할 수 있다.

ⓑ **법적 성질** : 부분적으로 효력이 발생하는 행정행위의 성질을 갖는다. 판례도 독립한 행정처분으로 보아 행정행위의 성질을 갖는다고 보고 있다. 다만, 부분인허는 부분적으로만 효력이 발생한다는 점에서 전형적인 행정행위와 구별되고, 그 부분에 있어 종국적인 규율을 행하는 점에서 행정행위의 확약 등과 구별된다.

ⓒ **권리구제** : 부분인허 역시 행정쟁송법상의 처분개념에 해당하므로 행정쟁송제기가 가능하다. 따라서 위법한 부분인허에 대한 취소소송의 제기는 물론 이에 기초한 종국의 최종결정이 발령되지 않은 경우에도 거부취소소송 또는 부작위위법확인소송을 제기할 수 있다. 다만, 위법한 부분승인에 기초한 본처분이 있는 경우 부분승인의 독자적 소의 이익이 있는지 여부에 대해서는 학설은 견해 차이가 있다. 판례는 독자적 소의 이익을 부정하고 있다.

> 관련 판례 : 원자로 및 관계 시설의 부지사전승인처분은 그 자체로서 건설부지를 확정하고 사전공사를 허용하는 법률효과를 지닌 독립한 행정처분이기는 하지만, 건설허가 전에 신청자의 편의를 위하여 미리 그 건설허가의 일부 요건을 심사하여 행하는 사전적 부분건설허가처분의 성격을 갖고 있는 것이어서 나중에 건설허가처분이 있게 되면 그 건설허가처분에 흡수되어 독립된 존재가치를 상실함으로써 그 건설허가처분만이 쟁송의 대상이 되는 것이므로, 부지사전승인처분의 취소를 구하는 소는 소의 이익을 잃게 되고, 따라서 부지사전승인처분의 위법성은 나중에 내려진 건설허가처분의 취소를 구하는 소송에서 이를 다투면 된다(대판 1998. 9. 4. 97누19588).

Check Point

부분인허
이는 사인이 원하는 바의 일부에 대해서만 우선 승인하는 행위라 할 수 있다.

2. 복효적 행정행위(이중효과적 행정행위, 제3자효 행정행위)

(1) 의의

복효적 행정행위란 하나의 행정행위에 의해서 수익적 효과와 침익적 효과가 동
시에 발생하는 행정행위를 말한다. 즉, 상대방에게 수익적 효과가 발생됨과 동시
에 제3자에게 침익적 효과가 발생하거나 또는 상대방에 대해서는 침익적이나 제
3자에 대해서는 수익적 효과가 발생하는 행정행위를 말한다.

(2) 유형

① 혼합효적 행정행위 : 동일인에게 수익과 동시에 침익이 발생하는 경우를 혼합
효적 행정행위라 한다(예 부담부 단란주점허가 등).

② 이중효과적 행정행위(제3자효 행정행위) : 두 사람 이상의 당사자를 전제로, 행
정의 상대방에게는 수익(침익)적 효과가 발생하나 제3자에는 침익(수익)적 효
과가 발생하는 경우를 말한다.

> **논의의 배경**
>
> 현대 행정법에서는 제3자의 권리구제 문제가 부각되고 있는데(이원적 법률관계로부터 삼원적 법률관계
> 로의 이동). 이는 종래의 행정법체계의 행정과 처분의 상대방이라는 이원적 법률관계에 치중함으로써 제3
> 자 권리구제와 관련한 행정절차와 쟁송단계에서 많은 문제를 야기하게 되었다. 이에 따라 복효적 행정행
> 위의 개념이 제3자의 권리구제와 관련하여 환경규제 및 독점규제, 소비자보호 등의 규제행정 영역을 중
> 심으로 점차 확대되고 있다.

(3) 특징

① 개념상의 특징 : 복수의 당사자, 당사자 간 상반되는 이해관계, 개인법익의 대
립(법익 간 형량의 필요) 등이 있다.

② 행정실체법상의 특징 : 제3자효가 인정되는 행정행위의 경우 제3자의 권익을
보호하기 위하여 제3자의 공권이 성립하기도 하고, 행정개입청구권이 제3자
에게 인정되기도 하며, 제3자효 행정행위의 취소나 철회가 제한되기도 한다.

③ 행정절차상의 특징 : 복효적 처분은 특성상 복효적 처분을 할 경우 사전에 이
해관계인의 의견을 충분히 고려하여야 한다. 따라서 의견제출 및 청문신청권,
기록열람권 등 행정절차의 확대가 요구된다.

(4) 복효적 처분의 취소 · 철회

상대방의 신뢰보호와 법적 안정성의 견지에서 행정청이 복효적 처분을 취소 · 철
회할 수는 없으나, 공익 및 그 상대방의 신뢰보호뿐만 아니라 제3자의 이익도 비

교형량을 하여야 한다.

(5) 복효적 처분의 행정쟁송

제3자도 복효적 행정행위의 처분성이 인정되면 행정심판법 또는 행정소송법상의 취소심판·취소소송과 무효확인심판·무효확인소송을 제기할 수 있다. 또한 그 처분이 제3자에게 수익적인 경우에, 그 제3자의 청구가 있음에도 불구하고 행정청이 이를 방치한 때에는 제3자도 의무이행심판 내지 부작위위법확인소송을 제기할 수 있다. 행정쟁송과 관련된 주요 논점을 보면 다음과 같다.

① **제3자의 쟁송참가 및 재심청구** : 행정심판법과 행정소송법에서는 제3자의 심판참가와 소송참가, 재심청구를 규정하고 있다(행정소송법 제16조 제1항 및 제31조 제1항, 행정심판법 제20조 제1항).

② **제3자의 원고적격** : 오늘날 권리구제를 위한 소익의 확대 경향에 따라 제3자의 원고적격이 폭넓게 인정되고 있다(예 인인소송, 경업자소송, 경원자소송, 환경소송 등).

③ **처분의 집행정지** : 법률상 이익이 인정되는 제3자의 경우도 처분 등의 집행정지를 신청할 수 있다(행정심판법 제30조 제2항, 행정소송법 제23조 제2항).

④ **판결의 효력** : 처분 등을 취소하는 확정판결은 제3자에 대하여도 효력이 있다(행정소송법 제29조 제1항).

⑤ **쟁송제기기간** : 행정심판 또는 행정소송은 처분이 있음을 안 날로부터 90일 이내에 제기하여야 한다. 만일 처분이 있음을 알지 못한 경우는 행정심판 처분이 있었던 날로부터 180일, 행정소송 처분이 있었던 날로부터 1년 이내에 제기하여야 한다. 행정처분은 제3자에게 통지되지 않기 때문에 제3자는 정당한 사유가 있을 경우 1년이 경과하여도 행정소송을 제기할 수 있는 경우가 있다.

⑥ **고지** : 행정청은 이해관계인이 요구할 시 해당 처분이 행정심판의 대상이 되는 처분인지의 여부와 행정심판의 대상이 되는 경우 소관 위원회 및 심판청구기간을 지체 없이 알려야 한다(행정심판법 제58조 제2항). 이때 제3자 역시 이해관계인에 포함되므로 제3자도 고지를 요구할 수 있다.

Check Point

인인(隣人)소송, 경업자소송, 경원자소송
- **인인소송** : 특정인에 대한 수익적 행위가 이웃한 사람에게 피해를 주는 경우 그 사람들이 소송을 통해 다투는 것을 말한다.
- **경업자소송** : 특정인에 대한 수익적 행위가 서로 경쟁관계에 있는 자에게 불이익을 초래하는 경우 이를 이유로 소송을 통해 특정인에 대한 수익적 행위를 다투는 것을 말한다.
- **경원자소송** : 수익적 행정처분을 신청한 복수의 당사자가 서로 경쟁관계에 있을 때 그 행정처분을 두고 다투는 소송이다.

제3자와 관련된 법률

- **행정소송법 제16조 제1항** : 법원은 소송의 결과에 따라 권리 또는 이익의 침해를 받을 제3자가 있는 경우에는 당사자 또는 제3자의 신청 또는 직권에 의하여 결정으로써 그 제3자를 소송에 참가시킬 수 있다.
- **행정소송법 제23조 제2항** : 취소소송이 제기된 경우에 처분등이나 그 집행 또는 절차의 속행으로 인하여 생길 회복하기 어려운 손해를 예방하기 위하여 긴급한 필요가 있다고 인정할 때에는 본안이 계속되고 있는 법원은 당사자의 신청 또는 직권에 의하여 처분등의 효력이나 그 집행 또는 절차의 속행의 전

기출 Plus

서울시 9급 기출

01. 제3자효 행정행위에 관한 설명으로 가장 옳지 않은 것은?

① 행정행위는 상대방에 대한 통지(도달)로서 효력이 발생하며, 행정청은 개별법에서 달리 정하지 않는 한 제3자인 이해관계인에 대한 행정행위 통지의무를 부담하지 않는다.

② 제3자인 이해관계인은 법원의 참가결정이 없어도 관계 처분에 의하여 자신의 법률상 이익이 침해되는 한 청문이나 공청회 등 의견청취절차에 참가할 수 있다.

③ 제3자가 어떠한 방법에 의하든지 행정처분이 있었음을 안 경우에는 안 날로부터 90일 이내에 행정심판이나 행정소송을 제기하여야 한다.

④ 갑(甲)에 대한 건축허가에 의하여 법률상 이익을 침해받은 인근주민 을(乙)이 취소소송을 제기한 경우 을은 소송당사자로서 행정소송법 소정의 요건을 충족하는 한 그가 다투는 행정처분의 집행정지를 신청할 수 있다.

해 "당사자등"이란 '행정청의 처분에 대하여 직접 그 상대가 되는 당사자', '행정청이 직권으로 또는 신청에 따라 행정절차에 참여하게 한 이해관계인'을 말한다. 법원은 소송의 결과에 따라 권리 또는 이익의 침해를 받을 제3자가 있는 경우에는 당사자 또는 제3자의 신청 또는 직권에 의하여 결정으로써 그 제3자를 소송에 참가시킬 수 있다. 따라서 당사자에 해당하지 않는 제3자 이해관계인은 청문이나 공청회 등 의견청취절차에 참여할 수 없다.

부 또는 일부의 정지(이하 "執行停止"라 한다)를 결정할 수 있다. 다만, 처분의 효력정지는 처분등의 집행 또는 절차의 속행을 정지함으로써 목적을 달성할 수 있는 경우에는 허용되지 아니한다.

• 행정소송법 제29조 제1항 : 처분등을 취소하는 확정판결은 제3자에 대하여도 효력이 있다.

• 행정소송법 제31조 제1항 : 처분등을 취소하는 판결에 의하여 권리 또는 이익의 침해를 받은 제3자는 자기에게 책임없는 사유로 소송에 참가하지 못함으로써 판결의 결과에 영향을 미칠 공격 또는 방어방법을 제출하지 못한 때에는 이를 이유로 확정된 종국판결에 대하여 재심의 청구를 할 수 있다.

• 행정심판법 제20조 제1항 : 행정심판의 결과에 이해관계가 있는 제3자나 행정청은 해당 심판청구에 대한 제7조제6항 또는 제8조제7항에 따른 위원회나 소위원회의 의결이 있기 전까지 그 사건에 대하여 심판참가를 할 수 있다.

• 행정심판법 제30조 제2항 : 위원회는 처분, 처분의 집행 또는 절차의 속행 때문에 중대한 손해가 생기는 것을 예방할 필요성이 긴급하다고 인정할 때에는 직권으로 또는 당사자의 신청에 의하여 처분의 효력, 처분의 집행 또는 절차의 속행의 전부 또는 일부의 정지(이하 "집행정지"라 한다)를 결정할 수 있다. 다만, 처분의 효력정지는 처분의 집행 또는 절차의 속행을 정지함으로써 그 목적을 달성할 수 있을 때에는 허용되지 아니한다.

3. 기속행위와 재량행위

(1) 의의

① **기속행위** : 행정청은 법의 규정에 따라 적용할 뿐 행정청의 독단적 판단의 여지가 없는 행정행위를 말한다. 즉, 법규가 어떤 요건에 해당될 때 어떤 행위를 할 것인가의 여부에 대해 일의적·확정적으로 규정함으로써 행정청은 요건이 충족되었을 때 법규가 정한 바를 집행하기만 하는 경우의 기계적 집행의 행정행위를 말한다.

② **재량행위** : 행정청이 법이 규정한 행위요건을 실현함에 있어 복수행위 간에 선택의 자유(판단권)가 인정되는 행정행위를 말한다. 즉, 행정법규가 행정요건의 판단 또는 효과(행위)의 결정에 있어서 행정청에게 선택의 여지를 부여하는 행정행위이다. 관계 법규상 행정청이 당해 행위를 할 것인지의 여부인 결정재량과 다수의 수단 중 어떤 행위를 선택할 것인지의 선택재량으로 나누어진다. 판례는 이때의 재량은 '의무에 합당한 재량'을 의미한다고 보는데, 재량행사가 의무에 합당한 것이 아니라면 재량하자의 문제로 귀착된다.

> 관련 판례 : 자유재량에 있어서도 그 범위의 넓고 좁은 차이는 있더라도 법령의 규정뿐만 아니라 관습법 또는 일반적 조리에 의한 일정한 한계가 있는 것으로서 위 한계를 벗어난 재량권의 행사는 위법하다고 하지 않을 수 없다(대판 1990. 8. 28, 89누8255).

답 01 ②

재량행위

- 전통적인 견해는 무엇이 법 또는 공익인가를 기준으로 기속재량행위(법규재량ㆍ합법적 재량행위)와 자유재량행위(공익재량ㆍ합목적 재량행위)로 재량행위를 구분하였다.
- 여기서 기속재량은 '무엇이 법인가를 해석ㆍ판단하는 재량'으로 복수행위 간 선택의 여지가 인정되지 않아 이에 위반된 행위는 위법성이 인정되는 데 반해, 자유재량은 '무엇이 보다 공익에 적합한가를 판단하는 재량'으로 복수행위 간 선택의 여지가 인정됨에 따라 위반행위는 위법성의 문제가 아니라 부당성만 인정된다고 하였다.
- 한편 판례는 양자 모두 사법심사의 대상이 된다고 보았다.

> 관련 판례 : 재량권을 부여한 내재적 목적에 반하여 명백히 다른 목적을 위하여 행정처분을 하는 것과 같은 재량권의 남용이나 재량권의 행사가 그 법적 한계를 벗어나는 경우와 같은 재량권의 일탈은 그 재량권이 기속재량이거나 자유재량이거나를 막론하고 사법심사의 대상이 된다고 할 것이고, 그 행정행위가 기속행위인지 재량행위인지 나아가 재량행위라고 할지라도 기속재량인지 또는 자유재량에 속하는 것인지의 여부가 우선 객관적으로 명백하지 않고 또 행정행위의 전제가 되는 사실의 존부 확정과 그 상당성 및 적법성의 인정은 전혀 당해 행정청의 기능에 속하는 것으로 상대적으로 행정청의 재량권도 확대된다고 할 것이므로 어떤 행정처분의 기준을 정한 준칙 등을 그 규정의 형식이나 체제 또는 문언에 따라 이를 일률적으로 기속행위라고 규정지을 수는 없다고 할 것이다(대법 1984. 1. 31, 83누451).

(2) 기속행위와 재량행위 구별의 필요성(실익)

① **사법심사의 대상** : 기속행위의 경우 그 위법성에 대하여 사법심사의 대상이 되나 재량행위에 속하는 것은 당ㆍ부당의 문제로서 행정소송법상의 행정소송 대상이 될 수 없다. 하지만 재량의 일탈ㆍ남용 여부에 대해서 법원이 심사를 하게 된다(행정소송법 제27조). 따라서 재량행위에 대해서도 행정소송이 제기된 경우 요건심리단계에서 각하하는 것이 아니라 재량권의 일탈ㆍ남용 여부를 위해 본안심리를 하게 된다(통설ㆍ판례). 이것은 기속행위와 재량행위의 구별의 필요성 내지 실익과 관련하여 사법심사의 대상 여부는 더 이상 큰 의미를 지니지 못한다는 것을 의미한다.

Check Point

행정소송법 제27조(재량처분의 취소)

행정청의 재량에 속하는 처분이라도 재량권의 한계를 넘거나 그 남용이 있는 때에는 법원은 이를 취소할 수 있다.

기속행위와 재량행위의 사법심사 방식의 차이(판례)

행정행위가 그 재량성의 유무 및 범위와 관련하여 이른바 기속행위 내지 기속재량행위와 재량행위 내지 자유재량행위로 구분된다고 할 때, 그 구분은 당해 행위의 근거가 된 법규의 체제ㆍ형식과 그 문언, 당해 행위가 속하는 행정 분야의 주된 목적과 특성, 당해 행위 자체의 개별적 성질과 유형 등을 모두 고려하여 판단하여야 하고, 이렇게 구분되는 양자에 대한 사법심사는, 전자의 경우 그 법규에 대한 원칙적인 기속성으로 인하여 법원이 사실인정과 관련 법규의 해석ㆍ적용을 통하여 일정한 결론을 도출한 후 그 결론에 비추어 행정청이 한 판단의 적법 여부를 독자의 입장에서 판정하는 방식(완전심사ㆍ판단대체방식)에 의하게 되나, 후자의 경우 행정청의 재량에 기한 공익판단의 여지를 감안하여 법원은 독자의 결론을 도출함이 없이 당해 행위에 재량권의 일탈ㆍ남용이 있는지 여부만을 심사(제한심사방식)하게 되고, 이러한 재량권의 일탈ㆍ남용 여부에 대한 심사는 사실오인, 비례ㆍ평등의 원칙 위배, 당해 행위의 목적 위반이나 동기의 부정 유무 등을 그 판단대상으로 한다(대판 2001. 2. 9, 98두17593).

② **부관(附款)상 이유** : 재량행위에만 부관이 가능하며, 기속행위에는 부관을 붙

일 수 없고 붙였다 하더라도 무효라는 것이 다수설과 판례의 입장이다. 이에 대해 부관가능성은 입법의 목적·취지·내용 등을 고려하여 정할 문제라고 보는 견해도 있다. 이 견해에 의하면, 요건 충족적 부관이나 법률에 규정된 경우는 기속행위에도 부관이 가능하며(예 영업허가에 영업단속을 위한 부관을 붙이는 것), 그와 반대로 재량행위일지라도 신분설정 행위(예 귀화 등)에는 그 성격상 부관을 붙일 수 없다고 한다.

③ **공권성립 여부** : 재량행위는 의무규정이 없어서 공권의 성립여지가 없는 데 반하여 기속행위는 행정청에게 일정한 의무가 부과되므로 공권이 성립한다. 다만, 오늘날은 재량행위도 무하자재량행사청구권이라는 공권이 성립될 수 있다. 또한 기속행위에서는 행정청에 특정 내용의 행위를 청구할 공권이 인정되는 반면, 재량행위의 무하자재량행사청구권은 특정 내용의 행위를 청구할 공권은 아니다.

④ **확정력(불가변력)과의 관계** : 기속행위의 경우 그 행위의 형식과 내용이 법규에 의하여 엄격하게 구속되므로 행정청이 이를 함부로 취소·철회할 수 없다는 점에서 불가변력이 발생하지만 재량행위는 불가변력이 없어 취소·철회가 가능하다. 그러나 이에 대해 재량행위라도 자유로이 취소·변경할 수 있는 것이 아니므로 양자의 구별 실익이 되지 못한다는 견해가 있으며, 이것을 구별의 필요성 내지 실익에서 제외하는 것이 최근의 다수설이다.

⑤ **경원관계에서의 선원주의** : 기속행위의 경우 경원관계에서 선원주의가 적용되지만(예 발명특허 등), 재량행위에는 선원주의가 적용되지 않는다.

기속행위와 재량행위의 비교

구분	기속행위	자유재량행위
위법성 판단기준	법규(법규에 엄격히 구속)	재량의 일탈·남용 여부(법규에 의한 구속이 상대적으로 완화)
위반 시	위법(법원의 사법심사 대상이 됨)	• 부당(법원의 심사대상은 아니나, 행정심판의 대상) • 재량의 일탈·남용 등의 경우 사법심사 대상
행정소송	가능	불가능
부관(부담) 가능성	불가능	가능
공권의 성립	성립	불성립(무하자재량행사청구권 및 행정개입청구권은 예외)
차이점의 본질	오늘날 양자의 차이는 본질적인 것이 아니라 양적·상대적 차이에 불과함	

꼭! 확인 기출문제

행정소송에 있어 기속행위와 재량행위의 구별에 대한 설명으로 옳은 것은? (다툼이 있는 경우 판례에 의함) [지방직 9급 기출]

① 기속행위의 경우에는 절차상의 하자만으로 독립된 취소사유가 될 수 없으나, 재량행위의 경우에는 절차상의 하자만으로도 독립된 취소사유가 된다.

② 기속행위의 경우에는 소송의 계속 중에 처분사유를 추가 · 변경할 수 있으나, 재량행위의 경우에는 처분사유의 추가 · 변경이 허용되지 않는다.

③ 실체적 위법을 이유로 거부처분을 취소하는 판결이 확정된 경우, 해당 행정행위가 기속행위이든 재량행위이든 원고의 신청을 인용하여야 할 의무가 발생하는 점에서는 동일하다.

❹ 과징금 감경 여부는 과징금 부과 관청의 재량에 속하는 것이므로, 과징금 부과 관청이 이를 판단함에 있어서 재량권을 일탈 · 남용하여 과징금 부과처분이 위법하다고 인정될 경우, 법원으로서는 법원이 적정하다고 인정되는 부분을 초과한 부분만 취소할 수는 없다.

해 ④ 과징금을 부과할 것인지, 과징금을 부과키로 한다면 그 금액은 얼마로 할 것인지에 관하여 재량권이 부여되었다 할 것이므로 과징금부과처분이 법이 정한 한도액을 초과하여 위법할 경우 법원으로서는 그 전부를 취소할 수밖에 없고, 그 한도액을 초과한 부분이나 법원이 적정하다고 인정되는 부분을 초과한 부분만을 취소할 수 없다(대판 1998. 4. 10, 98두2270).

① 기속행위이건 재량행위이건 절차상의 하자도 독립된 위법사유로 되어 처분을 취소할 수 있다는 것이 판례이다.

② 처분사유의 추가 · 변경은 처분시에 제시한 사유와 소송 중에 추가변경하는 사유가 기본적 사실관계의 동일성이 인정되는지 여부로 결정되므로 기속행위이건 재량행위이건 기본적 사실관계의 동일성이 인정된다면 처분사유의 추가변경이 허용된다.

③ 실체적 위법을 이유로 거부처분을 취소하는 판결이 확정된 경우, 해당 행정행위가 기속행위의 경우 원고의 신청대로 해야 할 의무가 있지만 재량행위의 경우 재량권의 한계를 중시하면서 반드시 원고의 신청대로 인용해야 할 의무가 없다.

(3) 구별기준

① 요건재량설(법규설 · 판단재량설)

  ㉠ 의의 : 행정청의 재량은 행정행위의 효과인정에는 있을 수 없고, 그것이 요건규정에 해당하는가의 판단에 있다는 견해이다.

  ㉡ 재량행위가 되는 경우

   • 행정법규가 법률요건(처분요건)의 규정에서 불확정개념(다의적 개념)을 사용하는 경우

   • 당해 행정행위의 처분요건을 규정하지 않거나(공백규정) 처분요건에서 단지 종국목적(공익상 필요)만을 요구하는 경우 : 이 경우 행정청은 당해 요건의 존부나 해당 여부에 대한 판단을 할 수 있으므로 그 처분은 재량행위가 됨

  ㉢ 기속행위가 되는 경우

   • 법률요건의 규정에서 일의적 개념을 사용하는 경우

   • 개개의 행정행위에 종국목적 외에 특유한 중간적인 직접목적(중간목적)을 요건으로 규정하고 있을 경우

  ㉣ 비판 : 법률문제인 요건심사는 사법부의 권한임에도 불구하고 이를 재량으

Check Point

구별기준 관련 판례
어느 행정행위가 기속행위인지 재량행위인지 나아가 재량행위라고 할지라도 기속재량행위인지 또는 자유재량에 속하는 것인지의 여부는 이를 일률적으로 규정지을 수는 없는 것이고, 당해 처분의 근거가 된 규정의 형식이나 체제 또는 문언에 따라 개별적으로 판단하여야 한다(대판 1997. 12. 26, 97누15418).

Check Point

중간목적의 규정
개개의 행정행위에 특유한 중간적인 직접목적을 행정행위의 요건으로 규정하고 있는 경우를 말한다.

로 오인하고 있으며, 행정행위의 종국목적과 중간목적의 구분이 항상 분명한 것은 아니라는 비판이 제기되고 있다.

② 효과재량설(성질설 · 행위재량설)

㉠ 의의 : 재량의 여부는 행정행위의 요건(법률요건, 처분요건)이 아니라 법률효과의 선택(행위를 할 것인지 여부, 복수행위 간 선택)에 판단의 여지가 인정되는가에 따라 결정된다는 견해이다.

㉡ 구분 : 국민의 권리 · 이익을 제한 · 침해하거나 의무를 부과하는 침익적 행위는 기속행위로, 새로운 권리를 설정하거나 기타 이익을 부여하는 수익적 행위는 재량행위로 본다. 또한 직접 개인의 권리 · 이익에 영향을 미치지 않는 행위는 법률이 제한을 두고 있는 경우를 제외하고는 재량행위 가운데 자유재량행위로 보고, 법규가 요건면에서 불확정개념을 사용하는 경우 이를 기속재량행위로 본다.

㉢ 비판 : 행위의 성질을 기준으로 재량행위 여부를 판단함으로써 침해행정영역에서도 재량권을 인정하고 있는 실정법규정에 부합하지 않는다는 점에서 문제가 있으며, 불확정개념을 모두 기속행위로 보아 재량의 범위를 축소하고 있다.

③ 판단여지설

㉠ 의의

• 판단여지설은 제2차 세계대전 후 독일에서 Bachof에 의하여 주창되어 Ule에 의하여 발전되었다.

• 불확정개념의 해석과 관련된 이론으로, 행정법규가 일의적 · 확정적 개념을 사용한 경우 기속행위에 해당되고, 불확정개념을 사용한 경우 한 가지 뜻으로만 해석될 수 있는 객관적 경험개념은 기속행위에 해당되어 사법심사가 가능하지만, 시험결정이나 공무원 근무평정 등과 같이 행정청의 주관적 가치개념은 행정청의 판단여지영역 또는 한계영역에 해당되어 사법심사가 불가능하다는 것이다.

㉡ 학자별 구분 : 판단여지를 인정하여 사법심사를 배제하는 Bachof의 판단여지설은 경험적 개념과 규범적 개념을 구분하지 않으나, Ule의 대체가능성설은 경험적 개념과 규범적 개념을 구분하여 경험적 개념에 한하여 사법심사의 가능성을 긍정하고 있다.

㉢ 인정 여부

• 행정청이 보다 전문적으로 행정문제에 대처할 수 있다는 점을 들어 판단여지를 재량행위와 구분 · 인정해야 한다는 견해와 이것이 재량과 구별되지 않는다는 견해가 대립하고 있다.

- 판례는 의사국가시험령, 감정평가시험, 사법시험 객관식 헌법시험, 교과서 검인정 사건 등에서 판단여지를 '재량'의 문제라고 판시하여, 재량과 판단여지를 구분하지 않고 재량으로 보고 있다.
  ㉣ **적용영역** : 판례는 다음의 영역에서 판단여지를 재량의 문제로 보고 있다.
  - 비대체적 결정영역 : 근무평가, 시험성적 평가 및 채점기준 설정
  - 구속적 가치의 평가영역 : 위원회의 결정·평가, 교과서 검정 등과 같은 예술·문화·교육 등의 분야에 있어서 물건·작품의 가치 또는 유해성 등에 대한 독립된 합의제 기관의 판단
  - 예측적 결정의 영역 : 환경행정, 경제행정과 같이 고도의 미래 예측적 성질을 가진 행정결정
  - 형성적·정책적 결정의 영역 : 급부영역, 인력수급계획과 같은 사회형성적 영역으로서 고도의 행정정책적인 결정
  ㉤ **판단여지의 한계**
  - 판단여지가 인정되는 영역에서도 판단에 있어 합리적 기준이나 경험법칙 등에 따르지 않는 자의적 판단의 경우에는 위법하여 사법심사의 대상이 된다.
  - 절차상 하자가 존재하거나 부정확한 사실관계에 의거한 결정, 판단기관 구성의 위법, 평등원칙 등 평가에 있어서의 일반적으로 승인된 평가의 척도(일반원칙)를 위반한 경우 등도 사법심사의 대상이 된다.

구별기준에 관한 통설·판례의 입장
- **효과규정** : 다수설과 판례의 입장은 기속행위와 재량행위의 구별은 개별적인 행정법규의 문언상의 표현뿐만 아니라 그 취지나 목적, 행위의 성질, 기본권 관련성 등을 종합적·합리적으로 고려해 판단하여야 한다는 것이다(법문언기준설).
  - 행정법령의 문언에서 '할 수 있다'라고 규정한 경우 원칙적으로 재량행위이며, '하여야 한다', '할 수 없다' 등으로 규정한 경우는 기속행위에 해당한다.
  - 문언상의 표현이 불명확한 경우 그 법령의 취지나 목적, 행위의 성질 등을 종합적으로 고려해 판단하여야 한다.
- **요건규정**
  - 행정법령이 행정행위의 요건 및 내용에 대해 일의적 규정을 하고 있는 경우는 행정행위의 성질과 관계없이 기속행위에 해당된다. 이에 비해 그것을 다의적·불확정개념으로 규정할 경우, 그 개념이 객관적 경험개념에 해당하는 경우에는 기속행위로, 주관적 가치개념에 해당하는 경우에는 재량행위로 본다.
  - 판례는 행정행위의 요건부분에 다의적·불확정개념으로 규정된 경우 그 해석에 있어 판단여지와 재량을 구별하지 않고 재량으로 보고 있다.

불확정개념
- **의의** : 불확정개념이란 일의적으로 규정할 수 없는 개념을 사용하여, 법률요건에 판단의 여지를 남겨 놓은 추상적·다의적 개념을 말한다. 이는 구체적으로, 고도의 전문적·학술적·교육적 성질상 행정법규

의 구성요건 부분이 '공익·정당한·상당한 이유·위험' 등의 용어와 같이 일의적인 것이 아니라 다의적인 것이어서 진정으로 의미하는 내용이 구체적 상황에 따라 판단되는 개념을 의미한다.
• 법 개념으로서 불확정개념 : 불확정개념의 해석은 그 개념의 법적 내용의 파악에 해당하는 것이므로, 이는 법적 문제가 된다. 이러한 불확정개념의 해석은 사실관계의 평가를 통해 법률이 의도하는 정당한 결정을 발견하기 위한 인식작용이라 할 수 있다.
• 재량과의 구별 : 재량은 법률효과에 존재하나 불확정개념은 법률요건에 존재한다는 점에서 양자는 구별된다. 그러나 요건재량설이나 판단여지의 개념을 부정하는 견해에서는 이를 재량으로 인식하고 있어 사법심사의 대상으로 보고 있다.

 꼭! 확인 기출문제

불확정개념과 판단여지 및 기속행위와 재량행위에 대한 설명으로 옳지 않은 것은? [국가직 9급 기출]

❶ 판단여지를 긍정하는 학설은 판단여지는 법률효과 선택의 문제이고 재량은 법률요건에 대한 인식의 문제라는 점, 양자는 그 인정근거와 내용 등을 달리하는 점에서 구별하는 것이 타당하다고 한다.
② 대법원은 재량행위에 대한 사법심사를 하는 경우에 법원은 행정청의 재량에 기한 공익판단의 여지를 감안하여 독자적인 판단을 하여 결론을 도출하지 않고, 당해 처분이 재량권의 일탈·남용에 해당하는지의 여부만을 심사하여야 한다고 한다.
③ 대법원은 처분을 할 것인지 여부와 처분의 정도에 관하여 재량이 인정되는 과징금 납부명령에 대하여 그 명령이 재량권을 일탈하였을 경우, 법원으로서는 재량권의 일탈 여부만 판단할 수 있을 뿐이지 재량권의 범위 내에서 어느 정도가 적정한 것인지에 관하여는 판단할 수 없어 그 전부를 취소할 수밖에 없고, 법원이 적정하다고 인정하는 부분을 초과한 부분만 취소할 수는 없다고 한다.
④ 다수설에 따르면 불확정개념의 해석은 법적 문제이기 때문에 일반적으로 전면적인 사법심사의 대상이 되고, 특정한 사실 관계와 관련하여서는 원칙적으로 일의적인 해석(하나의 정당한 결론)만이 가능하다고 본다.

해 ① 판단여지와 재량에 대한 설명이 바뀌었다. 다수설인 효과재량설에 의하면 재량은 법률효과의 선택의 문제이고, 판단여지는 법률요건에 불확정 개념에 대한 해석문제로 본다. 따라서 양자를 구별하는 것이 다수설의 입장이다.
② 재량행위의 경우에는 행정청의 재량에 기한 공익판단의 여지를 감안하여 법원은 독자의 결론을 도출함이 없이 당해 행위에 재량권의 일탈·남용이 있는지 여부만을 심사하게 되고, 이러한 재량권의 일탈·남용 여부에 대한 심사는 사실 오인, 비례·평등의 원칙위배, 당해 행위의 목적위반이나 동기의 부정 유무 등을 그 판단대상으로 한다(대판 2001.2.9, 98두17593, 대판 2010.9.9, 2010다39413).
③ 자동차운수사업면허조건 등을 위반한 사업자에 대하여 행정청이 행정제재수단으로 사업 정지를 명할 것인지, 과징금을 부과할 것인지, 과징금을 부과키로 한다면 그 금액은 얼마로 할 것인지에 관하여 재량권이 부여되었다 할 것이므로 과징금 부과처분이 법이 정한 한도액을 초과하여 위법할 경우 법원으로서는 그 전부를 취소할 수밖에 없고, 그 한도액을 초과한 부분이나 법원이 적정하다고 인정되는 부분을 초과한 부분만을 취소할 수 없다(대판 1998.4.10, 98두2270).
④ 요건규정의 불확정 개념은 원칙적으로 전면적으로 사법심사의 대상이 되지만 일정한 부분에 대하여만 사법심사의 한계를 인정하는 견해이다.

(4) 관련 판례

① **구별기준** : 어느 행정행위가 기속행위인지 재량행위인지 나아가 재량행위라고 할지라도 기속재량행위인지 또는 자유재량에 속하는 것인지의 여부는 이를 일률적으로 규정지을 수는 없는 것이고, 당해 처분의 근거가 된 규정의 형식이나 체재 또는 문언에 따라 개별적으로 판단하여야 한다(대판 1997. 12. 26, 97누15418).

② **기속행위로 본 경우**

ㄱ **강학상의 허가** : 식품위생법상 음식점영업허가와 일반주점영업허가, 건축법

상 건축허가, 석유사업법상 주유소허가, 공중위생법상 위생접객업허가 등

    ⓛ **강학상의 인가** : 학교법인이사취임승인처분 등

    ⓒ 구 관광진흥법에 따른 관광사업의 양도·양수에 의한 지위승계신고 수리에 관한 처분(대판 2007. 6. 29, 2006두4097)

    ⓡ 경찰공무원임용령에 따른 부정행위를 한 응시자에 대해 당해 시험을 정지 또는 무효로 하는 처분(대판 2008. 5. 29, 2007두18321)

③ **재량행위로 본 경우**

    ㉠ **강학상 특허** : 사업인정, 개인택시운송사업면허 및 면허기준 설정행위, 도로점용허가, 주택사업계획승인, 도시공원시설관리위탁처분, 어업면허, 광업면허, 귀화허가, 산림형질변경허가, 공유수면매립면허, 보세구역의 설치·경영(관세법) 등

    ㉡ **강학상 인가** : 민법상 비영리법인설립허가·재단법인 정관변경허가, 국토계획법상 토지거래허가, 재건축조합설립 인가, 주택개량사업 관리처분계획 인가 등

    ㉢ **강학상 허가(예외적 승인에 해당하는 경우)** : 개발제한구역 내 건축허가·건축물의 용도변경허가·대지조성사업계획승인, 도시지역 내 토지형질변경행위를 수반한 건축허가, 산림 내에서의 토석채취허가·산림훼손허가·형질변경허가, 카지노사업의 영업허가, 총포 등 소지허가, 관광지조성사업시행 허가처분, 자연공사업시행 허가처분, 학교환경위생정화구역 내에서의 터키탕·전자유기장허가 등

    ㉣ **판단여지에 해당하는 경우** : 교과서검정불합격처분, 감정평가사시험의 합격기준선택, 공무원면접시험 면접위원의 판단, 사법시험·공인중개사시험 문제출제행위, 유적발굴허가 또는 신청거부처분 등

    ㉤ **행정계획** : 구 도시계획법상 도시관리계획결정 등

(5) 재량의 한계

① **적정한 재량행사(수권목적에의 적합성)** : 재량행사는 재량권이 주어진 수권목적(일반적인 공익목적과 관계 법규상 구체적 공익목적)과 한계 내에서 이루어져야 한다. 행정청이 정치적 편견이나 사익도모 등을 위해 행하는 처분은 공익목적에 반하는 것으로 위법한 처분이 된다. 이에 대해 행정소송법 제27조는 "행정청의 재량에 속하는 처분이라도 재량권의 한계를 넘거나 그 남용이 있는 때에는 법원은 이를 취소할 수 있다"고 규정하여 재량의 한계가 있다는 것을 명시하고 있다.

② **0(영)으로의 재량수축** : 이 경우에는 하나의 선택만이 요구되므로 다른 선택을

하였을 경우 그 선택결정은 하자있는 것이 된다. 즉, 0으로의 재량수축의 법리는 위험방지 영역에서 재량행위를 기속행위로 전환시키게 되므로 행정청이 당해 처분 이외의 행위를 하면 위법하게 된다.

③ 재량하자의 유형(재량행위가 위법이 되는 경우)

　㉠ 재량권의 일탈(외적 한계) : 재량권의 일탈(유월)이란, 법령상은 6개월 정지임에도 불구하고 행정청이 1년 정지를 한 경우와 같이 법률이 인정하고 있지 않은 무권한의 재량권을 행사하는 것을 말한다. 이는 재량의 외적 한계(법규상 한계)를 넘어 재량권이 행사된 경우를 말하는 경우로서 사법심사의 대상이 된다.

　㉡ 재량권의 남용(내적 한계) : 재량권 남용이란, 예컨대 '유해식품을 판매한 자에게 영업허가의 취소 또는 6월 이내의 영업정지처분이나 영업소의 폐쇄를 명할 수 있다'는 법규정에서 단 한번의 적발로 영업을 폐쇄하는 것과 같이, 법률상 인정되고 있지만 재량권이 비례원칙에 위배되는 등 재량권을 지나치게 행사하는 것을 말한다. 이는 재량권의 내적 한계를 넘어선 것, 즉 재량권의 성질 및 조리상의 제약을 위반한 것으로 사법심사의 대상이 된다.

　㉢ 재량권의 불행사(해태·흠결) : 법적 요건을 갖추고 있음에도 불구하고 행정청이 정당한 이유 없이 재량을 행사하지 않거나 태만히 한 경우를 말한다. 불행사의 하자가 있는 경우도 일정한 경우에는 사법심사(부작위위법확인소송)의 대상이 된다.

　　• 재량권의 해태 : 재량권을 전혀 행사하지 않은 경우, 즉 재량행위를 기속행위로 오인하여 여러 행위 간의 형량을 전혀 하지 않고 기속행위로 행한 경우를 말한다.

　　• 재량권의 흠결 : 재량권을 충분히 행사하지 않은 경우를 말한다.

④ 재량의 한계와 사법심사

　㉠ 재량권의 외적·내적 한계를 벗어나 일탈·남용한 경우 사법심사의 대상이 된다(행정소송법 제27조).

　㉡ 재량권의 일탈·남용에 대한 입증은 행정처분의 효력을 다투는 자(원고)에게 있다.

> 관련 판례 : 자유재량에 의한 행정처분이 그 재량권의 한계를 벗어난 것이어서 위법하다는 점은 그 행정처분의 효력을 다투는 자가 이를 주장·입증하여야 하고 처분청이 그 재량권의 행사가 정당한 것이었다는 점까지 주장·입증할 필요는 없다(대판 1987. 12. 8, 87누861).

　㉢ 최근 재량권의 0으로의 수축 법리와 무하자재량행사청구권 등은 재량통제의 확대 경향을 반영한 것이라 할 수 있다.

재량권의 한계에 대한 판례

- **비례원칙의 위반** : 유흥장소에 미성년자를 출입시켜 주류를 제공하였다는 단 1회의 식품위생법사실을 이유로, 그 제재로서 가장 중요한 영업취소로 응징한 처분은 책임에 대한 응보의 균형을 잃은 것으로서 행정행위의 재량을 심히 넘은 처분이다(대판 1977. 9. 13, 77누15).
- **평등원칙의 위반** : 부산시 영도구청의 당직 근무대기 중 약 25분간 같은 근무조원 3명과 함께 심심풀이로 돈을 걸지 않고 점수 따기 화투놀이를 한 사실을 확정한 다음 이것이 국가공무원법 제78조 규정의 징계사유에 해당한다 할지라도 당직 근무시간이 아닌 그 대기 중에 불과 약 25분간 심심풀이로 한 것이고 또 돈을 걸지 아니하고 점수 따기를 한 데 불과하며 원고와 함께 화투놀이를 한 3명(지방공무원)은 부산시 소청심사위원회에서 견책에 처하기로 의결된 사실이 인정되는 점 등 제반 사정을 고려하면 피고가 원고에 대한 징계처분으로 파면을 택한 것은 당직근무 대기자의 실정이나 공평의 원칙상 그 재량의 범위를 벗어난 위법한 것이다(대판 1972. 12. 26, 72누194).
- **사실오인** : 원고는 육지로부터 7시간 이상 걸리는 거리에 떨어진 낙도근무자로서 1967. 7. 21 한 학교회의에 참석하기 위하여 임지에서 군산으로 항해도중 풍랑을 만나 현기증, 전신쇠약 등 병세와 뇌신경쇠약 등의 병발로 1968. 1. 23까지 입원 또는 병원치료를 하였고 이로 인하여 수로여행이 불가능하여 임지에 들어가지 못하고 관할교육청에 대하여 위와 같은 사정을 고하고 육지근무를 청원하였다 한다. 이와 같은 사정이라면 구 교육공무원법 제56조 제2호에 해당하는 징계사유가 있다고 할 수 없다(대판 1969. 7. 22, 69누38).
- **목적의 위반(동기의 부정)** : 대학원 학위수여규정 제19조 소정 2종의 외국어고사에 합격되고 당시 시행중이던 교육법 시행령 137조와 위 대학원 학위수여규정 14조에 의한 학위논문심사에 통과한 자에 대하여 정당한 이유 없이 학위수여를 부결한 행정처분은 위 교육법 시행령의 규정과 위 대학원 학위수여규정의 각 규정에 위배한 것으로 재량권의 한계를 벗어난 위법한 것이다(대판 1976. 6. 8, 75누63).

(6) 재량행위에 대한 통제

① **행정 내부적 통제**

ㄱ 행정절차에 의한 통제(청문 · 공청회 · 이유부기 등)

ㄴ 감독청의 직접적 통제(감시권 · 훈령권 · 취소권 · 권한조정권 등)

ㄷ 행정심판을 통한 통제

ㄹ 행정의 자기구속의 법리를 통한 통제

ㅁ 직무감사를 통한 통제

② **국회에 의한 통제** : 법률규율을 구체적으로 명확하게 하거나, 국회의 국정감사 · 조사, 대정부질문, 국무위원 해임 건의 등을 통해 재량을 통제할 수 있다.

③ **사법적 통제** : 재량권의 한계(남용 · 일탈 및 불행사)를 전제로 한 재량행위에 대한 사법심사를 통해 통제할 수 있다.

④ **헌법재판소에 의한 통제** : 위법한 재량권 행사로 헌법상의 기본권을 침해당한 경우 헌법소원을 제기할 수 있다.

⑤ **국민에 의한 통제** : 여론, 자문, 청원, 압력단체 등의 활동을 통하여 행정청의 재량권 행사를 통제할 수 있다.

⑥ **입법적 통제** : 입법부의 구체적이고 명확한 법률제정이나 의회의 국정감사, 국무위원 해임건의 등의 수단을 통해 행정청의 재량권 및 행정권의 권한을 통제할 수 있다.

4. 행정행위의 확약

(1) 의의

① 확약의 개념

㉠ 행정청이 자기구속을 할 의도로 국민에 대하여 장래에 향하여 일정한 행정행위를 하겠다(작위) 또는 하지 않겠다(부작위)를 약속하는 의사표시를 말한다.

㉡ 확약은 확언의 대상이 되는 행정행위의 작위 또는 부작위에 관한 것으로, 그 예로는 무허가건물의 자진철거자에게 아파트입주권을 주겠다는 약속, 각종 인·허가의 발급약속(내인가·내허가), 공무원 임용의 내정, 자진납세신고자에 대한 세율인하의 약속 등이 있다.

② 구별개념

㉠ 확약은 구체적인 행정작용에 대한 자기구속적인 의사표시라는 점에서 단순한 고지와 구분된다.

㉡ 확약은 일방적인 행위이므로 쌍방의 의사합치를 요소로 하는 공법상 계약과 구분된다.

㉢ 확약은 사인에 대한 행위이므로 행정내부적 작용과 구분된다.

㉣ 확약은 일정한 법률효과를 발생시킨다는 점에서 행정지도와 구분된다.

㉤ 확약은 장래의 행정행위를 구속적으로 약속한다는 점에서 잠정적이나마 효력이 확정되는 가행정행위와 구분된다.

㉥ 확약은 종국적 결정에 대한 약속에 지나지 않는다는 점에서 한정된 사항이지만 그에 대해 종국적으로 규율하는 예비결정과도 다르다.

(2) 법적 성질

① 행정행위성 여부 : 확언이나 확약이 공법상 의사표시이기는 하나, 그 자체가 행정행위인가에 대해서는 견해의 차이가 있다.

㉠ 긍정설(다수설) : 확약은 종국적 행위 그 자체는 아니지만, 구속적 의사표시 자체는 작위 또는 부작위의 의무를 지우는 효과가 발생한다는 점에서 행정행위로 보는 견해이다.

㉡ 부정설(판례) : 확약은 행정행위의 개념적 징표를 갖지 않으므로 행정행위가 아니라는 견해이다. 판례도 부정설의 입장을 취하고 있다.

> 관련 판례 : 어업권면허에 선행하는 우선순위결정은 행정청이 우선권자로 결정된 자의 신청이 있으면 어업권면허처분을 하겠다는 것을 약속하는 행위로서 강학상 확약에 불과하고 행정처분은 아니다(대판 1995. 1. 20, 94누6529).

Check Point

확언

확언이란 행정주체가 사인에게 앞으로 어떠한 행정작용을 행하거나 행하지 않겠다고 하는 것을 내용으로 하는 공법상의 자기구속의 의사표시를 말한다. 확언은 행정청의 일방적인 행위이다.

② 재량행위성 여부 : 행정청이 확약을 할 것인가 여부는 행정청의 재량에 따르며, 그 대상에는 재량행정뿐만 아니라 기속행정도 포함된다.

(3) 법적 근거

① 일반법 : 확약에 관한 일반법은 없다(행정절차법에서도 확약에 대한 규정을 두지 않음).

② 개별법

　㉠ 명문규정이 있는 경우 : 개별법의 명문규정이 있는 경우 당연히 확약이 허용된다.

　㉡ 명문규정이 없는 경우

　　• 부정설 : 명문에 확약에 관한 규정이 없으면 확약을 할 수 없다고 보는 견해

　　• 긍정설 : 행정청에 대한 상대방의 신뢰를 보호하기 위하여 인정되어야 한다는 신뢰보호설, 법이 행정청에 본 행정행위에 관한 권한을 부여한 경우 다른 특별한 규정이 없더라도 본 행정행위를 할 수 있는 권한에 기초하여 확약을 할 수 있다는 본처분권한포함설(다수설) 등이 있음

(4) 확약의 요건

① 주체 : 본 행정행위를 할 수 있는 권한 있는 행정청이 하여야 하며, 그 권한의 범위 내에서만 하여야 한다. 따라서 권한이 없는 자가 행한 확약은 무효이다.

② 내용 : 확약의 내용은 법의 일반원칙에 부합하여야 하며, 이행이 가능한 것이어야 한다.

③ 절차 : 복효적(이중효과적) 행정행위에 있어서 본 처분 전에 일정한 사전절차가 요구되는 경우에는 확약에 앞서 당해 절차가 이행되어야 한다.

④ 형식 : 독일의 경우 유효한 확약은 문서에 의한 형식을 요구하는 데 반해, 우리나라는 이에 대한 명문규정이 없어 그 제한은 없지만 확약을 행정행위로 보는 다수설의 입장에서는 문서의 형식이 타당하다고 본다.

(5) 확약의 효력

① 확약의 효력 발생 : 확약도 행정행위의 일종이므로 상대방에게 통지되어야 그 효력이 발생한다.

② 행정의 자기구속력(신뢰보호의 원칙)과 행정쟁송 : 적법한 확약을 했을 경우 행정청은 상대방에 대한 확약한 행위를 하여야 할 의무가 있고, 상대방은 신뢰보호원칙에 입각하여 행정청에게 그 이행을 청구할 수 있다. 만약 행정청이

기출 Plus 　서울시 9급 기출

04. 확약에 대한 설명으로 가장 옳지 않은 것은?

① 행정절차법은 확약에 관한 명문규정을 두고 있지 않다.

② 판례는 어업권면허에 선행하는 우선순위결정의 처분성을 인정하고 있다.

③ 확약을 행한 행정청은 확약의 내용인 행위를 하여야 할 자기구속적 의무를 지며, 상대방은 행정청에 그 이행을 청구할 권리를 갖게 된다.

④ 확약이 있은 이후에 사실적·법률적 상태가 변경되었다면 그와 같은 확약은 행정청의 별다른 의사표시 없이도 실효된다.

해 어업권면허에 선행하는 우선순위결정은 행정청이 우선권자로 결정된 자의 신청이 있으면 어업권면허처분을 하겠다는 것을 약속하는 강학상 확약에 불과하고 행정처분은 아니기 때문에 우선순위결정의 처분성을 인정하지 않는다(대판 1995.1.20, 94누6529).

답 04 ②

이를 불이행하였을 경우 행정쟁송제기가 가능하며, 경우에 따라서는 손해배상청구도 할 수 있다. 그러나 판례는 이에 대해 부정적 입장을 취한다.

③ 구속력의 배제(확약의 실효·철회·취소)

ㄱ 실효 : 확약 이후 사실상태 또는 법률적 상태가 변경되었다면, 확언이나 확약의 구속성은 행정청의 별다른 의사표시가 없어도 실효된다.

> 관련 판례 : 행정청이 상대방에게 장차 어떤 처분을 하겠다고 확약 또는 공적인 의사표명을 하였다고 하더라도, 그 자체에서 상대방으로 하여금 언제까지 처분의 발령을 신청을 하도록 유효기간을 두었는데도 그 기간 내에 상대방의 신청이 없었다거나 확약 또는 공적인 의사표명이 있은 후에 사실적·법률적 상태가 변경되었다면, 그와 같은 확약 또는 는 공적인 의사표명은 행정청의 별다른 의사표시를 기다리지 않고 실효된다(대판 1996. 8. 20, 95누10877).

ㄴ 철회

• 행정청은 적법한 확약을 철회함으로써 이들의 구속성을 사후적으로 제거할 수 있는데, 이 경우 철회에 의해 달성되는 공익과 상대방의 기득권 및 제3자의 신뢰보호, 법률생활의 안정 등의 요청을 비교·형량하여 결정하여야 한다.

• 일반적으로 부담적 내용의 확약인 경우 철회가 자유로우나, 수익적 내용인 경우 비교·형량을 통해 철회 여부가 결정된다(철회권의 제한).

• 행정청은 철회할 확약이 있음을 안 날로부터 1년이 경과한 경우 실권의 법리에 따라 철회권을 행사할 수 없다(철회권의 소멸).

ㄷ 무효·취소

• 확약에 중대하고 명백한 하자가 있다면 무효가 되며, 단순위법의 하자가 있다면 취소할 수 있는 행위가 된다.

• 취소의 경우 취소의 제한 및 소멸의 원리가 적용된다. 이는 철회권의 제한·소멸의 법리와 같다.

(6) 확약과 권리구제

① 행정쟁송 : 확약은 처분에 해당하므로 항고소송의 대상이 된다(판례는 처분성을 부정하고 있음). 확약의 내용에 따른 행위를 하지 않는 경우 의무이행심판이나 거부처분취소소송, 부작위위법확인소송을 제기할 수 있다.

② 손해배상·손실보상 : 행정기관이 확약을 이행하지 않아 생긴 손해는 국가배상법 제2조의 요건이 충족됨에 따라 행정상 손해배상 청구를 할 수 있다. 또한 공익상의 이유로 확약이 철회되어 상대방이 손실을 입은 경우에는 손실보상청구권이 인정될 수 있다.

제3절 행정행위의 내용

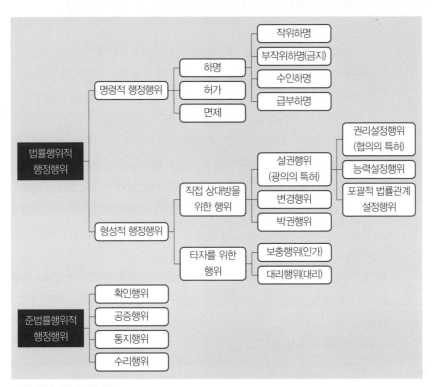

▶ 행정행위 내용의 분류체계

1. 법률행위적 행정행위

(1) 명령적 행정행위

명령적 행정행위란 국민에 대한 일정한 의무(작위·부작위)를 과하거나, 이들 의무를 해제함을 내용으로 하는 행정행위를 말한다. 이러한 명령적 행정행위는 의무를 부과하는 하명과 이를 해제하는 허가·면제로 구분된다.

① 하명(下命)

　㉠ 의의 : 하명이란 일반통치권에 기하여 개인의 자유를 제한하고 의무를 부과하는 것을 내용으로 하는 부담적 행정행위를 말한다. 즉, 개인에게 일정한 작위·부작위·수인·급부를 명하는 행정행위이다. 이 중에서 작위·수인·급부의 의무를 부과하는 것을 명령이라 하고, 부작위의무를 부과하는 것을 금지라 한다.

　㉡ 법적 근거 및 성질 : 하명은 개인의 자유를 제한하여 의무를 부과하는 부담

적 행정행위로, 헌법 제37조 제2항에 의거하여 반드시 법률의 근거를 필요로 하며, 특별한 규정이 없는 한 원칙적으로 기속행위이다. 따라서 법적 근거 없이 한 하명은 당연무효가 된다(대판 1992. 1. 17, 91누1714).

ⓒ **형식**

- **하명처분** : 하명처분이란 법령에 근거한 처분에 의하여 행해지는 것으로, 불특정 다수인에게 하는 일반하명과 특정인에게 하는 개별하명이 있다.
- **법규하명** : 법규하명이란 일반적·추상적인 법규로 직접 의무를 발생시키는 하명을 말한다(예 건축법상의 건축금지 규정 등). 이러한 법규하명은 법률규정에 의한 일반적·추상적 하명으로서 그 자체로 행정처분이 되는 것은 아니지만, 법규하명일지라도 처분성이 인정된다면 취소소송의 대상이 된다는 것이 판례의 입장이다(대판 1996. 9. 20, 95누8003).

ⓔ **하명의 상대방** : 하명은 원칙적으로 특정인에 행하나(개별적 하명), 야간통행금지나 예방접종고시와 같이 불특정 다수인에게 행할 수도 있다(일반적 하명).

ⓜ **대상** : 하명의 대상으로는 사실행위(예 청소, 교통장애물 제거 등)와 법률행위(예 영업양도금지, 고시가격초과판매금지 등)가 모두 가능하다.

ⓗ **종류**

- **의무내용에 따른 분류**

작위하명	청소시행명령, 건축물철거명령, 소방협력명령 등
부작위하명	야간통행금지, 수렵금지, 건축금지 등
급부하명	조세부과처분, 사용료납부명령, 수수료부과 등
수인하명	대집행의 수인, 즉시강제 시 복종의무, 강제격리의 수인 등

- **목적(기초)에 따른 분류**

조직하명	선거에 관한 하명 등
경찰하명	미성년자의 유흥장 출입금지 등
재정하명	조세부과 등
군정하명	징집영장발부 등
특별권력관계에서의 하명	공무원에 대한 직무명령 등
규제하명	무역규제 등
공기업하명	철도영업하명 등

ⓢ **효과** : 하명은 어떠한 행위에 대한 작위·부작위·급부·수인의 의무를 발

생시킨다. 대인적 하명은 수명자에게 부과되는 것으로 일신전속적 성질을 지니게 되어 이전·상속되지 않는 데 반하여, 대물적 하명은 그 효과가 상대방에게 이전되거나 상속된다.

◎ 위반의 효과 : 수명자가 이러한 하명을 위반·불이행한 경우에는 행정상 강제집행 또는 행정벌의 대상이 된다. 하지만 하명은 적법요건에 지나지 아니하므로 그에 위반한 행위의 효력은 원칙적으로 유효하다. 다만, 법률 규정에서 무효로 규정하는 경우에는 당연히 무효가 된다(예 통제가격을 넘는 지대 또는 임대료 계약의 경우).

ⓐ 권리구제 : 위법 또는 부당한 하명으로 인하여 법률상 이익을 침해받은 자는 그 하명의 취소나 변경을 구할 수 있고, 행정상 손해배상 등을 청구할 수 있다.

② 허가(許可)

㉠ 의의

• 허가란 법령에 의한 일반적인 상대적 금지를 해제함으로써 일정한 행위를 적법하게 할 수 있도록 자연적 자유를 회복시켜 주는 행정행위를 말한다(예 한의사면허, 건축허가, 유기장면허, 광천음료수제조업허가, 양곡가공업허가, 약사면허 등). 이러한 허가는 상대적 금지(예방적 금지)에서만 가능하며, 미성년자의 음주·흡연금지와 같은 절대적 금지는 허가의 대상이 될 수 없다.

> 관련 판례 : 한의사 면허는 경찰금지를 해제하는 명령적 행위(강학상 허가)에 해당하고, 한약조제시험을 통하여 약사에게 한약조제권을 인정함으로써 한의사들의 영업상 이익이 감소되었다고 하더라도 이러한 이익은 사실상의 이익에 불과하고 약사법이나 의료법 등의 법률에 의하여 보호되는 이익이라고는 볼 수 없으므로, 한의사들이 한약조제시험을 통하여 한약조제권을 인정받은 약사들에 대한 합격처분의 무효확인을 구하는 당해 소는 원고적격이 없는 자들이 제기한 소로서 부적법하다(대판 1998. 3. 10, 97누4289).

• 허가는 강학상의 용어로서, 실정법상으로는 인허·특허·인가·승인·등록·지정 등의 용어로도 사용되고 있다.

㉡ 구별 개념

• 예외적 승인
  – 의의 : 예외적 승인이란 마약류취급면허·개발제한구역이나 군사지역의 건축허가·전자유기장의 영업허가·총포 등의 소지허가와 같이 사회적으로 유해하거나 바람직하지 않은 것에 대하여 법령상 금지(억제적 금지)된 행위자체를 예외적으로 허가하여 당해 행위를 적법하게 할 수 있게 해주는 행위를 말한다. 판례는 예외적 허가라 표현하기도 한다.

Check Point

예외적 승인은 유해대상에 대한 제재나 억제에 그 목적이 있는 데 비해, 전형적인 허가는 제재나 억제가 아닌 예방에 그 목적이 있다는 점에서 본질적인 차이가 있다.

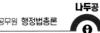

기출 Plus
서울시 9급 기출

01. 행정행위와 이에 대한 분류 또는 설명으로 가장 옳지 <u>않은</u> 것은?

① 한의사 면허 : 진료행위를 할 수 있는 능력을 설정하는 설권행위
② 행정재산에 대한 사용허가 : 특정인에게 행정재산을 사용할 권리를 설정하여 주는 행위
③ 재개발조합설립에 대한 인가 : 공법인의 지위를 부여하는 설권적 처분
④ 재개발조합의 사업시행계획 인가 : 조합의 행위에 대한 보충행위

해 한의사 면허는 경찰금지를 해제하는 명령적 행위(강학상 허가)에 해당한다(대판 1998. 3. 10, 97누4289 판결).

– 허가와의 비교

구분	허가	예외적 승인
개념	상대적 · 예방적 금지를 해제	억제적 · 제재적 금지를 해제
공권 성립 여부	허가발령을 구하는 공권이 성립	예외적 승인의 발령을 구하는 공권이 성립하지 않음
성질	원칙적으로 기속(재량)행위	원칙적으로 재량행위(공익기준으로 결정)
사례	운전면허, 의사 · 약사 · 한의사면허, 건축허가, 유기장면허, 광천음료수 제조업허가, 목욕장허가, 전당포영업허가, 양곡가공업허가, 대중음식점영업허가, 약국영업허가, 기부금품모집허가, 어업면허, 수렵면허, 화약제조허가, 수출입허가, 일시적 도로사용허가, 입산금지 · 수렵금지 등의 해제	마약류취급면허, 개발제한구역이나 군사지역의 건축허가, 도시계획법상 도시계획구역 내 건물의 증 · 개축 및 형질변경, 자연공원법 적용 지역의 개발 및 영업허가, 산림형질변경허가, 입목의 벌채허가, 토지수용법상 타인 토지에 대한 출입허가, 학교환경위생정화구역 유흥주점업 허가, 전자유기장의 영업허가, 치료목적의 아편사용허가, 카지노사업의 영업허가, 총포 등의 소지허가 등

• 신고 · 등록
　– 신고 : 단순신고와 수리를 요하는 신고로 구분되는데, 단순신고는 사인의 신고행위 그 자체만으로 금지가 해제되며, 수리를 요하는 신고는 행정청의 수리행위가 있어야만 금지가 해제된다.
　– 등록 : 허가와 자체완성적 사인의 공법행위로서 신고의 중간에 위치하는 자유제한의 방식으로, 등록요건의 심사는 형식적 심사에 한정되어야 한다(허가요건의 심사는 실질적 심사임). 행정청이 실질적인 사유를 내세워 거부처분을 한 것은 등록제도의 법리에 어긋나는 것으로 위법하다(헌재 1997. 8. 21, 93헌바51).

금지의 유형		
금지의 유형	구체적 사례	금지해제 방법
절대적 금지	미성년자의 음주나 흡연 금지, 인신매매	–
억제적 금지	군사지역의 건축허가, 산림형질변경허가, 입목의 벌채허가, 자연공원법상 개발허가 등	예외적 승인
예방적 금지	음식점 영업허가, 건축허가 등	허가
신고유보부 금지	출생신고, 혼인신고 등	신고

답 01 ①

ⓒ 법적 성질

- 명령적 행위 : 통설·판례에서는 상대적 금지를 해제하여 자연적 자유를 회복시켜 주는 행위라는 점에서 허가를 명령적 행위로 본다. 다만, 허가는 자연적 자유의 회복에만 그치는 것이 아니라 헌법상의 자유권을 적법하게 행사하게 해주는 행위, 즉 법적 지위의 설정행위라는 점에서 형성적 행위의 성질을 가진다고 보는 견해도 있다(허가의 특허화).

- 기속행위·기속재량행위 : 허가요건에 충족되었다는 것은 공익상 장애요인이 없다는 것을 의미하는 것이므로, 자유권의 회복이라는 점에서 허가의 요건을 충족하는 경우에는 반드시 허가를 하여야 하는 기속(재량)행위이다(통설·판례).

> 관련 판례 : 건축허가권자는 건축허가신청이 건축법 등 관계 법규에서 정하는 어떠한 제한에 배치되지 않는 이상 당연히 같은 법조에서 정하는 건축허가를 하여야 하고, 중대한 공익상의 필요가 없음에도 불구하고, 요건을 갖춘 자에 대한 허가를 관계 법령에서 정하는 제한사유 이외의 사유를 들어 거부할 수는 없다(대판 2006. 11. 9. 2006두1227).

- 반사적 이익 : 통설과 판례는 허가에 의한 금지해제로 얻는 이익은 법적 이익이 아니라 반사적 이익에 불과하다고 보아, 허가를 통하여 이익이 침해당하였다 하더라도 원고적격이나 소송상 구제이익이 없다(대판 1963. 8. 22. 63누97). 다만, 권리구제의 확대 경향에 따라 이를 법률상 보호이익으로 본 경우도 있다(예 주유소설치허가, 주류제조면허, 식품위생법상 영업허가 등).

ⓡ 법적 근거

- 법령의 개정과 근거법 : 허가처분에 대한 적법성 판단 시는 처분 시이다. 따라서 허가신청 후 허가기준에 변경이 있게 될 경우 허가는 원칙적으로 개정법령에 따라 행해져야 한다. 판례도 동일한 입장을 취하고 있다.

> 관련 판례 : 허가 등의 행정처분은 원칙적으로 처분 시의 법령과 허가기준에 의하여 처리되어야 하고 허가신청 당시의 기준에 따라야 하는 것은 아니며, 비록 허가신청 후 허가기준이 변경되었다 하더라도 그 허가관청이 허가신청을 수리하고도 정당한 이유 없이 그 처리를 늦추어 그 사이에 허가기준이 변경된 것이 아닌 이상 변경된 허가기준에 따라서 처분을 하여야 한다(대판 1996. 8. 20. 95누10877).

- 행정권에 의한 허가요건의 추가 : 허가요건의 추가는 기본권의 제한에 해당하므로 허가의 구체적 요건은 법률에 규정되어야 한다. 따라서 법령에 근거 없이 행정권이 독자적으로 허가요건을 추가하는 것은 헌법 제37조 제2항에 위반된다.

Check Point

대한민국헌법 제37조 제2항
국민의 모든 자유와 권리는 국가안전보장·질서유지 또는 공공복리를 위하여 필요한 경우에 한하여 법률로써 제한할 수 있으며, 제한하는 경우에도 자유와 권리의 본질적인 내용을 침해할 수 없다.

02. 甲은 강학상 허가에 해당하는 「식품위생법」상 영업허가를 신청하였다. 이에 대한 설명으로 옳은 것은?

① 甲이 공무원인 경우 허가를 받으면 이는 「식품위생법」상의 금지를 해제할 뿐만 아니라 「국가공무원법」상의 영리업무금지까지 해제하여 주는 효과가 있다.

② 甲이 허가를 신청한 이후 관계법령이 개정되어 허가요건을 충족하지 못하게 된 경우, 행정청이 허가신청을 수리하고도 정당한 이유 없이 그 처리를 늦추어 그 사이에 허가기준이 변경된 것이 아닌 이상 甲에게는 불허가처분을 하여야 한다.

③ 甲에게 허가가 부여된 이후 乙에게 또 다른 신규허가가 행해진 경우, 甲에게는 특별한 규정이 없더라도 乙에 대한 신규허가를 다툴 수 있는 원고적격이 인정되는 것이 원칙이다.

④ 甲에 대해 허가가 거부되었음에도 불구하고 甲이 영업을 한 경우, 당해 영업행위는 사법(私法)상 효력이 없는 것이 원칙이다.

해 허가 등의 행정처분은 원칙적으로 처분시의 법령과 허가기준에 의하여 처리되어야 하고 허가신청 당시의 기준에 따라야 하는 것은 아니며, 비록 허가신청 후 허가기준이 변경되었다 하더라도 그 사이에 허가기준이 변경된 것이 아닌 이상 변경된 허가기준에 따라서 처분을 하여야 한다(대판 1996. 8. 20, 95누10877).

답 02 ②

- 허가의 거부 : 판례는 허가의 성질을 기속행위로 보아, 명문의 근거가 있어야만 허가를 거부할 수 있다고 하였다. 다만, 산림훼손허가는 재량행위로 보아 명문의 근거를 반드시 요하지 아니한 것으로 본 판례가 있다(대판 2002. 10. 25, 2002두6651).

ⓜ 허가의 형식 : 허가는 법규가 정한 부작위의무를 구체적·상대적으로 해제하기 때문에 하명과 달리 항상 처분(허가처분)의 형식으로 행해지며, 직접 법령에 의하여 행해지는 법규허가는 있을 수 없다. 또한 허가는 법률에 특별한 규정이 없는 한 불요식이 원칙이나, 면허증교부나 공부상 등록 등은 법정형식을 취하는 요식행위도 있다.

ⓗ 허가의 대상 : 허가의 상대방은 특정인을 대상으로 하는 개별적 허가가 보통이지만, 통행금지해제처럼 불특정인을 대상으로 하는 일반허가도 가능하다. 이러한 허가는 사실행위나 법률행위도 가능하나, 사실행위에 대하여 허가하는 것이 보통이다.

ⓐ 허가의 종류(허가의 심사대상에 따른 분류)

구분	대인적 허가	대물적 허가	혼합적 허가
의의	특정인의 능력·인격 등의 주관적 요소를 대상으로 하는 허가	물적·객관적 요소(구조·설비·성질 등)를 대상으로 하는 허가	인적 자격요건과 물건의 객관적 사정을 모두 대상으로 하는 허가
예	운전면허, 의사면허, 외국여행허가	건축허가, 차량검사, 마약취급면허, 석유판매업허가	전당포영업허가, 총포·화약류제조허가, 석유정제·판매업허가, 약국영업허가 등
효과	일신전속성을 띠므로 타인에 이전·승계 불가	타인에 이전·승계 가능	이전 제한(행정청의 허가를 요하거나 인적 자격요건을 요하는 경우 등). 단, 물적시설은 이전 가능(자동차학원설립인가, 다방영업허가 등)

ⓞ 허가의 효과

- 금지해제를 통한 자연적 자유회복 : 허가는 금지해제를 통한 자연적 자유의 회복에만 그치는 것이 아니라 헌법상의 자유권을 적법하게 행사하게 해주는 적법행위이다. 따라서 허가받지 않은 행위는 위법행위가 되어 행정벌이나 행정강제집행의 대상이 될 뿐 그 사법상 효력은 유효하다.

- 효과의 상대성(타 법령상의 제한) : 허가의 효과는 상대적인 것이어서 근거법령의 특정행위에 대한 법적 제한(금지)을 해제해 줄 뿐, 그 외의 제한(금지)까지 해제하는 것은 아니다(대판 1991. 4. 12, 91도218). 다만, 이로 인한 허가의 복잡화를 제거하고 행정의 능률성과 신속성을 제고하기

위하여 집중효 규정을 법령에 규정하는 경우에는, 허가로 인하여 타법상
의 제한까지 해제된다.

- 취소소송의 제기 : 강학상 허가는 기속행위이므로 허가요건을 구비한 허
가신청에 대한 거부는 법률상 이익에 대한 위법한 침해행위로서 거부처
분취소소송이나 부작위위법확인소송을 제기할 수 있다.

ⓩ 허가의 변동

- 허가의 갱신 : 허가갱신이 있으면 기존 허가의 효력은 동일성을 유지하
면서 장래에 향하여 지속되는 것이므로 갱신을 새로운 허가로 볼 수 없
다. 따라서 특별한 규정이 없는 한 원 허가의 요건은 갱신허가의 요건이
된다. 또한 갱신 후에는 갱신 전의 법 위반사항을 불문에 붙이는 효과를
발생하는 것이 아니며, 일단 갱신이 있은 후에도 갱신 전의 법 위반사실
을 근거로 허가를 취소할 수 있다(대판 1982. 7. 27, 81누174).

- 허가의 양도 : 대인적 허가는 일신전속적이므로 양도가 불가능하나, 대
물적 허가에 따른 영업의 양도인 경우 일신전속적인 것이 아니한 양도인
의 법적 지위가 양수인에게 승계된다.

- 허가의 소멸 : 이익형량의 원리에 의해서 허가의 취소 · 철회로 소멸한
다. 다만, 철회함에 있어서 철회의 법적 근거 · 사유 등을 명확히 하여야
하고, 가분성 또는 특정성이 있는 처분의 경우 허가의 일부철회도 가능
하다(대판 95누8850, 2000두5425). 한편, 허가의 취소 · 철회의 성격과
관련하여 판례는 수익적 행정행위에 대한 취소 또는 철회를 기속재량행
위로 보았다.

> 관련 판례 : 행정청이 허가처분을 취소 또는 철회함으로써 그 수익자에게 불이익을 줄
> 경우에는 그 허가처분 중에 취소 또는 철회에 관하여 일정한 부관이 있건 없건 간에 그
> 때에 행정청이 가지는 재량행위는 기속재량행위라 할 것이요 이 기속재량행위의 행사
> 가 심히 부당하거나 남용된 경우에는 그 처분은 위법하다(대판 1963. 8. 31, 63누111).

꼭! 확인 기출문제

다음 (가)그룹과 (나)그룹에 대한 설명으로 옳지 않은 것은? (다툼이 있는 경우 판례에 의함)

[국가직 9급 기출]

(가)	(나)
• 주거지역 내의 건축허가	• 개발제한구역 내의 건축허가
• 상가지역 내의 유흥주점업 허가	• 학교환경위생정화구역 내의 유흥주점업 허가

	(가) 그룹	(나) 그룹
①	예방적 금지의 해제	억제적 금지의 해제

②	허가	예외적 승인
❸	법률행위적 행정행위	준법률행위적 행정행위
④	기속행위	재량행위

> **酇** ③ (가) 그룹의 예들은 일반적 허가에 해당하며, (나)그룹의 예들은 예외적 승인(예외적 허가)에 해당한다. 허가와 허가의 일종인 예외적 승인은 모두 법률행위적 행정행위에 해당한다. 법률행위적 행정행위는 의사표시를 요소로 하고 그 효과가 의사표시 내용대로 발생하는 행위를 말한다.
> ①, ② 허가는 법령에 의한 일반적인 상대적·예방적 금지를 해제함으로써 일정한 행위를 적법하게 할 수 있도록 자연적 자유를 회복시켜 주는 행정행위이며, 예외적 승인은 사회적으로 유해하거나 바람직하지 않은 억제적·제재적 금지 행위자체를 예외적으로 허가하여 적법하게 할 수 있게 해주는 행위를 말한다.
> ④ 허가는 요건을 충족하는 경우에는 반드시 허가를 하여야 기속행위(통설·판례)인 반면, 예외적 승인은 재량행위에 해당한다.

③ **면제(免除)**

㉠ **의의** : 면제는 법령에 의해 일반적으로 부과되는 작위·급부·수인의무를 특정한 경우에 해제해 주는 행정행위를 말한다. 면제도 의무해제라는 점에서 허가와 그 성질이 같지만, 그 해제대상이 작위·급부·수인의무라는 점에서 부작위의무를 해제하는 허가와 구별된다.

㉡ **성질**

- 의무의 성격에 대한 것을 제외하고는 허가의 경우와 그 성질이 같다.
- 작위·급부의무의 이행을 연기·유예시키는 행정행위의 성질과 관련하여 이를 면제의 일종으로 보는 견해와 의무 그 자체를 소멸하는 것이 아니라 의무의 일부를 변경하는 것에 그치는 것이므로 하명의 변경에 불과하다는 견해(다수설)가 대립하고 있다.

(2) 형성적 행정행위

일반적으로 형성적 행위는 국민에게 새로운 권리·행위능력, 기타 법적 지위를 발생·변경·소멸시키는 행위를 말한다. 이러한 형성적 행정행위는 직접 상대방을 위하여 권리·행위능력, 기타 법적 지위를 발생·변경·소멸시키는 행위와 타인을 위하여 그 행위효력을 보충·완성하거나 타인을 대신하여 행하는 행위로 구분해 볼 수 있는데, 직접 상대방을 위한 행위는 다시 설권행위(특허, 광의의 특허)·변경행위·박권행위로 구분되며, 타인(제3자)을 위한 행위는 보충행위(인가)·대리행위(대리)로 구분된다.

① **특허(설권행위)**

㉠ **의의** : 특허란 특정인에 대해 새로이 일정한 권리, 능력 또는 포괄적 법률관계를 설정하는 행위를 말한다. 법률상 용어로 특허라는 말 외에 허가·면허·인가·인허라고 표현하기도 한다.

㉡ **성질**

- 특허는 신청을 전제로 하고 협력을 요하는 쌍방적 행정행위라는 것이 다

Check Point

설권행위(광의의 특허)의 분류
권리설정행위(협의의 특허)와 능력설정행위, 포괄적 법률관계설정행위가 있다.

수설과 판례의 입장이다. 특허는 출원을 둘러싸고 쌍방적 행위인가 아니면 공법상 계약(특허출원을 성립요건으로 봄)인가에 대하여 견해 차이가 있으나, 특허는 출원을 성립요건이 아닌 효력요건으로 보아 특허의 출원(신청)을 전제요건으로 하는 쌍방적 행위로 본다.

- 특허는 행정행위(특허처분) 형식으로 행하여지나, 예외적으로 법규에 의하여 직접 행하여진 경우도 있다(법규특허)(예 한국도로공사법에 의해 한국도로공사를 설립하고 국도의 설치·관리업무를 특허한 경우와 같은 각종 공사·공단업무의 특허).
- 특허는 상대방에게 이익을 주는 수익행위로서 명문의 특별한 규정이 없는 한 재량행위이다(통설·판례).

> 관련 판례 : 자동차운수사업법에 의한 개인택시운송사업면허는 특정인에게 권리나 이익을 부여하는 행정행위로서 법령에 특별한 규정이 없는 한 재량행위이고, 그 면허를 위하여 필요한 기준을 정하는 것도 역시 행정청의 재량에 속하는 것이므로, 그 설정된 기준이 객관적으로 합리적이 아니라거나 타당하지 않다고 볼만한 다른 특별한 사정이 없는 이상 행정청의 의사는 가능한 한 존중되어야 한다는 것이 법원의 일관된 견해이다(대판 1995. 7. 14, 94누14841).

- 재량행위이므로 원칙적으로 부관을 붙일 수 있다(다수설·판례).
- 특허는 허가와 마찬가지로 불요식행위인 것이 일반적이다.

ⓒ 효과
- 특허는 상대방에게 권리·능력 등 법률상 힘을 발생시키는 법률상 이익으로, 법적 지위를 나타낼 뿐 그 자체가 재산권이 될 수 없다. 한편, 특허에 의하여 설정된 권리는 공권인 것이 보통이나 사권(광업권·어업권 등)인 경우도 있다.
- 일신전속적인 성격을 지니는 대인적 특허(귀화허가 등)는 그 효과가 이전될 수 없으나, 대물적 특허는 자유롭게 또는 일정한 제한(행정청에 신고·인가)하에 이전이 가능하다.
- 허가의 경우와 달리 특허 없이 한 행위는 완전한 효력을 발생할 수 없다(특허는 효력발생요건의 성질을 가짐).
- 특허로 법률상의 힘(효과, 이익)이 발생하므로, 이를 침해하는 경우 권리침해가 된다.

ⓔ 권리구제
- 항고소송 : 특허는 법률상 이익에 해당되므로, 요건을 구비한 특허신청에 대한 거부는 법률상 이익의 침해가 되어 취소소송의 대상이 된다. 다만, 특허가 재량행위인 경우에는 하자 없는 재량행사를 요구할 법률상 이익이 있는 바, 무하자재량행사청구권의 행사가 가능하다.

• 제3자효 행정행위와 이중특허 : 특허행정청이 경쟁자인 제3자에게 위법하게 특허를 하면 경쟁자는 이를 다툴 수 있으며, 양립할 수 없는 이중의 특허가 있게 되면 특별한 사유가 없는 한 후행특허는 무효가 된다는 것이 판례의 입장이다.

> 관련 판례 : 광업법상 이미 광업권이 설정된 동일한 구역에 대하여 동일한 광물에 대한 광업권을 중복설정할 수 없고, 이종광물이라고 할지라도 광업권이 설정된 광물과 동일 광산 중에 부존하는 이종광물은 광업권설정에 있어서 동일광물로 보게 되므로 이러한 이종광물에 대하여는 기존광업권이 적법히 취소되거나 그 존속기간이 만료되지 않는 한 별도로 광업권을 설정할 수 없다(대판 1986. 2. 25, 85누712).

 꼭! 확인 기출문제

행정행위에 관한 설명으로 옳지 않은 것은? (다툼이 있는 경우 판례에 의함) [지방직 9급 기출]

① 판례는 교과서 검정의 위법성을 재량심사에 의하여 판단하고 있다.
❷ 공유수면매립면허는 강학상 허가이다.
③ 건축법상 신고는 수리를 요하지 않는 신고로서 행정청의 수리처분 등 별단의 조치를 요하지 않는다.
④ 인가의 대상이 되는 기본행위가 불성립 또는 무효인 경우에는 인가가 있더라도 유효하지 않다.

閣 ② 공유수면매립면허는 강학상 특허에 해당한다. 판례에서도, '공유수면매립면허는 설권행위인 특허의 성질을 갖는 것이므로 원칙적으로 행정청의 자유재량에 속하며, 일단 실효된 공유수면매립면허의 효력을 회복시키는 행위도 특단의 사정이 없는 한 새로운 면허부여와 같이 면허관청의 자유재량에 속한다(대판 1989. 9. 12, 88누9206)'고 하여 특허로 본다.
① 판례는 교과서 검정의 위법성을 재량심사에 의하여 판단하여, 현저한 재량권 일탈이 아닌 이상 해당 검정을 위법하다고 할 수 없다고 하였다.

> 관련 판례 : 교과서 검정이 고도의 학술상, 교육상의 전문적인 판단을 요한다는 특성에 비추어 보면, 교과용 도서를 검정함에 있어서 법령과 심사기준에 따라서 심사위원회의 심사를 거치고, 또 검정상 판단이 사실적 기초가 없다거나 사회통념상 현저히 부당하다는 등 현저히 재량권의 범위를 일탈한 것이 아닌 이상 그 검정을 위법하다고 할 수 없다(대판 1992. 4. 24, 91누6634).

③ 건축법상 신고는 수리를 요하지 않는 신고(자체완성적 신고)로서 건축을 하고자 하는 자가 적법한 요건을 갖춘 신고만 하면 건축을 할 수 있으며 행정청의 수리처분 등 별단의 조치를 기다릴 필요가 없다.

> 관련 판례 : 구 건축법 제9조 제1항에 의하여 신고를 함으로써 건축허가를 받은 것으로 간주되는 경우에는 건축을 하고자 하는 자가 적법한 요건을 갖춘 신고만 하면 행정청의 수리행위 등 별다른 조치를 기다릴 필요 없이 건축을 할 수 있는 것인 바, 위와 같은 차고의 증축은 건축법 제9조 제1항에 규정된 신고사항에 해당하여 건축주가 건축법에 의한 신고를 한 이상 행정청의 수리 여부에 관계없이 토지상에 차고를 증축할 수 있으므로, 행정청이 건축주의 증축신고를 수리한 행위가 건축주는 물론 제3자의 구체적인 권리 의무에 직접 변동을 초래하는 행정처분이라고 할 수 없다(대판 1999. 10. 22, 98두18435).

④ 판례는 인가의 대상이 되는 기본행위(임원선임행위)가 불성립 또는 무효인 경우에는 인가(감독청의 취임승인)가 있더라도 그 기본행위는 유효하지 않다고 하였다.

> 관련 판례 : 사립학교법 제20조 제2항에 의한 학교법인의 임원에 대한 감독청의 취임승인은 학교법인의 임원선임행위를 보충하여 그 법률상의 효력을 완성케 하는 보충적 행정행위로서 성질상 기본행위를 떠나 승인처분 그 자체만으로는 법률상 아무런 효력도 발생할 수 없으므로 기본행위인 학교법인의 임원선임행위가 불성립 또는 무효인 경우에는 비록 그에 대한 감독청의 취임승인이 있었다 하여도 이로써 무효인 그 선임행위가 유효한 것으로 될 수는 없다(대판 1987. 8. 18, 86누152).

② **변경행위**
ㄱ **의의** : 변경행위는 기존의 법률상 힘(권리·능력)에 변경을 가하는 행위를

말한다. 이는 설권행위와 박권행위의 결합이라는 성질을 지닌다.

ⓛ 예 : 도시개발법상의 환지처분, 국가공무원법상 공무원에 대한 징계종류의 변경이나 공무원의 전보발령, 광구변경, 수도사업변경의 인가 등

③ **박권행위(탈권행위)**

㉠ 의의 : 기존의 법률상의 권리·능력을 소멸시키는 행위를 말한다.

㉡ 예 : 공무원 파면·해임, 공법인해산, 공기업특허의 취소, 광업허가의 취소, 어업면허의 취소 등

④ **인가(보충행위)**

㉠ 의의 : 인가란 행정청이 제3자의 법률행위를 동의로써 보충하여 그 행위의 효력을 완성시키는 행정행위로, 이러한 의미에서 인가를 보충행위라고 한다.

㉡ 대상 : 인가의 대상은 성질상 언제나 법률적 행위에 한하며, 사실행위에서는 인정되지 않는다. 법률행위이면 공법상의 행위(공법상 계약의 인가, 공공조합 설립이나 정관변경인가 등), 사법상의 행위(특허기업의 인가, 하천점유권 양도의 인가 등) 모두 가능하다.

㉢ 성질

- 인가 역시 행정행위로, 특허와 같은 형성적 행위에 속한다.
- 하명·특허와 달리 법규인가는 허용되지 않는다.
- 인가는 재량인 경우도 있고 기속행위인 경우도 존재한다.
- 인가는 법률행위의 효력요건이므로 무인가행위가 처벌대상이 되지는 않지만 원칙적으로 무효이다(허가는 적법요건이므로 무허가행위는 처벌의 대상이 되지만 행위 자체는 유효함).

㉣ 출원(신청)과 상대방 : 인가는 하명과 달리 상대방의 신청을 전제요건으로 하므로(쌍방적 행정행위), 신청한 특정인에게만 인가가 이루어지며, 법령에 근거가 없는 한 신청의 내용과 다른 수정인가는 인정되지 않는다.

㉤ 형식 : 인가는 언제나 구체적인 처분의 형식으로 행하여지며(법규에 의하여 행하여지는 경우는 없음), 일정 형식이 요구되는 경우를 제외하고는 원칙적으로 불요식행위이다.

㉥ 효력

- 발생요건 : 인가는 제3자와의 사이에서 그 기본적 법률행위의 효력을 발생시켜주는 효력발생요건이다. 따라서 무인가행위는 무효일 뿐이지 행정상 처벌이나 강제집행의 문제는 발생되지 않는다.
- 효과의 이전 : 인가는 법률적 행위만을 대상으로 하고 있는바, 그 효과는 당해 법률적 행위에 한하여 발생하며 타인에게 이전되지 않는다는 것이 원칙이다.

Check Point

인가의 예
공공조합·공법인설립허가, 재건축조합설립인가, 도시개발조합설립인가, 공공조합정관승인, 사립대설립인가, 사립대학총장취임승인, 학교법인임원취임승인, 공기업양도인가, 하천사용권양도인가, 토지거래허가, 외국인토지취득허가, 특허기업 운임 및 요금인가, 수도공급규정인가, 지방채기채승인, 자동차관리사업자단체의 조합설립인가, 비영리법인설립인가, 재단법인정관변경허가, 공익법인기본재산처분허가, 협동조합임원선출인가, 주택재건축정비사업조합의 사업시행인가 등이 있다.

Check Point

토지거래허가의 법적 성질
학설의 다툼이 있으나(허가설, 인가설, 양면설), 다수설과 판례는 인가로 보고 있다.

기출 Plus
서울시 9급 기출

03. 판례가 그 법적 성질을 다르게 본 것은?
① 학교환경위생정화구역의 금지행위해제
② 토지거래계약허가
③ 사회복지법인의 정관변경허가
④ 자동차관리사업자단체의 조합설립인가

國 학교환경위생정화주역의 금지행위해제는 예외적 승인에 해당한다. ②, ③, ④의 토지거래계약허가, 사회복지법인의 정관변경허가, 자동차관리사업자단체의 조합설립인가는 인가에 해당한다.

• 기본적 법률행위와 인가와의 효력관계 : 인가는 그 법률행위의 효력을 완성시키는 보충적 행위일 뿐, 그 법률행위의 하자를 치유하는 효력은 없다. 따라서 기본적 법률행위가 불성립 또는 무효인 경우 인가가 있어도 그 법률행위는 유효가 될 수 없으며, 적법·유효하게 성립된 기본적 법률행위가 사후에 실효되면, 인가의 효력도 상실된다. 이를 정리하면 다음과 같다.

기본행위	인가행위	효과	소송 대상
적법	적법·유효	효과가 발생	–
	위법·무효	무효(무인가행위)	인가행위의 무효확인
	위법·취소	취소할 때까지 유효(유인가행위)	인가행위의 취소
불성립·무효	적법·유효	인가가 있어도 기본행위는 유효행위가 되지 않으며, 인가행위도 당연무효	기본행위의 하자(무효·취소)가 대상이 되며, 기본행위의 하자를 이유로 인가행위의 취소·무효확인을 구할 수는 없음
취소·실효	적법·유효	인가행위도 당연히 실효	

기본행위와 인가행위 관련 판례
• 기본이 되는 임원선출행위가 불성립 또는 무효인 때에는 그에 대한 인가가 있었다 하여도 그 기본행위인 임원선출행위가 유효한 것이 될 수 없으며, 그 기본행위가 유효적법한 것이라 하여도 그 효력을 완성케 하는 보충행위인 인가에 하자가 있을 때에는 그 인가의 취소 청구 또는 무효주장을 할 수 있는 법리라 할 것이다(대판 1967. 2. 28, 66누8).
• 하천공사 권리의무양수도에 관한 허가는 기본행위인 위의 양수도 행위를 보충하여 그 법률상의 효력을 완성시키는 보충행위라고 할 것이니 그 기본행위인 위의 권리의무양수도계약이 무효일 때에는 그 보충행위인 위의 허가처분(즉, 인가행위)도 별도의 취소조치를 기다릴 필요 없이 당연무효라고 할 것이다(대판 1980. 5. 27, 79누196).
• 학교법인의 임원에 대한 감독청의 취임승인은 학교법인의 임원선임행위를 보충하여 그 법률상의 효력을 완성케 하는 보충적 행정행위로서 성질상 기본행위를 떠나 승인처분 그 자체만으로는 법률상 아무런 효력도 발생할 수 없으므로 기본행위인 학교법인의 임원선임행위가 불성립 또는 무효인 경우에는 비록 그에 대한 감독청의 취임승인이 있었다 하여도 이로써 무효인 그 선임행위가 유효한 것으로 될 수는 없다(대판 1987. 8. 18, 86누152).
• 기본행위인 조합장 명의변경이 적법·유효하고 보충행위인 인가처분 자체에만 하자가 있다면 그 인가처분의 취소를 구할 수 있는 것이지만, 기본행위에 하자가 있다고 하더라도 인가처분 자체에 하자가 없다면 따로 그 기본행위의 하자를 다투는 것은 별론으로 하고 기본행위의 하자를 내세워 바로 그에 대한 행정청의 인가처분의 취소를 구할 수는 없다(대판 2005. 10. 14, 2005두1046).
• 기술도입계약에 대한 인가는 기본행위인 기술도입계약을 보충하여 그 법률상 효력을 완성시키는 보충적 행정행위에 지나지 아니하므로 기본행위인 기술도입계약이 해지로 인하여 소멸되었다면 위 인가처분은 무효선언이나 그 취소처분이 없어도 당연히 실효된다(대판 1983. 12. 27, 82누491).

꼭! 확인 기출문제

허가 및 특허에 대한 설명으로 옳지 않은 것은? (다툼이 있는 경우 판례에 의함) [지방직 9급 기출]

① 여객자동차운수사업법에 의한 개인택시운송사업면허는 특정인에게 권리나 이익을 부여하는 행정청의 재량행위이며, 동법(同法) 및 그 시행규칙의 범위 내에서 면허를 위하여 필요한 기준을 정하는 것 역시 행정청의 재량에 속한다.

② 주류판매업면허는 강학상의 허가로 해석되므로 주세법에 열거된 면허제한사유에 해당하지 아니하는 한 면허관청으로서는 임의로 그 면허를 거부할 수 없다.

❸ 건축허가시 건축허가서에 건축주로 기재된 자는 당연히 그 건물의 소유권을 취득하며, 건축 중인 건물의 소유자와 건축 허가의 건축주는 일치하여야 한다.

④ 한약조제시험을 통하여 약사에게 한약조제권을 인정함으로써 한의사들의 영업상 이익이 감소되었다고 하더라도 이러한 이익은 사실상의 이익에 불과하다.

해 ③ 건축허가는 시장·군수 등의 행정관청이 건축행정상 목적을 수행하기 위하여 수허가자에게 일반적으로 행정관청의 허가 없이는 건축행위를 하여서는 안 된다는 상대적 금지를 관계 법규에 적합한 일정한 경우에 해제함으로써 일정한 건축행위를 하도록 회복시켜 주는 행정처분일뿐, 허가받은 자에게 새로운 권리나 능력을 부여하는 것이 아니다. 그리고 건축허가서는 허가된 건물에 관한 실체적 권리의 득실변경의 공시방법이 아니며 그 추정력도 없으므로 건축허가서에 건축주로 기재된 자가 그 소유권을 취득하는 것은 아니며, 건축 중인 건물의 소유자와 건축허가의 건축주가 반드시 일치하여야 하는 것도 아니다(대판 2009.3.12, 2006다28454).

① 개인택시운송사업면허는 특정인에게 권리나 이익을 부여하는 행정행위로서 법령에 특별한 규정이 없는 한 재량행위이고, 그 면허에 필요한 기준을 정하는 것 역시 행정청의 재량에 속하는 것이므로 그 기준이 객관적으로 보아 합리적이 아니라든가 타당하지 아니하여 재량권을 남용한 것이라고 인정되지 아니하는 이상 행정청의 의사는 가능한 한 존중되어야 한다. 해당 지역에서 일정기간 거주하여야 한다는 요건 이외에 해당 지역 운수업체에서 일정기간 근무한 경력이 있는 경우에만 개인택시운송사업면허신청 자격을 부여한다는 개인택시운송사업면허업무규정이, 개인택시 면허제도의 성격, 운송사업의 공익성, 지역에서의 장기간 근속을 장려할 필요성, 기준의 명확성 요청 등의 제반 사정에 비추어 합리적인 제한이라고 보았다(대판 2005.4.28, 2004두8910).

② 주류판매업 면허는 설권적 행위가 아니라 주류판매의 질서유지, 주세 보전의 행정목적 등을 달성하기 위하여 개인의 자연적 자유에 속하는 영업행위를 일반적으로 제한하였다가 특정한 경우에 이를 회복하도록 그 제한을 해제하는 강학상의 허가로 해석되므로 주세법 제10조 제1호 내지 제11호에 열거된 면허제한사유에 해당하지 아니하는 한 면허관청으로서는 임의로 그 면허를 거부할 수 없다(대판 1995.11.10, 95누5714).

④ 한의사 면허는 경찰금지를 해제하는 명령적 행위(강학상 허가)에 해당하고, 한약조제시험을 통하여 약사에게 한약조제권을 인정함으로써 한의사들의 영업상 이익이 감소되었다고 하더라도 이러한 이익은 사실상의 이익에 불과하고 약사법이나 의료법 등의 법률에 의하여 보호되는 이익이라고는 볼 수 없으므로, 한의사들이 한약조제시험을 통하여 한약조제권을 인정받은 약사들에 대한 합격처분의 무효확인을 구하는 당해 소는 원고적격이 없는 자들이 제기한 소로서 부적법하다(대판 1998.3.10, 97누4289).

허가·특허·인가의 비교

구분	허가	특허	인가
공통점	• 법률행위적 행정행위로서 수익적 행정행위이며, 실정법상 용어가 혼용됨(허가·특허·면허·인허 등) • 원칙적으로 쌍방적 행정행위의 성격을 지님(허가의 경우 예외 존재) • 원칙적으로 불요식행위이며, 부관이 가능		
성질	• 명령적 행정행위 • 기속(기속재량)행위 • 쌍방적 행정행위(신청 없이 행하는 경우도 있음) • 수정허가 가능	• 형성적 행정행위 • 자유재량행위 • 쌍방적 행정행위 • 수정특허 불가	• 형성적 행정행위 • 자유재량행위 • 쌍방적 행정행위 • 수정인가 불가

상대방	특정인(신청의 경우), 불특정다수인(신청 없는 경우)	신청한 자(특정인)	신청한 자(특정인)
대상	사실행위, 법률행위(공·사법행위)	사실행위, 법률행위	법률행위(공·사법행위)
형식	법규허가는 없고, 항상 허가처분에 의함	법규특허나 특허처분 모두 가능	법규인가는 없고, 항상 인가처분에 의함
효과	• 자연적 자유회복 • 반사적 이익발생(침해 시 행정쟁송제기 불가) • 이전 가능(대물적 허가)	• 권리설정(공권·사권) • 권리가 발생하므로 이익 침해 시 쟁송제기 가능 • 이전 가능(대물적 특허)	• 타인 간 법률행위의 효력을 보충·완성(보충적 효력, 권리설정 ×) • 이전 불가
적법요건·유효요건	• 허가는 적법요건 • 무허가행위는 유효하나 처벌 대상	• 특허는 효력발생요건 • 무특허행위는 무효이나 처벌 대상은 아님	• 인가는 효력발생요건 • 무인가행위는 무효이나 처벌 대상은 아님
대상 사업	개인적, 소규모 영리사업	대규모 공익사업	공익사업
감독	질서유지를 위한 최소한의 소극적 감독(주로 사기업이 대상)	공익을 위한 적극적 감독(주로 공기업이 대상)	–

⑤ 대리

　㉠ 의의 : 공법상 대리란 다른 법률관계의 당사자가 직접 하여야 할 것을 행정청이 대신하여 행하고 그 행위의 법적 효과를 당해 당사자에게 귀속케 하는 행정행위를 말한다. 이러한 공법상 대리는 당사자가 하여야 할 행위를 행정목적의 달성을 위하여 행정청이 대신하는 것이므로, 본인의 의사에 의한 대리행위가 아니라 법률규정에 의한 법정대리로 보아야 한다. 여기에서의 대리는 행정행위로서의 공법상 대리를 의미한다는 점에서 행정조직 내부의 직무상 대리(권한대리)와 구별된다.

　㉡ 유형

　　• 감독적 입장 : 행정주체가 공익적 견지에서 공공단체나 특허기업자 등을 대신(감독)하는 경우(감독청에 의한 공법인의 정관작성·임원임명 등)
　　• 조정적 입장 : 당사자 사이의 협의가 불성립했을 때 이를 조정하는 경우(토지수용위원회의 재결 등)
　　• 개인보호 입장 : 타인을 보호하기 위하여 행하는 경우(사자(死者)나 행려병자의 유류품 처분 등)
　　• 행정목적 달성 : 행정의 실효성을 확보하기 위하여 행하는 경우(조세체납처분으로 행하는 압류재산의 공매처분 등)

　㉢ 효과 : 법정대리권에 기하여 행한 대리행위는 본인이 직접 행한 것과 같은

Check Point

권한대리
권한대리란 행정관청의 권한 전부 또는 일부를 다른 행정관청 또는 보조기관 등이 피대리관청을 위한 권한행사임을 표시하여 자기의 이름으로 행사하고, 그 행위는 피대리관청의 행위로서 효력을 발생하는 것을 말한다.

법적 효과가 발생한다.

2. 준법률행위적 행정행위

(1) 의의

① 준법률행위적 행정행위란 행정청의 효과의사 표시가 아니라 행정청의 정신작용, 즉 판단·인식·관념 등의 표시에 대해 법률에서 일정한 법적 효과를 부여하는 행위를 말한다. 준법률행위적 행정행위에서 부여된 법적 효과는 행정청의 의사표시에 따른 것이 아니라 법률 규정에 따라 발생한다.

② 준법률행위적 행정행위에는 확인·공증·통지·수리행위가 있다.

(2) 종류

① 확인행위

㉠ 의의 : 확인이란 특정한 사실 또는 법률관계의 존재 여부 등에 관하여 의문이 있거나 다툼이 있는 경우에 행정청이 이를 공적으로 판단하는 행정행위를 말한다.

㉡ 분류

• 조직법상 확인행위 : 합격자 결정, 당선인 결정

• 급부(복리)행정법상 확인행위 : 도로·하천구역결정, 발명특허, 교과서검인정 등

• 재정법상 확인행위 : 소득금액결정 등

• 군정법상 확인행위 : 신체검사, 군사시설보호구역 등

• 쟁송법상 확인 : 행정심판의 재결, 이의신청의 결정

• 정서행정법상 확인 : 도시계획상의 지역·지구·구역의 지정 등

㉢ 성질

• 준사법적(법선언적) : 확인행위는 법률관계나 사실관계의 존재 또는 정당성에 대한 공권적 판단표시행위로서 법선언적 행위이므로, 광의의 사법(司法)행위로서의 성질과 단순한 판단작용으로서의 성질을 함께 가진다.

• 기속행위성 : 객관적 진실에 따라 결정되므로 성질상 행정청의 확인을 요하는 기속행위 내지 기속재량행위이다.

㉣ 효과

• 공통적 효과(불가변력) : 확인행위로 확정된 사실 또는 법률관계는 권한 있는 기관에 의하여 부인되지 않는 한 누구도 그것을 임의로 변경할 수 없는 힘, 즉 불가변력을 갖는다.

Check Point

확인행위의 예

행정심판재결, 당선인 결정, 합격자 결정, 소득금액결정, 교과서검인정(단, 판례는 특허로 봄), 발명특허, 도로 및 하천구역결정, 군사시설보호구역, 신체검사 등이 있다.

Check Point

확인행위의 형식

• 확인은 언제나 구체적 처분의 형식으로 행하여지며, 법령에 의한 일반적 확인은 없다.

• 확인은 행정절차법(제24조 제1항)의 처분에 해당되어 요식행위임이 원칙이다(행정심판의 재결서 등).

• 개별적 효과 : 불가변력 외에 확인의 효과는 개별법률이 정하는 바에 따라 정해진다. 다만, 발명특허의 경우와 같이 확인행위에 형성적 효과가 부여되는 경우가 있으나, 그것은 확인행위 그 자체에 의한 것이 아니고 법에 의하여 부연된 효과이다.

• 소급효 : 확인의 효과는 그 성질상 일정한 상태가 존재하였던 시기로 소급한다.

친일반민족행위자 재산의 국가귀속결정은 확인행위 (판례)

친일반민족행위자재산의국가귀속에관한특별법 제3조 제1항 본문, 제9조 규정들의 취지와 내용에 비추어 보면, 같은 법 제2조 제2호에 정한 친일재산은 친일반민족행위자재산조사위원회가 국가귀속결정을 하여야 비로소 국가의 소유로 되는 것이 아니라 특별법의 시행에 따라 그 취득·증여 등 원인행위 시에 소급하여 당연히 국가의 소유로 되고, 위 위원회의 국가귀속결정은 당해 재산이 친일재산에 해당한다는 사실을 확인하는 이른바 준법률행위적 행정행위의 성격을 가진다(대판 2008. 11. 13, 2008두13491).

② **공증행위**

㉠ 의의 : 공증이란 특정한 사실 또는 법률관계의 존재를 공적으로 증명하는 행정행위를 말한다. 즉, 의문이나 다툼이 없는 사항 또는 이미 확인된 사항에 관하여 공적 권위로써 형식적으로 이를 증명하는 것을 말한다.

㉡ **분류**

• 각종 등록·등기 및 등재 : 외국인등록부에의 등록, 지적공부에의 등록, 부동산등기부에의 등기, 선거인 명부에의 등재 등

• 각종 기재행위 : 회의록·의사록 등에의 기재

• 각종 증명서 발부 : 당선증서·합격증서 발부 및 여권 등의 발급

• 각종 교부 : 영수증·특허(허가)장·면허장·비과세증명 등

• 검인·직인의 날인 등

㉢ **성질**

• 공증은 단순한 인식작용(인식의 의사표시)이다.

• 특정 사실이나 법률관계가 객관적으로 존재하는 경우에는 공증을 하여야 하는 기속행위 내지 기속재량행위이다.

• 공증 역시 행정절차법상 처분에 해당한다. 다만, 판례는 공증의 처분성을 원칙적으로 부정하며, 예외적으로 처분성을 인정하는 경우가 있다.

> 관련 판례
> • 원칙적으로 처분성을 부정한 판례 : 멸실된 지적공부를 복구하거나 지적공부에 기재된 일정한 사항을 변경하는 행위는 행정사무집행의 편의와 사실증명의 자료로 삼기 위한 것으로 이로 인하여 당해 토지에 대한 실체상의 권리관계에 어떤 변동을 가져오는 것이 아니고, 특단의 사정이 없는 한 토지의 소재, 지번, 지목 및 경계가 지적공

부의 기재에 의하여 확정된다 하여 토지 소유권의 범위가 지적공부의 기재만에 의하여 증명되는 것도 아니므로, 소관청이 지적공부의 복구신청을 거부하거나 그 등재사항에 대한 변경신청을 거부한 것을 가리켜 항고소송의 대상이 되는 행정처분이라고 할 수 없다(대판 1991. 12. 24, 91누8357).

- 예외적으로 처분성을 긍정한 판례
  - 지적공부 소관청의 지목등록변경신청반려행위 : 지목은 토지소유권을 제대로 행사하기 위한 전제요건으로서 토지소유자의 실체적 권리관계에 밀접하게 관련되어 있으므로 지적공부 소관청의 지목변경신청 반려행위는 국민의 권리관계에 영향을 미치는 것으로서 항고소송의 대상이 되는 행정처분에 해당한다(대판 2004. 4. 22, 2003두9015).
  - 의료유사업자 자격증갱신발급행위(대판 1977. 5. 24, 76누295)
  - 구 사회단체등록에관한법률에 의한 사회단체등록행위(대판 1989. 12. 26, 87누308)
  - 특허청장의 상표사용권등록설정행위(대판 1991. 8. 13, 90누9414)
  - 토지분할신청거부행위(대판 1993. 3. 23, 91누8968)
  - 건축물대장 작성 및 용도변경신청 거부행위(대판 2009. 1. 30, 2007두7277)

- 공증은 준법률행위적 행정행위로서 부관을 붙일 수 없다는 것이 다수설의 입장이다. 다수설에서는 공증행위에 붙어 있는 종기(終期)의 경우 부관이 아니라 법정기한이라 한다.

ⓔ 효과

- 일반적 효과 : 공증은 일반적으로 공적 증거력을 발생시키는바, 그 증거력의 정도 및 그에 따른 효과는 관계 법령의 규정에 의하여 결정된다. 다만 특별한 규정이 없는 한, 공증의 증거력은 그 증명된 것에 대한 반증이 있을 때까지는 일단 진실한 것으로 추정되는 효력(진실추정력)을 가지는 데 불과하다. 따라서 그에 대한 반증이 있는 때에는 행정청의 취소를 기다리지 않고 그 증거력을 다투어 번복할 수 있다. 결국, 공증은 확인과는 달리 불가변력이 발생하지 않는다.
- 그 밖에 개별법령의 규정에 따라 행정행위의 효력발생요건이 되거나(운전면허증, 광업원부에의 등록 등), 권리성립요건(등기부에의 등기 등) 또는 권리행사요건(선거인명부에의 등재 등)이 된다.

ⓜ 권리구제 : 공증도 행정행위로서 행정구제가 가능하다는 것이 일반적 견해이나, 판례에서는 공증에 대한 처분성의 인정 여부에 따라서 행정쟁송의 대상 여부를 결정하고 있다. 즉, 판례는 행정사무의 편의나 사실증명의 자료에 불과한 공증행위에 대해 원칙적으로 그 처분성을 부정하여 행정쟁송을 인정하지 않는다(지적도 · 임야도 · 토지대장 · 임야대장 등의 지적공부에의 기재행위, 운전면허대장에의 기재행위 등). 다만, 예외적으로 국민의 권리관계에 영향을 미치는 공증행위에 대해서는 그 처분성을 인정하여 행정쟁송을 인정하였다(분필신청거부, 지목등록변경신청반려행위 등).

③ 통지행위

㉠ 의의 : 통지란 특정인 또는 불특정 다수인에게 일정한 사항을 알리는 행정행위를 말한다. 이러한 통지행위는 이미 성립한 행정행위의 효력발생요건으로서의 통지행위(법령이나 조약의 공포, 재결의 고지 등)와 아무런 법적 효과가 발생하지 않는 단순한 사실행위(요식행위인 문서의 교부·송달 등)와는 구별된다.

㉡ 분류
- 일정한 관념의 통지 : 특허출원공고, 귀화고시, 사업인정고시 등
- 의사의 통지 : 대집행계고, 납세독촉, 구 토지수용법상의 사업인정고시 등

㉢ 성질
- 통지는 법령에 의하여 일정한 관념이나 의사를 통지하여야 하는 기속행위이다.
- 통지는 준법률행위적 행정행위로서 법적 효과를 가져오는 것만을 말한다. 따라서 사실행위에 불과한 통지는 여기에 포함되지 않는다.

㉣ 효과 : 통지행위의 효과 역시 개별법규가 정한 바에 따른다. 이러한 통지는 일정한 법적 효과가 결부되어야 한다.

㉤ 처분성의 인정 여부(판례)
- 처분성을 인정한 것 : 토지보상법상의 사업인정의 고시, 대집행영장발부통보처분, 강서세무서장의 납부독촉, 국공립대 교수에 대한 재임용거부 취지의 임용기간만료통지

> 관련 판례 : 기간제로 임용되어 임용기간이 만료된 국·공립대학의 조교수는 교원으로서의 능력과 자질에 관하여 합리적인 기준에 의한 공정한 심사를 받아 위 기준에 부합되면 특별한 사정이 없는 한 재임용되리라는 기대를 가지고 재임용 여부에 관하여 합리적인 기준에 의한 공정한 심사를 요구할 법규상 또는 조리상 신청권을 가진다고 할 것이니, 임용권자가 임용기간이 만료된 조교수에 대하여 재임용을 거부하는 취지로 한 임용기간만료의 통지는 위와 같은 대학교원의 법률관계에 영향을 주는 것으로서 행정소송의 대상이 되는 처분에 해당한다(대판 2004. 4. 22, 2000두7735).

- 처분성을 부정한 것 : 정년퇴직발령과 당연퇴직의 인사발령 등에 대해서는 단순한 사실행위로서의 통지에 불과하다고 보아 그 처분성을 부정

> 관련 판례 : 국가공무원법상 당연퇴직은 결격사유가 있을 때 법률상 당연히 퇴직하는 것이지 공무원관계를 소멸시키기 위한 별도의 행정처분을 요하는 것이 아니며, 당연퇴직의 인사발령은 법률상 당연히 발생하는 퇴직사유를 공적으로 확인하여 알려주는 이른바 관념의 통지에 불과하고 공무원의 신분을 상실시키는 새로운 형성적 행위가 아니므로 행정소송의 대상이 되는 독립한 행정처분이라고 할 수 없다(대판 1995. 11. 14, 95누2036).

④ 수리행위

ⓖ 의의 : 수리행위란 타인의 행위를 유효한 행위로서 받아들이는 행위를 말한다. 여기서의 수리는 준법률행위적 행정행위로서의 수리를 말하는 것으로, 자체완성적 공법행위에서 말하는 수리는 여기의 수리에 해당되지 않는다.

ⓛ 분류
  • 각종 신청서나 신고서의 수리 : 혼인신고의 수리, 입후보자등록의 수리 등
  • 각종 소장의 수리 : 행정심판청구서의 수리 등

ⓒ 성질
  • 수리는 수동적 행정행위로, 타인의 행위가 유효한 행위라는 판단 아래 수령하는 인식의 표시행위라는 점에서 단순한 사실인 '도달'과 사실행위인 '신고의 수리(접수)'와 구분된다.
  • 수리는 유효한 것으로 받아들이는 수동적 행위로, 행정청은 법이 정한 특별한 사정이 없는 한 소정의 형식적 요건을 갖춘 신고는 수리해야 하는 기속행위이다(대판 84도2953). 따라서 법정요건을 갖춘 행위에 대한 수리거부는 행정쟁송의 대상이 된다.

ⓔ 효과
  • 수리의 효과는 보통 개별법에서 정하는 바에 따라 사법상 효과 또는 공법상 효과가 발생한다.
  • 수리는 경우에 따라서는 법률관계를 완성시키기도 하고(혼인신고의 수리 등), 행정청의 의무를 발생시키기도 한다(행정심판청구의 수리에 따른 심리 · 재결 의무).
  • 수리를 요하는 신고의 경우 그 자체로서 독립적 행정행위이므로, 그러한 수리나 수리의 거부는 행정쟁송의 대상으로서의 처분에 해당한다. 판례는 수리를 요하는 신고(행정요건적 공법행위로서의 신고)에 대한 수리거부, 건축주명의변경신고, 무허가 위법건축물에서의 볼링장업신고수리거부처분 등에 있어 처분성을 인정하였다.

신고의 종류
• 수리를 요하지 않는 신고(자체완성적 신고)
  – 접수된 때에 법적 효과 발생
  – 신고필증은 단순한 사실적 의미
  – 접수거부는 항고소송의 대상인 처분이 아님
  – 본래적 의미의 신고
• 수리를 요하는 신고(행정요건적 신고)
  – 수리가 있어야 법적 효과 발생

Check Point

수리의 효과
혼인신고의 수리는 혼인성립이라는 사법상의 효과를, 소장의 수리는 공법상의 효과를 발생시킨다.

- 신고필증은 법적 의미
- 접수(수리)거부는 항고소송의 대상인 처분에 해당
- 완화된 허가제의 성질

 꼭! 확인 기출문제

신고에 대한 설명으로 옳지 않은 것은? (다툼이 있는 경우 판례에 의함) [지방직 9급 기출]

① 수리를 요하는 신고에서 수리는 행정소송의 대상인 처분에 해당한다.

② 행정청에 의한 구 식품위생법의 영업자지위승계신고 수리처분이 종전의 영업자의 권익을 제한하는 처분이라면, 해당 행정청은 종전의 영업자에게 행정절차법 소정의 행정절차를 실시하고 처분을 하여야 한다.

③ 자기완결적 신고를 규정한 법률상의 요건 외에 타법상의 요건도 충족하여야 하는 경우, 타법상의 요건을 충족시키지 못하는 한 적법한 신고를 할 수 없다.

❹ 인·허가의제 효과를 수반하는 건축신고는 일반적인 건축신고와 같이 자기완결적 신고이다.

해 ④ 인·허가의제 효과를 수반하는 건축신고는 일반적인 건축신고와는 달리, 특별한 사정이 없는 한 행정청이 그 실체적 요건에 관한 심사를 한 후 수리하여야 하는 이른바 '수리를 요하는 신고'로 보는 것이 옳다(대판 2011.1.20, 2010두14954 전합).

① 수리를 요하는 신고에서 행정청의 수리행위는 법적 효과를 발생하게 하는 행위이므로 행정처분에 해당한다.

② 행정청이 구 식품위생법상의 영업자지위승계신고수리처분을 하는 경우 종전의 영업자는 행정절차법 제2조 제4호 소정의 '당사자'에 해당하며, 수리처분 시 종전의 영업자에게 행정절차법 소정의 행정절차를 실시하여야 한다(대판 2003.2.14, 2001두7015).

③ 수리를 요하지 않는 신고의 경우 신고를 규정한 법률상의 요건 외에 다른 법률상의 요건도 충족하여야 하는 경우, 다른 법률상의 요건을 충족하지 못한 경우에는 신고를 할 수 없다.

제4절 행정행위의 부관

1. 부관의 관념

(1) 의의

Check Point

협의설과 광의설의 본질적 차이
두 설의 본질적 차이는 부관의 본질을 주된 행정행위에 의존하는 것으로 보는지 여부에 달려 있다고 볼 수 있는데, 이러한 부관의 개념에 관한 논의는 부담의 부관성과 준법률행위적 행정행위에 부관을 붙일 수 있는지 여부에 관한 문제와 관계가 있다.

① **협의설(종래의 다수설)** : 부관이란 행정행위의 효과를 제한하기 위하여 주된 의사표시에 부가되는 종된 의사표시를 말한다. 따라서 부관은 주된 행정행위가 효력을 발생할 수 없는 때에는 당연히 그 효력을 상실하는 부종성을 갖는다(주된 행정행위와 독립된 별개의 행정행위가 아님).

② **광의설(최근의 다수설)** : 새로운 견해에 따르면, 부관이란 행정행위의 효과를 제한하거나 특별한 의무를 부과하거나 요건을 보충하기 위하여 주된 행정행위에 부가된 종된 규율을 말한다.

(2) 성질

행정행위의 부관은 주된 행정행위에 결합되어 독립성이 인정되지 않는다는 점에서 독립성이 인정되는 행정행위의 취소나 철회와 구별된다. 단, 부관 중 부담은 다른 부관과는 달리 어느 정도 독립성이 인정된다.

(3) 구별 개념

① 법정부관과의 구별

⊙ 행정행위의 부관은 행정청의 의사표시에 의한 것이라는 점에서 특정한 행정행위 효과의 제한이 직접 법규에 의해 정해지는 법정부관과 구별된다. 광업권의 존속기간, 자동차검사증의 유효기간, 인감증명의 유효기간, 공무원의 조건부임용, 수렵면허의 법정기간 등과 같은 법정부관은 행정청이 아니라 법령에 의해 직접 부과되는 것으로서 법규 그 자체이므로 행정청의 재량이 전혀 허용되지 않는다.

ⓛ 법정부관은 행정행위의 부관에 부관을 붙일 수 있는 한계에 관한 일반원칙이 적용되지 않는다. 또한 법정부관은 법령의 성질을 지닌다는 점에서 법정부관이 위법한 경우 규범통제제도에 의해 통제되며, 법정부관이 처분성을 지니는 경우에는 항고소송의 대상이 된다.

> **관련 판례(대판 1994. 3. 8, 92누1728)**
>
> 가. 보건사회부장관의 고시인 식품제조영업허가기준의 성질 : 식품제조영업허가기준이라는 고시는 공익상의 이유로 허가를 할 수 없는 영업의 종류를 지정할 권한을 부여한 구 식품위생법 제23조의3 제4호에 따라 보건사회부장관이 발한 것으로서, 실질적으로 법의 규정내용을 보충하는 기능을 지니면서 그것과 결합하여 대외적으로 구속력이 있는 법규명령의 성질을 가진 것이다.
>
> 나. 위 "가"항의 고시에 정한 허가기준에 따라 보존음료수제조업허가에 제품전량수출 등의 조건을 붙인 것의 의미 : 보존음료수제조업의 허가에 붙여진 전량수출 또는 주한외국인에 대한 판매에 한한다는 내용의 조건은 이른바 법정부관으로서 행정청의 의사에 기하여 붙여지는 본래의 의미에서의 행정행위의 부관은 아니므로, 이와 같은 법정부관에 대하여는 행정행위에 부관을 붙일 수 있는 한계에 관한 일반적인 원칙이 적용되지는 않는다.
>
> 다. 위 "가"항의 고시가 기본권을 침해하여 무효인 경우 위 고시에 따른 의무불이행을 이유로 하는 제재적 행정처분의 위법 여부 및 위 고시와 헌법 제37조 제2항의 관계 : "가"항의 고시가 헌법상 보장된 기본권을 침해하는 것으로서 헌법에 위반될 때에는 위 고시는 효력이 없는 것으로 볼 수밖에 없으므로, 원고들이 위 고시에 따라서 지게 되는 의무를 이행하지 아니하였다는 이유로 원고들에 대하여 과징금을 부과하는 제재적 행정처분을 하는 것은 위법하다 할 것이다.
>
> (*'라' 생략)
>
> 마. 보존음료수의 국내판매를 완전히 금지하는 것이 직업의 자유에 대한 중대한 제한인지 여부 : 보존음료수의 국내판매를 금지함으로써 잠재적인 판매시장의 거의 대부분을 폐쇄한다는 것은 실질적으로 보존음료수제조업의 허가를 전면적으로 허용하면서 그 허가의 요건을 한정하는 것(이는 직업선택의 자유를 제한하는 경우에 해당한다)에

기출 Plus 지방직 9급 기출

01. 행정행위의 부관에 대한 설명으로 옳은 것은? (다툼이 있는 경우 판례에 의함)

① 부담부 행정행위의 경우 부담에서 부과하고 있는 의무의 이행이 있어야 비로소 주된 행정행위의 효력이 발생한다.

② 공유재산의 관리청이 기부채납된 행정재산에 대하여 행하는 사용·수익 허가의 경우, 부관인 사용·수익 허가의 기간에 위법사유가 있다면 허가 전부가 위법하게 된다.

③ 학설의 다수견해는 수정부담의 성격을 부관으로 이해한다.

④ 행정행위의 부관은 법령에 명시적 근거가 있는 경우에만 부가할 수 있다.

해 기부채납 받은 행정재산에 대한 사용·수익허가에서 그 허가기간은 행정행위의 본질적 요소에 해당한다고 할 것이어서, 부관인 허가기간에 위법사유가 있다면 이로써 사용·수익허가 전부가 위법하다(대판 2001.6.15, 99두09).

답 01 ②

> 못지않은 큰 제한으로서, 직업선택의 자유를 제한하는 것과 다를 바 없는 영업의 자유에 대한 중대한 제한이고, 영업의 자유를 제한하는 내용에 있어서도 국내판매를 완전히 금지하여 어느 경우에도 예외를 인정하지 않고 있으므로, 그 제한의 정도가 절대적인 것이어서 직업의 자유를 심하게 제한하고 있다고 하지 않을 수 없다.

② **행정행위의 내용적 제한과의 구별** : 부관은 행정행위의 효과를 제한하거나 특정 의무를 부과하기 위해 행정행위에 부가되는 것인 데 비해, 행정행위의 내용적 제한은 행정행위의 내용 그 자체를 정하는 것이라는 점에서 구별된다.

(4) 부관의 기능

① **순기능**

ㄱ 행정행위의 부관은 다양한 행정사무와 상황에 맞추어 행정행위가 상대방의 이해를 조절하고 공익을 효과적으로 실현할 수 있도록 한다.

ㄴ 행정청이 상황의 특성에 따라 적합한 행정행위를 할 수 있도록 하여 행정에 광범위한 합리성과 유연성·탄력성, 절차적 경제성을 보장할 수 있도록 한다.

② **역기능** : 부관이 행정편의주의적으로 이용되거나 남용되는 경우 국민의 권익을 침해할 수 있다. 따라서 부관의 남용에 대한 적절한 실체적·절차적 통제책의 마련이 중요하다.

2. 부관의 종류

(1) 조건(條件)

① **의의** : 조건이란 행정행위 효력의 발생·소멸을 장래의 불확실한 사실의 발생 여부에 의존하게 하는 부관을 말한다. 따라서 불확실한 장래의 사실 발생이 행정행위 상대방의 의사에 달려 있는 경우의 조건(부진정조건)은 여기서의 조건에 해당되지 않는다.

② **종류**

ㄱ **정지조건** : 조건의 성취로 행정행위의 효력이 발생되게 하는 행정청의 종된 의사표시를 말한다.

ㄴ **해제조건** : 조건의 성취로 행정행위의 효력이 소멸되는 행정청의 종된 의사표시를 말한다.

③ **부담과의 구별** : 조건과 부담의 구별이 불명확한 경우에는 최소침해의 원칙에 따라 국민에게 유리한 부담으로 파악한다는 것이 통설이다.

(2) 기한(期限)

① **의의** : 기한이란 행정행위 효력의 발생·소멸을 장래의 확실한 사실에 의존하는 부관을 말한다. 따라서 기한은 장래에 사실이 도래할 것이 확실하다는 점에서 조건과 다르다.

② **분류**

　㉠ **확정기한** : '12월 31일까지 사용을 허가한다'라는 경우와 같이 당해 사실의 도래시기가 확정되어 있는 것을 말한다.

　㉡ **불확정기한** : '갑(甲)이 사망할 때까지 연금을 지급한다'와 같이 당해 사실이 도래할 것은 분명하나 그 도래시기가 불확정된 것을 말한다.

　㉢ **시기** : '2014년 6월 10일부터 사용을 허가한다'라는 경우와 같이 장래 확실한 사실의 발생 시 행정행위의 효력이 발생하는 부관을 말한다.

　㉣ **종기(終期)** : '2014년 12월 31일까지 사용을 허가한다'와 같이 장래 확실한 사실의 발생 시 행정행위의 효력이 소멸하는 부관을 말한다.

③ **종기의 성질**

　㉠ **존속기간(원칙)** : 통설과 판례는 적정한 종기의 경우 행정행위 효력의 존속기간으로 보아, 종기가 도래하면 행정행위의 효력은 소멸(실효)된다고 본다.

　㉡ **갱신기간(예외)** : 통설은 장기계속성이 예정된 행정행위에 지나치게 짧은 종기가 부가된 경우(댐건설을 위한 하천 점용허가기간을 3년으로 한 경우 등)에 그것은 행정행위 효력의 존속기간이 아니라 내용의 갱신기간으로 볼 수 있다고 한다. 판례도 이러한 경우 그 기한을 허가 자체의 존속기간이 아니라 허가조건의 존속기간을 정한 것으로 보아, 기한의 도래 시 그 조건의 개정을 고려할 수 있다고 하였다.

> 관련 판례 : 행정행위인 허가 또는 특허에 붙인 조항으로서 종료의 기한을 정한 경우 종기인 기한에 관하여는 일률적으로 기한이 왔다고 하여 당연히 그 행정행위의 효력이 상실된다고 할 것이 아니고 그 기한이 그 허가 또는 특허된 사업의 성질상 부당하게 짧은 기한을 정한 경우에 있어서는 그 기한은 그 허가 또는 특허의 조건의 존속기간을 정한 것이며 그 기한이 도래함으로써 그 조건의 개정을 고려한다는 뜻으로 해석하여야 할 것이다(대판 1995. 11. 10, 94누11866).

　㉢ 다만, 판례는 이러한 경우도 기간 연장을 위해서는 종기가 도래하기 전에 허가기간의 연장을 신청하여야 하며, 그러한 연장신청이 없이 허가기간이 만료하였다면 그 허가의 효력은 상실된다고 하였다(대판 2007. 10. 11, 2005두12404). 또한 이러한 경우에 당해 허가가 갱신되지 않았다고 해서 당사자가 신뢰보호를 이유로 이를 다툴 수 없다고 보고 있다.

Check Point

기간 및 기한의 특례(행정절차법 제16조)
① 천재지변이나 그 밖에 당사자 등에게 책임이 없는 사유로 기간 및 기한을 지킬 수 없는 경우에는 그 사유가 끝나는 날까지 기간의 진행이 정지된다.
② 외국에 거주하거나 체류하는 자에 대한 기간 및 기한은 행정청이 그 우편이나 통신에 걸리는 일수를 고려하여 정하여야 한다.

기출 Plus　지방직 9급 기출

02. 행정행위의 부관에 대한 설명으로 옳지 않은 것은?

① 행정행위의 부관은 법령이 직접 행정행위의 조건이나 기한 등을 정한 경우와 구별되어야 한다.

② 재량행위에는 법령상의 제한에 근거한 것이 아니라 하더라도 공익상 필요에 의하여 부관을 붙일 수 있다.

③ 허가에 붙은 기한이 그 허가된 사업의 성질상 부당하게 짧은 경우에 그 기한은 허가조건의 존속기간이 아니라 허가 자체의 존속기간으로 보아야 한다.

④ 부담은 독립하여 항고소송의 대상이 될 수 있으며, 부담부 행정행위는 부담의 이행여부를 불문하고 효력이 발생한다.

해 일반적으로 행정처분에 효력기간이 정하여져 있는 경우에는 그 기간의 경과로 그 행정처분의 효력은 상실되고, 다만 허가에 붙은 기한이 그 허가된 사업의 성질상 부당하게 짧은 경우에는 이를 그 허가자체의 존속기간이 아니라 그 허가조건의 존속기간으로 본다.

답 02 ③

(3) 부담(負擔)

① 의의

    ㉠ 부담이란 행정행위의 주된 의사표시에 부가하여 그 효과를 받는 상대방에게 작위·부작위·급부 또는 수인의무를 명하는 행정청의 의사표시를 말한다.

    ㉡ 부담은 일반적으로 수익적 행정행위에 부과되는 것으로, 영업허가를 하면서 각종 준수의무를 명하는 것이나 도로·하천의 점용허가를 하면서 점용료 또는 사용료 납부를 명하는 것, 영업허가를 하면서 종업원의 건강진단의무를 부과하는 것 등이 그 구체적 예이다.

② 법적 성질

    ㉠ 주된 행정행위와의 관계

        • 조건·기한·철회권유보와 달리 부담은 행정행위 효력의 발생 또는 소멸과 직결된 것이 아니므로 부담의 이행 여부와 관계없이 주된 행정행위의 효력이 발생한다. 즉, 부담의 불이행이 있다고 하여 주된 행정행위의 효력이 당연히 소멸되는 것은 아니며, 행정청이 부담의 불이행을 이유로 주된 행정행위를 취소하거나 철회하여야 그 효력이 소멸된다(다수설·판례). 다만, 부담의 존재와 이행이 주된 행정행위와 관련되어 있음에 비추어 볼 때(부담의 부종성), 주된 행정행위가 소멸되면 부담 역시 소멸된다고 보아야 한다.

        • 부담의 불이행을 이유로 행정청이 그 후의 단계적 조치를 거부하는 것이 가능하다(대판 1985. 2. 8, 83누625).

        • 부담의 불이행은 행정강제나 행정벌의 대상이 될 수 있다.

    ㉡ 독립적 행정행위(처분성) : 부담은 독립된 행정행위로 하명이라는 독립된 처분성을 가지고 있어 단독으로 강제집행이나 행정쟁송의 대상이 될 수 있다. 판례도 다른 부관과 달리 부담은 그 자체로서 독립하여 행정쟁송의 대상이 된다고 본다.

> 관련 판례
> • 부관 중 부담은 그 자체로서 독립하여 행정쟁송의 대상이 됨 : 행정행위의 부관은 행정행위의 일반적인 효력이나 효과를 제한하기 위하여 의사표시의 주된 내용에 부가되는 종된 의사표시이지 그 자체로서 직접 법적 효과를 발생하는 독립된 처분이 아니므로 현행 행정쟁송제도 아래서는 부관 그 자체만을 독립된 쟁송의 대상으로 할 수 없는 것이 원칙이나 행정행위의 부관 중에서도 행정행위에 부수하여 그 행정행위의 상대방에게 일정한 의무를 부과하는 행정청의 의사표시인 부담의 경우에는 다른 부관과는 달리 행정행위의 불가분적인 요소가 아니고 그 존속이 본체인 행정행위의 존재를 전제로 하는 것일 뿐이므로 부담 그 자체로서 행정쟁송의 대상이 될 수 있다(대판 1992. 1. 21, 91누1264).

Check Point

부담은 주로 허가를 하면서 각종 준수·이행의무를 명하거나 사용료·점용료 등의 납부를 명하는 형식의 부관으로, 부관 중 그 예가 가장 많다.

- 부담을 제외한 부관의 경우 독립된 행정쟁송의 대상이 될 수 없음 : 행정행위의 부관은 부담인 경우를 제외하고는 독립하여 행정소송의 대상이 될 수 없는바, 기부채납받은 행정재산에 대한 사용 · 수익허가에서 공유재산의 관리청이 정한 사용 · 수익허가의 기간은 그 허가의 효력을 제한하기 위한 행정행위의 부관으로서 이러한 사용 · 수익허가의 기간에 대해서는 독립하여 행정소송을 제기할 수 없다(대판 2001. 6. 15, 99두509).

③ 조건과의 구별

　㉠ 정지조건과의 구별 : 정지조건부 행정행위는 조건이 성취되어야 효력이 발생하나, 부담부 행정행위는 처음부터 효력이 발생하고, 다만 그와 관련하여 상대방에게 일정한 의무가 부과된다는 점에서 구별된다.

　㉡ 해제조건과의 구별 : 해제조건부 행정행위는 조건이 성취되면 당연히 효력이 소멸되나, 부담부 행정행위는 상대방이 그 부담을 이행하지 아니하여도 효력이 소멸하는 것이 아니고 행정청이 그 의무불이행을 이유로 하여 철회 또는 취소하여야 소멸된다.

　㉢ 조건과 부담의 구별이 불명확한 경우에는 최소침해의 원칙에 따라 국민에게 유리한 부담으로 판단(추정)해야 한다(통설).

④ 부담권유보(사후변경의 유보)

　㉠ 의의 : 행정청이 행정행위를 하면서 사후에 그 부담을 설정 · 변경 · 보완할 수 있는 권리를 유보하는 의사표시로, 행정행위의 '사후변경의 유보'라고도 한다(독일 행정절차법에서 명문화된 개념임).

　㉡ 학설 : 철회권의 일부에 지나지 않는다고 보는 견해도 있으나, 다수설(긍정설)은 장래의 일정한 사실의 발생 시에 새로운 의무를 과하는 것을 유보하는 것으로, 유보된 사실의 발생 시에 기존의 효력을 철회하는 철회권 유보와는 구별하고 있다(부관의 일종으로 파악).

　㉢ 주로 사회변화와 기술의 발달에 따른 급속한 변화에 적응할 필요성에서 인정되고 있다.

⑤ 부담불이행의 효과

　㉠ 부담을 불이행하는 경우에는 강제집행을 하거나, 주된 행정행위를 철회시키거나, 후속처분을 거부할 수 있다(통설 · 판례).

　㉡ 판례도 부담부 행정처분에 있어서 처분의 상대방이 부담(의무)을 이행하지 않은 경우 처분행정청은 당해 처분을 취소(철회)할 수 있다고 하였다(대판 1989. 10. 24, 89누2431).

꼭! 확인 기출문제

행정행위의 부관에 관한 설명으로 옳지 않은 것은? [국가직 9급 기출]

① 부관은 행정을 수행함에 있어서 유연성 및 탄력성을 보장하는 기능을 가진다.
② 부관은 당해 행정행위의 목적과 무관한 다른 목적을 위하여 붙일 수 없다.
③ 부관은 행정행위의 법률효과를 제한하거나 보충하는 기능을 수행한다.
❹ 부관은 부담을 제외하고 독립하여 항고소송의 대상이 된다는 것이 판례의 입장이다.

해 ④ 행정행위의 부관 중 부담은 다른 부관과는 달리 독립하여 행정쟁송을 제기할 수 있다는 것이 통설과 판례(대판 1992. 1. 21, 91누1264)의 입장이다.
① 부관은 행정청이 상황의 특성에 따라 적합한 행정행위를 할 수 있도록 하여 줌으로써 행정의 합리성·유연성·탄력성을 보장하는 순기능을 가진다.
② 부관은 당해 행정행위의 목적상 필요한 범위를 넘어서는 안 된다는 한계가 있다.
③ 부관이란 행정행위의 효과를 제한하거나 특별한 의무를 부과하고 요건을 보충하기 위하여 주된 행정행위에 부가된 종된 규율을 말한다(다수설, 광의설).

(4) 철회권(취소권)의 유보

① 의의

ㄱ 행정행위의 주된 의사표시에 부가하여 장래 일정한 사유가 발생한 경우 그 행정행위를 철회할 수 있는 권리를 유보하는 행정청의 의사표시를 말한다.

ㄴ 유보 사유가 발생하더라도 철회(취소)행위가 있어야 그 효력이 소멸한다는 점에서 해제조건·종기와 구별된다.

② 법적 근거 : 법령의 근거가 없이도 철회권을 유보할 수 있는가에 대해 학설의 대립이 있으나, 판례는 철회권 유보에 대해서 특별한 법적 근거를 요하지 않는다고 본다.

> 관련 판례 : 행정행위의 부관으로 취소권이 유보되어 있는 경우, 당해 행정행위를 한 행정청은 그 취소사유가 법령에 규정되어 있는 경우뿐만 아니라 의무위반이 있는 경우, 사정변경이 있는 경우, 좁은 의미의 취소권이 유보된 경우, 또는 중대한 공익상의 필요가 발생한 경우 등에도 그 행정처분을 취소할 수 있는 것이다(대판 1984. 11. 13. 84누269).

③ 철회권 행사의 제한 : 철회권이 유보되어 있는 것만으로 직접 철회가 정당화되는 것은 아니며, 철회권의 유보에 있어서도 행정행위의 철회에 관한 일반원칙을 준수해야 한다(공익상·조리상의 한계). 판례도 이러한 입장에서 판시한 바 있다.

> 관련 판례 : 행정청의 취소권이 유보된 경우에 행정청은 그 유보된 취소권을 행사할 수 있으나 그 취소는 무제한으로 허용될 것이 아니라 공익상 기타 정당한 사유가 없을 때에는 그 취소가 적법한 것이라 할 수 없다(대판 1964. 6. 7. 63누40).

Check Point

철회권(취소권) 유보의 예
숙박업 허가를 하면서 윤락행위를 알선하면 그 허가를 취소하겠다는 것을 유보하는 것이나, 공기업특허를 하면서 특허명령서의 내용을 위반하는 경우에 특허를 취소하겠다는 권리를 유보하는 것 등이 있다.

Check Point

부담유보(사후변경의 유보)
행정청이 사후에 부관을 부가할 수 있는 권한 혹은 부가된 부관의 내용을 변경할 수 있는 권한을 유보하는 부관을 말하는데, 이를 부관의 일종으로 보는 것이 다수설이다. 한편 부담유보는 철회권의 유보와 마찬가지로 상대방은 원칙적으로 신뢰보호주장을 할 수 없다.

(5) 법률효과의 일부배제

① **의의** : 법률에서 부여한 법률효과 중 그 일부의 발생을 배제하는 행정행위의 부관을 말한다.

② **법적 근거** : 법률이 부여하는 효과 중 일부를 특정한 경우에 적용배제하는 것이므로, 다른 부관과 달리 법령에 근거가 있을 경우에 한하여 인정된다.

> 관련 판례 : 지방국토관리청장이 일부 공유수면매립지에 대하여 한 국가 또는 직할시 귀속처분은 매립준공인가를 함에 있어서 매립의 면허를 받은 자의 매립지에 대한 소유권취득을 규정한 공유수면매립법 제14조의 효과 일부를 배제하는 부관을 붙인 것이고, 이러한 행정행위의 부관은 위 법리와 같이 독립하여 행정소송 대상이 될 수 없다(대판 1993. 10. 8, 93누2032).

Check Point

법률효과 일부배제의 예
격일제운행을 조건으로 한 택시영업허가, 야간에만 개시할 조건으로 한 시장개설허가, 야간에만 도로전용허가를 하는 경우, 버스의 노선지정 등이 있다.

(6) 수정부담

① **의의** : 행정행위의 주된 내용에 부가되어 일정한 의무를 부과하는 것이 아니라, 행정행위의 내용 자체를 신청내용과 달리 수정·변경하는 부관을 말한다.

② 신청된 내용을 거부하고 새로운 내용의 허가를 하는 것이므로, 진정한 의미의 부관이라기보다는 새로운 행정행위(수정허가나 변경처분)로 보는 경향이 커지고 있다.

Check Point

수정부담의 예
A도로의 통행허가신청에 대하여 B도로의 통행을 허가하는 것, 유흥음식점허가신청에 대해 대중음식점허가를 하는 것 등이 있다.

꼭! 확인 기출문제

행정행위의 부관에 대한 설명으로 가장 옳은 것은? [서울시 9급 기출]

❶ 허가가 갱신된 이후라고 하더라도, 갱신 전의 법위반사실을 이유로 허가를 취소할 수 있다.

② 부담의 불이행을 이유로 행정행위를 철회하는 경우라면 이익형량에 따른 철회의 제한이 적용되지 않는다.

③ 부관이 붙은 행정행위 전체를 소송의 대상으로 하였다가 부관만이 위법하다고 판단되는 경우에는 부관의 독립적 취소가 가능하다.

④ 기부채납의 부담을 이행하였다가 그 부담이 위법하여 취소가 되면 기부채납은 별도의 소송없이 당연히 부당이득이 된다.

해 ① 허가가 갱신되더라도 갱신 전의 법위반사실이 사라지는 것이 아니기 때문에 갱신 전의 법위반 사실을 이유로 허가를 취소할 수 있다. 부관은 법령에 적합하여야 하며, 부관의 내용은 법령 및 행정행위의 목적달성에 필요한 범위를 넘어서도 안 되며, 행정목적의 범위를 초과하는 부관은 위법하다.

② 부담의 불이행을 이유로 행정행위를 철회하는 경우라면 이익형량에 따른 철회의 제한이 적용된다. 부담을 불이행하는 경우에 강제집행을 하거나, 주된 행정행위를 철회시키거나 후속처분을 거부할 수 있는 것이 통설이다(관련, 부담부 행정처분에 있어서 처분의 상대방이 부담(의무)을 이행하지 않은 경우 처분행정청은 당해 처분을 취소(철회)할 수 있다(대판 1989.10.24, 89누2431).)

③ 부관이 붙은 행정행위 전체를 소송의 대상으로 하였다가 부관만이 위법하다고 판단되는 경우(부진정일부취소소송)에는 부관의 독립적 취소가 가능하지 않다(대판 1990.4.27, 89누6808).

④ 기부채납의 부담을 이행하였다가 그 부담이 위법하여 취소가 되면 기부채납은 별도의 소송 없이 당연히 부당이득이 되지 않는다.(행정행위인 부담과 사법행위인 부담의 이행은 별개로 행정행위인 부담이 위법하여 취소가 되었더라도, 그 부담의 이행으로 한 사법상 법률행위가 취소되지 않는다(대판 2009.6.25, 2006다18174).)

3. 부관의 한계

(1) 문제제기

행정행위의 부관에 관한 일반법이 없으므로 개별법의 규정에 의하여 부관을 붙일 수 있는데, 명문규정이 없는 경우 어떤 행정행위에 대하여 부관을 붙일 수 있는지에 대해서는 견해 차이가 있다. 이에 대해 법률행위적 행정행위에 속하는 자유재량행위에 대해서만 부관을 붙일 수 있다는 것이 다수설과 판례의 입장이다.

(2) 부관의 가능성

① 법률적 행정행위와 준법률행위적 행정행위에 대한 부관의 가능성

　㉠ 전통적 견해(다수설 · 판례)

　　• 원칙 : 부관은 행정행위의 효과를 제한하기 위하여 주된 의사표시에 종된 의사표시를 말하는 것이므로 의사표시를 전제로 하는 법률행위적 행정행위(명령적 · 형성적 행정행위)에만 부관을 붙일 수 있고, 의사표시를 요소로 하지 않는 준법률행위적 행정행위에는 관계법상 수권의 규정이 없는 한 부관을 붙일 수 없다.

> 관련 판례 : 매립준공인가는 매립면허에 대한 단순한 확인행위가 아니며, 인가는 당사자의 법률행위적 행위를 보충하여 그 법률적 효력을 완성시키는 행정주체의 보충적 의사표시로서의 법률행위적 행정행위인 이상 매립면허의 양도허가 시 및 준공인가 시 부관을 붙일 수 있다(대판 1975. 8. 29, 75누23).

　　• 예외 : 법률행위적 행정행위 중 귀화허가 및 공무원의 임명행위 등과 같은 포괄적 신분설정행위는 성질상 부관을 붙일 수 없다는 것이 일반적으로 인정된다.

　㉡ 종된 규율성설

　　• 의의 : 부관의 허용성 문제는 개개의 행정행위의 성질에 의하여 결정되는 것으로 보는 견해이다.

　　• 법률행위적 행정행위의 경우 : 부관을 붙일 수 있음이 원칙이며, 다만 귀화허가나 공무원임명과 같은 신분설정행위에는 부관(조건 · 부담 등)을 붙일 수 없다.

　　• 준법률행위적 행정행위의 경우 : 부관을 붙일 수 없음이 원칙이며, 다만 확인이나 공증의 경우 기한이나 종기 같은 부관을 붙일 수 있다(예 인감증명유효기간, 여권유효기간 등).

② 재량행위와 기속행위에 대한 부관의 가능성

　㉠ 전통적 견해(다수설 · 판례)

- 원칙 : 재량행위에는 부관을 붙일 수 있으나 기속행위에는 부관을 붙일 수 없다.

> 관련 판례 : 재량행위에 있어서는 관계 법령에 명시적인 금지규정이 없는 한 행정목적을 달성하기 위하여 부관을 붙일 수 있다(대판 1998. 10. 23, 97누164). 일반적으로 기속행위나 기속적 재량행위에는 부관을 붙을 수 없고 가사 부관을 붙였다 하더라도 이는 무효인 것이다(대판 1988. 4. 27, 87누1106).

- 예외 : 법령에 근거규정이 있는 경우에는 기속행위에도 붙일 수 있다(예 식품위생법 제37조 제2항 등).

ⓒ 종된 규율성설
- 의의 : 행정행위의 재량성 검토와 부관의 가능성은 별개라는 견해이다.
- 기속행위인 경우에도 명문규정의 유무에 상관없이 법률요건충족을 위한 부관(법정요건 충족을 위한 철회권 유보 등)의 경우는 붙일 수 있으며, 재량행위의 경우에도 성질상 부관이 허용되지 않는 행위가 있다고 보았다.

Check Point

영업허가 등 (식품위생법 제 37조 제2항)
식품의약품안전처장 또는 특별자치시장 · 특별자치도지사 · 시장 · 군수 · 구청장은 제항에 따른 영업허가를 하는 때에는 필요한 조건을 붙일 수 있다.

(3) 부관의 시간적 한계(사후부관가능성 여부)

① 학설

㉠ 제한적 긍정설(다수설)
- 원칙 : 개인의 법익을 보호하기 위해 사후부관은 허용되지 않는다.
- 예외 : 법률의 규정이 있는 경우와 행정행위에 사후부관을 유보한 경우, 상대방의 동의가 있는 경우, 부관 중 부담인 경우 등에는 사후부관이 가능하다.

㉡ **부담 긍정설** : 부담은 독립적 처분성의 성질을 가지고 있어 사후부관이 가능하다는 견해이다.

㉢ **부정설** : 부관은 주된 행정행위에 부수된 종된 것이어서 그 독자적인 존재는 인정될 수 없으므로, 사후에 부관만 따로 붙일 수 없다는 견해이다.

② 판례 : 제한적 긍정설의 입장에서 취하고 있는 사유와 사정변경으로 인한 목적달성의 필요를 이유로 사후부관이 예외적으로 허용된다고 보았다.

> 관련 판례 : 행정처분에 이미 부담이 부가되어 있는 상태에서 그 의무의 범위 또는 내용 등을 변경하는 부관의 사후변경은, 법률에 명문의 규정이 있거나 그 변경이 미리 유보되어 있는 경우 또는 상대방의 동의가 있는 경우에 한하여 허용되는 것이 원칙이지만, 사정변경으로 인하여 당초에 부담을 부가한 목적을 달성할 수 없게 된 경우에도 그 목적달성에 필요한 범위 내에서 예외적으로 허용된다(대판 1997. 5. 30, 97누2627).

Check Point

제한적 긍정설의 입장
판례는 부관의 사후변경은 사정변경으로 인하여 당초의 목적달성이 불가능하게 된 경우에도 그 목적달성에 필요한 범위 내에서 예외적으로 허용된다고 판시한 바 있다(대판 1997. 5. 30, 97누2627).

사후부관 및 사후변경

- **사후부관** : 행정행위의 발령 당시가 아닌 행정행위 이후에 발하는 부관으로, 법령에 근거가 있거나 사후부관이 미리 유보되어 있는 경우, 상대방의 동의가 있을 경우에 허용된다.
- **사후변경** : 행정행위 당시 부담이 부가되어 있는 상태에서 사후에 변경할 수 있는지에 대한 내용으로 법률에 규정이 있는 경우, 변경이 미리 유보된 경우, 상대방의 동의가 있을 경우, 예외적으로 사정변경이 있는 경우 등에 허용된다.

(4) 부관의 내용적 한계(부관의 정도)

① **법규상의 한계** : 부관은 법령에 적합하여야 한다.

> 관련 판례 : 법령에서 부관을 붙이는 것을 금지한다면, 재량행위일지라도 당연히 부관을 붙일 수 없다(대판 1998. 8. 21, 98두8919).

② **목적상의 한계** : 부관의 내용은 법령 및 행정행위의 목적달성에 필요한 범위를 넘어서는 안 되며, 행정목적의 범위를 초과하는 부관은 위법하다.

> 관련 판례 : 허가를 하면서 운반선, 등선 등 부속선을 사용할 수 없도록 제한한 부관은 그 어업허가의 목적달성을 사실상 어렵게 하여 그 본질적 효력을 해하는 것일 뿐만 아니라 위 시행령의 규정에도 어긋나는 것이며, 더욱이 어업조정이나 기타 공익상 필요하다고 인정되는 사정이 없는 이상 위법한 것이다(대판 1990. 4. 27, 89누6808).

③ **행정법 일반원칙(조리)상의 한계** : 부관의 내용은 비례의 원칙, 평등의 원칙, 부당결부금지의 원칙 등 행정법의 일반원칙에 반하지 않아야 한다.

> 관련 판례 : 관계 법령에 명시적인 금지규정이 없는 한 행정목적을 달성하기 위하여 부관을 붙일 수 있으며, 그 부관의 내용이 이행 가능하고 비례의 원칙 및 평등의 원칙에 적합하며 행정처분의 본질적 효력을 저해하는 것인 이상 거기에 부관의 한계를 벗어난 위법이 있다고 할 수 있다(대판 1998. 10. 23, 97누164).

꼭! 확인 기출문제

다음 사례에 대한 판례의 입장으로 옳지 않은 것은? [국가직 9급 기출]

> 고속국도 관리청이 고속도로 부지와 접도구역에 송유관 매설을 허가하면서 상대방인 甲과 체결한 협약에 따라 송유관 시설을 이전하게 될 경우 그 비용을 甲이 부담하도록 하였는데, 그 후 「도로법 시행규칙」이 개정되어 접도구역에는 관리청의 허가 없이도 송유관을 매설할 수 있게 되었다.

① 협약에 따라 송유관 시설을 이전하게 될 경우 그 비용을 甲이 부담하도록 한 것은 행정행위의 부관 중 부담에 해당한다.
② 甲과의 협약이 없더라도 고속국도 관리청은 송유관매설허가를 하면서 일방적으로 송유관 이전 시 그 비용을 甲이 부담한다는 내용의 부관을 부가할 수 있다.
③ 「도로법 시행규칙」의 개정 이후에도 위 협약에 포함된 부관은 부당결부금지의 원칙에 반하지 않는다.
❹ 도로법 시행규칙의 개정으로 접도구역에는 관리청의 허가 없이도 송유관을 매설할 수 있게 되었기 때문에 위 협약 중 접도구역에 대한 부분은 효력이 소멸된다.

🔳 ④ 고속국도 관리청이 고속도로 부지와 접도구역에 송유관 매설을 허가하면서 상대방과 체결한 협약에 따라 송유관 시설을 이전하게 될 경우 그 비용을 상대방에게 부담하도록 하였고, 그 후 도로법 시행 규칙이 개정되어 접도구역에는 관리청의 허가 없이도 송유관을 매설할 수 있게 된 사안에서, 위 협약이 효력을 상실하지 않을 뿐만 아니라 위 협약에 포함된 부관이 부당결부금지의 원칙에도 반하지 않는다고 한 사례이다(대판 2009.2.12, 2005다65500).
① 비용을 상대방에게 부과한 것은 별도의 의무를 부과한 것이므로 부관 중 부담에 해당한다.
② 부관을 일방적으로 붙이는 것이 일반적이므로 상대방의 동의 없이 일방적으로 붙일 수 있다. 이 사례는 일방적으로 붙일 수 있는 경우인데 협약으로 붙인 경우이다.
③ 사례의 협약이 포함된 부분은 부당결부금지의 원칙에 위반되지 않는다는 것이 판례의 입장이다.

4. 부관의 하자와 행정행위의 효력

(1) 무효인 부관과 주된 행정행위의 효력

부관의 하자가 중대하고 명백하면 당해 부관은 무효가 되는데, 부관의 무효가 주된 행정행위에 어떠한 영향을 미치는가에 대하여 학설의 다툼이 있다.

① 부관만 무효라는 견해 : 이 경우 주된 행정행위는 부관 없는 단순한 행정행위가 된다.

② 부관부행정행위 전부가 무효라는 견해 : 부관부행정행위 자체가 무효가 된다.

③ 본질적 요소여부에 따라 판단하는 견해(절충설, 통설·판례)

　㉠ 부관이 그 행정행위의 본질적 요소가 아닌 경우 : 부관이 무효인 경우 부관 없는 단순한 행정행위로서 효력이 발생한다.

　㉡ 부관이 그 행정행위의 본질적 요소인 경우 : 부관이 그 행정행위에 있어서 없어서는 안 될 본질적 요소일 경우는 행정행위 전체가 무효가 된다.

④ 판례 : 절충설의 입장을 취하고 있다.

> 관련 판례 : 도로점용허가의 점용기간은 행정행위의 본질적 요소에 해당하는 것이어서, 부관인 점용허가기간을 정함에 위법이 있으면 도로점용허가 전부가 위법이 된다(대판 1985. 7. 9. 84누604).

(2) 취소할 수 있는 부관과 행정행위의 효력

취소할 수 있는 부관이라도 그 자체가 당연무효가 아닌 적법한 것으로 추정되어 행정청이 취소하지 않으면 일단은 유효하다. 다만, 행정청의 취소가 있는 경우 주된 행정행위의 효력에 어떠한 영향을 미치는가에 대해서는 무효인 경우와 같다.

5. 하자있는 부관과 행정쟁송

(1) 문제제기

부관이 단순위법일 경우 취소되지 않는 한 부관의 효력에는 문제가 되지 않는다. 다만, 그 부관이 위법한 것으로 판명된 경우에 부관 그 자체만을 독립하여 쟁송대상으로 할 수 있는가(독립쟁송가능성, 소송요건)와 부관만을 독립하여 취소할 수 있는가(독립취소가능성, 본안심리)가 문제된다.

(2) 부관의 독립쟁송가능성

① 의의 : 부관이 위법한 경우 부관만을 대상으로 하여 행정쟁송이 가능한가, 즉

Check Point

부관이 위법할 경우 주된 행정행위의 효력이 어떻게 되는지가 문제가 되는데, 그 효력은 행정행위의 무효·취소의 구별기준에 준하여 판단될 수 있다.

진정일부취소소송이 허용되는지가 문제된다(대상적격가능성의 문제).

② 학설과 판례

㉠ **부관 중 부담만 가능하다는 견해(다수설 · 판례)** : 부관은 종된 의사표시로서 주된 의사표시와 합하여 하나의 행정행위를 나타내므로 부관만을 독립시켜 쟁송대상으로 할 수 없으나, 부담은 그 자체로서 독자적 규율성 · 처분성이 있는 독립된 행정행위로서 독립하여 쟁송이 될 수 있다(진정일부취소소송).

㉡ **모든 부관에 가능하다는 견해** : 소의 이익이 있는 한 모든 부관이 독립하여 쟁송의 대상이 된다는 견해이다.

㉢ **분리가능성이 있는 부관만 가능하다는 견해** : 내용상 주된 행정행위와 분리될 수 있는 부관은 처분성 여부와 관계없이 독립하여 쟁송대상이 된다는 견해이다.

㉣ **판례** : 다수설의 견해와 같이 행정행위의 부관 중 부담은 다른 부관과는 달리 독립하여 행정쟁송을 제기할 수 있다고 본다.

> 관련 판례
> • 행정행위의 부관은 행정행위의 일반적인 효력이나 효과를 제한하기 위하여 의사표시의 주된 내용에 부가되는 종된 의사표시이지 그 자체로서 직접 법적 효과를 발생하는 독립된 처분이 아니므로 현행 행정쟁송제도 아래서는 부관 그 자체만을 독립된 쟁송의 대상으로 할 수 없는 것이 원칙이나 행정행위의 부관 중에서도 행정행위에 부수하여 그 행정행위의 상대방에게 일정한 의무를 부과하는 행정청의 의사표시인 부담의 경우에는 다른 부관과는 달리 행정행위의 불가분적인 요소가 아니고 그 존속이 본체인 행정행위의 존재를 전제로 하는 것일 뿐이므로 부담 그 자체로서 행정쟁송의 대상이 될 수 있다(대판 1992. 1. 21, 91누1264).
> • 행정행위의 부관은 부담인 경우를 제외하고는 독립하여 행정소송의 대상이 될 수 없는 바, 기부채납받은 행정재산에 대한 사용 · 수익허가에서 공유재산의 관리청이 정한 사용 · 수익허가의 기간은 그 허가의 효력을 제한하기 위한 행정행위의 부관으로서 이러한 사용 · 수익허가의 기간에 대해서는 독립하여 행정소송을 제기할 수 없다(대판 2001. 6. 15, 99두509).

③ 쟁송형태

㉠ **진정일부취소소송** : 부담의 경우에는 부담만을 대상으로 소를 제기할 수 있으므로 진정일부취소소송이 인정된다(다수설 · 판례). 따라서 부담만을 대상으로 하여 소를 제기할 수 있다.

㉡ **부진정일부취소소송**

• 부담을 제외한 부관의 경우, 행정행위 전체에 대해서 소를 제기한 후 부관에 대해서만 취소를 구하는 소송, 즉 부진정일부취소소송을 인정할 수 있는지가 문제된다.

• 다수설은 부담을 제외한 부관의 경우 부진정일부취소소송을 인정하여

Check Point

진정일부취소소송
형식상으로나 내용상으로도 부관만의 취소를 구하는 소송을 말한다.

Check Point

부진정일부취소소송
형식상으로는 부관부행정행위 전체에 대해서 취소를 제기하고, 내용상으로는 그 가운데서 부관만의 취소를 구하는 형태의 소송을 말한다.

야 한다고 한다. 그러나 판례는 부담의 경우 진정일부취소소송을 인정하지만, 부담 외의 부관에 대해서는 진정·부진정일부취소소송 모두 인정하지 않는다. 따라서 판례에 의하면, 부담 외의 부관에 하자가 있는 경우 부관부 행정행위 전체의 취소를 청구하거나, 부관이 없는 행정행위로 변경을 청구하고 그것이 거부된 경우에 거부처분취소소송을 제기하여야 한다.

(3) 부관의 독립취소가능성

① 학설

⊙ **중요성설(다수설)** : 부관부 행정행위 전체를 대상으로 취소소송을 제기하는 경우, 부관이 주된 행정행위의 중요한 요소가 아닌 경우(분리 가능한 요소인 경우)에는 일부취소의 형식이 되어 부관 없는 단순행정행위로 남게 되고, 부관의 내용이 주된 행정행위의 중요한 요소인 경우에는 전부취소의 형식이 된다는 견해이다.

⊙ **부관만 취소할 수 있다고 보는 견해(독일의 다수설)** : 부관이 위법한 경우 부관의 독립취소를 허용하고, 그 부관이 주된 행정행위의 본질요소인 경우는 행정행위 전체가 무효가 되고, 그렇지 않은 경우에는 부관 없는 행정행위로 존속하게 된다고 보는 견해이다.

⊙ **기속행위(재량권의 0으로의 수축인 경우도 포함)의 경우에만 부관취소를 구할 수 있다는 견해** : 기속행위에 부가된 부관은 그 종류를 불문하고 부관만의 취소가 가능한 데 반하여, 재량행위인 경우에는 부관만을 독립하여 취소를 허용하지 않는다는 견해이다.

② 판례

⊙ **부담의 경우 독립쟁송 및 독립취소 가능** : 부담의 경우에는 다른 부관과는 달리 행정행위의 불가분적인 요소가 아니고, 그 존속이 본체인 행정행위의 존재를 전제로 하는 것일 뿐이므로 부담 그 자체로서 행정쟁송의 대상이 될 수 있다(대판 1992. 1. 21, 91누1264).

⊙ **부담을 제외한 부관의 경우 독립쟁송 및 독립취소 불가능**

> 관련 판례 : 어업면허처분을 함에 있어 그 면허의 유효기간을 1년으로 정한 경우, 위 면허의 유효기간은 행정청이 위 어업면허처분의 효력을 제한하기 위한 행정행위의 부관이라 할 것이고 이러한 행정행위의 부관은 독립하여 행정소송의 대상이 될 수 없는 것이므로 위 어업면허처분 중 그 면허유효기간만의 취소를 구하는 청구는 허용될 수 없다(대판 1986. 8. 19, 86누202).

⊙ 일부취소를 인정하지 않고 전부취소만을 인정하고 있으므로, 하자있는 부

Check Point

부관의 독립취소가능성
부관의 독립취소가능성은 일단 본안심리에서 부관에 위법성이 있는지를 파악하여 부관에 하자가 있다면 주된 행정행위에 어떠한 영향을 미치는지 그리고 부관만을 취소할 수 있는지, 아니면 전체 행정행위를 취소해야 하는지가 문제된다.

관이 중요부분이면 전부취소 판결을 하며, 그렇지 않은 경우 기각판결을 하게 된다(대판 1985. 7. 9, 84누604).

(4) 부관과 후속조치

① 기부채납의 부담이 위법한 경우, 이 부담의 행함으로 인한 사법상 법률행위 효력이 어떻게 되는지에 대한 문제가 있다. 기부채납은 공법관계가 아닌 사법상의 증여계약이라고 보는 판례가 존재한다.

> 관련 판례 : 기부채납은 기부자가 그의 소유재산을 지방자치단체의 공유재산으로 증여하는 의사표시를 하고 지방자치단체는 이를 승낙하는 채납의 의사표시를 함으로써 성립하는 증여계약이고, 증여계약의 주된 내용은 기부자가 그의 소유재산에 대하여 가지고 있는 소유권 즉 사용·수익권 및 처분권을 무상으로 지방자치단체에게 양도하는 것이므로, 증여계약이 해제된다면 특별한 사정이 없는 한 기부자는 그의 소유재산에 처분권뿐만 아니라 사용·수익권까지 포함한 완전한 소유권을 회복한다(대판 1996. 11. 8, 96다20581).

② 학설

 ㉠ **부관구속설** : 부관의 이행으로 인한 사법행위 효력은 부관의 구속을 받기 때문에 부관이 무효, 취소, 철회되지 않는 한 기부계약에 착오가 있다 하더라도 기부행위만을 취소할 수는 없다는 견해이다.

 ㉡ **부관무관설** : 부관의 이행으로 인한 사법행위의 효력은 부관과 따로 판단하여야 하기 때문에 기부계약에 착오가 있다면 부관과는 무관하게 기부행위를 취소할 수 있다는 견해이다.

③ **판례** : 부관구속설에 가까운 입장에서 부관무관설의 입장으로 바뀌어 가는 추세이다. 즉, 부관이 무효가 되더라도 그 부담의 이행으로 인한 사법상 법률행위는 부관과 별개로 보아야 하며 그로 인해 당연 무효가 되는 것은 아니라는 판례가 있다.

> 관련 판례 : 행정처분에 부담인 부관을 붙인 경우 그 부관의 무효화에 의하여 본체인 행정처분 자체의 효력에도 영향이 있게 될 수는 있지만, 그 처분을 받은 사람이 그 부담의 이행으로서 사법상 매매 등의 법률행위를 한 경우에는 그 부관은 특별한 사정이 없는 한 그 법률행위를 하게 된 동기 내지 연유로 작용하였을 뿐이므로 이는 그 법률행위의 취소사유가 될 수 있음은 별론으로 하고 그 법률행위 자체를 당연히 무효화하는 것은 아니며(대판 1995. 6. 13, 94다56883, 대판 1998. 12. 22, 98다51305 참조), 행정처분에 붙은 부담인 부관이 제소기간의 도과로 확정되어 이미 불가쟁력이 생겼다면 그 하자가 중대하고 명백하여 당연 무효로 보아야 할 경우 이외에는 누구나 그 효력을 부인할 수 없을 것이지만, 그 부담의 이행으로서 하게 된 사법상 매매 등의 법률행위는 그 부담을 붙인 행정처분과는 어디까지나 별개의 법률행위이므로 그 부담의 불가쟁력의 문제와는 별도로 그 법률행위가 사회질서 위반이나 강행규정에 위반되는지 여부 등을 따져보아 그 법률행위의 유효 여부를 판단하여야 한다(대판 2009. 6. 25, 2006다18174).

행정행위의 부관에 대한 설명으로 옳지 않은 것은? (다툼이 있는 경우 판례에 의함) [지방직 9급 기출]

① 부관의 사후변경은 사정변경으로 인해 당초에 부담을 부가한 목적을 달성할 수 없는 경우에도 허용될 수 있다.

❷ 허가의 유효기간이 지난 후에 그 허가의 기간연장이 신청된 경우, 허가권자는 특별한 사정이 없는 한 유효기간을 연장해 주어야 한다.

③ 부담이 아닌 부관만의 취소를 구하는 소송이 제기된 경우에 법원은 각하판결을 하여야 한다.

④ 행정처분에 붙인 부담이 무효가 되더라도 그 부담의 이행으로 한 사법상 법률행위가 항상 무효가 되는 것은 아니다.

해 ② 허가의 유효기간이 만료된 경우에 기존의 허가는 당연히 효력을 잃게 되며 연장신청은 새로운 허가로 보아야 하므로 반드시 연장을 해 주어야 하는 것은 아니다. "종전의 허가가 기한의 도래로 실효한 이상 원고가 종전 허가의 유효기간이 지나서 신청한 이 사건 기간연장신청은 그에 대한 종전의 허가처분을 전제로 하여 단순히 그 유효기간을 연장하여 주는 행정처분을 구하는 것이라기보다는 종전의 허가처분과는 별도의 새로운 허가를 내용으로 하는 행정처분을 구하는 것이라고 보아야 할 것이어서, 이러한 경우 허가권자는 이를 새로운 허가신청으로 보아 법의 관계 규정에 의하여 허가요건의 적합 여부를 새로이 판단하여 그 허가여부를 결정하여야 할 것이다."(대판 1995. 11. 10, 94누11866).

① 행정처분에 이미 부담이 부가되어 있는 상태에서 그 의무의 범위 또는 내용 등을 변경하는 부관의 사후변경은, 법률에 명문의 규정이 있거나 그 변경이 미리 유보되어 있는 경우 또는 상대방의 동의가 있는 경우에 한하여 허용되는 것이 원칙이지만, 사정변경으로 인하여 당초에 부담을 부가한 목적을 달성할 수 없게 된 경우에도 그 목적달성에 필요한 범위 내에서 예외적으로 허용된다(대판 1997. 5. 30, 97누2627).

③ 부담만이 행정소송의 대상이 된다는 것이 판례의 입장이므로 부담 이외의 부관은 소송 대상이 될 수 없으므로 청구를 각하판결 하게 된다.

④ 행정처분에 붙인 부담인 부관이 무효가 되면 그 부담의 이행으로 한 사법상 법률행위도 당연히 무효가 되는 것은 아니며, 그 부담의 이행으로 한 사법상 법률행위의 효력을 다툴 수 있다(대판 2009. 6. 25, 2006다18174).

제5절 행정행위의 성립과 효력

1. 행정행위의 성립(적법요건)

(1) 성립요건

① 내부적 성립요건

⊙ **주체에 관한 요건** : 행정행위는 권한을 가진 자가 권한의 범위 내에서 정상적인 의사작용에 따라 행하여야 한다. 권한이 위임된 경우에는 수임자가 권한을 행사하되, 내부위임을 한 경우에는 위임자가 권한을 행사한다. 한편, 합의제기관이 권한을 가진 경우에는 구성원이 적법한 소집절차와 의결절차에 따라 의사결정을 할 수 있는 지위에 있어야 한다.

ⓒ **내용에 관한 요건** : 행정행위는 법률 우위의 원칙상 모든 법률과 법원칙에

Check Point

행정행위의 적법요건
행정행위가 적법하게 성립하여 그 효력을 발생하기 위해서는 성립요건과 효력발생요건을 구비하여야 한다. 이 요건을 갖추지 못한 경우에는 행정행위의 하자문제와 직결되어 부존재(성립요건을 결한 경우), 무효 또는 취소할 수 있는 행정행위(효력요건을 결한 하자 정도에 따라)가 된다.

합당하여야 한다. 또한 사실상 · 법률상 실현가능하고, 관계인이 인식할 수 있을 정도로 객관적으로 명확하여야 하며, 적법 · 타당하여야 한다.

ⓒ 절차에 관한 요건 : 행정행위의 성립에 신청, 의견청취, 동의, 사전통지(공고), 타 기관의 협력 등이 요구되는 경우 그 절차를 거쳐야 한다. 이러한 행정절차를 거치지 않은 행정행위는 하자가 있는 것이 되어 취소할 수 있으며, 그 하자가 중대하고 명백하면 무효가 된다.

ⓓ 형식에 관한 요건(서면주의) : 행정행위는 원칙적으로 특별한 형식이 요구되지 않는 불요식행위이다. 다만, 행정절차법에서는 처분의 방식에 있어 문서에 의할 것을 원칙으로 하고 있다(제24조 제1항).

② **외부적 성립요건** : 행정행위가 완전히 성립하려면 내부적으로 결정된 행정의사를 외부에 표시하여야 한다(외부에 표시되지 않는 경우는 부존재에 해당함).

Check Point

행정절차법 제24조(처분의 방식) 제1항

행정청이 처분을 할 때에는 다른 법령 등에 특별한 규정이 있는 경우를 제외하고는 문서로 하여야 하며, 전자문서로 하는 경우에는 당사자 등의 동의가 있어야 한다. 다만, 신속히 처리해야 할 필요가 있거나 사안이 경미한 경우에는 말 또는 그 밖의 방법으로 할 수 있다. 이 경우 당사자가 요청하면 지체 없이 처분에 관한 문서를 주어야 한다.

> 관련 판례 : 행정처분은 주체 · 내용 · 절차와 형식이라는 내부적 성립요건과 외부에 대한 표시라는 외부적 성립요건을 모두 갖춘 경우에 존재한다. 행정처분의 외부적 성립은 행정의사가 외부에 표시되어 행정청이 자유롭게 취소 · 철회할 수 없는 구속을 받게 되는 시점, 그리고 상대방이 쟁송을 제기하여 다툴 수 있는 기간의 시점을 정하는 의미를 가지므로, 어떠한 처분의 외부적 성립 여부는 행정청에 의하여 당해 처분에 관한 행정의사가 법령 등에서 정하는 공식적인 방법으로 외부에 표시되었는지를 기준으로 판단하여야 한다(대판 2017. 7. 11, 2016두35120 참조). 따라서 과세관청이 납세의무자의 기한 후 신고에 대하여 내부적인 결정을 하였다 하더라도 이를 납세의무자에게 공식적인 방법으로 통지하지 않은 경우에는 기한 후 신고에 대한 결정이 외부적으로 성립하였다고 볼 수 없으므로, 항고소송의 대상이 되는 처분이 존재한다고 할 수 없다(대판 2020. 2. 27, 2016두60898).

이유제시(이유명시 · 이유부기)

- **의의** : 이유제시란 행정청이 행정처분을 하면서 당해 처분의 근거와 이유를 구체적으로 제시나 명시하도록 하는 것을 말한다. 이유제시는 침익적 행위는 물론 수익적 행위와 복효적 행위에도 요구된다.
- **근거** : 일반법적 근거로는 행정절차법 제23조를 들 수 있고, 그 밖에 개별법령에 규정을 두고 있다. 판례는 행정절차법이 제정되기 이전에도 개별법상 명문규정이 없는 경우도 이유제시가 요구된다고 판시한 바 있다(대판 1987. 5. 26, 86누788).
- **행정절차법상의 규정(법 제23조)** : 행정청은 처분을 할 때에는 당사자에게 그 근거와 이유를 제시하여야 한다. 다만, ⅰ) 신청 내용을 모두 그대로 인정하는 처분인 경우, ⅱ) 단순 · 반복적인 처분 또는 경미한 처분으로서 당사자가 그 이유를 명백히 알 수 있는 경우, ⅲ) 긴급히 처분을 할 필요가 있는 경우에는 제시하지 않을 수 있다(행정청은 ⅱ)와 ⅲ)의 경우에 처분 후 당사자가 요청하는 경우에는 그 근거와 이유를 제시하여야 함).
- **기능** : 행정청의 자기통제기능을 통한 보다 신중한 결정을 유도하고 결정내용을 명백히 하며, 정당한 결정을 통해 개인의 권리 보호에 기여한다.
- **성질** : 판례는 이유제시를 행정행위의 적법요건으로 보고 있다(대판 90누1786). 따라서 이유제시가 없는 행정행위는 위법하다고 할 것이다.
- **결여의 효과**
  - 이유제시 결여의 하자가 독자적인 위법이라는 것이 통설이자 판례의 태도이다.
  - 다수설은 이유제시가 요구됨에도 불구하고 이유의 기재가 없거나 중요한 사항의 기재를 결여한 경우는 중대하고 명백한 하자이므로 무효가 되며, 다만 불충분한 이유기재의 경우는 취소사유로 본다.

– 판례는 이유부기의 결여와 같은 절차상의 하자를 대체로 취소사유로 보고 있다. 관련 판례는 다음과 같다.

> **관련 판례**
> • 과세처분에 과세표준과 세율, 세액 및 그 산출근거가 명시되지 아니하였을 경우에 그 과세처분이 위법하다는 것은 그 하자가 당해 과세처분을 무효라고 하는 데까지는 이르지 아니하고 취소할 수 있는 사유에 해당된다는 뜻이다(대판 1984. 4. 10. 83누657).
> • 세액산출근거가 기재되지 아니한 납세고지서에 의한 부과처분은 강행법규에 위반하여 취소대상이 된다 할 것이다(대판 1985. 4. 9. 84누431).
> • 지방세법 제1조 제1항 제5호 등 납세고지서에 관한 법령 규정들은 강행규정으로서, 이들 법령이 요구하는 기재사항 중 일부를 누락시킨 하자가 있는 경우 이로써 그 부과처분은 위법하게 되지만, 이러한 납세고지서 작성과 관련한 하자는 그 고지서가 납세의무자에게 송달된 이상 과세처분의 본질적 요소를 이루는 것은 아니어서 과세처분의 취소사유가 됨은 별론으로 하고 당연무효의 사유로는 되지 아니한다. … 조세법규가 규정하는 조사방법 등을 완전히 무시하고 아무런 근거도 없이 막연한 방법으로 과세표준액과 세액을 결정·부과하였다면 이는 그 하자가 중대하고도 명백하여 당연무효라 하겠지만, 그와 같은 조사결정절차에 단순한 과세대상의 오인, 조사방법의 잘못된 선택, 세액산출의 잘못 등의 위법이 있음에 그치는 경우에는 취소사유로 될 뿐이다(대판 1998. 6. 26. 96누12634).

(2) 효력발생요건

① **효력발생** : 행정행위는 법규 또는 부관(정지조건, 시기)에 의한 제한이 있는 경우를 제외하고는 성립과 동시에 효력이 발생한다.

② **예외** : 상대방에 통지를 요하는 행정행위는 통지에 의하여 효력이 발생하며, 서면에 의한 통지는 그 서면이 상대방에게 도달하여야 그 효력이 발생한다.

> 관련 판례 : 행정처분은 정당한 권한 있는 자가 그 권한 내에서 실현가능한 사항에 관하여 정상적인 의사에 기하여 법정의 일련의 절차와 소정의 형식을 갖추어 행해져야 하고 또 외부에 표시되어야만 유효하게 성립하고 동시에 효력을 발생하지만 상대방에게 고지를 요하는 행정행위는 객관적으로 보아서 상대방이 양지(인식)할 수 있는 상태하에 두는 방법으로 고지함으로써 비로소 그 효력이 발생한다(대판 1976. 6. 8. 75누63).

③ **통지(고지)** : 행정행위의 효력발생요건으로서 송달 또는 공고의 방법에 의한다.

㉠ **송달**(행정절차법 제14조)

- 송달은 우편, 교부 또는 정보통신망 이용 등의 방법으로 하되 송달받을 자의 주소·거소·영업소·사무소 또는 전자우편주소로 한다. 다만, 송달받을 자가 동의하는 경우에는 그를 만나는 장소에서 송달할 수 있다.
- 교부에 의한 송달은 수령확인서를 받고 문서를 교부함으로써 하며, 송달하는 장소에서 송달받을 자를 만나지 못한 경우 그 사무원·피용자(被傭者) 또는 동거인으로서 사리를 분별할 지능이 있는 사람에게 문서를 교부할 수 있다.
- 정보통신망을 이용한 송달은 송달받을 자가 동의하는 경우에만 한다. 이 경우 송달받을 자는 송달받을 전자우편주소 등을 지정하여야 한다.

Check Point

발신주의와 도달주의
- **발신주의** : 상대방에게 발신할 때 효력이 발생
- **도달주의** : 상대방에게 도달(직접 수령하여 내용을 안 상태라기보다는 상대방이 알 수 있는 상태에 두는 것을 의미)된 때 효력이 발생

• 다만, 우편에 의한 송달 시 수취인 또는 가족이 주민등록지에 실제 거주
하지 않는 등의 경우에는 도달이 추정되지 않는다.

우편에 의한 송달 관련 판례
• 내용증명우편이나 등기우편과는 달리, 보통우편의 방법으로 발송되었다는 사실만으로는 그 우편물이
상당한 기간 내에 도달하였다고 추정할 수 없고, 송달의 효력을 주장하는 측에서 증거에 의하여 이를
입증하여야 한다(대판 2009. 12. 10, 2007두20140).
• 구 행정절차법 제14조 제1항은 문서의 송달방법의 하나로 우편송달을 규정하고 있고, 행정절차법 제16
조 제2항은 외국에 거주 또는 체류하는 자에 대한 기간 및 기한은 행정청이 그 우편이나 통신에 소요되
는 일수를 감안하여 정하여야 한다고 규정하고 있는 점 등에 비추어 보면, 피고는 국내에 주소 · 거소 ·
영업소 또는 사무소가 없는 외국사업자에 대하여도 우편송달의 방법으로 문서를 송달할 수 있다고 할
것이다(대판 2006. 3. 23, 2003두11124).
• 우편법 등 관계 규정의 취지에 비추어 볼 때 우편물이 등기취급의 방법으로 발송된 경우 반송되는 등의
특별한 사정이 없는 한 그 무렵 수취인에게 배달되었다고 보아야 한다(대판 1992. 3. 27, 91누3819).

　　ⓒ 공고(동법 제14조 제4항 · 제5항)

• 송달받을 자의 주소 등을 통상의 방법으로 확인할 수 없는 경우나 송달이
불가능한 경우에는 송달받을 자가 알기 쉽도록 관보 · 공보 · 게시판 · 일
간신문 중 하나 이상에 공고하고 인터넷에도 공고하여야 한다.

• 행정청은 송달하는 문서의 명칭, 송달받는 자의 성명 또는 명칭, 발송방
법 및 발송연월일을 확인할 수 있는 기록을 보존하여야 한다.

④ 도달(동법 제15조)

　　㉠ 송달은 다른 법령 등에 특별한 규정이 있는 경우를 제외하고는 해당 문서
가 송달받을 자에게 도달됨으로써 그 효력이 발생한다. 여기서 도달이란
상대방이 행정행위를 수령하여 요지(了知)하여야 한다는 것은 아니고 상대
방이 요지할 수 있는 상태에 이른 것을 말한다(대판 75누63). 다만, 판례는
납세고지서와 현역입영통지서 등의 경우 상대방의 현실적인 수령행위를
전제로 한다고 판시한 바 있다(대판 2003두13908, 2009도3387).

　　㉡ 정보통신망을 이용하여 전자문서로 송달하는 경우에는 송달받을 자가 지
정한 컴퓨터 등에 입력된 때에 도달된 것으로 본다.

　　㉢ 공고의 경우에는 다른 법령 등에 특별한 규정이 있는 경우를 제외하고는
공고일부터 14일이 지난 때에 그 효력이 발생한다. 다만, 긴급히 시행하여
야 할 특별한 사유가 있어 효력발생시기를 달리 정하여 공고한 경우에는
그에 따른다. 여기서 다른 법령 등에 특별한 규정을 두는 것으로는 행정기
관의 공고문서에 의해 사무를 처리하는 경우[행정업무의효율적운영에관한
규정(구 사무관리규정)]를 들 수 있는데, 공고문서의 경우 그 문서에서 효
력발생시기를 구체적으로 밝히고 있지 않으면 그 고시 또는 공고가 있은

Check Point

**행정업무의효율적운영에관한규정
제6조(문서의 성립 및 효력 발생)**
① 문서는 결재권자가 해당 문서
에 서명(전자이미지서명, 전자
문자서명 및 행정전자서명을
포함)의 방식으로 결재함으로
써 성립한다.
② 문서는 수신자에게 도달(전자
문서의 경우는 수신자가 관리
하거나 지정한 전자적 시스템
등에 입력되는 것을 말한다)됨
으로써 효력을 발생한다.
③ 제2항에도 불구하고 공고문서
는 그 문서에서 효력발생 시기
를 구체적으로 밝히고 있지 않
으면 그 고시 또는 공고 등이
있은 날부터 5일이 경과한 때
에 효력이 발생한다.

날부터 5일이 경과한 때에 효력이 발생한다.

꼭! 확인 기출문제

다음 사례에 대한 설명으로 옳은 것은? (다툼이 있는 경우 판례에 의함) [국가직 9급 기출]

- 2020. 1. 6. 인기 아이돌 가수인 甲의 노래가 수록된 음반이 청소년 유해 매체물로 결정 및 고시되었는데, 여성가족부장관은 이 고시를 하면서 그 효력발생 시기를 구체적으로 밝히지 않았다.
- A시의 시장이 「식품위생법」 위반을 이유로 乙에 대해 영업허가를 취소하는 처분을 하고자 하나 송달이 불가능하다.

① 「행정 효율과 협업 촉진에 관한 규정」에 따르면 여성가족부장관의 고시의 효력은 2020. 1. 20.부터 발생한다.

② 甲의 노래가 수록된 음반을 청소년 유해 매체물로 지정하는 결정 및 고시는 항고소송의 대상이 될 수 없다.

❸ A시의 시장이 영업허가취소처분을 송달하려면 乙이 알기 쉽도록 관보, 공보, 게시판, 일간신문 중 하나 이상에 공고하고 인터넷에도 공고하여야 한다.

④ 乙의 영업허가취소처분이 공보에 공고된 경우, 乙이 자신에 대한 영업허가취소처분이 있음을 알고 있지 못하더라도 영업 허가취소처분에 대한 취소소송을 제기하려면 공고가 효력을 발생한 날부터 90일 안에 제기해야 한다.

🖎 ③ '송달이 불가능한 경우'에는 송달받을 자가 알기 쉽도록 관보, 공보, 게시판, 일간신문 중 하나 이상에 공고하고 인터넷에도 공고하여야 한다(행정절차법 제14조 제4항 제2호).
① 행정 효율과 협업 촉진에 관한 규정 제6조 제2항에도 불구하고 공고문서는 그 문서에서 효력발생 시기를 구체적으로 밝히고 있지 않으면 그 고시 또는 공고 등이 있은 날부터 5일이 경과한 때에 효력이 발생한다(행정 효율과 협업 촉진에 관한 규정 제6조 제3항).
② 구 청소년보호법(2001. 5. 24. 법률 제6479호로 개정되기 전의 것)에 따른 청소년유해매체물 결정 및 고시처분은 당해 유해매체물의 소유자 등 특정인만을 대상으로 한 행정처분이 아니라 일반 불특정 다수인을 상대방으로 하여 일률적으로 표시의무, 포장의무, 청소년에 대한 판매·대여 등의 금지의무 등 각종 의무를 발생시키는 행정처분으로서, 정보통신윤리위원회가 특정 인터넷 웹사이트를 청소년유해매체물로 결정하고 청소년보호위원회가 효력발생시기를 명시하여 고시함으로써 그 명시된 시점에 효력이 발생하였다고 봄이 상당하고, 정보통신윤리위원회와 청소년보호위원회가 위 처분이 있었음을 위 웹사이트 운영자에게 제대로 통지하지 아니하였다고 하여 그 효력 자체가 발생하지 아니한 것으로 볼 수는 없다(대판 2007. 6. 14, 2004두619).
④ 행정소송법 제20조 제1항 소정의 제소기간 기산점인 '처분이 있음을 안 날'이라 함은 당사자가 통지, 공고 기타의 방법에 의하여 당해 처분이 있었다는 사실을 현실적으로 안 날을 의미하는바, 특정인에 대한 행정처분을 주소불명 등의 이유로 송달할 수 없어 관보·공보·게시판·일간신문 등에 공고한 경우에는, 공고가 효력을 발생하는 날에 상대방이 그 행정처분이 있음을 알았다고 볼 수는 없고, 상대방이 당해 처분이 있었다는 사실을 현실적으로 안 날에 그 처분이 있음을 알았다고 보아야 한다(대판 2006. 4. 28, 2005두14851).

(3) 행정법령의 적용문제

① **원칙** : 행정처분은 처분시의 법령을 적용하는 것이 원칙이다. 그러므로 근거 법령이 개정되었더라도 처분 당시 시행된 개정법령과 그에서 정한 기준에 의해야 한다.

관련 판례 : 행정처분은 그 근거 법령이 개정된 경우에도 경과 규정에서 달리 정함이 없는 한 처분 당시 시행되는 개정 법령과 그에서 정한 기준에 의하는 것이 원칙이고(대판 1995. 11. 21, 94누10887, 1998. 3. 27, 96누19772 등 참조), 그 개정 법령이 기존의 사실 또는 법률관계를 적용대상으로 하면서 국민의 재산권과 관련하여 종전보다 불리한 법률효과를 규정하고 있는 경우에도 그러한 사실 또는 법률관계가 개정 법률이 시행되기 이전에 이미 완성 또는 종결된 것

기출 Plus 서울시 9급 기출

01. 행정행위의 효력발생요건에 관한 설명으로 가장 옳지 않은 것은?

① 행정행위의 효력발생요건으로서의 도달은 상대방이 그 내용을 현실적으로 알 필요까지는 없고, 다만 알 수 있는 상태에 놓여짐으로써 충분하다.

② 교부에 의한 송달은 수령확인서를 받고 문서를 교부함으로써 하며, 송달하는 장소에서 송달받을 자를 만나지 못한 경우에는 그 사무원·피용자 또는 동거인으로서 사리를 분별할 지능이 있는 사람에게 문서를 교부할 수 있다.

③ 정보통신망을 이용한 송달은 송달받을 자의 동의 여부와 상관없이 허용된다.

④ 판례는 내용증명우편이나 등기우편과는 달리 보통우편의 방법으로 발송되었다는 사실만으로는 그 우편물이 상당한 기간 내에 도달하였다고 추정할 수 없고, 송달의 효력을 주장하는 측에서 증거에 의하여 이를 입증하여야 한다고 본다.

🖎 정보통신망을 이용한 송달은 송달받을 자가 동의하는 경우에만 한다. 이 경우 송달받을 자는 송달받을 전자우편주소 등을 지정하여야 한다(행정절차법 제14조 제3항).

이 아니라면 이를 헌법상 금지되는 소급입법에 의한 재산권 침해라고 할 수는 없으며, 그러한 개정 법률의 적용과 관련하여서는 개정 전 법령의 존속에 대한 국민의 신뢰가 개정 법령의 적용에 관한 공익상의 요구보다 더 보호가치가 있다고 인정되는 경우에 그러한 국민의 신뢰보호를 보호하기 위하여 그 적용이 제한될 수 있는 여지가 있을 따름이다(대판 2000. 3. 10, 97누13818).

② 예외

　㉠ 구법의 존속에 대한 국민의 신뢰가 개정법령에 대한 공익상의 요구보다 더 보호가치가 있다고 인정될 경우에는 개정법령의 적용이 제한될 수 있다.

　㉡ 사건 발생시 법령에 따라 이미 법률관계가 확정되고 행정청이 확정된 법률관계를 확인하는 처분을 하는 경우에는 처분시 법령이 아니라 당해 법률관계의 확정시 법률을 적용한다.

　㉢ 신의성실의 원칙에 위반하는 경우에는 개정 전의 법령을 적용한다.

　㉣ 법령위반행위에 대한 과징금 등의 행정제재처분은 법령위반행위시의 법에 따라야 한다.

　㉤ 기존의 법규정에 위헌성이 있는 등의 법적 견해의 변경으로 법률이 개정된다면 행위의 가벌성이 없어졌으므로 처벌할 수 없다. 다만 단순 사실관계의 변화로 법률이 개정된 경우 가벌성이 없어지지 않았으므로 행위 당시의 법령에 따라 처벌할 수 있다.

　㉥ 국민의 기득권과 신뢰보호를 위해 경과규정을 두는 경우 신청시의 법령을 적용한다.

　㉦ 시험의 합격·불합격은 시험일자의 법령을 적용한다.

2. 행정행위의 효력

(1) 구속력(기속력)

① 행정행위가 적법요건을 갖추면, 효과의사나 법규정에 따라 일정한 효과를 발생하여 당사자(관계 행정청, 상대방, 관계인)를 구속하는 실체법상의 힘(효력)을 가지게 되는데, 이를 구속력이라 한다.

② 구속력은 실체법상 효력으로, 통상 행정행위의 효력이라 하면 구속력을 의미한다.

③ 구속력은 행정행위의 성립·발효와 동시에 발생하고, 행정청이 취소나 철회를 할 때까지 지속적으로 효력을 갖는다.

(2) 공정력

① 의의

ⓐ 공정력은 행정행위에 비록 하자(위법·부당)가 있더라도 그것이 중대하고 명백하여 당연무효가 아닌 한, 권한 있는 기관에 의하여 취소될 때까지 일단 유효한 것으로 추정되어 상대방 및 이해관계가 있는 제3자를 구속하는 힘을 말한다.

ⓑ 공정력은 하자(흠)로부터 독립한 사실상의 효력(절차적 효력)이며, 행정행위가 부존재하거나 당연무효인 경우에는 인정되지 않는다.

ⓒ 공정력은 사인보다 행정주체의 우월한 지위에서 나온 것으로, 예선적 효력이라 하기도 한다.

ⓓ 공정력을 상대방에 대한 관계에서 법적 안정성이 원칙상 인정되는 유효성 추정력이라 보고, 타 국가기관과의 관계에서 권한분립이 원칙상 인정되는 구성요건적 효력과 구별하는 견해도 있다. 이 견해에서는 공정력을 행정행위의 상대방이나 이해관계인에 대한 구속력으로 보며, 구성요건적 효력을 제3의 국가기관(처분청 이외의 행정청, 수소법원 이외의 법원)에 대한 구속력이라 본다.

② 근거

ⓐ 이론적 근거

- 학설 : 자기확인설(판결유사설, O. Mayer), 국가권위설(E. Forsthoff), 예선적 특권설, 반사적 효과설, 법적 안정성설(행정정책설), 공정력 부정설(귀속설) 등이 있다.
- 통설·판례 : 공정력의 근거를 신뢰보호와 행정법관계의 안정, 공익실현작용으로서의 행정행위의 실효성 확보 등 행정의 원활한 운영이라는 정책적 측면에서 찾는 법적 안정성설(행정정책설)이 통설·판례의 입장이다.

ⓑ 실정법상 근거 : 공정력을 명시적으로 인정하는 실정법상의 직접적인 근거는 없으나, 취소쟁송에 관한 행정심판법·행정소송법의 규정과 직권취소를 규정하고 있는 개별법의 규정 등이 간접적 근거가 된다.

③ 한계

ⓐ 공정력의 적용범위

- 공정력은 부당 또는 단순한 위법이어서 취소할 수 있는 경우에는 인정되나, 중대·명백한 하자가 있는 당연무효나 부존재에 있어서는 인정되지 않는다는 것이 다수설·판례의 입장이다.
- 공정력은 권력적 행정행위에만 인정되며, 공법상 계약이나 행정지도와 같은 사실행위·비권력적 행위·사법행위에는 인정되지 않는다.

ⓑ 입증책임(소송절차) : 행정행위의 공정력이 입증책임의 영역에도 미치는가에 대해 견해가 대립되고 있으나, 입증책임무관설(법률요건분류설)이 통설이다.

Check Point

수소법원
특정 사건의 판결 절차가 현재 계속되고 있거나 과거에 계속되었거나 앞으로 계속될 법원을 말한다. 판결 절차 이외에 증거 보전, 가압류, 가처분 따위에 관한 직무를 행한다.

Check Point

실정법상 구체적 근거
구체적으로는 집행부정지원칙, 행정청의 직권취소제도, 제소기간의 제한규정, 행정상의 자력강제제도 등이 근거가 된다.

Check Point

입증책임(거증책임)
입증책임이라 함은 소송상 당사자의 증명활동에도 불구하고 요건사실의 존부가 불분명할 경우에 누가 이로 인한 불이익 내지 위험을 부담할 것인가의 문제를 말한다.

- 원고입증책임설 : 공정력의 적법성 추정으로 인하여 원고가 그 행정행위의 위법성을 입증하여야 한다는 견해이다.
- 피고입증책임설 : 법치행정의 원리상 행정행위의 적법성은 그 법률효과의 유효를 주장하는 행정청이 담보하여야 하므로, 그 입증책임은 행정청이 부담해야 한다는 견해이다.
- 입증책임무관설(법률요건분류설, 통설) : 입증책임분야는 공정력과 관계가 없으므로, 민사소송상의 입증책임분배의 원칙에 따라 처분의 적법요건충족사실은 행정청이, 처분의 위법성에 대해서는 원고가 입증책임을 진다는 견해이다.

ⓒ 선결문제

- 민사사건의 선결문제로서 행정행위의 효력 여부가 문제되는 경우, 그 행정행위의 하자가 중대·명백하여 당연무효인 경우에는 민사법원이 직접 그 무효임을 전제로 판단할 수 있으나(행정소송법 제11조 제1항), 하자가 단순한 취소사유인 경우에는 행정행위의 공정력 때문에 선결적으로 판단할 수 없다(통설·판례).

> 관련 판례
> - 민사소송에 있어서 어느 행정처분의 당연무효 여부가 선결문제로 되는 때에는 이를 판단하여 당연무효임을 전제로 판결할 수 있고 반드시 행정소송 등의 절차에 의하여 그 취소나 무효확인을 받아야 하는 것은 아니다(대판 2010. 4. 8, 2009다90092).
> - 과세처분이 당연무효라고 볼 수 없는 한 과세처분에 취소할 수 있는 위법사유가 있다 하더라도 그 과세처분은 행정행위의 공정력 또는 집행력에 의하여 그것이 적법하게 취소되기 전까지는 유효하다 할 것이므로, 민사소송절차에서 그 과세처분의 효력을 부인할 수 없다(대판 1999. 8. 20, 99다20179).

- 민사사건의 선결문제로서 행정행위의 위법 여부가 문제되는 경우, 민사법원은 선결문제로서 행정행위의 위법 여부를 심사할 수 있다(위법 여부의 판단이 가능함)는 것이 다수설과 판례의 입장이다.

> 관련 판례 : 위법한 행정대집행이 완료되면 그 처분의 무효확인 또는 취소를 구할 소의 이익은 없다 하더라도, 미리 그 행정처분의 취소판결이 있어야만, 그 행정처분의 위법임을 이유로 한 손해배상청구를 할 수 있는 것은 아니다(대법 1972. 4. 28, 72다337).

- 행정행위가 형사사건의 선결문제가 되는 경우에도 민사사건의 경우와 같다(다수설·판례).
  - 행정행위의 효력 여부가 선결문제인 경우, 행정행위가 무효인 경우에는 형사법원이 심리·판단할 수 있고 행정행위가 취소사유(단순 위법)인 경우에는 공정력으로 인해 심리·판단할 수 없다.
  - 행정행위의 위법 여부가 선결문제인 경우 형사법원이 선결문제로서

Check Point

행정소송법 제11조(선결문제) 제1항

처분등의 효력 유무 또는 존재 여부가 민사소송의 선결문제로 되어 당해 민사소송의 수소법원이 이를 심리·판단하는 경우에는 제17조, 제25조, 제26조 및 제33조의 규정을 준용한다.

판단할 수 있다.

공정력(구성요건적 효력)과 선결문제(다수설·판례기준)

구분	민사사건의 경우와 형사사건의 경우
행정행위의 효력 유무가 선결문제인 경우	• 당연무효 : 효력부인가능 • 단순위법 : 효력부인불가
행정행위의 위법 여부가 선결문제인 경우	위법성 판단 가능

관련 판례

• 과세대상과 납세의무자 확정이 잘못되어 당연무효한 과세에 대하여는 체납이 문제될 여지가 없으므로 체납범이 성립하지 않는다(대판 1971. 5. 31, 71도742).
• 연령미달의 결격자인 피고인이 소외인의 이름으로 운전면허시험에 응시, 합격하여 교부받은 운전면허는 당연무효가 아니고 도로교통법 제65조 제3호의 사유에 해당함에 불과하여 취소되지 않는 한 유효하므로 피고인의 운전행위는 무면허운전에 해당하지 아니한다(대판 1982. 6. 8, 80도2646).
• 개발제한구역 안에 건축되어 있던 비닐하우스를 매수한 자에게 구청장이 이를 철거하여 토지를 원상회복하라고 시정지시한 조치는 위법하므로 이러한 시정지시를 따르지 않았다고 하여 구 도시계획법(2000. 1. 28. 법률 제6243호로 전문 개정되기 전의 것) 제92조 제4호에 정한 조치명령 등 위반죄로 처벌할 수는 없다(대판 2004. 5. 14, 2001도2841).
• 온천수를 사용하는 여관 또는 목욕탕에서 계량기가 달린 양수기를 설치 사용하라는 시설개선명령은 온천수의 효율적인 수급으로 온천의 적절한 보호를 도모하기 위한 조치로서 온천법 제15조가 정하는 온천의 이용증진을 위하여 특히 필요한 명령이라 할 것이므로 이에 위반한 소위는 온천법 제26조 제1호, 제15조의 구성요건을 충족한다(대판 1986. 1. 28, 85도2489).

 확인 기출문제

선결문제에 대한 설명으로 옳지 않은 것은? (다툼이 있는 경우 판례에 의함) [지방직 9급 기출]

① 행정처분의 당연무효 여부가 선결문제인 경우 민사법원은 이를 판단하여 당연무효임을 전제로 판결할 수 있다.
② 과세처분의 하자가 단지 취소할 수 있는 정도에 불과할 때에는 과세관청이 이를 스스로 취소하거나 항고소송절차에 의하여 취소되지 않는 한 그로 인한 조세의 납부가 부당이득이 된다고 할 수 없다.
❸ 민사법원은 국가배상청구소송에서 선결문제로 행정처분의 위법 여부를 판단할 수 없다.
④ 행정처분이 당연무효가 아닌 한 형사법원은 선결문제로 그 행정처분의 효력을 부인할 수 없다.

해 ③ 민사사건의 선결문제로서 행정행위의 위법 여부가 문제되는 경우, 민사법원은 선결문제로서 행정행위의 위법 여부를 심사할 수 있다(위법 여부의 판단이 가능함)는 것이 다수설과 판례의 입장이다.
① 민사사건의 선결문제로서 행정행위의 효력 여부가 문제되는 경우, 그 행정행위의 하자가 중대·명백하여 당연무효인 경우에는 민사법원이 직접 그 무효임을 전제로 판단할 수 있다.
② 과세처분이 당연무효라고 볼 수 없는 한 과세처분에 취소할 수 있는 위법사유가 있다 하더라도 그 과세처분은 행정행위의 공정력 또는 집행력에 의하여 그것이 적법하게 취소되기 전까지는 유효하다 할 것이므로, 민사소송절차에서 그 과세처분의 효력을 부인할 수 없다(대판 1999.8.20, 99다20179).

④ 부정한 방법으로 외국환은행장의 수입승인을 얻어 가지고, 세관장에게 수입신고를 할 때 위와 같이 부정한 방법으로 받은 수입승인서를 함께 제출하여 수입면허를 받았다고 하더라도, 그 수입면허가 중대하고도 명백한 하자가 있는 행정행위이어서 당연무효라고는 볼 수 없다면 관세법 제181조 소정의 무면허수입죄가 성립될 수 없다(대판 1989.3.28, 89도149).

(3) 존속력(확정력)

확정력은 하자있는 행정행위라 할지라도 행정주체가 일정기간의 경과 또는 그 성질상 이를 임의로 취소 · 철회할 수 없는 힘을 말하며, 불가쟁력과 불가변력이 있다.

① 불가쟁력(형식적 확정력)

　㉠ 의의 : 불가쟁력이라 함은 비록 하자있는 행정행위일지라도 그에 대한 불복기간이 경과되거나 쟁송절차가 모두 종료된 경우에 행정행위의 상대방, 그 밖에 관계인이 그 행정행위의 효력을 다툴 수 없게 되는 힘을 말한다.

　㉡ 효과

　　• 불가쟁력이 발생한 행정행위에 대해 소송이 제기된 경우 부적법을 이유로 각하된다.

　　• 불가쟁력이 발생한 경우라도 관계 법령의 해석상 신청권이 인정될 수 있는 특별한 사정이 있는 경우에는 해당 처분의 변경에 대한 신청권이 인정된다.

> 관련 판례 : 제소기간이 이미 도과하여 불가쟁력이 생긴 행정처분에 대하여는 개별법규에서 그 변경을 요구할 신청권을 규정하고 있거나 관계 법령의 해석상 그러한 신청권이 인정될 수 있는 등 특별한 사정이 없는 한 국민에게 그 행정처분의 변경을 구할 신청권이 있다 할 수 없다(대판 2007. 4. 26, 2005두11104).

　　• 불가쟁력은 행정법관계를 형식적으로 확정하는 데 불과하여 행정주체는 불가쟁력이 발생한 경우라도 직권으로 그 행위를 취소할 수 있다. 이와 관련하여 불가쟁력이 있는 행정행위에 대해 상대방이 재심사청구를 할 수 있는지가 문제되는데, 재심사청구가 가능하다는 것이 다수설의 견해이다.

　　• 국가배상청구소송은 처분 등의 효력을 다투는 것이 아니므로 불가쟁력이 발생한 행정행위로 손해를 입게 된 상대방이 위법성을 이유로 행정상 손해배상을 청구할 수 있다.

　㉢ **공정력과의 관계** : 공정력과 불가쟁력은 서로 별개의 효력이다. 다만, 공정력이 인정되는 행정행위에 불복제기기간의 도과 등으로 불가쟁력이 발생한 경우 그 행정행위는 잠정적인 통용력에서 영구적인 통용력으로 전환된다고 할 것이다.

Check Point

독일 연방행정절차법에서는 불가쟁력이 있는 행정행위에 대해서도 재심사청구를 인정하는 규정을 두고 있다.

관련 판례
행정처분이나 행정심판 재결이 불복기간의 경과로 인하여 확정될 경우 확정력은 처분으로 인하여 법률상 이익을 침해받은 자가 처분이나 재결의 효력을 더 이상 다툴 수 없다는 의미일 뿐 판결에 있어서와 같은 기판력이 인정되는 것은 아니어서 처분의 기초가 된 사실관계나 법률적 판단이 확정되고 당사자들이나 법원이 이에 기속되어 모순되는 주장이나 판단을 할 수 없게 되는 것은 아니다(대판 1993. 4. 13. 92누17181).

② 불가변력(실질적 확정력)

  ㉠ 의의 : 행정행위의 성질상 행정행위를 한 행정청이나 감독청 자신도 그 행정행위의 내용을 변경하거나 취소·철회할 수 없도록 하는 효력을 말한다. 이는 법적 안정성 및 당사자의 신뢰를 보호하기 위한 수단으로, 행정청이 아닌 그 상대방은 행정쟁송절차에 의하여 당해 행위의 효력을 다툴 수 있다. 무효인 행정행위에서는 불가변력이 문제되지 않는다.

  ㉡ 인정범위

  • 준사법적 행위(확인행위) : 조직법상 확인행위(합격자 결정, 당선인 결정 등), 급부행정법상 확인행위(도로·하천구역결정, 발명특허 등), 재정법상 확인행위(소득금액결정 등), 군정법상 확인행위(신체검사 등), 쟁송법상 확인(행정심판의 재결, 이의신청의 결정 등), 정서행정법상 확인(도시계획상의 지역·지구·구역의 지정 등) 등이 있다.

  • 수익적 행정행위와 기속행위 : 허가·특허·인가·면제 등과 같은 수익적 행정행위와 기속행위에 대해 불가변력이 발생한다는 견해가 있으나, 다수설은 이를 신뢰보호 등에 따른 취소나 철회권 행사의 제한으로 본다. 따라서 다수설에 의할 때 건축허가는 불가변력이 발생하는 행위에 해당되지 않는다.

  • 공공복리 : 행정행위를 취소함으로써 공공복리를 해치게 되는 경우(사정재결 등의 경우) 당해 행정행위를 취소할 수 없는 것은 불가변력과 관계가 있다는 견해가 있으나, 다수설은 이를 불가변력의 문제가 아닌 취소권행사의 제한으로 본다.

  ㉢ 위반의 효과 : 행정청이 불가변력을 위반하여 위법한 행정행위를 한 경우, 원칙적으로 당연무효가 아닌 취소사유가 된다는 것이 판례의 입장이다.

③ 불가쟁력과 불가변력의 비교

구분	불가쟁력(형식적 확정력)	불가변력(실질적 확정력)
의의	쟁송제기기간(불복기간)의 경과나 심급 종료 등으로 인해 상대방이나 이해관계인이 더 이상 그 행정행위의 효력을 다툴 수 없게 되는 효력	행정행위의 성질상 행정청이 자유로이 이를 취소·변경·철회할 수 없는 효력

구속 대상	행정객체(상대방 및 이해관계인)	행정주체(처분청 등)
성질(효력)	쟁송기간 경과나 심급 종료로 처분의 효력을 다투지 못하는 절차법적 효력	준사법적 행정행위 등에만 인정되는 실체법적 효력
인정범위	무효가 아닌 모든 행정행위(무효인 행정행위는 불가쟁력이 발생하지 않음)	일정한 행위(준사법적 행위)
양자의 관계	사실상 양자관계는 무관(독립적)하므로, 불가쟁력이 발생한 행위라도 불가변력이 발생하지 않은 경우 행정청은 그 행위를 변경할 수 있고, 불가변력이 발생한 행위라도 불가쟁력이 발생하지 않으면 상대방은 소를 제기할 수 있음	

(4) 강제력

① 자력집행력

    ㉠ 의의 : 행정목적을 실현하기 위하여 행정상 의무를 상대방이 이행하지 아니할 경우, 행정청이 직접 실력을 행사하여 그 의무이행을 확보하는 힘을 말한다.

    ㉡ 근거 : 자력집행력의 근거에 대해서는 직무집행설(처분효력설)과 법규설(법적 실효설)이 있으나, 별도의 수권법규가 필요하다는 법규설이 통설이다.

    ㉢ 인정범위 : 상대방에게 일정한 의무를 명하는 하명행위에만 자력집행력이 인정된다.

② 제재력 : 행정법관계에서 위반행위에 대해 일정한 제재(행정형벌과 행정질서벌)를 가하여 간접적으로 그 의무이행을 담보할 수 있는 힘(행정의사 실효성의 확보수단)을 말한다.

Check Point

자력집행력의 법적 근거
행정대집행법, 국세징수법 등

제6절 행정행위의 하자

1. 개설

(1) 하자의 의의

행정행위의 하자란 행정행위의 성립요건과 효력발생요건을 완전하게 구비하지 못하게 함으로써 행정행위의 효력이 완전하게 발생하지 못하게 하는 사유, 즉 행정행위 적법요건상의 흠결을 의미한다. 행정행위의 하자 판단시점은 처분시를 기준으로 한다.

(2) 하자의 형태

행정행위에 계산상의 잘못(오기 · 오산) 또는 그 밖에 이에 준하는 명백한 잘못이 있을 때에는 직권으로 또는 신청에 따라 지체 없이 정정하고 그 사실을 당사자에게 통지하여야 한다고 규정하고 있다(행정절차법 제25조).

(3) 무효와 부존재의 구별

① **무효** : 행정행위로서의 외형은 갖추고 있으나 그 하자가 중대하고 명백하여 처음부터 효력이 발생하지 않는 행위를 말한다. 무효의 경우 행정행위의 효력이 전혀 없어 언제든 효력부인이 가능하다.

② **부존재** : 행정행위가 성립요건의 중요한 요소를 결여하여 행정행위라 볼 수 있는 외형의 존재가 없는 경우를 말한다.

③ **구별의 실익**

㉠ **구별부정설** : 양자는 모두 효력이 발생하지 않기 때문에 효과면에서나 쟁송수단면에서 구별의 실익이 없다는 견해이다.

㉡ **구별긍정설** : 무효인 행위는 외형이 존재하나 부존재는 외형이 없고, 쟁송형태에서도 차이(무효등확인소송과 부존재확인소송)가 있으며, 무효는 전환이 가능하나 부존재는 불가능하기 때문에 구별의 실익이 있다는 견해이다.

㉢ **다수설과 판례의 입장** : 양자 모두 법률효과를 전혀 발생하지 않는다는 점에서 구별의 합리적 이유가 없다고 본다. 현행 행정심판과 행정쟁송법에서도 양자의 구별을 두고 있지 않다.

(4) 무효와 취소의 구별

① **의의**

㉠ **무효인 행정행위** : 행정행위로서의 외형은 갖추고 있으나 그 하자가 중대하고 명백하여 권한 있는 기관이나 법원의 취소를 기다릴 것이 없이 처음부터 효력이 발생하지 않는 행위를 말한다. 이 경우 행정행위의 효력이 전혀 없어 언제 누구라도 효력부인이 가능하다.

㉡ **취소할 수 있는 행정행위** : 행정행위의 성립에 하자가 있음에도 불구하고 권한 있는 기관이나 법원이 취소할 때까지 유효한 행정행위를 말한다. 이 경우 취소가 있어야 비로소 행정행위의 효력이 상실된다.

② **구별의 실익**

구별실익	무효	취소
신뢰보호	적용 안 됨	상대방 신뢰보호

Check Point

부존재의 예
행정청이 아닌 명백한 사인의 행위, 행정권의 발동으로 볼 수 없는 행위(권유 · 주의 · 알선 · 희망의 표시 등), 외부에 표시되지 아니한 행위, 행정행위가 해제조건의 성취 · 기한의 도래 · 철회 등에 의하여 실효된 경우 등이 있다.

효력발생	처음부터 발생하지 않음(처음부터 무효)	취소될 때까지 효력 인정(취소로 효력 상실)
공정력	×	○
선결문제	선결 가능[민 · 형사사건의 수소법원이 심사 가능(통설)]	위법성 판단은 가능, 효력 부인은 불가능
불가쟁력	×	○
하자의 승계	승계(독립하여 별개의 법률효과를 가져오는 경우에도 승계됨)	동일한 법률효과의 경우 하자가 승계되나, 독립하여 별개의 법률효과를 가져오는 경우는 승계 불가
하자의 치유	×	○
하자의 전환	○	×
쟁송형태	무효확인심판 · 소송, 무효선언을 구하는 의미의 취소소송	취소심판 · 소송
제소기간	제약 없음(단, 무효선언적 취소소송은 제약 있음)	제약 있음
행정심판전치주의	적용 안 됨(단, 선거 · 당선무효소송은 예외)	적용됨(단, 특별규정이 있는 경우에는 예외)
집행부정지원칙	○	○
입증책임	원고	행정청
사정재결 · 판결	×	○
손해배상	○	○
간접강제 인정	×	○

③ **구별의 기준** : 행정행위의 하자 종류와 정도에 따라 무효와 취소가 결정된다.

　㉠ **중대설(개념론적 견해)** : 행정법규의 성질에 따라 구별하는 견해로, 능력규정이나 강행규정, 중요한 법규에 위반한 행위는 무효이고, 명령규정이나 비강행규정, 중요하지 않은 법규에 위반하는 행위는 취소할 수 있는 행위라 한다.

　㉡ **중대 · 명백설(기능론적 견해)** : 하자의 중대성과 명백성 모두 기준으로 하는 견해로, 다수설이자 판례의 태도이다. 행정행위의 하자의 정도가 부당 또는 단순 · 위법인 것은 그 행위의 잠정적 효력을 인정하고 통상의 행정쟁송절차에 의해서 다루어져야 하는 취소사유가 되는 데 비해, 그 하자의 정도가 중대하고 명백한 위법인 경우 그 행위의 잠정적 효력을 인정하는 것은 행정의 합법률성원칙에 반할 뿐만 아니라 신뢰보호원칙을 적용할 여지가 없으므로 유권적 취소를 기다릴 필요 없이 처음부터 무효가 된다는 견

해이다.

    ⓒ **명백성 보충요건설** : 기본적으로는 중대설의 입장에 서지만, 제3자나 공공의 신뢰보호의 필요가 있는 경우에 중대·명백설을 취하는 견해이다.

    ⓔ **구체적 가치형량설(하자의 개별화이론)** : 행정행위의 하자는 구체적이고 개별적 사안마다 하자의 종류·정도, 법적 안정성, 제3자의 이익 등 여러 가지 사항을 구체적·개별적으로 비교·형량하여 무효와 취소를 구별하여야 한다는 견해이다.

중대·명백설을 취하고 있는 판례

- 행정처분이 당연무효라고 하기 위해서는 그 처분에 위법사유가 있다는 것만으로는 부족하고, 그 하자가 법규의 중요한 부분을 위반한 중대한 것으로서 객관적으로(외형상으로) 명백한 것이어야 하며, 하자가 중대하고 명백한 것인가의 여부를 판별함에 있어서는 그 법규의 목적, 의미, 기능 등을 목적론적으로 고찰함과 동시에 구체적 사안 자체의 특수성에 관하여도 합리적으로 고찰함을 요한다(대판 1996. 2. 9, 95누4414).
- 행정청이 법률에 근거하여 행정처분을 한 후에 헌법재판소가 그 법률을 위헌으로 결정하였다면 그 행정처분은 결과적으로 법률의 근거가 없이 행하여진 것과 마찬가지가 되어 하자가 있다고 할 것이나, 하자 있는 행정처분이 당연무효가 되기 위하여는 그 하자가 중대할 뿐만 아니라 명백한 것이어야 하는데, 일반적으로 법률이 헌법에 위반된다는 사정은 헌법재판소의 위헌결정이 있기 전에는 객관적으로 명백한 것이라고 할 수 없으므로 특별한 사정이 없는 한 이러한 하자는 위 행정처분의 취소사유에 해당할 뿐 당연무효 사유는 아니라고 보아야 한다(대판 2000. 6. 9, 2000다16329).
- 부동산을 양도한 사실이 없음에도 세무당국이 부동산을 양도한 것으로 오인하여 양도소득세를 부과하였다면 그 부과처분은 착오에 의한 행정처분으로서 그 표시된 내용에 중대하고 명백한 하자가 있어 당연 무효이다(대판 1983. 8. 23, 83누179).
- 일반적으로 시행령이 헌법이나 법률에 위반된다는 사정은 그 시행령의 규정을 위헌 또는 위법하여 무효라고 선언한 대법원의 판결이 선고되지 아니한 상태에서는 그 시행령 규정의 위헌 내지 위법 여부가 해석상 다툼의 여지가 없을 정도로 명백하였다고 인정되지 아니하는 이상 객관적으로 명백한 것이라 할 수 없으므로, 이러한 시행령에 근거한 행정처분의 하자는 취소사유에 해당할 뿐 무효사유가 되지 아니한다(대판 2007. 6. 14, 2004두619).
- 건축물대장규칙 제6조 제2항 제2호의 규정에 의하면 건축물대장의 합병신청 시 건축물의 소유자 또는 건축주는 '합병하고자 하는 건축물의 소유권을 증명하는 서류'를 제출하여야 하므로, 피고 소속 담당공무원은 이 사건 각 건물에 관한 등기부등본만으로도 이 사건 각 건물의 전부 또는 일부에 가압류등기가 마쳐져 있는 사실을 쉽게 알 수 있는 점, 이 사건 각 건물에는 등기원인 및 그 연월일과 접수번호가 동일한 근저당권설정등기 및 가압류등기 외에도 그중 일부 건물들에 대해서는 또 다른 가압류등기가 마쳐져 있던 점 등에 비추어 보면, 이 사건 처분에 존재하는 하자는 중대할 뿐만 아니라 객관적으로도 명백하다고 보아야 할 것이다(대판 2009. 5. 28, 2007두19775).
- '남성대 골프장' 명예회원 자격을 부여하면서 그 기간을 구 국유재산법 제27조 제1항에 정한 3년을 초과하도록 정한 위법이 명예회원자격 부여행위 당시 다툼의 여지가 없을 정도로 객관적으로 명백하였다고 할 수 없어, 그 하자가 당연무효 사유라고 단정할 수 없다(대판 2009. 10. 15, 2009두9383).

2. 하자의 승계

(1) 하자의 승계문제

① 의의 : 하자의 승계란 두 개 이상의 행정행위가 연속하여 행하여지는 경우에 선행행위의 하자를 이유로 후행행위 자체에 하자가 없더라도 그 후행행위의 취소를 청구할 수 있는가, 즉 선행행위의 하자가 후행행위에 승계되는지의 여부에 관한 것이다. 이를 '위법성의 승계'라고도 한다.

② 하자승계의 요건(전제)

　㉠ 후행행위에 고유한 위법사유가 없어야 한다.

　㉡ 선행행위에 취소사유가 발생하여야 한다(무효사유의 경우는 하자도 당연 승계됨).

　㉢ 선행행위와 후행행위 모두 처분성을 가져야 한다.

　㉣ 선행행위에 불가쟁력이 발생하여 더 이상 다툴 수 없어야 한다.

(2) 하자의 승계 여부

① 전통적 견해(다수설)

　㉠ 승계의 인정 여부

　　• 선행행위에 무효사유인 하자가 있는 경우 그 하자는 후행행위에 승계된다.

　　• 선행행위에 취소사유가 있는 경우 동일한 목적을 달성하기 위한 일련의 절차인 경우(선후 행정행위가 결합하여 하나의 효과를 완성하는 형태)에는 그 하자가 승계되며, 선후 행정행위가 독립하여 별개의 효과를 목적으로 하는 경우에 당연무효가 아닌 그 하자는 승계되지 않는다.

　㉡ 승계인정의 요건 : 선후 행정행위가 결합하여 하나의 행정목적을 실현하기 위하여 단계적 절차관계에 있어야 하며(예 압류와 공매처분), 선행행위에 무효가 아닌 취소의 하자가 존재하여야 하고, 선행행위의 하자가 불가쟁력을 발생하여야 한다.

② 새로운 견해(구속력설 · 규준력설 · 기결력설)

　㉠ 승계의 인정 여부 : 둘 이상의 행정행위가 동일한 법적 효과를 추구하고 있는 경우 선행행위는 후행행위에 대하여 일정한 조건하에서 구속력을 갖게 되는데, 구속력이 미치는 한 선행행위의 효과(불가쟁력)와 다른 주장을 후행행위에서 할 수 없다고 본다. 따라서 선행행위에 발생한 불가쟁력의 구속력 요건(대인적 · 대물적 · 시간적 한계, 기대가능성)을 모두 충족하는 경우는 불가쟁력의 구속력이 미치므로 하자가 승계되지 않으나, 구속력의 요건 중 하나라도 충족하지 않는 경우에는 구속력이 미치지 않아 하자가 승계된다.

　㉡ 승계인정의 요건

　　• 대인적 한계 : 선행행위와 후행행위의 수범자가 일치하여야 한다.

- 대물적 한계 : 선후 행정행위가 동일한 목적을 추구하고 그 법적 효과가 일치하여야 한다.
- 시간적 한계 : 선행행위의 사실 및 법상태가 계속 유지되어야 한다.
- 기대가능성 : 구속력의 결과에 대한 예측가능성과 수인가능성이 있어야 한다.

하자의 승계에 대한 견해

구분		승계 여부	구제 여부
전통적 견해	동일목적, 동일효과	○	○
	별개목적, 별개효과	×	×
새로운 견해	구속력 범위 내	×	×
	구속력 초과	○	○

③ 판례 : 판례는 원칙적으로 전통적 견해와 동일한 기준으로 하자의 승계 여부를 판단한다. 다만, 선행행위와 후행행위가 별개의 법률효과를 목적으로 하는 경우(개별공시지가와 조세부과처분 등)에도 구속력이론을 일부 수용하여 하자승계를 인정한 바 있다.

> 관련 판례 : 선행처분과 후행처분이 서로 독립하여 별개의 법률효과를 목적으로 하는 경우 선행처분에 불가쟁력이 생겨 그 효력을 다툴 수 없게 되면 선행처분의 하자가 중대하고 명백하여 당연무효인 경우를 제외하고는 선행처분의 하자를 이유로 후행처분의 효력을 다툴 수 없는 것이 원칙이나 선행처분과 후행처분이 서로 독립하여 별개의 효과를 목적으로 하는 경우에도 선행처분의 불가쟁력이나 구속력이 그로 인하여 불이익을 입게 되는 자에게 수인한도를 넘는 가혹함을 가져오며, 그 결과가 당사자에게 예측가능한 것이 아닌 경우에는 국민의 재판받을 권리를 보장하고 있는 헌법의 이념에 비추어 선행처분의 후행처분에 대한 구속력은 인정될 수 없다(대판 1994. 1. 25, 93누8542).

하자의 승계 여부(판례)

하자의 승계가 인정된 경우	하자의 승계가 부정된 경우
• 무효인 조례와 그에 근거한 지방세 과세처분 • 조세체납처분에 있어 독촉·압류·매각·충당의 각 행위 • 독촉과 가산금·중가산금징수처분 • 귀속재산의 임대처분과 후행매각처분	• 경찰공무원 직위해제처분과 면직처분 • 과세처분과 체납처분 • 변상판정과 변상명령 • 택지개발예정지지정처분과 택지개발계획의 승인처분

 03 ②

233

• 행정대집행 절차(계고 · 대집행영장의 통지 · 대집행실행 · 대집행비용의 납부명령)의 각 행위 • 암매장분묘개장명령과 계고처분 • 개별공시지가결정과 과세처분 • 표준공시지가결정과 수용재결(보상금 산정) • 기준지가고시처분과 토지수용처분 • 토지구획정리사업에 있어서의 환지예정지 지정처분과 공작물이전명령 • 한지의사시험자격인정과 한지의사면허처분 • 안경사시험 합격무효처분과 안경사 면허취소처분	• 건물철거명령(하명)과 대집행계고처분 • 사업계획승인처분과 도시계획시설변경 및 지정승인고시처분 • 사업인정과 토지수용위원회 수용재결처분 • 도시계획결정 또는 도시계획사업의 실시계획인가와 수용재결처분 • 표준공시지가결정과 과세처분 • 표준공시지가결정과 개별공시지가결정 • 위법건물의 철거명령과 대집행 계고처분 • 액화석유가스판매사업허가처분과 사업개시신고 반려처분 • 보충역편입처분과 공익근무요원소집처분 • 지방의회 의안 의결과 지방세부과기준 • 감사원의 시정요구결정과 그에 따른 행정처분 취소 • 수강거부처분과 수료처분

 꼭! 확인 기출문제

판례가 행정행위의 하자의 승계를 인정한 것을 모두 고른 것은? [서울시 9급 기출]

ㄱ. 행정대집행에서의 계고와 대집행영장의 통지
ㄴ. 안경사시험합격취소처분과 안경사면허취소처분
ㄷ. 개별공시지가결정과 과세처분
ㄹ. 일제강점하 반민족행위 진상규명에 관한 특별법에 따른 친일반민족행위자 결정과 독립유공자 예우에 관한 법률에 의한 법적용 배제결정
ㅁ. 공무원의 직위해제처분과 면직처분
ㅂ. 건물철거명령과 대집행계고처분
ㅅ. 과세처분과 체납처분

❶ ㄱ, ㄴ, ㄷ, ㄹ
② ㄱ, ㄷ, ㄹ, ㅅ
③ ㄱ, ㄹ, ㅁ, ㅅ
④ ㄴ, ㄷ, ㄹ, ㅁ

🔢 하자의 승계가 인정된 사례는 ㄱ, ㄴ, ㄷ, ㄹ이다. ㄱ, ㄴ, ㄷ은 별개효과의 발생을 목적으로 하는 것으로서 하자가 승계된 경우이고, ㄹ은 별개효과이지만 수인한도를 초과하여 승계가 인정된 사례이다. ㅁ, ㅂ, ㅅ는 하자의 승계가 부정된 경우이다.

3. 하자있는 행정행위의 치유와 전환

(1) 개설

① 의의 : 하자있는 행정행위는 무효이거나 취소되는 것이 원칙이나, 획일적으로 행정효력을 부인하게 되면 상대방의 신뢰보호, 법적 안정성 및 행정행위의 불필요한 반복이라는 문제점이 나타나므로 행정목적과 관계자의 이익 등을 종합적으로 고려하여 그 행위를 유효한 것으로 하는 것이 행정행위의 치유와 전

환의 법리이다.

② 적용의 범위

　　㉠ 학설 : 전통적 견해에 따르면 하자의 치유는 취소할 수 있는 행정행위에서만 인정되고 전환은 무효인 행정행위에서만 인정된다고 보며, 행정행위 하자의 치유나 전환을 인정하는 경우에도 처분형식이나 행정절차의 본질적 의의를 손상하지 않은 범위 내에서 제한적으로 인정된다고 본다(다수설 · 판례). 이에 대해 전환은 하자의 정도가 심한 무효보다는 취소행위에 인정하자는 견해가 있으며, 무효에도 치유를 인정하자는 견해도 있다.

　　㉡ 판례 : 판례는 하자있는 행정행위의 치유나 전환을 법치주의 관점에서 원칙적으로 허용되지 않는다고 보면서, 예외적으로 이를 허용하고 있다.

(2) 취소원인인 하자의 치유

① 의의 : 하자의 치유란 행정행위가 성립 당시에는 하자있는 행정행위이지만, 흠결요건을 사후 보완하거나 그 하자(위법성)가 경미하여 취소할 필요가 없는 경우 적법행위로 취급하는 것을 말한다. 하자의 치유는 법 생활의 안정과 신뢰보호를 위한 것으로, 취소할 수 있는 행정행위에만 인정되며 무효의 경우에는 인정되지 않는다.

> 관련 판례 : 징계처분이 중대하고 명백한 흠 때문에 당연무효의 것이라면 징계처분을 받은 자가 이를 용인하였다 하여 그 흠이 치료되는 것은 아니다(대판 1989. 12. 12, 88누 8869).

② 처분사유의 추가 · 변경과의 구별

　　㉠ 하자의 치유는 사후에 발생한 사유에 의해 치유되는 것이나, 처분사유의 추가 · 변경은 추가 · 변경된 사유가 처분 시에 이미 존재하고 있는 것으로서 소송계속 중에 행해지는 것이다.

　　㉡ 일반적으로 행정처분의 취소를 구하는 항고소송에 있어 실질적 법치주의와 국민에 대한 신뢰보호라는 견지에서 행정청은 당초 처분의 근거로 삼은 사유와 기본적 사실관계에 있어서 동일성이 인정되는 한도 내에서만 새로운 처분사유를 추가하거나 변경할 수 있다(대판 1999. 11. 26, 97누13474).

③ 법적 근거 : 하자의 치유는 행정법상으로는 통칙적인 규정이 없으며, 민법에서 명문화되어 있다(민법 제143조 내지 146조).

④ 치유의 범위 : 절차상 하자의 치유는 인정되나, 내용상의 하자에 대해서는 치유가 인정되지 않는다(대판 1991. 5. 28, 90누1359).

⑤ 치유의 요건

　　㉠ 일반적으로 인정되는 사유

Check Point

명문화된 하자의 치유 법리

- 민법 제143조(추인의 방법, 효과) 제1항 : 취소할 수 있는 법률행위는 제140조에 규정한 자가 추인할 수 있고 추인 후에는 취소하지 못한다.

- 민법 제144조(추인의 요건) : 추인은 취소의 원인이 소멸된 후에 하여야만 효력이 있으며(제1항), 제1항은 법정대리인 또는 후견인이 추인하는 경우에는 적용하지 아니한다(제2항).

- 민법 제145조(법정추인) : 취소할 수 있는 법률행위에 관하여 전조의 규정에 의하여 추인할 수 있는 후에 다음 각 호(전부나 일부의 이행, 이행의 청구, 경개, 담보의 제공, 취소할 수 있는 행위로 취득한 권리의 전부나 일부의 양도, 강제집행)의 사유가 있으면 추인한 것으로 본다. 그러나 이의를 보류한 때에는 그러하지 아니하다.

- 민법 제146조(취소권의 소멸) : 취소권은 추인할 수 있는 날로부터 3년 내에 법률행위를 한 날로부터 10년 내에 행사하여야 한다.

- 요건의 사후보완(이유부기 보완, 신청서 사후제출 등)
- 무권대리행위의 추인, 관계기관 또는 상대방의 필요적 협력의 추인
- 허가 · 등록요건의 사후충족
- 필요적 사전절차의 사후이행
- 요식행위의 형식 보완
- 불특정목적물의 사후특정

ⓛ **기타 사유(이를 취소권의 제한사유로 보는 견해도 있음)**
- 공익상의 필요(사정재결 · 사정판결 등)
- 장기간의 방치에 의한 취소권의 실권
- 취소의 필요성 상실(주로 경미한 절차 · 형식상의 하자인 경우)

⑥ **치유가 부정되는 경우** : 공정력이 인정되는 경우나 불가쟁력이 발생한 경우, 상대방이 하자를 주장하지 않은 경우, 이유부기의 하자를 사후보완하는 경우 등에는 치유가 부정된다.

> 관련 판례 : 허가의 취소처분에는 그 근거가 되는 법령이나 취소권유보의 부속 등을 명시하여야 함은 물론 처분을 받은 자가 어떠한 위반사실에 대하여 당해 처분이 있었는지를 알 수 있을 정도의 사실의 적시를 요한다고 할 것이므로 이와 같은 취소처분의 근거와 위반사실의 적시를 빠뜨린 하자는 피처분자가 처분당시 그 취지를 알고 있었다거나 그 후 알게 되었다고 하여도 이로써 치유될 수는 없다(대판 1987. 5. 26, 86누788).

⑦ **치유의 효과** : 하자의 치유는 소급효를 갖는다. 따라서 치유로 인해 처음부터 적법한 행위와 같은 효력이 발생한다.

⑧ **치유의 시간적 한계** : 치유시기와 관련하여 쟁송제기전설과 소송절차종결시설이 대립하고 있으나, 판례는 하자의 추완이나 보완은 처분에 대한 불복여부결정 및 불복신청에 편의를 줄 수 있는 상당기간 내에 가능하다고 판시하여 쟁송제기전설을 취하고 있다.

> 관련 판례
> - 과세처분 시 납세고지서에 과세표준, 세율, 세액의 산출근거 등이 누락된 경우에는 늦어도 과세처분에 대한 불복 여부의 결정 및 불복신청에 편의를 줄 수 있는 상당한 기간 내에 보정행위를 하여야 그 하자가 치유된다 할 것이므로, 과세처분이 있은 지 4년이 지나서 그 취소소송이 제기된 때에 보정된 납세고지서를 송달하였다는 사실이나 오랜 기간(4년)의 경과로써 과세처분의 하자가 치유되었다고 볼 수는 없다(대판 1983. 7. 26, 82누420).
> - 징계처분에 대한 재심절차는 원래의 징계절차와 함께 전부가 하나의 징계처분절차를 이루는 것으로서 그 절차의 정당성도 징계과정 전부에 관하여 판단되어야 할 것이므로, 원래의 징계과정에 절차위반의 하자가 있더라도 재심과정에서 보완되었다면 그 절차위반의 하자는 치유된다(대판 1999. 3. 26, 98두4672).

⑨ **치유사유에 대해 전환을 인정할 수 있는지 여부** : 전환은 무효사유에만 인정하여야 한다는 부정설이 통설과 판례의 입장이다.

(3) 무효인 행정행위의 전환

① **의의** : 하자있는 행정행위의 전환이란 원래의 행정행위는 무효이나 다른 행정
행위로서 적법요건을 갖추고 있는 경우에 행정청의 의도에 반하지 않는 한 다
른 행정행위로서의 효력을 인정하는 것을 말한다. 이는 법 생활의 안정과 신
뢰보호를 위한 것으로, 무효인 행정행위에 대해서만 인정된다(통설·판례).
하자있는 행정행위 전환은 그 자체가 하나의 행정행위로서의 성질을 가진다.

② **법적 근거** : 하자의 치유 법리는 행정법상으로는 통칙적인 규정이 없고 민법
상으로 명문화되어 있다(민법 제138조).

③ **성질** : 전환의 성질과 관련하여 행정행위라는 견해와 법률에 의하여 나타나
는 행위라는 견해 등이 있으나, 전환은 행정청의 의식적인 작용이 있어야 하
는 것이라는 점에서 행정행위로 보아야 한다. 따라서 행정청에 의해서 행해지
며, 법원에 의해서는 행해질 수 없다. 전환에 문제가 있다면 행정쟁송을 통하
여 다툴 수 있다. 이때 전환된 행정행위에 대해 제소를 할 경우 제소기간은 전
환행위가 있음을 안 날로부터 90일 이내이다.

④ **전환의 요건**

ㄱ 무효인 행정행위가 존재하여야 한다.

ㄴ 무효인 행정행위는 전환될 다른 행정행위의 성립·효력요건을 갖추고 있
어야 한다(무효인 행정행위와 전환될 다른 행정행위 사이에 요건·목적·
효과에 있어 실질적 공통성을 가지고 있어야 함).

ㄷ 전환은 무효인 행정행위를 한 행정청이 의욕하는 것으로서 그 의도에 반하
지 않아야 한다.

ㄹ 행정행위의 중복을 회피하는 의미가 있어야 한다.

ㅁ 무효행위의 전환으로 상대방에게 원 처분보다 불이익을 주지 않아야 하고
(상대방의 동의를 요함), 제3자에게 이익침해가 없어야 한다.

⑤ **전환이 인정되는 경우**

ㄱ 상대방의 신뢰가 보호가치가 있을 경우에 공무원 아닌 자의 행위를 사실상
의 공무원 행위로 전환하는 경우(하자의 치유로 보는 견해 있음)

ㄴ 사자(死者)에 대한 귀속재산 불하처분·광업허가·조세부과 등이 그 상속
인에 대한 것으로 전환하는 경우

ㄷ 이중의 도로부담금의 부과처분이 전(前)의 부과처분에 대한 독촉으로 효력
이 인정된 경우(행정행위가 타 행정행위로 전환된 경우)

ㄹ 무효인 공법상의 임용행위가 사법상의 고용계약으로 전환되는 경우(공법
상의 행위가 사법상의 행위로 전환되는 경우)

ㅁ 조세부과처분 중 세액에만 해당한 쟁송제기가 조세부과처분 전체에 대한

Check Point

민법 제138조(무효행위의 전환)
무효인 법률행위가 다른 법률행위
의 요건을 구비하고 당사자가 그
무효를 알았더라면 다른 법률행위
를 하는 것을 의욕하였으리라고
인정될 때에는 다른 법률행위로서
효력을 가진다.

불복소송으로 전환되는 경우(사인의 공법행위에 있어서의 전환)

⑥ **전환이 부정되는 경우** : 처분청의 의도에 명백히 반하는 경우, 하자있는 행정행위의 취소가 허용되지 않는 경우, 기속행위를 재량행위로 전환하려는 경우, 관계인에 원 처분보다 불이익하게 되는 경우 등에는 전환이 부정된다.

⑦ **전환의 효과** : 행정행위의 전환은 새로운 행정행위를 가져오는데, 그 새로운 행정행위의 효력은 전환 이전의 하자있는 행정행위의 발령당시로 돌아가서 소급적으로 효력이 발생한다(대판 1998. 2. 13, 95다15667). 또한 소송계속 중에 전환이 이루어진다면, 처분변경으로 소의 변경이 가능하다. 한편, 위법한 전환으로 인하여 타인에게 손해가 발생한 경우에는 행정행위 하자의 일반론에 의해 행정쟁송 및 국가배상을 청구할 수 있다.

> **하자의 전환 관련 판례**
> • 귀속재산을 불하받은 자가 사망한 후에 그 수불하자에 대하여 한 그 불하처분은 사망자에 대한 행정처분이므로 무효이지만 그 취소처분을 수불하자의 상속인에게 송달한 때에는 그 송달 시에 그 상속인에 대하여 다시 그 불하처분을 취소한다는 새로운 행정처분을 한 것이라고 할 것이다(대판 1969. 1. 21, 68누190).
> • 하자있는 행정행위의 치유나 전환은 행정행위의 성질이나 법치주의의 관점에서 볼 때 원칙적으로 허용될 수 없는 것이지만, 행정행위의 무용한 반복을 피하고 당사자의 법적 안정성을 위해 이를 허용하는 때에도 국민의 권리와 이익을 침해하지 않는 범위에서 구체적 사정에 따라 합목적적으로 인정해야 할 것이다(대판 1983. 7. 26, 82누420).

Check Point

수불하자(受拂下者)
국가나 공공단체의 재산을 개인에게 매각(불하)할 때, 불하를 받는 사람을 말한다.

4. 행정행위의 무효

(1) 의의

행정행위의 무효란 행정행위의 하자가 중대하고 명백하여 권한 있는 기관이나 법원의 취소를 기다릴 것이 없이 처음부터 효력이 발생하지 못하는 것을 말한다. 무효인 행정행위의 경우 언제 누구라도 효력을 부인할 수 있다.

(2) 무효의 원인

① 주체에 관한 하자

ㄱ 정당한 권한이 없는 행정기관의 행위 : 비공무원의 행위, 무권대리인(대리권 없는 자)의 행위, 적법하게 구성되지 않은 합의제기관의 행위, 필요적 협력을 받지 않은 행위(절차상의 하자로 보는 견해가 있음) 등

ㄴ 권한 외의 행위(무권한행위) : 대인적 무권한행위(예 군인에 대한 기획재정부장관의 징계처분), 지역적 무권한행위(예 경기도 소재의 도로에 대한 서

울시장의 점용허가처분), 사항적 무권한행위(예) 문화재청의 관세부과처분) 등

　ⓒ 행정기관의 정상적 의사에 기하지 않은 행위 : 의사능력 없는 자의 행위(심신상실 중의 행위, 저항할 수 없는 강제력에 의한 행위), 행위능력 없는 자의 행위[피성년후견인과 피한정후견인(종전의 금치산자·한정치산자)의 행위] 등

미성년자의 경우
미성년자인 공무원이 행한 행위는 유효하다.

　② 절차에 관한 하자
　　㉠ 법률상 필요한 신청이나 동의를 결한 행위 : 신청 없는 광업허가, 동의 없는 공무원임명 등
　　ⓒ 필요한 통지(고지)·공고를 결한 행위 : 적법한 공매통지를 결한 체납처분, 하자있는 고시를 기초로 한 환지예정지지정처분, 특허출원공고를 결한 발명특허, 독촉절차를 결한 조세체납처분(판례는 반대) 등
　　ⓒ 필요한 청문·공청회를 결한 행위 : 청문절차를 결한 전당포영업허가취소·음식점영업폐쇄명령, 변명기회를 결한 파면처분, 공청회를 결한 도시계획결정·도시계획인가 등
　　ⓔ 필요한 이해관계인의 참여 및 협의를 결한 행위 : 체납자의 참여를 결한 재산압류처분, 토지소유자·관계인과의 협의절차를 결한 토지수용위원회의 재결 등
　　ⓜ 증표의 제시를 결한 행위(→ 취소사유로 보는 견해가 있음)
　③ 내용에 관한 하자(내용의 실현 불가)
　　㉠ 내용상 실현 불가능한 행위 : 사실상 불능, 법률상 불능(인적·물적·실질적 불능) 등
　　ⓒ 불명확한 행위나 미확정 행위 : 사회통념상 인식 불가능한 정도로 불명확하거나 확정되지 않은 행위
　④ 형식에 관한 하자
　　㉠ 법령상 요구되는 문서에 의하지 않은 행위 : 재결서에 의하지 않은 행정심판의 재결, 독촉장에 의하지 않은 독촉처분 등
　　ⓒ 법령상 요구되는 서명·날인을 결한 행위 : 선거관리위원회의 서명·날인이 없는 선거인명부 등
　　ⓒ 법령상 요구되는 기재사항을 결한 행위 : 집행책임자를 표시하지 않은 집행

Check Point

피성년후견인, 피한정후견인
• 피성년후견인 : 질병·장애·노령·그 밖의 사유로 인한 정신적 제약으로 사무를 처리할 능력이 지속적으로 결여된 사람으로서 일정한 자의 청구에 의하여 가정법원으로부터 성년후견개시의 심판을 받은 자(민법 제9조)
• 피한정후견인 : 질병·장애·노령·그 밖의 사유로 인한 정신적 제약으로 사무를 처리할 능력이 부족한 사람으로서 일정한 자의 청구에 의하여 가정법원으로부터 한정후견개시의 심판을 받은 자(민법 제12조)

영장, 이유를 붙이지 않은 행정심판재결[단, 납세고지서의 필요적 기재사항을 결한 과세처분은 취소사유(대판 1984. 5. 9, 84누116)임]

(3) 무효의 효과

① 무효인 행정행위는 행정청의 특별한 의사표시를 기다리지 않고 처음부터 당연히 무효이다(처음부터 효력을 발생하지 못함).

② 요건을 갖춘 경우 무효인 행정행위의 전환이 인정된다.

 꼭! 확인 기출문제

〈보기〉의 행정행위의 하자와 행정소송 상호 간의 관계에 관한 설명으로 옳은 것을 모두 고른 것은? [서울시 9급 기출]

보기
ㄱ. 취소사유 있는 영업정지처분에 대한 취소소송의 제소기간이 도과한 경우 처분의 상대방은 국가배상청구소송을 제기하여 재산상 손해의 배상을 구할 수 있다.
ㄴ. 취소사유 있는 과세처분에 의하여 세금을 납부한 자는 과세처분취소소송을 제기하지 않은 채 곧바로 부당이득반환청구소송을 제기하더라도 납부한 금액을 반환받을 수 있다.
ㄷ. 파면처분을 당한 공무원은 그 처분에 취소사유인 하자가 존재하는 경우 파면처분취소소송을 제기하여야 하고 곧바로 공무원지위확인소송을 제기할 수 없다.
ㄹ. 무효인 과세처분에 의하여 세금을 납부한 자는 납부한 금액을 반환받기 위하여 부당이득반환청구소송을 제기하지 않고 곧바로 과세처분무효확인소송을 제기할 수 있다.

① ㄱ, ㄴ
② ㄷ, ㄹ
❸ ㄱ, ㄷ, ㄹ
④ ㄴ, ㄷ, ㄹ

해 ㄱ. 불가쟁력이 발생한 처분이더라도 소멸시효가 완성되지 않는 한 국가배상청구소송을 제기할 수 있다.
ㄷ. 파면처분을 당한 공무원은 그 처분에 취소사유인 하자가 존재하는 경우에는 공정력 때문에 파면처분이 유효하다고 통용된다. 따라서 파면처분 취소소송을 제기하여야 하지, 공무원신분을 전제로 한 당사자소송으로 공무원지위확인소송을 제기할 수는 없다. 다만 공무원파면처분이 무효인 경우라면 공무원지위확인소송을 제기할 수 있다.
ㄹ. 행정처분의 근거 법률에 의하여 보호되는 직접적이고 구체적인 이익이 있는 경우에는 행정소송법 제35조에 규정된 '무효확인을 구할 법률상 이익'이 있다고 보아야 하고, 이와 별도로 무효확인소송의 보충성이 요구되는 것은 아니므로 행정처분의 무효를 전제로 한 이행소송 등과 같은 직접적인 구제수단이 있는지 여부를 따질 필요가 없다고 해석함이 상당하다(대판 2008. 3. 20, 2007두6342).
ㄴ. 과세처분이 당연무효라고 볼 수 없는 한 과세처분에 취소할 수 있는 위법사유가 있다 하더라도 그 과세처분은 행정행위의 공정력 또는 집행력에 의하여 그것이 적법하게 취소되기 전까지는 유효하다 할 것이므로, 민사소송절차에서 그 과세처분의 효력을 부인할 수 없다(대판 1999. 8. 20, 99다20179).

5. 행정행위의 취소

(1) 취소의 의의

① **취소의 개념** : 행정행위의 취소란 행정행위의 하자가 부당 또는 단순 · 위법에 불과하므로 일단 유효하게 발생하지만, 권한 있는 기관의 직권 또는 쟁송으로 그 행정행위 효력의 전부 또는 일부를 소급하여 상실시키는 것을 말한다.

기출 Plus
지방직 9급 기출

04. 다음 중 행정행위 취소에 대한 설명으로 옳지 않은 것은?
① 직권취소는 행정청이 직권으로 취소하는 것이며 쟁송취소는 쟁송절차에 의해 취소하는 것을 말한다.
② 직권취소의 경우 취소권자는 처분청과 감독청이며, 쟁송취소의 경우 취소권자는 행정심판위원회와 법원이다.
③ 처분청의 경우 별도의 법적 근거가 없이 취소할 수 있다는 것이 통설과 판례의 입장이다.
④ 행정행위의 취소원인은 무효원인의 흠을 제외한 모든 흠이다.

해 행정행위의 하자(흠)에는 무효와 취소 외에도 '부존재'가 있다는 점에서 ④와 같이 보기는 어렵다. 다만, 무효와 부존재는 모두 효력이 발생하지 않기 때문에 효과나 쟁송수단면에서 구별의 실익이 없다는 부정설도 있다(→ 이 견해는 하자의 종류를 무효와 취소의 2가지로 봄).

답 04 ④

② **철회와의 구별** : 행정행위의 취소가 성립 당시의 효력을 하자의 이유로 소급하여 소멸시킨다면, 철회는 아무런 하자 없이 유효하게 성립한 그 효력을 공익상 존재시킬 필요가 없는 경우 소멸시키는 것이다.

(2) 취소의 종류

① 직권취소와 쟁송취소

  ㉠ 행정청이 직권을 발동하여 취소하는 것은 직권취소이고, 이해관계인의 행정쟁송제기에 의하여 법원이나 행정청이 당해 행위의 효력을 소멸시키는 것은 쟁송취소이다.

  ㉡ 양자는 모두 행정행위의 하자를 이유로 그 효력을 상실시키는 형성적 행위라는 점에서 공통점이 있으나, 여러 측면에서 차이가 있다.

② 직권취소와 쟁송취소의 비교

  ㉠ **취소권자** : 직권취소권자는 처분청이나 감독청인 행정청이고, 쟁송취소권자는 처분청(이의신청), 행정심판위원회(행정심판) 또는 법원(행정소송)이다.

  ㉡ **취소의 목적** : 직권취소는 행정의 적법상태 회복과 장래지향적 행정실현을 목적으로 취소하며, 쟁송취소는 위법상태를 시정하여 행정의 적법상태를 확보하고 침해된 권익을 구제하는 데 그 목적이 있다.

  ㉢ **취소의 대상** : 직권취소는 수익적 행정행위를 주로 그 대상으로 하나, 부담적(침익적) 행정행위를 그 대상으로 하는 경우도 있다. 쟁송취소는 주로 부담적(침익적) 행정행위를 대상으로 한다.

  ㉣ **취소사유**
  - 직권취소 : 법규에 다른 명문규정이 없는 경우 단순위법한 행정행위와 부당행위가 모두 직권취소의 대상이 된다. 직권취소를 행할 경우에는 공익과 사익 간의 이익형량을 요한다.
  - 쟁송취소 : 당해 행위의 적법성을 심사하는 것으로, 위법 또는 부당한 행위가 대상이다. 다만, 행정심판과 달리 행정소송으로는 부당행위에 대하여 취소가 제한된다.

  ㉤ **취소의 절차** : 직권취소는 특별규정이 없는 한 특별절차는 요하지 아니하며, 쟁송취소는 행정심판법이나 행정소송법의 규정에 따른다.

  ㉥ **취소의 내용** : 직권취소는 행정행위의 적극적 변경이 가능하나, 쟁송취소의 경우 그 성질상 적극적 변경은 허용되지 않는다.

  ㉦ **취소기간** : 직권취소는 실권의 법리에 의하여 실질적인 기간을 제한받는 경우 이외에는 원칙적으로 기간의 제한이 없으나, 쟁송취소는 행정심판법이나 행정소송법에 의하여 쟁송기간의 제한이 있으며, 이 기간이 경과하면

불가쟁력이 발생한다.

ⓘ **불가변력의 발생여부** : 직권취소는 불가변력이 발생되지 않아 취소의 취소가 인정되나, 쟁송취소는 불가변력이 발생하여 취소의 취소는 인정되지 않는다.

ⓒ **취소의 효과**

- 직권취소는 구체적인 이익형량에 따라 개별적으로 결정하여야 하나, 상대방의 신뢰보호와 관련하여 소급효가 인정되지 않은 경우도 있다.
- 쟁송취소는 위법상태를 시정하여 적법상태를 회복시키는 것을 목적으로 하므로, 그 취소의 효과는 당연히 소급한다.

기출 Plus 국가직 9급 기출

05. 행정행위의 직권취소에 대한 설명으로 옳지 않은 것은? (다툼이 있는 경우 판례에 의함)

① 처분청이라도 자신이 행한 수익적 행정행위를 위법 또는 부당을 이유로 취소하려면 취소에 대한 법적 근거가 있어야 한다.

② 과세처분을 직권취소한 경우 그 취소가 당연무효가 아닌 한 과세처분은 확정적으로 효력을 상실하므로, 취소처분을 직권 취소하여 원과세처분의 효력을 회복시킬 수 없다.

③ 위법한 행정행위에 대하여 불가쟁력이 발생한 이후에도 당해 행정행위의 위법을 이유로 직권취소할 수 있다.

④ 행정행위의 위법이 치유된 경우에는 그 위법을 이유로 당해 행정행위를 직권취소할 수 없다.

해 처분청은 법적근거가 없어도 자신이 행한 수익적 행정행위를 위법 또는 부당을 이유로 취소할 수 있다(대판 1995. 5. 26, 94누8266).

(3) 행정행위의 직권취소

① **의의** : 직권취소란 일단 유효하게 성립한 행정행위를 그 성립상 하자를 이유로 권한 있는 행정기관이 직권으로 행정행위의 효력을 소급하여 상실시키는 별개의 행위를 말한다. 따라서 취소행위 그 자체는 행정행위에 해당한다.

② **법적 근거** : 주로 수익적 행정행위를 대상으로 하는바, 행정의 법률적합성원칙의 관점에서 볼 때 취소사유에 대한 명문규정이 없어도 직권취소가 가능하다는 것이 다수설이다. 판례 또한 동일한 입장을 취하고 있다.

> **관련 판례** : 개별토지에 대한 가격결정도 행정처분에 해당하며, 원래 행정처분을 한 처분청은 그 행위에 하자가 있는 경우에는 원칙적으로 별도의 법적 근거가 없더라도 스스로 이를 직권으로 취소할 수 있는 것이다(대판 1995. 9. 15, 95누6311).

③ **직권취소의 적법요건**

ⓖ **취소권자** : 처분청은 취소권을 갖는다. 다만 감독청이 명문의 근거가 없어도 취소권을 가지는가에 대해서는 적극설과 소극설의 대립이 있다.

- **적극설** : 감독청에 의한 직권취소는 자율적 · 사후적 통제수단이므로 취소권은 감독권에 당연히 포함되어 있어 감독청도 직권취소를 할 수 있다는 견해이다.
- **소극설** : 감독청의 직권취소는 처분청의 권한을 침해하는 결과를 초래하고 일종의 대집행적 성격을 가지고 있어, 처분청에 대한 취소명령권만을 가진다는 견해이다. 따라서 명문규정(정부조직법 제11조 제2항, 지방자치법 제188조 제1항 등)이 없는 경우 스스로 취소할 수 없다.

ⓛ **절차** : 절차에 대한 일반적 규정이 존재하지 않는다. 다만, 행정절차법상 처분의 일반적 절차(청문, 공청회 등)를 따라야 한다.

답 05 ①

④ **취소사유** : 명문규정이 없는 경우 단순위법한 행정행위와 부당행위는 모두 직권취소의 대상이 되는데, 직권취소를 행할 경우에는 공익과 사익 간의 이익형량을 요하며, 공익적 요구에 의하여 취소된다.

　㉠ **주체상의 취소사유** : 사기·강박에 의한 행위, 착오의 결과 단순위법·부당하게 된 행위, 부정행위에 의한 행위(증·수뢰, 부정신고 등), 권한초과행위(무효사유인 경우 존재), 필요한 자문을 결한 행위, 미풍양속에 반하는 행위(통설) 등

　㉡ **절차상의 취소사유** : 법령상의 청문을 결한 경우(단, 필요적·필수적 청문을 결한 경우는 무효), 신중한 결정을 위한 자문을 결한 경우(단, 필수적 자문 결여는 무효 가능)

　㉢ **형식상의 취소사유** : 경미한 형식적 하자(고지서 기재사항 누락 등)

　㉣ **내용상의 취소사유** : 단순위법인 경우(필요 이상의 토지수용, 심신빈약자의 의사면허, 과세표준을 잘못 선정한 경우 등), 공익에 위반한 행위, 공서양속에 반하는 행위, 불문법 위반 등

⑤ **취소권의 제한**

　㉠ **제한의 원칙** : 직권취소에 의하여 달성하려는 공익상 목적과 상대방의 신

뢰보호 및 법적 안정성 등을 비교형량하여, 즉 행정행위를 취소함으로써 얻는 공익이 취소하지 않음으로써 보호되는 사익보다 큰 경우에 한하여 취소될 수 있다는 것이 일반적인 견해이다. 결국 취소권의 행사 여부는 비례의 원칙(이익형량의 문제)이 적용된다.

> 관련 판례 : 행정행위를 한 처분청은 그 행위에 하자가 있는 경우에 별도의 법적 근거가 없더라도 스스로 이를 취소할 수 있는 것이며, 다만 그 행위가 국민에게 권리나 이익을 부여하는 이른바 수익적 행정행위인 때에는 그 행위를 취소하여야 할 공익상 필요와 그 취소로 인하여 당사자가 입을 기득권과 신뢰보호 및 법률생활 안정의 침해 등 불이익을 비교교량한 후 공익상 필요가 당사자의 기득권침해 등 불이익을 정당화할 수 있을 만큼 강한 경우에 한하여 취소할 수 있다(대판 1986. 2. 25. 85누664).

또한 이러한 취소권의 제한문제는 기본적으로 수익적 행정행위의 경우에 제기된다.

ⓛ **제한의 내용** : 상대방이 행정행위의 존속을 신뢰하였고, 그 신뢰를 보호할 만하며, 신뢰이익이 공익보다 큰 경우에는 그 취소가 제한된다.

> 관련 판례 : 행정처분에 하자가 있음을 이유로 처분청이 이를 취소하는 경우에도 그 처분이 국민에게 권리나 이익을 부여하는 처분인 때에는 그 처분을 취소하여야 할 공익상의 필요와 그 취소로 인하여 당사자가 입게 될 불이익을 비교교량한 후 공익상의 필요가 당사자가 입을 불이익을 정당화할 만큼 강한 경우에 한하여 취소할 수 있는 것이지만, 그 처분의 하자가 당사자의 사실은폐나 기타 사위의 방법에 의한 신청행위에 기인한 것이라면 당사자는 그 처분에 의한 이익이 위법하게 취득되었음을 알아 그 취소가능성도 예상하고 있었다고 할 것이므로 그 자신이 위 처분에 관한 신뢰이익을 원용할 수 없음은 물론 행정청이 이를 고려하지 아니하였다고 하여도 재량권의 남용이 되지 않는다(대판 2002. 2. 5. 2001두5286).

ⓒ **취소기간의 제한** : 취소기간의 제한에 대해서는 명문규정이 없으나, 실권의 법리를 주장하는 견해가 있다. 한편, 취소의 형식으로 무효를 선언하는 경우에는 취소기간의 제한이 따른다는 것이 판례의 태도이다.

> 관련 판례 : 행정처분의 당연무효를 선언하는 의미에서 취소를 구하는 행정소송을 제기한 경우에도 제소기간의 준수 등 취소소송의 제소요건을 갖추어야 한다(대판 1993. 3. 12. 92누11039).

ⓔ **취소권의 제한사항**

- **신뢰보호의 원칙** : 신뢰보호의 원칙이 충족되는 경우에는 취소권이 제한된다.
- **비례의 원칙** : 취소사유가 있더라도 공익보다 불이익이 큰 경우 취소권이 제한된다.
- **복효적 행정행위** : 복효적 행정행위를 취소할 경우에는 공익, 사익의 비교뿐만 아니라 제3자가 받게 될 불이익도 함께 고려해야 하므로 그만큼

취소권이 제한된다.

- 실권(失權)의 법리 : 취소권자가 상당한 기간에 걸쳐 그 취소를 행사하지 않은 결과, 장차 당해 행위가 취소되지 않는 것으로 신뢰가 형성되는 경우 그 취소권은 상실한다. 이러한 실권의 법리에 우리나라는 명문규정을 두고 있지 않다.
- 불가변력이 발생한 행위(준사법행위) : 행정심판재결, 발명특허, 합격자 결정과 같이 확인행위에 해당하는 준사법적 행위는 불가변력이 발생하므로 취소권 행사가 제한된다.
- 사법형성적 행위 : 인가와 같이 사인의 법률행위를 완성시켜주는 사법형성적 행위는 법적 안정성 견지에서 그 취소권이 제한된다.
- 포괄적 신분설정행위 : 공무원임명, 귀화허가와 같이 포괄적 신분관계를 설정한 행위 또한 그 취소권이 제한된다.
- 취소할 수 있는 행정행위의 하자가 치유된 행위 : 행정행위에 취소사유가 있더라도 그 사유가 치유된 경우 이를 취소하지 못한다.

⑥ 직권취소의 효과

㉠ 취소의 효과 : 행정처분의 취소의 효과는 행정처분이 있었던 때에 소급하는 것이나, 취소되기 전까지의 기득권을 침해할 수 없는 것이 원칙이다(대판 4294민사1263). 다만, 수익적 행정행위의 취소는 침익적·부담적 행정행위의 경우와 달리 법적 안정성과 신뢰보호의 관점에서 소급효를 배제하여 장래를 향하여 그 효력이 소멸한다(다수설).

㉡ 반환청구권(원상회복) : 하자있는 행위에 대한 취소의 효과가 소급적이라면 법적 근거가 없는 부당이득을 취득한 결과가 초래되므로, 처분청은 그 행위와 관련하여 지급한 금전, 기타 물건의 반환을 청구할 수 있다.

㉢ 신뢰보호 : 수익적 행위의 직권취소의 경우, 그 상대방은 행정행위의 존속에 대한 신뢰를 바탕으로 하여 재산상의 손실보상을 구할 수도 있다. 현행 행정절차법에는 이에 관한 규정이 없다.

⑦ 취소의 취소(재취소) : 행정행위를 직권으로 취소한 후 그 취소행위에 하자 있음을 이유로 다시 취소하여 원 처분을 소생시킬 수 있는가에 대한 것이다. 이는 직권취소에 주로 논의되며, 쟁송취소는 불가변력이 인정되므로 취소의 취소가 인정되지 않는다.

㉠ 취소에 무효사유(중대·명백한)인 하자가 있는 경우 : 당해 취소행위는 처음부터 효력이 발생되지 않고 원 처분은 그대로 존속한다.

㉡ 취소에 단순위법(취소사유)인 하자가 있는 경우 : 처분의 상대방이 행정쟁송절차에 의하여 취소처분을 다툴 수 있다. 이 경우 처분청이 직권으로 취소

Check Point

실권의 법리
독일의 행정절차법의 경우 "행정청은 그 취소사유가 있은 것을 안 날로부터 1년이 경과하면 취소할 수 없다."고 하여 실권의 법리에 관한 규정을 두고 있다.

할 수 있는가에 대해서는 견해의 대립이 있다.

- 적극설 : 취소처분도 행정행위의 한 종류이므로, 취소처분의 취소도 행정행위의 하자론의 일반원칙에 따라 긍정되어야 한다는 견해이다.
- 소극설 : 취소에 의하여 그 효력이 소멸된 것을 재취소에 의하여 그 효력을 소생시킬 수 없으므로, 원 처분을 소생시키기 위해서는 같은 내용의 동일한 행정처분을 다시 할 수밖에 없다는 견해이다.
- 절충설 : 부담적 행정행위의 취소처분의 직권취소는 부정하고, 수익적 행정행위의 취소처분의 직권취소는 긍정하는 견해이다. 판례도 이러한 입장을 취하고 있다.

취소의 취소(재취소)에 관한 판례

- 행정행위(과세처분)의 취소처분의 위법이 중대하고 명백하여 당연무효이거나, 그 취소처분에 대하여 소원 또는 행정소송으로 다툴 수 있는 명문규정이 있는 경우는 별론으로 하고, 행정행위의 취소처분의 취소에 의하여 이미 효력을 상실한 행정행위를 소생시킬 수 없고, 그러기 위하여는 원 행정행위와 동일내용의 행정행위를 다시 행할 수밖에 없다(대판 1979. 5. 8, 77누61).
- 행정처분이 취소되면 그 소급효에 의하여 처음부터 그 처분이 없었던 것과 같은 효과를 발생하게 되는 바, 행정청이 의료법인의 이사에 대한 이사취임승인취소처분(제1처분)을 직권으로 취소(제2처분)한 경우에는 그로 인하여 이사가 소급하여 이사로서의 지위를 회복하게 되고, 그 결과 위 제1처분과 제2처분 사이에 법원에 의하여 선임결정된 임시이사들의 지위는 법원의 해임결정이 없더라도 당연히 소멸된다(대판 1997. 1. 21, 96누3401).

확인 기출문제

행정행위의 취소에 대한 설명으로 옳은 것만을 모두 고르면? (다툼이 있는 경우 판례에 의함)

[지방직 9급 기출]

ㄱ.「산업재해보상보험법」상 각종 보험급여 등의 지급결정을 변경 또는 취소하는 처분과 처분에 터 잡아 잘못 지급된 보험급여액에 해당하는 금액을 징수하는 처분이 적법한지를 판단하는 경우, 지급결정을 변경 또는 취소하는 처분이 적법하다면 그에 터 잡은 징수처분도 적법하다고 판단해야 한다.

ㄴ. 권한없는 행정기관이 한 당연무효인 행정처분을 취소할 수 있는 권한은 당해 행정처분을 한 처분청에게 속하고, 당해 행정처분을 할 수 있는 적법한 권한을 가지는 행정청에게 그 취소권이 귀속되는 것이 아니다.

ㄷ. 수익적 처분이 상대방의 허위 기타 부정한 방법으로 인하여 행하여졌다면 상대방은 그 처분이 그와 같은 사유로 인하여 취소될 것임을 예상할 수 없었다고 할 수 없으므로, 이러한 경우에까지 상대방의 신뢰를 보호하여야 하는 것은 아니다.

① ㄱ, ㄴ ② ㄱ, ㄷ
❸ ㄴ, ㄷ ④ ㄱ, ㄴ, ㄷ

ㅎ ㄴ. 권한없는 행정기관이 한 당연무효인 행정처분을 취소할 수 있는 권한은 당해 행정처분을 한 처분청에게 속하고, 당해 행정처분을 할 수 있는 적법한 권한을 가지는 행정청에게 그 취소권이 귀속되는 것이 아니다(대판 1984. 10. 10, 84누463).
ㄷ. 수익적 처분이 있으면 상대방은 그것을 기초로 하여 새로운 법률관계 등을 형성하게 되는 것이므로, 이러한 상대방의 신뢰를 보호하기 위하여 수익적 처분의 취소에는 일정한 제한이 따르는 것이나, 수익적 처분이 상대방의 허위 기타 부정한 방법으로 인하여 행하여졌다면 상대방은 그 처분이 그와 같은 사유로 인하여 취소될 것임을 예상할 수 없었다고 할 수 없으므로, 이러한 경우에까지 상대방의 신뢰를 보호하여야 하는 것은 아니라고 할 것이다(대판 1995. 1. 20, 94누6529).

기출 Plus
서울시 9급 기출

06. 다음 중 행정행위의 취소와 철회에 대한 설명으로 가장 옳은 것은?

① 특별한 사정이 없는 한 부담적 행정행위의 취소는 원칙적으로 자유롭지 않다.
② 수익적 행정행위에 대한 철회권 유보의 부관은 그 유보된 사유가 발생하여 철회권이 행사된 경우 상대방이 신뢰보호원칙을 원용하는 것을 제한한다는 데 실익이 있다.
③ 철회권이 유보된 경우라도 수익적 행정행위의 철회에 있어서는 반드시 법적근거가 필요하다.
④ 판례는 불가쟁력이 생긴 행정처분이라도 공권의 확대화 경향에 따라 이에 대한 취소 또는 변경을 구할 신청권을 적극적으로 인정하고 있다.

ㅎ 행정행위의 부관으로 취소권이 유보되어 있는 경우, 당해 행정행위를 한 행정청은 그 취소사유가 법령에 규정되어 있는 경우뿐만 아니라 의무위반이 있는 경우, 사정변경이 있는 경우, 좁은 의미의 취소권이 유보된 경우, 또는 중대한 공익상의 필요가 발생한 경우 등에도 그 행정처분을 취소(철회)할 수 있다(대판 1984.11.13, 84누269).

답 06 ②

ㄱ. 산재보상법상 각종 보험급여 등의 지급결정을 변경 또는 취소하는 처분과 처분에 터 잡아 잘못 지급된 보험급여액에 해당하는 금액을 징수하는 처분이 적법한지를 판단하는 경우 비교·교량할 각사정이 동일하다고는 할 수 없으므로, 지급결정을 변경 또는 취소하는 처분이 적법하다고 하여 그에 터 잡은 징수처분도 반드시 적법하다고 판단해야 하는 것은 아니다(대판 2014. 7. 24, 2013두27159).

직권취소와 쟁송취소의 비교

구분	직권취소	쟁송취소
성격	미래지향적 행정목적의 실현	과거에 대한 적법상태의 회복
취소권자	처분청, 감독청(취소권이 없다는 견해 있음)	행정심판위원회, 법원
목적	공익목적	권리구제
대상	주로 수익적 행위 + 부담적 행위	주로 부담적 행위 + 복효적 행위
취소사유	위법·부당	• 행정심판 : 위법·부당 • 행정소송 : 위법
이익형량	공익, 상대방, 제3자의 사익 고려	위법성만 판단
취소권의 제한	제한 많음(신뢰보호의 원칙상)	제한 없음(사정판결 제외)
취소절차	비교적 엄격하지 않음	비교적 엄격함
취소의 내용	적극적 변경 가능	• 행정심판 : 적극적 변경도 가능 • 행정소송 : 소극적 변경만 가능
취소기간	제한 없음(실권법리 적용은 제외)	제한 있음
불가변력	부정	인정
취소의 효과	• 부담적 행위 : 소급효 있음 • 수익적 행위 : 소급효 없음	소급효 있음

6. 행정행위의 철회

(1) 의의

① 개념 : 철회란 하자 없이 성립한 행정행위를 사후에 공익상 효력을 더 이상 존속시킬 수 없는 어떤 새로운 사실의 발생으로 인해 행정청이 장래에 향하여 직권으로 그 효력의 전부 또는 일부를 소멸시키는 행정행위를 말한다. 철회는 강학상의 용어로, 실정법상으로는 주로 취소라고 부른다.

② 기능 : 행정행위는 발령 당시 사실관계와 법 관계를 기초로 발령하는데, 그 근

거가 변화된 경우 그 변화에 맞게 시정하여야 공익목적을 효과적으로 달성할 수 있어 그 수단으로 철회제도가 활용되고 있다.

(2) 법적 근거

철회에 관한 통칙규정이 없어 개별법령 규정에 근거가 있지 아니한 경우 행정청이 철회를 행사하기 위해 법적 근거가 필요한가에 대해서는 견해의 대립이 있다.

① 학설

　㉠ 근거불요설(다수설) : 철회행사에 일일이 법적 근거가 필요하다면, 공익상 요청이 있는 경우에도 철회할 수 없어 철회제도의 취지에 불합리하므로 그 법적 근거를 요하지 않는다는 견해이다.

　㉡ 근거필요설 : 부담적(침익적) 행위의 철회는 수익적 성격에 해당하므로 법적 근거 없이도 가능하지만, 수익적 행위의 철회는 반대로 침익적 성격에 해당하므로 법률 근거가 필요하다는 견해이다.

　㉢ 제한적 긍정설 : 철회에 법적 근거를 요하지는 않지만, 상대방의 동의나 신청 또는 철회권 유보에 의해서만 가능하다는 견해이다.

② 판례 : 판례는 사정변경 또는 중대한 공익상의 필요에 의해 행정행위를 철회할 수 있다는 근거불요설을 취하고 있다.

> 관련 판례 : 처분 당시에 그 행정처분에 별다른 하자가 없었고 또 그 처분 후에 이를 취소할 별도의 법적 근거가 없다 하더라도, 원래의 처분을 그대로 존속시킬 필요가 없게 된 사정변경이 생기거나 또는 중대한 공익상 필요가 발생한 경우에는 별개의 행정행위로 이를 철회하거나 변경할 수 있다(대판 1992. 1. 17, 91누3130).

(3) 철회권자

철회권은 처분청만 행사할 수 있다. 다만, 감독청도 철회권을 행사할 수 있는가에 대해 철회도 독립한 행정행위에 해당하므로 감독청이 이를 행사하게 된다면 처분청의 권한이 침해되는 결과가 나타나기 때문에 법률에 특별한 규정이 없는 한 감독청에는 철회권이 없다고 본다.

(4) 철회의 사유와 제한

① 일반적 철회사유

　㉠ 법령에 명시된 철회사유의 발생

　㉡ 부관으로 철회권이 유보된 경우

　㉢ 중요한 공익상의 필요가 있는 경우

　㉣ 상대방의 의무 위반이 있는 경우(부담의 불이행 등)

Check Point

침익적 행위에 대한 판례와 처분 행정청의 입장

사인에게 적법한 침익적 행위에 대한 철회권은 없다는 것이 판례의 입장이다(대판 1997. 9. 12, 96누6219). 그러나 이와 달리 처분행정청은 상대방이 부담을 이행하지 아니한 경우에 당해 처분을 철회할 수 있다.

　　　　ⓜ 사정변경이 있는 경우(사실관계의 변화가 있는 경우, 근거법령이 변경된
　　　　　경우 등)

　　　　ⓗ 목적달성이나 사업성공 등이 불가능한 경우

　　　　ⓢ 행정행위의 존속 의의가 상실된 경우

　　　　ⓞ 당사자의 신청이나 동의가 있는 경우(여기에 대해서는 학설 대립이 존재)

　② 철회권의 제한에 대한 검토

　　　ⓙ **침익적(부담적) 행위** : 침익적 행위에 대한 철회는 상대방에게 이익을 주는
　　　　수익적 행위에 해당되므로 원칙적으로 재량으로 철회할 수 있다. 다만, 상
　　　　대방과 제3자간 관계 이익을 비교형량하여 결정하여야 할 것이고(복효적
　　　　행정행위), 예약 등 다른 사유로 제약되는 경우 그 철회는 제한된다.

　　　ⓛ **수익적 행위** : 수익적 행정행위의 철회는 이에 대한 신뢰의 이익과 그 법적
　　　　안정성을 빼앗는 것이 되므로, 철회에 의하여 침해되는 사익과 실현하고자
　　　　하는 공익 간의 이익형량에 의하여 결정되어야 한다. 다만, 판례는 '행정행
　　　　위의 부관으로 취소권이 유보되어 있는 경우 당해 행정행위를 한 행정청
　　　　은 그 취소사유가 법령에 규정되어 있는 경우뿐만 아니라 의무위반이 있는
　　　　경우, 사정변경이 있는 경우, 좁은 의미의 취소권이 유보된 경우, 또는 중
　　　　대한 공익상의 필요가 발생한 경우 등'에도 그 행정처분을 취소(철회)할 수
　　　　있다고 보았다(대판 1984. 11. 13, 84누269).

　　　ⓒ 그 밖에 철회권이 제한되는 경우

　　　　• 불가변력을 발생하는 행위

　　　　• 실권의 법리(일정기간 철회권을 행사하지 아니한 경우)

　　　　• 포괄적 신분관계설정행위

　　　　• 비례의 원칙 등

　　　　• 제3자효적 행위

(5) 철회의 절차

특별한 규정이 없다면 일반 행정행위와 같은 절차를 따른다. 이때 수익적 행정
행위의 철회는 권리를 제한하는 처분이므로 사전통지절차(행정절차법 제21조)와
이유제시(동법 제23조)의 절차를 거쳐야 한다.

행정절차법 제21조에서 제시하는 통지사항
처분의 제목, 당사자의 성명 또는 명칭과 주소, 처분하려는 원인이 되는 사실과 처분의 내용 및 법적 근거, 제3호
에 대하여 의견을 제출할 수 있다는 뜻과 의견을 제출하지 아니하는 경우의 처리방법, 의견제출기관의 명칭과
주소, 의견제출기한, 그 밖에 필요한 사항

Check Point

행정절차법 제21조
① 행정청은 당사자에게 의무를
부과하거나 권익을 제한하는
처분을 하는 경우에는 미리 다
음 각 호의 사항을 당사자등에
게 통지하여야 한다.
② 행정청은 청문을 하려면 청문
이 시작되는 날부터 10일 전까
지 제1항 각 호의 사항을 당사
자등에게 통지하여야 한다.
③ 제1항제6호에 따른 기한은 의
견제출에 필요한 기간을 10일
이상으로 고려하여 정하여야
한다.
④ 다음 각 호의 어느 하나에 해
당하는 경우에는 제1항에 따른
통지를 하지 아니할 수 있다.
⑤ 처분의 전제가 되는 사실이 법
원의 재판 등에 의하여 객관적
으로 증명된 경우 등 제4항에
따른 사전 통지를 하지 아니할
수 있는 구체적인 사항은 대통
령령으로 정한다.
⑥ 제4항에 따라 사전 통지를 하
지 아니하는 경우 행정청은 처
분을 할 때 당사자등에게 통지
를 하지 아니한 사유를 알려야
한다. 다만, 신속한 처분이 필
요한 경우에는 처분 후 그 사
유를 알릴 수 있다.

(6) 철회의 효과

① 형성적 효력

㉠ 원칙 : 철회는 원칙적으로 장래에 향해서만 발생(비소급효)한다.

㉡ 예외 : 보조금이 지급된 경우 그 상대방의 부담 또는 법령상 의무위반으로 인하여 그 지급결정을 취소하는 경우에는 그 효력을 소급하여 소멸시킨다.

② 반환청구 및 원상회복명령 : 철회권이 행사된 경우 행정청은 이미 지급된 관련 문서나 물건의 반환을 요구할 수 있다. 또한 필요시 원상회복·시설개수 등을 명할 수 있으나 이는 법적 근거를 요한다.

③ 손실보상 : 상대방이 귀책사유 없는 철회로 인하여 특별한 손실을 입은 경우 법률이 정하는 바에 따라 행정청은 정당한 손실보상을 하여야 한다.

(7) 철회의 취소

① 적극설 : 철회처분에 중대하고 명백한 하자가 있는 경우에 그 철회처분은 무효가 되어 원 행정행위는 회복되며, 단순위법한 하자가 있는 경우 철회의 취소가 가능하다.

② 소극설 : 원 처분을 소생시키기 위해서는 같은 내용의 동일한 행정처분을 다시 할 수밖에 없다.

꼭! 확인 기출문제

행정행위의 직권취소 및 철회에 대한 설명으로 가장 옳지 않은 것은? [서울시 9급 기출]

① 한 사람이 여러 종류의 자동차 운전면허를 취득하는 경우뿐 아니라 이를 취소 또는 정지함에 있어서도 서로 별개의 것으로 취급하는 것이 원칙이다.

② 처분청은 하자있는 행정행위의 행위자로서 그 하자를 시정할 지위에 있어 그 취소에 관한 법률의 규정이 없어도 행정행위를 취소할 수 있다.

③ 수익적 행정행위의 철회는 법령에 명시적인 규정이 있거나 행정행위의 부관으로 그 철회권이 유보되어 있는 경우, 또는 원래의 행정행위를 존속시킬 필요가 없게 된 사정변경이 생겼거나 또는 중대한 공익상의 필요가 발생한 경우 등의 예외적인 경우에만 허용된다.

❹ 철회 자체가 행정행위의 성질을 가지는 것은 아니어서 행정절차법상 처분절차를 적용하여야 하는 것은 아니나, 신뢰보호원칙이나 비례원칙과 같은 행정법의 일반원칙은 준수해야 한다.

🖉 ④ 행정행위의 철회 역시 행정행위이므로, 행정행위의 철회 시 행정청은 「행정절차법」상 처분절차를 따라야 한다.

① 한 사람이 여러 종류의 자동차운전면허를 취득하는 경우뿐 아니라 이를 취소 또는 정지하는 경우에 있어서도 서로 별개의 것으로 취급하는 것이 원칙이다(대판 1997. 2. 28, 96누17578).

② 행정처분을 한 처분청은 그 처분의 성립에 하자가 있는 경우 이를 취소할 별도의 법적 근거가 없다고 하더라도 직권으로 이를 취소할 수 있다(대판 2002. 5. 28, 2001두9653).

③ 이른바 수익적 행정행위의 철회는 그 처분 당시 별다른 하자가 없었음에도 불구하고 사후적으로 그 효력을 상실케 하는 행정행위이므로, 법령에 명시적인 규정이 있거나 행정행위의 부관으로 그 철회권이 유보되어 있는 등의 경우가 아니라면, 원래의 행정행위를 존속시킬 필요가 없게 된 사정 변경이 생겼거나 또는 중대한 공익상의 필요가 발생한 경우 등의 예외적인 경우에만 허용된다(대판 2005. 4. 29, 2004두11954).

취소와 철회의 비교

구분	취소	철회
행사권자	처분청, 감독청(다수설), 법원	처분청(→ 감독청은 법률규정에 있는 경우에 한함)
법적 근거	특별한 법적 근거를 요하지 않음(다수설·판례)	학설은 대립, 판례는 법적 근거를 요하지 않는다고 봄
사유	원 행정행위에 하자가 존재(→ 성립 시 하자)	성립 후의 후발적 사유(→ 원 행정행위는 하자가 없음)
제한	주로 직권취소에 논의	주로 수익적 행위에 논의
효과	소급효가 원칙(예외적으로 장래효 인정됨)	장래에 향하여 소멸(원칙적으로 소급효 부정)
전보	손해배상 문제	손실보상 문제

7. 행정행위의 실효

(1) 의의

① **개념** : 행정행위의 실효란 하자 없이 성립한 행정행위가 행정청의 의사행위에 의하지 않고 일정한 사유(실효사유)의 발생으로 장래에 향하여 그 효력이 소멸하는 것을 말한다.

② **구별개념**

　㉠ **무효와의 구별** : 무효는 하자가 있어 처음부터 그 효력이 당연히 소멸되는 것인 데 반하여, 실효는 유효하게 성립한 행정행위가 후발적 사유에 의하여 그 효력이 장래에 소멸되는 것이다.

　㉡ **취소·철회와의 구별** : 취소·철회는 행정청의 의사표시에 의하여 소멸되지만, 실효는 일정한 사실의 발생에 의하여 그 효력이 소멸된다.

(2) 실효의 사유

① 대상인 사람의 사망

② 행정행위 목적물(대상)의 소멸

③ 부관의 성취(해제조건 성취, 종기의 도래 등)

④ 목적의 달성(급부하명에 대한 납세의무이행으로 소멸 등)

⑤ 목적달성의 불가능(국적상실에 의한 공무원신분의 상실 등)

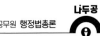
⑥ 새로운 법규의 제정 및 개정

> 관련 판례 : 청량음료 제조업허가는 신청에 의한 처분이고, 이와 같이 신청에 의한 허가처분을 받은 원고가 그 영업을 폐업한 경우에는 그 영업허가는 당연 실효되고, 이런 경우 허가행정의 허가취소처분은 허가의 실효됨을 확인하는 것에 불과하므로 원고는 그 허가취소처분의 취소를 구할 소의 이익이 없다고 할 것이다(대판 1981. 7. 14, 80누593).

Check Point

실효의 특징
실효는 행정청의 의사표시와 관계없이 일정한 사유의 발생으로 그 효력이 장래에 향하여 소멸되지만, 그 행정행위의 기존의 효과는 소멸되지 않는 것으로, 하자와 관계가 없다.

(3) 실효의 효과

행정행위의 실효사유가 발생하면 행정청의 별개의 행정행위 없이도 그 효력이 장래에 대해서 소멸된다. 다만, 실효 여부에 관해 분쟁이 발생하면 실효확인소송 또는 실효확인심판을 통해 해결할 수 있다.

제3장

비권력적 행정작용

제1절 공법상 계약

1. 개설

(1) 의의

① **개념** : 공법상 계약이란 공법상 효과를 발생시킬 목적으로 복수당사자 간 반대방향의 대등한 의사표시의 합치에 의해 성립하는 비권력적 공법행위를 말한다.

② **구별개념**

㉠ **행정행위** : 공법상 계약은 쌍방의 의사합치에 그 효력이 발생되나, 행정행위는 우월한 의사력을 가진 행정청의 일방적 의사표시에 의하여 그 효력이 발생하는 권력적 단독행위라는 점에서 차이가 있다.

㉡ **쌍방적 행정행위** : 공법상 계약은 대등한 의사표시에 의하여 이루어지나, 쌍방적 행정행위는 행정청의 우월한 지위(일방적 의사)에서 이루어진다는 점에서 차이가 있다.

㉢ **사법상 계약** : 당사자 간의 대등한 의사표시가 반대 방향으로 표시된다는 점에서 양자는 동일하지만, 공법상 계약이 공법상 효과를 발생목적으로 하는 데 반하여 사법상 계약은 사법상 효과를 발생목적으로 한다는 점에서 차이가 있다.

㉣ **행정계약** : 행정계약은 행정주체가 당사자로 되어 있는 모든 계약, 즉 행정주체가 일방당사자인 공법상 계약과 사법상 계약을 합한 개념이라 보는 관점이 있는데, 이러한 관점에서는 공법상 계약과 구별된다.

㉤ **합동행위** : 당사자 간 의사표시의 합치에 의하여 그 효력이 발생한다는 점

Check Point

공법상 계약
프랑스 판례를 통해 발전한 공법상 계약은, 학문상 개념이지 실정법상 개념은 아니다.

Check Point

쌍방적 행정행위와 사법상 계약의 예(공법상 계약과 구별)
• **쌍방적 행위** : 공무원 임명, 귀화허가, 공물사용특허, 공기업특허, 공유수면매립면허 등
• **사법상 계약** : 국유재산매각·대부·불하·교환계약, 도급계약, 물품납품계약, 비원안내원 채용계약 해지, 전화가입계약 해지, 잡종재산 대부 및 대부료납입고지, 토지수용에 있어 협의취득(판례), 국공립병원입원·치료, 사립학교 교원과 학교법인과의 관계, 국·공영철도 이용, 시영버스·시영식당 이용 관계 등

에서 양자는 동일하지만, 공법상 계약은 반대방향의 의사표시의 합치에 의하여 성립되는 것이고 공법상 합동행위는 같은 방향의 의사표시의 합치에 의하여 성립된다는 점에서 차이가 있다.

③ 장점

㉠ 행정을 개별적·구체적 사항에 따라 탄력적으로 처리할 수 있다.

㉡ 상대방의 동의를 얻어 신속하게 그 행정목적을 달성할 수 있다.

㉢ 법률관계나 사실관계가 명확하지 않더라도 타협이 용이하게 이루어질 수 있다.

㉣ 법률지식이 없는 자에게 설득을 통해 문제를 해결할 수 있다.

㉤ 쟁송건수를 최소화할 수 있다.

㉥ 법의 흠결을 보충해준다.

㉦ 개인이 행정주체의 동반자적 위치에서 행정작용의 수행을 참여하는 민주적 법치국가시대에 걸맞다.

④ 단점 : 행정권의 약화, 계약의 강요, 일방적 결정에 따른 평등원칙 위배 등

(2) 공법상 계약의 유형

① 프랑스의 행정계약 : 프랑스는 국참사원(행정재판소)의 판례를 통하여 행정계약이 사법상 계약과 구별·발전되어, 공공노역에 관한 행정계약의 이론이 체계화되었다.

② 독일의 공법상 계약 : 공권력작용은 행정행위에 의한 것이며 국고작용은 사법상 계약에 의한 것이므로, 공법상 계약은 행정행위와 국고행위(사법행위)의 중간영역으로 극히 예외적으로만 인정되어 왔으나, 독일연방행정절차법에 명문화되면서 공법상 계약도 행정행위의 하나로 인정되게 이르렀다.

③ 영·미의 정부계약 : 법의 지배원리 아래 공법과 사법의 구별이 없는 영·미의 법계에서는 공법상 계약이라는 관념이 인정되지 않았으나, 19세기 후반부터 행정기능의 확대에 따라 특수한 형태의 계약인 '정부계약'이 확립되어 프랑스적 행정계약을 실현시키는 경향을 보이고 있다.

(3) 공법상 계약의 인정영역

① 모든 공행정 분야 : 공법상 계약은 최근 들어 침해적·권력적 행정분야(환경규제행정 등)에서도 행정행위 대신에 사용되고 있다.

② 행정행위의 대체 : 기속행위의 경우도 행정행위를 대신하여 공법상 계약이 행해질 수 있는데, 이 경우 공법상 계약은 법에 정해진 내용을 반영하는 것에 그치며 법과 다른 내용을 규정할 수는 없어서 실익이 크지는 않다.

Check Point

프랑스 행정계약의 범위
프랑스 행정계약의 범위는 상대적으로 광범위하여, 우리나라에서 행정행위로 보고 있는 공기업특허·공물사용특허는 물론, 사법행위로 보는 운송계약, 물품납품계약, 공공토목공사도급계약도 행정계약에 포함한다.

③ 제3자의 동의 : 제3자의 권익을 제한하는 내용의 행정행위에 관한 공법상 계약은 제3자의 동의가 없는 한 인정되지 않는다.

2. 성립가능성 및 법적 근거

(1) 성립가능성 여부
① 종래 공법상 계약의 성립 여부에 대해 긍정설과 부정설이 대립되었다.
② 비권력적 행정영역이 증가하고 있는 오늘날에는 공법상 계약을 권력작용을 보완하는 행정의 행위형식으로 인식하는바, 명문상의 다른 규정이 없는 한 법규에 저촉되지 않는 공법상 계약은 자유로이 체결할 수 있다는 것이 통설이다.

(2) 자유성(법적 근거의 요부, 법률유보원칙)
공법상 계약의 성립가능성을 긍정하는 경우에도 공법상 계약의 자유성, 즉 공법상 계약의 체결에 법적 근거가 필요한지에 대하여는 견해의 대립이 있다.
① **계약부자유설** : 법률유보의 관점에서 공법상 계약도 법률의 근거를 요한다는 견해이다.
② **계약자유설(긍정설)** : 공법상 계약은 비권력관계로서 당사자 간 의사합치로 성립된 것이므로, 법률의 근거를 요하지 않는다는 견해이다. 오늘날의 통설에 해당한다.
③ **제한적 긍정설** : 비권력적·수익적 행정만 법률적 근거 없이 가능하며, 침익적 행정에는 법률적 근거를 요한다는 견해이다.

(3) 법률우위의 원칙
공법상 계약도 공행정작용이므로 법률우위의 원칙이 적용되며, 따라서 강행법규에 반하는 공법상 계약은 위법이 된다. 그러므로 공법상 계약은 사적자치의 원칙보다 법규에 의해 체결의 자유와 행정청의 형성 자유가 제한된다고 보아야 한다.

(4) 적용법규
공법상 계약에 있어 다른 특별규정이 없다면 일단 민법이 유추 적용된다. 다만, 공법상 계약에 따른 권리·의무는 공법적 효과를 목적으로 하는 것이므로 공법상 권리·의무에 해당된다. 또한 행정절차법에는 공법상 계약에 관한 규정을 두고 있지 않다.

3. 공법상 계약의 성립요건

(1) 권한상 요건

공법상 계약을 체결하고자 하는 행정청은 규율대상에 대해 정당한 관할권을 갖고 있어야 한다.

(2) 형식적 요건

특별한 규정은 없으나 합의내용을 명백히 한다는 점에서 문서에 의한 것이 바람직하며, 제3자의 권리를 침해하는 계약의 경우 제3자의 동의를 얻어야 한다.

(3) 절차적 요건

특별규정이 없는 한 의사표시와 계약에 관한 일반원칙에 따라야 한다.

(4) 내용상 요건

계약내용은 공적 임무에 기여하는 것이어야 하고, 사인의 급부와 행정청의 급부가 부당하게 결부되어서는 안 된다.

4. 공법상 계약의 종류

(1) 성질에 따른 분류(대등성 유무)

① 대등계약 : 행정주체 간의 상호계약이나 사인 상호 간의 공법상 계약과 같이 당사자 간 대등한 지위에서 맺는 공법상 계약을 말한다.

② 부대등계약(종속계약) : 행정주체와 사인 간의 계약과 같이 당사자 중 일방이 우월한 지위에서 맺는 공법상 계약을 말한다.

(2) 주체에 따른 분류

① 행정주체 상호 간 공법상 계약 : 국가와 공공단체 또는 공공단체 상호 간의 교육사무 위탁, 동일 과세물에 대한 과세협정, 초등학교 합동설치를 위한 지방자치단체 간의 협정, 도로 등 공공시설의 관리 및 경비분담에 관한 협의 등이 이에 해당한다.

② 행정주체와 사인 간의 공법상 계약

ⓐ 임의적 공용부담(예 문화재 · 공원용지 · 도로부지의 기증, 기부채납 등)

ⓑ 특별권력관계의 설정(예 종전의 계약직이나 전문직 공무원 채용, 지원입대, 청원경찰 비용부담의 합의, 공물 · 영조물 이용관계의 설정, 서울특별

시립무용단원의 위촉, 시립합창단원의 재위촉, 국립중앙극장 전속단원 채용계약, 공중보건의사 채용계약 등)

ⓒ 행정사무의 위탁(예 신청에 의한 별정우체국장의 지정 등)

ⓔ 기타 보상계약, 보조금교부계약, 환경보존에 관한 협정, 비용부담, 국비장학금 지급계약, 농어민자금 지원계약 등의 협의 등

ⓜ 환경보전협정(예 지방자치단체와 사기업 간의 환경보전 계약)

③ **사인과 사인 간의 공법상 계약** : 국가권력으로부터 위탁 받은 사인(공무수탁사인)과 사인 간의 계약을 말한다. 다만, 토지수용에 있어 기업자(사인인 사업시행자)와 토지소유자 간의 협의는 공법상 계약으로 보는 것이 통설이나, 판례는 사법상 계약으로 보고 있다.

 꼭! 확인 기출문제

공법상 계약에 대한 설명으로 옳은 것은? [국가직 9급 기출]

❶ 다수설에 따르면 공법상 계약은 당사자의 자유로운 의사의 합치에 의하므로 원칙적으로 법률유보의 원칙이 적용되지 않는다고 본다.

② 공법상 계약은 행정주체와 사인 간에만 체결 가능하며, 행정 주체 상호 간에는 공법상 계약이 성립할 수 없다.

③ 대법원은 구 「농어촌 등 보건의료를 위한 특별조치법」 및 관계법령에 따른 전문직 공무원인 공중보건의사의 채용계약 해지의 의사표시는 일반공무원에 대한 징계처분과 같은 성격을 가지며, 따라서 항고소송의 대상이 된다고 본다.

④ 현행 「행정절차법」은 공법상 계약에 대한 규정을 두고 있다.

🔍 ① 공법상 계약은 비권력적 작용이며, 당사자의 자유로운 의사의 합치에 의하여 성립하는 것이므로 법적근거 없이도 가능하다는 것이 다수설의 입장이다.
② 교육사무위탁, 조합비징수위탁 등과 같은 행정주체 상호간의 공법상 계약도 성립할 수 있다.
③ 전문직 공무원의 채용계약 해지는 공법상 계약에 관한 내용으로서 행정소송법상 당사자 소송의 대상이 되며 항고소송을 제기하는 것이 아니다.
④ 현행 행정절차법은 공법상 계약에 관하여 명문의 규정을 두고 있지 않다.

5. 공법상 계약의 특색

(1) 실체법적 특질

① **부합계약성** : 공법상 계약은 공공복리를 실현하기 위한 수단으로, 사적자치의 원칙이 제한됨에 따라 계약내용이 획일화 또는 정형화되어 부합계약(일방이 미리 정해둔 계약내용에 따라 체결되는 계약)으로서의 성격을 지니게 된다.

② **절차상 특질** : 당사자 간의 의사합치로 성립되나, 그 절차면에서 감독청이나 관계 행정청의 인가나 보고 등이 필요한 경우도 있다. 다만, 행정처분과 같이 행정절차법에 의하여 그 근거와 이유를 제시하여야 하는 것은 아니다(대판

 기출 Plus 　지방직 9급 기출

02. 공법상 계약에 대한 판례의 입장으로 옳지 않은 것은?

① 계약직공무원에 대한 계약을 해지할 때에는 행정절차법에 의하여 근거와 이유를 제시하여야 한다.

② 채용계약상 특별한 약정이 없는 한 지방계약직공무원에 대하여 지방공무원법, 지방공무원 징계 및 소청 규정에 정한 징계절차에 의하지 않고서는 보수를 삭감할 수 없다.

③ 지방전문직공무원 채용계약에서 정한 채용기간이 만료한 경우 채용계약을 갱신하거나 채용기간을 연장할 것인지 여부는 지방자치단체장의 재량에 맡겨져 있다.

④ 공중보건의사 채용계약 해지의 의사표시에 대하여는 공법상의 당사자소송으로 그 의사표시의 무효확인을 청구할 수 있다.

🔍 계약직공무원에 관한 현행 법령의 규정에 비추어 볼 때, 일정한 사유가 있을 때에 국가 또는 지방자치단체가 채용계약관계의 한쪽 당사자로서 대등한 지위에서 행하는 의사표시로 취급되는 것으로 이해되므로, 이를 징계사유에 관하여 효력 유무를 판단하여야 하거나 행정처분과 같이 행정절차법에 의하여 근거와 이유를 제시하여야 하는 것은 아니다(대판 2002.11.26., 2002두5948).

답 02 ①

2002. 11. 26, 2002두5948). 또한 계약은 문서로 하는 것이 바람직하나, 문서뿐만 아니라 구두에 의한 것도 가능하다.

③ **형식상 특질** : 합의내용을 명백히 한다는 점에서 문서에 의한 것이 바람직하며, 제3자의 권리를 침해하는 계약의 경우 제3자의 동의를 얻어야 한다.

④ **효력상 특질**

    ㉠ 비권력성 : 공법상 계약은 당사자 간의 대등계약으로서 비권력작용이므로, 권력적 행정작용에서 인정되는 공정성·확정성·강제성(자력집행) 등은 인정되지 않는다.

    ㉡ 계약의 해지와 변경 : 공법상 계약은 의무의 불이행이 있을 경우 민법상의 해지규정이 유추적용된다. 행정청은 공법상 계약의 체결 후 공공복리를 위해 그 계약을 해지·변경할 수 있으며, 이로 인해 귀책사유 없는 상대방이 손실을 입게 되는 경우 국가는 이를 보상하여야 한다. 이에 반하여 상대방은 공익에 영향을 미치지 아니한 경우에만 그 계약의 해지나 변경을 청구할 수 있을 뿐이다.

    ㉢ 이전·대행의 제한 : 공법상 계약체결로 인하여 발생한 공법상 권리·의무는 이전 또는 대행이 제한된다.

⑤ **계약의 하자**

    ㉠ 위법의 효과 : 공법상 계약은 공정력이 없어 명문규정이 없는 한 무효가 될 뿐 취소의 문제는 발생하지 않는다. 다만, 하자의 경중을 기준으로 중대·명백설에 따라 무효 또는 취소로 결정되어야 하는 견해도 있다.

    ㉡ 유동적 무효 : 제3자의 권리를 침해하는 공법상 계약은 그 제3자의 동의가 있을 때까지, 다른 행정청의 동의나 합의를 요하는 계약 또한 그 행정청의 동의나 합의가 있을 때까지 유동적 무효상태에 있다.

    ㉢ 무효의 효과 : 무효인 공법상 계약은 그 법적 효과가 발생하지 않으므로 그 누구도 이행을 주장할 수 없으며, 급부를 제공하였을 경우 공법상 부당이득반환청구권을 행사할 수 있다.

    ㉣ 일부 무효 : 공법상 계약의 위법과 무효가 일부분만 관련이 있다면 그 공법상 계약의 가분여부(可分與否)를 기준으로 판단했을 경우 무효부분을 제외하고 그 계약을 체결하였다면 나머지 부분은 유효하나, 무효부분을 제외하고는 그 계약을 체결하지 아니하였을 것으로 판단되면 그 계약은 전부 무효가 된다.

(2) 절차법적 특색

① **쟁송형태** : 공법상 계약에 따른 분쟁은 행정소송법 제3조 제2호에 의거하여

Check Point

행정소송법 제3조(행정소송의 종류) 제1호·제2호
· 항고소송 : 행정청의 처분 등이나 부작위에 대하여 제기하는 소송
· 당사자소송 : 행정청의 처분 등을 원인으로 하는 법률관계에 관한 소송 그 밖에 공법상의 법률관계에 관한 소송으로서 그 법률관계의 한쪽 당사자를 피고로 하는 소송

항고소송이 아닌 당사자소송에 의하는 것이 원칙이다(통설·판례). 판례 또한 광주시립합창단원사건, 서울시립무용단원사건(대판 95누4636), 공중보건의 사건(대판 95누10617), 지방직공무원사건 등에서 당사자소송에 의한다고 판시한 바 있다. 다만, 민사소송에 의한다는 일부 판례가 존재한다.

> **관련 판례**
> - 서울특별시립무용단 단원의 위촉은 공법상의 계약이라고 할 것이고 따라서 그 단원의 해촉에 대하여는 공법상의 당사자소송으로 그 무효확인을 청구할 수 있다(대판 1995. 12. 22, 95누4636).
> - 전문직공무원인 공중보건의사 채용계약해지의 의사표시에 대하여는 대등한 당사자 간의 소송형식인 공법상의 당사자소송으로 그 의사표시의 무효확인을 청구할 수 있는 것이지 이를 항고소송의 대상이 되는 행정처분이라는 전제에서 그 취소를 구하는 항고소송을 제기할 수는 없다고 할 것이다(대판 1996. 5. 31, 95누10617).

② 자력집행

　㉠ 원칙 : 공법상 계약은 종속계약이 아니라 대등계약에 해당하므로 상대방이 의무를 이행하지 않는다고 하여 행정청이 자력으로 집행할 수는 없는 것이 원칙이다.

　㉡ 예외 : 법령에 근거가 있는 경우(보조금관리에관한법률 제33조 제1항)나 당사자 간의 사전합의가 있는 경우는 행정청의 자력강제가 인정될 수 있다.

행정행위 및 사법상 계약과의 비교

구분	행정행위	공법상 계약	사법상 계약
성질	권력적 공법행위, 단독행위	비권력적 공법행위, 쌍방적 행위	비권력적 사실행위, 쌍방적 행위
법적용	공법적용	사법적용	사법적용
공정력·확정성·강제성	존재	부존재가 원칙이나, 자력집행력 일부 존재(보조금관리에관한법률 등)	부존재
상대방의 의사표시	유효요건	성립요건	성립요건
권리구제	항고소송(행정소송)	• 당사자소송(행정소송) • 민사소송(일부판례)	민사소송
적용의 예	• 단독행위 : 과세, 징집, 면제, 행정행위의 직권취소 • 쌍방적 행위 : 허가, 특허, 인가	보조금교부계약, 지원입대, 토지수용에서 매수협의, 공물·영조물 이용관계의 설정, 별정우체국장의 지정, 전문직 공무원 채용, 임의적 공용부담 등	국유재산매각·대부·불하·교환계약, 도급계약, 물품납품계약, 비원안내원 채용계약 해지, 전화가입계약 해지, 잡종재산 대부 및 대부료납입고지, 토지수용에 있어 협의취득 등

Check Point

보조금관리에관한법률 제33조(보조금수령자에 대한 보조금의 환수) 제1항
중앙관서의 장, 보조사업자 또는 간접보조사업자는 보조금수령자가 다음 각 호의 어느 하나에 해당하는 경우에는 지급한 보조금 또는 간접보조금의 전부 또는 일부를 기한을 정하여 반환하도록 명하여야 한다.
- 거짓이나 그 밖의 부정한 방법으로 보조금 또는 간접보조금을 지급받은 경우
- 보조금 또는 간접보조금의 지급 목적과 다른 용도에 사용한 경우
- 보조금 또는 간접보조금을 지급받기 위한 요건을 갖추지 못한 경우

03. 공법상 계약의 특질에 대한 다음 설명 중 옳지 <u>않은</u> 것은?

① 위법한 공법상 계약은 민법에서와 같이 원칙상 무효이다.

② 공법상 계약에는 공정력이 인정되지 않는다.

③ 서울특별시립무용단 단원의 위촉은 공법상 계약이고, 그 단원의 해촉에 대하여는 취소소송으로 다툴 수 있다는 것이 판례의 입장이다.

④ 계약의 일방당사자인 행정주체가 공익상 사유가 있는 경우에는 일방적으로 계약해제 또는 변경할 수 있다.

해 판례는 서울특별시립무용단 단원의 위촉은 공법상 계약이며, 그 단원의 해촉에 대하여는 공법상의 당사자소송으로 다툴 수 있다고 하였다. 학설과 판례는 대체로 공법상 계약에 따른 분쟁은 행정소송법에 따라 당사자소송에 의한다고 보고 있다(→ 광주시립합창단원사건·서울시립무용단원사건·공중보건의사건·국립극장전속단원사건 등 판례). 다만, 민사소송에 의한다는 일부 판례도 존재한다.

꼭! 확인 기출문제

공법상 계약에 관한 설명으로 옳지 <u>않은</u> 것은? (다툼이 있는 경우 판례에 의함) [지방직 9급 기출]

❶ 계약직공무원 채용계약해지의 의사표시는 항고소송의 대상이 되는 처분 등의 성격을 가지므로 행정절차법에 의하여 근거와 이유를 제시하여야 한다는 것이 판례의 입장이다.

② 서울특별시 시립무용단 단원의 해촉에 대하여는 공법상 당사자소송으로 그 무효확인을 구할 수 있다.

③ 공중보건의사 채용계약은 공법상 계약으로 볼 수 있다.

④ 위법한 공법상 계약은 무효이므로 공법상 계약에는 원칙적으로 공정력이 인정되지 않는다.

해 ① 판례는 계약직공무원 채용계약해지의 의사표시의 경우 항고소송의 대상이 되는 처분 등의 성격을 가진 것으로 인정되지 않으므로 행정처분과 같이 행정절차법에 의하여 근거와 이유를 제시하여야 하는 것은 아니라 하였다.

> 관련 판례 : 계약직공무원에 관한 현행 법령의 규정에 비추어 볼 때, 계약직공무원 채용계약해지의 의사표시는 일반공무원에 대한 징계처분과는 달라서 항고소송의 대상이 되는 처분 등의 성격을 가진 것으로 인정되지 아니하고, 일정한 사유가 있을 때에 국가 또는 지방자치단체가 채용계약 관계의 한쪽 당사자로서 대등한 지위에서 행하는 의사표시로 취급되는 것으로 이해되므로, 이를 징계해고 등에서와 같이 그 징계사유에 한하여 효력 유무를 판단하여야 하거나, 행정처분과 같이 행정절차법에 의하여 근거와 이유를 제시하여야 하는 것은 아니다(대판 2002. 11. 26, 2002두5948).

② 지방자치법 제9조 제2항 제5호 (라)목 및 (마)목 등의 규정에 의하면, 서울특별시립무용단원의 공연 등 활동은 지방문화 및 예술을 진흥시키고자 하는 서울특별시의 공공적 업무수행의 일환으로 이루어진다고 해석될 뿐 아니라, 단원으로 위촉되기 위하여는 일정한 능력요건과 자격요건을 요하고, 계속적인 재위촉이 사실상 보장되며, 공무원연금법에 따른 연금을 지급받고, 단원의 복무규율이 정해져 있으며, 정년제가 인정되고, 일정한 해촉사유가 있는 경우에만 해촉되는 등 서울특별시립무용단원이 가지는 지위가 공무원과 유사한 것이라면, 서울특별시립무용단 단원의 위촉은 공법상의 계약이라고 할 것이고, 따라서 그 단원의 해촉에 대하여는 공법상의 당사자소송으로 그 무효확인을 청구할 수 있다(대판 1995. 12. 22, 95누4636).

③ 판례는 공중보건의사 채용계약은 공법상 계약으로 보고 그 채용계약의 해지의 의사표시에 대하여는 당사자소송으로 의사표시의 무효확인을 청구할 수 있다고 하였다.

> 관련 판례 : 농어촌등보건의료를위한특별조치법 등 관계 법령의 규정내용에 미루어 보면, 현행 실정법이 전문직 공무원인 공중보건의사의 채용계약 해지의 의사표시는 일반공무원에 대한 징계처분과는 달라서 항고소송의 대상이 되는 처분 등의 성격을 가진 것으로 인정되지 아니하고, 일정한 사유가 있을 때에 관할 도지사가 채용계약 관계의 한쪽 당사자로서 대등한 지위에서 행하는 의사표시로 취급하고 있는 것으로 이해되므로, 공중보건의사 채용계약 해지의 의사표시에 대하여는 대등한 당사자 간의 소송형식인 공법상의 당사자 소송으로 그 의사표시의 무효확인을 청구할 수 있는 것이지, 이를 항고소송의 대상이 되는 행정처분이라는 전제하에서 그 취소를 구하는 항고소송을 제기할 수는 없다(대판 1996. 5. 31, 95누10617).

④ 공법상 계약이 법령에 저촉되어 위법한 경우 그 효력과 관련하여 무효 또는 취소의 하자가 모두 존재할 수 있다고 보는 견해도 있으나, 공법상 계약은 비권력적 작용으로서 행정행위가 아니므로 공정력이 인정되지 않으며, 따라서 위법한 공법상 계약은 취소가 아니라 무효가 된다는 것이 다수설의 입장이다.

답 **03** ③

제2절 공법상 합동행위와 합성행위

1. 공법상 합동행위

(1) 의의

① 개념 : 공법상 합동행위란 공법상 효과의 발생을 목적으로 복수당사자(독립된 복수의 법주체)의 동일한 방향으로의 의사표시가 합치되어 성립하는 공법행위를 말한다.

② 유형

㉠ 지방자치단체가 자치단체조합을 설립하는 행위

㉡ 공공조합이 협의에 의해 연합회를 설립하는 행위(예 산림조합조연합회 등)

㉢ 정관작성행위

(2) 특색

① 공법상 합동행위가 성립되면 각 당사자의 무능력이나 착오 등을 이유로 그 효력을 다툴 수 없음이 원칙이다. 즉 각 당사자에게 동일한 내용의 법적 효과를 발생시킨다.

② 유효하게 합동행위가 성립되면 당사자뿐만 아니라 성립된 후에 관여한 자도 구속한다. 따라서 공법상 합동행위는 제3자가 알 수 있도록 이를 공고하여야 하는 것이 원칙이다.

2. 공법상 합성행위

(1) 의의

① 다수인의 공동의사표시로 하나의 의사를 구성하는 행위를 말한다. 이는 다수인의 의사가 동일방향으로 진행되는 공법상 합동행위 또는 그 의사가 반대방향으로 표시되는 공법상 계약과 구별된다.

② 합성행위는 그 자체로는 행정행위로 성립될 수 없고, 그 의사표시가 외부로 표시되어 하나의 결론에 도달되어야 비로소 행정행위로서 성립된다.

(2) 유형

합성행위의 유형으로는 감사위원회 · 중앙선거관리위원회 · 징계위원회 · 지방의회 등 합의기관의 의결 및 선거, 행정절차의 합의 결정 등이 있다.

제3절 사법형식의 행정작용

1. 개설

공행정주체가 한 당사자로서 사법적 법률관계를 맺기 위하여 행하는 작용을 사법형식의 행정작용(광의의 국고작용)이라고 한다. 사법형식의 행정작용은 크게 협의의 국고작용(순수국고작용)과 행정사법작용으로 분류할 수 있다. 협의의 국고작용은 조달·영리활동 등과 같이 간접적으로 행정목적을 수행하는 활동을 말하며, 행정사법작용은 사법형식에 의해 직접 행정목적을 수행하는 활동을 말한다.

Check Point

순수국고행정(협의의 국고관계)
물자조달계약, 공사도급계약, 근로자 고용계약, 광산이나 은행경영, 주식시장참여 등은 순수국고행정작용에 해당된다.

2. 행정사법

(1) 의의

① 개념 : 행정사법이란 광의의 국고행정 중 사법형식에 의하여 직접 공행정목적을 수행하는 행정활동으로서 일정한 공법적 규율을 받는 것을 말한다.

② 구별개념

㉠ **국고관계(사법관계)와의 구별** : 행정사법은 기본적으로 사법형식을 취하지만, 공익과 관련된 한도 내에서 공법적 규율을 받는다. 이에 반하여 협의의 국고관계를 규율하는 특별사법은 사법의 형식으로 사법관계를 규율한다는 점에서 근본적 차이가 있다.

㉡ **관리관계와의 구별** : 행정사법은 사법관계를 전제로 하고 관리관계는 공법관계를 전제로 한다는 점에서 구분되나, 사실상 양자를 명확하게 구분할 수 없어 유사한 개념으로 이해하기도 한다.

Check Point

행정사법
행정사법은 공법적 규율에 의해 보충·수정된다.

행정사법
• 행정사법은 공법형식으로 해야 할 것을 사법형식으로 하는 '행정의 사법으로의 도피'(F. Fleiner)를 차단하고, 그 공익성으로 인해 공법적 규율을 받아야 한다는 이론이다.
• Wolff에 의하여 제창되어 발전된 것으로, 현재 독일 판례의 전반적인 경향은 행정사법을 공적 사무의 직접수행의 경우에만 국한하여 파악하고 있다.

(2) 유용성

행정목적을 달성하는 데 있어 공법형식이 존재하지 않는 경우나, 공법형식보다는 사법형식으로 행하는 것이 보다 효율적인 경우에 유용성이 있다. 그러나 공법적 구속을 피하기 위한 도피수단으로 활용되어 법치행정의 공동화를 초래할 수 있다는 점에서 사법형식의 행정활동을 어떻게 통제할 것인가에 문제가 제기되고 있다.

(3) 구체적 영역

① **유도행정** : 사회형성행정분야(토지대책 · 경기대책 · 고용대책 · 수출진흥 등)나 규제행정분야(경제규제 · 환경규제 등)의 목적을 위하여 행정주체가 사법형식을 취하여 직 · 간접으로 개입한다.

② **급부행정** : 운수사업(철도 · 시영버스사업 등), 공급사업(수도 · 전기 · 가스 등), 제거사업(하수도 · 오물 · 쓰레기 등), 자금지원(보조금 · 지불보증에 대한 자금지원 등), 시설운영(국영극장 · 국공영스포츠시설 등의 운영)을 위하여 행정주체가 사법적 형식을 취하여 직 · 간접으로 개입한다.

(4) 행정사법에 대한 공법적 규율

행정사법은 외형상 사법행위일지라도 공익적 요소를 전제조건으로 하므로 사적 자치의 원칙이 그대로 적용되지 않고 공법적 규율에 의하여 수정 · 보완되어 적용된다.

① **공법원칙에 의한 규율** : 헌법상 기본권 보장의 규정(재산권보장 · 평등원칙)과 공법의 원칙(신뢰보호원칙 · 부당결부금지원칙 · 비례원칙)에 의하여 행정사법의 행위형식은 그 제한을 받는다.

② **법률적 규율** : 국유재산법, 지방재정법, 국가를당사자로하는계약에관한법률 등의 개별법규에 의하여 제한된다.

③ 기타 경제성 · 합목적성에 의하여 제한되기도 하고, 공행정기관의 경영포기 내지 중단으로 제한되기도 한다.

(5) 공법적 제한기준의 위반 효과

공법원칙에 위반하는 경우 무효(또는 일부무효)이고, 법률적 규율에 위반한 경우 그 법률이 정하는 효과가 발생한다.

(6) 권리구제

행정사법작용은 사법관계이기 때문에 민사소송(행정법원이 아닌 민사법원이 관할)에 의한다는 견해와 행정소송에 의한다는 견해의 대립이 있다. 판례는 민사소송(당사자소송)에 의한다고 판시한 바 있다.

> 관련 판례 : 전화가입계약은 전화가입희망자의 가입청약과 이에 대한 전화관서의 승낙에 의하여 성립하는 영조물 이용의 계약관계로서 비록 그것이 공중통신역무의 제공이라는 이용관계의 특수성 때문에 그 이용조건 및 방법, 이용의 제한, 이용관계의 종료원인 등에 관하여 여러 가지 법적

Check Point

행정사법의 영역
행정사법은 복리행정분야에 주로 논의된다. 행정주체가 공법적 형식과 사법적 형식 간에 선택의 자유를 가지는 경우. 이러한 선택의 문제로 등장한 것이 행정사법이다.

> 규제가 있기는 하나 그 성질은 사법상의 계약관계에 불과하다고 할 것이므로, 피고(서울용산전화
> 국장)가 전기통신법시행령 제59조에 의하여 전화가입계약을 해지하였다 하여도 이는 사법상의
> 계약의 해지와 성질상 다른 바가 없다 할 것이고 이를 항고소송의 대상이 되는 행정처분으로 볼
> 수 없다(대판 1982. 12. 28, 82누441).

제4절 행정상 사실행위

1. 의의

행정상 사실행위란 행정주체의 행위 중 행정행위나 기타 법률적 행위와는 달리,
일정한 법률효과의 발생을 의도하지 않고 일정한 사실상의 결과발생만을 목적으
로 하는 일체의 행위를 말한다. 이는 정신작용의 유무와는 상관없이 객관적인 사
실상태만이 존재한다는 점에서 정신작용을 요소로 하여 법률효과가 발생하는 법
적 행위와는 다르다.

2. 종류

(1) 주체에 의한 분류

① 행정주체의 사실행위

  ㉠ 행정조직 내부의 사실행위 : 문서작성 · 사무감사와 같이 행정조직 내부에
    서 행정사무처리를 위해 행하여지는 사실행위를 말한다.

  ㉡ 국민과의 관계에서 행하여지는 외부적 사실행위 : 금전출납 · 쓰레기수거 ·
    인구조사 · 무허가건물철거와 같이 대외적으로 국민과의 관계에서 행정목
    적 실현을 위하여 행하여지는 사실행위를 말한다.

② 사인의 사실행위 : 청문 출석 · 물건의 소유 및 점유 · 거주와 같이 사인에 의해
  이루어지는 사실행위를 말한다.

(2) 권력성 유무에 따른 분류

① 권력적 사실행위 : 행정상 강제집행 · 권력적 행정조사와 같이 행정행위 또는
  법령을 집행하기 위한 공권력 행사로서의 사실행위이다.

② 비권력적 사실행위 : 학교수업 · 행정지도 · 공물의 설치 및 유지 · 관리행위와

같이 공권력 행사와 무관한 사실행위이다.

(3) 독립성 유무에 따른 분류

① **집행적 사실행위** : 행정상 강제집행·행정상 즉시강제와 같이 일정한 법령 또는 행정행위를 집행하기 위하여 행하여지는 사실행위이다.

② **독립적 사실행위** : 행정지도·학교수업·도로의 보수공사와 같이 그 자체로서 독자적인 의미를 갖는 사실행위이다.

(4) 의사표시의 유무에 따른 분류

① **정신적 사실행위** : 행정지도·보고·통지·축사·표창 등과 같이 일정한 의사의 표시가 내포된 지식표시행위를 말한다.

② **물리적 사실행위** : 무허가건축물의 철거·재산압류·공물의 설치 등과 같이 사실상의 결과발생만을 의도하는 물리적 행위를 말한다.

(5) 공·사법의 규율에 따른 분류

공법적 사실행위와 사법적 사실행위로 분류된다.

3. 법적 근거 및 한계

(1) 법적 근거

공법상 사실행위도 행정주체의 행위로서 법률우위의 원칙과 법률유보의 원칙이 적용되며, 조직규범의 내에서 그 사실행위가 이루어져야 한다. 다만, 법률유보와의 관계에 있어 개인의 생명이나 재산의 침해라는 결과를 발생시킬 수 있는 사실행위(특히 권력적 사실행위나 집행적 사실행위)는 엄격한 법률유보원칙이 적용되어야 한다.

(2) 한계

① **법규상 한계** : 법치행정의 원칙에 따라 행정상 사실행위도 법규에 위배되지 않아야 한다.

② **조리상 한계** : 행정법 일반원리인 비례의 원칙, 신뢰보호의 원칙 등에 따라 행해져야 한다.

Check Point

법률우위와 법률유보
- **법률의 우위** : 법률의 형식으로 표현된 국가의사는 다른 어떤 국가의사보다 우선하므로, 행정권의 행사는 합헌적 절차에 따라 의회가 제정한 법률에 위반되어서는 안 된다는 원칙
- **법률의 유보** : 행정권 발동은 반드시 법률의 근거(수권)를 요한다는 원칙

4. 권리보호

(1) 행정쟁송

① 권력적 사실행위

㉠ 권력적 사실행위는 집행행위와 수인하명의 요소가 결합되어 있는데, 행정쟁송법상의 '처분'에 해당하므로 행정소송의 대상이 된다는 것이 다수설과 판례의 입장이다.

㉡ 판례는 권력적 사실행위라 단정하여 명시한 바는 없으나, 권력적 사실행위로 간주되고 있는 단수조치와 미결수용자 이송조치 등에 대해 행정소송 대상으로서의 처분성을 긍정하였다(대판 1979. 12. 28, 79누218 등).

㉢ 다만, 권력적 사실행위는 단기간에 종료되는 것이 일반적이므로 집행이 종료된 후 소 제기의 이익은 부정되어 당해 소는 각하된다. 그러나 계속성 성질을 가지는 사실행위는 소송을 통해 구제받을 수 있다.

㉣ 한편, 수인의무를 수반하지 않은 권력적 사실행위는 소의 제기대상으로 볼 여지가 없다 할 것이다.

② 비권력적 사실행위

㉠ 비권력적 사실행위의 경우에도 행정쟁송법상의 처분으로 보아 그에 대한 항고소송을 인정해야 한다는 견해가 있으나, 비권력적 사실행위는 법적 행위의 요소가 없어 행정심판이나 행정소송의 대상이 되지 않는다는 것이 다수설과 판례의 태도이다.

㉡ 판례도 처분개념을 제한적으로 해석하여 사실상의 통지행위 또는 행정지도 등의 단순한 사실행위에 대해 처분성을 부정하고 있다.

> 관련 판례 : 수도사업자가 급수공사 신청자에 대하여 급수공사비 내역과 이를 지정기일 내에 선납하라는 취지로 한 납부통지는 수도사업자가 급수공사를 승인하면서 급수공사비를 계산하여 급수공사 신청자에게 이를 알려 주고 위 신청자가 이에 따라 공사비를 납부하면 급수공사를 하여 주겠다는 취지의 강제성이 없는 의사 또는 사실상의 통지행위라고 풀이함이 상당하고, 이를 가리켜 항고소송의 대상이 되는 행정처분이라고 볼 수 없다(대판 1993. 10. 26, 93누6331).

㉢ 다만, 그 자체로서 법적 효과가 발생하지 않는 권고나 권장행위 등이 관련 법 규정과 결합하여 법적 의무를 부과하는 경우에는 그 처분성을 인정하고 있다.

> 관련 판례
> • 구 남녀차별금지및구제에관한법률 제28조에 의하면, 국가인권위원회의 성희롱결정과 이에 따른 시정조치의 권고는 불가분의 일체로 행하여지는 것인데 국가인권위원회의 이러한 결정과 시정조치의 권고는 성희롱 행위자로 결정된 자의 인격권에 영향을 미침

과 동시에 공공기관의장 또는 사용자에게 일정한 법률상의 의무를 부담시키는 것이므로 국가인권위원회의 성희롱결정 및 시정조치권고는 행정소송의 대상이 되는 행정처분에 해당한다(대판 2005. 7. 8, 2005두487).

• 공정거래위원회의 '표준약관 사용권장행위'는 그 통지를 받은 해당 사업자 등에게 표준약관과 다른 약관을 사용할 경우 표준약관과 다르게 정한 주요내용을 고객이 알기 쉽게 표시하여야 할 의무를 부과하고, 그 불이행에 대해서는 과태료에 처하도록 되어 있으므로, 이는 사업자 등의 권리·의무에 직접 영향을 미치는 행정처분으로서 항고소송의 대상이 된다(대판 2010. 10. 14, 2008두23184).

(2) 손해배상·손실보상·결과제거청구권

① **손해배상** : 위법한 사실행위로 인하여 피해를 입은 경우 사법적 사실행위는 민법 제750조 규정에 따라, 공법적 사실행위는 국가배상법 제2조 및 제5조에 따라 손해배상청구를 할 수 있다.

② **손실보상** : 권력적 사실행위가 손실보상의 요건을 갖춘 경우는 행정상 보상책임이 발생하나, 비권력적 사실행위의 경우 개별법의 근거가 없는 한 보상책임이 없다는 것이 다수설과 판례의 입장이다.

③ **결과제거청구권** : 위법한 사실행위로 인한 위법상태가 지속될 경우 행정청은 원상회복의 의무를 부담하여야 하고, 침해받은 자는 결과제거청구권을 행사할 수 있다.

손해배상 관련 법률

• **민법 제750조(불법행위의 내용)** : 고의 또는 과실로 인한 위법행위로 타인에게 손해를 가한 자는 그 손해를 배상할 책임이 있다.

• **국가배상법 제2조(배상책임)**
① 국가나 지방자치단체는 공무원 또는 공무를 위탁받은 사인(이하 "공무원")이 직무를 집행하면서 고의 또는 과실로 법령을 위반하여 타인에게 손해를 입히거나, 자동차손해배상보장법에 따라 손해배상의 책임이 있을 때에는 이 법에 따라 그 손해를 배상하여야 한다. 다만, 군인·군무원·경찰공무원 또는 예비군대원이 전투·훈련 등 직무집행과 관련하여 전사·순직하거나 공상(公傷)을 입은 경우에 본인이나 그 유족이 다른 법령에 따라 재해보상금·유족연금·상이연금 등의 보상을 지급받을 수 있을 때에는 이 법 및 민법에 따른 손해배상을 청구할 수 없다.
② 제1항 본문의 경우에 공무원에게 고의 또는 중대한 과실이 있으면 국가나 지방자치단체는 그 공무원에게 구상할 수 있다.

• **국가배상법 제5조(공공시설 등의 하자로 인한 책임)**
① 도로·하천, 그 밖의 공공의 영조물의 설치나 관리에 하자가 있기 때문에 타인에게 손해를 발생하게 하였을 때에는 국가나 지방자치단체는 그 손해를 배상하여야 한다.
② 제1항을 적용할 때 손해의 원인에 대하여 책임을 질 자가 따로 있으면 국가나 지방자치단체는 그 자에게 구상할 수 있다.

④ **헌법소원** : 사실행위가 국민의 권익에 영향력을 행사함에도 불구하고 처분성이 인정되지 않는 경우, 행정소송을 제기할 수 없으므로 헌법소원이 가능하다.

Check Point

결과제거청구권
공법상 결과제거청구권이란 공행정작용에 의해 야기된 위법한 상태로 인하여 자기의 권익을 침해받고 있는 자가 행정주체에 대하여 그 위법한 상태를 제거하여 침해 이전의 원 상태로 회복시켜 줄 것을 청구하는 권리를 말한다. 위법 여부 및 과실을 요건으로 하지 않는다는 점에서, 손해배상과 손실보상의 흠결을 보완하는 역할을 한다.

제5절 행정지도

1. 개설

(1) 의의

① **개념** : 행정지도란 상대방의 임의적 협력이나 동의하에 일정한 행정질서의 형성을 유도하는 비권력적 사실행위이다.

② **법적 성질** : 행정지도는 일정한 법적 효과의 발생을 목적으로 하는 의사표시가 아니며, 강제력 없이 국민의 임의적인 협력을 전제로 하는 비권력적 행정작용이다. 따라서 상대방의 의사에 반하여 부당하게 강요할 수 없고, 이를 준수하지 않는다는 이유로 불이익한 조치를 해서도 안 된다.

③ **구별개념**

㉠ 행정지도는 일정한 법적 효과의 발생을 목적으로 하는 의사표시로 볼 수 없고, 단지 행정객체에게 일정한 협력 유도를 통한 사실상의 효과를 기대하는 비권력적 사실행위일 뿐이라는 점에서 행정행위나 공법상 계약, 행정강제 등과 구별된다.

㉡ 또한 상대방의 임의적 협력하에 행하여진다는 점에서 행정청의 활동에 의하여 완성되는 단순사실행위와도 구별된다.

(2) 필요성 및 문제점

① **필요성**

㉠ 행정영역 및 기능의 확대에 따른 탄력적 · 신속적 행정작용의 필요

㉡ 분쟁이나 마찰 · 저항 방지를 위한 비권력적 · 임의적 수단의 필요

㉢ 행정객체에 대한 새로운 지식 · 기술 · 정보 제공 및 일정 방향으로의 유도

㉣ 법적 규율의 한계(법과 행정현실과의 괴리 등)의 보완 · 극복

② **문제점**

㉠ 행정주체의 우위에 따른 사실상의 강제성

㉡ 한계와 기준, 책임소재의 불명확성

㉢ 권리구제수단의 불완전성

(3) 실효성 확보수단

① **억제조치** : 불응 시 불이익을 부과하여 행정지도 불응을 억제하는 수단을 말한다(예 명단공개, 세무조사, 인 · 허가 보류, 공급거부 등).

② 장려조치 : 순응 시 일정한 이익을 부여하는 조치를 말한다(예 보조금 지급, 인·허가상의 특별배려, 국·공유지의 우선매각 등).

2. 행정지도의 종류

(1) 법적 근거의 유무에 따른 분류

① 법규상 행정지도

　㉠ 법규의 직접적 근거에 의한 행정지도 : 직업안전법상 직업보도 등

　㉡ 법규의 간접적 근거에 의한 행정지도 : 건축법에 의한 건물철거명령을 대신하는 경고 등

② 비법규상 지도 : 법규의 근거를 요하지 아니하나 조직규범이 정한 범위 내에서 이루어지는 행정지도를 말한다(예 물가·금리상승억제의 권장 등).

(2) 기능에 의한 분류

① 규제적 행정지도 : 공익목적 달성에 반하는 행위를 예방하거나 제거 또는 억제하기 위한 지도행위이다(예 물가억제를 위한 규제권고, 불법건축물의 철거요청, 시정권고, 공해방지조치의 권고 등).

② 조정적 행정지도 : 이해관계인의 이해대립이나 과열경쟁의 조정을 위한 지도행위이다(예 노사 간의 쟁의지도, 경영합리화 지도, 중소기업의 계열화권고, 수출입쿼터 조정, 철강공업자의 지정 등).

③ 조성적(촉진적) 행정지도 : 질서형성을 촉진하기 위하여 지식·정보·기술을 제공하는 지도행위이다(예 아동의 건강상담, 생활개선지도, 직업지도, 영농지도, 기술지도, 지식·기술의 제공, 중소기업에 대한 경영합리화지도 등).

3. 행정지도의 원칙과 방식

(1) 행정지도의 원칙

① 비례원칙 : 행정지도는 그 목적달성에 필요한 최소한도에 그쳐야 한다.

② 임의성의 원칙(강제성의 배제) : 행정지도는 상대방의 의사에 반하여 부당하게 강요해서는 안 된다.

③ 불이익조치의 금지원칙 : 행정기관은 행정지도의 상대방이 행정지도에 따르지 아니하였다는 것을 이유로 불이익한 조치를 하여서는 안 된다. 이는 불이익조치가 결과적으로 임의성의 원칙에 위배되기 때문에 인정된다(임의성의 사후

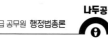
적 확보).

(2) 행정지도의 방식
① **행정지도실명제** : 행정지도를 하는 자는 행정절차법 규정에 따라 그 상대방에게 그 행정지도의 취지 및 내용과 신분을 밝혀야 한다(행정절차법 제49조 제1항). 이는 과도한 행정지도를 막고 위법행위를 방지하기 위한 수단으로 인정된다.
② **의견제출** : 행정지도의 상대방은 해당 행정지도의 방식·내용 등에 관해 행정기관에 의견제출을 할 수 있다(동법 제50조).
③ **다수인을 대상으로 하는 행정지도(공통 내용의 공표)** : 행정기관이 같은 행정목적을 실현하기 위하여 많은 상대방에게 행정지도를 하려는 경우에는 특별한 사정이 없으면 행정지도에 공통적인 내용이 되는 사항을 공표하여야 한다(동법 제51조).
④ **서면교부청구권** : 행정지도가 말로 이루어지는 경우 상대방이 관련 사항을 적은 서면의 교부를 요구하면 그 행정지도를 하는 자는 직무수행에 특별한 지장이 없는 한 이를 교부하여야 한다.

4. 행정지도의 법적 근거 및 한계

(1) 법적 근거
① 작용법적 근거
  ㉠ 다수설 : 행정지도는 비권력적·임의적 행정작용으로, 권력적 성질을 지닌 처분성이 없어 법적 근거를 요하지 않는다는 것이 다수설의 입장이다(다만, 예외적으로 국민의 권리·의무에 영향을 주는 권력적 성격을 가지는 경우는 법적 근거를 요한다고 봄). 이에 대해 조정적·규제적 행정지도는 강제성을 띠고 있어 법적 근거를 요한다는 견해도 있다.
  ㉡ 최근 행정지도에 법적 권위를 부여하고 그 책임과 수단을 명백히 하기 위해 행정지도의 작용법적 근거를 규정하는 법률이 점차 증가하고 있다(예 수산진흥법상의 어업지도).
② 조직법적 근거 : 행정지도 또한 행정작용에 해당하므로 조직법적 근거는 있어야 하며, 조직법적 권한의 범위 내에서만 이루어져야 한다.

(2) 한계
① **법규상의 한계** : 행정지도는 행정작용이므로 조직법상 근거에 의한 소관사무

의 범위 내에서 행하여져야 한다.

② **조리상의 한계** : 비례의 원칙, 신뢰보호의 원칙, 평등의 원칙, 부당결부금지원칙 등 행정법 일반원칙을 준수하여야 하며, 강제성을 수반하여서는 안 된다.

5. 행정지도에 대한 권리구제

(1) 행정지도와 행정쟁송

① 행정쟁송

㉠ **전통적 견해(다수설·판례)** : 행정지도는 상대방의 임의적 협력을 요하는 비권력적 작용으로, 그 자체로는 아무런 구속력을 가지지 않으므로 항고쟁송의 요건인 처분성이 인정되지 않는다.

> 관련 판례
> • 세무당국이 소외 회사에 대하여 원고와의 주류거래를 일정기간 중지하여 줄 것을 요청한 행위는 권고 내지 협조를 요청하는 권고적 성격의 행위로서 소외 회사나 원고의 법률상의 지위에 직접적인 법률상의 변동을 가져오는 행정처분이라고 볼 수 없는 것이므로 항고소송의 대상이 될 수 없다(대판 1980. 10. 27, 80누395).
> • 구청장이 도시재개발구역 내의 건물소유자 갑에게 건물의 자진철거를 요청하는 내용의 공문을 보냈다고 하더라도 그 공문의 제목이 지장물철거촉구로 되어 있어서 철거명령이 아님이 분명하고 … 이를 행정소송의 대상이 되는 처분이라고 볼 수 없다(대판 1989. 9. 12, 88누8883).
> • 한국전력공사가 전기공급의 적법 여부를 조회한 데 대한 관할 구청장의 회신은 권고적 성격의 행위에 불과한 것으로서 항고소송의 대상이 되는 행정처분이라고 볼 수 없다(대판 1995. 11. 21, 95누9099).

㉡ **새로운 견해** : 행정지도를 전제로 한 후행처분이나 행정지도 불응을 이유로 행해진 다른 처분의 경우 그 효력을 다툴 수 있다. 또한 규제적·조정적 행정지도가 강제성과 계속성을 지니고 있는 경우는 항고소송의 대상이 될 수 있다.

② **당사자쟁송** : 제3자효가 있는 행정지도의 경우, 행정지도의 철회를 요구하는 내용의 이행소송만이 가능하다.

(2) 행정지도와 손해전보

① 손해배상

㉠ **국가배상법상 직무행위에 포함되는지의 여부** : 행정지도 등의 비권력적 작용도 국가배상법상의 배상청구 요건인 직무행위에 포함된다는 것이 통설과 판례의 입장이다.

03. 여름철 식중독예방을 위해 A구의 보건행정담당 공무원 甲이 관내 일반·휴게·계절음식점 업주에 대해 위생지도를 실시하고 있다. 이에 관한 설명 중 옳지 않은 것은?

① 판례에 따르면 법령의 수권(授權)없이 행정지도를 할 수 없다.

② 위생지도의 상대방인 일반·휴게·계절음식점 업주가 甲의 위생지도에 불응한 경우, 그 사유만으로 당해 업주에게 불이익한 조치를 해서는 아니 된다.

③ 甲의 위생지도는 구속력을 갖지 않는 행정지도에 속하지만 행정절차법상의 비례원칙이 적용된다.

④ 甲의 위생지도가 다수인을 대상으로 하는 것이라면 특별한 사정이 없는 한 위생지도에 관한 공통적인 내용과 사항을 공표해야 한다.

해 행정지도는 원칙적으로 비권력적 사실행위이므로 행정지도에 따를 것인지의 여부가 상대방인 국민의 임의적 결정에 달려 있다. 따라서 별도의 법적 근거가 없이도 가능하다는 것이 일반적인 입장이다.

> 관련 판례 : 국가배상법이 정한 배상청구의 요건인 '공무원의 직무'에는 권력적 작용만이 아니라 행정지도와 같은 비권력적 작용도 포함되며 단지 행정주체가 사경제주체로서 하는 활동만 제외되는 것이고, … 피고 및 그 산하의 강남구청은 이 사건 도시계획사업의 주무관청으로서 그 사업을 적극적으로 대행·지원하여 왔고 이 사건 공탁도 행정지도의 일환으로 직무수행으로서 행하였다고 할 것이므로, 비권력적 작용인 공탁으로 인한 피고의 손해배상 책임은 성립할 수 없다는 상고이유의 주장은 이유가 없다(대판 1998. 7. 10, 96다38971).

ⓛ **위법한 행정지도에 따른 손해배상 여부**

- **학설의 대립** : 위법한 행정지도에 따른 손해에 대해 그 배상청구를 할 수 있느냐에 대해, 동의 내지 협력에 의한 것이어서 위법성을 조각(阻却)한다는 논리에 의거하여 부정하는 견해와, 사실상 강제성이 수반되므로 그 행정지도와 손해 간에 인과관계가 존재한다면 손해배상을 청구할 수 있다는 견해가 있다.

- **다수설(광의설)** : 행정지도의 상대방이 그의 자유로운 판단에 따라 손해발생의 가능성을 인식하면서 위법한 행정지도를 따른 경우에는 행정지도와 손해발생 간의 인과관계가 부정되어 손해배상 청구가 인정되지 않는다. 다만, 예외적으로 사정상 상대방이 행정지도를 따를 수밖에 없었던 것으로 판단되는 경우나, 행정지도에 따르지 않겠다는 의사를 명백히 표시하였음에도 행정지도가 위협적으로 강요된 강박행위에 해당하는 경우에는 인과관계가 인정될 수 있다.

> 관련 판례 : 행정지도가 강제성을 띠지 않은 비권력적 작용으로서 행정지도의 한계를 일탈하지 아니하였다면, 그로 인하여 상대방에게 어떠한 손해가 발생하였다 하더라도 행정기관은 그에 대한 손해배상 책임이 없다(대판 2008. 9. 25, 2006다18228).

ⓒ **손실보상** : 손실보상청구권은 행정청의 적법한 공권력 행사로 인해 손실을 입은 경우에 발생한다. 그런데 행정지도가 강제성을 띠지 않았고, 상대방이 자유의사에 의하여 행정지도를 따랐을 때 발생한 손실은 손실보상으로 인정되지 않는다. 다만 행정지도가 강제성을 띠고 있고, 상대방이 행정지도를 따를 수밖에 없었을 경우에는 손실보상을 해 주어야 한다.

(3) 행정지도와 헌법소원

행정지도의 경우 헌법소원이 인정될 수 있는데, 헌법재판소는 행정지도로서의 한계를 넘어 규제적·구속적 성격을 강하게 띠는 경우 헌법소원의 대상이 된다고 판시한 바 있다.

답 03 ①

관련 판례 : 교육인적자원부장관의 대학총장들에 대한 이 사건 학칙시정요구는 고등교육법 제6조 제2항, 동법 시행령 제4조 제3항에 따른 것으로서 그 법적 성격은 대학총장의 임의적인 협력을 통하여 사실상의 효과를 발생시키는 행정지도의 일종이지만, 그에 따르지 않을 경우 일정한 불이익조치를 예정하고 있어 사실상 상대방에게 그에 따를 의무를 부과하는 것과 다를 바 없으므로 단순한 행정지도로서의 한계를 넘어 규제적·구속적 성격을 상당히 강하게 갖는 것으로서 헌법소원의 대상이 되는 공권력의 행사라고 볼 수 있다(헌재 2003. 6. 26, 2002헌마337).

꼭! 확인 기출문제

행정지도에 대한 설명으로 옳지 않은 것은? (다툼이 있는 경우 판례에 의함) [국가직 9급 기출]

① 행정지도는 상대방의 의사에 반하여 부당하게 강요하여서는 안 된다.

❷ 행정지도는 작용법적 근거가 필요하지 않으므로, 비례원칙과 평등원칙에 구속되지 않는다.

③ 교육인적자원부장관의 대학총장들에 대한 학칙시정요구는 법령에 따른 것으로 행정지도의 일종이지만, 단순한 행정지도로서의 한계를 넘어 헌법소원의 대상이 되는 공권력의 행사라고 볼 수 있다.

④ 세무당국이 주류제조회사에 대하여 특정 업체와의 주류거래를 일정기간 중지하여 줄 것을 요청한 행위는 권고적 성격의 행위로서 행정처분이라고 볼 수 없다.

해 ❷ 행정지도는 행정작용에 해당하므로 조직법적 근거는 있어야 하며, 조직법적 권한의 범위 내에서만 이루어져야 한다. 조직법상 근거에 의한 소관사무의 범위 내에서 행하여져야 하고, 비례원칙, 평등원칙, 신뢰보호원칙, 부당결부금지원칙 등 행정법 일반원칙을 준수하여야 하며 강제성을 수반하여서는 안 된다.

① 행정지도는 그 목적 달성에 필요한 최소한도에 그쳐야 하며, 행정지도의 상대방의 의사에 반하여 부당하게 강요하여서는 아니 된다(『행정절차법』 제48조 제1항).

③ 교육인적자원부장관의 대학총장들에 대한 이 사건 학칙시정요구는 그 법적 성격은 대학총장의 임의적인 협력을 통하여 사실상의 효과를 발생시키는 행정지도의 일종이지만, 그에 따르지 않을 경우 일정한 불이익조치를 예정하고 있어 사실상 상대방에게 그에 따를 의무를 부과하는 것과 다를 바 없으므로 단순한 행정지도로서의 한계를 넘어 규제적·구속적 성격을 상당히 강하게 갖는 것으로서 헌법소원의 대상이 되는 공권력의 행사라고 볼 수 있다(헌재 2003. 6. 26, 2002헌마337, 2003헌마7·8(병합) 전원재판부).

④ 세무당국이 소외 회사에 대하여 원고와의 주류거래를 일정기간 중지하여 줄 것을 요청한 행위는 권고 내지 협조를 요청하는 권고적 성격의 행위로서 소외 회사나 원고의 법률상의 지위에 직접적인 법률상의 변동을 가져오는 행정처분이라고 볼 수 없다(대판 1980. 10. 27, 80누395).

제6절 그 밖의 행정형식

1. 비공식행정작용

(1) 의의

비공식행정작용이란 형식이나 절차 및 법적 효과 등이 법에 정형화되어 있지 않은 것으로서 법적 구속력이 발생하지 않는 일체의 행정작용(비권력적 사실행위)

Check Point

비공식행정작용에 해당하는 예
행정청이 일방적으로 행하는 경고·권고·교시·정보제공이나, 행정청과 사인 간에 행하는 협상·화해·타협·사전접촉 및 의견교환·예비절충 등이 있다.

을 말한다. 비공식행정작용은 공식적 행정작용에 앞서 하는 법적 구속력 없는 사실행위로서의 준비행위에 해당하며, 비정식행정작용 또는 비정형적 행정작용이라고도 한다.

(2) 종류

① 협력하여 행하는 행정작용
  ㉠ 규범대체형 합의 : 행정청이 규범정립을 통해 문제를 해결하는 것이 아니라 합의를 통해 해결을 하고 규범정립은 잠정적으로 유보하는 것을 말한다.
  ㉡ 규범집행형 합의 : 규범이 제정되어 있을 때 이를 집행하여 제재조치를 취하는 대신 합의를 통해 해결을 하는 것을 말한다.
② 일방적으로 행하는 행정작용 : 경고, 권고 등이 여기에 해당되는데 법적인 구속력이 없다는 점에서 하명 등의 침해적 행위와는 구별이 된다.

(3) 장단점

① 장점
  ㉠ 법적 불확실성의 제거
  ㉡ 상황에 맞는 행정작용을 통한 행정의 탄력적 운용
  ㉢ 시간과 비용의 절감
  ㉣ 자발적 유도를 통한 행정의 능률성 추구
  ㉤ 법적 분쟁의 최소화
② 단점
  ㉠ 행정을 자의적으로 행함으로써 법치행정을 후퇴시킬 수 있음
  ㉡ 행정쟁송의 대상이 될 수 없어 이를 통제하거나 권리구제를 하는 것이 곤란함
  ㉢ 외부에 노출되지 않아 제3자에게 불리하게 작용될 수 있음

(4) 적용영역과 한계

① 적용영역 : 비공식행정작용은 법률의 집행에서 오는 틈을 메우고 행정수요에 탄력적으로 대응하기 위해 특별한 규정이 없는 한 행정의 전 영역에 허용된다는 것이 일반적 견해이다. 특히 환경보전 및 경제행정분야에서 확대되는 추세에 있다.
② 한계
  ㉠ 법규상 한계 : 비공식행정작용도 행정의 행위형식으로, 조직법상 주어진 권한범위 내에서만 가능하다.

Check Point

법적 근거
적용에 있어 그 법적 근거를 요하는가에 대해서는, 일반적으로 행정작용상의 근거는 요하지 않으나 행정조직법상 근거는 필요하다고 본다.

ⓒ 조리상 한계 : 행정법의 일반원칙인 평등의 원칙, 비례의 원칙 등을 준수하여야 한다.

(5) 효과

비공식행정작용은 법적 구속력이 없어 합의내용을 준수할 법적 의무를 지지 않으며, 다른 결정을 할 수도 있다(비권력적 · 비구속적 작용). 따라서 사인은 이행청구권이나 불이행에 따른 손해배상청구권을 가지지 못한다. 다만, 행정청이 공행정의 주체로서 행정작용을 한다는 관점을 고려한다면 사실상 구속력을 가진다고 볼 수 있다.

(6) 권리구제

비공식행정작용은 비권력적 사실행위에 지나지 않으므로, 항고쟁송의 대상으로서의 처분에 해당하지 않는다. 다만, 공적 경고(행정상 경고)에 대해서는 처분성을 부정하여 공법상 당사자소송에 의한다는 견해와 이를 긍정하여 취소쟁송의 대상이 된다는 견해가 대립되고 있다. 합의내용에 대해서는 이행청구권이 없으며 합의내용 불이행으로 인한 손해배상 역시 청구할 수 없다. 비공식행정작용은 법적 구속력이 없다는 점에서 그 불이행으로 인한 손해배상을 청구할 수 없으나, 위법이나 과실로 손해가 발생한 경우는 배상청구가 가능하다.

Check Point

공적 경고(행정상 경고)
특정 공산품이나 농산품의 유해성, 유용성과 관련하여 사인에 발해지는 행정청의 설명 · 성명 · 공고 · 고시 등을 말한다. 이는 국민에게 간접적으로 권하거나 요구하는 것으로, 권력성이 강한 사실행위라 할 수 있다.

2. 행정의 자동결정

(1) 의의

행정과정에서 컴퓨터와 같은 전자처리정보를 사용하여 행정업무를 자동화로 수행하는 것을 말한다. (예 신호등의 교통신호, 컴퓨터를 이용한 학교 배정 등)

(2) 법적 성질

① 행정자동결정 역시 행정기관이 만든 프로그램에 의해 이루어진다는 점으로 보아 행정행위로 보는 것이 통설적인 견해이다. 그러므로 원칙적으로 외부에 표시되고 상대방에게 도달함으로써 효력이 발생한다.

② 자동결정의 기준이 되는 전산프로그램은 명령의 성격을 갖는다고 보는 것이 일반적이다.

(3) 대상

대상이 기속행위인 경우 당연히 허용되며, 재량행위인 경우 구체적인 특수성을 고려하여 재량권을 행사해야 한다는 점에서 문제가 될 수 있다. 다만 재량행위의 경우에도 재량준칙을 정형화, 세분화하여 프로그램화한다면 예외적으로 허용된다.

(4) 특수성

같은 행정행위라 할지라도 일반 행정행위와는 다른 특성이 있다. 그러나 우리 행정절차법에는 행정자동결정 특례에 대한 명문규정이 없다.

(5) 하자 및 권리구제

행정행위의 하자에 대한 내용이 적용되므로 행정의 법률적합성과 행정법의 일반원칙의 한계를 준수해야 한다. 또한 위법한 행정자동결정에 대해서 행정쟁송을 제기할 수 있고 행정상 손해배상청구를 할 수 있다.

제4장

행정계획

제1절 개설

1. 행정계획의 의의

(1) 개념

행정계획이란 행정에 관한 전문적 · 기술적 판단을 기초로 하여 도시의 건설 · 정비 · 개량 등과 같은 특정한 행정목표를 달성하기 위하여 서로 관련되는 행정수단을 종합 · 조정함으로써 장래의 일정한 시점에 있어서 일정한 질서를 실현하기 위한 구상 또는 활동기준으로 설정된 것을 말한다.

(2) 기본적 기능

① 행정목표를 설정한다.
② 행정수단을 조정 · 종합화하여 행정능률을 확보한다.
③ 행정목표를 국민에게 미리 알려 행정에 대한 예측가능성을 부여한다.
④ 행정과 국민 간의 매개적 기능을 통해 국민의 장래활동에 대한 지침적 · 유도적 기능 등을 수행한다.

(3) 문제점

① **입법적 통제의 곤란** : 행정청이 계획재량을 가지게 된 결과 입법적 통제가 곤란하여, 법률에 의한 행정이 계획에 의한 행정으로 대체될 수 있다.
② **구제수단의 불충분** : 행정계획에 대한 사법적 통제문제와 손실보상의 문제, 계획보장청구권의 인정 문제 등이 제기되고 있다.

Check Point

행정계획의 필요성
행정계획은 복리행정의 요구에 따라 국민의 생활을 배려하고 사회적 · 경제적 · 문화적 관계에서 발생하는 다양한 행정수요에 보다 효율적으로 대응하기 위해 필요하다. 이러한 행정계획은 행정작용의 장기성 · 종합성을 요하는 사회국가적 복리행정의 영역에서 특히 요구된다.

기출 Plus

지방직 9급 기출

01. 행정계획에 대한 판례의 입장으로 옳지 않은 것은?

① 비구속적 행정계획안이라도 국민의 기본권에 직접적으로 영향을 끼치고 앞으로 법령의 뒷받침에 의하여 그대로 실시될 것이 틀림없을 것으로 예상되는 경우에는 예외적으로 헌법 소원의 대상이 될 수 있다.

② 도시계획구역 내 토지 등을 소유하고 있는 주민이라도 도시 계획입안권자에게 도시계획의 입안을 요구할 수 있는 법규상·조리상 신청권은 없다.

③ 구 『도시계획법』상 도시기본계획은 도시계획입안의 지침이 되는 것으로서 일반 국민에 대한 직접적 구속력이 없다.

④ 선행 도시계획의 결정·변경 등의 권한이 없는 행정청이 행한 선행 도시계획과 양립할 수 없다.

해 도시계획구역 내 토지소유자는 입안권자에게 도시계획입안을 요구할 수 있는 신청권이 있다고 할 것이고, 이러한 신청에 대한 거부행위는 항고소송의 대상이 되는 행정처분에 해당한다(대판 2004. 04.28, 2003두1806).

답 01 ②

2. 행정계획의 법적 성질

(1) 학설

① **행정입법행위설** : 이 설에서 행정계획은 국민의 권리·의무에 관계되는 일반적·추상적인 법규범을 정립하는 행위로 본다. 따라서 행정계획은 구체성을 요구하는 처분에 해당되지 않으므로 항고소송의 대상에서 제외된다.

② **행정행위설** : 이 설은 도시계획과 같은 행정계획이 고시되면 법률규정과 결합하여 구체적 권리제한의 효과, 즉 법률관계의 구체적 변동이라는 효과를 가져온다고 한다. 따라서 상대방에 대한 구체성·직접성이 존재하므로 항고소송의 대상이 된다(다만, 일반처분이므로 개별성은 문제되지 않음).

③ **복수성질설(개별적 검토설)(통설·판례)** : 이 설은 행정계획에 법형식이 독자적으로 존재하는 것이 아니라 그 내용과 효과에 따라 법규명령적인 것도 있고 행정행위적인 것도 있어 행정계획의 내용과 효과 등에 따라 개별적·구체적으로 그 성질을 판단할 수밖에 없다는 견해이다. 이 설에서는 법규명령적 성격을 지닌 행정계획은 그 처분성이 인정되어 항고소송의 대상이 된다고 본다.

④ **독자성설(계획행위설)** : 행정계획은 법규범도 아니고 행정행위도 아닌 독자적 성질을 가진 것으로 법적 구속력을 가진다는 견해이다. 따라서 구속적 행정계획인 경우에는 처분성이 인정되어 항고소송의 대상이 된다고 본다.

(2) 판례

① **처분성을 인정한 판례** : 구 도시계획법상의 도시계획결정(현 국토의계획및이용에관한법률상의 도시관리계획결정), 구 도시재개발법에 의한 관리처분계획(공용환권계획, 분양계획) 등의 처분성을 인정하였다.

> **관련 판례**
> • 구 도시 및 주거환경정비법(2007. 12. 21. 법률 제8785호로 개정되기 전의 것)에 따른 주택재건축정비사업조합은 관할 행정청의 감독 아래 위 법상 주택재건축사업을 시행하는 공법인으로서, 그 목적 범위 내에서 법령이 정하는 바에 따라 일정한 행정작용을 행하는 행정주체의 지위를 가진다 할 것인데, 재건축정비사업조합이 이러한 행정주체의 지위에서 위 법에 기초하여 수립한 사업시행계획은 인가·고시를 통해 확정되면 이해관계인에 대한 구속적 행정계획으로서 독립된 행정처분에 해당한다(대판 2009. 11. 2, 자2009마596).
> • 도시계획법 제12조 소정의 고시된 도시계획결정은 특정 개인의 권리 내지 법률상의 이익을 개별적이고 구체적으로 규제하는 효과를 가져오게 하는 행정청의 처분이라 할 것이고, 이는 행정소송의 대상이 된다(대판 1982. 3. 9, 80누105).
> • 도시재개발법에 의한 재개발조합은 조합원에 대한 법률관계에서 적어도 특수한 존립목적을 부여받은 특수한 행정주체로서 국가의 감독하에 그 존립 목적인 특정한 공공사무를 행하고 있다고 볼 수 있는 범위 내에서는 공법상의 권리의무 관계에 서 있는 것이므로 분양신청 후에 정하여진 관리처분계획의 내용에 관하여 다툼이 있는 경우에는 그 관리처분계획은 토지 등의 소유자에게 구체적이고 결정적인 영향을 미치는 것으로서 조합이 행한 처

분에 해당하므로 항고소송의 방법으로 그 무효확인이나 취소를 구할 수 있다(대판 2002. 12. 10, 2001두6333).

② **처분성을 부정한 판례** : 구 도시계획법상의 도시기본계획, 구 하수도법에 의한 하수도정비기본계획, 환지계획 등의 처분성을 부정하였다.

> 관련 판례
> • 구 도시계획법 제10조의2, 제16조의2, 같은 법 시행령 제7조, 제14조의2의 각 규정을 종합하면, 도시기본계획은 도시의 기본적인 공간구조와 장기발전방향을 제시하는 종합계획으로서 그 계획에는 토지이용계획, 환경계획, 공원녹지계획 등 장래의 도시개발의 일반적인 방향이 제시되지만, 그 계획은 도시계획입안의 지침이 되는 것에 불과하여 일반국민에 대한 직접적인 구속력은 없다(대판 2002. 10. 11, 2000두8226).
> • 구 하수도법 제5조의2에 의하여 기존의 하수도정비기본계획을 변경하여 광역하수종말처리시설을 설치하는 등의 내용으로 수립한 하수도정비기본계획은 항고소송의 대상이 되는 행정처분에 해당하지 않는다(대판 2002. 5. 17, 2001두10578).
> • 토지구획정리사업법 제57조, 제62조 등의 규정상 환지예정지 지정이나 환지처분은 그에 의하여 직접 토지소유자 등의 권리의무가 변동되므로 이를 항고소송의 대상이 되는 처분이라고 볼 수 있으나, 환지계획은 위와 같은 환지예정지 지정이나 환지처분의 근거가 될 뿐 그 자체가 직접 토지소유자 등의 법률상의 지위를 변동시키거나 또는 환지예정지 지정이나 환지처분과는 다른 고유한 법률효과를 수반하는 것이 아니어서 이를 항고소송의 대상이 되는 처분에 해당한다고 할 수가 없다(대판 1999. 8. 20, 97누6889).

꼭! 확인 기출문제

행정계획에 대한 설명으로 옳지 않은 것은? (다툼이 있는 경우 판례에 의함) [지방직·서울시 9급 기출]

① 도시계획구역 내 토지 등을 소유하고 있는 사람과 같이 당해 도시계획시설결정에 이해관계가 있는 주민은 도시시설계획의 입안권자 내지 결정권자에게 도시시설계획의 입안 내지 변경을 요구할 수 있는 법규상 또는 조리상의 신청권이 있다.

② 구 「국토이용관리법」상의 국토이용계획은 그 계획이 일단 확정된 후에 어떤 사정의 변동이 있다고 하여 지역주민이나 일반 이해관계인에게 일일이 그 계획의 변경을 신청할 권리를 인정하여 줄 수 없다.

③ 장래 일정한 기간 내에 관계 법령이 규정하는 시설 등을 갖추어 일정한 행정처분을 구하는 신청을 할 수 있는 법률상 지위에 있는 자의 국토이용계획변경신청을 거부하는 것이 실질적으로 당해 행정처분 자체를 거부하는 결과가 되는 경우에는 항고소송의 대상이 되는 처분에 해당한다.

❹ 문화재보호구역 내의 토지소유자가 문화재보호구역의 지정해제를 신청하는 경우에는 그 신청인에게 법규상 또는 조리상 행정계획 변경을 신청할 권리가 인정되지 않는다.

해 ④ 문화재보호구역 내에 있는 토지소유자 등으로서는 위 보호구역의 지정해제를 요구할 수 있는 법규상 또는 조리상의 신청권이 있다고 할 것이고, 이러한 신청에 대한 거부행위는 항고소송의 대상이 되는 행정처분에 해당한다(대판 2004. 4. 27, 2003두8821).

① 도시계획구역 내 토지 등을 소유하고 있는 주민으로서는 입안권자에게 도시계획입안을 요구할 수 있는 법규상 또는 조리상의 신청권이 있다고 할 것이고, 이러한 신청에 대한 거부행위는 항고소송의 대상이 되는 행정처분에 해당한다(대판 2004. 4. 28, 2003두1806).

② 계획이 일단 확정된 후에 어떤 사정의 변동이 있다고 하여 지역주민에게 일일이 그 계획의 변경을 청구할 권리를 인정해 줄 수도 없는 이치이므로 도시계획시설변경신청을 불허한 행위는 항고소송의 대상이 되는 행정처분이라고 볼 수 없다(대판 1984. 10. 23, 84누227).

③ 장래 일정한 기간 내에 관계 법령이 규정하는 시설 등을 갖추어 일정한 행정처분을 구하는 신청을 할 수 있는 법률상 지위에 있는 자의 국토이용계획변경신청을 거부하는 것이 실질적으로 당해 행정처분 자체를 거부하는 결과가 되는 경우에는 예외적으로 그 신청인에게 국토이용계획변경을 신청할 권리가 인정된다고 봄이 상당하므로, 이러한 신청에 대한 거부행위는 항고소송의 대상이 되는 행정처분에 해당한다(대판 2003. 9. 23, 2001두10936).

Check Point

행정계획의 구분
• 계획기간에 따른 구분 : 장기계획(20년), 중·단기계획(10년~5년), 연도별 계획
• 대상범위에 따른 구분 : 종합계획(전략적 계획), 부문별계획(특정계획·전술적 계획)
• 계획의 기준성 여부에 따른 구분 : 상위계획(기본계획), 하위계획(시행계획·실시계획)
• 구속력 여부에 따른 구분 : 구속적 계획, 비구속적 계획

3. 행정계획의 종류

(1) 구속적 계획(규범적·명령적 계획)

법령·행정행위 등 규범적 명령이나 강제를 통해 행정목표를 달성하려는 계획으로, 일반국민에게 구속력을 갖는 계획과 행정기관 및 타 계획에 구속력을 갖는 계획으로 구분해 볼 수 있다. 이러한 구속적 계획은 법적 근거를 요한다.

① 국민에 대하여 구속력을 갖는 계획 : 국토의계획및이용에관한법률상의 도시관리계획, 도시개발법상의 도시개발계획, 도시및주거환경정비법에 의한 도시·주거환경정비계획, 수도권정비계획법상 수도권정비계획 등은 직접 국민을 구속하는 계획이다.

② 관계 행정기관에 대하여 구속력을 갖는 계획 : 정부의 예산운영계획은 예산운영과 관련하여 관계 행정기관을 구속하는 계획이다.

(2) 비구속적 계획

① 비구속적 계획이라 함은 대외적으로는 일반국민에 대해, 대내적으로는 행정기관에 대해 어떠한 법적 구속력이 없는 계획으로, 단순한 행정지침에 불과하여 행정지도적·홍보적 성질을 갖는 계획을 말한다.

② 이러한 비구속적 계획에는 산업교육진흥계획, 체육진흥계획, 인구계획 등이 있다.

(3) 정보제공적·유도적·명령적 계획

① 정보제공적 계획은 단순 자료나 정보를 제공하고 미래에 대해 제시하는 계획으로, 비권력적 사실행위의 성질을 가진다.

② 유도적 계획은 보조금 등 어떠한 혜택을 통해 목적을 달성하는 계획이다.

③ 명령적 계획은 명령 등을 통해 법적 구속력을 갖는 계획이다.

상하관계에 따른 행정계획의 분류
위에서부터 국토종합계획, 광역도시계획, 도시기본계획, 도시관리계획의 순서로 분류된다.

제2절 행정계획의 수립 및 효과

1. 행정계획수립의 법적 근거 및 절차

(1) 법적 근거

① 조직법적 근거 : 행정계획은 조직법적 권한의 범위 내에서 수립되어야 한다.

② 작용법적 근거 : 국민의 권리 · 의무와 관련된 사항을 제시하는 구속적 계획은 법치행정의 원칙상 법적 근거를 요하나, 비구속적 계획은 법적 근거를 요하지 않는다.

(2) 절차

① 절차에 대한 법적 근거 : 행정계획의 확정절차에 관한 일반법은 현재 존재하지 않으며(현행 행정절차법은 행정계획의 확정절차에 대한 규정을 두고 있지 않음), 국토의계획및이용에관한법률 등의 개별법에서 규정하고 있다. 다만, 행정절차법상의 처분절차와 입법예고절차, 행정예고에 대한 규정이 준용될 여지는 있다.

② 일반적 절차 : 행정계획은 일반적으로 '입안 → 이해관계인의 참여(행정예고를 통한 주민의 의견청취 · 청문 등과 지방의회의 의견청취) → 관계 행정기관의 조정(협의와 심의, 상급기관의 승인) → 결정 → 공고'의 절차를 통해 수립된다.

③ 절차하자의 효과

㉠ 법령의 형식에 의한 경우에는 법령이 공정성이 없기 때문에 무효로 본다.

㉡ 행정행위의 형식에 의한 경우에는 하자가 중대하고 명백하면 무효, 그렇지 않으면 취소할 수 있다. 다만 절차가 법령에 규정되지 않은 경우에는 절차를 거치지 않았다고 해도 위법하다고 할 수 없다.

2. 행정계획의 효력

(1) 내용적 효력

① 효력발생 : 법규형식의 행정계획은 법령등공포에관한법률이 정하는 바에 의하여 공포하여야 하고, 특별히 정함이 없으면 공포일로부터 20일이 경과함으로서 효력이 발생한다(법 제13조). 개별법에서 고시에 대해 규정한 경우에는 그에 정한 형식에 맞추어 고시하고 규정된 날부터 효력이 발생한다.

Check Point

법령등공포에관한법률 제12조 · 제13조

- 제12조(공포일 · 공고일) : 제11조(공포 및 공고의 절차)의 법령 등의 공포일 또는 공고일은 해당 법령 등을 게재한 관보 또는 신문이 발행된 날로 한다.

- 제13조(시행일) : 대통령령. 총리령 및 부령은 특별한 규정이 없으면 공포한 날부터 20일이 경과함으로써 효력을 발생한다.

② **효력발생요건으로 고시 · 공람** : 판례에서는 관보를 통한 고시를 행정계획의 효력발생요건으로 판시한 바 있다.

> 관련 판례 : 구 도시계획법 제7조가 도시계획결정 등 처분의 고시를 도시계획구역, 도시계획 결정 등의 효력발생요건으로 규정하였다고 볼 것이어서 건설부장관 또는 그의 권한의 일부를 위임받은 서울특별시장, 도지사 등 지방장관이 기안, 결재 등의 과정을 거쳐 정당하게 도시계획결정 등의 처분을 하였다고 하더라도 이를 관보에 게재하여 고시하지 아니한 이상 대외적으로는 아무런 효력도 발생하지 아니한다(대판 1985.12.10, 85누186).

③ **구속효** : 행정계획은 행정의 영속성, 통일성, 사인의 신뢰확보 등과 관련하여 각 계획마다 강도의 차이가 있을 것이나, 사실상의 구속효를 갖는다.

(2) 집중효

① **의의** : 집중효란 국토의계획및이용에관한법률 등에 의한 도시관리계획인 행정계획이 확정되면, 다른 법령에 의해 받게 되어있는 인가 또는 허가 등을 받은 것으로 간주하는 효과를 말한다. 이러한 집중효는 장기간의 사업에 있어 행정의 신속성이 요구되는 경우에 주로 활용되는데, 인 · 허가 절차의 간소화를 통하여 사업자의 부담을 해소하고 행정절차 촉진에 기여한다.

② **법적 근거** : 집중효는 행정기관의 권한 및 절차법상의 변경을 가져오기 때문에, 개별법에서 명시적으로 규정된 경우에만 인정된다.

③ **효과** : 당해 행정계획이 확정되면 행정기관의 인 · 허가 등의 의사표시가 없어도 다른 법령이 규정하고 있는 인 · 허가 등을 받은 것으로 간주하므로, 관계 법률에 따라 별도로 인 · 허가 등의 신청을 하지 않고도 당해 사업을 수행할 수 있다.

 꼭! 확인 기출문제

집중효에 관한 설명으로 옳지 않은 것은? [지방직 9급 기출]

① 계획확정이 일반법규에 규정되어 있는 승인 또는 허가 등을 대체시키는 효과를 말한다.
② 절차의 간소화를 통하여 사업자의 부담해소 및 절차촉진에 기여한다.
③ 행정기관의 권한에 변경을 가져온다.
❹ 법률에서 명시적 규정이 없는 경우에도 인정된다.

해 ④ 집중효는 행정기관의 권한에 변경을 가져오기 때문에 개별법률에서 명시적으로 규정되는 경우에만 인정된다.
　① 집중효란 행정계획이 확정되면 다른 법령에 의해 받게 되어있는 승인 · 허가 등을 받은 것으로 간주하는 효과를 말한다.
　② 집중효는 인 · 허가 등의 절차를 간소화하여 사업자의 부담을 완화하고 신속한 사업진행을 촉진하는 데 기여한다.
　③ 집중효는 행정기관의 권한 및 절차법상의 변경을 가져온다.

제3절 행정계획에 대한 통제

1. 개설

(1) 행정적 통제(내부적 통제, 행정의 자기통제)

행정 내부적 통제로는 감독권에 의한 통제(행정계획기준의 제시, 취소권 행사), 행정계획의 절차적 통제(관련 부서의 의견제출, 협의·심의 등), 행정기관의 계획심사(위원회의 심의 등), 행정심판(처분성 있는 계획) 등이 있다.

Check Point

행정계획의 특성상 행정적 통제에 있어서는 사전적 구제수단으로서의 절차적 통제가 중요한 의미를 지닌다고 할 수 있다.

(2) 국회에 의한 입법적 통제

예산계획을 제외한 행정계획은 행정계획의 성립·발효에 국회가 직접 통제할 수 있는 명시적 규정이 없어 사실상 직접적 통제가 곤란하며, 간접적으로 국회감시권 발동을 통하여 통제할 수 있다.

(3) 법원에 의한 사법적 통제

① 사법심사

㉠ 사법심사의 가능성 : 행정소송은 구체적인 처분을 대상으로 하는데 행정계획은 장래 행위에 대한 청사진에 불과하므로 사법심사의 대상이 될 수 없다는 부정설이 있다. 그러나 처분성을 갖는 행정계획은 개인의 법률상 이익을 침해하는 것이므로 사법심사의 대상이 된다는 것이 다수 견해이다. 판례도 행정소송의 대상으로서 처분성이 인정되는 행정계획을 긍정하고 있다.

> 관련 판례 : 도시계획법 제12조 소정의 고시된 도시계획결정은 특정 개인의 권리 내지 법률상의 이익을 개별적이고 구체적으로 규제하는 효과를 가져오게 하는 행정청의 처분이라 할 것이고, 이는 행정소송의 대상이 된다(대판 1982. 3. 9. 80누105).

㉡ 한계 : 계획확정은 완성된 사실을 의미하므로 권익구제의 실효성을 확보하기 어려우며, 계획재량(형성의 자유)으로 인해 승소가 어렵다. 또한 행정계획의 특성으로 인해 사정판결의 가능성이 크다.

② 계획보장청구권

㉠ 의의

• 협의 : 시행 중인 행정계획을 폐지하거나 변경하는 경우에 이로 인하여 손실을 입은 경우 당사자가 계획주체에 대해 그 손실보상을 청구할 권리를 말한다.

Check Point

사정판결
사정판결은 법원이 당해 부분의 위법성을 인정하면서도 공익적 관점에서 원고의 청구를 기각하고, 위법한 처분 등의 효력을 유지시키는 제도를 말한다.

• 광의 : 손실보상청구권은 물론 행정계획의 폐지나 변경 등으로 인하여 당사자가 주장할 수 있는 계획존속청구권, 계획변경청구권, 보상청구권, 경과조치청구권 등의 다양한 청구권을 종합한 개념이다. 즉, 행정계획의 폐지·변경에 대하여 당초 행정계획의 존속이나 준수를 청구하고, 그러한 청구를 할 수 없는 경우에는 경과조치 등 대상조치를 청구하며, 이 역시 인정되지 못하거나 인정된다 하더라도 계획변경으로 인한 손해가 완전히 전보될 수 없는 경우에는 손해배상이나 손실보상을 청구할 수 있는 권리를 말한다.

ⓛ 내용(특정행위청구권)

• 계획청구권 : 사인이 행정청에 대하여 일정한 영역에서 계획과정으로 나아갈 것을 요구하는 권리이다.

• 계획존속청구권 : 행정계획의 변경·폐지에 대해 그 계획의 유지와 존속을 요구할 수 있는 권리이다.

• 계획준수청구권(계획이행청구권) : 행정계획의 준수와 집행을 요구할 수 있는 권리이다.

• 계획변경청구권 : 적법한 기존계획의 변경을 청구할 수 있는 권리이다.

Check Point

계획변경청구권
일반적으로 계획 관련 법규는 공익 보호를 목적으로 하기 때문에 원칙적으로 계획변경청구권은 인정될 수 없으나, 예외적으로 법규상·조리상 계획변경을 신청할 권리가 인정될 수도 있다.

• 부정한 판례 : 행정청이 국민으로부터 신청을 받고서 한 거부행위가 행정처분이 되기 위하여는 국민이 행정청에 대하여 신청에 따른 행정행위를 해 줄 것을 요구할 수 있는 법규상 또는 조리상 권리가 있어야 하는 것이며, 이러한 근거 없이 한 국민의 신청을 행정청이 받아들이지 아니하고 거부한 경우에는 이로 인하여 신청인의 권리나 법적 이익에 어떤 영향을 주는 것이 아니므로 이를 행정처분이라고 할 수 없는 것이고, 또한 도시계획법상 주민이 행정청에 대하여 도시계획 및 그 변경에 대하여 어떤 신청을 할 수 있음에 관한 규정이 없고, 도시계획과 같이 장기성, 종합성이 요구되는 행정계획에 있어서 그 계획이 일단 확정된 후에 어떤 사정의 변동이 있다고 하여 지역주민에게 일일이 그 계획의 변경을 청구할 권리를 인정해 줄 수도 없는 것이므로, 원고들에게 그 주장과 같은 사유만으로는 이 사건 도시계획의 변경을 신청할 조리상의 권리가 있다고도 볼 수 없다. 같은 취지에서 피고의 이 사건 거부행위를 항고소송의 대상이 되는 행정처분에 해당한다고 볼 수 없다(대판 1994. 1. 28, 93누22029)

• 긍정한 판례 : 산업입지에 관한 법령은 산업단지에 적합한 시설을 설치하여 입주하려는 자와 토지 소유자에게 산업단지 지정과 관련한 산업단지개발계획 입안과 관련한 권한을 인정하고, 산업단지 지정뿐만 아니라 변경과 관련해서도 이해관계인에 대한 절차적 권리를 보장하는 규정을 두고 있다. 또한 산업단지 안에는 다수의 기반시설 등 도시계획시설 등을 포함하고 있고, 국토의 계획 및 이용에 관한 법률의 해석상 도시계획시설부지 소유자에게는 그에 관한 도시·군관리계획의 변경 등을 요구할 수 있는 법규상 또는 조리상 신청권이 인정된다고 해석되고 있다. 헌법상 재산권 보장의 취지에 비추어 보면 토지의 소유자에게 위와 같은 절차적 권리와 신청권을 인정한 것은 정당하다고 볼 수 있다. 이러한 법리는 이미 산업단지 지정이 이루어진 상황에서 산업단지 안의 토지 소유자로서 종전 산업단지개발계획을 일부 변경하여 산업단지개발계획에 적합한 시설을 설치하여 입주하려는 자가 종전 계획의 변경을 요청하는 경우에도 그대로 적용될 수 있다고 봄이 타당하다. 그러므로 산업단지개발계획상 산업단지 안의 토지 소유자로서 산업단지개발계획에 적합한 시설을 설치하여 입

주하려는 자는 산업단지지정권자 또는 그로부터 권한을 위임받은 기관에 대하여 산업단지개발계획의 변경을 요청할 수 있는 법규상 또는 조리상 신청권이 있고, 이러한 신청에 대한 거부행위는 항고소송의 대상이 되는 행정처분에 해당한다고 보아야 한다(대판 2017. 8. 29, 2016두44186).

- 계획집행청구권 : 책정만 하고 집행하지 않는 계획의 집행을 요구할 수 있는 권리이다.
- 경과조치청구권(적합원조조치권) : 계획의 변경·폐지를 저지할 수 없는 경우 당사자가 입게 되는 재산상의 손실을 전보할 경과규정이나 원조 등의 조치를 청구하는 권리이다.

ⓒ 성립요건
- 계획의 변경이나 폐지가 있어야 한다.
- 계획수단이 재산상 처분을 강제하였거나 결정적 사유이어야 한다.
- 대외적 효과를 갖는 계획범위 안에서 계획수범자의 재산을 처분하여 재산상 피해가 발생하여야 한다.
- 계획의 변경과 폐지와 손해 사이에 상당한 인과관계가 있어야 한다.

ⓔ 인정 여부
- 학설 : 자의적인 행정계획의 변경이나 폐지로 인하여 계획존속을 신뢰한 이해당사자에게 지대한 영향을 미치게 되므로 권리구제방안으로 인정하자는 견해와, 명문규정이 없는 한 그 행정계획의 변경·폐지의 공익성을 고려할 때 계획의 존속·이행·변경의 청구권은 인정되지 않는다는 견해(다수설)가 있다.
- 판례 : 다수설과 같이 개별법령에서 사인을 보호하는 특별규정이 없는 한 원칙적으로 이러한 권리를 인정할 수 없다고 한다.

관련 판례 : 도시계획법상 주민이 도시계획 및 그 변경에 대하여 어떤 신청을 할 수 있음에 관한 규정이 없을 뿐만 아니라, 도시계획과 같이 장기성·종합성이 요구되는 행정계획에 있어서는 그 계획이 일단 확정된 후에 어떤 사정의 변동이 있다고 하여 지역주민에게 일일이 그 계획의 변경을 청구할 권리를 인정해 줄 수도 없는 이치이므로 도시계획시설변경신청을 불허한 행위는 항고소송의 대상이 되는 행정처분이라고 볼 수 없다(대판 1984. 10. 23, 84누227)).

다만, 계획변경청구권에 대하여 장래 일정한 기간 내에 일정한 처분을 구하는 신청을 할 법률상 지위에 있는 자의 경우는 예외적으로 그 계획변경을 신청할 법규상 또는 조리상 신청권을 가지며, 따라서 이러한 경우의 신청(국토이용계획변경신청)에 대한 거부행위는 항고소송의 대상이 되는 행정처분에 해당된다고 판시한 바 있다(대판2003. 9. 23, 2001두10936).

ⓜ 효과(손해배상청구권과 손실보상청구권) : 계획보장청구권이 성립되면 행정

Check Point

문제의 소지
행정계획은 사회 여건에 따라 계획의 폐지·변경의 필요성과 계획의 존속에 대한 신뢰보호라는 상충된 문제(긴장관계)가 존재하므로, 존속보호(계획보장청구권)와 보상보호(손실보상청구권) 등의 인정 여부가 문제된다.

주체에 대하여 손해배상청구가 가능하며, 특별한 희생에 해당하는 자는 손실보상을 청구할 수 있다. 그러나 대법원은 손실보상청구권을 부정한 바 있다(개발제한구역의 지정으로 개발제한구역 안에 있는 토지의 소유자가 받는 재산권의 제약은 공공의 복리를 위해 감수해야 할 정도의 것이라 보아 손실보상을 인정하지 않음).

> 관련 판례 : 도시계획법 제21조의 규정에 의하여 개발제한구역 안에 있는 토지의 소유자는 재산상의 권리 행사에 많은 제한을 받게 되고 그 한도 내에서 일반 토지소유자에 비하여 불이익을 받게 됨은 명백하지만, '도시의 무질서한 확산을 방지하고 도시주변의 자연환경을 보전하여 도시민의 건전한 생활환경을 확보하기 위하여 또는 국방부장관의 요청이 있어 보안상 도시의 개발을 제한할 필요가 있다고 인정되는 때'(도시계획법 제21조 제1항)에 한하여 가하여지는 그와 같은 제한으로 인한 토지소유자의 불이익은 공공의 복리를 위하여 감수하지 아니하면 안 될 정도의 것이라고 인정되므로, 그에 대하여 손실보상의 규정을 두지 아니하였다 하여 도시계획법 제21조의 규정을 헌법 제23조 제3항, 제11조 제1항 및 제37조 제2항에 위배되는 것으로 볼 수 없다(대판 1996. 6. 28, 94다54511).

③ 손해전보 : 위법한 행정계획으로 손해를 입은 자는 손해배상을 청구할 수 있고, 적법한 행정계획으로 특별한 희생에 해당하는 손실을 입은 자는 손실보상을 청구할 수 있다.

 꼭! 확인 기출문제

행정계획에 대한 설명으로 옳지 않은 것은? (다툼이 있는 경우 판례에 의함) [지방직 9급 기출]

① 개발제한구역의 지정 · 고시에 대한 헌법소원 심판청구는 행정쟁송절차를 모두 거친 후가 아니면 부적법하다.

❷ 국공립대학의 총장직선제 개선 여부를 재정지원 평가요소로 반영하고 이를 개선하지 않을 경우 다음 연도에 지원금을 삭감 또는 환수하도록 규정한 교육부장관의 '대학교육역량강화사업 기본계획'은 헌법소원의 대상이 된다.

③ 관계 법령에 따라 일정한 행정처분을 구하는 신청을 할 수 있는 법률상 지위에 있는 자의 국토이용계획변경신청을 거부하는 것이 실질적으로 당해 행정처분 자체를 거부하는 결과가 되는 경우, 그 신청인에게 국토이용계획변경을 신청할 권리가 인정된다.

④ 위법한 도시기본계획에 대하여 제기되는 취소소송은 법원에 의하여 허용되지 아니 한다.

🖪 ② 대학교육역량강화사업 기본계획은 대학교육역량강화 지원사업을 추진하기 위한 국가의 기본방침을 밝히고 국가가 제시한 일정 요건을 충족하여 높은 점수를 획득한 대학에 대하여 지원금을 배분하는 것을 내용으로 하는 행정계획일 뿐, 위 계획에 따른 의무를 부과하는 것은 아니다. 총장직선제를 개선하지 않을 경우 지원금을 받지 못하게 될 가능성이 있어 대학들이 이 계획에 구속될 여지가 있다 하더라도, 이는 사실상의 구속에 불과하고 이에 따를지 여부는 전적으로 대학의 자율에 맡겨져 있다. 더구나 총장직선제를 개선하려면 학칙이 변경되어야 하므로, 계획 자체만으로는 대학의 구성원인 청구인들의 법적 지위나 권리의무에 어떠한 영향도 미친다고 보기 어렵다. 따라서 '대학교육역량강화사업 기본계획'은 헌법소원의 대상이 되는 공권력 행사에 해당하지 아니한다(헌재 2016.10.27, 2013헌마576).

① 개발제한구역 지정행위(도시계획결정)에 대하여는 행정심판 및 행정소송등을 제기할 수 있으므로 청구인으로서는 우선 그러한 구제절차를 거쳐야 함에도 불구하고 그러한 절차를 거치지 아니하였음이 기록상 명백하므로 이 부분에 대한 심판청구 또한 부적법하다(헌재1991.9.16, 90헌마105).

③ 대판 2003.9.23, 2001두10936

④ 도시기본계획은 도시의 장기적 개발방향과 미래상을 제시하는 도시계획 입안의 지침이 되는 장기적 · 종합적인 개발계획으로서 항고소송의 대상이 되지 않는다(대판2007.4.12, 2005두1893).

(4) 헌법재판소에 의한 통제

행정계획에 의해 직접적으로 기본권을 침해당한 경우 헌법소원을 제기할 수 있다. 헌법재판소는 비구속적 행정계획안이나 행정지침도 헌법소원의 대상으로서의 공권력행사에 해당한다고 판시한 바 있다.

> 관련 판례 : 비구속적 행정계획안이나 행정지침이라도 국민의 기본권에 직접적으로 영향을 끼치고, 앞으로 법령의 뒷받침에 의하여 그대로 실시될 것이 틀림없을 것으로 예상될 수 있을 때에는, 공권력행위로서 예외적으로 헌법소원의 대상이 될 수 있다(헌재 2000. 6. 1, 99헌마538).

(5) 국민에 의한 통제(계획과정에의 참여)

① 계획과정에 국민이 참여하는 것은 계획의 입안 · 설정 · 집행에 있어서의 합리성을 보장하고 국민권익 침해에 대한 사전예방적 효과를 가진다는 면에서 중요한 의미가 있으나, 현재 국민을 직접 계획의 입안에 참여시키는 일반적 제도는 없다(다만, 개별법에서 이행관계인의 참여 규정을 두고 있음).

② 행정절차상 이해관계인의 참여는 사전적 권리구제수단일 뿐만 아니라, 사전적 행정통제수단으로 활용되고 있다. 판례는 이러한 절차를 위반한 행정행위는 위법하다고 판시한 바 있다.

> 관련 판례 : 구 도시계획법 제16조의2 제2항과 같은 법 시행령 제14조의2 제6항 내지 제8항의 규정에 비추어 볼 때, 도시계획의 입안에 있어 해당도시계획안의 내용을 공고 및 공람하게 한 것은 다수 이해관계자의 이익을 합리적으로 조정하여 국민의 권리자유에 대한 부당한 침해를 방지하고 행정의 민주화와 신뢰를 확보하기 위하여 국민의 의사를 그 과정에 반영시키는 데 있는 것이므로 이러한 공고 및 공람을 거치지 않은 군산시장의 도시계획결정은 위법하다(대판 2000. 3. 23, 98두2768).

(6) 취소소송

계획결정 또는 행정계획의 변경 · 폐지 등으로 인하여 국민의 권리가 침해될 수도 있는데 이때 처분성이 인정되지 않은 행정계획은 항고소송을 제기할 수 없으며 비록 처분성이 인정되는 사법성이라 하여도 위법성의 인정이 어렵다.

2. 계획재량의 통제

(1) 계획재량의 의의

① 개념 : 계획재량은 행정주체가 계획법률에 따라 행정계획을 수립하는 데 있어서 행정청에 인정되는 재량권, 즉 계획상의 광범위한 형성의 자유를 말한다.
② 행정재량(일반행정처분의 재량)과의 구별

Check Point

계획법률은 추상적인 목표를 제시할 뿐 그 계획의 수단과 내용에 대해서 자세히 규정하고 있지 않은 것이 일반적이어서, 행정청은 그 계획의 목표를 구체적으로 어떻게 실현할 것인지에 관한 수단과 방법 등에 대하여 광범위한 재량을 갖게 된다.

㉠ 학설

- 구별부정설(질적차이부정설) : 양자 모두 행정청에 선택자유를 부여한다는 점에서 질적인 차이는 없고 재량의 범위에만 차이(양적 차이)가 있다는 견해이다(현재의 다수설).
- 구별긍정설(질적차이긍정설) : 양자는 양적·질적 차이가 존재하며, 재량의 내용이 다르다는 견해이다.

㉡ 양자의 차이점

구분	계획재량	행정재량
판단의 대상	새로운 질서형성에 관한 것	기존의 구체적 생활관계에 관한 것
재량권 (판단의 자유) 범위	상대적으로 넓음(계획규범은 요건·효과규정에 관해 공백규정을 두는 것이 일반적)	상대적으로 좁음(행정법규의 요건·효과규정의 한계 내에서 재량권 인정)
규범 구조	목적프로그램(목적·수단의 형식)에서 문제됨	조건프로그램(가언명령의 형식)에서 문제됨
통제방법	절차적 통제 중심	절차적·실체적 통제

(2) 계획재량에 대한 통제

① 통제법리의 필요성 : 위법한 행정계획으로 자신의 법률상 이익을 침해받은 자는 취소쟁송을 제기할 수 있으나, 계획재량의 경우에는 광범위한 판단자유 내지 형성의 자유가 있어 기존의 사법적 통제법리로는 실효를 거두기가 곤란하다는 점에서 행정계획에 특유한 통제법리가 필요하다. 다수설과 판례는 계획재량에 대한 사법적 통제기준으로 형량명령(이익형량)의 법리를 인정하고 있다.

② 행정적 통제와 입법적 통제 : 행정적 통제에서는 절차적 통제가 중요하며, 입법적 통제는 실효성이 적다.

③ 형량명령(이익형량)

㉠ 의의 : 행정청에 광범위한 계획재량이 인정된다고 하여 법치주의로부터 제외된 것은 아니므로 행정청이 계획재량을 함에 있어서 공익과 사익 상호 간의 관련 이익을 비례의 원칙에 따라 형량하여야 하는데, 이처럼 관련 이익을 형량하는 것을 형량명령이라 한다. 이러한 형량명령의 법리는 독일의 실정법에 규정된 원리로서 계획재량의 한계를 설정하는 데 중요한 역할을 한다.

㉡ 형량하자의 범위(내용) : 다음의 형량하자의 경우 위법한 것으로 사법심사의 대상이 된다.

- 형량해태(형량탈락) : 이익형량을 전혀 행하지 않은 경우

- 형량흠결 : 이익형량에 있어 반드시 고려되어야 할 특정 이익을 누락한 경우
- 오형량(형량불비례) : 이익형량을 하였으나 공익 · 사익의 비교형량에 있어 비례원칙을 위배하거나 정당성 · 객관성이 결여된 경우
- 형량조사의 하자(조사탈락 · 조사흠결) : 관련 이익의 조사가 없는 경우
- 평가의 과오 : 관련된 이익 · 특정사실 등에 대한 가치를 잘못 평가하는 경우

ⓒ **판례의 태도** : 행정주체가 행정계획을 입안 · 결정함에 있어 이익형량을 해태 · 흠결하거나 오형량한 경우에는 재량의 일탈 · 남용으로 위법하다고 판시하여, 형량명령 법리를 수용하고 있다.

> **관련 판례** : 도시계획법 등 관계 법령에는 추상적인 행정목표와 절차만이 규정되어 있을 뿐 행정계획의 내용에 대하여는 별다른 규정을 두고 있지 아니하므로 행정주체는 구체적인 행정계획을 입안 · 결정함에 있어서 비교적 광범위한 형성의 자유를 가진다고 할 것이지만, 행정주체가 가지는 이와 같은 형성의 자유는 무제한적인 것이 아니라 그 행정계획에 관련되는 자들의 이익을 공익과 사익 사이에서는 물론이고 공익 상호간과 사익 상호간에도 정당하게 비교교량하여야 한다는 제한이 있는 것이고, 따라서 행정주체가 행정계획을 입안 · 결정함에 있어서 이익형량을 전혀 행하지 아니하거나 이익형량의 고려 대상에 마땅히 포함시켜야 할 사항을 누락한 경우 또는 이익형량을 하였으나 정당성 · 객관성이 결여된 경우에는 그 행정계획결정은 재량권을 일탈 · 남용한 것으로서 위법하다(대판 1996. 11. 22, 96누8567).

 꼭! 확인 기출문제

행정계획에 대한 판례의 입장으로 옳지 않은 것은? [지방직 9급 기출]

① 비구속적 행정계획안이라도 국민의 기본권에 직접적으로 영향을 끼치고 앞으로 법령의 뒷받침에 의하여 그대로 실시될 것이 틀림없을 것으로 예상되는 경우에는 예외적으로 헌법 소원의 대상이 될 수 있다.

❷ 도시계획구역 내 토지 등을 소유하고 있는 주민이라도 도시 계획입안권자에게 도시계획의 입안을 요구할 수 있는 법규상 · 조리상 신청권은 없다.

③ 구 도시계획법상 도시기본계획은 도시계획입안의 지침이 되는 것으로서 일반 국민에 대한 직접적 구속력이 없다.

④ 선행 도시계획의 결정 · 변경 등의 권한이 없는 행정청이 행한 선행 도시계획과 양립할 수 없는 새로운 내용의 후행 도시계획결정은 무효이다.

해설 ② 도시계획구역 내 토지소유자는 입안권자에게 도시계획입안을 요구할 수 있는 신청권이 있다고 할 것이고, 이러한 신청에 대한 거부행위는 항고소송의 대상이 되는 행정처분에 해당한다(대판 2004.04.28, 2003두1806).

① 비구속적 행정계획안이나 행정지침이라도 국민의 기본권에 직접적으로 영향을 끼치고, 앞으로 법령의 뒷받침에 의하여 그대로 실시될 것이 틀림없을 것으로 예상되는 때에는 헌법소원의 대상이 될 수 있다(헌재결 2000.6.1, 99헌마538).

③ 도시기본계획은 도시의 기본적인 공간구조와 장기발전방향을 제시하는 종합계획으로서 일반적인 방향을 제시할 뿐 직접적 구속력이 없으며 처분에 해당하지 않는다(대판 2002.10.11, 2000두8226).

④ 후행 도시계획의 결정을 하는 행정청이 선행도시계획의 결정 · 변경 등에 관한 권한을 가지고 있지 아니한 경우, 선행도시계획과 양립할 수 없는 내용이 포함된 후행 도시계획결정의 효력은 무효이다(대판 2000.9.8, 99두11257).

제5장

정보공개 및 개인정보보호제도

제1절 정보공개제도

1. 개설

(1) 의의

① **정보공개** : 공공기관이 관리하고 있는 정보를 국민의 청구에 따라 공개하는 것을 말한다.

② **정보공개청구권** : 공공기관에 대하여 정보를 공개해 줄 것을 요청할 수 있는 개인적 공권으로, 자기와 이해관계가 있는 특정한 사안에 관한 개별적 정보공개청구권과 직접 이해관계가 없는 일반적 정보공개청구권으로 구분된다.

> **정보공개법의 공공기관 범위(공공기관의정보공개에관한법률 및 동법 시행령)**
> • 국가기관
>   – 국회, 법원, 헌법재판소, 중앙선거관리위원회
>   – 중앙행정기관(대통령 소속 기관과 국무총리 소속 기관 포함) 및 그 소속 기관
>   – 행정기관소속위원회의설치 · 운영에관한법률에 따른 위원회
> • 지방자치단체
> • 공공기관의운영에관한법률 제2조에 따른 공공기관
> • 지방공기업법에 따른 지방공사 및 지방공단
> • 그 밖에 대통령령으로 정하는 기관
>   – 유아교육법 초 · 중등교육법 및 고등교육법에 따른 각급 학교 또는 그 밖의 다른 법률에 따라 설치된 학교
>   – 지방공기업법에 따른 지방공사 및 지방공단
>   – 지방자치단체 출자 · 출연 기관의 운영에 관한 법률 제2조 제1항에 따른 출자기관 및 출연기관
>   – 특별법에 의하여 설립된 특수법인
>   – 사회복지사업법 규정에 의하여 국가 또는 지방자치단체로부터 보조금을 받는 사회복지법인과 사회복지사업을 하는 비영리법인
>   – 보조금관리에관한법률 또는 지방재정법에 따라 국가나 지방자치단체로부터 연간 5천만 원 이상의 보조금을 받는 기관 또는 단체

Check Point

공공기관의정보공개에관한법률 제2조(정의)
• **정보** : 공공기관이 직무상 작성 또는 취득하여 관리하고 있는 문서(전자문서 포함) 및 전자매체를 비롯한 모든 형태의 매체 등에 기록된 사항을 말한다.
• **공개** : 공공기관이 이 법에 따라 정보를 열람하게 하거나 그 사본 · 복제물을 제공하는 것 또는 전자정부법 제2조 제10호에 따른 정보통신망을 통해 정보를 제공하는 것 등을 말한다.
• **공공기관** : 국가기관, 지방자치단체, 공공기관의운영에관한법률 제2조에 따른 공공기관, 지방공기업법에 따른 지방공사 및 지방공단, 그 밖에 대통령령으로 정하는 기관을 말한다.

③ 행정정보공개와 개인정보 보호의 비교

구분	행정정보공개제도	개인정보 보호
목적	국민 누구에게나 국정정보를 공개하여 공정하고 민주적인 국정운영 도모	개인의 권리와 이익을 보호
구성	국민의 알 권리 차원에서 정보의 공개가 원칙, 비공개가 예외	사생활 보호의 차원에서 정보의 비공개가 원칙, 공개가 예외
공통점	정보의 자유로운 흐름과 공익 · 사익의 적정 조화를 도모	

(2) 법적 근거

① 헌법상의 '알 권리'

   ⊙ 의의 : '알 권리'란 접근가능한 정보원으로부터 의사형성에 필요한 정보를 수집하고, 이를 취사 · 선택할 수 있는 권리를 말한다. 일반적으로 알 권리는 정보수집권 · 정보수령권 · 정보공개청구권으로 구성된다.

   ⊙ 알 권리의 헌법적 근거

     • 학설 : 알 권리의 헌법상 근거에 대해 학설은 사생활의 비밀과 자유보장(제17조), 헌법상 표현의 자유(제21조 제1항), 국민주권의 원리(제1조), 인간의 존엄과 행복추구권(제10조), 인간다운 생활을 할 권리(제34조 제1항) 등 여러 근거를 제시하고 있다.

     • 판례 : 헌법재판소와 대법원은 알 권리의 근거를 헌법상의 표현의 자유에서 찾으며, 알 권리의 내용에 정보공개청구권이 포함되는 것으로 보았다.

> 관련 판례 : 국민의 알 권리, 특히 국가정보에의 접근의 권리는 우리 헌법상 기본적으로 표현의 자유와 관련하여 인정되는 것으로 그 권리의 내용에는 일반국민 누구나 국가에 대하여 보유 · 관리하고 있는 정보의 공개를 청구할 수 있는 이른바 일반적인 정보공개청구권이 포함되고, 이 청구권은 공공기관의정보공개에관한법률이 1998. 1. 1. 시행되기 전에는 구 사무관리규정 제33조 제2항과 행정정보공개운영지침에서 구체화되어 있었다(대판 1999. 9. 21, 97누5114).

   ⊙ 알 권리의 성격

     • 헌법상의 알 권리는 자유권으로서의 성격과 청구권으로서의 성격을 아울러 가지며, 생활권 · 참정권으로서의 성격도 지니는 총합적 권리이다.

     • 헌법상의 알 권리는 정보공개법(공공기관의정보공개에관한법률)을 통해 구체화 · 제도화된다.

② 법률상 근거 : 공공기관의정보공개에관한법률이 정보공개에 관한 일반법이다. 따라서 정보공개에 관하여 다른 법률에 특별한 규정이 있는 경우를 제외하고는 이 법이 정하는 바에 의한다. 그 밖에 민원사무처리에관한법률, 행정

Check Point

헌법 제21조(표현의 자유)
① 모든 국민은 언론 · 출판의 자유와 집회 · 결사의 자유를 가진다.
② 언론 · 출판에 대한 허가나 검열과 집회 · 결사에 대한 허가는 인정되지 아니한다.
③ 통신 · 방송의 시설기준과 신문의 기능을 보장하기 위하여 필요한 사항은 법률로 정한다.
④ 언론 · 출판은 타인의 명예나 권리 또는 공중도덕이나 사회윤리를 침해하여서는 아니된다. 언론 · 출판이 타인의 명예나 권리를 침해한 때에는 피해자는 이에 대한 피해의 배상을 청구할 수 있다.

절차법 등에서 단편적으로 규정하고 있다.

③ **조례상 근거** : 지방자치단체는 그 소관사무에 관하여 법령의 범위 안에서 정보공개에 관한 조례를 정할 수 있다(공공기관의정보공개에관한법률 제4조 제2항). 판례도 행정정보공개조례안을 긍정한 바 있다.

> 관련 판례 : 행정정보공개조례안이 국가위임사무가 아닌 자치사무 등에 관한 정보만을 공개대상으로 하고 있다고 풀이되는 이상 반드시 전국적으로 통일된 기준에 따르게 할 것이 아니라 지방자치단체가 각 지역의 특성을 고려하여 자기고유사무와 관련된 행정정보의 공개사무에 관하여 독자적으로 규율할 수 있다(대판 1992. 6. 23, 92추17).

Check Point

공공기관의정보공개에관한법률 제4조(적용범위) 제2항
지방자치단체는 그 소관사무에 관하여 법령의 범위에서 정보공개에 관한 조례를 정할 수 있다.

꼭! 확인 기출문제

「**공공기관의 정보공개에 관한 법률**」에 관한 설명으로 가장 옳지 **않은** 것은? (다툼이 있는 경우 판례에 의함) [서울시 9급 기출]

① 이해관계인 당사자에게 문서열람권을 인정하는 행정 절차법상의 정보공개와는 달리 「공공기관의 정보공개에 관한 법률」은 모든 국민에게 정보공개청구를 허용한다.
② 행정정보공개의 출발점은 국민의 알권리인데, 알권리 자체는 헌법상으로 명문화되어 있지 않음에도 불구하고, 우리 헌법재판소는 초기부터 국민의 알권리를 헌법상의 기본권으로 인정하여 왔다.
③ 재건축사업계약에 의하여 조합원들에게 제공될 무상보상 평수 산출내역은 법인 등의 영업상 비밀에 관한 사항이 아니며 비공개대상정보에 해당되지 않는다.
❹ 판례는 특별법에 의하여 설립된 특수법인이라는 점만으로 정보공개의무를 인정하고 있으며, 다시금 해당 법인의 역할과 기능에서 정보공개의무를 지는 공공기관에 해당 하는지 여부를 판단하지 않는다.

🖭 ④ 정보공개 의무기관을 정하는 것은 입법자의 입법형성권에 속하고, 이에 따라 입법자는 정보공개법 제2조 제3호에서 정보공개 의무기관을 공공기관으로 정하였는바, 공공기관이라 함은 국가기관에 한정되는 것이 아니라 지방자치단체, 정부투자기관, 그밖에 공동체 전체의 이익에 중요한 역할이나 기능을 수행하는 기관도 포함되는 것으로 해석된다(대판 2006.8.24, 2004두2783).
   ① 행정절차법에서도 정보공개에 관한 내용이 규정되어있는데 행정절차법상 문서열람청구는 이해관계인에게 인정되는데 반해 정보공개는 이해관계와 관계없이 모든 국민에게 인정된다.
   ② 헌법재판소는 알권리의 헌법적 근거를 제21조의 표현의 자유에서 찾고 있으며 알 권리는 개별법의 구체화 없이 헌법적 근거만으로 인정된다는 입장이다(헌재결 1989.9.4, 88헌마22).
   ③ 아파트재건축주택조합의 조합원들에게 제공될 무상보상평수의 사업수익성 등을 검토한 자료는 구 공공기관의 정보공개에 관한 법률 제7조 제1항에서 정한 비공개대상정보에 해당하지 않는다(대판 2006.1.13, 2003두9459).

2. 정보공개법(공공기관의정보공개에관한법률)의 주요 내용

(1) 총칙

① **목적** : 공공기관이 보유·관리하는 정보에 대한 국민의 공개청구 및 공공기관의 공개의무에 관하여 필요한 사항을 정함으로써 국민의 알 권리를 보장하고 국정에 대한 국민의 참여와 국정운영의 투명성을 확보함을 목적으로 한다(제1조).
② **정보공개의 원칙** : 공공기관이 보유·관리하는 정보는 국민의 알 권리보장 등을 위하여 이 법에서 정하는 바에 따라 적극적으로 공개하여야 한다(제3조).

③ **적용범위(제4조)**

㉠ 정보의 공개에 관해 다른 법률에 특별한 규정이 있는 경우를 제외하고는 정보공개법에서 정하는 바에 따른다(제1항).

㉡ 지방자치단체는 그 소관 사무에 관하여 법령의 범위에서 정보공개에 관한 조례를 정할 수 있다(제2항).

㉢ 국가안전보장에 관련되는 정보 및 보안 업무를 관장하는 기관에서 국가안전보장과 관련된 정보의 분석을 목적으로 수집하거나 작성한 정보에 대해서 정보공개법을 적용하지 않는 것이 원칙이다. 다만, 제8조 제1항에 따른 정보목록의 작성·비치 및 공개에 대해서는 그러하지 아니한다(제3항).

(2) 정보공개청구권자(제5조)

① 모든 국민은 정보공개청구권을 가진다. 여기서의 국민에는 자연인은 물론 법인, 권리능력 없는 사단·재단도 포함된다. 또한 시민단체 등이 개인적 이해관계가 없는 공익을 위해 정보공개청구를 하는 것도 인정된다. 판례에서도 '정보공개법의 목적, 규정 내용 및 취지 등에 비추어 보면 정보공개청구의 목적에 특별한 제한이 있다고 할 수 없다'고 하여 이를 긍정하고 있다.

> 관련 판례
> • 공공기관의정보공개에관한법률 제6조 제1항은 "모든 국민은 정보의 공개를 청구할 권리를 가진다."고 규정하고 있는데, 여기에서 말하는 국민에는 자연인은 물론 법인, 권리능력 없는 사단·재단도 포함되고, 법인, 권리능력 없는 사단·재단 등의 경우에는 설립목적을 불문하며, 한편 정보공개청구권은 법률상 보호되는 구체적인 권리이므로 청구인이 공공기관에 대하여 정보공개를 청구하였다가 거부처분을 받은 것 자체가 법률상 이익의 침해에 해당한다(대판 2003. 12. 12, 2003두8050).
> • 정보공개청구권은 법률상 보호되는 구체적인 권리이므로 청구인이 공공기관에 대하여 정보공개를 청구하였다가 거부처분을 받은 것 자체가 법률상 이익의 침해에 해당한다고 할 것이고, 거부처분을 받은 것 이외에 추가로 어떤 법률상의 이익을 가질 것을 요구하는 것은 아니다(대판 2004. 9. 23, 2003두1370).

② 외국인도 정보공개청구권이 인정되는데, 외국인의 경우 국내에 일정한 주소를 두고 거주하거나 학술·연구를 위하여 일시적으로 체류하는 사람 또는 국내에 사무소를 두고 있는 법인 또는 단체의 경우로 제한된다(공공기관의정보공개에관한법률 시행령 제3조).

(3) 행정정보의 공표(제7조)

공공기관은 국민생활에 매우 큰 영향을 미치는 정책에 관한 정보, 국가의 시책으로 시행하는 공사 등 대규모 예산이 투입되는 사업에 관한 정보, 예산집행의 내용과 사업평가 결과 등 행정감시를 위하여 필요한 정보 등에 대해서 공개의 구체

Check Point

제8조(정보목록의 작성·비치 등) 제1항
공공기관은 그 기관이 보유·관리하는 정보에 대하여 국민이 쉽게 알 수 있도록 정보목록을 작성하여 갖추어 두고, 그 목록을 정보통신망을 활용한 정보공개시스템 등을 통하여 공개하여야 한다. 다만, 정보목록 중 제9조제1항에 따라 공개하지 아니할 수 있는 정보가 포함되어 있는 경우에는 해당 부분을 갖추어 두지 아니하거나 공개하지 아니할 수 있다.

Check Point

판례상 정보공개청구권자의 범위
판례는 대체로 정보공개청구권자의 범위를 확대하는 경향을 보이고 있다.

Check Point

공공기관의정보공개에관한법률 제8조의2(공개대상정보의원문공개)
공공기관 중 중앙행정기관 및 대통령령으로 정하는 기관은 전자적 형태로 보유·관리하는 정보 중 공개대상으로 분류된 정보를 국민의 정보공개 청구가 없더라도 정보통신망을 활용한 정보공개시스템 등을 통하여 공개하여야 한다.

적 범위와 공개의 주기·시기 및 방법 등을 미리 정하여 정보통신망 등을 통하여 알리고 정기적으로 공개해야 한다.

(4) 정보공개의 절차

① 비공개대상정보(제9조 제1항) : 공공기관이 보유·관리하는 정보는 공개가 원칙이나 다음의 경우는 비공개가 가능하다.

ㄱ 다른 법률 또는 법률에서 위임한 명령(국회규칙·대법원규칙·헌법재판소규칙·중앙선거관리위원회규칙·대통령령 및 조례로 한정함)에 따라 비밀이나 비공개 사항으로 규정된 정보

> 관련 판례 : '법률에 의한 명령'은 법률의 위임규정에 의하여 제정된 대통령령, 총리령, 부령 전부를 의미한다기보다는 정보의 공개에 관하여 법률의 구체적인 위임 아래 제정된 법규명령(위임명령)을 의미한다(대판 2003. 12. 11, 2003두8395).

ㄴ 국가안전보장·국방·통일·외교관계 등에 관한 사항으로서 공개될 경우 국가의 중대한 이익을 현저히 해칠 우려가 있다고 인정되는 정보

ㄷ 공개될 경우 국민의 생명·신체 및 재산의 보호에 현저한 지장을 초래할 우려가 있다고 인정되는 정보

ㄹ 진행 중인 재판에 관련된 정보와 범죄의 예방, 수사, 공소의 제기 및 유지, 형의 집행, 교정, 보안처분에 관한 사항으로서 공개될 경우 그 직무수행을 현저히 곤란하게 하거나 형사피고인의 공정한 재판을 받을 권리를 침해한다고 인정할 만한 상당한 이유가 있는 정보(판례는 진행 중인 재판에 관련된 일체의 정보가 모두 비공개대상정보에 해당하는 것은 아니며, 이는 진행 중인 재판에 영향을 미칠 위험이 있는 정보에 한정된다고 판시)

> 관련 판례 : 공공기관의정보공개에관한법률(이하 '정보공개법'이라 한다)의 입법 목적, 정보공개의 원칙, 비공개대상정보의 규정 형식과 취지 등을 고려하면, 법원 이외의 공공기관이 정보공개법 제9조 제1항 제4호에서 정한 '진행 중인 재판에 관련된 정보'에 해당한다는 사유로 정보공개를 거부하기 위하여는 반드시 그 정보가 진행 중인 재판의 소송기록 자체에 포함된 내용일 필요는 없다. 그러나 재판에 관련된 일체의 정보가 그에 해당하는 것은 아니고 진행 중인 재판의 심리 또는 재판결과에 구체적으로 영향을 미칠 위험이 있는 정보에 한정된다고 보는 것이 타당하다(대판 2011. 11. 24, 2009두19021).

ㅁ 감사·감독·검사·시험·규제·입찰계약·기술개발·인사관리에 관한 사항이나 의사결정 과정 또는 내부검토 과정에 있는 사항 등으로서 공개될 경우 업무의 공정한 수행이나 연구·개발에 현저한 지장을 초래한다고 인정할 만한 상당한 이유가 있는 정보(다만, 의사결정 과정 또는 내부검토 과정을 이유로 비공개할 경우에는 제13조 제5항에 따라 통지를 할 때 의사결정 과정 또는 내부검토 과정의 단계 및 종료 예정일을 함께 안내하여야 하

며, 의사결정 과정 및 내부검토 과정이 종료되면 제10조에 따른 청구인에게 이를 통지하여야 함)

ⓑ 해당 정보에 포함되어 있는 성명·주민등록번호 등 개인정보로 공개될 경우 사생활의 비밀 또는 자유를 침해할 우려가 있다고 인정되는 정보

> 예외 : 다음에 열거한 개인에 관한 정보는 공개할 수 있다.
> • 법령에서 정하는 바에 따라 열람할 수 있는 정보
> • 공공기관이 공표를 목적으로 작성하거나 취득한 정보로서 사생활의 비밀 또는 자유를 부당하게 침해하지 아니하는 정보
> • 공공기관이 작성하거나 취득한 정보로서 공개하는 것이 공익이나 개인의 권리구제를 위하여 필요하다고 인정되는 정보
> • 직무를 수행한 공무원의 성명·직위
> • 공개하는 것이 공익을 위하여 필요한 경우로서 법령에 따라 국가 또는 지방자치단체가 업무의 일부를 위탁 또는 위촉한 개인의 성명·직업

ⓐ 법인·단체 또는 개인의 경영상·영업상 비밀에 관한 사항으로서 공개될 경우 법인 등의 정당한 이익을 현저히 해칠 우려가 있다고 인정되는 정보

> 예외 : 다음에 열거한 정보는 공개할 수 있다.
> • 사업활동에 의하여 발생하는 위해로부터 사람의 생명·신체 또는 건강을 보호하기 위하여 공개할 필요가 있는 정보
> • 위법·부당한 사업활동으로부터 국민의 재산 또는 생활을 보호하기 위하여 공개할 필요가 있는 정보

ⓞ 공개될 경우 부동산 투기, 매점매석 등으로 특정인에게 이익 또는 불이익을 줄 우려가 있다고 인정되는 정보

② 공공기관은 비공개대상정보가 기간의 경과 등으로 비공개의 필요성이 없어진 경우에는 공개대상으로 하여야 한다(제9조 제2항).

비공개대상정보 관련 판례

• 비공개대상정보에 해당된다고 본 판례
 – 국방부의 한국형 다목적 헬기(KMH) 도입사업에 대한 감사원장의 감사결과보고서가 군사2급 비밀에 해당하는 이상 공공기관의정보공개에관한법률 제9조 제1항 제1호에 의하여 공개하지 아니할 수 있다 (대판 2006. 11. 10, 2006두9351).
 – 재개발사업에 관한 이해관계인이 공개를 청구한 자료 중 일부는 개인의 인적사항, 재산에 관한 내용이 포함되어 있어서 공개될 경우에는 타인의 사생활의 비밀과 자유를 침해할 우려가 있으며, 그 자료의 분량이 합계 9,029매에 달하기 때문에 이를 공개하기 위하여는 행정업무에 상당한 지장을 초래할 가능성이 있고, 그 자료의 공개로 공익이 실현된다고 볼 수도 없다는 이유로, 재개발사업에 관한 정보공개청구를 배척한다(대판 1997. 5. 23, 96누2439).
 – 보안관찰법 소정의 보안관찰 관련 통계자료는 우리나라 53개 지방검찰청 및 지청관할지역에서 매월 보고된 보안관찰처분에 관한 각종 자료로서, … 공공기관의정보공개에관한법률 제7조 제1항 제2호 소정의 공개될 경우 국가안전보장·국방·통일·외교관계 등 국가의 중대한 이익을 해할 우려가 있는 정보, 또는 제3호 소정의 공개될 경우 국민의 생명·신체 및 재산의 보호 기타 공공의 안전과 이

지방직 9급 기출

01. 공공기관의 정보공개에 관한 법령의 내용에 대한 설명으로 옳지 않은 것은?

① 정보의 공개 및 우송 등에 소요되는 비용은 실비의 범위에서 청구인이 부담하나, 공개를 청구하는 정보의 사용 목적이 공공복리의 유지·증진을 위하여 필요하다고 인정되는 경우에는 그 비용을 감면할 수 있다.

② 지방자치단체는 그 소관 사무에 관하여 법령의 범위에서 정보공개에 관한 조례를 정할 수 있다.

③ 직무를 수행한 공무원의 성명과 직위는 공개될 경우 개인의 사생활의 비밀 또는 자유를 침해할 우려가 있다면 비공개대상정보에 해당한다.

④ 학술·연구를 위하여 일시적으로 체류하는 외국인은 정보공개청구를 할 수 있다.

🈯 공공기관의 정보공개에 관한 법률 제9조 제1항 제6호 라목에 따라 직무를 수행한 공무원의 성명·직위는 공개대상정보이다.

 01 ③

익을 현저히 해할 우려가 있다고 인정되는 정보에 해당한다(대판 2004. 3. 18, 2001두8254).

- 치과의사 국가시험에서 채택하고 있는 문제은행 출제방식이 출제의 시간·비용을 줄이면서도 양질의 문항을 확보할 수 있는 등 많은 장점을 가지고 있는 점 등을 감안하면, 위 시험의 문제지와 그 정답지를 공개하는 것은 시험업무의 공정한 수행이나 연구·개발에 현저한 지장을 초래한다고 인정할 만한 상당한 이유가 있는 경우에 해당하므로, 공공기관의정보공개에관한법률 제9조 제1항 제5호에 따라 이를 공개하지 않을 수 있다(대판 2007. 6. 15, 2006두15936).

- 학교폭력예방및대책에관한법률 제21조 제3항이 학교폭력대책자치위원회의 회의를 공개하지 못하도록 규정하고 있는 점 등에 비추어, 학교폭력대책자치위원회의 회의록은 공공기관의정보공개에관한법률 제9조 제1항 제1호의 '다른 법률 또는 법률이 위임한 명령에 의하여 비밀 또는 비공개 사항으로 규정된 정보'에 해당한다(대판 2010. 6. 10, 2010두2913).

- 학교환경위생구역 내 금지행위(숙박시설) 해제결정에 관한 학교환경위생정화위원회의 회의록에 기재된 발언내용에 대한 해당 발언자의 인적사항 부분에 관한 정보는 공공기관의정보공개에관한법률 제7조 제1항 제5호 소정의 비공개대상에 해당한다(대판 2003. 8. 22, 2002두12946).

- 공공기관의 정보공개에 관한 법률(이하 '정보공개법'이라 한다)의 개정 연혁, 내용 및 취지 등에 헌법상 보장되는 사생활의 비밀 및 자유의 내용을 보태어 보면, … '개인식별정보'뿐만 아니라 그 외에 정보의 내용을 구체적으로 살펴 '개인에 관한 사항의 공개로 개인의 내밀한 내용의 비밀 등이 알려지게 되고, 그 결과 인격적·정신적 내면생활에 지장을 초래하거나 자유로운 사생활을 영위할 수 없게 될 위험성이 있는 정보'도 포함된다고 새겨야 한다. 따라서 불기소처분 기록 중 피의자신문조서 등에 기재된 피의자 등의 인적사항 이외의 진술내용 역시 개인의 사생활의 비밀 또는 자유를 침해할 우려가 인정되는 경우 정보공개법 제9조 제1항 제6호 본문 소정의 비공개대상에 해당한다(대판 2012. 6. 18, 2011두2361).

- **비공개대상정보에 해당되지 않는다고 본 판례**

  - 사면대상자들의 사면실시건의서와 그와 관련된 국무회의 안건자료에 관한 정보는 그 공개로 얻는 이익이 그로 인하여 침해되는 당사자들의 사생활의 비밀에 관한 이익보다 더욱 크므로 구 공공기관의정보공개에관한법률(2004. 1. 29. 법률 제7127호로 전문 개정되기 전의 것) 제7조 제1항 제6호에서 정한 비공개사유에 해당하지 않는다(대판 2006. 12. 7, 2005두241).

  - 대한주택공사의 아파트 분양원가 산출내역에 관한 정보는, 그 공개로 위 공사의 정당한 이익을 현저히 해할 우려가 있다고 볼 수 없어 구 공공기관의정보공개에관한법률 제7조 제1항 제7호에서 정한 비공개대상정보에 해당하지 않는다(대판 2007. 6. 1, 2006두20587).

  - 한국방송공사의 '수시집행 접대성 경비의 건별 집행서류 일체'는 공공기관의정보공개에관한법률 제9조 제1항 제7호의 비공개대상정보에 해당하지 않는다(대판 2008. 10. 23, 2007두1798).

  - 아파트재건축주택조합의 조합원들에게 제공될 무상보상평수의 사업수익성 등을 검토한 자료는 구 공공기관의 정보공개에 관한 법률 제7조 제1항에서 정한 비공개대상정보에 해당하지 않는다(대판 2006.1.13, 2003두9459).

꼭! 확인 기출문제

「공공기관의 정보공개에 관한 법률」상 정보공개에 대한 설명으로 옳지 <u>않은</u> 것은? (다툼이 있는 경우 판례에 의함) [지방직 9급 기출]

① 공개될 경우 부동산 투기로 특정인에게 이익 또는 불이익을 줄 우려가 있다고 인정되는 정보는 비공개대상에 해당한다.

❷ 공개청구의 대상이 되는 정보가 인터넷에 공개되어 인터넷 검색 등을 통하여 쉽게 알 수 있다면 정보공개청구권자는 공개거부처분의 취소를 구할 법률상의 이익이 없다.

③ 불기소처분기록 중 피의자신문조서 등에 기재된 피의자 등의 인적사항 이외의 진술내용이 개인의 사생활의 비밀 또는 자유를 침해할 우려가 인정된다면 비공개대상에 해당한다.

④ 정보공개거부처분취소소송에서 공개를 거부한 정보에 비공개 대상 부분과 공개가 가능한 부분이 혼합되어 있는 경우, 공개청구의 취지에 어긋나지 아니하는 범위 안에서 두 부분을 분리할 수 있다면 법원은 청구취지의 변경이 없더라도 공개가 가능한 정보에 관한 부분만의 일부취소를 명할 수 있다.

해 ② 공개청구의 대상이 되는 정보가 이미 다른 사람에게 공개되어 널리 알려져 있다거나 인터넷 등을 통하여 공개되어 인터넷검색 등을 통하여 쉽게 알 수 있다는 사정만으로는 소의 이익이 없다거나 비공개결정이 정당화될 수 없다(대판 2010. 12. 23. 2008두13101).

① 공공기관이 보유·관리하는 정보는 공개 대상이 된다. 다만, '공개될 경우 부동산 투기, 매점매석 등으로 특정인에게 이익 또는 불이익을 줄 우려가 있다고 인정되는 정보'는 공개하지 아니할 수 있다(「공공기관의 정보공개에 관한 법률」 제9조 제1항 제8호).

③ 공공기관의 정보공개에 관한 법률(이하 '정보공개법'이라 한다)의 개정 연혁, 내용 및 취지 등에 헌법상 보장되는 사생활의 비밀 및 자유의 내용을 보태어 보면, … '개인식별정보'뿐만 아니라 그 외에 정보의 내용을 구체적으로 살펴 '개인에 관한 사항의 공개로 개인의 내밀한 내용의 비밀 등이 알려지게 되고, 그 결과 인격적·정신적 내면생활에 지장을 초래하거나 자유로운 사생활을 영위할 수 없게 될 위험성이 있는 정보'도 포함된다고 새겨야 한다. 따라서 불기소처분 기록 중 피의자신문조서 등에 기재된 피의자 등의 인적사항 이외의 진술내용 역시 개인의 사생활의 비밀 또는 자유를 침해할 우려가 인정되는 경우 정보공개법 제9조 제1항 제6호 본문 소정의 비공개대상에 해당한다(대판 2012. 6. 18. 2011두2361).

④ 법원이 정보공개거부처분의 위법 여부를 심리한 결과, 공개가 거부된 정보에 비공개대상정보에 해당하는 부분과 공개가 가능한 부분이 혼합되어 있으며, 공개청구의 취지에 어긋나지 아니하는 범위 안에서 두 부분을 분리할 수 있다고 인정할 수 있을 때에는, 공개가 거부된 정보 중 공개가 가능한 부분을 특정하고, 판결의 주문에 정보공개거부처분 중 공개가 가능한 정보에 관한 부분만을 취소한다고 표시하여야 한다(대판 2010. 2. 11. 2009두6001).

③ **정보공개의 청구방법(제10조)** : 정보공개청구인은 청구인의 성명·생년월일·주소 및 연락처(전화번호·전자우편주소 등), 청구인의 주민등록번호(본인임을 확인하고 공개여부를 결정할 필요가 있는 경우로 한정), 공개를 청구하는 정보의 내용 및 공개방법을 기재한 정보공개청구서를 공공기관에 제출하거나 말로써 정보의 공개를 청구할 수 있다. 다만, 말로써 청구할 때에는 담당공무원 또는 담당 임직원 앞에서 진술하여야 하고, 담당공무원 등은 정보공개 청구조서를 작성하여 청구인이 함께 기명날인하거나 서명해야 한다.

④ **정보공개 여부의 결정(제11조)**

    ⊙ 공공기관은 정보공개청구를 받은 날부터 10일 이내에 공개 여부를 결정하여야 한다.

    ⓒ 부득이한 사유로 10일 이내에 결정할 수 없을 때에는 그 기간이 끝나는 날의 다음 날부터 기산하여 10일의 범위에서 공개 여부 결정기간을 연장할 수 있다. 이 경우 연장된 사실과 연장사유를 청구인에게 지체 없이 문서로 통지하여야 한다.

    ⓒ 공개청구된 공개대상정보의 전부 또는 일부가 제3자와 관련될 때에는 그 사실을 제3자에게 지체 없이 통지하며, 필요한 경우에는 그의 의견을 들을 수 있다.

    ② 공공기관은 정보공개 청구가 공공기관이 보유·관리하지 아니하는 정보인 경우, 공개 청구의 내용이 진정·질의 등으로 이 법에 따른 정보공개 청구로 보기 어려운 경우는 민원으로 처리할 수 있다.

⑤ **정보공개심의회(제12조)** : 국가기관 등은 정보공개여부 등을 심의하기 위하여 정보공개심의회를 설치·운영한다. 이 경우 국가기관등의 규모와 업무성격, 지리적 여건, 청구인의 편의 등을 고려하여 소속 상급기관(지방공사·지방공

Check Point

공공기관의정보공개에관한법률 제10조(정보공개의 청구방법) 제3항
정보공개법(제10조 제1항·제2항)에서 규정한 사항 외에 정보공개의 청구방법 등에 관하여 필요한 사항은 국회규칙·대법원규칙·헌법재판소규칙·중앙선거관리위원회규칙 및 대통령령으로 정한다.

Check Point

정보공개 여부의 결정(제11조 제4항)
공공기관은 다른 공공기관이 보유·관리하는 정보의 공개 청구를 받았을 때에는 지체 없이 이를 소관 기관으로 이송하여야 하며, 이송한 후에는 지체 없이 소관 기관 및 이송 사유 등을 분명히 밝혀 청구인에게 문서로 통지하여야 한다.

Check Point

정보공개심의회의 구성(제12조 제2항)
심의회는 위원장 1명을 포함하여 5명 이상 7명 이하의 위원으로 구성한다.

단의 경우에는 해당 지방공사 · 지방공단을 설립한 지방자치단체를 말한다)에서 협의를 거쳐 심의회를 통합하여 설치 · 운영할 수 있다.

⑥ **정보공개여부결정의 통지(제13조)**

　㉠ 공공기관은 정보공개를 결정한 경우에는 공개의 일시 및 장소 등을 분명히 밝혀 청구인에게 통지하여야 한다.

　㉡ 공공기관은 청구인이 사본 또는 복제물의 교부를 원하는 경우에는 이를 교부하여야 한다.

　㉢ 공공기관은 공개 대상 정보의 양이 너무 많아 정상적인 업무수행에 현저한 지장을 초래할 우려가 있는 경우에는 해당 정보를 일정 기간별로 나누어 제공하거나 사본 · 복제물의 교부 또는 열람과 병행하여 제공할 수 있다.

　㉣ 공공기관은 정보공개에 있어 그 정보의 원본이 더럽혀지거나 파손될 우려가 있거나 그 밖에 상당한 이유가 있다고 인정될 때에는 그 정보의 사본 · 복제물을 공개할 수 있다.

> 관련 판례 : 공공기관의정보공개에관한법률상 공개청구의 대상이 되는 정보란 공공기관이 직무상 작성 또는 취득하여 현재 보유 · 관리하고 있는 문서에 한정되는 것이기는 하나, 그 문서가 반드시 원본일 필요는 없다(대판 2006. 5. 25, 2006두3049).

　㉤ 공공기관은 비공개결정을 한 때에는 그 사실과 비공개이유와 불복의 방법 및 절차를 구체적으로 밝혀 청구인에게 지체 없이 문서로 통지하여야 한다.

⑦ **부분공개(제14조)** : 공개청구한 정보가 비공개대상정보에 해당하는 부분과 공개 가능한 부분이 혼합되어 있는 경우로서 공개청구의 취지에 어긋나지 아니하는 범위에서 두 부분을 분리할 수 있는 경우에는 비공개대상정보에 해당하는 부분을 제외하고 공개하여야 한다. 판례도 이와 같은 입장에서 판시하고 있다.

> 관련 판례 : 법원이 행정기관의 정보공개거부처분의 위법 여부를 심리한 결과 공개를 거부한 정보에 비공개대상정보에 해당하는 부분과 공개가 가능한 부분이 혼합되어 있고 공개청구의 취지에 어긋나지 아니하는 범위 안에서 두 부분을 분리할 수 있음을 인정할 수 있을 때에는 청구취지의 변경이 없더라도 공개가 가능한 정보에 관한 부분만의 일부취소를 명할 수 있다 할 것이고, 공개청구의 취지에 어긋나지 아니하는 범위 안에서 비공개대상정보에 해당하는 부분과 공개가 가능한 부분을 분리할 수 있다고 함은. 이 두 부분이 물리적으로 분리가능한 경우를 의미하는 것이 아니고 당해 정보의 공개방법 및 절차에 비추어 당해 정보에서 비공개대상정보에 관련된 기술 등을 제외 내지 삭제하고 그 나머지 정보만을 공개하는 것이 가능하고 나머지 부분의 정보만으로도 공개의 가치가 있는 경우를 의미한다고 해석하여야 한다(대판 2004. 12. 9, 2003두12707).

⑧ **정보의 전자적 공개(제15조)** : 공공기관은 전자적 형태로 보유 · 관리하는 정보에 대하여 청구인이 전자적 형태로 공개하여 줄 것을 요청하는 경우에는 정보

Check Point

사본의 교부(제13조제2항)
공공기관은 청구인이 사본 또는 복제물의 교부를 원하는 경우에는 이를 교부하여야 한다. 다만, 공개 대상 정보의 양이 너무 많아 정상적인 업무수행에 현저한 지장을 초래할 우려가 있는 경우에는 정보의 사본 · 복제물을 일정 기간별로 나누어 제공하거나 열람과 병행하여 제공할 수 있다.

Check Point

공공기관의정보공개에관한법률 제15조(정보의 전자적 공개) 제2항
공공기관은 전자적 형태로 보유 · 관리하지 아니하는 정보에 대하여 청구인이 전자적 형태로 공개하여 줄 것을 요청한 경우에는 정상적인 업무수행에 현저한 지장을 초래하거나 그 정보의 성질이 훼손될 우려가 없으면 그 정보를 전자적 형태로 변환하여 공개할 수 있다.

의 성격상 현저히 곤란한 경우를 제외하고는 전자적 형태로 공개한다.

⑨ **즉시처리가 가능한 정보의 공개(제16조)** : 다음의 정보로서 즉시 또는 말로 처리가 가능한 정보에 대해서는 정식절차를 거치지 않고 공개하여야 한다.

　　㉠ 법령 등에 따라 공개를 목적으로 작성된 정보

　　㉡ 일반국민에게 알리기 위하여 작성된 각종 홍보자료

　　㉢ 공개하기로 결정된 정보로서 공개에 오랜 시간이 걸리지 아니하는 정보

　　㉣ 그 밖에 공공기관의 장이 정하는 정보

⑩ **비용부담(제17조)** : 정보의 공개 및 우송 등에 드는 비용은 실비의 범위에서 청구인이 부담한다.

꼭! 확인 기출문제

정보공개에 대한 판례의 입장으로 옳은 것은? [지방직 9급 기출]

① 지방자치단체의 업무추진비 세부항목별 집행내역 및 그에 관한 증빙서류에 포함된 개인에 관한 정보는 「공공기관의 정보공개에 관한 법률」 소정의 '공개하는 것이 공익을 위하여 필요하다고 인정되는 정보'에 해당하여 공개대상이 된다.

② 학교환경위생구역 내 금지행위(숙박시설) 해제결정에 관한 학교환경위생정화위원회의 회의록에 기재된 발언내용에 대한 해당 발언자의 인적사항 부분에 관한 정보는 「공공기관의 정보공개에 관한 법률」 소정의 비공개대상정보에 해당하지 않는다.

③ 「보안관찰법」 소정의 보안관찰 관련 통계자료는 「공공기관의 정보공개에 관한 법률」 소정의 비공개대상정보에 해당하지 않는다.

❹ 학교폭력대책자치위원회가 피해학생의 보호를 위한 조치, 가해학생에 대한 조치, 학교폭력과 관련된 분쟁의 조정 등에 관하여 심의한 결과를 기재한 회의록은 「공공기관의 정보공개에 관한 법률」 소정의 비공개대상 정보에 해당한다.

해 ④ 학교폭력대책자치위원회에서의 자유롭고 활발한 심의·의결이 보장되기 위해서는 위원회가 종료된 후라도 심의·의결 과정에서 개개 위원들이 한 발언 내용이 외부에 공개되지 않는다는 것이 철저히 보장되어야 한다는 점, 학교폭력예방 및 대책에 관한 법률 제21조 제3항이 학교폭력대책자치위원회의 회의를 공개하지 못하도록 명문으로 규정하고 있는 것은, 회의록 공개를 통한 알권리 보장과 학교폭력대책자치위원회 운영의 투명성 확보 요청을 다소 후퇴시켜서라도 초등학교·중학교·고등학교·특수학교 내외에서 학생들 사이에서 발생한 학교폭력의 예방 및 대책에 관련된 사항을 심의하는 학교폭력대책자치위원회 업무수행의 공정성을 최대한 확보하기 위한 것으로 보이는 점 등을 고려하면, 학교폭력대책자치위원회의 회의록은 공공기관의 정보공개에 관한 법률 제9조 제1항 제5호의 '공개될 경우 업무의 공정한 수행에 현저한 지장을 초래한다고 인정할 만한 상당한 이유가 있는 정보'에 해당한다(대판 2010. 6. 10, 2010두2913).

① 지방자치단체의 업무추진비 세부항목별 집행내역 및 그에 관한 증빙서류에 포함된 개인에 관한 정보는 '공개하는 것이 공익을 위하여 필요하다고 인정되는 정보'에 해당하지 않는다(대판 2003. 3. 11, 2001두6425).

② 학교환경위생구역 내 금지행위(숙박시설) 해제결정에 관한 학교환경위생정화위원회의 회의록에 기재된 발언내용에 대한 해당 발언자의 인적사항 부분에 관한 정보는 공공기관의정보공개에관한법률 제7조 제1항 제5호 소정의 비공개대상에 해당한다(대판 2003. 8. 22, 2002두12946).

③ 보안관찰법 소정의 보안관찰 관련 통계자료는 우리 나라 53개 지방검찰청 및 지청관할지역에서 매월 보고된 보안관찰처분에 관한 각종 자료로서, … 위 정보는 공공기관의정보공개에관한법률 제7조 제1항 제2호 소정의 공개될 경우 국가안전보장·국방·통일·외교관계 등 국가의 중대한 이익을 해할 우려가 있는 정보, 또는 제3호 소정의 공개될 경우 국민의 생명·신체 및 재산의 보호 기타 공공의 안전과 이익을 현저히 해할 우려가 있다고 인정되는 정보에 해당한다(대판 2004. 3. 18, 2001두8254).

Check Point

이의신청에 따른 심의회의 개최 (법 제18조 제2항)

국가기관 등은 이의신청이 있는 경우에는 심의회를 개최하여야 한다. 다만, 심의회의 심의를 이미 거친 사항이나 단순 · 반복적인 청구, 법령에 따라 비밀로 규정된 정보에 대한 청구의 하나에 해당하는 경우에는 개최하지 아니할 수 있으며 그 사유를 청구인에게 문서로 통지해야 한다.

Check Point

제19조 행정심판

이 경우 국가기관 및 지방자치단체 외의 공공기관의 결정에 대한 감독행정기관은 관계 중앙행정기관의 장 또는 지방자치단체의 장으로 한다.

Check Point

행정심판에 관여하는 위원

형법이나 그 밖의 법률에 따른 벌칙을 적용할 때에는 공무원으로 본다.

(5) 불복구제절차

① 이의신청(제18조)

   ㉠ 청구인이 정보공개와 관련한 공공기관의 비공개 결정 또는 부분공개 결정에 대하여 불복이 있거나 정보공개 청구 후 20일에 경과하도록 정보공개 결정이 없는 때에는 공공기관으로부터 정보공개 여부의 결정 통지를 받은 날 또는 정보공개 청구 후 20일이 경과한 날부터 30일 이내에 해당 공공기관에 문서로 이의신청을 할 수 있다.

   ㉡ 공공기관은 이의신청을 받은 날부터 7일 이내에 그에 대하여 결정하고 그 결과를 청구인에게 지체 없이 문서로 통지하여야 한다. 다만, 부득이한 사유로 이 기간 이내에 결정할 수 없는 때에는 그 기간이 끝나는 날의 다음 날부터 기산하여 7일의 범위에서 연장할 수 있으며, 연장 사유를 청구인에게 통지하여야 한다.

   ㉢ 공공기관은 이의신청을 각하 또는 기각하는 결정을 한 경우에는 청구인에게 행정심판 또는 행정소송을 제기할 수 있다는 사실을 이의신청에 따른 결과 통지와 함께 알려야 한다.

② 행정심판(제19조)

   ㉠ 청구인이 정보공개와 관련한 공공기관의 결정에 대하여 불복이 있거나 정보공개 청구 후 20일이 경과하도록 정보공개 결정이 없는 때에는 행정심판법에서 정하는 바에 따라 행정심판을 청구할 수 있다.

   ㉡ 청구인은 이의신청 절차를 거치지 않고 행정심판을 청구할 수 있다(이의신청과 행정심판은 임의적 전치 절차).

   ㉢ 행정심판위원회의 위원 중 정보공개 여부의 결정에 관한 행정심판에 관여하는 위원은 재직 중은 물론 퇴직 후에도 그 직무상 알게 된 비밀을 누설하여서는 아니 된다.

③ 행정소송(제20조)

   ㉠ 청구인이 정보공개와 관련한 결정에 대하여 불복이 있거나 정보공개 청구 후 20일이 경과하도록 정보공개 결정이 없는 때에는 행정소송법에서 정하는 바에 따라 행정소송을 제기할 수 있다.

   ㉡ 재판장은 필요하다고 인정하면 당사자를 참여시키지 아니하고 제출된 공개청구정보를 비공개로 열람 · 심사할 수 있다.

   ㉢ 재판장은 행정소송의 대상이 비공개대상 정보에 따른 정보 중 국가안전보장 · 국방 또는 외교관계에 관한 정보의 비공개 또는 부분 공개 결정처분인 경우에 공공기관이 그 정보에 대한 비밀 지정의 절차, 비밀의 등급 · 종류 및 성질과 이를 비밀로 취급하게 된 실질적인 이유 및 공개를 하지 아니하

는 사유 등을 입증하면 해당 정보를 제출하지 아니하게 할 수 있다.

④ 제3자의 비공개요청 및 불복절차(제21조)

    ㉠ 공개청구된 사실을 통지받은 제3자는 그 통지를 받은 날부터 3일 이내에 해당 공공기관에 자신과 관련된 정보를 공개하지 아니할 것을 요청할 수 있다.

    ㉡ 제3자의 비공개요청에도 불구하고 공공기관이 공개결정을 할 때에는 공개결정이유와 공개실시일을 분명히 밝혀 지체 없이 문서로 통지하여야 하며, 제3자는 해당 공공기관에 문서로 이의신청을 하거나 행정심판 또는 행정소송을 제기할 수 있다. 이 경우 이의신청은 통지를 받은 날부터 7일 이내에 하여야 한다.

    ㉢ 공공기관은 공개 결정일과 공개 실시일 사이에 최소한 30일의 간격을 두어야 한다.

Check Point

정보공개청구의 거부처분에 대한 쟁송제기(판례)

정보공개 청구인이 정보공개 청구의 거부처분을 받은 것은 법률상 이익의 침해에 해당하므로 청구인은 거부처분에 대한 취소소송을 제기할 수 있다(대판 2003. 12. 12. 2003두8050).

관련 판례

- **거부처분은 행정소송의 대상이므로 직접 헌법소원심판의 대상으로 할 수는 없음** : 공공기관의정보공개에관한법률 제6조, 제9조, 제18조에 의하여 국민에게 불기소사건기록의 열람, 등사를 청구할 권리 내지 법에 정하여진 절차에 따라 그 허가여부의 처분을 행할 것을 요구할 수 있는 법규상의 지위가 부여되었으므로 경찰서장의 수사기록사본교부거부처분은 행정소송의 대상이 된다 할 것이므로 직접 헌법소원심판의 대상으로 삼을 수 없다(헌재 2001. 2. 22. 2000헌마620).
- **제3자의 비공개요청이 있다는 사유만으로 정보공개법상의 비공개사유에 해당한다고 볼 수 없음** : 제3자와 관련이 있는 정보라고 하더라도 당해 공공기관이 이를 보유·관리하고 있는 이상 정보공개법 제9조 제1항 단서 각 호의 비공개사유에 해당하지 아니하면 정보공개의 대상이 되는 정보에 해당한다고 보아야 할 것이다. 따라서 정보공개법 제11조 제3항이 … 규정하고 있다고 하더라도, 이는 공공기관이 보유·관리하고 있는 정보가 제3자와 관련이 있는 경우 그 정보공개여부를 결정함에 있어 공공기관이 제3자와의 관계에서 거쳐야 할 절차를 규정한 것에 불과할 뿐, 제3자의 비공개요청이 있다는 사유만으로 정보공개법상 정보의 비공개사유에 해당한다고 볼 수 없다(대판 2008. 9. 25. 2008두8680).

 꼭! 확인 기출문제

정보공개청구에 대한 설명으로 옳은 것은? (다툼이 있는 경우 판례에 의함) [서울시·지방직 9급 기출]

① 공공기관이 공개청구의 대상이 된 정보를 공개는 하되, 청구인이 신청한 공개방법 이외의 방법으로 공개하기로 하는 결정을 한 경우 이는 정보공개방법만을 달리 한 것이므로 일부 거부처분이라 할 수 없다.

❷ 「공공기관의 정보공개에 관한 법률」에 의하면 "다른 법률 또는 법률에서 위임한 명령에 의하여 비밀 또는 비공개 사항으로 규정된 정보"는 이를 공개하지 아니할 수 있다고 규정하고 있는바, 여기에서 '법률에 의한 명령'은 정보의 공개에 관하여 법률의 구체적인 위임 아래 제정된 법규명령(위임명령)을 의미한다.

③ 국민의 알권리를 두텁게 보호하기 위해 「공공기관의 정보공개에 관한 법률」 제9조 제1항제6호 본문의 규정에 따라 비공개대상이 되는 정보는 이름·주민등록번호 등 '개인식별정보'로 한정된다.

④ 공개청구의 대상이 되는 정보가 이미 다른 사람에게 공개되어 널리 알려져 있다거나 인터넷 등을 통하여 공개되어 인터넷 검색 등을 통하여 쉽게 알 수 있다면 행정청의 정보비공개 결정이 정당화될 수 있다.

해 ② 공공기관의 정보공개에 관한 법률 제9조 제1항 본문은 "공공기관이 보유관리하는 정보는 공개대상이 된다"고 규정하면 서 그 단서 제1호에서는 "다른 법률 또는 법률이 위임한 명령(국회규칙·대법원규칙·중앙선거관리위원회규칙·대통령 령 및 조례에 한한다)에 의하여 비밀 또는 비공개 사항으로 규정된 정보"는 이를 공개하지 아니할 수 있다고 규정하고 있는바, 그 입법 취지는 비밀 또는 비공개 사항으로 다른 법률 등에 규정되어 있는 경우는 이를 존중함으로써 법률 간의 마찰을 피하기 위한 것이고, 여기에서 '법률에 의한 명령'은 정보의 공개에 관하여 법률의 구체적인 위임 아래 제정된 법규명령(위임명령)을 의미한다(대판 2010. 6. 10, 2010두2913).

① 공공기관이 공개청구의 대상이 된 정보를 공개는 하되, 청구인이 신청한 공개방법 이외의 방법으로 공개하기로 하는 결 정을 하였다면, 이는 정보공개청구 중 정보공개방법에 관한 부분에 대하여 일부 거부처분을 한 것이고, 청구인은 그에 대하여 항고소송으로 다툴 수 있다(대법원 2016. 11. 10, 2016두44674).

③ 공공기관의 정보공개에 관한 법률(이하 '정보공개법'이라 한다)의 개정 연혁, 내용 및 취지 등에 헌법상 보장되는 사생 활의 비밀 및 자유의 내용을 보태어 보면, 정보공개법 제9조 제1항 제6호 본문의 규정에 따라 비공개대상이 되는 정보 에는 구 공공기관의 정보공개에 관한 법률의 이름·주민등록번호 등 정보 형식이나 유형을 기준으로 비공개대상정보 에 해당하는지를 판단하는 '개인식별정보'뿐만 아니라 그 외에 정보의 내용을 구체적으로 살펴 '개인에 관한 사항의 공 개로 개인의 내밀한 내용의 비밀 등이 알려지게 되고, 그 결과 인격적·정신적 내면생활에 지장을 초래하거나 자유로운 사생활을 영위할 수 없게 될 위험성이 있는 정보'도 포함된다(대판 2012. 6. 18, 2011두2361).

④ 국민의 정보공개청구권은 법률상 보호되는 구체적인 권리이므로, 공공기관에 대하여 정보의 공개를 청구하였다가 공개 거부처분을 받은 청구인은 행정소송을 통하여 그 공개거부처분의 취소를 구할 법률상의 이익이 있고, 공개청구의 대상 이 되는 정보가 이미 다른 사람에게 공개되어 널리 알려져 있다거나 인터넷 등을 통하여 공개되어 인터넷검색 등을 통 하여 쉽게 알 수 있다는 사정만으로는 소의 이익이 없다거나 비공개결정이 정당화될 수 없다(대판 2010. 12. 23, 2008두 13101).

Check Point

정보공개위원회의 구성(공공기관 의 정보공개에 관한 법률 제 23 조 제1항·제2항·제3항)
위원회는 성별을 고려하여 위원장 과 부위원장 각 1명을 포함한 11명 의 위원으로 구성되며, 위원장을 포함한 7명은 공무원이 아닌 사람 으로 위촉하여야 하고, 위원장· 부위원장 및 위원의 임기는 2년으 로 하며, 연임할 수 있다.

(6) 정보공개위원회의 설치(제22조)

정보공개에 관한 정책 수립 및 제도 개선에 관한 사항, 정보공개에 관한 기준 수 립에 관한 사항, 심의회 심의결과의 조사·분석 및 심의기준 개선 관련 의견제시 에 관한 사항, 정보공개와 관련된 불합리한 제도·법령 및 그 운영에 대한 조사 및 개선권고에 관한 사항, 공공기관의 정보공개운영실태 평가 및 그 결과처리에 관한 사항, 그 밖에 정보공개에 관하여 대통령령으로 정하는 사항을 심의·조정 하기 위하여 국무총리 소속으로 정보공개위원회를 설치한다.

(7) 기간의 계산(제29조)

이 법에 따른 기간의 계산은 민법에 따른다. 그럼에도 불구하고 정보공개 여부 결정기간, 정보공개 청구 후 경과한 기간, 이의신청 결정기간은 "일" 단위로 계산 하고 첫날을 산입하되, 공휴일과 토요일은 산입하지 아니한다.

제2절 개인정보보호제도

1. 개설

(1) 개인정보보호의 의의

개인정보보호란 개인은 누구든지 자신에 관한 정보를 관리·통제하며 외부표현을 스스로 결정할 수 있는 권리(정보상 자기결정권)를 가지며, 국가가 이를 개인의 기본권 가운데 하나로 보호하는 것을 말한다.

(2) 개인정보보호의 필요성

정보사회의 고도화와 개인정보의 경제적 가치 증대로 사회 모든 영역에 걸쳐 개인정보의 수집과 이용이 보편화되고 있으나, 개인정보보호의 사각지대가 존재할 뿐만 아니라 개인정보의 유출·오용·남용 등의 침해 사례가 지속적으로 발생함에 따라 국민의 프라이버시 침해는 물론 명의도용, 전화사기 등 정신적·금전적 피해를 초래하고 있다. 따라서 개인정보 처리원칙을 규정하고 사생활의 비밀을 보호하며, 개인정보 침해로 인한 피해구제를 강화함으로써 개인정보에 대한 권리와 이익을 보장할 필요성이 부각되고 있다.

(3) 법적 근거

① 헌법상 근거

㉠ 학설 : 헌법 제17조 규정에 의한 사생활보호의 규정, 제10조 규정에 의한 인간의 존엄과 가치 및 행복추구권, 제16조 규정에 의한 주거의 자유, 제18조 규정에 의한 통신의 비밀 등의 근거 등을 제시하는 견해가 있으나, 헌법상의 사생활보호 규정이 직접적인 근거가 된다고 할 것이다.

㉡ 판례(대법원) : 헌법 제10조(인간의 존엄과 가치 및 행복추구권)와 제17조(사생활보호)를 그 근거로 보고 있다.

> 관련 판례 : 헌법 제10조는 "모든 국민은 인간으로서의 존엄과 가치를 가지며, 행복을 추구할 권리를 가진다. 국가는 개인이 가지는 불가침의 기본적 인권을 확인하고 이를 보장할 의무를 진다."고 규정하고, 헌법 제17조는 "모든 국민은 사생활의 비밀과 자유를 침해받지 아니한다."라고 규정하고 있는 바, 이들 헌법 규정은 개인의 사생활 활동이 타인으로부터 침해되거나 사생활이 함부로 공개되지 아니할 소극적인 권리는 물론, 오늘날 고도로 정보화된 현대사회에서 자신에 대한 정보를 자율적으로 통제할 수 있는 적극적인 권리까지도 보장하려는 데에 그 취지가 있는 것으로 해석된다(대판 1998. 7. 24, 96다42789).

② 법률상 근거

⊙ 일반법 : 개인정보청구권에 관한 일반법으로 개인정보보호법이 있다. 2011년 신규제정(2011. 3. 29)된 개인정보보호법은 종전의 공공기관의개인정보보호에관한법률보다 개인정보의 보호범위를 확대했다는 데 그 의의가 있다.

ⓒ 개별법 : 정보통신망이용촉진및정보보호등에관한법률, 신용정보의이용및보호에관한법률, 통신비밀보호법, 형법, 행정절차법 등이 있다.

개인정보보호법의 보호범위 확대

공공기관뿐만 아니라 비영리단체 등 업무상 개인정보파일을 운용하기 위하여 개인정보를 처리하는 자는 모두 이 법에 따른 개인정보 보호규정을 준수하도록 하고, 전자적으로 처리되는 개인정보 외에 수기(手記) 문서까지 개인정보의 보호범위에 포함한다.

2. 개인정보보호법의 주요 내용

(1) 총칙

① 개인정보의 의의(제2조) : 개인정보란 살아 있는 개인에 관한 정보로서 성명, 주민등록번호 및 영상 등을 통하여 개인을 알아볼 수 있는 정보(해당 정보만으로는 특정 개인을 알아볼 수 없더라도 다른 정보와 쉽게 결합하여 알아볼 수 있는 것을 포함함)를 말한다.

용어의 정의
• **가명처리** : 개인정보의 일부를 삭제하거나 일부 또는 전부를 대체하는 등의 방법으로 추가 정보가 없이는 특정 개인을 알아볼 수 없도록 처리하는 것
• **처리** : 개인정보의 수집, 생성, 연계, 연동, 기록, 저장, 보유, 가공, 편집, 검색, 출력, 정정(訂正), 복구, 이용, 제공, 공개, 파기(破棄), 그 밖에 이와 유사한 행위
• **정보주체** : 처리되는 정보에 의하여 알아볼 수 있는 사람으로서 그 정보의 주체가 되는 사람
• **개인정보파일** : 개인정보를 쉽게 검색할 수 있도록 일정한 규칙에 따라 체계적으로 배열하거나 구성한 개인정보의 집합물(集合物)
• **개인정보처리자** : 업무를 목적으로 개인정보파일을 운용하기 위하여 스스로 또는 다른 사람을 통하여 개인정보를 처리하는 공공기관, 법인, 단체 및 개인 등
• **영상정보처리기기** : 일정한 공간에 지속적으로 설치되어 사람 또는 사물의 영상 등을 촬영하거나 이를 유ㆍ무선망을 통하여 전송하는 장치로서 대통령령으로 정하는 장치
• **과학적 연구** : 기술의 개발과 실증, 기초연구, 응용연구 및 민간 투자 연구 등 과학적 방법을 적용하는 연구

② 개인정보 보호원칙(제3조)

　㉠ 개인정보처리자는 개인정보의 처리 목적을 명확하게 하여야 하고 그 목적에 필요한 범위에서 최소한의 개인정보만을 적법하고 정당하게 수집하여야 한다.

　㉡ 개인정보처리자는 개인정보의 처리 목적에 필요한 범위에서 적합하게 개인정보를 처리하여야 하며, 그 목적 외의 용도로 활용하여서는 아니 된다.

　㉢ 개인정보처리자는 개인정보의 처리 목적에 필요한 범위에서 개인정보의 정확성, 완전성 및 최신성이 보장되도록 하여야 한다.

　㉣ 개인정보처리자는 개인정보의 처리 방법 및 종류 등에 따라 정보주체의 권리가 침해받을 가능성과 그 위험 정도를 고려하여 개인정보를 안전하게 관리하여야 한다.

　㉤ 개인정보처리자는 개인정보 처리방침 등 개인정보의 처리에 관한 사항을 공개하여야 하며, 열람청구권 등 정보주체의 권리를 보장하여야 한다.

　㉥ 개인정보처리자는 정보주체의 사생활 침해를 최소화하는 방법으로 개인정보를 처리하여야 한다.

　㉦ 개인정보처리자는 개인정보를 익명 또는 가명으로 처리하여도 개인정보 수집목적을 달성할 수 있는 경우 익명처리가 가능한 경우에는 익명에 의하여, 익명처리로 목적을 달성할 수 없는 경우에는 가명에 의하여 처리될 수 있도록 하여야 한다.

　㉧ 개인정보처리자는 이 법 및 관계 법령에서 규정하고 있는 책임과 의무를 준수하고 실천함으로써 정보주체의 신뢰를 얻기 위하여 노력하여야 한다.

③ 정보주체의 권리(제4조) : 정보주체는 자신의 개인정보 처리와 관련해 다음의 권리를 가진다.

　㉠ 개인정보의 처리에 관한 정보를 제공받을 권리

　㉡ 개인정보의 처리에 관한 동의 여부, 동의 범위 등을 선택하고 결정할 권리

ⓒ 개인정보의 처리 여부를 확인하고 개인정보에 대하여 열람(사본 발급 포함)을 요구할 권리

ⓔ 개인정보의 처리 정지, 정정·삭제 및 파기를 요구할 권리

ⓜ 개인정보의 처리로 인해 발생한 피해를 신속·공정한 절차에 따라 구제받을 권리

④ 국가 등의 책무(제5조)

　ⓖ 국가와 지방자치단체는 개인정보의 목적 외 수집, 오용·남용 및 무분별한 감시·추적 등에 따른 폐해를 방지하여 인간의 존엄과 개인의 사생활 보호를 도모하기 위한 시책을 강구하여야 한다.

　ⓛ 국가와 지방자치단체는 정보주체의 권리를 보호하기 위하여 법령의 개선 등 필요한 시책을 마련하여야 한다.

　ⓒ 국가와 지방자치단체는 개인정보처리에 관한 불합리한 관행을 개선하기 위해 개인정보처리자의 자율적인 개인정보보호활동을 존중하고 촉진·지원하여야 한다.

　ⓔ 국가와 지방자치단체는 개인정보처리에 관한 법령 또는 조례를 제정·개정하는 경우에는 이 법의 목적에 부합되도록 하여야 한다.

⑤ 다른 법률과의 관계(제6조) : 개인정보보호에 관하여는 다른 법률에 특별한 규정이 있는 경우를 제외하고는 개인정보보호법에서 정하는 바에 따른다.

(2) 개인정보 보호위원회 설치

① 개인정보 보호위원회(제7조) : 개인정보보호에 관한 사무를 독립적으로 수행하기 위하여 국무총리 소속으로 개인정보 보호위원회를 둔다(보호위원회는 정부조직법 제2조에 따른 중앙행정기관으로 본다).

② 보호위원회의 구성(제7조의2)

　ⓖ 보호위원회는 상임위원 2명(위원장 1명, 부위원장 1명)을 포함한 9명의 위원으로 구성된다.

　ⓛ 보호위원회의 위원은 개인정보 보호에 관한 경력과 전문지식이 풍부한 다음의 사람(제7조의2 제2항) 중에서 위원장과 부위원장은 국무총리의 제청으로, 그 외 위원 중 2명은 위원장의 제청으로, 2명은 대통령이 소속되거나 소속되었던 정당의 교섭단체 추천으로, 3명은 그 외의 교섭단체 추천으로 대통령이 임명 또는 위촉한다.

　ⓒ 위원장과 부위원장은 정무직 공무원으로 임명한다.

　ⓔ 위원장, 부위원장, 사무처의 장은 정부조직법 제10조에도 불구하고 정부위원이 된다.

- 개인정보 보호 업무를 담당하는 3급 이상 공무원(고위공무원단에 속하는 공무원을 포함한다)의 직에 있거나 있었던 사람
- 판사·검사·변호사의 직에 10년 이상 있거나 있었던 사람
- 공공기관 또는 단체(개인정보처리자로 구성된 단체를 포함한다)에 3년 이상 임원으로 재직하였거나 이들 기관 또는 단체로부터 추천받은 사람으로서 개인정보 보호 업무를 3년 이상 담당하였던 사람
- 개인정보 관련 분야에 전문지식이 있고 「고등교육법」 제2조제1호에 따른 학교에서 부교수 이상으로 5년 이상 재직하고 있거나 재직하였던 사람

③ 위원장(제7조의3)

　　㉠ 위원장은 보호위원회를 대표하고, 보호위원회의 회의를 주재하며, 소관 사무를 총괄한다.

　　㉡ 위원장이 부득이한 사유로 직무를 수행할 수 없을 때에는 부위원장이 그 직무를 대행하고, 위원장·부위원장이 모두 부득이한 사유로 직무를 수행할 수 없을 때에는 위원회가 미리 정하는 위원이 위원장의 직무를 대행한다.

　　㉢ 위원장은 국회에 출석하여 보호위원회의 소관 사무에 관하여 의견을 진술할 수 있으며, 국회에서 요구하면 출석하여 보고하거나 답변하여야 한다.

　　㉣ 위원장은 국무회의에 출석하여 발언할 수 있으며, 그 소관 사무에 관하여 국무총리에게 의안 제출을 건의할 수 있다.

④ 위원 등

　　㉠ 위원의 임기(제7조의4) : 위원의 임기는 3년으로 하되, 한 차례만 연임할 수 있으며 위원이 궐위된 때에는 지체 없이 새로운 위원을 임명 또는 위촉하여야 한다. 이 경우 후임으로 임명 또는 위촉된 위원의 임기는 새로이 개시된다.

　　㉡ 위원의 신분보장(제7조의5) : 위원은 다음의 어느 하나에 해당하는 경우를 제외하고는 그 의사에 반하여 면직 또는 해촉되지 아니하며 법률과 양심에 따라 독립적으로 직무를 수행한다.
- 장기간 심신장애로 인하여 직무를 수행할 수 없게 된 경우
- 제7조의7의 결격사유에 해당하는 경우
- 이 법 또는 그 밖의 다른 법률에 따른 직무상의 의무를 위반한 경우

　　㉢ 위원의 겸직금지(제7조의6) : 위원은 재직 중 다음 각 호의 직(職)을 겸하거나 직무와 관련된 영리업무에 종사하여서는 아니 되며 이에 따른 영리업무에 관한 사항은 대통령령으로 정한다. 또한 위원은 정치활동에 관여할 수 없다.
- 국회의원 또는 지방의회의원

• 국가공무원 또는 지방공무원

• 그 밖에 대통령령으로 정하는 직

ⓔ **결격사유(제7조의7)** : 대한민국 국민이 아닌 사람, 국가공무원법 제33조 각 호의 어느 하나에 해당하는 사람, 정당법 제22조에 따른 당원은 위원이 될 수 없으며 이 중 어느 하나에 해당하게 된 때에는 그 직에서 당연 퇴직한다.

⑤ **보호위원회의 소관 사무(제7조의8)**

ㄱ 개인정보의 보호와 관련된 법령의 개선에 관한 사항

ㄴ 개인정보 보호와 관련된 정책 · 제도 · 계획 수립 · 집행에 관한 사항

ㄷ 정보주체의 권리침해에 대한 조사 및 이에 따른 처분에 관한 사항

ㄹ 개인정보의 처리와 관련한 고충처리 · 권리구제 및 개인정보에 관한 분쟁의 조정

ㅁ 개인정보 보호를 위한 국제기구 및 외국의 개인정보 보호기구와의 교류 · 협력

ㅂ 개인정보 보호에 관한 법령 · 정책 · 제도 · 실태 등의 조사 · 연구, 교육 및 홍보에 관한 사항

ㅅ 개인정보 보호에 관한 기술개발의 지원 · 보급 및 전문인력의 양성에 관한 사항

ㅇ 이 법 및 다른 법령에 따라 보호위원회의 사무로 규정된 사항

⑥ **보호위원회의 심의 · 의결 사항 등(제7조의9)**

ㄱ 개인정보 침해요인 평가에 관한 사항

ㄴ 개인정보 보호 기본계획 및 시행계획에 관한 사항

ㄷ 개인정보 보호와 관련된 정책, 제도 및 법령의 개선에 관한 사항

ㄹ 개인정보의 처리에 관한 공공기관 간의 의견조정에 관한 사항

ㅁ 개인정보 보호에 관한 법령의 해석 · 운용에 관한 사항

ㅂ 개인정보 보호법에 따른 개인정보의 이용 · 제공에 관한 사항

ㅅ 개인정보 보호법에 따른 영향평가 결과에 관한 사항

ㅇ 과징금/과태료 부과에 관한 사항

ㅈ 의견제시 및 개선권고, 시정조치 등에 관한 사항

ㅊ 고발 및 징계권고에 관한 사항

ㅋ 처리 결과의 공표에 관한 사항

ㅌ 소관 법령 및 보호위원회 규칙의 제정 · 개정 및 폐지에 관한 사항

ㅍ 개인정보 보호와 관련하여 보호위원회의 위원장 또는 위원 2명 이상이 회의에 부치는 사항

Check Point

다만, 국가공무원법 제33조 제2호는 파산선고를 받은 사람으로서 신청기한 내에 면책신청을 하지 아니하였거나 면책불허가 결정 또는 면책 취소가 확정된 경우만 해당하고, 같은 법 제33조 제5호는 형법 제129조부터 제132조까지, 성폭력범죄의 처벌 등에 관한 특례법 제2조, 아동 · 청소년의 성보호에 관한 법률 제2조 제2호 및 직무와 관련하여 형법 제355조 또는 제356조에 규정된 죄를 범한 사람으로서 금고 이상의 형의 선고유예를 받은 경우만 해당한다.

ⓔ 그 밖에 이 법 또는 다른 법령에 따라 보호위원회가 심의 · 의결하는 사항

⑦ 회의 등

ㄱ 회의(제7조의10) : 보호위원회의 회의는 위원장이 필요하다고 인정하거나 재적위원 4분의 1 이상의 요구가 있는 경우에 위원장이 소집하는데 위원장 또는 2명 이상의 위원은 의안을 제의할 수 있고, 회의는 재적위원 과반수 의 출석으로 개의하고 출석위원 과반수의 찬성으로 의결한다.

ㄴ 위원의 제척 · 기피 · 회피(제7조의11) : 위원에게 심의 · 의결의 공정을 기대 하기 어려운 사정이 있는 경우 당사자는 기피 신청을 할 수 있고, 보호위원 회는 의결로 이를 결정하며 위원이 위의 사항 또는 다음과 같은 사유가 있 는 경우에는 해당 사안에 대하여 회피할 수 있다.

위원이 심의·의결에서 제척되는 경우(제7조의11의 1항)
- 위원 또는 그 배우자나 배우자였던 자가 해당 사안의 당사자가 되거나 그 사건에 관하여 공동의 권리자 또는 의무자의 관계에 있는 경우
- 위원이 해당 사안의 당사자와 친족이거나 친족이었던 경우
- 위원이 해당 사안에 관하여 증언, 감정, 법률자문을 한 경우
- 위원이 해당 사안에 관하여 당사자의 대리인으로서 관여하거나 관여하였던 경우
- 위원이나 위원이 속한 공공기관 · 법인 또는 단체 등이 조언 등 지원을 하고 있는 자와 이해관계가 있는 경우

⑧ 소위원회와 사무처

ㄱ 소위원회(제7조의12) : 보호위원회는 효율적인 업무 수행을 위하여 개인정 보 침해 정도가 경미하거나 유사 · 반복되는 사항 등을 심의 · 의결할 소위 원회를 둘 수 있다.

ㄴ 사무처 및 운영(제7조의13, 14) : 보호위원회의 사무를 처리하기 위하여 보 호위원회에 사무처를 두며, 이 법에 규정된 것 외에 보호위원회의 조직에 관한 사항은 대통령령으로 정한다. 또한 이 법과 다른 법령에 규정된 것 외 에 보호위원회의 운영 등에 필요한 사항은 보호위원회의 규칙으로 정한다.

> **Check Point**
>
> **소위원회의 구성**
> - 소위원회는 3명의 위원으로 구성한다.
> - 소위원회가 심의 · 의결한 것은 보호위원회가 심의 · 의결한 것 으로 본다.
> - 소위원회의 회의는 구성위원 전원의 출석과 출석위원 전원의 찬성으로 의결한다.

개인정보 침해요인 평가(제8조의2)
- 중앙행정기관의 장은 소관 법령의 제정 또는 개정을 통하여 개인정보 처리를 수반하는 정책이나 제도 를 도입 · 변경하는 경우에는 보호위원회에 개인정보 침해요인 평가를 요청하여야 한다.
- 보호위원회가 제1항에 따른 요청을 받은 때에는 해당 법령의 개인정보 침해요인을 분석 · 검토하여 그 법령의 소관기관의 장에게 그 개선을 위하여 필요한 사항을 권고할 수 있다.
- 개인정보 침해요인 평가의 절차와 방법에 관하여 필요한 사항은 대통령령으로 정한다.

(3) 개인정보 보호정책의 수립 등

① **기본계획(제9조)** : 보호위원회는 개인정보의 보호와 정보주체의 권익 보장을 위하여 3년마다 개인정보 보호 기본계획을 관계 중앙행정기관의 장과 협의하여 수립한다. 또한 국회, 법원, 헌법재판소, 중앙선거관리위원회는 해당 기관(그 소속 기관을 포함한다)의 개인정보 보호를 위한 기본계획을 수립 · 시행할 수 있다.

② **시행계획(제10조)** : 중앙행정기관의 장은 기본계획에 따라 매년 개인정보보호를 위한 시행계획을 작성하고, 보호위원회의 심의 · 의결을 거쳐 시행하여야 한다. 이때 시행계획의 수립 · 시행에 필요한 사항은 대통령령으로 정한다.

③ **자료제출 요구 등(제11조)**

㉠ 보호위원회는 기본계획을 효율적으로 수립하기 위하여 개인정보처리자, 관계 중앙행정기관의 장, 지방자치단체의 장 및 관계 기관 · 단체 등에 개인정보처리자의 법규 준수 현황과 개인정보 관리 실태 등에 관한 자료의 제출이나 의견의 진술 등을 요구할 수 있다.

㉡ 보호위원회는 개인정보 보호 정책 추진, 성과평가 등을 위하여 필요한 경우 개인정보처리자, 관계 중앙행정기관의 장, 지방자치단체의 장 및 관계 기관 · 단체 등을 대상으로 개인정보관리 수준 및 실태파악 등을 위한 조사를 실시할 수 있다.

㉢ 중앙행정기관의 장은 시행계획을 효율적으로 수립 · 추진하기 위하여 소관 분야의 개인정보처리자에게 제1항에 따른 자료제출 등을 요구할 수 있다.

㉣ 자료제출 등을 요구받은 자는 특별한 사정이 없으면 이에 따라야 한다.

㉤ 자료제출 등의 범위와 방법 등 필요한 사항은 대통령령으로 정한다.

④ **개인정보 보호지침(제12조)** : 보호위원회는 개인정보의 처리에 관한 기준, 개인정보 침해의 유형 및 예방조치 등에 관한 표준 개인정보 보호지침을 정하여 개인정보처리자에게 그 준수를 권장할 수 있다. 중앙행정기관의 장은 표준지침에 따라 소관 분야의 개인정보 처리와 관련한 개인정보 보호지침을 정하여 개인정보처리자에게 그 준수를 권장할 수 있으며 국회, 법원, 헌법재판소 및 중앙선거관리위원회는 해당 기관(그 소속 기관을 포함한다)의 개인정보 보호지침을 정하여 시행할 수 있다.

⑤ **자율규제의 촉진 및 지원(제13조)** : 보호위원회는 개인정보처리자의 자율적인 개인정보 보호활동을 촉진하고 지원하기 위하여 다음의 시책을 마련해야 한다.

㉠ 개인정보 보호에 관한 교육 · 홍보

㉡ 개인정보 보호와 관련된 기관 · 단체의 육성 및 지원

㉢ 개인정보 보호 인증마크의 도입 · 시행 지원

　　　ⓔ 개인정보처리자의 자율적인 규약의 제정·시행 지원

　　　ⓜ 그 밖에 개인정보처리자의 자율적 개인정보 보호활동을 지원하기 위하여 필요한 사항

　⑥ **국제협력(제14조)** : 정부는 국제적 환경에서의 개인정보 보호 수준을 향상시키기 위하여 필요한 시책을 마련하여야 하며 개인정보 국외 이전으로 인하여 정보주체의 권리가 침해되지 아니하도록 관련 시책을 마련하여야 한다.

(4) 개인정보의 수집, 이용, 제공 등

　① **개인정보의 수집·이용(제15조)** : 개인정보처리자는 다음의 경우에 개인정보를 수집할 수 있으며 그 수집목적의 범위에서 이용할 수 있다.

　　　㉠ 정보주체의 동의를 받은 경우

　　　㉡ 법률에 특별한 규정이 있거나 법령상 의무를 준수하기 위하여 불가피한 경우

　　　㉢ 공공기관이 법령 등에서 정하는 소관 업무의 수행을 위하여 불가피한 경우

　　　㉣ 정보주체와의 계약의 체결 및 이행을 위하여 불가피하게 필요한 경우

　　　㉤ 정보주체 또는 그 법정대리인이 의사표시를 할 수 없는 상태에 있거나 주소불명 등으로 사전 동의를 받을 수 없는 경우로서 명백히 정보주체 또는 제3자의 급박한 생명, 신체, 재산의 이익을 위하여 필요하다고 인정되는 경우

　　　㉥ 개인정보처리자의 정당한 이익을 달성하기 위하여 필요한 경우로서 명백하게 정보주체의 권리보다 우선하는 경우. 이 경우 개인정보처리자의 정당한 이익과 상당한 관련이 있고 합리적인 범위를 초과하지 아니하는 경우에 한한다.

　② **개인정보의 수집 제한(제16조)** : 개인정보처리자는 개인정보수집에 있어 그 목적에 필요한 최소한의 개인정보를 수집하여야 한다. 또한 개인정보수집에 동의하지 않았다고 재화 또는 서비스의 제공을 거부하면 안 된다.

　③ **개인정보의 제공(제17조)** : 개인정보처리자는 다음의 경우에는 정보주체의 개인정보를 제3자에게 제공(공유 포함)할 수 있다.

　　　㉠ 정보주체의 동의를 받은 경우

　　　㉡ ①의 ㉡·㉢·㉤에 따라 개인정보를 수집한 목적 범위에서 개인정보를 제공하는 경우

　　　㉢ 개인정보처리자가 개인정보를 국외의 제3자에게 제공할 때에는 제2항 각 호에 따른 사항을 정보주체에게 알리고 동의를 받아야 하며, 이 법을 위반하는 내용으로 개인정보의 국외 이전에 관한 계약을 체결하여서는 아니 된다.

Check Point

제15조 제2항, 제3항
개인정보처리자는 동의를 받을 때나 다음의 사항을 변경하는 경우에는 다음의 사항을 정보주체에게 알려야 한다.
· 개인정보의 수집·이용 목적
· 수집하려는 개인정보의 항목
· 개인정보의 보유 및 이용 기간
· 동의를 거부할 권리가 있다는 사실 및 동의 거부에 따른 불이익이 있는 경우에는 그 불이익의 내용
또한 개인정보처리자는 당초 수집목적과 합리적으로 관련된 범위에서 정보주체에게 불이익이 발생하는지 여부, 암호화 등 안전성 확보에 필요한 조치를 하였는지 여부 등을 고려하여 대통령령으로 정하는 바에 따라 정보주체의 동의 없이 개인정보를 이용할 수 있다.

Check Point

개인정보 수집 제한의 단서
개인정보수집에 따른 최소한의 개인정보수집의 입증책임은 개인정보처리자가 부담한다.

ⓔ 개인정보처리자는 당초 수집 목적과 합리적으로 관련된 범위에서 정보주체에게 불이익이 발생하는지 여부, 암호화 등 안전성 확보에 필요한 조치를 하였는지 여부 등을 고려하여 대통령령으로 정하는 바에 따라 정보주체의 동의 없이 개인정보를 제공할 수 있다.

ⓜ 개인정보처리자는 동의를 받거나 다음의 사항을 변경하는 경우에는 다음의 사항을 정보주체에게 알려야 한다.

- 개인정보를 제공받는 자
- 개인정보를 제공받는 자의 개인정보 이용 목적
- 제공하는 개인정보의 항목
- 개인정보를 제공받는 자의 개인정보 보유 및 이용 기간
- 동의를 거부할 권리가 있다는 사실 및 동의 거부에 따른 불이익이 있는 경우에는 그 불이익의 내용

④ 개인정보의 목적 외 이용 · 제공 제한(제18조)

㉠ 원칙 : 개인정보처리자는 개인정보를 제15조 제1항(개인정보의 수집 · 이용) 및 제39조의3 제1항 및 제2항(개인정보의 수집 · 미용 등에 대한 특례)에 따른 범위를 초과하여 이용하거나 제17조 제1항 및 제3항(개인정보의 제공)에 따른 범위를 초과하여 제3자에게 제공하여서는 안 된다.

㉡ 예외 : 개인정보처리자는 다음에 해당하는 경우에는 정보주체 또는 제3자의 이익을 부당하게 침해할 우려가 있을 때를 제외하고는 개인정보를 목적 외의 용도로 이용하거나 이를 제3자에게 제공할 수 있다(다만, 정보통신서비스 제공자는 ⓐ부터 ⓑ까지로 한정하고 ⓔ부터 ⓗ까지의 경우는 공공기관의 경우로 한정함).

ⓐ 정보주체로부터 별도의 동의를 받은 경우

ⓑ 다른 법률에 특별한 규정이 있는 경우

ⓒ 정보주체 또는 그 법정대리인이 의사표시를 할 수 없는 상태에 있거나 주소불명 등으로 사전 동의를 받을 수 없는 경우로서 명백히 정보주체 또는 제3자의 급박한 생명, 신체, 재산의 이익을 위하여 필요하다고 인정되는 경우

ⓓ 개인정보를 목적 외의 용도로 이용하거나 이를 제3자에게 제공하지 아니하면 다른 법률에서 정하는 소관 업무를 수행할 수 없는 경우로서 보호위원회의 심의 · 의결을 거친 경우

ⓔ 조약, 그 밖의 국제협정의 이행을 위하여 외국정부 또는 국제기구에 제공하기 위하여 필요한 경우

ⓕ 범죄의 수사와 공소의 제기 및 유지를 위하여 필요한 경우

Check Point

제18조 제4항
공공기관은 개인정보를 목적 외의 용도로 이용하거나 이를 제3자에게 제공하는 경우에는 그 이용 또는 제공의 법적 근거, 목적 및 범위 등에 관하여 필요한 사항을 보호위원회가 고시로 정하는 바에 따라 관보 또는 인터넷 홈페이지 등에 게재하여야 한다.

ⓖ 법원의 재판업무 수행을 위하여 필요한 경우

ⓗ 형(刑) 및 감호, 보호처분의 집행을 위하여 필요한 경우

⑤ **개인정보를 제공받은 자의 이용 · 제공 제한(제19조)** : 개인정보처리자로부터 개인정보를 제공받은 자는 다음에 해당하는 경우를 제외하고는 개인정보를 제공받은 목적 외의 용도로 이용하거나 이를 제3자에게 제공하여서는 안 된다.

㉠ 정보주체로부터 별도의 동의를 받은 경우

㉡ 다른 법률에 특별한 규정이 있는 경우

⑥ **개인정보의 파기(제21조)**

㉠ 개인정보처리자는 보유기간의 경과, 개인정보의 처리 목적 달성 등 그 개인정보가 불필요하게 되었을 때에는 지체 없이 그 개인정보를 파기하여야 하며, 이 경우 복구 또는 재생되지 아니하도록 조치하여야 한다.

㉡ 다만, 다른 법령에 따라 보존하여야 하는 경우에는 파기하지 않지만, 이 경우에는 해당 개인정보 또는 개인정보파일을 다른 개인정보와 분리해 저장 · 관리하여야 한다.

⑦ **동의를 받는 방법(제22조)**

㉠ 개인정보처리자는 이 법에 따른 개인정보의 처리에 대하여 정보주체(제6항에 따른 법정대리인을 포함한다. 이하 이 조에서 같다)의 동의를 받을 때에는 각각의 동의 사항을 구분하여 정보주체가 이를 명확하게 인지할 수 있도록 알리고 각각 동의를 받아야 한다.

㉡ 개인정보처리자는 동의를 서면(전자문서도 포함)으로 받을 때에는 개인정보의 수집 · 이용 목적, 수집 · 이용하려는 개인정보의 항목 등 대통령령으로 정하는 중요한 내용을 보호위원회가 고시로 정하는 방법에 따라 명확히 표시하여 알아보기 쉽게 하여야 한다.

㉢ 개인정보처리자는 개인정보의 처리에 대하여 정보주체의 동의를 받을 때에는 정보주체와의 계약 체결 등을 위하여 정보주체의 동의 없이 처리할 수 있는 개인정보와 정보주체의 동의가 필요한 개인정보를 구분하여야 한다. 이 경우 동의 없이 처리할 수 있는 개인정보라는 입증책임은 개인정보처리자가 부담한다.

㉣ 개인정보처리자는 정보주체에게 재화나 서비스를 홍보하거나 판매를 권유하기 위하여 개인정보의 처리에 대한 동의를 받으려는 때에는 정보주체가 이를 명확하게 인지할 수 있도록 알리고 동의를 받아야 한다.

㉤ 개인정보처리자는 정보주체가 제3항에 따라 선택적으로 동의할 수 있는 사항을 동의하지 아니하거나 제4항 및 제18조 제2항 제1호에 따른 동의를 하지 아니한다는 이유로 정보주체에게 재화 또는 서비스의 제공을 거부하

여서는 아니 된다.

ⓑ 개인정보처리자는 만 14세 미만 아동의 개인정보를 처리하기 위하여 이 법에 따른 동의를 받아야 할 때에는 그 법정대리인의 동의를 받아야 한다. 이 경우 법정대리인의 동의를 받기 위하여 필요한 최소한의 정보는 법정대리인의 동의 없이 해당 아동으로부터 직접 수집할 수 있다.

ⓐ 위에서 규정한 사항 외에 정보주체의 동의를 받는 세부적인 방법 및 제6항에 따른 최소한의 정보의 내용에 관하여 필요한 사항은 개인정보의 수집매체 등을 고려하여 대통령령으로 정한다.

(5) 개인정보의 처리 제한

① 민감정보의 처리 제한(제23조) : 개인정보처리자는 사상·신념, 노동조합·정당의 가입·탈퇴, 정치적 견해, 건강, 성생활 등에 관한 정보, 그 밖에 정보주체의 사생활을 현저히 침해할 우려가 있는 개인정보로서 대통령령으로 정하는 정보(민감정보)를 처리해서는 안 되는 것이 원칙이다.

② 고유식별정보의 처리 제한(제24조) : 개인정보처리자는 필요한 동의를 받거나 법령상의 근거가 있는 경우를 제외하고는 법령에 따라 개인을 고유하게 구별하기 위하여 부여된 식별정보로서 대통령령으로 정하는 정보(고유식별정보)를 처리할 수 없다.

③ 주민등록번호 처리의 제한(제24조의2) : 개인정보처리자는 법령에서 구체적으로 주민등록번호의 처리를 요구하거나 허용한 경우, 정보주체 또는 제3자의 급박한 생명, 신체, 재산의 이익을 위하여 명백히 필요하다고 인정되는 경우, 위 사항에 준하여 주민등록번호 처리가 불가피한 경우로서 보호위원회가 고시로 정하는 경우를 제외하고는 주민등록번호를 처리할 수 없다.

④ 영상정보처리기기의 설치·운영 제한(제25조)

㉠ 누구든지 다음의 경우를 제외하고는 공개된 장소에 영상정보처리기기를 설치·운영해서는 안 된다. 또한 불특정 다수가 이용하는 목욕실, 화장실, 발한실(發汗室), 탈의실 등 개인의 사생활을 현저히 침해할 우려가 있는 장소의 내부를 볼 수 있도록 영상정보처리기기를 설치·운영하는 것도 원칙적으로 금지된다.

• 법령에서 구체적으로 허용하고 있는 경우

• 범죄의 예방 및 수사를 위하여 필요한 경우

• 시설안전 및 화재 예방을 위하여 필요한 경우

• 교통단속을 위하여 필요한 경우

• 교통정보의 수집·분석 및 제공을 위하여 필요한 경우

Check Point

고유식별정보의 범위(개인정보보호법 시행령 제19조)

• 법 제24조제1항 각 호 외의 부분에서 "대통령령으로 정하는 정보"란 다음 각 호의 어느 하나에 해당하는 정보를 말한다. 다만, 공공기관이 법 제18조제2항 제5호부터 제9호까지의 규정에 따라 다음 각 호의 어느 하나에 해당하는 정보를 처리하는 경우의 해당 정보는 제외한다.

• 주민등록법 제7조의2 제1항에 따른 주민등록번호

• 여권법 제7조 제1항 제1호에 따른 여권번호

• 도로교통법 제80조에 따른 운전면허의 면허번호

• 출입국관리법 제31조 제5항에 따른 외국인등록번호

Check Point

주민등록번호 처리의 제한(제24조의2 제3항)

개인정보처리자는 제1항 각 호에 따라 주민등록번호를 처리하는 경우에도 정보주체가 인터넷 홈페이지를 통하여 회원으로 가입하는 단계에서는 주민등록번호를 사용하지 아니하고도 회원으로 가입할 수 있는 방법을 제공하여야 한다.

     ⓛ 영상정보처리기기를 설치·운영하는 자(영상정보처리기기운영자)는 정보주체가 쉽게 인식할 수 있도록 대통령령으로 정하는 바에 따라 안내판 설치 등 필요한 조치를 하여야 한다.

     ⓒ 영상정보처리기기운영자는 영상정보처리기기의 설치 목적과 다른 목적으로 영상정보처리기기를 임의로 조작하거나 다른 곳을 비춰서는 안 되며, 녹음기능은 사용할 수 없다.

     ⓔ 영상정보처리기기운영자는 개인정보가 분실·도난·유출·위조·변조 또는 훼손되지 않도록 안전성 확보에 필요한 조치를 하여야 한다.

⑤ **업무위탁에 따른 개인정보의 처리 제한(제26조)** : 개인정보처리자가 제3자에게 개인정보의 처리 업무를 위탁하는 경우에는 제26조 제1항에 포함된 문서에 의하여야 하며 위탁하는 업무의 내용과 개인정보 처리 업무를 위탁받아 처리하는 자(수탁자)를 정보주체가 언제든지 쉽게 확인할 수 있도록 대통령령으로 정하는 방법에 따라 공개하여야 한다.

⑥ **영업양도 등에 따른 개인정보의 이전 제한(제27조)** : 개인정보처리자는 영업의 전부 또는 일부의 양도·합병 등으로 개인정보를 다른 사람에게 이전하는 경우에는 이전하려는 사실, 이전받는 자, 주소, 전화번호 및 그 밖의 연락처, 이전을 원하지 아니할 경우 조치할 방법 및 절차를 대통령령으로 정하는 방법에 따라 해당 정보주체에게 알려야 한다.

⑦ **개인정보취급자에 대한 감독(제28조)** : 개인정보처리자는 개인정보를 처리함에 있어서 개인정보가 안전하게 관리될 수 있도록 개인정보취급자에 대하여 적절한 관리·감독을 행하며, 정기적으로 필요한 교육을 실시하여야 한다.

가명정보의 처리에 관한 특례
- **가명정보의 처리 등(제28조의2)** : 개인정보처리자는 통계작성, 과학적 연구, 공익적 기록보존 등을 위하여 정보주체의 동의 없이 가명정보를 처리할 수 있으며 가명정보를 제3자에게 제공하는 경우에는 특정 개인을 알아보기 위하여 사용될 수 있는 정보를 포함해서는 아니 된다.
- **가명정보의 결합 제한(제28조의3)** : 통계작성, 과학적 연구, 공익적 기록보존 등을 위한 서로 다른 개인정보처리자 간의 가명정보의 결합은 보호위원회 또는 관계 중앙행정기관의 장이 지정하는 전문기관이 수행한다. 이때 결합을 수행한 기관 외부로 결합된 정보를 반출하려는 개인정보처리자는 가명정보 또는 제58조의2에 해당하는 정보로 처리한 뒤 전문기관의 장의 승인을 받아야 한다. 결합 절차와 방법, 전문기관의 지정과 지정 취소 기준·절차, 관리·감독, 반출 및 승인 기준·절차 등 필요한 사항은 대통령령으로 정한다.
- **가명정보 처리 시 금지의무(제28조의5)** : 누구든지 특정 개인을 알아보기 위한 목적으로 가명정보를 처리해서는 아니 되며 특정 개인을 알아볼 수 있는 정보가 생성된 경우에는 즉시 해당 정보의 처리를 중지하고, 지체 없이 회수·파기하여야 한다.
- **과징금 부과(제28조의6)** : 보호위원회는 개인정보처리자가 특정 개인을 알아보기 위한 목적으로 정보를 처리한 경우 전체 매출액의 100분의 3 이하에 해당하는 금액을 과징금으로 부과할 수 있다. 다만, 매출액이 없거나 매출액의 산정이 곤란한 경우로서 대통령령으로 정하는 경우에는 4억원 또는 자본금의 100분의 3 중 큰 금액 이하로 과징금을 부과할 수 있다.

Check Point

업무위탁 포함 문서(제26조 제1항)
- 위탁업무 수행 목적 외 개인정보의 처리 금지에 관한 사항
- 개인정보의 기술적·관리적 보호조치에 관한 사항
- 그 밖에 개인정보의 안전한 관리를 위하여 대통령령으로 정한 사항

(6) 개인정보의 안전한 관리

① **안전조치의무(제29조)** : 개인정보처리자는 개인정보가 분실·도난·유출·위조·변조 또는 훼손되지 아니하도록 내부 관리계획 수립, 접속기록 보관 등 대통령령으로 정하는 바에 따라 안전성 확보에 필요한 기술적·관리적 및 물리적 조치를 하여야 한다.

② **개인정보 처리방침의 수립 및 공개(제30조)** : 개인정보의 처리 목적과 처리 및 보유 기간, 정보주체의 권리·의무 및 그 행사방법에 관한 사항, 그 밖에 개인정보의 처리에 관하여 대통령령으로 정한 사항 등이 포함된 개인정보의 처리방침을 정하여야 한다.

③ **개인정보 보호책임자의 지정(제31조)** : 개인정보처리자는 개인정보의 처리에 관한 업무를 총괄해서 책임질 개인정보 보호책임자를 지정하여야 한다.

④ **개인정보파일의 등록 및 공개(제32조)** : 공공기관의 장이 개인정보파일을 운용하는 경우에는 개인정보파일에 관한 사항을 보호위원회에 등록하여야 한다 (등록사항이 변경된 경우도 동일함).

⑤ **개인정보 영향평가(제33조)** : 공공기관의 장은 대통령령으로 정하는 기준에 해당하는 개인정보파일의 운용으로 인하여 정보주체의 개인정보 침해가 우려되는 경우에는 그 위험요인의 분석과 개선사항 도출을 위한 평가(영향평가)를 하고 그 결과를 보호위원회에 제출하여야 한다.

⑥ **개인정보 유출 통지 등(제34조)** : 개인정보처리자는 개인정보가 유출되었음을 알게 되었을 때에는 지체 없이 해당 정보주체에게 유출된 개인정보의 항목, 유출시점과 경위, 유출로 인하여 발생할 수 있는 피해를 최소화하기 위하여 정보주체가 할 수 있는 방법 등에 관한 정보, 개인정보처리자의 대응조치 및 피해 구제절차, 정보주체에게 피해가 발생한 경우 신고 등을 접수할 수 있는 담당부서 및 연락처를 알려야 한다.

(7) 정보주체의 권리 보장

① 개인정보의 열람(제35조)

㉠ 정보주체는 개인정보처리자가 처리하는 자신의 개인정보에 대한 열람을 해당 개인정보처리자에게 요구할 수 있다.

㉡ 개인정보처리자는 열람을 요구받을 경우 대통령령으로 정하는 기간(열람 요구서를 받은 날부터 10일) 내에 정보주체가 해당 개인정보를 열람할 수 있도록 하며, 해당 기간 내에 열람할 수 없는 정당한 사유가 있을 때는 정보주체에게 그 사유를 알리고 열람을 연기할 수 있으며, 그 사유가 소멸하면 지체 없이 열람하게 하여야 한다.

ⓒ 개인정보처리자는 다음의 경우 정보주체에게 그 사유를 알리고 열람을 제한하거나 거절할 수 있다.

- 법률에 따라 열람이 금지되거나 제한되는 경우
- 다른 사람의 생명·신체를 해할 우려가 있거나 다른 사람의 재산과 그 밖의 이익을 부당하게 침해할 우려가 있는 경우
- 공공기관이 조세의 부과·징수 또는 환급에 관한 업무, 각급 학교나 평생교육시설, 그 밖의 다른 법률에 따라 설치된 고등교육기관에서의 성적 평가 또는 입학자 선발에 관한 업무, 학력·기능 및 채용에 관한 시험이나 자격 심사에 관한 업무, 보상금·급부금 산정 등에 대하여 진행 중인 평가 또는 판단에 관한 업무, 다른 법률에 따라 진행 중인 감사 및 조사에 관한 업무를 수행할 때 중대한 지장을 초래하는 경우

② 개인정보의 정정·삭제(제36조)

ㄱ 자신의 개인정보를 열람한 정보주체는 개인정보처리자에게 그 개인정보의 정정 또는 삭제를 요구할 수 있으며, 이 경우 개인정보처리자는 다른 법령에 특별한 절차가 규정되어 있는 경우를 제외하고는 지체 없이 정정·삭제 등 필요한 조치를 한 후 그 결과를 정보주체에게 알려야 한다.

ㄴ 개인정보처리자가 개인정보를 삭제할 때에는 복구 또는 재생되지 않도록 조치하여야 한다.

③ 개인정보의 처리정지 등(제37조) : 정보주체는 개인정보처리자에 대하여 자신의 개인정보 처리의 정지를 요구할 수 있다. 이 경우 공공기관에 대하여는 동법 제32조(개인정보파일의 등록 및 공개) 규정에 따라 등록대상이 되는 개인정보파일 중 자신의 개인정보에 대한 처리의 정지를 요구할 수 있다.

④ 권리행사의 방법 및 절차(제38조)

ㄱ 정보주체는 제35조(개인정보의 열람) 규정에 따른 열람, 제36조(개인정보의 정정·삭제) 규정에 따른 정정·삭제, 제37조(개인정보의 처리정지 등) 규정에 따른 처리정지, 제39조의7(이용자의 권리 등에 대한 특례) 규정에 따른 동의 철회 등의 요구를 문서 등 대통령령으로 정하는 방법·절차에 따라 대리인에게 하게 할 수 있다.

ㄴ 만 14세 미만 아동의 법정대리인은 개인정보처리자에게 그 아동의 개인정보 열람 등의 요구를 할 수 있다.

⑤ 손해배상책임(제39조) : 정보주체는 개인정보처리자가 이 법을 위반한 행위로 손해를 입으면 개인정보처리자에게 손해배상을 청구할 수 있다. 이 경우 그 개인정보처리자는 고의 또는 과실이 없음을 입증하지 아니하면 책임을 면할 수 없다.

Check Point

손해배상 책임(개인정보보호법 제39조 제3항, 제4항) [시행 2016.7.25.]

- 개인정보처리자의 고의 또는 중대한 과실로 인하여 개인정보가 분실·도난·유출·위조·변조 또는 훼손된 경우로서 정보주체에게 손해가 발생한 때에는 법원은 그 손해액의 3배를 넘지 아니하는 범위에서 손해배상액을 정할 수 있다. 다만, 개인정보처리자가 고의 또는 중대한 과실이 없음을 증명한 경우에는 그러하지 아니하다.
- 법원은 제3항의 배상액을 정할 때에는 다음 각 호의 사항을 고려하여야 한다.
  - 고의 또는 손해 발생의 우려를 인식한 정도
  - 위반행위로 인하여 입은 피해 규모
  - 위법행위로 인하여 개인정보처리자가 취득한 경제적 이익
  - 위반행위에 따른 벌금 및 과징금
  - 위반행위의 기간·횟수 등
  - 개인정보처리자의 재산상태
  - 개인정보처리자가 정보주체의 개인정보 분실·도난·유출 후 해당 개인정보를 회수하기 위하여 노력한 정도
  - 개인정보처리자가 정보주체의 피해구제를 위하여 노력한 정도

정보통신서비스 제공자 등의 개인정보 처리 등 특례 조항
- 개인정보의 수집 · 이용 동의 등(제39조의3)
- 개인정보 유출등의 통지 · 신고(제39조의4)
- 개인정보의 보호조치(제39조의5)
- 개인정보의 파기(제39조의6)
- 이용자의 권리 등(제39조의7)
- 개인정보 이용내역의 통지(제39조의8)
- 손해배상의 보장(제39조의9)
- 노출된 개인정보의 삭제 · 차단(제39조의10)
- 국내대리인의 지정(제39조의11)
- 국외 이전 개인정보의 보호(제39조의12)
- 상호주의(제39조의13)
- 방송사업자 등(제39조의14)
- 과징금의 부과 등(제39조의15)

(8) 개인정보 분쟁조정위원회

① 설치 및 구성(제40조) : 개인정보에 관한 분쟁의 조정을 위하여 위원장 1명을 포함한 20명 이내의 위원(당연직위원과 위촉위원)으로 구성된 개인정보 분쟁 조정위원회를 둔다.

분쟁조정위원회(제40조)
- 위원장은 위원 중에서 공무원이 아닌 사람으로 보호위원회 위원장이 위촉한다.
- 위원장과 위촉위원의 임기는 2년으로 하되, 1차에 한하여 연임할 수 있다.
- 분쟁조정위원회는 분쟁조정 업무를 효율적으로 수행하기 위하여 필요하면 대통령령으로 정하는 바에 따라 조정사건의 분야별로 5명 이내의 위원으로 구성되는 조정부를 둘 수 있다. 이 경우 조정부가 분쟁 조정위원회에서 위임받아 의결한 사항은 분쟁조정위원회에서 의결한 것으로 본다.
- 분쟁조정위원회 또는 조정부는 재적위원 과반수의 출석으로 개의하며 출석위원 과반수의 찬성으로 의 결한다.
- 보호위원회는 분쟁조정 접수, 사실 확인 등 분쟁조정에 필요한 사무를 처리할 수 있다.
- 이 법에서 정한 사항 외에 분쟁조정위원회 운영에 필요한 사항은 대통령령으로 정한다.
- 위원은 자격정지 이상의 형을 선고받거나 심신상의 장애로 직무를 수행할 수 없는 경우를 제외하고는 그의 의사에 반하여 면직되거나 해촉되지 아니한다(제41조).

 꼭! 확인 기출문제

개인정보보호에 대한 설명으로 옳지 않은 것은? [국가직 9급 기출]

❶ 정보주체는 개인정보처리자가 개인정보보호법을 위반한 행위로 손해를 입으면 개인정보처리자에게 손해배상을 청구할 수 있으며, 이 경우 그 정보주체는 고의 또는 과실을 입증해야 한다.
② 개인정보보호법은 공공기관에 의해 처리되는 정보뿐만 아니라 민간에 의해 처리되는 정보까지 보호대 상으로 하고 있다.

③ 개인정보보호법상 '개인정보'란 살아 있는 개인에 관한 정보로서 사자(死者)나 법인의 정보는 포함되지 않는다.

④ 행정절차법도 비밀누설금지 목적 외 사용금지 등 개인의 정보보호에 관한 규정을 두고 있다.

해 ① 정보주체는 개인정보처리자가 이 법을 위반한 행위로 손해를 입으면 개인정보처리자에게 손해배상을 청구할 수 있다. 이 경우 그 개인정보처리자는 고의 또는 과실이 없음을 입증하지 아니하면 책임을 면할 수 없다(개인정보보호법 제39조 제1항).
② 개인정보처리자란 업무를 목적으로 개인정보파일을 운용하기 위하여 스스로 또는 다른 사람을 통하여 개인정보를 처리하는 공공기관, 법인, 단체 및 개인 등을 말한다(동법 제2조 제5항).
③ 개인정보란 살아 있는 개인에 관한 정보로서 성명, 주민등록번호 및 영상 등을 통하여 개인을 알아볼 수 있는 정보(해당 정보만으로는 특정 개인을 알아볼 수 없더라도 다른 정보와 쉽게 결합하여 알아볼 수 있는 것을 포함한다)를 말한다(동법 제2조 제1항).
④ 누구든지 청문을 통하여 알게 된 사생활이나 경영상 또는 거래상의 비밀을 정당한 이유 없이 누설하거나 다른 목적으로 사용하여서는 아니 된다(행정절차법 제37조 제6항).

② **조정의 신청 등(제43조)** : 개인정보와 관련한 분쟁의 조정을 원하는 자는 분쟁조정위원회에 분쟁조정을 신청할 수 있다.

③ **처리기간(제44조)** : 분쟁조정위원회는 제43조 제1항에 따른 분쟁조정 신청을 받은 날부터 60일 이내에 이를 심사하여 조정안을 작성하여야 한다. 다만, 부득이한 사정이 있는 경우에는 분쟁조정위원회의 의결로 처리기간의 연장이 가능하다.

④ **분쟁의 조정(제47조)**

　㉠ 분쟁조정위원회는 다음의 어느 하나의 사항을 포함하여 조정안을 작성할 수 있다.

　　• 조사 대상 침해행위의 중지

　　• 원상회복, 손해배상, 그 밖에 필요한 구제조치

　　• 같거나 비슷한 침해의 재발을 방지하기 위하여 필요한 조치

　㉡ 분쟁조정위원회는 조정안 작성 시 지체 없이 각 당사자에게 제시하여야 한다.

　㉢ 조정안을 제시받은 당사자가 제시받은 날부터 15일 이내에 수락 여부를 알리지 아니하면 조정을 거부한 것으로 본다.

　㉣ 당사자가 조정내용을 수락한 경우 분쟁조정위원회는 조정서를 작성하고, 분쟁조정위원회의 위원장과 각 당사자가 기명날인하여야 한다. 이 경우 조정의 내용은 재판상 화해와 동일한 효력을 갖는다.

(9) 개인정보 단체소송

① **단체소송의 제기(제51조)** : 소비자기본법에 따라 공정거래위원회에 등록한 소비자단체나 비영리민간단체지원법에 따른 비영리민간단체 중 해당 요건을 갖춘 단체는 개인정보처리자가 제49조에 따른 집단분쟁조정을 거부하거나 집단분쟁조정의 결과를 수락하지 않은 경우 법원에 권리침해 행위의 금지 · 중지

Check Point

집단분쟁조정(개인정보보호법 제49조)

국가 및 지방자치단체, 개인정보보호단체 및 기관, 정보주체, 개인정보처리자는 정보주체의 피해 또는 권리침해가 다수의 정보주체에게 같거나 비슷한 유형으로 발생하는 경우로서 대통령령으로 정하는 사건에 대하여는 분쟁조정위원회에 일괄적인 분쟁조정(집단분쟁조정)을 의뢰 또는 신청할 수 있다. 집단분쟁조정을 의뢰받거나 신청 받은 분쟁조정위원회는 그 의결로써 집단분쟁조정의 절차를 개시할 수 있으며, 이 경우 분쟁조정위원회는 14일 이상의 기간 동안 그 절차의 개시를 공고하여야 한다. 집단분쟁조정의 기간은 공고가 종료된 날의 다음 날부터 60일 이내로 한다.

를 구하는 소송(단체소송)을 제기할 수 있다.

② **소송허가신청(제54조)** : 단체소송을 제기하는 단체는 소장과 함께 원고 및 그 소송대리인, 피고, 정보주체의 침해된 권리의 내용을 기재한 소송허가신청서를 법원에 제출하여야 한다.

⑩ 보칙

① **금지행위(제59조)** : 개인정보를 처리하거나 처리하였던 자는 다음의 행위가 금지된다.

ㄱ 거짓이나 그 밖의 부정한 수단이나 방법으로 개인정보를 취득하거나 처리에 관한 동의를 받는 행위

ㄴ 업무상 알게 된 개인정보를 누설하거나 권한 없이 다른 사람이 이용하도록 제공하는 행위

ㄷ 정당한 권한 없이 또는 허용된 권한을 초과하여 다른 사람의 개인정보를 훼손, 멸실, 변경, 위조 또는 유출하는 행위

② **의견제시 및 개선권고(제61조)**

ㄱ 보호위원회는 개인정보보호에 영향을 미치는 내용이 포함된 법령이나 조례에 대하여 필요하다고 인정하면 보호위원회의 심의·의결을 거쳐 관계 기관에 의견을 제시할 수 있다.

ㄴ 보호위원회는 개인정보보호를 위하여 필요하다고 인정하면 개인정보처리자에게 개인정보 처리실태의 개선을 권고할 수 있다. 이 경우 권고를 받은 개인정보처리자는 이를 착실히 수행하며 그 결과를 보호위원회에 알려야 한다.

ㄷ 관계 중앙행정기관의 장은 개인정보 보호를 위하여 필요하다고 인정하면 소관 법률에 따라 개인정보처리자에게 개인정보 처리실태의 개선을 권고할 수 있다.

ㄹ 중앙행정기관, 지방자치단체, 국회, 법원, 헌법재판소, 중앙선거관리위원회는 그 소속기관 및 소관 공공기관에 대하여 개인정보보호에 관한 의견을 제시하거나 지도·점검을 할 수 있다.

③ **침해사실의 신고 등(제62조)** : 개인정보처리자가 개인정보를 처리할 때 개인정보에 관한 권리나 이익을 침해받은 사람은 보호위원회에게 그 침해사실을 신고할 수 있다.

④ **시정조치 등(제64조)** : 보호위원회는 개인정보가 침해되었다고 판단할 상당한 근거가 있고 이를 방치할 경우 회복하기 어려운 피해가 발생할 우려가 있다고 인정되면 이 법을 위반한 자(중앙행정기관, 지방자치단체, 국회, 법원, 헌법

재판소, 중앙선거관리위원회는 제외함)에 대해 개인정보 침해행위의 중지, 개인정보 처리의 일시적인 정지, 개인정보의 보호 및 침해방지를 위하여 필요한 조치를 명할 수 있다.

꼭! 확인 기출문제

「개인정보 보호법」상 개인정보 보호에 대한 설명으로 옳지 <u>않은</u> 것은? (다툼이 있는 경우 판례에 의함) [국가직 9급 기출]

① 헌법재판소는 개인정보자기결정권을 사생활의 비밀과 자유, 일반적 인격권 등을 이념적 기초로 하는 독자적 기본권으로서 헌법에 명시되지 않은 기본권으로 보고 있다.

❷ 「개인정보 보호법」에는 개인정보 단체소송을 제기할 수 있는 단체에 대한 제한을 두고 있지 않으므로 법인격이 있는 단체라면 어느 단체든지 권리침해 행위의 금지·중지를 구하는 소송을 제기할 수 있다.

③ 개인정보처리자의 「개인정보 보호법」 위반행위로 손해를 입은 정보주체는 개인정보처리자에게 손해배상을 청구할 수 있고, 그 개인정보처리자는 고의 또는 과실이 없음을 입증하지않으면 책임을 면할 수 없다.

④ 「개인정보 보호법」은 집단분쟁조정제도에 대하여 규정하고 있다.

해 ② 개인정보 보호법 제51조(단체소송의 대상 등)에 의하여 개인정보 단체소송을 제기할 수 있는 단체에 대한 제한을 두고 있다.

① 개인정보자기결정권의 헌법상 근거로는 헌법 제17조의 사생활의 비밀과 자유, 헌법 제10조 제문의 인간의 존엄과 가치 및 행복추구권에 근거를 둔 일반적 인격권 또는 위 조문들과 동시에 우리 헌법의 자유민주적 기본질서 규정 또는 국민주권원리와 민주주의원리 등을 고려할 수 있으나. 개인정보자기결정권으로 보호하려는 내용을 위 각 기본권들 및 헌법원리들 중 일부에 완전히 포섭시키는 것은 불가능하다고 할 것이므로, 그 헌법적 근거를 굳이 어느 한 두개에 국한시키는 것은 바람직하지 않은 것으로 보이고, 오히려 개인정보자기결정권은 이들을 이념적 기초로 하는 독자적 기본권으로서 헌법에 명시되지 아니한 기본권이라고 보아야 할 것이다(헌재 2005.5.26, 2004헌마190).

③ 정보주체는 개인정보처리자가 이 법을 위반한 행위로 손해를 입으면 개인정보처리자에게 손해배상을 청구할 수 있다. 이 경우 그 개인정보처리자는 고의 또는 과실이 없음을 입증하지 아니하면 책임을 면할 수 없다(「개인정보 보호법」 제39조 제1항).

④ 국가 및 지방자치단체, 개인정보 보호단체 및 기관, 정보주체, 개인정보처리자는 정보주체의 피해 또는 권리침해가 다수의 정보주체에게 같거나 비슷한 유형으로 발생하는 경우로서 대통령령으로 정하는 사건에 대하여는 분쟁조정위원회에 일괄적인 분쟁조정을 의뢰 또는 신청할 수 있다(「개인정보 보호법」 제49조 제1항).

3편

행정법상의
의무이행확보수단

제1장

행정강제

제1절 개설

1. 행정강제의 의의

(1) 행정강제의 개념

행정강제란 행정목적 달성을 위해 개인의 신체 또는 재산에 실력을 가하여 행정 상 필요한 상태를 실현시키는 행정청의 권력적 사실행위를 말한다.

(2) 구별개념

① **사법강제와의 구별** : 행정강제는 행정권이 자력으로 강제한다는 점에서 타력 에 의한 강제인 사법강제와 구별된다.

② **행정행위와의 구별** : 행정강제는 권력적 실력행사로서 사실행위이나, 행정행 위는 권력적 행위로서 법적 행위(공법행위)이다.

③ **비권력적 작용과의 구별** : 행정강제는 행정청이 우월한 의사주체로서 개인에 대해 실력을 행사하는 권력적 작용이라는 점에서 비권력적 작용과 구별된다.

④ **행정벌과의 구별** : 행정강제는 장래의 의무이행을 위한 강제수단이라는 점에 서 과거의 의무위반에 대한 제재로서의 처벌인 행정벌과 구별된다.

2. 행정강제의 분류

행정강제는 행정상 강제집행과 행정상 즉시강제, 행정조사로 분류할 수 있다. 행 정상 강제집행의 수단으로는 대집행, 집행벌(이행강제금), 직접강제, 행정상 강 제징수가 있다.

행정상 의무이행확보수단의 분류

전통적 의무이행 확보수단	행정강제	• 행정상 강제집행 : 대집행, 집행벌(이행강제금), 직접강제, 행정상 강제징수 • 행정상 즉시강제 • 행정조사	직접적 강제수단
	행정벌	• 행정형벌 • 행정질서벌(과태료)	
새로운 의무이행 확보수단	비금전적 수단	공급거부, 공표, 관허사업제한, 취업제한, 해외여행제한, 행정행위의 철회·정지 등	간접적 강제수단
	금전적 수단	과징금, 가산금, 가산세 등	

제2절 행정상 강제집행

1. 의의

(1) 개념

행정상 강제집행이란 행정법상의 의무 불이행에 대해 행정청이 장래를 향해 의무자의 신체나 재산에 실력을 가하여 강제적으로 그 의무를 이행시키거나 이행된 것과 같은 상태를 실현하는 작용을 말한다.

(2) 구별 개념

① 민사상 강제집행과의 구별

　㉠ **공통점** : 양자 모두 권리주체의 청구권을 강제로 실현시키는 수단이라는 점에서 그 유사성이 있다.

　㉡ **차이점** : 민사상 강제집행은 법원의 힘에 의하며, 행정상 강제집행은 자력집행이라는 점에서 본질적인 차이가 있다.

　㉢ **판례** : 행정상 강제집행의 수단인 행정대집행 절차가 인정되는 경우 따로 민사소송의 방법으로 공작물의 철거 등을 구할 수는 없다고 하였고(대판 2000. 5. 12, 99다18909), 불법점유 시설물에 대해 행정대집행을 실시하

Check Point

행정상 강제집행
행정상 강제집행은 사법권의 힘을 빌리지 않고 행정권의 발동으로 할 수 있다는 점에서 자력집행의 일종이라 할 수 있다.

지 않고 다른 수단이 없는 경우 민사소송의 방법으로 철거를 구할 수 있다고 판시한 바 있다(대판 2009. 6. 11, 2009다1122).

② 행정상 즉시강제와의 구별

　㉠ **공통점** : 양자 모두 행정청의 강제집행수단인 점에서는 같다.

　㉡ **차이점** : 행정상 강제집행은 의무의 불이행을 전제로 한다는 점에서 이를 전제로 하지 않고 직접 실력을 가하여 행정상 필요한 상태를 실현하는 행정상 즉시강제와 구별된다.

③ 행정벌과의 구별

　㉠ **공통점** : 양자 모두 행정목적 실현을 위한 강제수단이라는 점에서는 같다.

　㉡ **차이점** : 행정상 강제집행은 장래의 의무를 이행시키기 위한 강제수단이지만 행정벌은 과거의 의무위반에 대한 제재로써 가해지며, 행정상 강제집행이 행정행위의 실효성 확보를 위한 직접적 강제수단인 데 반해 행정벌은 간접적 강제수단이라는 점에서 구별된다.

(3) 근거

① **이론적 근거** : 행정법상의 의무를 명하는 행위(하명 등)와 의무의 내용을 강제적으로 실현하는 행위(행정강제)는 그 성질상 차이가 있으므로, 각각의 행위에 대한 법적 근거도 별개이다. 따라서 의무를 명할 수 있는 명령권의 근거가 되는 법은 동시에 행정강제의 근거법이 될 수 없다(통설).

② **법적 근거** : 행정상 강제집행은 권력적 행정작용이므로 행정의 자의 배제와 국민의 권익 보호를 위해 그 발동에는 법적 근거가 필요하다.

구분		근거법
일반법	대집행	행정대집행법
	행정상 강제징수	국세징수법
개별법		• 건축법에서 이행강제금(집행벌) 규정을 둠 • 출입국관리법·군사시설보호법·방어해면법 등에서 직접강제 규정을 둠

(4) 행정상 강제집행의 수단

행정상 강제집행의 수단으로는 대집행, 이행강제금(집행벌), 직접강제, 행정상 강제징수가 있으나, 일반법적 근거가 있어 주로 이용되고 있는 제도는 대집행과 강제징수이다. 집행벌과 직접강제는 기본권 침해의 성격이 강한 수단으로, 개별법에서 특별히 인정하는 경우에 한해 예외적으로 인정된다.

2. 대집행

(1) 의의

① **개념** : 대집행은 무허가건물철거의무와 같은 행정법상의 대체적 작위의무의 불이행이 있는 경우 당해 행정청이 그 의무를 스스로 행하거나 제3자로 하여금 이를 행하게 하고, 그 비용을 의무자로부터 징수하는 강제집행을 말한다. 대집행은 헌법에 위반되지 않는다(대판 1968. 3. 19, 63누172).

② **직접강제와의 구별**

㉠ 대집행에서는 강제집행에 따른 비용을 의무자가 부담하나, 직접강제에서는 행정청이 부담한다.

㉡ 대집행은 행정청이 스스로 대행(자기집행)하거나 제3자로 하여금 대행(타자집행)하게 할 수 있으나, 직접강제는 행정청이 직접 하여야 하고 제3자에게 대행시킬 수 없다.

③ **성질** : 대집행의 대상은 행정청의 하명에 의한 공법상 의무에 해당되며, 그 의무는 대체적 작위의무이다. 이러한 대집행은 재량처분이므로 대집행할 것인지 여부는 행정청이 재량적으로 판단할 수 있다. 따라서 대집행을 하지 않은 이유로 권익침해를 받았다 하더라도 그 상대방은 원칙적으로 부작위의 위법을 이유로 쟁송을 통하여 다툴 수 없다.

(2) 법적 근거

행정대집행에 관한 일반법은 행정대집행법이며, 개별규정을 두고 있는 법으로 건축법, 공익사업을위한토지등의취득및보상에관한법률(토지보상법) 등이 있다.

(3) 대집행주체와 대집행자

① **대집행의 주체** : 대집행을 결정하고 이를 실행할 수 있는 권한을 가진 자(대집행주체)는 당해 행정청이다. 여기서 '당해 행정청'이란 의무를 부과한 행정청을 말하며, 국가기관, 지방자치단체, 당해 행정청의 위임을 받은 행정청이 대집행의 주체가 될 수 있다. 다만, 감독청은 대집행주체가 될 수 없다고 본다.

② **대집행자(대집행행위자)** : 대집행자는 당해 행정청에 한하지 아니한다. 경우에 따라서 제3자를 통해 집행(타자집행)도 가능하다.

(4) 대집행의 요건

행정대집행법 제2조에서 "법률(법률의 위임에 의한 명령, 지방자치단체의 조례를 포함함)에 의하여 직접 명령되었거나 또는 법률에 의거한 행정청의 명령에 의

Check Point

대체적 작위의무
타인이 대신하여 행할 수 있는 행위가 부과된 의무를 말한다.

Check Point

타자집행(제3자를 통한 집행)의 법적 성질
행정청과 제3자 간의 대집행에 관한 계약의 법적 성질은 사법상의 계약이라는 것이 통설과 판례의 입장이다.

한 행위로서 타인이 대신하여 행할 수 있는 행위를 의무자가 이행하지 아니하는 경우 다른 수단으로써 그 이행을 확보하기 곤란하고 또한 그 불이행을 방치함이 심히 공익을 해할 것으로 인정될 때에는 당해 행정청은 스스로 의무자가 하여야 할 행위를 하거나 또는 제삼자로 하여금 이를 하게 하여 그 비용을 의무자로부터 징수할 수 있다"고 규정하여 대집행의 일반적 요건을 정하고 있다. 이를 분설하면 다음과 같다.

① 의무자가 이행을 하지 아니할 것

ㄱ 기본적으로 대집행은 공법상 의무의 불이행을 그 대상으로 하고, 사법상 의무의 불이행은 포함되지 않는다.

> 관련 판례 : 행정대집행법상 대집행의 대상이 되는 대체적 작위의무는 공법상 의무이어야 할 것인데, 구 공공용지의취득및손실보상에관한특례법에 따른 토지 등의 협의취득은 … 공공기관이 사경제주체로서 행하는 사법상 매매 내지 사법상 계약의 실질을 가지는 것이므로, 그 협의취득 시 건물소유자가 매매대상 건물에 대한 철거의무를 부담하겠다는 취지의 약정을 하였다고 하더라도 이러한 철거의무는 공법상의 의무가 될 수 없고, 이 경우에도 행정대집행법을 준용하여 대집행을 허용하는 별도의 규정이 없는 한 위와 같은 철거의무는 행정대집행법에 의한 대집행의 대상이 되지 않는다(대판 2006. 10. 13. 2006두7096).

ㄴ 여기서의 공법상 의무는 법령에서 직접 명할 수 있고, 법령에 근거한 행정행위에 의하여 명해질 수도 있다.

ㄷ 판례는 예외적으로 사법상의 의무불이행에 대해 행정대집행을 인정한 바 있다. 즉, 사법상 의무인 국유재산법상 일반재산(종전의 잡종재산)에 대한 철거의무에 대해 대집행을 인정하였다.

> 관련 판례 : 구 국유재산법 제52조는 정당한 사유 없이 행정재산 또는 보존재산을 점유하거나 이에 시설물을 설치한 때에는 행정대집행법을 준용하여 철거 기타 필요한 조치를 할 수 있다고 규정함으로써 행정대집행법을 준용할 수 있는 근거를 마련하면서도 그 대상을 행정재산과 보존재산으로 제한하였으므로, 행정재산 또는 보존재산이 아닌 국유재산에 대하여는 행정대집행을 할 여지가 없었으나, 현행 국유재산법은 위와 같은 제한 없이 모든 국유재산에 대하여 행정대집행법을 준용할 수 있도록 규정하였으므로, 행정청은 당해 재산이 행정재산 등 공용재산인 여부나 그 철거의무가 공법상의 의무인 여부에 관계없이 대집행을 할 수 있으며, 이는 같은 법 제25조 및 제38조가 사법상 권리관계인 국유재산의 사용료 또는 대부료 체납에 관하여도 국세징수법 중 체납처분에 관한 규정을 준용하여 징수할 수 있도록 규정한 것과도 그 궤를 같이하는 것이다(대판 1992. 9. 8. 91누13090).

② 불이행된 의무는 대체적 작위의무일 것

ㄱ 대체적 작위의무가 대상이므로, 의무자만이 이행가능한 일신전속적 성질이 강하거나 고도의 전문·기술적인 비대체적 작위의무, 수인의무 또는 부작위의무는 대체성이 없으므로 대집행의 대상이 되지 못한다.

ⓛ 다만, 불법공작물설치금지와 같은 부작위의무는 철거명령 등을 통해 작위의무를 부과한 후 그에 대한 불이행 시 대집행이 가능하다고 보나, 작위의무를 부과할 수 있는 법적 근거(대체적 작위의무로 전환하는 전환규정)가 없으면 작위의무 부과가 위법하여 대집행은 불가능하다. 판례도 부작위의무규정으로부터 작위의무의 법적 근거가 당연히 도출되는 것은 아니라고 하였다.

> 관련 판례 : 대집행계고처분을 하기 위하여는 법령에 의하여 직접 명령되거나 법령에 근거한 행정청의 명령에 의한 의무자의 대체적 작위의무 위반행위가 있어야 한다. 따라서 단순한 부작위의무의 위반, 즉 관계 법령에 정하고 있는 절대적 금지나 허가를 유보한 상대적 금지를 위반한 경우에는 당해 법령에서 그 위반자에 대하여 위반에 의하여 생긴 유형적 결과의 시정을 명하는 행정처분의 권한을 인정하는 규정(예컨대, 건축법 제69조, 도로법 제74조, 하천법 제67조, 도시공원법 제20조, 옥외광고물 등 관리법 제10조 등)을 두고 있지 아니한 이상, 법치주의의 원리에 비추어 볼 때 위와 같은 부작위의무로부터 그 의무를 위반함으로써 생긴 결과를 시정하기 위한 작위의무를 당연히 끌어낼 수는 없으며, 또 위 금지규정(특히 허가를 유보한 상대적 금지규정)으로부터 작위의무, 즉 위반결과의 시정을 명하는 권한이 당연히 추론되는 것도 아니다(대판 1996. 6. 28, 96누4374).

ⓒ 토지·건물을 점유하고 있는 사람의 퇴거는 대체적 작위의무라고 볼 수 없다. 판례도 토지·건물의 인도에 관한 사항은 대집행이 불가능하다고 판시하였다(대판 2005. 8. 19, 2004다2809).

대집행의 대상이 되는 경우 (대체적 작위의무)	대집행의 대상이 되지 않는 경우	
• 불법광고판철거의무 • 교통장해물제거의무 • 위법건물철거의무 • 건물이전·개량·청소의무·존치물의 반출의무 • 위험축대파괴의무 • 불법개간산림의 원상회복의무 • 가옥의 청소·소독의무 등	비대체적 작위의무	일신전속적이어서 의무자만이 이행할 수 있는 의무로서 의사의 진단의무, 전문가의 감정의무, 예술가의 창작의무, 증인출석의무, 국유지의 퇴거의무, 주택의 인도(명도)·점유이전 의무 등
	부작위의무	허가 없이 영업하지 아니할 의무, 야간통행금지의무, 토지형질변경금지, 통제구역에 출입하지 않을 의무, 도시계획시설부지의 불법공작물철거의무(작위의무 전환 후 대집행 가능)
	수인의무	예방접종을 받을 의무, 신체검사 및 건강진단을 받을 의무

③ 다른 수단으로 그 이행방법이 없을 것(보충성) : 다른 수단이란 의무이행확보를 위한 침익성이 적은 수단을 의미하는 것으로, 그 다른 수단이 있는 경우 그에 의하며, 대집행은 그러한 수단이 없는 부득이한 수단(최후 수단)으로서 발동되어야 한다는 보충성의 원칙이 적용된다.

④ 불이행을 방치함이 심히 공익을 해할 것(비례의 원칙) : 의무불이행만으로 대집행이 가능한 것은 아니고 그 불이행의 방치가 심히 공익을 해하는 경우에만 대집행이 가능하다.

 국가직 9급 기출

01. 행정상 강제집행에 대한 설명으로 옳은 것은?

① 법령에 의해 행정대집행의 절차가 인정되는 경우에도 행정청은 따로 민사소송의 방법으로 시설물의 철거를 구할 수 있다.

② 행정대집행을 함에 있어 비상시 또는 위험이 절박한 경우에 당해 행위의 급속한 실시를 요하여 절차를 취할 여유가 없을 때에는 계고 및 대집행영장 통지 절차를 생략할 수 있다.

③ 체납자에 대한 공매통지는 체납자의 법적 지위나 권리·의무에 직접적인 영향을 주는 행정처분에 해당한다.

④ 사망한 건축주에 대하여 건축법 상 이행강제금이 부과된 경우 그 이행강제금 납부의무는 상속인에게 승계된다.

해 ① 법령에 의해 행정대집행의 절차가 인정되는 경우에는 행정청은 따로 민사소송의 방법으로 시설물의 철거를 구할 수 없다(대판 2009.6.11, 2009다1122).

③ 체납자에 대한 공매통지는 체납자의 법적 지위나 권리·의무에 직접적인 영향을 주는 행정처분에 해당하지 않는다(대판 2011.3.24, 2010두25527).

④ 사망한 건축주에 대하여 건축법 상 이행강제금이 부과된 경우 그 이행강제금 납부의무는 상속인에게 승계되지 않는다(대판 2006.12.08, 2006마470).

답 01 ②

관련 판례

- 심히 공익을 해친다고 본 판례
  - 무허가로 불법 건축되어 철거할 의무가 있는 건축물을 도시미관, 주거환경, 교통소통에 지장이 없다는 등의 사유만을 들어 그대로 방치한다면 … 더 큰 공익을 해칠 우려가 있다(대판 1989. 3. 28, 87누930).
  - 개발제한구역 및 도시공원에 속하는 임야상에 신축된 위법건축물인 대형 교회건물의 합법화가 불가능한 경우, 교회건물의 건축으로 공원미관조성이나 공원관리 측면에서 유리하고 철거될 경우 막대한 금전적 손해를 입게 되며 신자들이 예배할 장소를 잃게 된다는 사정을 고려하더라도 위 교회건물의 철거의무의 불이행을 방치함은 심히 공익을 해한다(대판 2000. 6. 23, 98두3112).
- 심히 공익을 해치지 않는다고 본 판례
  - 관할관청의 허가를 받지 아니하고 기존건물의 4층 옥상 뒷편에 세멘벽돌조 스라브지붕 주택 55.4평방미터를 증축하였더라도 … 도로교통, 방화, 보안, 위생, 도시미관 및 공해예방 등의 공익을 심히 해한다고도 볼 수 없다면 그 증축부분의 철거대집행을 위한 이 사건 계고처분은 위법하다(대판 1990. 1. 23, 89누6969).
  - 건물의 지상 1, 2, 3층의 외벽선에 의한 건물면적이 각 44.9평방미터씩이어서 위 건축허가면적보다 0.02평방미터 정도만 초과하였을 뿐이라는 것인바, … 위와 같은 위반정도만 가지고는 주위의 미관을 해칠 우려가 없을 뿐 아니라 이를 대집행으로 철거할 경우 많은 비용이 드는 반면에 공익에는 별 도움이 되지 아니하고, 도로교통·방화·보안·위생·도시미관 및 공해예방 등의 공익을 크게 해친다고도 볼 수 없다(대판 1991. 3. 12, 90누10070).

⑤ 기타 대집행요건 관련 논점

　㉠ **대집행요건의 존부에 대한 판단** : 대집행실행요건이 충족되어 있는가 여부에 대한 판단에 대하여, 요건존부판단을 그르치면 위법이 되므로 이를 취소할 수 있다고 하여 기속재량이라고 보는 견해와 이를 판단여지로 보는 견해가 있다. 이에 대해 판례는 '그 요건의 판단은 행정청의 공익재량에 속하나 그것이 심히 부당한 경우에는 법원이 이를 심사할 수 있다'(대판 67누139)고 판시하여, 재량행위(자유재량)로 보았다.

　㉡ **대집행 실행요건이 구비된 후의 대집행 여부** : 이 경우 행정청이 대집행 의무를 진다는 기속행위설과 재량적 판단이 인정된다는 재량행위설이 대립되며, 판례는 처분청의 재량으로 판시한 바 있다(대판 96누8086). 다만, 의무불이행의 방치가 생명·신체의 중대한 침해를 야기하는 것과 같은 예외적인 경우에는 재량이 0으로 수축되어 기속적으로 전환된다.

　㉢ **대집행의 요건의 주장 및 입증책임** : 당해 처분청에 있다 할 것이다(대판 96누8086).

　㉣ **대집행과 불가쟁력의 관계** : 불가쟁력의 발생을 대집행의 요건으로 볼 수 없어 대집행은 불가쟁력의 발생 여부와 관계없이 행해질 수 있다고 본다.

　㉤ **행정벌과의 관계** : 하나의 의무위반에 대해 행정벌과 대집행이 함께 행해질 수 있다.

꼭! 확인 기출문제

행정대집행에 대한 설명으로 옳지 않은 것은? [국가직 9급 기출]

❶ 판례에 의하면 용도위반 부분을 장례식장으로 사용하는 것을 중지할 것과 이를 불이행할 경우 행정대집행을 하겠다는 내용의 계고처분은 적법하다고 본다.

② 토지나 가옥 등의 인도는 행정대집행의 대상이 되지 않는 것이 원칙이다.

③ 판례에 의하면 상당한 이행기간을 정하여 계고하지 않고 행한 행정대집행은 적법절차에 위반된 위법한 처분으로 본다.

④ 반복된 계고의 경우는 1차 계고가 처분성을 가지며, 2차, 3차의 계고처분은 대집행기한의 연기통지에 불과하므로 독립한 처분으로 보지 않는다.

해 ① 판례는 대집행이 대체적 작위의무를 대상으로 하므로 '장례식장 사용의 중지'는 중지 의무가 없는 비대체적 부작위의무라고 보아 대집행의 대상이 아니라 하였다.

> 관련 판례 : 행정대집행법 제2조는 '행정청의 명령에 의한 행위로서 타인이 대신하여 행할 수 있는 행위를 의무자가 이행하지 아니하는 경우'에 대집행할 수 있도록 규정하고 있는데, 이 사건 용도위반 부분을 장례식장으로 사용하는 것이 관계 법령에 위반한 것이라는 이유로 장례식장의 사용을 중지할 것과 이를 불이행할 경우 행정대집행법에 의하여 대집행하겠다는 내용의 이 사건 처분은, 이 사건 처분에 따른 '장례식장 사용중지 의무'가 원고 이외의 '타인이 대신'할 수도 없고, 타인이 대신하여 '행할 수 있는 행위'라고도 할 수 없는 비대체적 부작위의무에 대한 것이므로, 그 자체로 위법함이 명백하다고 할 것인데도, 원심은 그 판시와 같은 이유를 들어 이 사건 처분이 적법하다고 판단하고 말았으니, 거기에는 대집행계고처분의 요건에 관한 법리를 오해한 위법이 있다고 할 것이다(대판 2005. 9. 28, 2005두7464).

② 점유하고 있는 토지나 가옥 등에 대한 인도의무는 대체적 작위의무라 할 수 없어 대집행의 대상이 되지 않는다는 것이 통설과 판례의 입장이다(비대체적 작위의무).

③ 판례는 상당한 의무이행기간을 부여하지 않은 대집행계고처분 후에 행한 행정대집행은 적법절차에 위배된다고 하였다(대판 1990. 9. 14, 90누2048).

④ 판례는 반복된 계고의 경우 제1차 계고만 행정처분으로 보았고, 2차, 3차의 계고처분은 대집행기한의 연기통지에 불과하다고 하여 독립한 처분으로 보지 않았다(대판 94누5144, 98두4665).

(5) 대집행의 절차

대집행 절차는 '계고 → 대집행영장의 통지 → 대집행의 실행 → 비용징수'의 단계로 이루어지는데, 선행행위의 하자는 후행행위에 승계된다 할 것이다.

① 계고(戒告)

㉠ 의의 : 대집행을 하기 위해서는 미리 상당한 이행기간을 정하여 그 기한까지 이행되지 않을 때에는 대집행을 한다는 뜻을 미리 문서로서 계고하여야 한다(행정대집행법 제3조 제1항). 다만, 법률에 다른 규정이 있거나(예 건축법 제85조, 도로법 제65조) 비상 시 또는 위험이 절박한 경우 계고를 거치지 않을 수 있다(행정대집행법 제3조 제3항).

㉡ 법적 성질

• 학설 : 의무를 이행하지 않을 경우 대집행의 의사를 알려주는 의사의 통지로서 준법률행위적 행정행위라는 견해(다수설)와 의무를 부과하는 작위하명으로 보는 견해가 있다.

• 판례 : '계고는 준법률행위적 행정행위이며 대집행의 일련 절차의 불가결

Check Point

행정대집행법 제3조(대집행의 절차)

① 제2조의 규정에 의한 처분(대집행)을 하려 함에 있어서는 상당한 이행기한을 정하여 그 기한까지 이행되지 아니할 때에는 대집행을 한다는 뜻을 미리 문서로써 계고하여야 한다. 이 경우 행정청은 상당한 이행기한을 정함에 있어 의무의 성질·내용 등을 고려하여 사회통념상 해당 의무를 이행하는 데 필요한 기간이 확보되도록 하여야 한다.

② 의무자가 전항의 계고를 받고 지정기한까지 그 의무를 이행하지 아니할 때에는 당해 행정청은 대집행영장으로써 대집행을 할 시기, 대집행을 시키기 위하여 파견하는 집행책임자의 성명과 대집행에 요하는 비용의 개산에 의한 견적액을 의무자에게 통지하여야 한다.

③ 비상 시 또는 위험이 절박한 경우에 있어서 당해 행위의 급속한 실시를 요하여 전2항에 규정한 수속을 취할 여유가 없을 때에는 그 수속을 거치지 아니하고 대집행을 할 수 있다.

의 일부이므로 계고의 상대방은 계고절차의 단계에서 그 취소를 구할 법률상 이익이 있다고 할 것이고, 계고는 행정소송법 소정의 처분에 포함된다'(대판 1966. 10. 31, 66누25)고 판시하여 계고의 성질을 준법률행위적 행정행위로 보고 있으며, 행정소송법상 처분에 해당하므로 위법한 계고에 대해서는 취소소송을 제기할 수 있다고 하였다. 또한 복수의 계고가 반복된 경우에는 제1차 계고만이 독립한 처분에 해당한다고 하였다.

> 관련 판례 : 제1차로 철거명령 및 계고처분을 한 데 이어 제2차로 계고서를 송달하였음에도 불응함에 따라 대집행을 일부 실행한 후 철거의무자의 연기원을 받아들여 나머지 부분의 철거를 진행하지 않고 있다가 연기기간이 지나자 다시 제3차로 철거명령 및 대집행계고를 한 경우, 행정대집행법상의 철거의무는 제1차 철거명령 및 계고처분으로써 발생하였다고 할 것이고, 제3차 철거명령 및 대집행계고는 새로운 철거의무를 부과하는 것이라고는 볼 수 없으며, 단지 종전의 계고처분에 의한 건물철거를 독촉하거나 그 대집행기한을 연기한다는 통지에 불과하므로 취소소송의 대상이 되는 독립한 행정처분이라고 할 수 없다(대판 2000. 2. 22, 98두4665).

ⓒ 계고의 요건

- 계고 시에 의무내용과 불이행 시의 대집행할 행위의 내용이 구체적으로 특정되어야 한다. 다만, 판례는 이것이 반드시 대집행계고서에 의해 특정되어야 하는 것은 아니며, 계고처분 전후에 송달된 문서나 기타 사정을 종합하여 행위의 내용이 특정되거나 대집행 의무자가 그 이행의무의 범위를 알 수 있으면 족하다고 하였다(대판 1997. 2. 14, 96누15428).

- 의무이행에 필요한 상당한 이행기간을 주어야 한다. 이에 위반된 계고는 위법한 처분이 된다(대판 1990. 9. 14, 90누2048). 여기서 상당한 이행기간은 사회통념상 의무자가 스스로 의무를 이행하는 데 필요한 기간을 말한다(대판 1992. 6. 12, 91누13564).

- 문서로 계고하여야 한다. 따라서 문서에 의하지 않는 계고는 형식요건을 결한 것으로 무효가 된다.

- 한편, 대집행의 요건은 계고를 할 때 이미 충족되어 있어야 하므로, 계고는 의무를 명하는 행정행위와 동시에 결합되어 행하여 질 수 없는 것이 원칙이다(다수설). 다만, 의무를 부과하는 처분을 할 때에 이미 대집행요건이 충족될 것이 확실하고, 또한 급속한 실시를 위한 긴급한 필요가 있는 경우라면, 양자의 결합이 허용될 수 있다는 것이 판례의 입장이다(대판 1992. 6. 12, 91누13564).

② 대집행영장에 의한 통지

ㄱ) 의의 : 의무자가 계고를 받고 지정기한까지 그 의무를 이행하지 아니할 때에는 당해 행정청은 대집행영장으로써 대집행을 할 시기, 대집행을 시키기

위하여 파견하는 집행책임자의 성명과 대집행에 요하는 비용의 개산에 의한 견적액을 의무자에게 통지하여야 한다(행정대집행법 제3조 제2항). 그러나 개별법(건축법 등)의 다른 규정이 있거나, 비상시 또는 위험이 절박한 경우에 있어서 당해 행위의 급속한 실시를 요하여 계고의 수속을 취할 여유가 없을 때에는 그 수속을 거치지 아니하고 대집행을 할 수 있다(동법 제3조 제3항).

ⓛ **성질** : 대집행영장에 의한 통지의 성질 역시 준법률행위적 행정행위(의사의 통지)라는 것이 다수 견해이다. 다만, 대집행의 통지는 의무자에게 대집행 시 수인의무를 부과하는 것이기도 하다.

③ **대집행의 실행**

㉠ **의의** : 대집행 실행이란 행정청이 스스로 또는 제3자로 하여금, 물리적인 실력행사에 의하여 의무가 이행된 상태로 실현하는 것을 말한다.

㉡ **성질** : 대집행의 실행은 물리적 실력으로 의무가 이행된 상태를 실현하는 권력적 사실행위라는 견해가 다수설의 입장인데, 권력적 사실행위로서 대집행에 대한 수인하명이 포함되어 있으므로 행정쟁송제기가 가능하다(다수설·판례). 다만, 대집행은 성질상 단기간에 완료되는 경우가 많은데, 대집행의 실행이 종료된 후 소의 이익이 없다고 본다.

> 관련 판례 : 이미 대집행이 사실행위로서 완료된 마당에 있어서는 그 행위의 위법을 이유로 하는 손해배상 또는 원상회복의 청구를 하는 것은 몰라도 그 처분의 취소를 구함은 권리보호의 실익이 없다(대판 1967. 10. 23, 67누115).

㉢ **증표의 휴대** : 대집행을 하기 위하여 현장에 파견되는 집행책임자는 그가 집행책임자라는 것을 표시한 증표를 휴대하여 대집행 시에 이해관계인에게 제시하여야 한다(동법 제4조).

㉣ **의무자의 항거와 항거 배제** : 대집행의 실행에 대하여 의무자가 수인하지 아니하고 저항하는 경우 이를 실력으로 배제하는 것이 대집행의 실행수단으로 인정될 수 있는가와 관련하여, 우리나라의 경우 명문규정을 두고 있지 않아 이를 부정하는 견해와 긍정하는 견해가 대립하고 있다.

④ **비용징수**

㉠ **의무자 부담** : 대집행에 요한 비용의 징수에 있어서는 실제에 요한 비용액과 그 납기일을 정하여 의무자에게 문서로써 그 납부를 명하여야 한다(동법 제5조). 비용납부명령은 하명으로써 처분성을 가진다.

㉡ **강제징수** : 대집행에 소요된 비용은 국세징수법의 예에 의하여 의무자에게 징수할 수 있다.

Check Point

의무자 항거와 즉시강제
대집행의 실행에 대하여 의무자가 항거하는 경우, 실무상으로는 경찰관직무집행법(제5조)상의 즉시강제로 해결하는 경우가 많다.

꼭! 확인 기출문제

행정상 강제집행에 대한 판례의 입장으로 옳은 것은? [국가직 9급 기출]

① 대집행계고처분 취소소송의 변론이 종결되기 전에 대집행의 실행이 완료된 경우라도 그 계고처분의 취소 또는 무효확인을 구할 법률상 이익이 있다.

❷ 행정청이 대집행의 계고를 함에 있어서 의무자가 이행하여야 할 행위와 그 의무불이행 시 대집행할 행위의 내용과 범위가 특정되어야 하지만, 그것은 반드시 대집행계고서에 의하여서만 특정되어야 하는 것은 아니다.

③ 대집행영장의 통지는 대집행을 실행하겠다는 단순한 사실의 통지에 불과하여 행정처분이라고 보기 어려우므로 이에 대해서는 취소소송을 제기할 수 없다.

④ 의무를 부과하는 처분을 할 때에 이미 대집행 요건이 충족될 것이 확실하고 또한 그 급속한 실시를 요하는 긴급한 필요가 있는 경우에라도 대집행계고는 의무를 명하는 처분과 결합될 수는 없다.

해 ② 판례는 행정청이 대집행계고를 함에 있어 의무자가 이행하여야 할 행위와 그 의무불이행 시 대집행할 행위의 내용과 범위가 특정되어야 하지만, 그것이 반드시 대집행계고서에 의해 특정되어야 하는 것은 아니라 하였다.

> 관련 판례 : 행정청이 행정대집행법 제3조 제1항에 의한 대집행계고를 함에 있어서는 의무자가 스스로 이행하지 아니하는 경우에 대집행할 행위의 내용 및 범위가 구체적으로 특정되어야 하지만, 그 행위의 내용 및 범위는 반드시 대집행계고서에 의하여서만 특정되어야 하는 것이 아니고 계고처분 전후에 송달된 문서나 기타 사정을 종합하여 행위의 내용이 특정되거나 대집행 의무자가 그 이행의무의 범위를 알 수 있으면 족하다(대판 1997. 2. 14, 96누15428).

① 판례는 대집행계고처분 취소소송의 변론이 종결되기 전에 대집행이 완료된 경우 그 계고처분의 취소 또는 무효확인을 구할 법률상 이익이 없다고 하였다.

> 관련 판례 : 대집행계고처분 취소소송의 변론종결 전에 대집행영장에 의한 통지절차를 거쳐 사실행위로서 대집행의 실행이 완료된 경우에는 행위가 위법한 것이라는 이유로 손해배상이나 원상회복 등을 청구하는 것은 별론으로 하고 처분의 취소를 구할 법률상 이익은 없다(대판 1993. 6. 8, 93누6164).

③ 대집행영장의 통지는 준법률행위적 행정행위(통지)로서 행정소송법상 처분으로 볼 수 있으므로, 이에 대해서는 항고소송을 제기할 수 있다.

④ 판례는 의무를 명하는 처분과 대집행계고를 1장의 문서로 결합될 수 있다고 하였다.

> 관련 판례 : 계고서라는 명칭의 1장의 문서로서 일정기간 내에 위법건축물의 자진철거를 명함과 동시에 그 소정기한 내에 자진철거를 하지 아니할 때에는 대집행할 뜻을 미리 계고한 경우라도 건축법에 의한 철거명령과 행정대집행법에 의한 계고처분은 독립하여 있는 것으로서 각 그 요건이 충족되었다고 볼 것이다(대판 1992. 6. 12, 91누13564).

(6) 대집행에 대한 구제

① 행정쟁송

ㄱ 대집행에 대하여는 행정심판을 제기할 수 있으며(행정대집행법 제7조), 행정심판의 제기는 법원에 대한 출소의 권리를 방해하지 아니한다(동법 제8조).

ㄴ 계고 · 대집행영장의 통지 : 계고나 대집행영장의 통지는 준법률행위적 행정행위로, 행정소송법상 처분으로 보아 위법한 계고에 대해서는 취소소송을 제기할 수 있다. 수차례 반복되는 계고에 대해서는 1차 계고만을 독립된 처분으로 본다.

ㄷ 대집행의 실행 : 권력적 사실행위로서 대집행에 대한 수인하명이 포함되어 있으므로 항고쟁송 대상으로서의 처분성이 인정된다고 본다(통설 · 판례). 다만, 대집행이 완료된 경우에는 취소를 다툴 실익이 없으므로(대판 1993.

6. 8, 93누6164), 손해배상청구나 원상회복의 청구, 대집행비용 산정 등의 위법을 이유로 하는 비용납부명령의 취소·변경청구가 가능하다. 이러한 측면에서 대집행 실행 전의 집행정지가 의미가 있다고 하겠다.

> 관련 판례 : 대집행계고처분 취소소송의 변론종결 전에 대집행영장에 의한 통지절차를 거쳐 사실행위로서 대집행의 실행이 완료된 경우에는 행위가 위법한 것이라는 이유로 손해배상이나 원상회복 등을 청구하는 것은 별론으로 하고 처분의 취소를 구할 법률상 이익은 없다(대판 1993. 6. 8, 93누6164).

　ⓔ 비용징수 : 비용징수는 하명의 요소를 가지고 있어 행정소송이 가능하다.

② 하자의 승계

　㉠ 대집행의 절차는 계고, 대집행영장의 통지, 대집행의 실행, 비용징수의 4단계에 의해서 이루어지는바, 선행행위의 하자는 후행행위에 승계된다(대판 1993. 11. 9, 93누14271).

　㉡ 다만, 대집행의 전제가 되는 대체적 작위의무의 부과처분(하명처분)과 대집행절차 사이에서는 하자승계가 인정되지 않는다(대판 1982. 7. 27, 81누293).

③ 행정심판 및 손해배상

　㉠ 행정심판 : 대집행에 불복하는 자는 행정심판을 제기할 수 있다.

　㉡ 손해배상 : 대집행의 실행이 완료되면 취소소송의 제기는 각하되나, 이 경우에도 손해배상 청구가 가능하다.

3. 집행벌(이행강제금)

(1) 의의

① 개념 : 집행벌이란 행정법상의 부작위의무나 비대체적 작위의무를 이행하지 않은 경우 그 의무이행을 확보하기 위해 일정액수의 금전을 부과하는 강제집행을 말한다. 일종의 금전벌로서 이행강제금 또는 강제금이라 불린다.

② 성질

　㉠ 행정행위(하명) : 집행벌은 급부의무를 발생시키는 급부하명이다(불복 시 행정소송으로 다툼). 따라서 과태료나 행정벌과는 그 성격을 달리하므로 병과하여 부과할 수 있다.

　㉡ 반복적·계속적 부과 가능 : 집행벌은 위반행위에 대한 제재로서의 벌금형이 아니라 심리적 압박을 통하여 간접적으로 장래의 의무이행을 확보하기 위한 수단으로, 의무를 이행할 때까지 반복적으로 계속 부과하는 처벌이다

Check Point

집행정지
행정심판위원회 또는 법원은 처분 또는 처분의 집행, 절차의 속행으로 중대한(회복하기 어려운) 손해가 생기는 것을 예방할 필요성이 긴급하다고 인정될 때 직권으로 또는 당사자의 신청에 의하여 처분의 효력, 처분의 집행 또는 절차의 속행의 전부 또는 일부의 정지(집행정지)를 결정할 수 있다(행정심판법 제30조 제2항, 행정소송법 제23조 제2항).

Check Point

행정벌과의 구별
집행벌은 장래의 의무이행을 위한 강제집행수단의 일종이라는 측면에서, 과거의 의무위반에 대한 제재로서의 처벌인 행정벌과 구별된다.

(일사부재리의 원칙이 적용되지 않음).

ⓒ 일신전속성 : 이행강제금의 납부의무는 일신전속적 성격을 지니므로 상속인 등에게 승계되지 않는다.

> 관련 판례 : 구 건축법상의 이행강제금은 구 건축법의 위반행위에 대하여 시정명령을 받은 후 시정기간 내에 당해 시정명령을 이행하지 아니한 건축주 등에 대하여 부과되는 간접강제의 일종으로서 그 이행강제금 납부의무는 상속인 기타의 사람에게 승계될 수 없는 일신전속적인 성질의 것이므로 이미 사망한 사람에게 이행강제금을 부과하는 내용의 처분이나 결정은 당연무효이다(대결 2006. 12. 8, 2006마470).

ⓓ 대집행, 형사처벌 등과의 관계 : 이행강제금은 대체적 작위의무에도 부과가 가능하며, 대집행과 성질을 달리하므로 대집행과 이행강제금은 선택적으로 활용될 수 있다. 또한 무허가 건축행위 등에 대한 형사처벌과는 기본적 사실관계로서의 행위나 보호법익·목적 등에 차이가 있어 병과가 가능하다(이중처벌에 해당되지 않음)[헌재 2004. 2. 26, 2001헌바80·84·102·103, 2002헌바26(병합)].

③ 법적 근거 : 집행벌은 의무자에 대한 침익적인 강제수단이므로 법적 근거를 요한다(헌법 제37조 제2항). 다만, 집행벌에 대한 일반적인 규정은 없고 건축법(제80조), 농지법(제62조), 독점규제및공정거래에관한법률(제17조의3), 옥외광고물등의관리와옥외광고산업진흥에관한법률(제10조의3), 부동산실권리자명의등기에관한법률(제6조), 장사등에관한법률(제43조), 근로기준법(제33조) 등에서 '이행강제금'이라는 형식으로 규정되어 있다.

꼭! 확인 기출문제

행정의 실효성 확보수단에 대한 설명으로 옳은 것은? (다툼이 있는 경우 판례에 의함) [국가직 9급 기출]

① 행정상 강제집행이 법률에 규정되어 있는 경우에도 민사상 강제집행은 인정된다.

❷ 건축법상의 이행강제금은 간접강제의 일종으로서 그 이행강제금 납부의무는 일신전속적인 성질의 것이므로 이미 사망한 사람에게 이행강제금을 부과하는 내용의 처분은 당연무효이다.

③ 이행강제금은 형벌과 병과될 경우 이중처벌금지원칙에 반한다.

④ 이행강제금은 비대체적 작위의무 위반에만 부과될 뿐 대체적작위의무의 위반에는 부과될 수 없다.

해 ② 이행강제금 납부의무는 상속인 기타의 사람에게 승계될 수 없는 일신전속적인 성질의 것이다(대판 2006.12.8, 2006마470).

① 행정대집행의 절차가 인정되는 경우에는 따로 민사소송의 방법으로 공작물의 철거, 수거 등을 구할 수는 없다(대판 2000.5.12, 99다18909).

③ 형사처벌과 별도로 시정명령 위반에 대하여 이행강제금을 부과하는 건축법 제83조 제1항이 이중처벌에 해당하지 않는다(대판 2005.8.19, 2005마30). 이행강제금은 형벌이 아니므로 형사처벌과 이행강제금의 부과는 그 처벌 내지 제재대상이 되는 기본적 사실관계로서의 행위를 달리하며, 또한 그 보호법익과 목적에서도 차이가 있으므로 헌법 제13조 제1항이 금지하는 이중처벌에 해당한다고 할 수 없다(헌재 2004.2.26, 2001헌바80).

④ 헌법재판소도 이행강제금을 대체적 작위의무의 위반에 대하여 부과할 수 있다고 본다(헌재 2004.2.26, 2001헌바80, 84, 102, 103, 2002헌바26).

(2) 권리보호

① **불복 시 행정소송절차에 의하는 경우** : 이행강제금부과처분은 행정행위(하명)이므로, 그 불복(이의제기)에 관해 별도의 규정을 두지 않은 경우는 행정행위의 불복절차와 같이 행정소송절차에 의한다(예 건축법 제80조, 옥외광고물등의관리와옥외광고산업진흥에관한법률 제10조의3 등).

② **개별법에 별도 규정을 두는 경우**

ㄱ 이행강제금부과처분이 불복절차에 대해 개별법에 별도 규정을 두는 경우는 질서위반행위규제법의 규정절차에 따른다. 즉, 농지법(제62조 제7항) 등에서 이행강제금부과처분에 대한 이의제기 시 비송사건절차법의 과태료 재판에 따른다고 규정하고 있는데, 과태료 절차에 있어 일반법인 질서위반행위규제법은 과태료 재판절차에 있어서도 우선 적용되므로(질서위반행위규제법 제5조), 결국 이행강제금부과처분에 대한 불복(이의제기)의 경우 질서위반행위규제법의 규정 절차에 의하게 되는 것이다.

ㄴ 판례도 건축법(개정 전의 건축법)상 이행강제금부과처분에 대한 불복 시 당시의 법률 규정에 따라 비송사건절차법의 과태료 재판절차에 따르도록 하였다(대판 2000. 9. 22, 2000두5722). 다만, 건축법 해당부분이 개정·삭제되어 현재는 건축법상의 이행강제금부과처분 불복에 대한 절차는 행정소송절차에 따른다.

> 관련 판례 : 건축법 제83조의 규정에 의하여 부과된 이행강제금 부과처분의 당부는 최종적으로 비송사건절차법에 의한 절차에 의하여만 판단되어야 한다고 보아야 할 것이므로 위와 같은 이행강제금 부과처분은 행정소송의 대상이 되는 행정처분이라고 볼 수 없다 (대판 2000. 9. 22, 2000두5722).

Check Point

질서위반행위규제법 제5조(다른 법률과의 관계)
과태료의 부과·징수, 재판 및 집행 등의 절차에 관한 다른 법률의 규정 중 이 법의 규정에 저촉되는 것은 이 법으로 정하는 바에 따른다.

4. 직접강제

(1) 의의

① **개념** : 직접강제라 함은 행정법상 의무를 이행하지 않은 경우에 행정청이 직접적으로 의무자의 신체 또는 재산에 실력을 가하여 의무가 이행이 된 것과 같은 상태를 실현하는 행정상 강제집행의 작용을 말한다. 이를 테면, 예방접종강제실시, 무허가영업소의 폐쇄, 선박의 강제퇴거, 사증 없는 외국인의 강제퇴거 등을 들 수 있다.

② **구별 개념**

ㄱ **대집행과의 구별** : 직접강제는 급부의무를 제외한 모든 의무의 불이행에

대해 행할 수 있지만, 대집행은 대체적 작위의무에만 행할 수 있다.

ⓛ **강제징수와의 구별** : 직접강제는 행정법규 위반상태를 띠고 있는 재산 자체를 배제하는 성격을 띠나, 강제징수는 금전급부의무의 강제수단이다.

ⓒ **행정상 즉시강제와의 구별** : 직접강제는 의무부과 및 그 불이행을 전제로 하지만, 행정상 즉시강제는 그것을 전제로 하지 않는다(통설).

③ **성질** : 직접강제는 대체적 작위의무 · 비대체적 작위의무 · 부작위의무 · 수인 의무의 불이행에 대한 직접적이고 유형적인 실력행사에 의하여 이루어지는 권력적 사실행위이다.

(2) 법적 근거

즉시강제에 대한 일반법은 존재하지 않고, 출입국관리법(제46조), 공중위생관리법(제11조), 도로교통법(제71조), 식품위생법(제79조), 방어해면법(제7조) 등의 개별법규에서 규정하고 있다. 다만, 출입국관리법상의 강제퇴거에 대해서는 이를 행정상 즉시강제로 보는 견해가 있다.

Check Point

• 출입국관리법 제46조(강제퇴거의 대상자)
• 공중위생관리법 제11조(공중위생영업소의 폐쇄 등)
• 도로교통법 제71조(도로의 위법 인공구조물에 대한 조치)
• 식품위생법 제79조(폐쇄조치 등)
• 방어해면법 제7조(퇴거의 강제 등)

(3) 한계

① 직접강제는 행정청이 직접적으로 신체나 재산에 실력을 행사하여 그 의무를 이행시키는 것으로, 어느 집행보다 개인의 권익에 대한 침해적 성격이 매우 강하여 기본권 침해의 위험성이 높다. 따라서 다른 강제수단이 없는 경우에 한하여 제2차적 강제수단으로 행하여야 할 것이고(보충성 원칙), 엄격한 법률유보원칙에 입각하여 법적 근거에 의해서만 인정되어야 하며, 적용에 있어서도 법익을 비교 · 형량하여야 할 것이다.

② 판례도 직접강제(폐쇄명령)의 적용에 있어 엄격한 법적 근거를 요한다고 보고 있다(대판 2001. 2. 23, 99두6002).

(4) 직접강제에 대한 구제

직접강제는 권력적 사실행위로서 행정소송의 대상이 된다. 따라서 법정요건을 결여하거나 비례원칙이나 보충성의 원칙을 위반한 경우 국가배상손해청구나 행정쟁송으로 그 취소나 변경을 구할 수 있다. 다만, 직접강제는 단시간에 종료되는 것이 보통이어서 권리보호의 이익을 상실하는 경우가 많으며, 이 경우 손해배상 또는 결과제거 · 원상회복 등으로 권리구제를 받을 수밖에 없다. 또한 집행이 종료된 후에도 그 취소로서 회복되는 법률상 이익이 있다면 행정쟁송이 가능하다.

5. 행정상 강제징수

(1) 의의

① **개념** : 공법상의 금전급부의무가 이행되지 아니한 경우 행정청이 의무자의 재산에 실력을 행사하여 그 의무가 이행된 것과 같은 상태를 실현시키는 작용을 말한다.

② **법적 근거** : 행정상 강제징수의 일반법에 해당하는 것은 국세징수법이다. 다만, 국세징수법에서 규정한 사항 중 국세기본법이나 다른 세법에 특별한 규정이 있는 것에 관하여는 그 법률에서 정하는 바에 따른다.

(2) 행정상 강제징수의 절차

① **독촉**

㉠ **의의** : 행정청이 의무자에게 금전납부의무의 이행을 최고하고 이를 불이행할 경우 체납처분을 할 것을 예고하는 통지행위를 말한다. 독촉은 대집행 계고와 같은 준법률행위적 행정행위의 성질을 지닌다.

㉡ **절차** : 국세를 그 납부기한까지 완납하지 아니한 때에는 세무서장은 납기 경과 후 10일 내에 독촉장을 발부하며, 독촉장 또는 납부최고서를 발급할 때에는 납부기한을 발급일부터 20일 내로 한다(국세징수법 10조).

㉢ **형식** : 독촉은 요식행위로서 문서에 의하며, 독촉절차는 생략할 수 없다. 따라서 구두로 하거나 생략하면 그 독촉절차는 무효라 할 것이다. 다만, 판례는 독촉절차 없이 행한 압류의 효과를 무효라 판시한 경우도 있고(대판 1982. 8. 24, 81누162), 이를 무효가 아니라 취소대상으로 판시한 바도 있다.

> 관련 판례 : 납세의무자가 세금을 납부기한까지 납부하지 아니하자 과세청이 그 징수를 위하여 압류처분에 이른 것이라면 비록 독촉절차 없이 압류처분을 하였다 하더라도 이러한 사유만으로는 압류처분을 무효로 되게 하는 중대하고도 명백한 하자로는 되지 않는다 (대판 1987. 9. 22, 1987. 9. 22, 87누383).

㉣ **효과** : 독촉이나 납부최고는 이후 체납처분의 전제요건이며, 또한 채권 소멸시효의 진행을 중단하는 효과가 발생한다.

② **체납처분** : '재산압류 → 매각 → 청산'의 단계로 진행

㉠ **재산압류**

• **의의** : 압류란 체납자의 사실상·법률상 재산처분을 금지하고, 아울러 체납액의 징수를 확보하는 강제적인 보전행위를 말한다. 이러한 압류는 권력적 사실행위로서 독촉장 발부 없이 한 압류처분은 위법하여 행정소송의 대상이 된다(대판 1988. 6. 28, 87누1009).

- 압류요건 : 세무서장은 납세자가 독촉장(납부최고서 포함)을 받고 지정된 기한까지 국세 또는 체납액을 완납하지 아니한 경우에는 납세자의 재산을 압류한다(국세징수법 제24조).
- 압류금지 및 제한 대상

압류금지 재산 (제41조)	• 체납자와 그 동거가족의 생활에 없어서는 아니 될 의복, 침구, 가구와 주방기구 • 체납자와 그 동거가족에게 필요한 3개월간의 식료와 연료 • 인감도장이나 그 밖에 직업에 필요한 인장 • 제사 · 예배에 필요한 물건, 비석 및 묘지 • 체납자 또는 그 동거가족의 상사(喪事) · 장례에 필요한 물건 • 족보나 그 밖에 체납자의 가정에 필요한 장부 · 서류 • 직무상 필요한 제복 · 법의 • 훈장이나 그 밖의 명예의 증표 • 체납자와 그 동거가족의 학업에 필요한 서적과 기구 • 발명 또는 저작에 관한 것으로서 공표되지 아니한 것 • 법령에 따라 급여하는 사망급여금과 상이급여금 • 의료 · 조산의 업 또는 동물진료업에 필요한 기구 · 약품과 그 밖의 재료 • 「주택임대차보호법」 제8조 및 같은 법 시행령의 규정에 따라 우선변제를 받을 수 있는 금액 • 체납자의 생계유지에 필요한 소액금융재산으로서 대통령령으로 정하는 것 • 농업에 필요한 기계 · 기구, 가축류의 사료, 종자와 비료 • 어업에 필요한 어망 · 어구와 어선 • 직업 또는 사업에 필요한 기계 · 기구와 비품
급여채권의 압류 제한 (제42조)	• 급료 · 연금 · 임금 · 봉급 · 상여금 · 세비 · 퇴직연금, 그 밖에 이와 비슷한 성질을 가진 급여채권에 대하여는 그 총액의 2분의 1에 해당하는 금액은 압류하지 못한다. • 퇴직금이나 그 밖에 이와 비슷한 성질을 가진 급여채권에 대하여는 그 총액의 2분의 1에 해당하는 금액은 압류하지 못한다.
초과압류의 금지 (제32조)	세무서장은 국세를 징수하기 위하여 필요한 재산 외의 재산을 압류할 수 없다.

- 압류의 해제(제57조)
  - 압류와 관계되는 체납액의 전부가 납부 또는 충당(국세환급금, 그 밖에 관할 세무서장이 세법상 납세자에게 지급할 의무가 있는 금전을 체납액과 대등액에서 소멸시키는 것)된 경우
  - 국세 부과의 전부를 취소한 경우
  - 여러 재산을 한꺼번에 공매(公賣)하는 경우로서 일부 재산의 공매대금으로 체납액 전부를 징수한 경우
  - 총 재산의 추산(推算)가액이 강제징수비를 징수하면 남을 여지가 없어 강제징수를 종료할 필요가 있는 경우(다만, 제59조에 따른 교부청구 또는 제61조에 따른 참가압류가 있는 경우로서 교부청구 또는 참가압류와

관계된 체납액을 기준으로 할 경우 남을 여지가 있는 경우는 제외)

- 그 밖에 압류할 필요가 없게 된 경우
- 관할 세무서장은 압류 후 재산가격이 변동하여 체납액 전액을 현저히 초과한 경우, 압류와 관계되는 체납액의 일부가 납부 또는 충당된 경우, 국세 부과의 일부를 취소한 경우, 체납자가 압류할 수 있는 다른 재산을 제공하여 그 재산을 압류한 경우에 압류재산의 전부 또는 일부에 대하여 압류를 해제할 수 있다.

ⓛ 매각

- 의의 및 방법 : 매각이란 압류재산을 금전으로 환가하는 것을 말한다. 압류재산은 통화를 제외하고 공매에 의하여 매각하나, 예외적으로 수의계약에 의하는 경우도 있다.
- 매각의 성질
  - 공매처분은 공법상 대리의 성질을 가지나(다수설 · 판례), 수의계약은 사법상 계약의 성질을 갖는다.
  - 판례는 체납처분으로서 행하는 공매는 우월적 공권력의 행사로서 행정소송의 대상이 되는 공법상의 처분이라 보았다(대판 1984. 9. 25, 84누201 등). 공매결정 · 공매통지 · 공매공고는 소유권 변동이 발생하지 않으므로 행정처분이 될 수 없다(대판 1998. 6. 26, 96누12030 등).
  - 다만, 판례는 공매통지의 성격에 대한 종래의 입장(공매통지는 공매의 요건이 아니라 공매사실 자체를 체납자 등에게 알려주는 데 불과한 것)을 변경하여 공매통지를 공매의 절차적 요건에 해당된다고 하였다.

> 관련 판례 : 체납자 등에 대한 공매통지는 국가의 강제력에 의하여 진행되는 공매에서 체납자 등의 권리 내지 재산상의 이익을 보호하기 위하여 법률로 규정한 절차적 요건이라고 보아야 하며, 공매처분을 하면서 체납자 등에게 공매통지를 하지 않았거나 공매통지를 하였더라도 그것이 적법하지 아니한 경우에는 절차상의 흠이 있어 그 공매처분은 위법하다. 다만, 공매통지의 목적이나 취지 등에 비추어 보면, 체납자 등은 자신에 대한 공매통지의 하자만을 공매처분의 위법사유로 주장할 수 있을 뿐 다른 권리자에 대한 공매통지의 하자를 들어 공매처분의 위법사유로 주장하는 것은 허용되지 않는다[대판 2008. 11. 20, 2007두18154(전합)].

  - 공매통지 그 자체는 항고소송의 대상이 되는 행정처분이 아니다(대판 2011. 3. 24, 2010두25527).

ⓒ 청산 : 세무서장은 압류한 금전과 채권 · 유가증권 · 무체재산권 등의 압류로 인하여 체납자 또는 제3채무자로부터 받은 금전, 압류재산의 매각대금 및 그 매각대금의 예치이자, 교부청구에 의하여 받은 금전을 배분순위(체납처분비 → 국세)에 따라 배분하고 잔액이 있는 때는 체납자에게 지급하

Check Point

수의계약
경쟁이나 입찰에 의하지 않고 상대편을 임의로 선택하여 체결하는 계약을 말한다.

며, 부족한 경우 민법이나 그 밖의 법령에 따라 배분할 순위와 금액을 정하여 배분한다.

③ 체납처분의 중지 · 유예

Check Point

결손처분 규정의 삭제
종전 결손처분에 관한 규정은 국세징수법 개정(2011. 12. 31)으로 삭제되었다.

㉠ 체납처분의 중지와 공고 : 체납처분의 목적물인 총재산의 추산가액이 체납처분비에 충당하고 남을 여지가 없을 때에는 체납처분을 중지하여야 한다.

㉡ 체납처분 유예 : 세무서장은 체납자가 국세청장이 정하는 성실납세자 기준에 해당하는 경우와 재산의 압류 · 매각을 유예함으로써 사업을 정상적으로 운영할 수 있게 되어 체납액의 징수가 가능하다고 인정되는 경우 재산의 압류나 압류재산의 매각을 유예할 수 있다.

국세체납정리위원회(국세징수법 제106조)
국세의 체납정리에 관한 사항을 심의하기 위하여 지방국세청과 대통령령으로 정하는 세무서에 국세체납정리 위원회를 두며, 위원회의 조직과 운영에 필요한 사항은 대통령령으로 정한다.

(3) 행정상 강제징수에 대한 구제

① 행정쟁송

㉠ 개별법이 정한 경우 그 개별법이 정하는 바에 따르고, 개별법에 규정이 없는 한 강제징수에 대해 불복이 있는 자는 행정쟁송절차에 의해 취소나 변경을 구할 수 있다.

㉡ 다만, 국세기본법의 규정에 따라 행정심판에 있어서는 행정심판법의 규정을 적용하지 아니하고 국세기본법상의 특별한 절차에 의한다[이의신청(임의절차) → 심사청구 또는 심판청구 → 행정소송]. 또한 여기서 심사청구 또는 심판청구와 그에 대한 결정을 거치지 않으면 행정소송을 제기할 수 없다(둘 중 하나는 거쳐야 행정소송제기 가능).

㉢ 판례는 정당한 사유가 있는 경우 납세의무자가 전심절차를 걸치지 않고도 과세처분취소소송을 제기할 수 있다고 하였다(대판 2000. 9. 26, 99두1557).

② 하자의 승계

㉠ 강제징수의 절차[독촉 및 체납처분(재산압류 · 매각 · 청산)]는 모두가 결합하여 하나의 법률효과를 완성하는 관계에 있어 하자의 승계가 인정된다.

㉡ 다만, 강제징수의 전제가 되는 조세부과처분과 독촉 사이에서는 승계되지 않는다.

제3절 행정상 즉시강제

1. 개설

(1) 의의

① **개념** : 행정상 즉시강제란 행정상 장해가 존재하거나 장해의 발생이 목전에 급박한 경우 그 장해를 제거할 필요가 있는 경우에 미리 의무를 명할 시간적 여유가 없거나 그 성질상 의무를 명해서는 행정목적을 달성할 수 없는 때에 행정청이 직접 개인의 신체나 재산에 실력을 가하여 행정상 필요한 상태를 실현하는 권력적 사실행위의 작용을 말한다. 이를 행정상 즉시집행이라고도 한다.

② **구별 개념**

　㉠ **행정벌** : 즉시강제는 행정상 필요한 상태의 실현을 위한 행정작용이고, 행정벌은 과거 의무위반에 대한 제재이다.

　㉡ **행정상 강제집행** : 양자 모두 권력적 사실행위라는 점에서는 같으나, 즉시강제는 의무의 불이행을 전제요소로 하지 않고 행정상 강제집행은 의무의 불이행을 전제요소로 한다는 점에서 차이가 있다.

　㉢ **행정조사** : 양자는 행정상 필요한 일정한 상태를 실현시키는 강제적인 작용이라는 점에서 같으나, 즉시강제는 직접적인 실력행사를 통하여 일정한 상태를 실현시키는 집행적 행위이고 권력적 행정조사는 자료수집을 통해 행정목적을 수행하기 위한 예비적·보조적 조사작용이라는 점에서 그 근본적인 차이가 있다.

(2) 성질

행정상 즉시강제는 발생된 의무를 이행시키기 위한 수단으로 실력을 행사하는 권력적 사실행위임과 동시에 그 실력행사에 참여하여야 한다는 수인의무가 발생하는 법적 행위이다. 즉, 행정상 즉시강제는 사실행위와 법적 행위가 결합한 행위로서 항고소송의 대상이 되는 처분의 성질을 가지고 있다.

(3) 법적 근거

① **이론적 근거** : 종래에는 공공의 안녕과 질서유지와 관련하여 법률의 특별한 수권이 없어도 공권력 발동이 가능하다는 국가의 긴급방위권이론이나 경찰행정법상의 일반규정에서 근거를 찾았으나, 실질적 법칙국가의 원칙이 관철된 오늘날의 행정상 즉시강제는 침익적 행정행위로서 법률상의 근거를 요한다는

것이 일반적 견해이다.

② **실정법상 근거** : 경찰작용영역에서의 일반법으로 경찰관직무집행법이 있으며, 그 밖의 단행법으로는 마약류관리에관한법률(제41조), 소방기본법(제25조 · 제27조), 식품위생법(제56조), 감염병예방및관리에관한법률(제42조) 등에 규정되어 있다.

2. 행정상 즉시강제의 수단(종류)

구분	경찰관직무집행법상 수단	개별법상 수단
대인적 강제	• 보호조치(제4조) • 위험발생방지조치(억류, 피난 등)(제5조) • 범죄예방 · 제지(제6조) • 경찰장비사용(장구 · 분사기 · 최루탄 · 무기사용)(제10조) d. 불심검문(제3조)은 행정조사로 보는 견해가 다수설	• 강제건강진단 · 강제격리 · 교통차단(감염병예방및관리에관한법률 제19조 · 47조) • 강제수용(마약류관리에관한법률 제40조) • 소방활동 종사명령(소방기본법 제24조) • 응급부담종사명령(자연재해대책법) • 원조강제(수난구호법) • 응급조치(재난및안전관리기본법 제37조) • 강제퇴거 대상 외국인 보호조치(출입국관리법 제51조)
대물적 강제	• 물건 등의 임시영치(제4조) • 위험발생방지조치(제5조)	• 물건의 폐기 · 압수(식품위생법, 약사법) • 물건의 영치 · 몰수(청소년보호법, 형의집행및수용자의처우에관한법률 제25조 · 제137조) • 강제처분(소방기본법 제25조) • 교통장해물제거(도로교통법 제71조) • 물건이나 시설의 이전 · 분산 · 소개 등(민방위기본법, 소방기본법)
대가택적 강제	가택출입(제7조) 등	가택수색, 임검 · 검사 및 수색(조세범처벌법, 총포 · 도검 · 화약류등단속법) 등

3. 행정상 즉시강제의 한계

(1) 실체법상의 한계

① **법규상 한계** : 행정상 즉시강제는 의무부과를 전제로 하지 않고 행하는 침익적 행정행위에 해당하므로, 법적 안정성과 예측가능성이라는 법치국가의 원칙이 관철된 오늘날에 있어서는 발동에 있어 엄격한 법적 근거를 요한다고 할 수 있다.

② **조리상 한계**

　㉠ **소극 · 필요성 원칙** : 위험제거를 통한 질서유지를 위해서만 발동되어야

한다.

ⓛ **급박성 · 적합성 원칙** : 행정상 장애가 현존하거나 발생이 목전에 급박하여 야 한다.

ⓒ **보충성 원칙** : 목전에 급박한 행정상의 장해 해결이 침익적 수단 이외의 다른 수단으로는 달성이 불가능한 경우에만 발동되어야 한다.

ⓔ **비례성(상당성) 원칙** : 목적달성에 최소침해를 가져오는 수단을 선택하여야 한다.

(2) 절차법상의 한계(영장주의와의 관계)

① 학설

ⓕ **영장필요설** : 다른 명문규정이 없는 한 인권보장의 견지에서 행정상 즉시강제에도 형사목적과 마찬가지로 영장을 필요로 한다는 견해이다.

ⓛ **영장불요설** : 헌법상 영장주의는 형사권 발동에 대한 제한규정이나, 즉시강제는 행정상의 목적을 위하여 행하는 것이므로 형사절차를 적용할 수는 없다는 견해이다.

ⓒ **절충설** : 영장주의는 행정상 즉시강제에도 적용되는 것이 원칙이나, 행정목적 달성을 위해 불가피한 경우에 예외적으로 영장주의 적용이 배제된다는 견해이다(다수설).

② **판례** : 대법원은 절충설의 입장을 취해 행정목적의 달성을 위해 불가피하다고 인정할 만한 특별한 사유가 있는 경우에는 사전영장주의를 적용받지 않는다고 본다(대판 1997. 6. 13, 96다56115). 헌법재판소도 같은 입장을 취하고 있다.

> 관련 판례 : 이 사건 법률(음반 · 비디오물및게임물에관한법률)조항은 급박한 상황에 대처하기 위한 것으로서 그 불가피성과 정당성이 충분히 인정되는 경우이므로, 이 사건 법률조항이 영장 없는 수거를 인정한다고 하더라도 이를 두고 헌법상 영장주의에 위배되는 것으로는 볼 수 없다(헌재 2002. 10. 31, 2000헌가12).

4. 행정상 즉시강제에 대한 구제

(1) 적법한 즉시강제에 대한 구제

개별법에서 손실보상의 규정을 두고 있는 경우 그 법률이 정하는 바에 의하여 손실보상청구를 할 수 있다(자연재해대책법 제68조). 다만, 명문규정이 없을 경우 즉시강제로 인해 특정인에 귀책사유 없이 특별한 희생이 발생되었다면 그 손실보상을 청구할 수 있다 할 것이다(헌법 제23조 제3항).

(2) 위법한 즉시강제에 대한 구제

① **행정쟁송** : 행정상 즉시강제는 권력적 사실행위로, 항고쟁송의 대상으로서의 처분성이 인정된다는 것이 다수설이다(쟁송법상 처분개념설). 다만, 즉시강제의 속성상 단기간에 종료되어 취소나 변경을 구하는 소의 이익이 없는 경우가 많으며, 이 경우 손해배상이나 원상회복을 청구할 수 있을 것이다. 그러나 침해행위가 비교적 장기에 걸쳐 계속되거나 취소로 회복될 법률상 이익이 있을 경우에는 취소소송을 통한 구제가 가능하다(행정소송법 제12조).

② **행정상 손해배상** : 위법한 즉시강제로 신체 또는 재산상의 손해를 입은 자는 국가나 공공단체에 대하여 손해배상을 청구할 수 있다(국가배상법 제2조, 헌법 제29조).

③ **인신보호제도** : 행정처분 또는 사인에 의한 시설에의 수용으로 인하여 부당하게 인신의 자유를 제한당하고 있는 개인은 인신보호법에 따라 관할법원에 구제를 신청할 수 있는 제도를 말한다(인신보호법 제1조·제4조). 이는 헌법(제12조 제6항)이 보장하고 있는 기본권을 보호하는 것을 목적으로 한다.

④ **정당방위** : 행정상 즉시강제가 형법(제21조)상 정당방위의 요건을 충족한다면 그 저항행위는 공무집행방해죄를 구성하지 않는다(대판 91도2729). 다만, 행정행위의 공정력으로 인해 즉시강제가 당연무효인 경우에 한하여 정당방위가 적용된다.

⑤ **기타 구제수단** : 감독청의 즉시강제 취소·정지명령, 당해 공무원에 대한 형사 및 징계책임, 고소·고발·청원 등의 간접적 방법이 있다.

Check Point

행정소송법 제12조(원고적격)
취소소송은 처분 등의 취소를 구할 법률상 이익이 있는 자가 제기할 수 있다. 처분 등의 효과가 기간의 경과, 처분 등의 집행 그 밖의 사유로 인하여 소멸된 뒤에도 그 처분 등의 취소로 인하여 회복되는 법률상 이익이 있는 자의 경우에는 또한 같다.

Check Point

대한민국헌법 제12조 제6항
누구든지 체포 또는 구속을 당한 때에는 적부의 심사를 법원에 청구할 권리를 가진다.

제4절 행정조사

1. 의의 및 근거

(1) 개념

행정조사란 적정하고도 효과적인 행정작용을 위하여 행정기관이 각종 정보나 자료를 수집하기 위하여 행하는 권력적 조사활동을 말한다. 구체적 조사활동에는 현장조사나 문서열람, 시료채취, 대상자에 대한 보고 및 자료제출요구, 출석·진술요구 등이 있다.

Check Point

행정조사
종래에는 행정조사를 행정상 즉시강제로 논의하였으나, 최근에는 행정목적의 적정성과 효율성을 확보하기 위한 예비적·보조적 작용(질문·검사 등의 자료수집활동)을 행정상 즉시강제에서 분리하여 논의하고 있다.

(2) 행정상 즉시강제와 구분

구분	행정상 즉시강제	행정조사
목적	행정상 필요한 결과를 실현(직접적·종국적 실현작용)	행정작용을 위한 준비작용으로서의 조사·자료수집(준비적·보조적 수단)
방법	행정청의 직접적인 실력행사	행정벌이나 불이익처분에 의해 행정조사를 수인시킴
긴급성	요구됨	요구되지 않음
성질	권력적 집행작용	권력적 또는 비권력적 조사작용
일반법	경찰관직무집행법	행정조사기본법

(3) 법적 근거

① 권력적 행정조사

⊙ 일반적으로 실력행사가 인정되는 권력적 행정조사(강제조사)는 사인의 신체 또는 재산적 침해를 가져오는바, 법치주의 원칙에 따라 그 법적 근거를 요한다.

© 개별법적 근거 : 경찰관직무집행법상의 불심검문(제3조), 식품위생법상의 검사(제16조), 총포·도검·화약류등단속법상의 출입검사(제44조), 근로기준법상의 사업장 등의 임검·질문(제102조), 국세기본법상의 질문·검사권(제76조), 국세징수법상의 질문·검사권(제36조) 등이 있다.

② 비권력적 행정조사 : 행정조사에는 권력적 조사작용 외에 임의적 협력에 의한 비권력적 조사작용도 포함된다는 견해에서 비권력적 행정조사(임의조사)는 법적 근거를 요하지 않는다. 그러나 행정조사기본법에서는 권력적 행정조사만을 그 대상으로 하고 있다(행정조사기본법 제2조).

2. 행정조사의 종류

(1) 조사대상에 의한 분류

① 대인적 조사 : 불심검문, 질문, 신체수색, 음주측정, 강제건강진단 등

② 대물적 조사 : 장부·서류의 열람, 시설검사, 물건의 검사·수거, 토지의 출입·조사 등

③ 대가택적 조사 : 개인의 주거·창고·영업소 등에 대한 출입·검사 등

(2) 조사방법·성질에 의한 분류

Check Point

행정조사기본법에서의 행정조사 (제2조 제1호)
행정조사란 행정기관이 정책을 결정하거나 직무를 수행하는 데 필요한 정보나 자료를 수집하기 위하여 현장조사·문서열람·시료채취 등을 하거나 조사대상자에게 보고요구·자료제출요구 및 출석·진술요구를 행하는 활동을 말한다.

① 권력적 · 강제적 조사 : 영업장부나 영업소에 대한 실력적 조사 · 수색 등

② 비권력적 · 임의적 조사 : 임의적 협력에 의한 경우, 공청회, 여론조사 등

(3) 조사목적에 따른 분류

① 개별적 조사 : 특정인의 토지 등의 출입조사, 특정영업자의 식품생산실적 등의 보고

② 일반적 조사 : 통계조사, 징병검사대상자의 조사 등

3. 행정조사의 한계

(1) 실체법상 한계

① 법규상의 한계 : 행정조사는 당해 행정목적 범위 내에서만 가능하며(합목적성), 수권법상 조사목적에 따라 행해져야 하고(목적부합성), 위법한 목적을 위한 조사는 불가능하다(대판 1998. 7. 24, 96다42789). 권력적 조사는 근거법규 내에서만 가능하다(대판 1992. 4. 10, 91도3044).

② 조리상 한계 : 행정조사는 비례원칙과 보충성 원칙, 중복조사금지 · 비밀누설금지 · 목적 외 사용금지 원칙 등 조리상의 한계 내에서 이루어져야 한다.

(2) 절차법상 한계

① 행정조사의 일반적 절차 : 사전통지 · 의견제출, 당해 공무원의 증표 휴대 · 제시, 결과의 통지 등 일반적 절차규정이 준수되어야 한다.

② 영장주의 : 헌법상 영장주의가 행정조사에도 적용되는가 여부에 대해 긍정설과 부정설, 긴급한 경우에 한하여 영장이 필요하다는 절충설(다수설)이 있다. 이에 대해 판례는 '긴급을 요하는 경우에 한하여 수색압수를 하고 사후에 영장교부를 받아야 할 것이다'라고 하여 절충설의 태도를 취하고 있다.

(3) 실력행사의 가능성

적법한 행정조사에 대하여 수인의무가 있음에도 이를 거부할 경우 필요한 행정조사를 할 수 있는가에 대해 피조사자의 저항은 위법한 것이어서 조사를 강행할 수 있다는 견해가 있으나, 현행법에서는 수인의무를 거절하는 자에게는 벌칙 등 불이익을 처분할 수 있는 근거규정을 두고 있을 뿐이므로 명문규정이 없는 한 행정조사를 위해 행정청은 실력을 행사할 수 없다는 것이 지배적 견해이다.

4. 행정조사에 대한 구제

(1) 적법행위

적법한 행정조사로 인하여 자신의 귀책사유 없이 재산상 손실을 받은 자는 그 특별한 희생에 대하여 손실보상을 청구할 수 있다.

(2) 위법행위

① 행정쟁송 : 행정행위 형식을 취하는 행정조사는 물론, 권력적 사실행위로서의 행정조사도 항고쟁송의 대상으로서의 처분성이 인정된다.

② 손해배상 : 위법한 행정조사로 인해 재산상의 손해를 받은 자는 국가배상법의 규정에 따라 당연히 그 손해배상을 청구할 수 있다.

③ 기타 : 위법한 행정조사에 대해 정당방위가 가능하다 할 것이고, 그 밖에 청원, 행정청의 직권취소, 공무원의 형사상 책임, 징계책임제도 등은 간접적으로 위법한 행정조사에 대한 구제제도로서의 의미를 갖는다.

(3) 위법조사와 행정행위의 효력

① 논점 : 위법한 행정조사를 기초로 한 행정처분의 효력이 문제된다(예 위법한 세무조사에 의한 과세처분의 효력). 이는 행정조사의 결과(자료가 정보)는 정확하나 조사가 실체법적·절차법적으로 위법한 경우 그 조사의 위법성이 승계되는가의 문제이다.

② 학설

㉠ 승계긍정설(적극설) : 조사 자체가 위법하게 이루어졌다면 조사의 결과로 얻은 자료가 정당한 것이라 하여도 하자있는 결정으로 보아야 한다는 견해이다.

㉡ 승계부정설(소극설) : 행정조사는 행정행위를 하기 위한 예비작용이며 그에 따른 행정처분은 별개의 행정작용이므로, 행정조사의 위법성이 승계되지 않는다고 보는 견해이다.

㉢ 절충설(통설) : 행정조사는 예비작용이므로 위법성이 승계되지 않는 것이 원칙이나, 행정조사가 행정의사결정의 필수절차로 규정된 경우에는 그 하자가 승계되므로 이 경우 행정조사의 위법성을 이유로 후속처분의 취소를 구할 수 있다는 견해이다.

③ 판례 : 적극설의 입장을 취하여 위법한 행정조사에 기초한 행정처분도 위법하다고 보았다.

관련 판례 : 납세자에 대한 부가가치세 부과처분이, 종전의 부가가치세 경정조사와 같은 세목 및 같은 과세기간에 대하여 중복하여 실시된 위법한 세무조사에 기초하여 이루어진 것이어서 위법하다(대판 2006. 6. 2, 2004두12070).

5. 행정조사기본법의 주요 내용

(1) 총칙

① 행정조사의 의의(제2조) : 행정조사란 행정기관이 정책을 결정하거나 직무를 수행하는 데 필요한 정보나 자료를 수집하기 위하여 현장조사·문서열람·시료채취 등을 하거나 조사대상자에게 보고요구·자료제출요구 및 출석·진술요구를 행하는 활동을 말한다.

② 적용제외 사항(제3조) : 다음의 사항에 대하여는 이 법을 적용하지 않는다.

㉠ 행정조사를 한다는 사실이나 조사내용이 공개될 경우 국가의 존립을 위태롭게 하거나 국가의 중대한 이익을 현저히 해칠 우려가 있는 국가안전보장·통일 및 외교에 관한 사항

㉡ 국방 및 안전에 관한 사항 중 군사시설·군사기밀보호 또는 방위사업에 관한 사항, 병역법·예비군법·민방위기본법·비상대비자원관리법에 따른 징집·소집·동원 및 훈련에 관한 사항

㉢ 공공기관의정보공개에따른법률 제4조 제3항의 정보에 관한 사항

㉣ 근로기준법 제101조에 따른 근로감독관의 직무에 관한 사항

㉤ 조세·형사·행형 및 보안처분에 관한 사항

㉥ 금융감독기관의 감독·검사·조사 및 감리에 관한 사항

㉦ 독점규제및공정거래에관한법률 등에 따른 공정거래위원회의 법률위반행위 조사에 관한 사항

③ 행정조사의 기본원칙(제4조)

㉠ 조사목적을 달성하는 데 필요한 최소한의 범위 안에서 실시하여야 하며, 다른 목적 등을 위하여 조사권을 남용하여서는 안 된다.

㉡ 행정기관은 조사목적에 적합하도록 조사대상자를 선정해 행정조사를 실시해야 한다.

㉢ 행정기관은 유사하거나 동일한 사안에 대하여는 공동조사 등을 실시함으로써 행정조사가 중복되지 않게 해야 한다.

㉣ 법령 위반에 대한 처벌보다는 법령 준수를 유도하는 데 중점을 두어야 한다.

㉤ 다른 법률에 따르지 않고는 행정조사의 대상자나 내용을 공표하거나 직무

상 알게 된 비밀을 누설해서는 안 된다.

ⓗ 행정기관은 행정조사를 통해 알게 된 정보를 원래의 조사목적 이외의 용도로 이용하거나 타인에게 제공해서는 안 된다.

④ **행정조사의 근거(제5조)** : 행정기관은 법령 등에서 행정조사를 규정하고 있는 경우에 한하여 행정조사를 실시할 수 있다. 다만, 조사대상자의 자발적인 협조를 얻어 실시하는 행정조사의 경우는 예외이다.

(2) 조사의 주기 및 조사대상 선정

① 행정조사의 주기(제7조)

ㄱ **정기조사** : 행정조사는 법령이나 행정조사운영계획으로 정하는 바에 따라 정기적으로 실시함을 원칙으로 한다.

ㄴ **수시조사** : 다음의 경우에는 수시조사를 할 수 있다.

• 법률에서 수시조사를 규정하고 있는 경우

• 법령 등의 위반에 대하여 혐의가 있는 경우

• 다른 행정기관으로부터 법령 등의 위반에 관한 혐의를 통보 또는 이첩받은 경우

• 법령 등의 위반에 대한 신고를 받거나 민원이 접수된 경우

• 그 밖에 행정조사의 필요성이 인정되는 사항으로서 대통령령(행정조사기본법 시행령 제3조)으로 정하는 경우

② **조사대상의 선정(제8조)** : 행정기관의 장은 행정조사의 목적, 법령준수의 실적, 자율적인 준수를 위한 노력, 규모와 업종 등을 고려하여 명백하고 객관적인 기준에 따라 행정조사의 대상을 선정하여야 한다.

(3) 행정조사의 방법

① 출석 · 진술 요구(제9조)

ㄱ 행정기관의 장이 조사대상자의 출석 · 진술을 요구하는 때에는 일시와 장소, 출석요구의 취지, 출석하여 진술할 내용, 제출자료, 출석거부에 대한 제재 등의 사항이 기재된 출석요구서를 발송하여야 한다.

ㄴ 조사대상자는 필요한 때에는 출석일시 변경신청을 할 수 있으며, 행정기관의 장은 행정조사 목적달성 범위 안에서 이를 변경할 수 있다.

ㄷ 원칙적으로 조사원은 조사대상자의 1회 출석으로 당해 조사를 종결하여야 한다.

② 보고요구와 자료제출 요구(제10조)

ㄱ 행정기관의 장은 조사대상자에게 조사사항에 대하여 보고를 요구하는 때

에는 일시와 장소, 조사의 목적과 범위, 보고하여야 하는 내용, 보고거부에 대한 제재(근거법령 및 조항 포함), 그 밖에 당해 행정조사와 관련하여 필요한 사항이 포함된 보고요구서를 발송하여야 한다.

ⓛ 행정기관의 장은 조사대상자에게 장부·서류나 그 밖의 자료를 제출하도록 요구하는 때에는 제출기간, 제출요청사유, 제출서류, 제출서류의 반환 여부, 제출거부에 대한 제재(근거법령 및 조항 포함), 그 밖에 당해 행정조사와 관련하여 필요한 사항이 기재된 자료제출요구서를 발송하여야 한다.

③ **현장조사(제11조)**

ⓖ 조사원이 가택·사무실 또는 사업장 등에 출입하여 현장조사를 실시하는 경우에는 행정기관의 장은 조사목적·기간·장소, 조사원의 성명·직위 등의 사항이 기재된 현장출입조사서 등을 조사대상자에게 발송하여야 한다.

ⓛ 원칙적으로 현장조사는 해가 뜨기 전이나 해가 진 뒤에는 할 수 없다.

ⓒ 현장조사를 하는 조사원은 권한을 나타내는 증표를 조사대상자에게 내보여야 한다.

④ **시료채취(제12조)**

ⓖ 조사원이 조사목적의 달성을 위해 시료채취를 하는 경우 그 시료의 소유자 및 관리자의 정상적인 경제활동을 방해하지 않는 범위 안에서 최소한도로 하여야 한다.

ⓛ 행정기관의 장은 시료채취로 조사대상자에게 손실을 입힌 경우 대통령령으로 정하는 절차와 방법에 따라 그 손실을 보상하여야 한다.

⑤ **자료 등의 영치(제13조)** : 조사원이 현장조사 중에 자료·서류·물건 등을 영치하는 때에는 조사대상자 또는 그 대리인을 입회시켜야 하며 조사원이 이에 따라 자료등을 영치하는 경우에 조사대상자의 생활이나 영업이 사실상 불가능하게 될 우려가 있는 때에는 조사원은 자료등을 사진으로 촬영하거나 사본을 작성하는 등의 방법으로 영치에 갈음할 수 있다. 다만, 증거인멸의 우려가 있는 자료등을 영치하는 경우에는 그러하지 아니하다. 조사원이 영치를 완료한 때에는 영치조서 2부를 작성하여 입회인과 함께 서명날인하고 그중 1부를 입회인에게 교부하여야 하며, 행정기관의 장은 영치한 자료등을 검토한 결과 당해 행정조사와 관련이 없다고 인정되는 경우와 당해 행정조사의 목적의 달성 등으로 자료등에 대한 영치의 필요성이 없게 된 경우, 이를 즉시 반환하여야 한다.

⑥ **공동조사(제14조)** : 당해 행정기관 내의 2 이상의 부서가 동일하거나 유사한 업무분야에 대하여 동일한 조사대상자에게 행정조사를 실시하는 경우와 서로 다른 행정기관이 대통령령으로 정하는 분야에 대하여 동일한 조사대상자에게

Check Point

현장조사 시간적용예외
• 조사대상자(대리인 및 관리책임이 있는 자 포함)가 동의한 경우
• 사무실 또는 사업장 등의 업무시간에 행정조사를 실시하는 경우
• 해가 뜬 후부터 해가 지기 전까지 행정조사를 실시하는 경우에는 조사목적의 달성이 불가능하거나 증거인멸로 인하여 조사대상자의 법령 등의 위반 여부를 확인할 수 없는 경우

행정조사를 실시하는 경우에는 공동조사를 하여야 한다.

⑦ **중복조사의 제한(제15조)** : 정기조사(원칙) 또는 수시조사(예외)를 실시한 행정기관의 장은 동일한 사안에 대하여 동일한 조사대상자를 재조사해서는 안 된다. 다만, 당해 행정기관이 이미 조사를 받은 조사대상자에 대하여 위법행위가 의심되는 새로운 증거를 확보한 경우에는 재조사가 가능하다.

(4) 조사실시

① **조사의 사전통지(제17조)** : 행정조사를 실시하고자 하는 행정기관의 장은 출석요구서, 보고요구서 · 자료제출요구서 및 현장출입조사서를 조사개시 7일 전까지 조사대상자에게 서면으로 통지하여야 한다. 다만, 증거인멸 등의 우려가 있어 행정조사의 목적을 달성할 수 없다고 판단되는 경우, 통계법에 따른 지정통계 작성을 위한 조사 등의 경우, 조사대상자의 자발적인 협조를 얻어 실시하는 행정조사의 경우에는 행정조사의 개시와 동시에 출석요구서 등을 제시하거나 행정조사의 목적 등을 구두로 통지할 수 있다.

② **조사의 연기신청(제18조)** : 출석요구서 등을 통지받은 자가 천재지변 등의 사유로 인하여 행정조사를 받을 수 없는 때에는 당해 행정조사 연기를 행정기관의 장에게 요청할 수 있다.

③ **의견제출(제21조)** : 조사대상자는 조사의 사전통지 내용에 대해 행정기관의 장에게 의견을 제출할 수 있으며, 조사대상자가 제출한 의견이 상당한 이유가 있는 경우 행정기관의 장은 이를 행정조사에 반영하여야 한다.

④ **조사원 교체신청(제22조)** : 조사대상자는 조사원에게 공정한 행정조사를 기대하기 어려운 사정이 있다고 판단되는 경우에는 행정기관의 장에게 당해 조사원의 교체를 서면으로 신청할 수 있다.

⑤ **조사권 행사의 제한(제23조)**

㉠ 조사원은 사전에 발송된 사항에 한하여 조사하되, 사전통지한 사항과 관련된 추가적인 행정조사가 필요할 경우에는 조사대상자에게 추가조사의 필요성과 조사내용 등에 관한 사항을 서면이나 구두로 통보한 후 추가조사를 실시할 수 있다.

㉡ 조사대상자는 법률 · 회계 등의 전문지식이 있는 관계 전문가로 하여금 행정조사를 받는 과정에 입회하게 하거나 의견을 진술하게 할 수 있다.

㉢ 조사대상자와 조사원은 조사과정을 방해하지 않는 범위 안에서 행정조사의 과정을 녹음하거나 녹화할 수 있다. 이 경우 녹음 · 녹화의 범위 등은 상호 협의하여 정한다.

⑥ **조사결과의 통지(제24조)** : 행정기관의 장은 법령 등에 특별한 규정이 있는 경

우를 제외하고는 행정조사의 결과를 확정한 날부터 7일 이내에 그 결과를 대상자에게 통지한다.

(5) 자율관리체제의 구축 등

① **자율신고제도(제25조)** : 행정기관의 장은 법령 등에서 규정하고 있는 조사사항을 조사대상자로 하여금 스스로 신고하도록 하는 제도를 운영할 수 있으며, 이에 따라 신고한 경우 그 신고내용을 행정조사에 갈음할 수 있다.

② **자율관리체제의 구축(제26조)** : 행정기관의 장은 대상자가 자율적으로 조사사항을 신고·관리하고 법령준수사항을 통제하도록 하는 자율관리체제의 기준을 마련해 고시할 수 있다.

제2장

행정벌

제1절 행정형벌

1. 의의

(1) 개념

행정형벌이란 행정법상의 의무위반, 즉 행정법규에 의한 명령 또는 금지에 위반하여 행정목적을 침해하는 행위에 대하여 일반통치권에 의해 과하는 처벌을 말한다. 또한 행정형벌은 형법상의 형벌(사형·징역·금고·자격상실·자격정지·벌금·구류·몰수·과료)을 가하는 행정벌로서 원칙적으로 형법총칙이 적용되며, 형사소송법의 절차에 따라 과형한다.

(2) 구별 개념

① 징계벌과의 구별 : 양자는 목적·대상 등을 달리하므로 병과될 수 있다. 즉, 일사부재리 원칙이 적용되지 않고, 처벌절차는 독립적으로 진행된다.

구분	징계벌	행정벌
목적	특별권력관계 내부 질서유지	일반행정질서 유지
대상	특별권력관계 질서문란자	행정법상 의무위반자
권력기초	특별권력	일반통치권
내용	신분적 이익의 박탈	생명·자유·재산적 이익·명예의 박탈

② 집행벌(이행강제금)과 구별 : 양자는 목적·성질 등이 달라 병과하여 부과할 수 있다.

Check Point

행정벌
제재로서의 벌을 의미하며, 행정형벌과 행정질서벌로 분류된다.

기출 Plus

지방직 9급 기출

01. 행정범 및 행정형벌에 관한 설명으로 옳지 않은 것은? (다툼이 있는 경우 판례에 의함)

① 행정범의 경우에는 과실행위를 벌한다는 명문의 규정이 없는 경우에도 그 법률 규정 중에 과실 행위를 벌한다는 명백한 취지를 알 수 있는 경우에는 과실행위에 행정형벌을 부과할 수 있다.

② 행정범의 경우에는 법인의 대표자 또는 종업원 등의 행위자뿐 아니라 법인도 아울러 처벌하는 규정을 두는 경우가 있다.

③ 종업원의 위반행위에 대해 사업주도 처벌하는 경우, 사업주가 지는 책임은 무과실책임이다.

④ 통고처분에 의해 범칙금이 부과되는 경우, 부과된 금액을 납부하면 동일한 사건에 대하여 다시 처벌받지 아니한다.

해 행정범의 경우 행정법규에서 자기의 감독하에 있는 종업원 등 타인의 비행에 대해 감독자와 행위자를 같이 처벌하는 양벌규정을 두는 경우가 있는데, 이때 감독자(사업주)의 책임은 자기책임 또는 과실책임으로 보는 것이 판례의 입장이다.

구분	집행벌	행정벌
목적	행정법상 의무불이행에 대하여 장래 의무이행을 위한 행정강제적 성격	과거의 의무위반에 대한 제재적 성격
성립요건	의무불이행의 객관적 요건	의무위반의 요건과 고의·과실의 주관적 요건
부과	이행강제금, 의무이행 시까지 반복 부과 가능(단, 의무이행 후 부과는 불가)	형벌, 반복 부과 불가(근거가 있는 한 의무이행 후에도 부과 가능)
부과권자	처분청	법원

③ **형사벌과의 구별** : 양자는 병과하여 부과할 수 없다(통설·판례).

　㉠ **구별부정설** : 양자 모두 과거 의무위반에 대한 제재로서 형벌이 과해지는 범죄라는 점에서 양적 차이는 있으나 본질적 차이는 없다는 견해이다.

　㉡ **구별긍정설**

　　• 절대적 구별성 : 행정범은 행정법규가 정한 명령·금지에 위반하여 범죄가 되는 것인 데 비해, 형사범은 법규범을 기다리지 않고도 그 자체가 반사회성·반윤리성을 가지는 범죄라는 점에서 구별된다는 견해이다. 이는 피침해규범의 성질을 기준으로 양자를 구분하는 견해로서 종래의 통설이다.

　　• 상대적 구별설 : 양자의 구별은 본질적인 것이 아니라 상대적·유동적인 것이라고 보는 견해이다(오늘날의 일반적 견해).

④ **행정형벌과 행정질서벌의 구별**

　㉠ **행정형벌** : 직접적으로 행정법규를 위반하여 행정목적을 침해한 행위에 대하여 형법상의 형벌(사형·징역·금고·자격상실·자격정지·벌금·구류·몰수·과료)을 가하는 행정벌을 말한다. 행정형벌에는 특별한 규정이 없는 한 원칙적으로 형법총칙이 적용되며, 과벌절차에 있어서는 형사소송절차에 의한다(예외적으로 즉결심판절차나 통고처분절차에 의하는 경우도 있음).

　㉡ **행정질서벌** : 간접적으로 행정상 장해를 줄 위험성 있는 행위, 즉 행정법규상 신고나 보고 등의 일정한 행정상 의무위반의 행위에 대해 과태료가 과해지는 행정벌을 말한다. 과태료는 형벌이 아니므로 형법총칙은 적용되지 않으며, 과벌절차는 질서위반행위규제법 규정에 의한다.

　㉢ **병과 가능성** : 다수설과 헌법재판소는 병과를 부정하나, 대법원은 긍정한다.

　　• 긍정설 : 양자는 그 목적이나 성질이 다르다고 볼 것이므로 병과할 수 있다는 견해이다. 대법원도 병과할 수 있다고 보았다.

답 01 ③

> 관련 판례 : 행정법상의 질서벌인 과태료의 부과처분과 형사처벌은 그 성질이나 목적을 달리하는 별개의 것이므로 행정법상의 질서벌인 과태료를 납부한 후에 형사처벌을 한다고 하여 이를 일사부재리의 원칙에 반하는 것이라고 할 수는 없다(대판 1996. 4. 12, 96도158).

- 부정설(다수설) : 양자 모두 행정범에 대한 행정벌이므로 병과를 부과한다는 것은 일사부재리의 원칙 내지 이중처벌금지의 원칙에 반하여 병과할 수 없다는 견해이다. 헌법재판소도 병과할 수 없다고 보았다.

> 관련 판례 : 행정질서벌로서의 과태료는 행정상 의무의 위반에 대하여 국가가 일반통치권에 기하여 과하는 제재로서, 형벌(특히 행정형벌)과 목적·기능이 중복되는 면이 없지 않으므로 동일한 행위를 대상으로 하여 형벌을 부과하면서 아울러 행정질서벌로서의 과태료까지 부과한다면 그것은 이중처벌금지의 기본정신에 위반되어 국가입법권의 남용으로 인정될 여지가 있음을 부정할 수 없다(헌재 1994. 6. 30, 92헌바38).

ⓔ 구별

구분	행정형벌	행정질서벌
대상	직접적인 행정목적 침해행위	간접적으로 행정질서에 장해를 줄 위험성 있는 행위
성질	형벌	형벌이 아님
일반법 규정	없음	질서위반행위규제법
형법총칙의 적용	원칙적 적용	적용되지 않음
죄형법정주의	적용	• 적용됨(질서위반행위규제법) • 적용되지 않음(헌법재판소)
과벌절차	형사소송법	질서위반행위규제법
벌의 종류	사형·징역·금고·자격상실·자격정지·벌금·구류·몰수·과료(형법총칙상의 형)	과태료(형법총칙의 형이 아님)
부과권자	법원(예외적으로 특별규정이 있는 경우 행정청이 부과)	행정청
고의·과실	필요(고의·과실에 대해 처벌)	필요(질서위반행위규제법)

행정벌 관련 판례

행정법규 위반에 대한 처벌내용(행정형벌과 행정질서벌)의 결정은 입법재량사항으로, 어떤 행정법규 위반행위에 대하여 이를 단지 간접적으로 행정상의 질서에 장해를 줄 위험성이 있음에 불과한 경우로 보아 행정질서벌인 과태료를 과할 것인가 아니면 직접적으로 행정목적과 공익을 침해한 행위로 보아 행정형벌을

 02 ④

과할 것인가, 그리고 행정형벌을 과할 경우 그 법정형의 형종과 형량을 어떻게 정할 것인가는 당해 위반 행위가 위의 어느 경우에 해당하는가에 대한 그 법적 판단을 그르친 것이 아니한 그 처벌내용은 기본적으로 입법권자가 제반사정을 고려하여 결정할 입법재량에 속하는 문제라고 할 수 있다(헌재 1994. 4. 28. 91헌바 14).

(3) 법적 근거

① **죄형법정주의 적용** : 행정형벌은 형법상의 형벌을 과하는 벌이므로 죄형법정주의(헌법 제12조 제1항) 원칙이 적용된다. 따라서 반드시 법률의 근거가 있어야 한다.

② **일반법 및 개별법** : 형사벌과 달리 일반법(총칙적 규정)은 없고, 개별법에서 형사벌과 구별되는 특별 규정을 두고 있다(도로교통법, 경찰관직무집행법, 집회및시위에관한법률 등).

③ **법규명령·조례** : 행정형벌을 법규명령에 위임하기 위해서는 범죄구성요건과 벌칙의 최소한도, 형벌의 종류와 범위 및 폭을 구체적으로 정한 경우만 가능하며, 일반적 위임은 허용되지 않는다. 또한 지방자치법(제28조)에서는 법률의 위임이 있는 경우 조례로 벌칙을 정할 수 있다고 규정하고 있다.

Check Point

지방자치법 제28조(조례)
지방자치단체는 법령의 범위에서 그 사무에 관하여 조례를 제정할 수 있다. 다만, 주민의 권리 제한 또는 의무 부과에 관한 사항이나 벌칙을 정할 때에는 법률의 위임이 있어야 한다.

2. 행정형벌의 특수성

(1) 실체법상 특수성

① **행정형벌과 형법총칙의 적용** : 형법 제8조 '형법총칙은 타 법령이 정한 죄에 적용된다. 단, 그 법령에 특별한 규정이 있는 때에는 예외로 한다'의 규정을 행정형벌에도 적용할 수 있는가에 대해, 적용된다는 것이 일반적 견해이다. 따라서 행정형벌에 대한 규정에 형법총칙 규정이 적용된다고 할 수 있다. 다만, '특별한 규정이 있는 때에는 예외로 한다'는 부분의 해석상 다른 법령의 명문 규정 또는 그 해석상 형법총칙의 적용이 배제 또는 변형되는 경우도 있다고 하겠다.

② **고의·과실** : 형사범의 경우 '원칙적으로 고의가 있음을 요건으로 하고, 과실은 법률에 특별한 규정이 있거나 또는 당해 법률 해석상 과실행위자에 대한 처벌의지가 명백한 경우에 한하여 처벌할 수 있다'는 형법(제13조·제14조) 규정을 행정범에도 그대로 적용할 수 있는가에 대해, 행정범에 대하여도 적용된다는 것이 다수설·판례의 입장이다(대판 1986. 7. 22, 85도108). 따라서 이러한 입장에서는 과실행위에 대해 처벌한다는 명문규정이 없는 경우에도 관련 행정형벌 법규의 해석상 과실행위를 처벌한다는 명백한 취지를 알 수 있

는 경우에는 과실행위에 처벌할 수 있다고 본다(대판 1993. 9. 10, 92도1136). 다만, 행정범에서 고의의 성립에는 사실인식 외에도 '위법성의 인식가능성'이 있어야 한다는 것이 다수설·판례의 입장이다.

③ 책임능력

    ㉠ 형사범의 경우 14세 미만자의 행위를 처벌하지 못하며(형법 제9조), 심신장애자에 대해서는 형을 감경하거나 심신장애자의 행위를 벌하지 아니하고(동법 제10조), 농아자에 대해 형을 감경한다는 규정(동법 제11조)은 행정범에도 적용된다 할 것이다.

    ㉡ 다만, 담배사업법(제31조)이나 관세법(제278조) 등에서는 이들 규정의 적용을 배제 또는 제한하고 있다.

④ **법인의 책임** : 형사범에서는 법인의 범죄능력이 없는 것으로 보며, 이는 행정범에도 적용된다. 따라서 법인의 처벌은 명문규정을 두는 경우에만 가능한데, 행정범에서는 행정법규의 실효성 확보를 위해 행위자 외의 법인에게도 재산형을 과하는 경우가 있다. 명문규정이 없는 경우에도 법인을 처벌할 수 있는가에 대해 통설과 판례는 죄형법치주의 원칙상 처벌할 수 없다고 본다(대판 67누1683).

⑤ **타인의 비행(非行)에 대한 책임** : 형사범에서는 행위자 이외의 자에게 책임을 지울 수 없는데, 행정범의 경우 행정법규에서 자기의 감독하에 있는 종업원 등 타인의 비행에 대해 감독자와 행위자를 같이 처벌하는 양벌규정을 두는 경우가 있다. 이는 감독자의 자기책임 또는 과실책임으로 본다(헌재 2012. 2. 23, 2012헌가2 등).

⑥ **공범(공동정범·교사범·종범)** : 행정범에 대해 형법상 공범의 규정을 달리 적용하는 경우가 많다(선박법, 담배사업법, 근로기준법 등).

⑦ **누범·경합범** : 행정범에는 형법의 누범과 경합범의 규정을 다르게 적용하는 경우가 있다(담배사업법 등).

(2) 절차법상 특수성

행정형벌은 형사벌과 마찬가지로 형사소송법이 정하는 절차에 따라 일반법원이 부과하는 것이 원칙이다. 따라서 행정형벌에 대해서도 형사소송법상의 항소·상고 등의 절차에 의해 구제받을 수 있으며, 약식기소나 즉결심판에 대해서는 정식재판 청구가 가능하다. 다만, 간이한 특별절차로서 통고처분·즉결심판을 두고 있는데, 이는 형사소송법의 절차가 아닌 특별 규정에 따른 예외적인 과벌절차가 인정되고 있다.

① 통고처분

㉠ **의의** : 통고처분은 행정청이 정식재판에 갈음하여 일정한 벌금이나 과료에 상당하는 금액 또는 물품납부를 명하는 준사법적 행정행위를 의미한다. 이러한 통고처분은 조세범(조세범처벌절차법)·관세범(관세법)·출입국사범(출입국관리법)·교통사범(도로교통법)·경범죄사범(경범죄처벌법) 등에 대해 인정되고 있다.

㉡ **기능**

- 위반행위에 대한 제재를 신속·간편하게 종결
- 행정공무원의 전문성 활용
- 검찰 및 법원의 과중한 업무부담 경감
- 국가의 재정수입 확보
- 형벌의 비범죄화 정신에 접근(전과자 발생 방지)

㉢ **인정 여부** : 통고처분만으로 처벌규정을 운용한다면 헌법상 적법절차의 보장, 재판받을 권리 등의 규정을 위반하여 위헌 소지가 있다는 견해가 있으나, 헌법재판소는 통고처분제도의 근거조항인 구 도로교통법 규정을 합헌으로 판시하였다.

> 관련 판례 : 도로교통법상의 통고처분은 처분을 받은 당사자의 임의의 승복을 발효요건으로 하고 있으며, 행정공무원에 의하여 발하여 지는 것이지만, 통고처분에 따르지 않고자 하는 당사자에게는 정식재판의 절차가 보장되어 있다. 통고처분 제도는 경미한 교통법규 위반자로 하여금 형사처벌절차에 수반되는 심리적 불안, 시간과 비용의 소모, 명예와 신용의 훼손 등의 여러 불이익을 당하지 않고 범칙금 납부로써 위반행위에 대한 제재를 신속·간편하게 종결할 수 있게 하여 주며, 교통법규 위반행위가 홍수를 이루고 있는 현실에서 행정공무원에 의한 전문적이고 신속한 사건처리를 가능하게 하고, 검찰 및 법원의 과중한 업무 부담을 덜어 준다. 또한 통고처분제도는 형벌의 비범죄화 정신에 접근하는 제도이다. 이러한 점들을 종합할 때, 통고처분 제도의 근거규정인 도로교통법 제118조 본문이 적법절차원칙이나 사법권을 법원에 둔 권력분립원칙에 위배된다거나, 재판청구권을 침해하는 것이라 할 수 없다(헌재 2003. 10. 30, 2002헌마275).

㉣ **성질** : 과벌절차설과 행정행위설로 학설이 구분되나, 통고처분은 정식재판에 갈음하여 신속 간편하게 범칙금의 납부를 명하는 과벌절차의 하나로서 행정소송의 대상이 되는 행정처분에 해당되지 않는다는 것이 다수설·판례의 입장이다.

> 관련 판례 : 도로교통법 제118조에서 규정하는 경찰서장의 통고처분은 행정소송의 대상이 되는 행정처분이 아니므로 그 처분의 취소를 구하는 소송은 부적법하고, 도로교통법상의 통고처분을 받은 자가 그 처분에 대하여 이의가 있는 경우에는 통고처분에 따른 범칙금의 납부를 이행하지 아니함으로써 경찰서장의 즉결심판청구에 의하여 법원의 심판을 받을 수 있게 될 뿐이다(대판 1995. 6. 29, 95누4674).

㉤ **통고처분권자** : 일반적인 행정형벌과 달리 통고처분은 행정청이 부과하는

데, 대표적으로 국세청장·세무서장(조세범), 세관장·관세청장(관세범), 경찰서장(교통사범, 경범죄사범), 출입국관리사무소장(출입국사범) 등이 있다.

ⓑ **통고처분의 효과**

- 이행의 효과 : 통고처분의 내용을 법정기한 이내에 이행하면, 통고처분은 확정판결과 같은 동일한 효력이 있어서 일사부재리 원칙이 적용되어 다시 소추되지 않고 처벌절차가 종료된다. 또한 통고권자는 불가쟁력으로 인해 이미 통고된 내용을 변경하지 못한다.

- 불이행의 효과 : 통고처분의 내용을 법정기한 내에 이행하지 아니하면 통고처분은 당연히 효력을 상실하고, 관련 행정기관은 검찰에 고발하여 통상의 형사소송절차(고발 → 검사의 기소 → 재판)로 이행된다(단, 검찰은 통고처분권자의 고발 없이는 기소 불가). 결국 통고처분을 불이행하면 사법적 판단을 받을 수 있으므로, 다수설과 판례는 통고처분의 처분성을 부정한다.

도로교통법상의 통고처분 불이행과 즉결심판

도로교통법(제165조)에서는 경찰서장은 통고처분에 따른 범칙금을 납부기간 내에 내지 않은 사람 등에 대하여는 지체 없이 즉결심판을 청구하여야 한다고 규정하고 있으므로, 도로교통법상의 통고처분을 받은 사람이 그 처분에 대해 이의가 있는 경우에는 통고처분에 따른 범칙금의 납부를 이행하지 않음으로써 즉결심판 청구에 따른 법원의 심판을 받을 수 있게 된다.

② **즉결심판**

ⓐ 의의 : 즉결심판은 20만 원 이하의 벌금 또는 구류나 과료에 처할 범죄사건을 심판하는 절차를 말하는데, 이에 해당하는 행정형벌은 즉결심판에 관한 절차법이 정하는 바에 따라 즉결심판에 의해 과하여진다.

ⓑ **즉결심판절차** : 즉결심판의 청구와 집행은 관할 경찰서장 등이 행하고, 지방법원, 지원 또는 시·군법원의 판사는 즉결심판절차에 의하여 피고인에게 20만 원 이하의 벌금, 구류 또는 과료에 처할 수 있다(즉결심판에관한절차법 제2조·제3조). 불복 시에는 소관지방법원에 선고·고지일로부터 7일 이내에 정식재판을 청구할 수 있다(동법 제14조 제1항).

Check Point

행정형벌과 행정구제

형사소송법상의 항소·상고 등의 절차에 의해 구제받을 수 있으며, 약식기소나 즉결심판에 대해서는 정식재판 청구가 가능하다.

Check Point

즉결심판절차

즉결심판절차는 형사범과 행정범에 모두 해당되는 과형절차이다.

꼭! 확인 기출문제

다음 글이 설명하고 있는 것은? [국가직 9급 기출]

> 경미한 교통법규 위반자로 하여금 형사처벌절차에 수반되는 심리적 불안, 시간과 비용의 소모, 명예와 신용의 훼손 등의 여러 불이익을 당하지 않고 범칙금 납부로써 위반행위에 대한 제재를 신속·간편하게 종결할 수 있게 하여 주며, 교통법규 위반행위가 홍수를 이루고 있는 현실에서 행정 공무원에 의한 전문적이고 신속한 사건 처리를 가능하게 하고, 검찰 및 법원의 과중한 업무 부담을 덜어 준다.

① 행정질서벌　　　　　　　　　　　　❷ 통고처분
③ 과징금　　　　　　　　　　　　　　④ 즉결심판

해 ❷ 제시된 내용은 통고처분제도의 근거조항인 구 도로교통법 규정에 대한 위헌 여부에 대한 헌법재판소 판례 내용의 일부로서, 통고처분의 의의 내지 기능을 제시한 것이다(헌재 2003. 10. 30, 2002헌마275).
　① 통고처분과 즉결심판은 행정형벌의 간이한 특별절차에 해당된다는 측면에서 행정질서벌과 구별된다. 일반적으로 행정질서벌은 행정법규상 신고나 보고 등의 일정한 행정상 의무위반의 행위에 대해 과태료가 과해지는 행정벌을 말한다.
　③ 과징금이란 행정법상 의무위반·불이행자에게 부과·징수하는 금전적 제재로서의 금전부담을 말한다.
　④ 즉결심판은 20만 원 이하의 벌금 또는 구류나 과료에 처할 범죄사건을 심판하는 절차이다.

제2절 행정질서벌

1. 개설

(1) 의의

① **행정질서벌의 개념** : 행정질서벌은 행정법상의 의무위반(간접적으로 행정상 장해를 줄 위험성 있는 일정한 행정상 의무위반의 행위)에 대한 제재로서 형법에 형명이 없는 벌인 과태료를 과하는 금전적 제재수단을 말한다. 형벌을 과하는 것이 아니므로 형법총칙은 적용되지 않으며, 과벌절차는 질서위반행위규제법 규정에 의한다.

② **질서위반행위** : 질서위반행위규제법은 질서위반행위를 법률(조례 포함)상의 의무를 위반하여 과태료를 부과하는 행위로 정의하면서 다음의 행위를 제외하고 있다(제2조).

　㉠ 대통령령으로 정하는 사법상·소송법상 의무를 위반하여 과태료를 부과하는 행위

　㉡ 대통령령으로 정하는 법률에 따른 징계사유에 해당하여 과태료를 부과하는 행위

Check Point

• ②의 ㉠에서 "대통령령으로 정하는 사법상·소송법상 의무를 위반하여 과태료를 부과하는 행위" : 민법, 상법 등 사인(私人) 간의 법률관계를 규율하는 법 또는 민사소송법, 가사소송법, 민사집행법, 형사소송법, 민사조정법 등 분쟁 해결에 관한 절차를 규율하는 법률상의 의무를 위반하여 과태료를 부과하는 행위를 말한다.

• ②의 ㉡에서 "대통령령으로 정하는 법률에 따른 징계사유에 해당하여 과태료를 부과하는 행위" : 공증인법·법무사법·변리사법·변호사법 등 기관·단체 등이 질서 유지를 목적으로 구성원의 의무 위반에 대하여 제재를 할 수 있도록 규정하는 법률에 따른 징계사유에 해당하여 과태료를 부과하는 행위를 말한다.

③ **질서위반행위와 행정질서벌** : 질서위반행위규제법상의 질서위반행위가 모두 행정질서벌에 해당되는 것은 아니며, 행정법 영역에서 이루어지는 질서위반 행위만이 행정질서벌에 해당된다.

④ **행정질서벌의 과벌 유형** : 국가의 행정법규 위반에 대한 제재로서 과하는 경우 와 자치단체의 자치법규 위반에 대한 제재로서 과하는 경우가 있다.

(2) 병과 가능성

① **형사벌과 행정질서벌** : 다수설과 헌법재판소는 병과를 부정하나 대법원은 긍 정한다.

    ㉠ **대법원 판례의 입장** : 행정질서벌인 과태료의 부과처분과 형사벌은 병과하 여 부과할 수 있다.

> 관련 판례 : 행형법에 의한 징벌을 받아 그 집행을 종료하였다고 하더라도 행형법상의 징 벌은 수형자의 교도소 내의 준수사항위반에 대하여 과하는 행정상의 질서벌의 일종으로 서 형법 법령에 위반한 행위에 대한 형사책임과는 그 목적, 성격을 달리하는 것이므로 징 벌을 받은 뒤에 형사처벌을 한다고 하여 일사부재리의 원칙에 반하는 것은 아니다(대판 2000. 10. 27, 2000도3874).

    ㉡ **헌법재판소의 입장** : 병과를 부정한 바 있다.

> 관련 판례 : 행정질서벌로서의 과태료는 행정상 의무의 위반에 대하여 국가가 일반통치권 에 기하여 과하는 제재로서, 형벌과 목적ㆍ기능이 중복되는 면이 없지 않으므로 동일한 행위를 대상으로 하여 형벌을 부과하면서 아울러 행정질서벌로서의 과태료까지 부과한 다면 그것은 이중처벌금지의 기본정신에 위반되어 국가입법권의 남용으로 인정될 여지 가 있음을 부정할 수 없다(헌재 1994. 6. 30, 92헌바38).

② **징계벌과 행정질서벌** : 양자 간에는 권력의 기초ㆍ목적이 다르기 때문에 병과 할 수 있다. 즉, 일사부재리원칙이 적용되지 않는다.

③ **행정형벌과 행정질서벌** : 다수설과 헌법재판소는 병과를 부정하나, 대법원은 긍정한다.

    ㉠ **다수설의 입장** : 일반적으로 행정형벌은 직접적인 행정법규 위반으로 행정 목적을 침해하는 행위에 대한 제재인데 비해, 행정질서벌은 직접적 침해에 까지는 이르지 않고 간접적으로 행정질서에 장해를 줄 위험성 있는 행위에 대한 제재에 지나지 않으므로, 양자는 병과할 수 없다.

    ㉡ **헌법재판소의 입장** : 병과를 부정하고 있다. 다만, 처벌 내지 제재대상이 되는 기본적 사실관계로서의 행위를 달리하는 경우 병과는 이중처벌에 해 당하지 않는다(병과가 가능하다)고 한다.

    ㉢ **대법원 판례** : 병과를 긍정하고 있다(대판 2000. 10. 27, 2000도3874).

(3) 법적 근거

① 일반법 근거 : 질서위반행위규제법은 행정질서벌의 부과징수와 재판 및 집행 등의 절차에 관한 일반법의 역할을 한다. 또한 각 개별법령에서 행정질서벌에 대한 구체적 · 개별적 규정을 정하고 있다.

② 행정질서벌의 부과 근거 : 행정질서벌 부과에는 법적 근거가 있어야 하는데, 구체적으로는 국가의 법령에 근거한 것과 자치단체의 조례에 근거한 것이 있다. 개별법률의 위임범위 내에서 조례로 부과할 수 있는데(지방자치법 제34조 · 제156조), 이 경우 과태료의 부과 · 징수, 재판 및 집행 등의 절차에 관한 사항은 질서위반행위규제법에 따른다.

Check Point

지방자치법상 조례에 의한 과태료 부과 규정

• 제34조 제항 : 지방자치단체는 조례를 위반한 행위에 대하여 조례로써 1천만 원 이하의 과태료를 정할 수 있다.

(4) 행정질서벌과 행정구제

행정청의 과태료 부과는 행정행위의 성질을 가지나, 이에 대해서는 행정쟁송에 의하지 않고 질서위반행위규제법의 절차에 따라 이의제기를 할 수 있다. 판례도 과태료 부과처분은 행정소송의 대상이 되는 행정처분은 아니며, 그 당부는 질서위반행위규제법 절차에 의하여야 한다고 판시한 바 있다(대판 1993. 11. 23, 93누16833).

이의제기가 있는 경우에 행정청의 과태료 부과처분은 그 효력을 상실한다(질서위반행위규제법 제20조, 헌재 98헌마18).

2. 질서위반행위규제법의 주요 내용

Check Point

질서위반행위규제법 제20조(이의제기)

① 행정청의 과태료 부과에 불복하는 당사자는 제17조 제1항에 따른 과태료 부과 통지를 받은 날부터 60일 이내에 해당 행정청에 서면으로 이의제기를 할 수 있다.

② 제1항에 따른 이의제기가 있는 경우에는 행정청의 과태료 부과처분은 그 효력을 상실한다.

③ 당사자는 행정청으로부터 제21조 제3항에 따른 통지를 받기 전까지는 행정청에 대하여 서면으로 이의제기를 철회할 수 있다.

(1) 총칙

① 법 적용의 범위

㉠ 법 적용의 시간적 범위(제3조)

• 질서위반행위의 성립과 과태료 처분은 행위 시의 법률에 따른다.

• 질서위반행위 후 법률이 변경되어 그 행위가 질서위반행위에 해당하지 아니하게 되거나 과태료가 변경되기 전의 법률보다 가볍게 된 때에는 법률에 특별한 규정이 없는 한 변경된 법률을 적용한다.

• 행정청의 과태료 처분이나 법원의 과태료 재판이 확정된 후 법률이 변경되어 그 행위가 질서위반행위에 해당하지 아니하게 된 때에는 변경된 법률에 특별한 규정이 없는 한 과태료의 징수 또는 집행을 면제한다.

㉡ 법 적용의 장소적 범위(제4조)

• 이 법은 대한민국 영역 안에서 질서위반행위를 한 자에게 적용한다.

• 이 법은 대한민국 영역 밖에서 질서위반행위를 한 대한민국의 국민에게

적용한다.

- 이 법은 대한민국 영역 밖에 있는 대한민국의 선박 또는 항공기 안에서 질서위반행위를 한 외국인에게 적용한다.

② 다른 법률과의 관계(제5조) : 과태료의 부과 · 징수, 재판 및 집행 등의 절차에 관한 다른 법률의 규정 중 이 법의 규정에 저촉되는 것은 이 법으로 정하는 바에 따른다(질서위반행위규제법은 과태료 부과 · 징수 등에 대한 일반법으로, 다른 법에 우선하여 적용됨).

(2) 질서위반행위의 성립

① **질서위반행위 법정주의(제6조)** : 법률에 따르지 아니하고는 어떤 행위도 질서위반행위로 과태료를 부과하지 아니한다(죄형법정주의의 적용).

② **고의 또는 과실(제7조)** : 고의 또는 과실이 없는 질서위반행위는 과태료를 부과하지 아니한다(과태료 부과는 질서위반행위자의 고의 또는 과실을 요함).

③ **위법성의 착오(제8조)** : 자신의 행위가 위법하지 아니한 것으로 오인하고 행한 질서위반행위는 그 오인에 정당한 이유가 있는 때에 한하여 과태료를 부과하지 아니한다.

④ **책임연령(제9조)** : 14세가 되지 아니한 자의 질서위반행위는 다른 법률에 특별한 규정이 있는 경우를 제외하고는 과태료를 부과하지 않는 것이 원칙이다.

⑤ **심신장애(제10조)** : 심신(心神)장애로 행위의 옳고 그름을 판단할 능력이 없거나 그 판단에 따른 행위를 할 능력이 없는 자의 질서위반행위는 과태료를 부과하지 않고, 심신장애로 인하여 능력이 미약한 자의 질서위반행위는 과태료를 감경한다. 다만 스스로 심신장애 상태를 일으켜 질서위반행위를 한 자에 대하여는 이를 적용하지 아니한다.

⑥ **법인의 처리(제11조)** : 법인의 대표자, 법인 또는 개인의 대리인 · 사용인 및 그밖의 종업원이 업무에 관하여 법인 또는 그 개인에게 부과된 법률상의 의무를 위반한 때에는 법인 또는 그 개인에게 과태료를 부과한다.

⑦ **다수인의 질서위반행위 가담(제12조)**

㉠ 2인 이상이 질서위반행위에 가담한 때에는 각자가 질서위반행위를 한 것으로 본다.

㉡ 신분에 의하여 성립하는 질서위반행위에 신분이 없는 자가 가담한 때에는 신분이 없는 자에 대하여도 질서위반행위가 성립하며, 신분에 의하여 과태료를 감경 · 가중하거나 과태료를 부과하지 아니하는 때에는 그 신분의 효과는 신분이 없는 자에게는 미치지 않는다.

⑧ **수개의 질서위반행위의 처리(제13조)** : 하나의 행위가 2 이상의 질서위반행위

답 02 ②

에 해당하는 경우에는 각 질서위반행위에 대하여 정한 과태료 중 가장 중한 과태료를 부과하나, 이 경우를 제외하고 2 이상의 질서위반행위가 경합하는 경우에는 각 질서위반행위에 대하여 정한 과태료를 각각 부과하는 것이 원칙이다.

⑨ **과태료의 산정(제14조)** : 행정청 및 법원은 과태료를 정함에 있어서 질서위반행위의 동기·목적·방법·결과, 질서위반행위 이후의 당사자의 태도와 정황, 질서위반행위자의 연령·재산상태·환경 등을 고려해야 한다.

⑩ **과태료의 시효(제15조)** : 과태료는 행정청의 과태료 부과처분이나 법원의 과태료 재판이 확정된 후 5년간 징수하지 않거나 집행하지 않으면 시효로 인하여 소멸한다.

꼭! 확인 기출문제

질서위반행위규제법의 내용으로 옳지 않은 것은? [지방직 9급 기출]

① 질서위반행위규제법상의 질서위반행위는 고의 또는 과실이 있어야만 과태료를 부과할 수 있다.
❷ 자신의 행위가 위법하지 아니한 것으로 오인하고 행한 질서위반행위는 과태료를 부과하지 아니한다.
③ 2인 이상이 질서위반행위에 가담한 때에는 각자가 질서위반 행위를 한 것으로 본다.
④ 과태료는 행정청의 과태료 부과처분이나 법원의 과태료 재판이 확정된 후 5년간 징수하지 아니하거나 집행하지 아니하면 시효로 인하여 소멸한다.

해 ② 자신의 행위가 위법하지 않은 것으로 오인하고 행한 질서위반행위의 경우는 그 오인에 정당한 이유가 있는 때에만 과태료를 부과하지 않는다(제8조).
① 고의 또는 과실이 없는 질서위반행위는 과태료를 부과하지 아니한다(제7조). 과태료가 가해지는 행정질서벌은 형벌이 아니므로 형법총칙은 적용되지 않으며, 그 절차 등에 있어 질서위반행위규제법 규정의 적용을 받는다.
③ 2인 이상이 질서위반행위에 가담한 경우 가담자 각자가 질서위반행위를 한 것으로 본다(제12조 제1항).
④ 과태료의 소멸시효는 행정청의 과태료 부과처분이나 법원의 과태료 재판이 확정된 후 5년이다(제15조 제1항).

(3) 행정청의 과태료 부과 및 징수

① **사전통지 및 의견제출(제16조)**

㉠ 행정청이 질서위반행위에 대하여 과태료를 부과하고자 하는 때에는 미리 당사자(고용주 등을 포함함)에게 대통령령으로 정하는 사항을 통지하고, 10일 이상의 기간을 정하여 의견을 제출할 기회를 주어야 한다. 이 경우 지정된 기일까지 의견제출이 없는 경우에는 의견이 없는 것으로 본다.

㉡ 행정청은 당사자가 제출한 의견에 상당한 이유가 있는 경우에는 과태료를 부과하지 않거나 통지내용을 변경할 수 있다.

② **과태료의 부과(제17조)** : 행정청은 의견제출 절차를 마친 후에 서면(당사자가 동의하는 경우에는 전자문서를 포함함)으로 과태료를 부과하여야 한다.

③ **과태료 부과의 제척기간(제19조)** : 행정청은 질서위반행위가 종료된 날부터 5년이 경과한 경우에는 해당 질서위반행위에 대하여 과태료를 부과할 수 없다.

④ 이의제기(제20조) : 행정청의 과태료 부과에 불복하는 당사자는 과태료 부과 통지를 받은 날부터 60일 이내에 해당 행정청에 서면으로 이의제기를 할 수 있다. 이의제기가 있는 경우에 행정청의 과태료 부과처분은 그 효력을 상실 한다(이의제기 시 과태료 부과처분의 집행이 정지되는 것이 아니라 그 효력이 상실됨에 주의).

⑤ 법원에의 통보(제21조) : 이의제기를 받은 행정청은 이의제기를 받은 날부터 14일 이내에 이에 대한 의견 및 증빙서류를 첨부하여 관할법원에 통보하여야 한다.

⑥ 질서위반행위의 조사(제22조) : 행정청은 질서위반행위가 발생하였다는 합리 적 의심이 있어 그에 대한 조사가 필요하다고 인정할 때에는 당사자 또는 참 고인의 출석 요구 및 진술의 청취, 당사자에 대한 보고 명령 또는 자료제출의 명령 등의 조치를 할 수 있다.

⑦ 자료제공의 요청(제23조) : 행정청은 과태료의 부과 · 징수를 위하여 필요한 때 에는 공공기관 등의 장에게 그 필요성을 소명하여 자료 또는 정보의 제공을 요청할 수 있다.

⑧ 가산금 징수 및 체납처분(제24조)

  ㉠ 행정청은 당사자가 납부기한까지 과태료를 납부하지 아니한 때에는 납부 기한을 경과한 날부터 체납된 과태료에 대하여 100분의 3에 상당하는 가 산금을 징수하며, 체납된 과태료를 납부하지 아니한 때에는 납부기한이 경 과한 날부터 매 1개월이 경과할 때마다 체납된 과태료의 1천분의 12에 상 당하는 가산금(중가산금)을 가산금에 가산하여 징수한다(중가산금을 가산 하여 징수하는 기간은 60개월을 초과하지 못함).

  ㉡ 행정청은 당사자가 정해진 기한 이내에 이의를 제기하지 않고 가산금을 납 부하지 아니한 때에는 국세 또는 지방세 체납처분의 예에 따라 징수한다.

(4) 질서위반행위의 재판 및 집행

① 관할법원(제25조) : 과태료 사건은 다른 법령에 특별한 규정이 있는 경우를 제 외하고는 당사자의 주소지의 지방법원 또는 그 지원의 관할로 한다.

② 심문 등(제31조)

  ㉠ 법원은 심문기일을 열어 당사자의 진술을 들어야 한다. 이를 위해 당사자 및 검사에게 심문기일을 통지해야 한다.

  ㉡ 법원은 검사의 의견을 구하여야 하고, 검사는 심문에 참여하여 의견을 진 술하거나 서면으로 의견을 제출하여야 한다.

③ 직권에 의한 사실탐지와 증거조사(제33조) : 법원은 직권으로 사실의 탐지와

Check Point

준용규정(제28조)
비송사건절차법 제2조부터 제4조 까지, 제6조, 제7조, 제10조(인증과 감정을 제외한다) 및 제24조부터 제26조까지의 규정은 이 법에 따 른 과태료 재판에 준용한다.

필요하다고 인정하는 증거의 조사를 하여야 한다.

④ 재판(제36조) : 과태료 재판은 이유를 붙인 결정으로써 하며, 결정서의 원본에는 판사가 서명날인하여야 한다.

⑤ 결정의 고지(제37조) : 결정은 당사자와 검사에게 고지함으로써 효력이 발생한다.

⑥ 항고(제38조)

   ㉠ 당사자와 검사는 과태료 재판에 대하여 즉시항고를 할 수 있으며, 이 경우 항고는 집행정지의 효력을 지닌다.

   ㉡ 검사는 필요한 경우에는 즉시항고 여부에 대한 행정청의 의견을 청취할 수 있다.

⑦ 과태료 재판의 집행(제42조)

   ㉠ 과태료 재판은 검사의 명령으로써 집행하며, 이 경우 그 명령은 집행력 있는 집행권원과 동일한 효력이 있다.

   ㉡ 검사는 과태료 재판을 집행한 경우 그 결과를 해당 행정청에 통보하여야 한다.

⑧ 과태료 재판 집행의 위탁(제43조) : 검사는 과태료를 최초 부과한 행정청에 대하여 과태료 재판의 집행을 위탁할 수 있고, 위탁을 받은 행정청은 국세 또는 지방세 체납처분의 예에 따라 집행한다. 지방자치단체의 장이 집행을 위탁받은 경우에는 그 집행한 금원은 당해 지방자치단체의 수입으로 한다.

⑨ 약식재판(제44조) : 법원은 상당하다고 인정하는 때에는 제31조 제1항에 따른 심문 없이 과태료 재판을 할 수 있다.

⑩ 약식재판의 확정(제49조) : 당사자와 검사는 약식재판의 고지를 받은 날부터 7일 이내에 이의신청을 할 수 있는데(제45조), 이 기간 이내에 이의신청이 없는 때나 이의신청에 대한 각하결정이 확정된 때, 당사자 또는 검사가 이의신청을 취하한 때 약식재판은 확정된다.

⑪ 정식재판절차로의 이행(제50조) : 법원이 이의신청이 적법하다고 인정하는 때에 약식재판은 그 효력을 상실하며, 이 경우 법원은 제31조 제1항에 따른 심문을 거쳐 다시 재판하여야 한다.

(5) 보칙

① 관허사업의 제한(제52조) : 행정청은 과태료 체납자가 규정된 요건에 해당하는 경우 허가·인가·면허·등록 및 갱신을 요하는 사업의 정지 또는 허가 등의 취소를 할 수 있다.

② 신용정보의 제공 등(제53조) : 행정청은 과태료 징수 또는 공익목적을 위하여

필요한 경우 종합신용정보집중기관의 요청에 따라 체납 또는 결손처분자료를 제공할 수 있다.

③ 고액·상습체납자에 대한 제재(제54조)

    ㉠ 법원은 검사의 청구에 따라 결정으로 30일의 범위 이내에서 과태료의 납부가 있을 때까지 다음의 사유에 모두 해당하는 경우 체납자(법인인 경우에는 대표자를 말함)를 감치에 처할 수 있다. 이 결정에 대해서는 즉시항고를 할 수 있다.

       • 과태료를 3회 이상 체납하고 있고, 체납발생일부터 각 1년이 경과하였으며, 체납금액의 합계가 1천만 원 이상인 체납자 중 대통령령으로 정하는 횟수와 금액 이상을 체납한 경우

       • 과태료 납부능력이 있음에도 불구하고 정당한 사유 없이 체납한 경우

    ㉡ 행정청은 과태료 체납자가 위의 사유에 모두 해당하는 경우 관할 지방검찰청 또는 지청의 검사에게 체납자의 감치를 신청할 수 있다.

Check Point

감치
법정의 존엄과 질서를 어지럽힌 사람을 유치장이나 교도소에 가두는 것을 말한다.

제3장

새로운 의무이행확보수단

제1절 비금전적 수단

1. 공급거부

(1) 의의

공급거부는 행정법상의 의무를 위반한 자에 대하여 일정한 행정상의 역무(役務) 또는 재화의 공급을 거부하는 행위를 말한다. 이는 의무위반자의 생활에 지장을 줌으로써 간접적으로 의무이행을 확보하려는 수단으로 이용되고 있다.

(2) 법적 근거

① 공급거부는 침익적 행정작용이고, 국민의 일상생활에 중대한 영향을 미치므로 그 법적 근거를 요한다(법적 근거 없는 공급거부는 허용되지 않음).

② 현행법상 이를 규정하고 있는 법규로는 수도법(제39조 제1항) 등이 있으며, 종전 건축법 제69조 제2항에서 공급거부 규정(전기·전화·수도·가스 등의 설치 및 공급 중지에 관한 규정)을 두었으나, 2006년 동법 개정 시 삭제되어 현행 건축법에서는 관허 사업의 제한과 공표에 관한 규정만을 두고 있다(동법 제79조).

(3) 권리구제

① 처분성이 인정된 판례 : 행정청의 단수처분(대판 1979. 12. 28, 79누218)

② 처분성이 부정된 판례

  ㉠ 전기 단전 및 전화 단절의 요청

> 관련 판례 : 행정청이 위법 건축물에 대한 시정명령을 하고 나서 위반자가 이를 이행하지 아니하여 전기·전화의 공급자에게 그 위법 건축물에 대한 전기·전화공급을 하지 말아 줄 것을 요청한 행위는 권고적 성격의 행위에 불과한 것으로서 전기·전화공급자나 특정인의 법률상 지위에 직접적인 변동을 가져오는 것은 아니므로 이를 항고소송의 대상이 되는 행정처분이라고 볼 수 없다(대판 1996. 3. 22, 96누433).

ⓛ 구청장의 공급불가회신

> 관련 판례 : 무단 용도변경을 이유로 단전 조치된 건물의 소유자로부터 새로이 전기공급 신청을 받은 한국전력공사가 관할구청장에게 전기공급의 적법 여부를 조회한 데 대하여, 관할구청장이 한국전력공사에 대하여 건축법 제69조 제2항·제3항의 규정에 의하여 위 건물에 대한 전기공급이 불가하다는 내용의 회신을 하였다면, 그 회신은 권고적 성격의 행위에 불과한 것으로서 한국전력공사나 특정인의 법률상 지위에 직접적인 변동을 가져 오는 것은 아니므로 항고소송의 대상이 되는 행정처분이라고 볼 수 없다(대판 1995. 11. 21, 95누9099).

공급거부의 한계

현대복지국가는 국민의 생존권 보장이라는 관점에서 급부행정이 발달하여, 국민의 행정에의 의존도가 높아가고 있다. 이러한 흐름에 따라, 의무불이행과 공급거부 사이에 실질적 관련이 없는데도 행정의 실효성 확보를 위해 국민의 생활에 필수적인 역무나 재화를 거부하는 것은 헌법상 사회국가의 원리, 비례의 원칙, 부당결부금지원칙에 위반된다. 따라서 법률이 허용하는 정당한 이유가 있는 경우에 한해 공급거부를 할 수 있으며, 여기서의 정당한 이유는 행정법상의 의무와 공급거부의 대상 급부 간에 상당한 실질적 관련이 있어야 한다는 의미라 하겠다.

2. 공표

(1) 의의

행정법상의 의무위반 또는 의무불이행에 대하여 그의 성명·위반사실 등을 불특정다수인에게 공개하여 그 위반자의 명예·신용의 침해를 위협함으로써 간접적·심리적으로 의무이행을 확보하기 위한 수단이다. 고액체납자의 명단공개, 공해배출업소의 명단공개, 성매수자에 대한 신상공개 등이 이에 해당된다.

(2) 법적 근거

① 법적 근거의 필요성 여부 : 비권력적 사실행위이므로 법적 근거를 요하지 않는다는 견해가 있으나, 공표로 인하여 상대방의 명예나 프라이버시의 침해가 발생하는 침익적 작용의 성격을 갖고 있으므로 그 법적 근거가 필요하다는 것이 다수의 견해이다.

② **개별법의 근거 규정** : 명단 등의 공표에 관한 일반법은 없으나 몇몇 개별법에서 공표에 관한 규정을 두고 있다.

    ㉠ 독점규제및공정거래에관한법률(시정명령을 받은 사실 등의 공표). 다만, 종전의 법 위반사실의 공표명령은 헌법상의 무죄추정의 원칙에 반하여 위헌판결로 삭제되었다.

    ㉡ 공직자윤리법 제8조의2(허위등록사실의 공표)

    ㉢ 아동 · 청소년의성보호에관한법률 제49조(등록정보의 공개)

    ㉣ 국세기본법 제85조의5(2021.1.1.시행되는 개정법에 의해 삭제됨), 국세징수법 제114조, 관세법 제116조의2(고액 · 상습체납자 명단공개)

    ㉤ 소비자기본법 제80조(시정명령을 받은 사실의 공표)

    ㉥ 건축법 제79조 제4항(위반내용의 적시)

(3) 권리구제

① **행정쟁송** : 공표는 비권력적 사실행위로서 그 자체로 아무런 법적 효과도 발생하지 아니하여 행정쟁송의 대상이 되는 처분 등에 해당하지 않는다는 것이 지배적 견해이다. 다만, 공표를 권력적 사실행위로 보아 처분성을 인정하여 행정쟁송을 할 수 있다는 일부 견해도 존재한다.

② **정정공고 청구** : 공표에 의하여 훼손된 명예회복의 방법으로 정정공고 청구가 가능하며, 이는 결과제거청구권의 성질을 지닌다.

③ **손해배상** : 공표는 비권력적 사실행위이나 국가배상법 제2조에 의한 직무행위에 해당하므로 손해배상청구가 가능하다. 다만, 판례는 형법 제310조의 명예훼손죄의 위법성 조각과 관련하여 국가기관의 경우에는 무거운 주의의무, 공권력의 광범한 사실조사능력, 공표된 사실이 진실이라는 점에 대한 국민의 강한 기대와 신뢰, 공무원의 비밀엄수의무와 법령준수의무 등에 비추어 볼 때 국가기관 공표는 사인의 행위에 의한 경우보다는 훨씬 더 엄격한 기준이 요구된다고 판시하고 있다(대판 1993. 11. 26, 93다18389).

④ **공무원의 형사책임** : 위법한 공표를 한 공무원에게는 응당 그 형사책임을 추궁할 수 있다(형법의 공무상 비밀누설죄, 명예훼손죄, 피의사실공표죄 등).

> **공표의 한계**
> • 프라이버시권(또는 사생활의 비밀)과 공표청구권(또는 알 권리)의 충돌 시 그 이익을 비교 · 형량하여야 하며, 공표하는 경우도 법률이 정하는 범위 내에서 허용된다.
>
> > 관련 판례 : 다수의견을 토대로 하여 민주적 정치질서를 생성 · 유지하기 위한 표현의 자유, 특히 공익사항에 대한 표현의 자유는 중요한 헌법상의 권리로서 최대한 보장을 받아야 하지만 그에 못지않게 개인의 명예나

사생활의 자유와 비밀 등 사적 법익도 보호되어야 할 것이므로, 인격권으로서의 개인의 명예의 보호와 표현의 자유의 보장이라는 두 법익이 충돌하였을 때 그 조정을 어떻게 할 것인지는 구체적인 경우에 사회적인 여러 가지 이익을 비교하여 표현의 자유로 얻어지는 이익·가치와 인격권의 보호에 의하여 달성되는 가치를 형량하여 그 규제의 폭과 방법을 정하여야 한다(대판 1998. 7. 14. 96다17257).

• 공표의 경우에는 헌법상의 기본권 제한 입법의 한계와 비례원칙·부당결부금지원칙 등 행정법의 일반원칙을 준수해야 한다.

> 관련 판례 : 발표는 원칙적으로 일반국민들의 정당한 관심의 대상이 되는 사항에 관하여 객관적이고도 충분한 증거나 자료를 바탕으로 한 사실 발표에 한정되어야 하고, 이를 발표함에 있어서도 정당한 목적하에 수사결과를 발표할 수 있는 권한을 가진 자에 의하여 공식의 절차에 따라 행하여져야 하며, 무죄추정의 원칙에 반하여 유죄를 속단하게 할 우려가 있는 표현이나 추측 또는 예단을 불러일으킬 우려가 있는 표현을 피하는 등 그 내용이나 표현 방법에 대하여도 유념하지 아니하면 아니 된다 할 것이므로, 수사기관의 피의사실 공표행위가 위법성을 조각하는지의 여부를 판단함에 있어서는 공표 목적의 공익성과 공표 내용의 공공성, 공표의 필요성, 공표된 피의사실의 객관성 및 정확성, 공표의 절차와 형식, 그 표현 방법, 피의사실의 공표로 인하여 생기는 피침해 이익의 성질, 내용 등을 종합적으로 참작하여야 한다(대판 2002. 9. 24. 2001다49692).

꼭! 확인 기출문제

명단 또는 사실의 공표 등 행정상 공표제도에 관한 설명으로 옳지 않은 것은? (다툼이 있는 경우 판례에 의함) [지방직 9급 기출]

❶ 행정상 공표는 의무위반자의 명예나 신용의 침해를 위협함으로써 직접적으로 행정법상 의무이행을 확보하는 수단이다.

② 행정상 공표는 사생활의 비밀의 자유, 국민의 알 권리 등 다른 기본권과 충돌하는 경우에는 이익형량에 의하여 제한할 수 있다.

③ 헌법재판소는 청소년 성매수자의 신상공개제도가 이중처벌금지원칙, 과잉금지원칙, 평등원칙, 적법절차원칙 등에 위반되지 않는다는 입장이다.

④ 대법원은 국세청장이 부동산투기자의 명단을 언론사에 공표함으로써 명예를 훼손한 사건에서 손해배상의 책임을 인정하였다.

해 ① 공표제도는 의무위반이나 불이행에 대해 성명·위반사실 등을 공개를 통해 간접적·심리적으로 행정법상 의무이행을 확보하기 위한 수단이다. 이러한 행정상의 공표제도의 예로는 고액체납자의 명단공개, 공해배출업소의 명단공개 등이 있다.

② 개인의 명예나 사생활의 비밀의 자유, 국민의 알 권리 등의 권리는 모두 보호되어야 할 법익에 해당되므로 이러한 법익 간의 충돌이 발생되는 경우 여러 가지 이익을 비교하여 인격권의 보호에 의하여 달성되는 이익·가치와 표현의 자유로 얻어지는 이익·가치를 형량하여 그 제한의 폭과 방법을 정하여야 한다.

③ 헌법재판소 판례에 따르면, 청소년 성매수자에 대한 신상공개를 규정한 청소년의성보호에관한법률 제20조 제2항 제1호는 이중처벌금지원칙, 과잉금지원칙, 평등원칙, 법관에 의한 재판을 받을 권리, 적법절차원칙 등에 위반되지 아니하며, 신상공개의 시기·기간·절차 등에 관한 사항을 대통령령에 위임한 청소년의성보호에관한법률 제20조 제5항이 포괄위임입법금지원칙에 위반되지 않는다(헌재 2003. 6. 26. 2002헌가14).

④ 대법원은 국세청장이 부동산투기자의 명단을 언론사에 공표함으로써 명예를 훼손한 사건에서 위법성을 긍정하고 손해배상의 책임을 인정하였다. 즉, 지방국세청 소속 공무원들이 통상적인 조사를 다하여 의심스러운 점을 밝혀 보지 아니한 채 막연한 의구심에 근거하여 원고가 위장증여자로서 국토이용관리법(현 국토의계획및이용에관한법률)을 위반하였다는 요지의 조사결과를 보고한 것이라면 국세청장이 이에 근거한 보도자료의 내용이 진실하다고 믿은 데에는 상당한 이유가 없다(대판 1993. 11. 26. 93다18389).

3. 관허사업(官許事業)의 제한

(1) 의의

행정법규상 의무위반자에 대하여 그 의무위반과 직접 관련이 없는 각종 인·허가 등 수익적 행정행위를 철회·정지함으로써 간접적으로 그 의무이행을 확보하는 수단을 말한다. 이러한 행정처분에는 형벌이 병과될 수 있다(양자는 목적·대상 등을 달리하므로 병과 가능).

(2) 종류

① 위법건축물을 사업장으로 하는 관허사업의 제한(건축법 제79조 제1항 내지 제3항)
② 국세체납자에 대한 관허사업의 제한(국세징수법 제112조)
③ 영업허가의 제한(식품위생법 제38조)
④ 과태료 체납자의 관허사업 제한(질서위반행위규제법 제52조)
⑤ 약사·한약사 면허의 취소(약사법 제79조) 등

> **관허사업 제한의 한계**
> 관허사업의 제한은 그 의무위반과 실질적 관련성이 없는 내용의 제재수단이라는 점에서 부당결부금지원칙에 위배될 수 있고, 행정목적을 위해 생업에 대한 제재수단을 위태롭게 한다는 점에서 비례원칙에 위배될 수도 있다는 비판이 따른다.

Check Point

건축법 제79조(위반건축물 등에 대한 조치 등) 제1항
허가권자는 이 법 또는 이 법에 따른 명령이나 처분에 위반되는 대지나 건축물에 대하여 이 법에 따른 허가 또는 승인을 취소하거나 그 건축물의 건축주·공사시공자·현장관리인·소유자·관리자 또는 점유자(건축주 등)에게 공사의 중지를 명하거나 상당한 기간을 정하여 그 건축물의 해체·개축·증축·수선·용도변경·사용금지·사용제한, 그 밖에 필요한 조치를 명할 수 있다.

Check Point

약사법 제79조(약사·한약사 면허의 취소 등) 제1항
보건복지부장관은 약사 또는 한약사가 제5조 제1호부터 제4호까지의 규정 중 어느 하나에 해당하면 그 면허를 취소하여야 한다.

제2절 금전적 수단

1. 과징금

(1) 의의

① 본래적(전형적) 과징금 : 과징금이란 행정법상 의무위반·불이행자에게 부과·징수하는 금전적 제재로서의 금전부담을 말한다. 본래의 과징금은 경제법상 의무위반행위로 얻은 불법적인 이익을 박탈하기 위하여 부과되는 행정제재금을 말하며, 독점규제및공정거래에관한법률에 의하여 처음 도입되었다

(법 현 제8조).

② **변형된 과징금** : 인 · 허가 사업 등에 대해 정지처분을 할 수 있는 행정법규를 위반하였음에도 불구하고 공익보호 등을 위하여 사업의 취소 · 정지를 시키지 않고 당해 사업을 계속하게 하되, 대신 그에 따른 금전적 이익을 박탈하기 위해 부과되는 행정제재적 성격의 과징금을 말한다. 대기환경보전법상 배출부과금이나 여객자동차운수사업법상의 과징금 등이 이러한 변형된 과징금에 해당된다.

(2) 구별 개념

① 행정벌과의 구별

　㉠ **공통점** : 과징금은 행정법상 의무위반 · 불이행자에게 부과 · 징수하는 금전적 제재라는 점에서 행정벌(벌금과 과태료)과 동일하다.

　㉡ **차이점** : 과징금은 그 성질상 처벌이 아닌 금전상의 불이익을 부과하는 납부하명이라는 점, 과징금은 행정청이 부과하나 행정벌은 원칙적으로 법원(또는 행정청)이 부과한다는 점, 과징금의 불복은 행정소송법에 의하나 과태료의 불복은 질서위반행위규제법에 의한다는 점 등에서 구별된다.

② **부과금과의 구별** : 양자는 의무위반에 대한 간접적 · 금전적 제재로서의 성질이라는 점과 징수절차가 국세나 지방세 체납처분의 예에 의하는 점 등에서 동일하나, 과징금은 원칙적으로 국고에 귀속되고 부과금은 행정상의 의무이행을 위한 목적으로 사용된다는 점에서 차이가 있다.

③ **범칙금** : 행정법상의 의무위반에 대한 금전적 제재라는 점에서 같으나, 과징금은 불법적인 경제적 이익 박탈을 위해 부과되는 데 비해 범칙금은 형사벌을 과할 범죄행위에 대해 그 처벌을 유보하고 금전적 제재를 과하는 것이라는 점에서 구별된다.

(3) 법적 근거

① 과징금은 당사자에 대한 금전적인 부담에 해당하므로 법적 근거를 요한다. 그 근거로 일반법은 없으나, 독점규제및공정거래에관한법률(제8조), 대기환경보전법(제37조), 수질및수생태계보전에관한법률(제43조), 석유및석유대체연료사업법(제14조), 여객자동차운수사업법(제88조) 등의 개별법에서 규정하고 있다.

② 과징금납부의무 불이행에 대한 강제징수는 국세징수법에 의한다(국세의 체납처분의 예에 따라 강제집행함).

Check Point

과징금의 부과에 있어서는 당사자 또는 이해관계인에게 의견진술의 기회를 주어야 한다(독점규제및공정거래에관한법률제93조 등).

(4) 과징금 부과의 성질

① 과징금 부과행위는 행정행위에 속하므로 권한을 가진 행정청이 부과하는데, 과징금을 부과할 것인지 영업정지처분을 할 것인지는 통상 행정청의 재량에 속하는 것으로 본다. 판례도 공정거래위원회의 과징금부과처분을 재량행위라 보았다(대판 2002. 9. 24, 2000두1713). 다만, 판례는 부동산실권리자명의등기에관한법령상 명의신탁자에 대한 과징금 부과처분을 기속행위로 판시한 바 있다(대판 2007. 7. 12, 2005두17287).

② 과징금은 처벌작용이 아니므로 형벌이 아니며 형식상 행정벌에 속하지 않는다. 따라서 형사처벌과 아울러 과징금을 부과할 수 있도록 한 것은 이중처벌금지원칙에 위배되지 않는다(대판 2004. 4. 9, 2001두6197).

> 관련 판례 : 구 독점규제및공정거래에관한법률에서 형사처벌과 아울러 과징금의 부과처분을 할 수 있도록 규정하고 있다 하더라도 이중처벌금지원칙이나 무죄추정원칙에 위반된다거나 사법권이나 재판청구권을 침해한다고 볼 수 없고, 또한 같은 법 제55조의3 제1항에 정한 각 사유를 참작하여 부당지원행위의 불법의 정도에 비례하여 상당한 금액의 범위 내에서만 과징금을 부과할 수 있도록 하고 있음에 비추어 비례원칙에 반한다고 할 수도 없다(대판 2004. 4. 9, 2001두6197).

③ 과징금 채무는 대체적 급부가 가능한 의무이므로 부과받은 자가 사망한 경우 상속인에게 포괄승계된다.

> 관련 판례 : 부동산실권리자명의등기에관한법률 제5조에 의하여 부과된 과징금 채무는 대체적 급부가 가능한 의무이므로 위 과징금을 부과받은 자가 사망한 경우 그 상속인에게 포괄승계된다(대판 1999. 5. 14, 99두35).

(5) 권리구제

① 행정청의 과징금부과행위는 행정행위의 일종인 급부하명에 해당하므로 행정쟁송절차에 따라 그 취소 등을 구할 수 있다(대판 1998. 4. 10, 98두2270).

② 과징금부과처분이 법정 한도액을 초과하여 위법한 경우 초과부분만을 취소할 수는 없고 전부를 취소하여야 한다.

> 관련 판례 : 자동차운수사업면허조건 등을 위반한 사업자에 대하여 행정청이 행정제재수단으로 사업 정지를 명할 것인지, 과징금을 부과할 것인지, 과징금을 부과키로 한다면 그 금액은 얼마로 할 것인지에 관하여 재량권이 부여되었다 할 것이므로 과징금부과처분이 법이 정한 한도액을 초과하여 위법할 경우 법원으로서는 그 전부를 취소할 수밖에 없고, 그 한도액을 초과한 부분이나 법원이 적정하다고 인정되는 부분을 초과한 부분만을 취소할 수 없다(대판 1998. 4. 10, 98두2270).

2. 부과금

(1) 의의

부과금이란 행정법상 의무위반에 대한 금전적 제재의 성질을 가지는 것으로, 배출부과금을 예로 들 수 있다. 과징금과 마찬가지로 행정법상의 의무위반에 대한 금전적 제재의 특징을 가지고, 징수 절차가 국세 또는 지방세체납처분에 의한다.

(2) 법적 근거

사업시행자는 토지등소유자로부터 비용과 정비사업의 시행과정에서 발생한 수입의 차액을 부과금으로 부과 · 징수할 수 있으며 토지등소유자가 부과금의 납부를 게을리한 때에는 연체료를 부과 · 징수할 수 있다. 이에 따른 부과금 및 연체료의 부과 · 징수에 필요한 사항은 정관 등으로 정하며 시장 · 군수 등이 아닌 사업시행자는 부과금 또는 연체료를 체납하는 자가 있는 때에는 시장 · 군수 등에게 그 부과 · 징수를 위탁할 수 있다(도시및주거환경정비법 제93조).

> 관련 판례 : 도시개발법 제16조 제5항은 "특별자치도지사 · 시장 · 군수 또는 구청장이 제4항에 따라 부과금이나 연체료의 징수를 위탁받으면 지방세 체납처분의 예에 따라 부과 · 징수할 수 있다. 이 경우 조합은 특별자치도지사 · 시장 · 군수 또는 구청장이 징수한 금액의 100분의 4에 해당하는 금액을 해당 특별자치도 · 시 · 군 또는 구(자치구의 구를 말한다)에게 교부하여야 한다."라고 규정하고 있다(대판 2017. 4. 28, 2013다1211).

3. 가산세

(1) 의의

가산세란 세법상의 의무위반에 대한 경제적 불이익으로서 본래의 조세채무와 별개로 과하여지는 조세를 말한다. 이는 주로 세법상 신고기간 내에 신고하지 않았거나 과소신고하는 경우 일정비율로 부과된다(소득세법 제81조, 상속세및증여세법 제78조, 부가가치세법 제60조, 관세법 제42조 등).

(2) 부과 요건(고의 · 과실의 요부)

① 원칙 : 납세자의 고의 · 과실은 요하지 않는다고 한다.

> 관련 판례 : 가산세는 과세권의 행사 및 조세채권의 실현을 용이하게 하기 위하여 납세자가 정당한 이유 없이 법에 규정된 신고 · 납세의무 등을 위반한 경우에 법이 정하는 바에 의하여 부과하는 행정상의 제재로서 납세자의 고의 · 과실은 고려되지 아니하는 것이며 법령의 부지나 오해는 그 정당한 사유에 해당한다고 볼 수 없다(대판 2002. 9. 4, 2001두9370).

Check Point

국세기본법(제2조 제4호)상 가산세
가산세란 세법에서 규정하는 의무의 성실한 이행을 확보하기 위하여 세법에 따라 산출한 세액에 가산하여 징수하는 금액을 말한다.

Check Point

가산세의 성질
조세법상 의무이행을 확보하기 위한 명령적 행정행위이다.

② 예외 : 정당한 사유가 있는 경우는 부과되지 않는다.

> 관련 판례 : 세법상 가산세는 과세권의 행사 및 조세채권의 실현을 용이하게 하기 위하여 납세자가 정당한 이유 없이 법에 규정된 신고, 납세 등 각종 의무를 위반한 경우에 개별 세법이 정하는 바에 따라 부과되는 행정상의 제재로서 납세의무자가 그 의무를 알지 못한 것이 무리가 아니었다고 할 수 있어 그를 정당시할 수 있는 사정이 있거나 그 의무의 이행을 당사자에게 기대하는 것이 무리라고 하는 사정이 있을 때 등 그 의무해태를 탓할 수 없는 정당한 사유가 있는 경우에는 그 부과를 면할 수 있다(대판 2005. 4. 15, 2003두4089).

꼭! 확인 기출문제

행정의 실효성확보수단에 대한 설명으로 옳지 않은 것은? (다툼이 있는 경우 판례에 의함)

[국가직 9급 기출]

① 과징금 부과 · 징수에 하자가 있는 경우, 납부의무자는 행정쟁송절차에 따라 다툴 수 있다.
② 공정거래위원회의 과징금부과처분은 재량행위적 성격을 가진다.
❸ 세법상 가산세는 정당한 사유가 이유 없이 법에 규정된 신고 · 납세의무 등을 이행하지 않은 경우에 부과하는 행정상 제재로서 고의 · 과실 또는 중요한 고려요소가 된다.
④ 행정재산의 사용 · 수익 허가에 따른 사용료에 대하여는 국세징수법에 따라 가산금과 중가산금을 징수할 수 있고, 이는 미납분에 관한 지연이자의 의미로 부과되는 부대세의 일종이다.

🗑 ③ 가산세의 부과에 있어 납세자의 고의 · 과실은 요하지 않는다.

4. 그 밖의 수단

(1) 명단공표

① 의의 : 행정법상 의무위반 또는 의무불이행이 있는 경우 그 위반자 또는 불이행자의 이름 및 위반사실 등을 공개하여 행정법상의 의무이행을 간접적으로 확보하는 수단이다.

② 공표를 권력적 사실행위(행정기관에 의해 일방적으로 행해짐, 명예 또는 신용 등이 훼손됨)로 보는 견해와 법적인 효과를 발생시키지는 않으므로 비권력적 사실행위라고 보는 견해(다수설)가 있다.

③ 일반법은 따로 규정되어있지 않으나, 개별법에 규정된 한계를 지켜야 하며 행정법의 일반원칙을 준수해야 한다.

④ 위법한 공표에 의해 명예 또는 신용 등이 침해된 경우 행정상 손해배상을 청구할 수 있으나, 상당한 이유가 있는 경우에는 위법성이 부정된다.

(2) 공급거부

① 의의 : 행정법상 의무위반 또는 의무불이행이 있는 경우 그 위반자 또는 불이

행자에 대하여 행정상 서비스나 재화의 공급을 거부하는 행위이다.

② 행정법의 일반원칙을 준수해야 하며 부당결부금지의 원칙을 지켜야 한다.

(3) 관허사업 제한

① 의의 : 행정법상 의무위반행위가 있는 경우 각종 인·허가를 거부·정지·철회할 수 있도록 하여 의무의 이행을 간접적으로 강제하는 행위이다.

② 국민의 권익을 침해하는 권력적 행위이기 때문에 법적인 근거가 필요하다.

(4) 시정명령

① 의의 : 행정법령의 위반으로 초래된 위법상태의 제거 또는 시정을 명령하는 행위로 하명에 해당한다.

② 법적근거 : 헌법 제37조 제2항에 따른 법적 근거를 필요로 하며 일반법은 따로 규정되어 있지 않으나 개별법령이 존재한다.

③ 고의나 과실이 없더라도 원칙적으로 제재조치를 가할 수 있으며 독점규제및공정거래에관한법률에 의한 시정명령은 과거의 위반행위 중지와 미래의 동일유형행위 반복금지까지 명할 수 있다. 또한 위반행위가 있었더라도 그 결과가 더는 존재하지 않으면 시정명령을 할 수 없다고 본다(대판 2011. 3. 10, 2009두1990).

4편

행정구제법

제1장

총설

제1절 총설

1. 행정구제의 의의

행정구제라 함은 행정기관의 행정작용으로 인하여 자기의 권리·이익이 침해되었거나 침해될 것으로 주장하는 자가 행정기관이나 법원에 당해 행정행위의 취소·변경을 구하거나 피해구제 및 예방을 청구하거나 원상회복·손해전보를 청구하면, 이에 대해 행정기관이나 법원이 심리하여 그 권리·이익의 보호에 관한 판정을 하는 것을 통칭적으로 표현한 것이다. 이러한 행정구제는 국민의 기본권 보장 내지는 법치주의의 실질적 의의를 살리기 위해 반드시 필요하다.

2. 행정구제제도의 유형

구분	목적	내용	
사전적 구제제도	권익침해의 예방	• 행정절차제도 • 청원(사전적·사후적 구제제도) • 옴부즈만제도(사전적·사후적 구제제도) • 기타 직권시정, 정당방위 등	
사후적 구제제도	권익침해의 시정 및 전보	손해전보제도 (실체법상 구제)	• 손해배상제도 • 손실보상제도
		행정쟁송제도 (절차법상 구제)	• 행정심판제도(항고심판, 당사자심판) • 행정소송제도(항고소송, 당사자소송, 민중소송, 기관소송)
		기타 제도	형사책임, 공무원 징계, 헌법소원 등

3. 새로운 행정구제제도

행정구제라는 것은 행정주체의 행정작용이 위법·부당하여 개인의 권익이 침해된 경우에 이를 구제하는 수단이다. 그러나 사회발전에 따른 행정작용이 다양화되면서 그 침해유형도 다양해짐에 따라 그 구제를 받는 것이 어려운 상황에 직면하게 되어 새로운 구제수단이 출현하고 있는 실정이다. 이러한 요구에 부응하여 구제수단으로 논의되고 있는 제도로, 수용유사적 침해이론, 수용적 침해이론, 행정상 결과제거청구권 등을 들 수 있다.

제2장

사전적 구제제도

제1절 행정절차제도

1. 의의

(1) 개념

Check Point

행정절차법상의 행정절차
행정절차법의 행정절차는 처분·
신고·행정상 입법예고·행정예
고·행정지도의 절차로 구성되어
있다.

① 협의의 행정절차(다수설) : 협의의 행정절차란 행정작용을 행함에 있어서 사전
적 절차인 1차적 결정과정인 절차를 말하며, 여기에는 행정입법절차, 행정처
분절차, 계획확정절차 등이 포함된다. 협의의 행정절차는 행정에 관한 결정을
함에 따라 요구되는 외부와의 일련의 교섭과정을 의미한다고 볼 수 있다.

② 광의의 행정절차 : 광의의 행정절차란 행정작용을 행함에 있어서 행정기관이
거쳐야 하는 모든 절차를 말하는바, 사전적 절차인 1차적 행정절차뿐만 아니
라 행정강제절차, 집행절차, 행정심판절차, 행정처벌절차 등과 같은 사후적
절차까지 포함한다.

(2) 행정절차의 필요성

① **행정의 민주화** : 행정의사의 결정과정에 공청회나 고지 등의 절차를 통해 국
민의 의사를 반영함으로써, 국민에 의한 행정과 행정의 민주화를 도모할 수
있다.

② **법치주의의 확대** : 행정의 실체뿐만 아니라 그 절차면의 법제화를 통해 법치행
정의 확대를 도모한다.

③ **행정의 능률화** : 행정과정에서 국민의 참여는 보다 많은 자료와 정보를 획득
할 수 있고, 이해관계인 간의 사전적 조율을 통한 국민의 합의형성에 기여하
며, 궁극적으로 행정의 능률화에 이바지할 수 있다.

④ 법적 안정과 권리구제의 도모(사법기능의 보완) : 행정권 발동에 대한 예측을 가능케 하여 법적 안정을 도모할 수 있고, 종국적 처분 전에 의견진술이나 자료제출 등을 통해 행정의 적법·타당성을 부여하여 법적 분쟁을 예방함으로써 사전적 권리구제의 기능을 수행할 수 있다.

⑤ 행정의 공정성 확보 : 행정행위를 하기 전에 미리 이해관계인의 의견을 듣고 좀 더 많은 정보를 획득함으로써 행정권 행사에 대한 공정성, 적정성을 얻을 수 있다.

2. 법적 근거

(1) 헌법

① 헌법 제12조 제1항에서 '적법한 절차'를 규정하여 적법절차원리를 헌법원리로 명시하였다. 따라서 행정작용의 영역에도 절차적 규제가 적용된다고 할 수 있다.

② 헌법은 실질적 법치주의를 구현하고 있으므로, 행정작용에는 절차상의 적법성뿐만 아니라 법률 내용의 실체적 적법성도 있어야 한다.

> 관련 판례 : 헌법 제12조 제3항 본문은 동조 제1항과 함께 적법절차원리의 일반조항에 해당하는 것으로서, 형사절차상의 영역에 한정되지 않고 입법, 행정 등 국가의 모든 공권력의 작용에는 절차상의 적법성뿐만 아니라 법률의 구체적 내용도 합리성과 정당성을 갖춘 실체적인 적법성이 있어야 한다는 적법절차의 원칙을 헌법의 기본원리로 명시하고 있는 것이다(헌재 1992. 12. 24. 92헌가8).

(2) 법률

① 일반법 : 행정절차의 일반법은 행정절차법이다.

② 개별법 : 행정절차에 관한 중요한 개별법으로 민원사무처리에관한법률이 있는데, 이 법은 민원사무에 있어 일반법적 역할을 한다. 그 이외에 행정규제기본법, 부패방지및국민권익위원회의설치와운영에관한법률 등 여러 개별법에서 관련 규정을 두고 있다.

3. 행정절차의 기본적 내용

(1) 처분기준의 설정·공표(행정절차법 제20조 제1항)

행정청은 필요한 처분기준을 해당 처분의 성질에 비추어 되도록 구체적으로 처

Check Point

적법절차원리 규정(헌법 제12조 제1항)
모든 국민은 신체의 자유를 가진다. 누구든지 법률에 의하지 아니하고는 체포·구속·압수·수색 또는 심문을 받지 아니하며, 법률과 적법한 절차에 의하지 아니하고는 처벌·보안처분 또는 강제노역을 받지 아니한다.

Check Point

법률 간 적용순서
• 민원사무 : 개별법 → 민원처리에관한법률 → 행정절차법
• 그 외의 경우 : 개별법 → 행정절차

분기준을 정하여 공표해야 한다. 처분기준을 변경하는 경우에도 같다.

(2) 사전통지

행정결정을 하기 전에 이해관계인에게 당해 결정내용과 이유, 청문의 일시 및 장소를 미리 알리기 위한 통지의 수단으로, 특별한 규정이 없는 한 송달 또는 공고의 방법에 의한다.

(3) 주민의 참여절차

행정청의 광범위한 재량권을 적정하게 행사할 수 있도록 하고 상반된 이해관계인의 이익을 적정하게 조정하며 공익과 사익의 조화를 통한 행정의 효율성을 제고하기 위해 이해관계인이나 주민, 전문가 등의 의견을 수렴하기 위한 참여절차가 필요하다.

(4) 이유부기

행정처분의 근거와 이유를 구체적으로 명시하여 상대방에게 이를 제시하여야 한다. 판례는 이유부기를 불문법원으로서 행정법의 일반원리로 인정하고 있다.

> 관련 판례 : 면허의 취소처분에는 그 근거가 되는 법령이나 취소권 유보의 부관 등을 명시하여야 함은 물론 처분을 받은 자가 어떠한 위반사실에 대하여 당해 처분이 있었는지를 알 수 있을 정도로 사실을 적시할 것을 요하며, 이와 같은 취소처분의 근거와 위반사실의 적시를 빠뜨린 하자는 피처분자가 처분 당시 그 취지를 알고 있었다거나 그후 알게 되었다 하여도 치유될 수 없다고 할 것인 바, 세무서장인 피고가 주류도매업자인 원고에 대하여 한 이 사건 일반주류도매업면허취소 통지에 "상기 주류도매장은 무면허 주류판매업자에게 주류를 판매하여 주세법 제11조 및 국세법 사무처리규정 제26조에 의거 지정조건위반으로 주류판매면허를 취소합니다"라고만 되어 있어서 원고의 영업기간과 거래상대방 등에 비추어 원고가 어떠한 거래행위로 인하여 이 사건 처분을 받는지 알 수 없게 되어 있다면 이 사건 면허취소처분은 위법하다(대판 1990. 9. 11, 90누1786).

(5) 청문과 기록열람

① 청문 : 국민의 권리를 침해하는 행정처분을 발하기 전에 처분의 상대방이나 이해관계인에게 자기에게 유리한 진술을 하거나 증거를 제출하도록 하여 반박의 기회를 부여함으로써 사전적 권리구제수단으로 부여하는 절차를 말한다.

② 기록열람 : 처분의 상대방이나 이해관계인이 당해 사안에 대한 기록 등을 미리 열람함으로써 청문절차의 실효성을 확보할 수 있다.

제2절 행정절차법의 내용

1. 총칙적 규정

(1) 제정목적(제1조)

이 법은 행정절차에 관한 공통적인 사항을 규정하여 국민의 행정참여를 도모함
으로써 행정의 공정성·투명성 및 신뢰성을 확보하고 국민의 권익을 보호함을
목적으로 한다.

용어의 정의(제2조)
- **행정청** : 행정에 관한 의사를 결정하여 표시하는 국가 또는 지방자치단체의 기관, 그 밖에 법령 또는 자치법규에 따라 행정권한을 가지고 있거나 위임 또는 위탁받은 공공단체 또는 그 기관이나 사인(私人)
- **처분** : 행정청이 행하는 구체적 사실에 관한 법 집행으로서의 공권력의 행사 또는 그 거부와 그 밖에 이에 준하는 행정작용
- **행정지도** : 행정기관이 그 소관 사무의 범위에서 일정한 행정목적을 실현하기 위하여 특정인에게 일정한 행위를 하거나 하지 아니하도록 지도, 권고, 조언 등을 하는 행정작용
- **당사자등** : 행정청의 처분에 대하여 직접 그 상대가 되는 당사자, 행정청이 직권으로 또는 신청에 따라 행정절차에 참여하게 한 이해관계인
- **청문** : 행정청이 어떠한 처분을 하기 전에 당사자등의 의견을 직접 듣고 증거를 조사하는 절차
- **공청회** : 행정청이 공개적인 토론을 통하여 어떠한 행정작용에 대하여 당사자등, 전문지식과 경험을 가진 사람, 그 밖의 일반인으로부터 의견을 널리 수렴하는 절차
- **의견제출** : 행정청이 어떠한 행정작용을 하기 전에 당사자등이 의견을 제시하는 절차로서 청문이나 공청회에 해당하지 아니하는 절차
- **전자문서** : 컴퓨터 등 정보처리능력을 가진 장치에 의하여 전자적인 형태로 작성되어 송신·수신 또는 저장된 정보
- **정보통신망** : 전기통신설비를 활용하거나 전기통신설비와 컴퓨터 및 컴퓨터 이용기술을 활용하여 정보를 수집·가공·저장·검색·송신 또는 수신하는 정보통신체제

(2) 적용범위(제3조)

① **적용영역** : 처분, 신고, 행정상 입법예고, 행정예고 및 행정지도의 절차(행정
절차)에 관하여 다른 법률에 특별한 규정이 있는 경우를 제외하고는 이 법에
서 정하는 바에 따른다.

② **적용배제 사항(제3조 제2항)**

㉠ 국회 또는 지방의회의 의결을 거치거나 동의 또는 승인을 받아 행하는 사항

㉡ 법원 또는 군사법원의 재판에 의하거나 그 집행으로 행하는 사항

㉢ 헌법재판소의 심판을 거쳐 행하는 사항

㉣ 각급 선거관리위원회의 의결을 거쳐 행하는 사항

01. 행정처분의 송달에 관한 설명으로 옳지 <u>않은</u> 것은? (다툼이 있는 경우 판례에 의함)

① 행정처분의 송달은 민법상 도달주의가 아니라 행정절차법 제15조에 의한 발신주의를 취한다.

② 정보통신망을 이용하여 전자문서로 송달하는 경우에는 송달받을 자가 지정한 컴퓨터 등에 입력된 때에 도달된 것으로 본다.

③ 송달이 불가능한 경우 등에는 다른 법령 등에 특별한 규정이 있는 경우를 제외하고는 공고일부터 14일이 경과한 때에 그 효력이 발생한다.

④ 우편물이 보통우편의 방법으로 발송되었다는 사실만으로는 그 우편물이 상당기간 내에 도달하였다고 추정할 수 없다.

해 행정절차법 제15조는 송달의 효력발생과 관련하여 도달주의를 원칙으로 하고 있다. 즉, 송달은 다른 법령 등에 특별한 규정이 있는 경우를 제외하고는 송달받을 자에게 도달됨으로써 그 효력이 발생한다(법 제15조 제1항).

㉤ 감사원이 감사위원회의의 결정을 거쳐 행하는 사항

㉥ 형사 · 행형 및 보안처분 관계 법령에 따라 행하는 사항

㉦ 국가안전보장 · 국방 · 외교 또는 통일에 관한 사항 중 행정절차를 거칠 경우 국가의 중대한 이익을 현저히 해칠 우려가 있는 사항

㉧ 심사청구, 해양안전심판, 조세심판, 특허심판, 행정심판, 그 밖의 불복 절차에 따른 사항

㉨ 병역법에 따른 징집 · 소집, 외국인의 출입국 · 난민인정 · 귀화, 공무원 인사 관계 법령에 따른 징계와 그 밖의 처분, 이해 조정을 목적으로 하는 법령에 따른 알선 · 조정 · 중재 · 재정 또는 그 밖의 처분 등 해당 행정작용의 성질상 행정절차를 거치기 곤란하거나 불필요하다고 인정되는 사항과 행정절차에 준하는 절차를 거친 사항으로서 대통령령으로 정하는 사항

(3) 행정법의 일반원칙(제4조 및 제5조)

① **신의성실의 원칙** : 행정청은 직무를 수행할 때 신의에 따라 성실히 하여야 한다.

② **신뢰보호의 원칙** : 행정청은 법령 등의 해석 또는 행정청의 관행이 일반적으로 국민들에게 받아들여졌을 때에는 공익 또는 제3자의 정당한 이익을 현저히 해칠 우려가 있는 경우를 제외하고는 새로운 해석 · 관행에 따라 소급하여 불리하게 처리해서는 안 된다.

③ **투명성의 원칙** : 행정청이 행하는 행정작용은 그 내용이 구체적이고 명확하여야 하며, 행정작용의 근거가 되는 법령 등의 내용이 명확하지 않은 경우 상대방은 해당 행정청에 그 해석을 요청할 수 있다. 이 경우 해당 행정청은 특별한 사유가 없으면 그 요청에 따라야 한다.

(4) 송달 및 기간 · 기한의 특례

① **송달(제14조)**

㉠ **송달의 방법** : 송달은 우편, 교부 또는 정보통신망 이용 등의 방법으로 하되 송달받을 자(대표자 또는 대리인을 포함함)의 주소 · 거소 · 영업소 · 사무소 또는 전자우편주소로 한다. 다만, 송달받을 자가 동의하는 경우에는 그를 만나는 장소에서 송달할 수 있다.

㉡ **교부에 의한 송달** : 수령확인서를 받고 문서를 교부함으로써 하며, 송달하는 장소에서 송달받을 자를 만나지 못한 경우 그 사무원 · 피용자 또는 동거인으로서 사리를 분별할 지능이 있는 사람에게 문서를 교부할 수 있다.

㉢ **송달의 제한** : 정보통신망을 이용한 송달은 송달받을 자가 동의하는 경우에만 한다. 이 경우 송달받을 자는 송달받을 전자우편주소 등을 지정하여야 한다.

ㄹ 특별공고(공시송달) : 송달받을 자의 주소 등을 통상적인 방법으로 확인할 수 없는 경우와 송달이 불가능한 경우에는 송달받을 자가 알기 쉽도록 관보, 공보, 게시판, 일간신문 중 하나 이상에 공고하고 인터넷에도 공고하여야 한다.

ㅁ 기록 보존 : 행정청은 송달하는 문서의 명칭, 송달받는 자의 성명 또는 명칭, 발송방법 및 발송 연월일을 확인할 수 있는 기록을 보존하여야 한다.

② 송달효력의 발생시기(제15조)

ㄱ 도달주의 : 송달은 다른 법령 등에 특별한 규정이 있는 경우를 제외하고는 해당 문서가 송달받을 자에게 도달됨으로써 그 효력이 발생한다. 다만, 정보통신망을 이용하여 전자문서로 송달하는 경우에는 송달받을 자가 지정한 컴퓨터 등에 입력된 때에 도달된 것으로 본다.

ㄴ 특별공고 : 특별공고의 경우에는 다른 법령 등에 특별한 규정이 있는 경우를 제외하고는 공고일부터 14일이 지난 때에 그 효력이 발생한다. 다만, 긴급한 사유로 효력발생시기를 달리 정하여 공고한 경우에는 그에 따른다.

③ 기간 및 기한의 특례(제16조) : 천재지변이나 그 밖의 당사자 등에게 책임이 없는 사유로 기간 및 기한을 지킬 수 없는 경우에는 그 사유가 끝나는 날까지 기간의 진행이 정지되고, 외국에 거주하거나 체류하는 자에 대한 기간 및 기한은 행정청이 그 우편이나 통신에 걸리는 일수를 고려하여 정하여야 한다.

 참고

우편에 의한 송달 관련 판례
- 내용증명우편이나 등기우편과는 달리, 보통우편의 방법으로 발송되었다는 사실만으로는 그 우편물이 상당한 기간 내에 도달하였다고 추정할 수 없고, 송달의 효력을 주장하는 측에서 증거에 의하여 이를 입증하여야 한다(대판 2009.12.10. 2007두20140).
- 구 행정절차법 제14조 제항은 문서의 송달방법의 하나로 우편송달을 규정하고 있고, 행정절차법 제16조 제2항은 외국에 거주 또는 체류하는 자에 대한 기간 및 기한은 행정청이 그 우편이나 통신에 소요되는 일수를 감안하여 정하여야 한다고 규정하고 있는 점 등에 비추어 보면, 피고는 국내에 주소·거소·영업소 또는 사무소가 없는 외국사업자에 대하여도 우편송달의 방법으로 문서를 송달할 수 있다고 할 것이다(대판 2006.3.23. 2003두11124).
- 우편법 등 관계 규정의 취지에 비추어 볼 때 우편물이 등기취급의 방법으로 발송된 경우 반송되는 등의 특별한 사정이 없는 한 그 무렵 수취인에게 배달되었다고 보아야 한다(대판 1992.3.27. 91누3819).

 확인 기출문제

행정행위의 효력발생요건으로서의 통지에 대한 설명으로 옳지 않은 것은? (다툼이 있는 경우 판례에 의함) [국가직 9급 기출]

① 처분의 통지는 행정처분을 상대방에게 표시하는 것으로서 상대방이 인식할 수 있는 상태에 둠으로써 족하고, 객관적으로 보아 행정처분으로 인식할 수 있도록 고지하면 된다.

 답 02 ①

② 처분서를 보통우편의 방법으로 발송한 경우에는 그 우편물이 상당한 기간 내에 도달하였다고 추정할 수 없다.

❸ 구 「청소년 보호법」에 따라 정보통신윤리위원회가 특정 웹사이트를 청소년유해매체물로 결정하고 청소년보호위원회가 효력발생 시기를 명시하여 고시하였으나 정보통신윤리위원회와 청소년보호위원회가 웹사이트 운영자에게는 위 처분이 있었음을 통지하지 않았다면 그 효력이 발생하지 않는다.

④ 등기에 의한 우편송달의 경우라도 수취인이 주민등록지에 실제로 거주하지 않는 경우에는 우편물의 도달사실을 처분청이 입증해야 한다.

해 ③ 구 청소년보호법에 따른 청소년유해매체물 결정 및 고시처분은 당해 유해매체물의 소유자 등 특정인만을 대상으로 한 행정처분이 아니라 일반 불특정 다수인을 상대방으로 하여 일률적으로 표시의무, 포장의무, 청소년에 대한 판매·대여 등의 금지의무 등 각종 의무를 발생시키는 행정처분으로서, 정보통신윤리위원회가 특정 인터넷 웹사이트를 청소년유해매체물로 결정하고 청소년보호위원회가 효력발생시기를 명시하여 고시함으로써 그 명시된 시점에 효력이 발생하였다고 봄이 상당하고, 정보통신윤리위원회와 청소년보호위원회가 위 처분이 있었음을 위 웹사이트 운영자에게 제대로 통지하지 아니하였다고 하여 그 효력 자체가 발생하지 아니한 것으로 볼 수는 없다(대판 2007. 6. 14, 2004두619).

① 문화재보호법 제13조 제2항 소정의 중요문화재 가지정의 효력발생요건인 통지는 행정처분을 상대방에게 표시하는 것으로서 상대방이 인식할 수 있는 상태에 둠으로써 족하고, 객관적으로 보아서 행정처분으로 인식할 수 있도록 고지하면 되는 것이다(대판 2003. 7. 22, 2003두513).

② 내용증명우편이나 등기우편과는 달리, 보통우편의 방법으로 발송되었다는 사실만으로는 그 우편물이 상당기간 내에 도달하였다고 추정할 수 없고 송달의 효력을 주장하는 측에서 증거에 의하여 도달사실을 입증하여야 한다(대판 2002. 7. 26, 2000다25002).

④ 우편물이 등기취급의 방법으로 발송된 경우, 특별한 사정이 없는 한, 그 무렵 수취인에게 배달되었다고 보아도 좋을 것이나, 수취인이나 그 가족이 주민등록지에 실제로 거주하고 있지 아니하면서 전입신고만을 해 둔 경우에는 그 사실만으로써 주민등록지 거주자에게 송달수령의 권한을 위임하였다고 보기는 어려울 뿐 아니라 수취인이 주민등록지에 실제로 거주하지 아니하는 경우에도 우편물이 수취인에게 도달하였다고 추정할 수는 없고, 따라서 이러한 경우에는 우편물의 도달사실을 과세관청이 입증해야 할 것이고, 수취인이나 그 가족이 주민등록지에 실제로 거주하고 있지 아니하면서 전입신고만을 해 두었고, 그 밖에 주민등록 거주자에게 송달수령의 권한을 위임하였다고 보기 어려운 사정이 인정된다면, 등기우편으로 발송된 납세고지서가 반송된 사실이 인정되지 아니한다 하여 납세의무자에게 송달된 것이라고 볼 수는 없다(대판 1998. 2. 13, 97누8977).

2. 행정절차의 기본요소

(1) 절차의 주체

① 행정청

㉠ 의의 : 행정에 관한 의사를 결정하여 표시하는 국가 또는 지방자치단체의 기관, 그 밖의 법령 또는 자치법규에 따라 행정권한을 가지고 있거나 위임 또는 위탁받은 공공단체 또는 그 기관이나 사인을 말한다(제2조 제1호).

㉡ 행정청의 관할(제6조)

• 관할이송 : 행정청이 그 관할에 속하지 않는 사안을 접수하였거나 이송 받은 경우에는 지체 없이 이를 관할행정청에 이송하여야 하고 그 사실을 신청인에게 통지하여야 한다. 행정청이 접수하거나 이송 받은 후 관할이 변경된 경우에도 또한 같다.

• 관할결정 : 행정청의 관할이 분명하지 않은 경우에는 해당 행정청을 공통으로 감독하는 상급행정청이 그 관할을 결정하며, 공통으로 감독하는 상급

Check Point

행정청 간의 협조(제7조)
행정의 원활한 수행을 위하여 서로 협조하여야 한다.

행정청이 없는 경우에는 각 상급행정청이 협의하여 그 관할을 결정한다.

② 당사자 등

ⓐ 의의 : 행정청의 처분에 대하여 직접 그 상대가 되는 당사자와 행정청이 직권으로 또는 신청에 따라 행정절차에 참여하게 한 이해관계인을 말한다(제2조 제4호).

ⓑ 당사자 등의 자격 : 자연인, 법인, 법인이 아닌 사단 또는 재단, 다른 법령 등에 따라 권리·의무의 주체가 될 수 있는 자는 행정절차에서 당사자 등이 될 수 있다(제9조).

ⓒ 지위의 승계(제10조 제1항·제2항)

• 당사자 등이 사망하였을 때의 상속인과 다른 법령 등에 따라 당사자 등의 권리 또는 이익을 승계한 자는 당사자 등의 지위를 승계한다.

• 당사자 등에 해당하는 법인 등이 합병하였을 때에는 합병 후 존속하는 법인 등이나 새로 설립된 법인 등이 당사자 등의 지위를 승계한다.

ⓓ 대표자(제11조)

• 다수의 당사자 등이 공동으로 행정절차에 관한 행위를 할 때에는 대표자를 선정할 수 있다.

• 대표자는 각자 그를 대표자로 선정한 당사자 등을 위하여 행정절차에 관한 모든 행위를 할 수 있다(다만, 행정절차를 끝맺는 행위의 경우 당사자 등의 동의를 요함).

• 대표자가 있는 경우 당사자 등은 대표자를 통하여서만 행정절차에 관한 행위를 할 수 있다.

• 다수의 대표자가 있는 경우 그중 1인에 대한 행정청의 행위는 모든 당사자 등에게 효력이 있다.

• 행정청은 당사자등이 대표자를 선정하지 아니하거나 대표자가 지나치게 많아 행정절차가 지연될 우려가 있는 경우에는 그 이유를 들어 상당한 기간 내에 3인 이내의 대표자를 선정할 것을 요청할 수 있으며 이 경우 당사자등이 그 요청에 따르지 아니하였을 때에는 행정청이 직접 대표자를 선정할 수 있다.

• 당사자등은 대표자를 변경하거나 해임할 수 있다.

ⓔ 대표자·대리인의 통지 : 당사자 등이 대표자 또는 대리인을 선정하거나 선임하였을 때에는 지체 없이 그 사실을 행정청에 통지하여야 한다. 대표자 또는 대리인을 변경하거나 해임하였을 때에도 또한 같다(제13조 제1항).

Check Point

행정응원의 요청(제8조)
행정청은 법령 등의 이유나 인원·장비의 부족 등 사실상의 이유로 독자적 직무수행이 어려운 경우와 다른 전문기관의 협조가 필요한 경우, 다른 행정청이 관리하고 있는 문서·통계 등 행정자료가 직무수행을 위하여 필요한 경우, 다른 행정청의 응원을 받아 처리하는 것이 보다 능률적이고 경제적인 경우에는 다른 행정청에 행정응원을 요청할 수 있다. 이때 행정응원에 드는 비용은 응원을 요청한 행정청이 부담한다.

Check Point

행정절차법 제13조 제1항에도 불구하고 행정청 또는 청문 주재자(청문의 경우만)의 허가를 받은 자에 따라 청문 주재자가 대리인의 선임을 허가한 경우에는 청문 주재자가 그 사실을 행정청에 통지하여야 한다.

(2) 절차의 경과

① **절차의 개시** : 행정절차는 직권 또는 사인의 신청에 의하여 개시된다.

② **절차의 종료** : 절차가 종료된 경우에는 그 결정을 문서로 하며, 권한기관이 기명 · 날인한다. 또한, 결정에 근거가 된 이유를 제시하고 권리구제 방법 등을 고지하여야 한다.

3. 행정절차의 종류

(1) 처분절차

① **처분의 신청(제17조)**

　㉠ **문서주의** : 행정청에 처분을 구하는 신청은 문서로 하여야 한다. 다만, 다른 법령 등에 특별한 규정이 있는 경우와 행정청이 미리 다른 방법을 정하여 공시한 경우에는 예외이다. 한편, 전자문서로 신청하는 경우에는 행정청의 컴퓨터 등에 입력된 때에 신청한 것으로 본다.

　㉡ **의무적 접수** : 행정청은 신청을 받았을 때에는 다른 법령 등에 특별한 규정이 있는 경우를 제외하고는 그 접수를 보류 또는 거부하거나 부당하게 되돌려 보내서는 안 되며, 신청을 접수한 경우에는 신청인에게 접수증을 주어야 한다. 한편, 행정청은 신청인의 편의를 위하여 다른 행정청에 신청을 접수하게 할 수 있다.

　㉢ **신청의 보완** : 행정청은 신청에 구비서류의 미비 등 흠이 있는 경우에는 보완에 필요한 상당한 기간을 정하여 지체 없이 신청인에게 보완을 요구하여야 하며, 이 기간 내에 보완을 하지 않았을 때에는 그 이유를 구체적으로 밝혀 접수된 신청을 되돌려 보낼 수 있다.

　㉣ **신청 내용의 보완 · 변경 및 취하** : 신청인은 처분이 있기 전에는 그 신청의 내용을 보완 · 변경하거나 취하할 수 있다(다만, 다른 법령 등에 특별한 규정이 있거나 그 신청의 성질상 보완 · 변경하거나 취하할 수 없는 경우는 예외).

　㉤ **다수의 행정청이 관여하는 처분** : 처분을 구하는 신청을 접수한 경우에는 관계 행정청과의 신속한 협조를 통해 그 처분이 지연되지 않도록 해야 한다(제18조).

② **처리기간의 설정 · 공표(제19조)** : 행정청은 신청인의 편의를 위하여 처분의 처리기간을 종류별로 미리 정하여 공표하여야 하며, 부득이한 사유로 처리기간 내에 처분을 처리하기 곤란한 경우에는 해당 처분의 처리기간 범위에서 한 번만 그 기간을 연장할 수 있다.

③ 처분기준의 설정·공표(제20조)

㉠ 공표의 원칙 : 행정청은 필요한 처분기준을 해당 처분의 성질에 비추어 되도록 구체적으로 정하여 공표하여야 한다(처분기준을 변경하는 경우에도 공표함). 다만, 처분기준을 공표하는 것이 해당 처분의 성질상 현저히 곤란하거나 공공의 안전 또는 복리를 현저히 해치는 것으로 인정될 만한 상당한 이유가 있는 경우는 처분기준을 공표하지 않을 수 있다.

㉡ 해석·설명요청 : 당사자 등은 공표된 처분기준이 명확하지 않은 경우 해당 행정청에 대하여 그 해석 또는 설명을 요청할 수 있다.

④ 처분의 사전통지(제21조)

㉠ 사전통지 : 행정청은 당사자에게 의무를 부과하거나 권익을 제한하는 처분을 하는 경우에는 미리 처분의 제목과 당사자의 성명·명칭·주소, 처분하려는 원인이 되는 사실과 내용 및 법적 근거, 의견제출 관련 사항 등을 당사자 등에게 통지하여야 한다. 청문을 실시하려면 청문이 시작되는 날부터 10일 전까지 당사자 등에게 이를 통지하여야 한다.

㉡ 통지의 예외 : 공공의 안전 또는 복리를 위하여 긴급히 처분을 할 필요가 있는 경우나 자격이 없어진 경우, 해당 처분의 성질상 의견청취가 현저히 곤란하거나 명백히 불필요하다고 인정될 만한 상당한 이유가 있는 경우에는 사전통지를 하지 않을 수 있다.

처분의 통지 관련 판례

• 신청에 대한 거부처분이 행정절차법(제21조 제1항)의 처분의 사전통지의 대상이 되는가에 대하여 긍정설과 부정설의 대립이 있는데, 판례는 부정설을 취하여 사전통지대상이 아니라 하였다.

> 관련 판례 : 신청에 따른 처분이 이루어지지 아니한 경우에는 아직 당사자에게 권익이 부과되지 아니하였으므로 특별한 사정이 없는 한 신청에 대한 거부처분이라고 하더라도 직접 당사자의 권익을 제한하는 것은 아니어서 신청에 대한 거부처분을 여기에서 말하는 '당사자의 권익을 제한하는 처분'에 해당한다고 할 수 없는 것이어서 처분의 사전통지대상이 된다고 할 수 없다(대판 2003. 11. 28, 2003두674).

• 사전통지나 의견제출 절차를 거치지 않은 침해적 처분은 위법하다.

> 관련 판례 : 행정청이 침해적 행정처분을 함에 있어서 당사자에게 사전통지를 하거나 의견제출의 기회를 주지 아니하였다면 사전통지를 하지 않거나 의견제출의 기회를 주지 아니하여도 되는 예외적인 경우에 해당하지 아니하는 한 그 처분은 위법하여 취소를 면할 수 없다(대판 2004. 5. 28, 2004두1254).

• '당해 처분의 성질상 의견청취가 현저히 곤란하거나 명백히 불필요하다고 인정될 만한 상당한 이유가 있는지의 여부'는 당해 행정처분의 성질에 따라 판단한다.

> 관련 판례 : 행정절차법 제21조 제4항 제3호 … 여기에서 말하는 '의견청취가 현저히 곤란하거나 명백히 불필요하다고 인정될 만한 상당한 이유가 있는지 여부'는 당해 행정처분의 성질에 비추어 판단하여야 하는 것이지, 청문통지서의 반송 여부, 청문통지의 방법 등에 의하여 판단할 것은 아니며, 또한 행정처분의 상대방이 통지된 청문일시에 불출석하였다는 이유만으로 행정청이 관계 법령상 그 실시가 요구되는 청문을 실시하지 아니한 채 침해적 행정처분을 할 수는 없을 것이다(대판 2001. 4. 13, 2000두3337).

Check Point

처분의 사전통지사항[행정절차법 제21조 제1항]
행정청은 당사자에게 의무를 부과하거나 권익을 제한하는 처분을 하는 경우에는 미리 다음의 사항을 당사자 등에게 통지하여야 한다.
① 처분의 제목
② 당사자의 성명 또는 명칭과 주소
③ 처분하려는 원인이 되는 사실과 처분의 내용 및 법적 근거
④ ③에 대하여 의견을 제출할 수 있다는 뜻과 의견을 제출하지 아니하는 경우의 처리방법
⑤ 의견제출기관의 명칭과 주소
⑥ 의견제출기한
⑦ 그 밖에 필요한 사항

⑤ 의견청취(제22조) : 다음과 같은 경우에는 각각 청문, 공청회, 의견제출을 한다.

   ㉠ 청문 : 다른 법령등에서 청문을 하도록 규정하고 있는 경우, 행정청이 필요하다고 인정하는 경우, '인허가 등의 취소, 신분·자격의 박탈, 법인이나 조합 등의 설립허가의 취소'의 처분 시 의견제출기한 내에 당사자등의 신청이 있는 경우

   ㉡ 공청회 : 다른 법령등에서 공청회를 개최하도록 규정하고 있는 경우, 해당 처분의 영향이 광범위하여 널리 의견을 수렴할 필요가 있다고 행정청이 인정하는 경우, 국민생활에 큰 영향을 미치는 처분으로서 대통령령으로 정하는 처분에 대하여 대통령령으로 정하는 수 이상의 당사자등이 공청회 개최를 요구하는 경우

   ㉢ 의견제출 : 행정청이 당사자에게 의무를 부과하거나 권익을 제한하는 처분을 할 때 청문 또는 공청의 경우 외에는 당사자등에게 의견제출의 기회를 주어야 한다.

   ㉣ 처분의 사전 통지의 어느 하나에 해당하는 경우와 당사자가 의견진술의 기회를 포기한다는 뜻을 명백히 표시한 경우에는 의견청취를 하지 아니할 수 있다.

   ㉤ 행정청은 청문·공청회 또는 의견제출을 거쳤을 때에는 신속히 처분하여 해당 처분이 지연되지 아니하도록 하여야 한다.

   ㉥ 행정청은 처분 후 1년 이내에 당사자등이 요청하는 경우에는 청문·공청회 또는 의견제출을 위하여 제출받은 서류나 그 밖의 물건을 반환하여야 한다.

⑥ 처분

   ㉠ 처분의 이유제시(제23조) : 행정청은 처분을 할 때에는 당사자에게 그 근거와 이유를 제시하여야 한다. 다만, 신청내용을 모두 그대로 인정하는 처분인 경우, 단순·반복적인 처분 또는 경미한 처분으로서 당사자가 그 이유를 명백히 알 수 있는 경우, 긴급히 처분을 할 필요가 있는 경우에는 제시하지 않을 수 있다. 행정청은 이러한 경우에 처분 후 당사자가 요청하는 경우에는 그 근거와 이유를 제시하여야 한다.

   ㉡ 문서주의에 의한 처분(제24조) : 행정청이 처분을 할 때에는 다른 법령 등에 특별한 규정이 있는 경우를 제외하고는 문서로 하여야 하며, 전자문서로 하는 경우에는 당사자 등의 동의가 있어야 한다. 다만, 신속히 처리할 필요가 있거나 사안이 경미한 경우에는 말 또는 그 밖의 방법으로 할 수 있으며, 이 경우 당사자가 요청하면 지체 없이 처분에 관한 문서를 주어야 한다. 그 처분을 하는 문서에는 그 처분 행정청과 담당자의 소속·성명 및 연락처 등을 적어야 한다.

ⓒ 처분의 정정(제25조) : 행정청은 처분에 오기(誤記), 오산(誤算) 또는 그 밖에 이에 준하는 명백한 잘못이 있을 때에는 직권으로 또는 신청에 따라 지체 없이 정정하고 그 사실을 당사자에게 통지하여야 한다.

ⓔ 불복의 고지(제26조) : 행정청이 처분을 할 때에는 당사자에게 그 처분에 관하여 행정심판 및 행정소송을 제기할 수 있는지 여부, 그 밖에 불복을 할 수 있는지 여부, 청구절차 및 청구기간, 그 밖에 필요한 사항을 알려야 한다.

꼭! 확인 기출문제

행정처분의 이유제시에 대한 설명으로 옳지 않은 것은? (다툼이 있는 경우 판례에 의함) [지방직 9급 기출]

❶ 당초 행정처분의 근거로 제시한 이유가 실질적인 내용이 없는 경우에도 행정소송의 단계에서 행정처분의 사유를 추가할 수 있다.

② 행정처분의 이유제시가 아예 결여되어 있는 경우에 이를 사후적으로 추완하거나 보완하는 것은 늦어도 당해 행정처분에 대한 쟁송이 제기되기 전에는 행해져야 위법성이 치유될 수 있다.

③ 당사자가 신청하는 허가 등을 거부하는 처분을 하면서 당사자가 그 근거를 알 수 있을 정도로 이유를 제시했다면 처분의 근거와 이유를 구체적으로 명시하지 않았더라도 당해 처분이 위법한 것은 아니다.

④ 이유제시에 하자가 있어 당해 처분을 취소하는 판결이 확정된 경우에 처분청이 그 이유제시의 하자를 보완하여 종전의 처분과 동일한 내용의 처분을 하는 것은 종전의 처분과는 별개의 처분을 하는 것이다.

⊞ ① 행정처분의 취소를 구하는 항고소송에서는 처분청이 당초 처분의 근거로 제시한 사유와 기본적 사실관계에서 동일성이 없는 별개의 사실을 들어 처분사유로 주장할 수 없다(대판 2005. 4. 15, 2004두10883 참조).

피고는 이 사건 소송에서 '이 사건 산업단지 안에 새로운 폐기물시설부지를 마련할 시급한 필요가 없다.'는 점을 이 사건 거부처분의 사유로 추가하였다. 그러나 피고가 당초 처분의 근거로 제시한 사유가 실질적인 내용이 없다고 보는 이상, 위 추가 사유는 그와 기본적 사실관계가 동일한지 여부를 판단할 대상조차 없는 것이므로, 결국 소송단계에서 처분사유를 추가하여 주장할 수 없다(대판 2017. 8. 29, 2016두44186).

② 세액산출근거가 누락된 납세고지서에 의한 과세처분의 하자의 치유를 허용하려면 늦어도 과세처분에 대한 불복여부의 결정 및 불복신청에 편의를 줄 수 있는 상당한 기간내에 하여야 한다고 할 것이므로 위 과세처분에 대한 전심절차가 모두 끝나고 상고심의 계류중에 세액산출근거의 통지가 있었다고 하여 이로써 위 과세처분의 하자가 치유되었다고는 볼 수 없다(대판 1984. 4. 10, 83누393).

③ 행정절차법 제23조 제1항은 행정청은 처분을 하는 때에는 당사자에게 그 근거와 이유를 제시하여야 한다고 규정하고 있는바, 일반적으로 당사자가 근거규정 등을 명시하여 신청하는 인·허가 등을 거부하는 처분을 함에 있어 당사자가 그 근거를 알 수 있을 정도로 상당한 이유를 제시한 경우에는 당해 처분의 근거 및 이유를 구체적 조항 및 내용까지 명시하지 않았더라도 그로 말미암아 그 처분이 위법한 것이 된다고 할 수 없다(대판 2002. 5. 17, 2000두8912).

④ 과세의 절차 내지 형식에 위법이 있어 과세처분을 취소하는 판결이 확정되었을 때는 그 확정판결의 기판력은 거기에 적시된 절차내지 형식의 위법사유에 한하여 미치는 것이므로 과세관청은 그 위법사유를 보완하여 다시 새로운 과세처분을 할 수 있고 그 새로운 과세처분은 확정판결에 의하여 취소된 종전의 과세처분과는 별개의 처분이라 할 것이어서 확정판결의 기판력에 저촉되는 것이 아니다(대판 1987. 2. 10, 86누91).

(2) 신고절차(제40조)

① 의무적 신고요건 및 효과

ⓐ 법령 등에서 행정청에 일정한 사항을 통지함으로써 의무가 끝나는 신고(자기완결적 신고)의 경우, 신고서의 기재사항에 흠이 없고 필요한 구비서류가 첨부되어 있으며, 그 밖에 법령 등에 규정된 형식상의 요건에 적합하다는 요건을 갖춘 경우 신고서가 접수기관에 도달된 때에 신고 의무가 이행

03. 행정입법에 대한 설명으로 옳은 것은? (다툼이 있는 경우 판례에 의함)

① 상위 법령등의 단순한 집행을 위해 총리령을 제정하려는 경우, 행정상 입법예고를 하지 아니할 수 있다.

② 특히 긴급한 필요가 있거나 미리 법률로 자세히 정할 수 없는 부득이한 사정이 있어 법률에 형벌의 종류·상한·폭을 명확히 규정하더라도, 행정형벌에 대한 위임입법은 허용되지 않는다.

③ 교육부장관이 대학입시기본계획의 내용에서 내신성적 산정기준에 관한 시행지침을 정한 경우, 각 고등학교는 이에 따라 내신성적을 산정할 수밖에 없어 이는 행정처분에 해당된다.

④ 행정소송에 대한 대법원 판결에 의하여 명령·규칙이 헌법 또는 법률에 위반된다는 것이 확정된 경우, 대법원은 지체없이 그 사유를 해당 법령의 소관부처의 장에게 통보하여야 한다.

해 법령등을 제정·개정 또는 폐지(입법)하려는 경우에는 해당 입법안을 마련한 행정청은 이를 예고하여야 한다(행정절차법 제41조 제1항). 다만, '상위 법령등의 단순한 집행을 위한 경우'에는 예고를 하지 아니할 수 있다(행정절차법 제41조 제1항 제2호).

답 03 ①

된 것으로 본다.

ⓛ 행정청은 요건을 갖추지 못한 신고서가 제출된 경우에는 지체 없이 상당한 기간을 정하여 신고인에게 보완을 요구하여야 하고, 이 기간 내에 보완을 하지 않았을 때에는 그 이유를 구체적으로 밝혀 해당 신고서를 되돌려 보내야 한다.

② 편람의 비치 : 법령 등에서 행정청에 일정한 사항을 통지함으로써 의무가 끝나는 신고를 규정하고 있는 경우 신고를 관장하는 행정청은 신고에 필요한 구비서류, 접수기관, 그 밖에 법령 등에 따른 신고에 필요한 사항을 게시(인터넷 등을 통한 게시 포함)하거나 이에 대한 편람을 갖추어 두고 누구나 열람할 수 있도록 하여야 한다.

(3) 행정상 입법예고절차

① **입법예고의 원칙과 예외(제41조 제1항)**

㉠ 원칙 : 법령 등을 제정·개정 또는 폐지(입법)하려는 경우에는 해당 입법안을 마련한 행정청은 이를 예고하여야 한다.

ⓛ 예외 : 신속한 국민의 권리 보호 또는 예측 곤란한 특별한 사정의 발생 등으로 입법이 긴급을 요하는 경우, 상위 법령 등의 단순한 집행을 위한 경우, 입법내용이 국민의 권리·의무 또는 일상생활과 관련이 없는 경우, 단순한 표현·자구를 변경하는 경우 등 입법내용의 성질상 예고의 필요가 없거나 곤란하다고 판단되는 경우, 예고함이 공공의 안전 또는 복리를 현저히 해칠 우려가 있는 경우에는 예고를 하지 않을 수 있다.

② **입법예고의 방법(제42조)**

㉠ 입법예고안의 공고 : 행정청은 입법안의 취지, 주요 내용 또는 전문(全文)을 관보·공보나 인터넷·신문·방송 등을 통하여 널리 공고하여야 한다. 행정청은 대통령령을 입법예고하는 경우 국회 소관 상임위원회에 이를 제출하여야 하며, 예고된 입법안에 대하여 전자공청회 등을 통하여 널리 의견을 수렴할 수 있다.

ⓛ 입법예고안의 통지 : 입법예고를 할 때에 입법안과 관련이 있다고 인정되는 중앙행정기관, 지방자치단체 그 밖의 단체 등이 예고사항을 알 수 있도록 예고사항을 통지하거나 그 밖의 방법으로 알려야 한다.

ⓒ 입법예고기간(제43조) : 예고할 때 정하되, 특별한 사정이 없으면 40일(자치법규는 20일) 이상으로 한다.

③ **입법안에 대한 의견**

㉠ 의견제출 : 누구든지 예고된 입법안에 대하여 의견을 제출할 수 있다(제44

조 제1항). 행정청은 의견접수기관, 의견제출기간, 그 밖에 필요한 사항을 해당 입법안을 예고할 때 함께 공고하여야 하며(동조 제2항), 이 경우 행정청은 입법안에 관하여 공청회를 개최할 수 있다(제45조 제1항).

ⓛ 의견의 처리 : 행정청은 해당 입법안에 대한 의견이 제출된 경우 특별한 사유가 없으면 이를 존중하여 처리하여야 하며, 처리결과를 통지하여야 한다(제44조 제3항ㆍ제4항).

(4) 행정예고절차(제46조)

① 행정예고의 원칙 : 행정청은 정책ㆍ제도 및 계획을 수립ㆍ시행하거나 변경하려는 경우에는 이를 예고하여야 한다.

② 행정예고의 예외 : 다음의 어느 하나에 해당하는 경우에는 예고를 하지 아니할 수 있다.

ㄱ 신속하게 국민의 권리를 보호하여야 하거나 예측이 어려운 특별한 사정이 발생하는 등 긴급한 사유로 예고가 현저히 곤란한 경우

ㄴ 법령등의 단순한 집행을 위한 경우

ㄷ 정책등의 내용이 국민의 권리ㆍ의무 또는 일상생활과 관련이 없는 경우

ㄹ 정책등의 예고가 공공의 안전 또는 복리를 현저히 해칠 우려가 상당한 경우

③ 행정예고의 대체 : ①과 ②에 불구하고 법령 등의 입법을 포함하는 행정예고는 입법예고로 갈음할 수 있다.

④ 행정예고기간 : 예고내용의 성격 등을 고려하여 정하되, 특별한 사정이 없으면 20일 이상으로 한다.

예고방법(제47조)
- 행정청은 정책등안(案)의 취지, 주요 내용 등을 관보ㆍ공보나 인터넷ㆍ신문ㆍ방송 등을 통하여 공고하여야 한다.
- 행정예고의 방법, 의견제출 및 처리, 공청회 및 전자공청회에 관하여는 제38조, 제38조의2, 제38조의3, 제39조, 제39조의2, 제39조의3, 제42조(제1항ㆍ제2항 및 제4항은 제외한다), 제44조제1항부터 제3항까지 및 제45조제1항을 준용한다. 이 경우 "입법안"은 "정책등안"으로, "입법예고"는 "행정예고"로, "처분을 할 때"는 "정책등을 수립ㆍ시행하거나 변경할 때"로 본다.

(5) 행정지도절차

① 행정지도의 원칙(제48조) : 행정지도는 그 목적달성에 필요한 최소한도에 그쳐야 하며, 행정지도의 상대방의 의사에 반하여 부당하게 강요해서는 안 된다. 또한 행정기관은 상대방이 행정지도에 따르지 않았다는 이유로 불이익한 조치를 해서는 안 된다.

② 행정지도의 방식(제49조) : 행정지도를 하는 자는 그 상대방에게 그 행정지도의 취지 및 내용과 신분을 밝혀야 하고, 행정지도가 말로 이루어지는 경우에 상대방이 서면의 교부를 요구하면 직무수행에 특별한 지장이 없으면 이를 교부해야 한다.

③ 의견제출(제50조) : 행정지도의 상대방은 해당 행정지도의 방식·내용 등에 관하여 행정기관에 의견제출을 할 수 있다.

④ 다수인을 대상으로 하는 행정지도(제51조) : 행정기관이 같은 행정목적을 실현하기 위하여 많은 상대방에게 행정지도를 하려는 경우에는 특별한 사정이 없으면 행정지도에 공통적인 내용이 되는 사항을 공표하여야 한다.

4. 당사자 등의 권리

(1) 처분의 사전통지(제21조)

① 의의 : 행정청은 당사자에게 의무를 부과하거나 권익을 제한하는 처분을 하는 경우에는 처분의 제목, 당사자의 성명·명칭과 주소, 처분의 원인사실과 내용 및 법적 근거, 의견제출 관련 사항 등을 당사자 등에게 통지하여야 한다. 이러한 사전통지는 당사자의 권익을 보호하기 위한 수단으로 도입된 것으로 개인적 공권의 성격을 가진다(사전통지는 행정청의 의무적 사항으로 위반 시 위법이 됨).

② 의견제출의 기회부여 및 의견제출기한 : 행정청이 당사자에게 의무를 부과하거나 권익을 제한하는 처분을 할 때 청문 또는 공청회의 경우 외에는 당사자 등에게 의견제출의 기회를 주어야 하며(제22조 제3항), 의견제출기한은 의견제출에 필요한 상당한 기간을 10일 이상으로 고려하여 정해야 한다(제21조 제3항).

(2) 의견제출

① 의의 : 행정청이 어떠한 행정작용을 하기 전에 당사자 등이 의견을 제시하는 절차로서 청문이나 공청회에 해당하지 않는 절차를 말한다(제2조 제7호).

② 의견제출의 성질 : 행정청이 의무를 부과하거나 권익을 제한하는 처분을 할 때 원칙적으로 당사자 등에게 의견제출의 기회를 주어야 하는데, 이러한 의견제출의 기회부여는 행정청의 의무사항으로, 이에 위반한 것은 위법이다(대판 2000. 11. 14, 99두5870). 다만, 법령상 확정된 의무부과의 경우에는 의견제출의 기회를 부여하지 않아도 된다(대판 2000. 11. 28, 99두5443).

③ 의견제출의 방법 : 당사자 등은 처분 전에 그 처분의 관할행정청에 서면이나

말로 또는 정보통신망을 이용하여 의견제출을 할 수 있으며(제27조 제1항), 당사자 등이 정당한 이유 없이 의견제출기한까지 의견제출을 하지 않은 경우에는 의견이 없는 것으로 본다(동조 제4항). 이때 주장의 입증을 위해 증거자료 등을 첨부할 수 있다(동조 제2항).

④ 의견제출의 효과

 ㉠ 기록의무 : 행정청은 당사자 등이 말로 의견제출을 하였을 때에는 서면으로 그 진술의 요지와 진술자를 기록하여야 한다(제27조 제3항).

 ㉡ 반영의무 : 행정청은 처분을 할 때에 당사자등이 제출한 의견이 상당한 이유가 있다고 인정하는 경우에는 이를 반영하여야 한다. 행정청은 당사자 등이 제출한 의견을 반영하지 아니하고 처분을 한 경우 당사자등이 처분이 있음을 안 날부터 90일 이내에 그 이유의 설명을 요청하면 서면으로 그 이유를 알려야 한다. 다만, 당사자등이 동의하면 말, 정보통신망 또는 그 밖의 방법으로 알릴 수 있다(제27조의2).

 ㉢ 처분지연의 제한 : 행정청은 청문·공청회 또는 의견제출을 거쳤을 때에는 신속히 처분하여 해당 처분이 지연되지 아니하도록 하여야 한다(제22조 제5항).

(3) 청문제도

① 의의

 ㉠ 개념 : 청문이란 행정청이 어떤 처분을 하기 전에 당사자 등의 의견을 직접 듣고 증거를 조사하는 절차를 말한다(제2조 제5호). 여기서 '어떤 처분'이라 함은 행정청의 행위에 의하여 영향을 받거나 불이익을 받게 될 처분을 의미하는 것으로 해석하며, 청문은 사실심형 청문이라기보다는 진술형 청문을 의미하는 것이 일반적이다.

 ㉡ 청문권의 성질 : 청문권은 어떤 처분절차의 종료 전에 사실관계 등의 증거를 제출하게 하도록 하여 자신을 방어할 수 있는 기회를 부여하는 것으로, 개인적 공권이다.

 ㉢ 청문의 종류 : 이해관계자가 적당한 방법으로 의견을 제출하는 약식청문과 청문주재관 아래 엄격히 진행되는 정식청문으로 구분되는데, 행정절차법에서는 정식청문을 말한다.

② 청문의 절차

 ㉠ 청문의 개시

  • 청문의 실시(제22조) : 행정청이 처분을 함에 있어서 다른 법령 등에서 청문을 하도록 규정하고 있는 경우, 행정청이 필요하다고 인정하는 경

Check Point

사실심형 청문과 진술형 청문
- **사실심형 청문** : 각 당사자가 상대방이 제출한 증거 및 변론에 대하여 반박할 수 있는 기회가 부여되는 청문
- **진술형 청문** : 당사자에게 의견진술이나 유리한 증거 또는 참고자료를 제출할 수 있는 기회를 부여하게 되는 청문

Check Point

청문실시의 예외(제22조 제4항)
공공의 안전 또는 복리를 위하여 긴급히 처분을 할 필요가 있는 경우, 법령 등에서 요구된 자격이 없거나 없어지게 되면 반드시 일정한 처분을 하여야 하는 경우에 그 자격이 없거나 없어지게 된 사실이 법원의 재판 등에 의하여 객관적으로 증명된 경우. 해당 처분의 성질상 의견청취가 현저히 곤란하거나 명백히 불필요하다고 인정될 만한 상당한 이유가 있는 경우, 당사자가 의견진술의 기회를 포기한다는 뜻을 명백히 표시한 경우에는 의견청취를 하지 않을 수 있다.

우, 인허가 등의 취소, 신분·자격의 박탈, 법인이나 조합 등의 설립허가의 취소 처분 시 의견제출기한 내에 당사자등의 신청이 있는 경우에 청문을 실시한다.

- 청문의 통지(제21조) : 행정청은 청문을 하려면 청문이 시작되는 날부터 10일 전까지 처분의 제목, 당사자의 성명 또는 명칭과 주소, 처분하려는 원인이 되는 사실과 처분의 내용 및 법적 근거, 이에 대하여 의견을 제출할 수 있다는 뜻과 의견을 제출하지 않는 경우의 처리방법, 의견제출 기관의 명칭과 주소, 의견제출기한, 그 밖에 필요한 사항을 당사자 등에게 통지하여야 한다.

- 청문의 공개(제30조) : 청문은 당사자가 공개를 신청하거나 청문주재자가 필요하다고 인정하는 경우 공개할 수 있다. 다만, 공익 또는 제3자의 정당한 이익을 현저히 해칠 우려가 있는 경우에는 공개하여서는 안 된다.

- 청문의 참가자 : 청문의 참가자는 주재자와 청문에 주체적으로 참가하는 당사자 등이다.

- 청문주재자의 제척·기피·회피(제29조)

<table>
<tr><td>제척
(제1항)</td><td>청문주재자가 자신이 당사자 등이거나 당사자 등과 민법 제777조 각 호의 어느 하나에 해당하는 친족관계에 있거나 있었던 경우, 자신이 해당 처분과 관련하여 증언이나 감정을 한 경우, 자신이 해당 처분의 당사자 등의 대리인으로 관여하거나 관여하였던 경우, 자신이 해당 처분업무를 직접 처리하거나 처리하였던 경우, 자신이 해당 처분업무를 처리하는 부서(구체적인 범위는 대통령령으로 정함)에 근무하는 경우에는 청문을 주재할 수 없다.</td></tr>
<tr><td>기피
(제2항)</td><td>청문주재자에게 공정한 청문진행을 할 수 없는 사정이 있는 경우 당사자 등은 행정청에 기피신청을 할 수 있다. 이 경우 행정청은 청문을 정지하고 그 신청이 이유가 있다고 인정할 때에는 해당 청문주재자를 지체 없이 교체하여야 한다.</td></tr>
<tr><td>회피
(제3항)</td><td>청문주재자는 제1항 또는 제2항의 사유에 해당하는 경우에는 행정청의 승인을 받아 스스로 청문의 주재를 회피할 수 있다.</td></tr>
</table>

ⓛ 청문의 진행

- 진행방법(제31조)

  - 설명과 의견제출 및 진술 : 청문주재자가 청문을 시작할 때에는 먼저 예정된 처분의 내용, 그 원인이 되는 사실 및 법적 근거 등을 설명하여야 하고, 당사자 등은 의견을 진술하고 증거를 제출할 수 있으며, 참고인이나 감정인 등에게 질문할 수 있다. 당사자 등이 의견서를 제출한 경우에는 그 내용을 출석하여 진술한 것으로 본다.

  - 청문의 계속 : 청문을 계속할 경우 행정청은 당사자 등에게 다음 청문의 일시 및 장소를 서면으로 통지하여야 하며, 당사자 등이 동의하는 경우에는 전자문서로 통지할 수 있다.

Check Point

청문주재자(제28조)
- 주재자의 선정 : 청문은 행정청이 소속 직원 또는 대통령령으로 정하는 자격을 가진 사람 중에서 선정하는 사람이 주재하되, 행정청은 청문주재자의 선정이 공정하게 이루어지도록 노력하여야 한다(제28조 제1항).
- 행정청은 청문이 시작되는 날부터 7일 전까지 청문 주재자에게 청문과 관련한 필요한 자료를 미리 통지하여야 한다(제28조 제2항).
- 주재자의 직무 : 청문주재자는 독립하여 공정하게 직무를 수행하며, 그 직무 수행을 이유로 본인의 의사에 반하여 신분상 어떠한 불이익도 받지 아니한다(제28조 제3항).
- 제1항에 따라 대통령령으로 정하는 사람 중에서 선정된 청문주재자는 「형법」이나 그 밖의 다른 법률에 따른 벌칙을 적용할 때에는 공무원으로 본다.(제28조 제4항)

- 질서유지 : 청문주재자는 청문의 신속한 진행과 질서유지를 위하여 필요한 조치를 할 수 있다.
- 증거조사(제33조)
  - 직권조사 : 청문주재자는 직권으로 또는 당사자의 신청에 따라 필요한 조사를 할 수 있으며, 당사자 등이 주장하지 않은 사실에 대하여도 조사할 수 있다.
  - 조사 방법 : 문서·장부·물건 등 증거자료의 수집, 참고인·감정인 등에 대한 질문, 검증 또는 감정·평가, 그 밖에 필요한 조사
  - 관계 기관 제출요구 : 청문주재자는 필요하다고 인정할 때에는 관계 행정청에 대하여 필요한 문서의 제출 또는 의견의 진술을 요구할 수 있다.

ⓒ 청문의 종결(제35조) : 청문주재자는 다음의 경우 청문을 마칠 수 있다. 청문주재자는 청문을 마쳤을 때 청문조서, 청문 주재자의 의견서, 그 밖의 관계 서류 등을 행정청에 지체 없이 제출하여야 한다.

- 해당 사안에 대하여 당사자 등의 의견진술, 증거조사가 충분히 이루어졌다고 인정하는 경우
- 당사자 등의 전부 또는 일부가 정당한 사유 없이 청문기일에 출석하지 아니하거나 제31조 제3항에 따른 의견서를 제출하지 않은 경우(다시 의견진술 및 증거제출의 기회를 주지 아니하고 종결 가능)
- 정당한 사유로 청문기일에 출석하지 못하거나 의견서를 제출하지 못한 경우에는 10일 이상의 기간을 정하여 이들에게 의견진술 및 증거제출을 요구하여야 하며, 해당 기간이 지났을 때에 청문을 마칠 수 있다.

③ **문서열람·복사청구권** : 당사자 등은 청문의 통지가 있는 날부터 청문이 끝날 때까지 행정청에 해당 사안의 조사결과에 관한 문서와 그 밖에 해당 처분과 관련되는 문서의 열람 또는 복사를 요청할 수 있다. 이 경우 행정청은 다른 법령에 따라 공개가 제한되는 경우를 제외하고는 그 요청을 거부할 수 없다(제37조 제1항).

④ **비밀유지권** : 누구든지 청문을 통하여 알게 된 사생활이나 경영상 또는 거래상의 비밀을 정당한 이유 없이 누설하거나 다른 목적으로 사용하여서는 안 된다(제37조 제6항).

⑤ **청문절차의 위반**

ⓐ 법령상 요구되는 청문절차의 결여는 하자있는 행정행위가 되어 위법하나(대판 1992. 2. 11, 91누11575), 훈령에 요구되는 청문절차의 결여는 위법하지 않다(대판 1994. 8. 9, 94누3414)는 것이 판례의 입장이다.

Check Point

청문의 재개(제36조)
행정청은 청문을 마친 후 처분을 할 때까지 새로운 사정이 발견되어 청문을 재개할 필요가 있다고 인정할 때에는 제35조 제4항에 따라 제출받은 청문조서 등을 되돌려 보내고 청문의 재개를 명할 수 있다. 이 경우 제31조 제5항을 준용한다.

 서울시 9급 기출

04. 「행정절차법」상 처분절차에 대한 설명으로 가장 옳지 않은 것은?

① 행정청이 법인이나 조합 등의 설립허가 취소처분을 할 때에는 청문을 해야 한다.

② 행정청에 처분을 구하는 신청을 전자문서로 하는 경우에는 행정청의 컴퓨터 등에 입력된 때에 신청한 것으로 본다.

③ 행정청이 공공의 안전 또는 복리를 위하여 긴급히 처분을 할 필요가 있는 경우에는 의견청취를 하지 아니할 수 있다.

④ 처분의 전제가 되는 사실이 법원의 재판 등에 의하여 객관적으로 증명된 경우에는 행정청이 당사자에게 의무를 부과하거나 권익을 제한하는 처분을 하는 경우에도 사전통지를 하지 아니할 수 있다.

해 '법인이나 조합 등의 설립허가의 취소'의 처분 시 제21조 제1항 제6호에 따른 의견제출기한 내에 당사자등의 신청이 있는 경우에는 청문을 한다(「행정절차법」 제22조 제1항 제3호 다목).

답 04 ①

ⓛ 개별법령상 청문절차의 명시적 규정이 없는 경우에는 불문법원리에 입각하여 청문절차를 거쳐야 한다는 것이 종래의 다수설이었으나, 현행 행정절차법은 "행정청이 당사자에게 의무를 부과하거나 권익을 제한하는 처분을 할 때 청문 또는 공청회의 경우 외에는 당사자 등에게 의견제출의 기회를 주어야 한다"고 규정하였다(제22조 제3항).

(4) 공청회제도

① 의의 : 공청회란 행정청이 공개적인 토론을 통하여 어떠한 행정작용에 대하여 당사자 등, 전문지식과 경험을 가진 사람, 그 밖의 일반인으로부터 의견을 널리 수렴하는 절차를 말한다(제2조 제6호).

② 공청회의 개최

  ⑦ 개최의 사유(제22조 제2항) : 행정청이 처분을 할 때 다른 법령 등에서 공청회를 개최하도록 규정하고 있는 경우나 해당 처분의 영향이 광범위하여 널리 의견을 수렴할 필요가 있다고 행정청이 인정하는 경우, 국민생활에 큰 영향을 미치는 처분으로서 대통령령으로 정하는 처분에 대하여 대통령령으로 정하는 수 이상의 당사자등이 공청회 개최를 요구하는 경우에는 공청회를 개최한다.

  ⓛ 개최의 공고(제38조) : 행정청은 공청회를 개최하려는 경우에는 공청회 개최 14일 전까지 제목과 일시·장소, 주요 내용, 발표자에 관한 사항, 발표 신청방법 및 신청기한, 정보통신망을 통한 의견제출, 그 밖에 공청회 개최에 필요한 사항을 당사자 등에게 통지하고 관보, 공보, 인터넷 홈페이지 또는 일간신문 등에 공고하는 등의 방법으로 널리 알려야 한다. 다만, 공청회 개최를 알린 후 예정대로 개최하지 못하여 새로 일시 및 장소 등을 정한 경우에는 공청회 개최 7일 전까지 알려야 한다.

  ⓒ 전자공청회(제38조의2)

    • 행정청은 제38조에 따른 공청회와 병행하여서만 정보통신망을 이용한 공청회(전자공청회)를 실시할 수 있으므로, 전자공청회만 실시할 수는 없다.

    • 행정청은 전자공청회를 실시하는 경우 의견제출 및 토론 참여가 가능하도록 적절한 전자적 처리능력을 갖춘 정보통신망을 구축·운영하여야 한다.

    • 전자공청회를 실시하는 경우에는 누구든지 정보통신망을 이용하여 의견을 제출하거나 제출된 의견 등에 대한 토론에 참여할 수 있다.

③ 공청회의 진행

Check Point

행정절차법 시행령 제21조

행정절차법 제38조의3 제1항에서 "대통령령으로 정하는 자격을 가진 사람"이란 다음 각 호의 어느 하나에 해당하는 사람을 말한다. 이때 행정청은 발표자를 선정한 경우 그 결과를 발표를 신청한 사람 모두에게 통지해야 한다.
• 교수·변호사·공인회계사 등 관련 분야의 전문직 종사자
• 공청회 사안과 관련되는 분야에 근무한 경험이 있는 전직 공무원
• 그 밖의 업무경험을 통하여 공청회 사안과 관련되는 분야에 전문지식이 있는 사람

ⓐ 공청회의 주재자 및 발표자의 선정(제38조의3)

- 공청회의 주재자는 해당 공청회의 사안과 관련된 분야에 전문적 지식이 있거나 그 분야에 종사한 경험이 있는 사람으로서 대통령령으로 정하는 자격을 가진 사람 중에서 주재자를 선정한다.
- 공청회의 발표자는 발표를 신청한 사람 중에서 행정청이 선정한다. 다만, 발표를 신청한 사람이 없거나 공청회의 공정성을 확보하기 위하여 필요하다고 인정하는 경우에는 해당 공청회의 사안과 관련된 당사자 등, 해당 공청회의 사안과 관련된 분야에 전문적 지식이 있는 사람, 해당 공청회의 사안과 관련된 분야에 종사한 경험이 있는 사람 중에서 지명하거나 위촉할 수 있다.

ⓑ 공청회의 진행(제39조)

- 공청회의 주재자는 공청회를 공정하게 진행하여야 하며, 공청회의 원활한 진행을 위하여 발표내용을 제한할 수 있고, 질서유지를 위하여 발언 중지, 퇴장명령 등 행정안전부장관이 정하는 필요한 조치를 할 수 있다.
- 발표자는 공청회의 내용과 직접 관련된 사항에 대하여만 발표하여야 한다.
- 주재자는 발표자의 발표가 끝난 후에는 발표자 상호 간에 질의 및 답변을 할 수 있도록 하여야 하며, 방청인에게도 의견제시의 기회를 주어야 한다.

④ 공청회 결과의 반영(제39조의2) : 행정청은 처분을 할 때에 공청회, 전자공청회 및 정보통신망 등을 통하여 제시된 사실 및 의견이 상당한 이유가 있다고 인정하는 경우에는 이를 반영하여야 한다.

꼭! 확인 기출문제

「행정절차법」상 처분의 사전통지 및 의견청취 등에 대한 설명으로 옳은 것은? (다툼이 있는 경우 판례에 의함) [지방직 · 서울시 9급 기출]

① 고시의 방법으로 불특정 다수인을 상대로 권익을 제한하는 처분을 할 경우 당사자는 물론 제3자에게도 의견제출의 기회를 주어야 한다.

② 청문은 다른 법령등에서 규정하고 있는 경우 이외에 행정청이 필요하다고 인정하는 경우에도 실시할 수 있으나, 공청회는 다른 법령등에서 규정하고 있는 경우에만 개최할 수 있다.

③ 행정청이 당사자에게 의무를 과하거나 권익을 제한하는 처분을 하는 경우에는 처분의 사전통지를 하여야 하는데, 이때의 처분에는 신청에 대한 거부처분도 포함된다.

❹ 행정청이 당사자와 사이에 도시계획사업시행 관련 협약을 체결하면서 청문 실시를 배제하는 조항을 두었더라도, 이와 같은 협약의 체결로 청문 실시 규정의 적용을 배제할 만한 법령상 규정이 없는 한, 이러한 협약이 체결되었다고 하여 청문을 실시하지 않아도 되는 예외적인 경우에 해당한다고 할 수 없다.

🖪 ④ 행정청이 당사자와 사이에 도시계획사업의 시행과 관련한 협약을 체결하면서 관계 법령 및 행정절차법에 규정된 청문의 실시 등 의견청취절차를 배제하는 조항을 두었다고 하더라도, 국민의 행정참여를 도모함으로써 행정의 공정성 · 투명성 및 신뢰성을 확보하고 국민의 권익을 보호한다는 행정절차법의 목적 및 청문제도의 취지 등에 비추어 볼 때, 위와 같은 협약의 체결로 청문의 실시에 관한 규정의 적용을 배제할 수 있다고 볼 만한 법령상의 규정이 없는 한, 이러한 협

약이 체결되었다고 하여 청문의 실시에 관한 규정의 적용이 배제된다거나 청문을 실시하지 않아도 되는 예외적인 경우에 해당한다고 할 수 없다(대판 2004. 7. 8. 2002두8350).

① 행정청이 의무를 부과하거나 권익을 제한하는 처분을 할 때 의견제출의 기회를 주어야 하는 '당사자'는 '행정청의 처분에 대하여 직접 그 상대가 되는 당사자'를 의미한다. 그런데 '고시'의 방법으로 불특정 다수인을 상대로 의무를 부과하거나 권익을 제한하는 처분은 성질상 의견제출의 기회를 주어야 하는 상대방을 특정할 수 없으므로, 이와 같은 처분에 있어서까지 구 행정절차법 제22조 제3항에 의하여 그 상대방에게 의견제출의 기회를 주어야 한다고 해석할 것은 아니다(대판 2014. 10. 27. 2012두7745).

② 행정청이 처분을 할 때 '행정청이 필요하다고 인정하는 경우'에는 청문을 한다(행정절차법 제22조 제1항 제2호). 공청회는 다른 법령등에서 규정하고 있는 경우 이외에도 해당 처분의 영향이 광범위하여 널리 의견을 수렴할 필요가 있다고 행정청이 인정하는 경우 등이 있다.

③ 신청에 따른 처분이 이루어지지 아니한 경우에는 아직 당사자에게 권익이 부과되지 아니하였으므로 특별한 사정이 없는 한 신청에 대한 거부처분이라고 하더라도 직접 당사자의 권익을 제한하는 것은 아니어서 신청에 대한 거부처분을 여기에서 말하는 '당사자의 권익을 제한하는 처분'에 해당한다고 할 수 없는 것이어서 처분의 사전통지대상이 된다고 할 수 없다(대판 2003. 11. 28. 2003두674).

5. 행정절차의 하자

(1) 절차상 하자의 관념

① **의의** : 행정절차상 하자란 광의의 의미에서는 공법상 작용에 절차요건상 흠이 있는 경우를 말하나, 일반적으로는 처분(행정행위)의 절차에 흠이 있는 경우를 말한다.

② **특성** : 행정절차는 행정결정의 법률적합성 및 합목적성을 확보하고, 절차상 이해관계인의 권리보장을 가능케 하는 데 그 목적이 있다. 따라서 행정실체법상 하자와 동일한 의미를 행정절차의 하자에 적용한 것은 무리가 있다.

③ **하자의 사유** : 행정절차상 기본적 요소를 이루고 있는 의견청취절차의 결여, 사전통지나 이유부기의 결여, 송달방법의 결여 등에서 찾아볼 수 있다.

(2) 절차상 하자의 효과

① **절차상 하자에 대한 규정** : 우리나라의 경우 절차상 하자의 문제에 대해 일반법의 규정은 없으며(행정절차법에서 이에 관한 규정을 두지 않음), 일부 개별법에서 이에 대해 규정하고 있다(국가공무원법 제13조 제2항 등).

② **논점** : 일반적으로 행정절차의 하자가 중대하고 명백하면 그 행정행위는 무효가 된다. 다만, 그 절차상 하자가 단순한 위법행위인 경우 독립한 취소사유가 될 수 있는가에 대해서는 견해가 대립하고 있다.

㉠ 학설

• 소극설 : 절차적 규정은 행정결정을 하기 위한 수단에 불과하므로 이를 이유로 당해 행정행위를 무효로 보거나 취소할 수 없다는 견해이다. 그 논거로는 절차위반으로 다시 처분하더라도 종전과 동일하게 처분할 것이므로

Check Point

절차상 하자에 대한 규정
국가공무원법 제13조(소청인의 진술권) 제2항에서는 소청사건심사 시 소청인 또는 제76조 제1항 후단에 따른 대리인에게 진술기회를 부여하지 않고 한 결정은 무효로 한다는 규정을 두고 있다.

소송경제적 측면이나 권리보호 측면에서 반한다는 것을 들고 있다.

- 적극설(다수설) : 행정절차의 독자적 의미를 강조하는 견해로, 절차상 하자있는 행정행위는 그 자체만으로 무효·취소할 수 있다고 본다. 그 논거로는 적절한 행정절차는 행정결정의 적정성을 확보할 수 있고, 절차적 요건의 의미를 살려야 하며, 취소소송 등의 기속력이 절차의 위법을 이유로 하는 경우에 준용된다는 점 등을 들고 있다.

ⓒ **행정절차법의 태도** : 행정절차법 제22조 제3항 규정에 따라 청문이나 공청회를 거치는 경우가 아닌 한 의견제출의 기회를 주어야 하며, 이를 거치지 않으면 위법이 된다(대판 2000. 11. 14, 99두5870).

ⓒ **판례의 태도** : 청문절차에 대해 판례는 법령상 요구되는 청문절차의 결여는 위법사유로 보고 있으나(대판 2001. 5. 8, 2000두10212), 법령상 근거없는 단순한 훈령상 요구되는 청문절차의 결여는 위법사유로 보지 않았다(대판 1994. 8. 9, 94누3414).

(3) 절차상 하자의 치유

① **의의** : 절차상 하자의 치유란 행정행위의 처분 당시에 절차상 요건의 흠이 있는 경우 그 흠을 사후에 보완하게 되면, 처분 당시의 하자임에도 불구하고 그 행정행위의 효과를 다툴 수 없도록 하는 것을 말한다.

② **인정 여부** : 행정행위의 치유는 무효인 경우 문제가 되지 않으나, 취소할 수 있는 행정행위에서 사후에 이를 보완하여 하자를 치유할 수 있느냐가 다투어진다.

ⓒ **학설** : 하자의 치유에 대해 행정법상 통칙적 규정이 없어 행정결정의 신중성 확보와 자의적 배제 등을 이유로 하자의 치유를 부정하는 견해와 행정절차의 위반으로 취소를 구할 수 없는 것을 근거로 하여 하자의 치유를 인정하자는 견해, 하자의 치유를 인정하되 처분형식이나 행정절차의 본질적 의의를 손상하지 않은 범위 내에서 제한적으로 하자의 치유를 인정하자는 견해(통설·판례)가 있다.

ⓒ **판례(제한적 긍정설)** : 원칙적으로 부정하되, 예외적으로 그 범위를 한정하여 인정한다.

> 관련 판례 : 하자있는 행정행위의 치유나 전환은 행정행위의 성질이나 법치주의의 관점에서 볼 때 원칙적으로 허용될 수 없는 것이지만, 행정행위의 무용한 반복을 피하고 당사자의 법적 안정성을 위해 이를 허용하는 때에도 국민의 권리와 이익을 침해하지 않는 범위에서 구체적 사정에 따라 합목적적으로 인정해야 할 것이다(대판 1983. 7. 26, 82누420).

③ **치유시기**

기출 Plus

지방직 9급 기출

06. 행정행위의 하자의 치유에 대한 설명으로 옳은 것은? (다툼이 있는 경우 판례에 의함)

① 처분에 하자가 있더라도 처분청이 처분 이후에 새로운 사유를 추가하였다면, 처분 당시의 하자는 치유된다.

② 징계처분이 중대하고 명백한 하자로 인해 당연 무효의 것이라도 징계처분을 받은 원고가 이를 용인하였다면 그 하자는 치유된다.

③ 행정청이 청문서 도달기간을 다소 어겼다 하더라도 당사자가 이에 대하여 이의하지 아니한 채 스스로 청문일에 출석하여 방어의 기회를 충분히 가졌다면 청문서 도달기간을 준수하지 아니한 하자는 치유된다.

④ 토지소유자 등의 동의율을 충족하지 못했다는 주택재건축 정비사업조합설립인가 처분 당시의 하자는 후에 토지소유자 등의 추가 동의서가 제출되었다면 치유된다.

해 행정청이 식품위생법상의 청문절차를 이행함에 있어 청문서 도달기간을 다소 어겼지만 영업자가 이의하지 아니한 채 청문일에 출석하여 의견을 진술하고 변명하는 등 방어의 기회를 충분히 가졌다면 청문서 도달기간을 준수하지 아니한 하자는 치유되었다고 봄이 상당하다(대판 1992.10.23. 92누2844).

답 06 ③

㉠ **학설** : 쟁송제기 이전에만 가능하다는 쟁송제기이전시설(다수설)과 쟁종제기 이후에도 가능하다는 쟁송종결시설, 쟁송제기 후에도 치유를 인정하되 처분 상대방의 권리구제에 장애를 초래하지 않는 경우에 인정된다는 절충설이 있다.

㉡ **판례** : 판례는 행정심판이 제기된 이후에는 그 하자를 추완하거나 보완할 수 없다(대판 1997. 12. 26, 97누9390)고 하여 쟁송제기이전시설을 원칙적인 입장으로 취하고 있다.

④ **하자치유의 효과** : 하자의 치유로 절차상의 위법은 그 행위 당시로 소급하여 적법한 행위로 간주된다.

(4) 취소판결의 기속력

절차 내지 형식의 위법사유로 확정판결에 의하여 취소된 경우, 행정청이 그 판결 취지에 따라 새로이 처분하여야 한다(대판 1987. 2. 10, 86누91).

> 관련 판례 : 과세의 절차 내지 형식에 위법이 있어 과세처분을 취소하는 판결이 확정되었을 때는 그 확정판결의 기판력은 거기에 적시된 절차 내지 형식의 위법사유에 한하여 미치는 것이므로 과세관청은 그 위법사유를 보완하여 다시 새로운 과세처분을 할 수 있고, 그 새로운 과세처분은 확정판결에 의하여 취소된 종전의 과세처분과는 별개의 처분이라 할 것이어서 확정판결의 기판력에 저촉되는 것이 아니다(대판 1987. 2. 10, 86누91).

제3절 청원

1. 의의

(1) 개념

청원이라 함은 국가작용의 위법 여부 또는 권익침해의 발생 여부와 관계없이 법률이 정하는 바에 의하여 국가기관에 그 시정을 구하는 것을 말한다.

(2) 근거법규

① **헌법(제26조)** : 모든 국민은 법률이 정하는 바에 의하여 국가기관에 문서로 청원할 권리를 가지며, 국가는 청원에 대하여 심사할 의무를 진다는 규정을 두고 있다.

② **일반법** : 청원에 관한 일반법은 청원법이다.

　　㉠ 청원법은 헌법 제26조 규정에 의한 청원권행사의 절차와 청원의 처리에
　　　 관한 사항을 규정하는 법으로(청원법 제1조), 청원에 관하여는 다른 법률
　　　 에 특별한 규정이 있는 경우를 제외하고는 이 법에 의한다(동법 제2조).

　　㉡ 청원법에서 이에 대해 규정하고 있다.

2. 청원자 및 청원의 대상

(1) 청원자

모든 국민이 청원할 권리를 가진다는 헌법 제26조 제1항의 규정에 따라 누구든
지 청원을 할 수 있으며, 누구든지 청원을 하였다는 이유로 차별대우를 하거나
불이익을 강요해서는 안 된다(청원법 제26조). 다만, 누구든지 타인을 모해할 목
적으로 허위의 사실을 적시한 청원을 하여서는 안 된다(제25조).

(2) 청원의 대상

① **청원사항(제5조)** : 청원은 피해의 구제, 공무원의 위법·부당한 행위에 대한
　 시정이나 징계의 요구, 법률·명령·조례·규칙 등의 제정·개정 또는 폐지,
　 공공의 제도 또는 시설의 운영, 그 밖에 청원기관 등의 권한에 속하는 사항 중
　 어느 하나에 해당하는 경우에 한하여 할 수 있다.

② **청원 처리의 예외(제6조)** : 다음의 어느 하나에 해당하는 경우 청원을 처리하
　 지 않으며, 처리하지 않는 사유를 명시하여 청원인에게 통지하여야 한다.

　　㉠ 감사·수사·재판·행정심판·조정·중재 등 다른 법령에 의한 조사·불
　　　 복 또는 구제절차가 진행 중인 사항

　　㉡ 허위의 사실로 타인으로 하여금 형사처분 또는 징계처분을 받게 하거나 국
　　　 가기관 등의 명예를 실추시키는 사항 또는 국가기밀, 공무상 비밀 사항

　　㉢ 사인 간의 권리관계 또는 개인의 사생활에 관한 사항

　　㉣ 청원인의 성명·주소 등이 불분명하거나 청원내용이 불명확한 사항

3. 청원의 방법 등

(1) 청원방법(제9조)

① **문서에 의한 청원** : 청원은 청원인의 성명(법인인 경우에는 명칭 및 대표자의
　 성명을 말함)과 주소 또는 거소를 기재하고 서명한 문서(전자문서및전자거래

Check Point

청원기관(청원법 제4조)
이 법에 의하여 청원을 제출할 수
있는 기관은 국회·법원·헌법재
판소·중앙선거관리위원회, 중앙
행정기관(대통령 소속 기관과 국
무총리 소속 기관을 포함)과 그 소
속 기관, 지방자치단체와 그 소속
기관, 법령에 의하여 행정권한을
가지고 있거나 행정권한을 위임
또는 위탁받은 법인·단체 또는
그 기관이나 개인 등이다.

기본법에 의한 전자문서를 포함함)로 하여야 한다.

② **전자문서** : 전자문서로 제출하는 청원은 본인임을 확인할 수 있는 전자적 방법을 통해 제출하여야 하며 이 경우 서명이 대체된 것으로 본다.

(2) 청원서의 보완 요구 및 이송(제15조)

청원기관의 장은 청원서에 부족한 사항이 있다고 판단되는 경우에는 보완사항 및 보완기간을 표시하여 청원인(공동청원의 경우 대표자를 말함)에게 보완을 요구할 수 있다. 청원사항이 다른 기관 소관인 경우에는 지체 없이 소관 기관에 청원서를 이송하고 이를 청원인에게 알려야 한다.

4. 청원의 처리

(1) 반복청원 및 이중청원(제16조)

① 청원기관의 장은 동일인이 같은 내용의 청원서를 같은 청원기관에 2건 이상 제출한 반복청원의 경우에는 나중에 제출된 청원서를 반려하거나 종결처리할 수 있고, 종결처리하는 경우 이를 청원인에게 알려야 한다.

② 동일인이 같은 내용의 청원서를 2개 이상의 청원기관에 제출한 경우 소관이 아닌 청원기관의 장은 청원서를 소관 청원기관의 장에게 이송하여야 한다. 이 경우 반복청원의 처리에 관하여는 제1항을 준용한다.

③ 청원기관의 장은 제1항 및 제2항의 청원(반복청원을 포함한다)이 같은 내용의 청원인지 여부에 대해서는 해당 청원의 성격, 종전 청원과의 내용적 유사성 · 관련성 및 종전 청원과 같은 답변을 할 수밖에 없는 사정 등을 종합적으로 고려하여 결정하여야 한다.

(2) 청원의 처리 등(제21조)

① 청원기관의 장은 청원심의회의 심의를 거쳐 청원을 처리하여야 한다(단, 청원심의회의 심의를 거칠 필요가 없는 사항은 심의 생략 가능).

② 청원기관의 장은 청원을 접수한 때에는 특별한 사유가 없으면 90일 이내에 처리결과를 청원인(공동청원의 경우 대표자를 말함)에게 알려야 한다. 부득이한 사유로 처리기간에 청원을 처리하기 곤란한 경우에는 60일의 범위에서 한 차례만 처리기간을 연장할 수 있다. 이 경우 그 사유와 처리예정기한을 지체 없이 청원인에게 알려야 한다.

제4절 옴부즈만제도

1. 개설

(1) 의의
① 의회에서 임명된 자나 의회로부터 광범위한 독립성을 부여받은 의회의 의뢰인이 행정기관 등이 법령상 책무를 적정하게 수행하고 있는지 여부를 독립적으로 조사하여 이에 대한 시정조치의 권고 또는 알선을 통하여 국민의 권익을 보호하고자 하는 제도이다.

② 옴부즈만제도는 스웨덴 헌법에서 최초로 도입된 후, 영국·프랑스·스페인 등 다수의 국가에서 채택되고 있다.

(2) 옴부즈만의 권한
① 옴부즈만은 의회에서 임명된 입법부 소속의 공무원으로, 민원인의 신청이 없다 할지라도 공무원의 직무집행을 조사할 수 있다(위법행위뿐만 아니라 부당행위·부작위까지 조사 가능).

② 직무상으로 독립된 기관으로서 시정권고나 의회에 보고, 언론 등에 공표 등의 권한이 있으나, 행정작용이 위법·부당하여도 이를 직접 취소·변경할 수는 없다(관계 기관에 대해 취소·변경을 권고할 수 있을 뿐임).

(3) 옴부즈만제도의 장단점
① 장점 : 다른 구제방법에 비해 시민이 용이하게 접할 수 있고 그 절차비용이 저렴하며, 신속한 민원처리를 통해 행정에 대한 불만을 방지할 수 있다.

② 단점 : 옴부즈만의 기능이 국회의 직무에 종속되며 중복된다는 측면이 있고, 직접적인 시정권이 없어 그 책임성의 한계가 있으며, 행정의 책임성과 비밀성이 침해될 우려가 있다.

(4) 인정 여부
우리나라의 경우 직접 옴부즈만제도를 도입하고 있지는 않지만, 기능면에서 유사한 민원처리제도와 고충민원처리제도를 두고 있다.

Check Point

옴부즈만(Ombudsman)
옴부즈만이란 용어는 모든 종류의 대리·대표를 의미하는 스웨덴어이다.

Check Point

옴부즈만제도
옴부즈만제도는 의회의 개입을 통하여 종래의 행정구제제도의 결함을 보완함으로써 권리보호의 사각지대를 축소하려는 목적으로 도입된 제도라 할 수 있다.

2. 민원처리제도(민원처리에관한법률의 내용)

(1) 총칙

① **목적** : 민원 처리에 관한 기본적인 사항을 규정하여 민원의 공정하고 적법한 처리와 민원행정제도의 합리적 개선을 도모함으로써 국민의 권익을 보호함을 목적으로 한다.

② **민원(제2조)** : 민원인이 행정기관에 대하여 처분 등 특정한 행위를 요구하는 것을 말하며, 그 종류는 다음 각 목과 같다.

    ㉠ **일반민원**

- **법정민원** : 법령·훈령·예규·고시·자치법규 등(관계법규등)에서 정한 일정 요건에 따라 인가·허가·승인·특허·면허 등을 신청하거나 장부·대장 등에 등록·등재를 신청 또는 신고하거나 특정한 사실 또는 법률관계에 관한 확인 또는 증명을 신청하는 민원
- **질의민원** : 법령·제도·절차 등 행정업무에 관하여 행정기관의 설명이나 해석을 요구하는 민원
- **건의민원** : 행정제도 및 운영의 개선을 요구하는 민원
- **기타민원** : 법정민원, 질의민원, 건의민원 및 고충민원 외에 행정기관에 단순한 행정절차 또는 형식요건 등에 대한 상담·설명을 요구하거나 일상생활에서 발생하는 불편사항에 대하여 알리는 등 행정기관에 특정한 행위를 요구하는 민원

    ㉡ **고충민원** : 행정기관의 위법·부당하거나 소극적인 처분(사실행위 및 부작위를 포함) 및 불합리한 행정제도로 인하여 국민의 권리를 침해하거나 국민에게 불편 또는 부담을 주는 사항에 관한 민원(현역장병 및 군 관련 의무복무자의 고충민원을 포함)에 따른 고충민원

③ **무인민원발급창구** : 행정기관의 장이 행정기관 또는 공공장소 등에 설치하여 민원인이 직접 민원문서를 발급받을 수 있도록 하는 전자장비를 말한다(제2조 제8호).

④ **민원처리의 원칙(제6조)**

    ㉠ 행정기관의 장은 관계법령등에서 정한 처리기간이 남아 있다거나 그 민원과 관련 없는 공과금 등을 미납하였다는 이유로 민원 처리를 지연시켜서는 아니 된다. 다만, 다른 법령에 특별한 규정이 있는 경우에는 그에 따른다.

    ㉡ 행정기관의 장은 법령의 규정 또는 위임이 있는 경우를 제외하고는 민원처리의 절차 등을 강화하여서는 아니 된다.

(2) 민원의 처리

① **민원의 신청(제8조)** : 문서(전자정부법 제2조제7호에 따른 전자문서를 포함함)로 하여야 한다. 다만, 기타민원은 구술(口述) 또는 전화로 할 수 있다.

② **민원의 접수(제9조)**

  ㉠ 행정기관의 장은 민원의 신청을 받았을 때에는 다른 법령에 특별한 규정이 있는 경우를 제외하고는 그 접수를 보류하거나 거부할 수 없으며, 접수된 민원문서를 부당하게 되돌려 보내서는 아니 된다.

  ㉡ 행정기관의 장은 민원을 접수하였을 때에는 해당 민원인에게 접수증을 내주어야 한다. 다만, 기타민원과 민원인이 직접 방문하지 아니하고 신청한 민원 및 처리기간이 '즉시'인 민원 등 대통령령으로 정하는 경우에는 접수증 교부를 생략할 수 있다.

  ㉢ 민원의 접수 등에 필요한 사항은 대통령령으로 정한다.

③ **타 행정기관 · 정보통신망을 이용한 민원 접수 · 교부(제14 · 15조)**

  ㉠ **다른 행정기관 등을 이용한 민원의 접수 · 교부** : 행정기관의 장은 민원인의 편의를 위하여 그 행정기관이 접수하고 처리결과를 교부하여야 할 민원을 다른 행정기관이나 특별법에 따라 설립되고 전국적 조직을 가진 법인 중 대통령령으로 정하는 법인으로 하여금 접수 · 교부하게 할 수 있다. 접수 · 교부의 절차 및 접수 · 처리 · 교부 기관 간 송부방법 등에 필요한 사항은 대통령령으로 정하며 민원을 접수 · 교부하는 법인의 임직원은 형법이나 그 밖의 법률에 따른 벌칙을 적용할 때에는 공무원으로 본다.

  ㉡ **정보통신망을 이용한 다른 행정기관 소관 민원의 접수 · 교부** : 행정기관의 장은 정보통신망을 이용하여 다른 행정기관 소관의 민원을 접수 · 교부할 수 있는 경우에는 이를 직접 접수 · 교부할 수 있으며 접수 · 교부할 수 있는 민원의 종류는 행정안전부장관이 관계 중앙행정기관의 장과 협의를 거쳐 결정 · 고시한다.

④ **민원 문서의 이송(제16조)** : 행정기관의 장은 접수한 민원이 다른 행정기관의 소관인 경우에는 접수된 민원문서를 지체 없이 소관 기관에 이송하여야 하며 민원문서의 이송 절차 및 방법 등에 필요한 사항은 대통령령으로 정한다.

⑤ **법정민원의 처리기간 설정 공표(제17조)**

  ㉠ 행정기관의 장은 법정민원을 신속히 처리하기 위하여 행정기관에 법정민원의 신청이 접수된 때부터 처리가 완료될 때까지 소요되는 처리기간을 법정민원의 종류별로 미리 정하여 공표하여야 한다.

  ㉡ 행정기관의 장은 제1항에 따른 처리기간을 정할 때에는 접수기관 · 경유기관 · 협의기관(다른 기관과 사전협의가 필요한 경우만 해당함) 및 처분기관

Check Point

민원 처리의 예외(제21조)
행정기관의 장은 접수된 민원(법정민원을 제외)이 다음 각 호의 어느 하나에 해당하는 경우에는 그 민원을 처리하지 아니할 수 있다. 이 경우 그 사유를 해당 민원인에게 통지하여야 한다.
1. 고도의 정치적 판단을 요하거나 국가기밀 또는 공무상 비밀에 관한 사항
2. 수사, 재판 및 형집행에 관한 사항 또는 감사원의 감사가 착수된 사항
3. 행정심판, 행정소송, 헌법재판소의 심판, 감사원의 심사청구, 그 밖에 다른 법률에 따라 불복구제절차가 진행 중인 사항
4. 법령에 따라 화해 · 알선 · 조정 · 중재 등 당사자 간의 이해조정을 목적으로 행하는 절차가 진행 중인 사항
5. 판결 · 결정 · 재결 · 화해 · 조정 · 중재 등에 따라 확정된 권리관계에 관한 사항
6. 감사원이 감사위원회의 결정을 거쳐 행하는 사항
7. 각급 선거관리위원회의 의결을 거쳐 행하는 사항
8. 사인 간의 권리관계 또는 개인의 사생활에 관한 사항
9. 행정기관의 소속 직원에 대한 인사행정상의 행위에 관한 사항

등 각 기관별로 처리기간을 구분하여 정하여야 한다.

ⓒ 행정기관의 장은 처리기간을 민원편람에 수록하여야 한다.

Check Point

질의민원 등의 처리기간 등(제18조)
질의민원·건의민원·기타민원
및 고충민원의 처리기간 및 처리
절차 등에 관하여는 대통령령으로
정한다.

Check Point

민법 제159조~161조
· 기간을 일, 주, 월 또는 연으로
정한 때에는 기간말일의 종료로
기간이 만료한다.
· 기간을 주, 월 또는 연으로 정한
때에는 역에 의하여 계산한다.
· 주, 월 또는 연의 처음으로부터
기간을 기산하지 아니하는 때
에는 최후의 주, 월 또는 연에서
그 기산일에 해당한 날의 전일
로 기간이 만료한다.
· 월 또는 연으로 정한 경우에 최
종의 월에 해당일이 없는 때에
는 그 월의 말일로 기간이 만료
한다.
· 기간의 말일이 토요일 또는 공
휴일에 해당한 때에는 기간은
그 익일로 만료한다.

⑥ **처리기간의 계산(제19조)**

ⓐ 민원의 처리기간을 5일 이하로 정한 경우에는 민원의 접수시각부터 "시간" 단위로 계산하되, 공휴일과 토요일은 산입(算入)하지 아니한다. 이 경우 1일은 8시간의 근무시간을 기준으로 한다.

ⓑ 민원의 처리기간을 6일 이상으로 정한 경우에는 "일" 단위로 계산하고 첫날을 산입하되, 공휴일과 토요일은 산입하지 아니한다.

ⓒ 민원의 처리기간을 주·월·연으로 정한 경우에는 첫날을 산입하되, 민법 제159조부터 제161조까지의 규정을 준용한다.

⑦ **민원처리의 예외(제21조)** : 행정기관의 장은 접수된 민원(법정민원을 제외)이 다음의 어느 하나에 해당하는 경우에는 그 민원을 처리하지 아니할 수 있다. 이 경우 그 사유를 해당 민원인에게 통지하여야 한다.

ⓐ 고도의 정치적 판단을 요하거나 국가기밀 또는 공무상 비밀에 관한 사항

ⓑ 수사, 재판 및 형집행에 관한 사항 또는 감사원의 감사가 착수된 사항

ⓒ 행정심판, 행정소송, 헌법재판소의 심판, 감사원의 심사청구, 그 밖에 다른 법률에 따라 불복구제절차가 진행 중인 사항

ⓓ 법령에 따라 화해·알선·조정·중재 등 당사자 간의 이해 조정을 목적으로 행하는 절차가 진행 중인 사항

ⓔ 판결·결정·재결·화해·조정·중재 등에 따라 확정된 권리관계에 관한 사항

ⓕ 감사원이 감사위원회의의 결정을 거쳐 행하는 사항

ⓖ 각급 선거관리위원회의 의결을 거쳐 행하는 사항

ⓗ 사인 간의 권리관계 또는 개인의 사생활에 관한 사항

ⓘ 행정기관의 소속 직원에 대한 인사행정상의 행위에 관한 사항

⑧ **민원문서의 보완·취하 등(제22조)**

ⓐ 행정기관의 장은 접수한 민원문서에 보완이 필요한 경우에는 상당한 기간을 정하여 지체 없이 민원인에게 보완을 요구하여야 한다.

ⓑ 민원인은 해당 민원의 처리가 종결되기 전에는 그 신청의 내용을 보완하거나 변경 또는 취하할 수 있다. 다만, 다른 법률에 특별한 규정이 있거나 그 민원의 성질상 보완·변경 또는 취하할 수 없는 경우에는 그러하지 아니하다.

ⓒ 민원문서의 보완 절차 및 방법 등에 필요한 사항은 대통령령으로 정한다.

⑨ **처리결과의 통지(제27조)**

ⓐ 행정기관의 장은 접수된 민원에 대한 처리를 완료한 때에는 그 결과를 민

원인에게 문서로 통지하여야 한다. 다만, 기타민원의 경우와 통지에 신속을 요하거나 민원인이 요청하는 등 대통령령으로 정하는 경우에는 구술 또는 전화로 통지할 수 있다.

ⓛ 행정기관의 장은 제1항에 따라 민원의 처리결과를 통지할 때에 민원의 내용을 거부하는 경우에는 거부 이유와 구제절차를 함께 통지하여야 한다.

ⓒ 행정기관의 장은 제1항에 따른 민원의 처리결과를 허가서 · 신고필증 · 증명서 등의 문서(전자정부법 제2조제7호에 따른 전자문서 및 같은 조 제8호에 따른 전자화문서는 제외)로 민원인에게 직접 교부할 필요가 있는 때에는 그 민원인 또는 그 위임을 받은 자임을 확인한 후에 이를 교부하여야 한다.

⑩ 민원 1회방문 처리제의 시행(제32조)

ⓐ 행정기관의 장은 복합민원을 처리할 때에 그 행정기관의 내부에서 할 수 있는 자료의 확인, 관계 기관 · 부서와의 협조 등에 따른 모든 절차를 담당 직원이 직접 진행하도록 하는 민원 1회방문 처리제를 확립함으로써 불필요한 사유로 민원인이 행정기관을 다시 방문하지 아니하도록 하여야 한다.

ⓑ 행정기관의 장은 제1항에 따른 민원 1회방문 처리에 관한 안내와 상담의 편의를 제공하기 위하여 민원 1회방문 상담창구를 설치하여야 한다.

ⓒ 처리의 절차 : 1회방문 상담창구의 설치 · 운영 → 민원후견인의 지정 · 운영 → 복합민원을 심의하기 위한 실무기구의 운영 → 실무기구의 심의결과에 대한 제34조에 따른 민원조정위원회의 재심의(再審議) → 행정기관의 장의 최종 결정

⑪ 거부처분에 대한 이의신청(제35조)

ⓐ 법정민원에 대한 행정기관의 장의 거부처분에 불복하는 민원인은 그 거부처분을 받은 날부터 60일 이내에 그 행정기관의 장에게 문서로 이의신청을 할 수 있다.

ⓑ 행정기관의 장은 이의신청을 받은 날부터 10일 이내에 그 이의신청에 대하여 인용 여부를 결정하고 그 결과를 민원인에게 지체 없이 문서로 통지하여야 한다. 다만, 부득이한 사유로 정하여진 기간 이내에 인용 여부를 결정할 수 없을 때에는 그 기간의 만료일 다음 날부터 기산(起算)하여 10일 이내의 범위에서 연장할 수 있으며, 연장 사유를 민원인에게 통지하여야 한다.

ⓒ 민원인은 이의신청 여부와 관계없이 행정심판법에 따른 행정심판 또는 행정소송법에 따른 행정소송을 제기할 수 있다.

ⓓ 이의신청의 절차 및 방법 등에 필요한 사항은 대통령령으로 정한다.

Check Point

복합민원의 처리(제31조 제1항)
행정기관의 장은 복합민원을 처리할 주무부서를 지정하고 그 부서로 하여금 관계 기관 · 부서 간의 협조를 통하여 민원을 한꺼번에 처리하게 할 수 있다.

Check Point

민원조정위원회의 심의사항(제34조)
• 장기 미해결 민원, 반복 민원 및 다수인관련민원에 대한 해소 · 방지 대책
• 거부처분에 대한 이의신청
• 민원처리 주무부서의 법규적용의 타당성 여부와 제32조 제3항 제4호에 따른 재심의
• 그 밖에 대통령령으로 정하는 사항

413

(3) 민원제도의 개선 등

① 민원처리기준표의 고시 등(제36조)

㉠ 행정안전부장관은 민원인의 편의를 위하여 관계법령등에 규정되어 있는 민원의 처리기관, 처리기간, 구비서류, 처리절차, 신청방법 등에 관한 사항을 종합한 민원처리기준표를 작성하여 관보에 고시하고 전자정부법 제9조제3항에 따른 통합전자민원창구에 게시하여야 한다.

㉡ 행정기관의 장은 관계법령등의 제정·개정 또는 폐지 등으로 제1항에 따라 고시된 민원처리기준표를 변경할 필요가 있으면 즉시 그 내용을 행정안전부장관에게 통보하여야 하며, 행정안전부장관은 그 내용을 관보에 고시하고 통합전자민원창구에 게시한 후 제1항에 따른 민원처리기준표에 반영하여야 한다.

㉢ 행정안전부장관은 민원의 간소화를 위하여 필요하다고 인정하는 경우에는 관계 행정기관의 장에게 관계법령등에 규정되어 있는 처리기간, 구비서류, 처리절차, 신청방법 등의 개정을 요청할 수 있다.

② 민원제도개선조정회의(제40조)

㉠ 여러 부처와 관련된 민원제도 개선사항을 심의·조정하기 위하여 국무총리 소속으로 민원제도개선조정회의를 둔다.

㉡ 조정회의는 여러 부처와 관련된 민원제도 개선사항, 제39조제6항에 따른 심의요청 사항 등 대통령령으로 정하는 사항을 심의·조정한다.

㉢ 조정회의의 구성·운영과 그 밖에 필요한 사항은 대통령령으로 정한다.

3. 고충처리제도

(1) 의의

① 고충민원의 처리와 이에 관련된 불합리한 행정제도를 개선하도록 함으로써 국민의 기본적 권익을 보호하고 행정의 적정성 확보에 이바지함을 목적으로 하는 제도이다.

② 우리나라의 경우 부패방지및국민권익위원회의설치와운영에관한법률에 따라 설치된 국민권익위원회와 시민고충처리위원회에서 이에 관한 업무를 담당하고 있다.

(2) 우리나라의 국민권익위원회

① **설립목적** : 고충민원의 처리 및 이에 관련된 불합리한 행정제도의 개선, 부패의 발생 방지 및 부패행위의 효율적 규제를 목적으로 한다(부패방지및국민권

Check Point

제39조 제6항
행정기관의 장이 제5항에 따라 행정안전부장관으로부터 권고 받은 사항을 수용하지 아니하는 경우 행정안전부장관은 제40조에 따른 민원제도개선조정회의에 심의를 요청할 수 있다.

Check Point

고충민원
고충민원이란 행정기관의 위법·부당하거나 소극적인 처분(사실행위 및 부작위를 포함) 및 불합리한 행정제도로 인하여 국민의 권리를 침해하거나 국민에게 불편 또는 부담을 주는 사항에 관한 민원을 말한다.

Check Point

국민권익위원회의 지위
옴부즈만 역할을 수행하는 우리나라의 국민권익위원회는 외국의 경우와 달리 헌법상 기관이 아니라 법률(부패방지및국민권익위원회의설치와운영에관한법률)상의 기관이다.

익위원회의설치와운영에관한법률 제1조).

② 소속 : 국민권익위원회는 국무총리 소속기관이며, 직무상 독립성과 자율성이 어느 정도는 보장되나 소속상 한계가 있다.

③ 특징 및 한계

　㉠ 직권에 의한 조사는 불가능하며, 고충민원 등의 신청이 있는 경우에만 조사할 수 있다(자발적 조사권 결여).

　㉡ 기존의 결정이나 행위를 무효로 하거나 취소·변경할 수 없으며, 대상기관에 대한 직접적인 감독권·제재권이 없다(간접적 통제 제도).

　㉢ 지방자치단체 및 그 소속기관에 대한 고충민원처리를 위해 각 지방자치단체에 시민고충처리위원회를 두고 있다.

(3) 부패방지및국민권익위원회의설치와운영에관한법률의 관련 내용

① 국민권익위원회의 설치(제11조) : 고충민원의 처리와 이에 관련된 불합리한 행정제도를 개선하고, 부패 예방 및 규제를 위해 국무총리 소속으로 설치한다. 위원회는 정부조직법 제2조에 따른 중앙행정기관으로서 그 권한에 속하는 사무를 독립적으로 수행한다.

② 국민권익위원회의 권한 범위

　㉠ 권한에 해당되는 사항(제12조)

　　• 국민의 권리보호·권익구제 및 부패방지를 위한 정책의 수립 및 시행

　　• 고충민원의 조사와 처리 및 이와 관련된 시정권고 또는 의견표명

　　• 고충민원을 유발하는 관련 행정제도 및 그 제도의 운영에 개선이 필요하다고 판단되는 경우 이에 대한 권고 또는 의견표명

　　• 위원회가 처리한 고충민원의 결과 및 행정제도의 개선에 관한 실태조사와 평가

　　• 공공기관의 부패방지를 위한 시책 및 제도개선 사항의 수립·권고와 이를 위한 공공기관에 대한 실태조사

　　• 공공기관의 부패방지시책 추진상황에 대한 실태조사·평가

　　• 부패방지 및 권익구제 교육·홍보 계획의 수립·시행

　　• 비영리 민간단체의 부패방지활동 지원 등 위원회의 활동과 관련된 개인·법인 또는 단체와의 협력 및 지원

　　• 위원회의 활동과 관련된 국제협력

　　• 부패행위 신고 안내·상담 및 접수 등

　　• 신고자의 보호 및 보상

　　• 법령 등에 대한 부패유발요인 검토

- 부패방지 및 권익구제와 관련된 자료의 수집 · 관리 및 분석
- 공직자 행동강령의 시행 · 운영 및 그 위반행위에 대한 신고의 접수 · 처리 및 신고자의 보호
- 민원사항에 관한 안내 · 상담 및 민원사항 처리실태 확인 · 지도
- 온라인 국민참여포털의 통합 운영과 정부민원안내콜센터의 설치 · 운영
- 시민고충처리위원회의 활동과 관련한 협력 · 지원 및 교육
- 다수인 관련 갈등 사항에 대한 중재 · 조정 및 기업애로 해소를 위한 기업 고충민원의 조사 · 처리
- 행정심판법에 따른 중앙행정심판위원회의 운영에 관한 사항
- 다른 법령에 따라 위원회의 소관으로 규정된 사항
- 그 밖에 국민권익 향상을 위하여 국무총리가 위원회에 부의하는 사항

ⓒ 권한에 속하지 않는 사항(제43조)

Check Point

고충민원의 각하
권한에 속하지 않는 사항은 접수 시 각하하거나 관계 기관으로 이송한다.

- 고도의 정치적 판단을 요하거나 국가기밀 또는 공무상 비밀에 관한 사항
- 국회 · 법원 · 헌법재판소 · 선거관리위원회 · 감사원 · 지방의회에 관한 사항
- 수사 및 형집행에 관한 사항으로서 그 관장기관에서 처리하는 것이 적당하다고 판단되는 사항 또는 감사원의 감사가 착수된 사항
- 행정심판, 행정소송, 헌법재판소의 심판이나 감사원의 심사청구 그 밖에 다른 법률에 따른 불복구제절차가 진행 중인 사항
- 법령에 따라 화해 · 알선 · 조정 · 중재 등 당사자 간의 이해조정을 목적으로 행하는 절차가 진행 중인 사항
- 판결 · 결정 · 재결 · 화해 · 조정 · 중재 등에 따라 확정된 권리관계에 관한 사항 또는 감사원이 처분을 요구한 사항
- 사인 간의 권리관계 또는 개인의 사생활에 관한 사항
- 행정기관 등의 직원에 관한 인사행정상의 행위에 관한 사항
- 그 밖에 관계 행정기관 등에서 직접 처리하는 것이 타당하다고 판단되는 사항

③ **위원회의 구성(제13조)** : 위원회는 위원장 1명을 포함한 15명의 위원(부위원장 3명과 상임위원 3명을 포함함)으로 구성한다.

④ **직무상 독립과 신분보장(제16조)** : 위원회는 그 권한에 속하는 업무를 독립적으로 수행하며, 위원장과 위원의 임기는 각각 3년으로 하되 1차에 한하여 연임할 수 있다.

⑤ **운영상황의 보고 및 공표(제26조)** : 위원회는 매년 고충민원과 관련하여 위원회의 운영상황을 대통령과 국회에 보고하고 이를 공표하여야 한다.

Check Point

위원회의 임명(제13조 제3항)
위원장 및 부위원장은 국무총리의 제청으로 대통령이 임명하고, 상임위원은 위원장의 제청으로 대통령이 임명하며, 상임이 아닌 위원은 대통령이 임명 또는 위촉한다. 이 경우 상임이 아닌 위원 중 3명은 국회가, 3명은 대법원장이 각각 추천하는 자를 임명 또는 위촉한다.

⑥ 제도개선의 권고(제27조)

  ㉠ 위원회는 필요하다고 인정하는 경우 공공기관의 장에게 부패방지를 위한 제도의 개선을 권고할 수 있다.

  ㉡ 제도개선의 권고를 받은 공공기관의 장은 이를 제도개선에 반영하여 그 조치결과를 위원회에 통보하여야 하며, 위원회는 이에 대한 이행실태를 확인·점검할 수 있다.

⑦ 시민고충처리위원회의 설치(제32조) : 지방자치단체 및 그 소속 기관에 관한 고충민원의 처리와 행정제도의 개선 등을 위하여 각 지방자치단체에 시민고충처리위원회를 둘 수 있다. 업무는 다음과 같다.

  ㉠ 지방자치단체 및 그 소속 기관에 관한 고충민원의 조사와 처리

  ㉡ 고충민원과 관련된 시정권고 또는 의견표명

  ㉢ 고충민원의 처리과정에서 관련 행정제도 및 그 제도의 운영에 개선이 필요하다고 판단되는 경우 이에 대한 권고 또는 의견표명

  ㉣ 시민고충처리위원회가 처리한 고충민원의 결과 및 행정제도의 개선에 관한 실태조사와 평가

  ㉤ 민원사항에 관한 안내, 상담 및 민원처리 지원

  ㉥ 시민고충처리위원회의 활동과 관련한 교육 및 홍보

  ㉦ 시민고충처리위원회의 활동과 관련된 국제기구 또는 외국의 권익구제기관 등과의 교류 및 협력

  ㉧ 시민고충처리위원회의 활동과 관련된 개인·법인 또는 단체와의 협력 및 지원

  ㉨ 그 밖에 다른 법령에 따라 시민고충처리위원회에 위탁된 사항

⑧ 위원회의 구성(제33조) : 시민고충처리위원회 위원은 고충민원 처리업무를 공정하고 독립적으로 수행할 수 있다고 인정되는 자로서 제33조 제1항 각 호의 어느 하나에 해당하는 자 중에서 지방자치단체의 장이 지방의회의 동의를 거쳐 위촉하며, 임기는 4년이고 연임할 수 없다.

⑨ 고충민원의 신청 및 접수(제39조)

  ㉠ 누구든지(국내에 거주하는 외국인을 포함함) 위원회 또는 시민고충처리위원회(권익위원회)에 고충민원을 신청할 수 있다. 이 경우 하나의 권익위원회에 대하여 고충민원을 제기한 신청인은 다른 권익위원회에 대하여도 고충민원을 신청할 수 있다.

  ㉡ 권익위원회에 고충민원을 신청하고자 하는 자는 문서(전자문서를 포함함)로 이를 신청하여야 한다. 다만, 특별한 사정이 있는 경우에는 구술로 신청할 수 있다.

Check Point

제33조 제1항

• 대학이나 공인된 연구기관에서 부교수 이상 또는 이에 상당하는 직에 있거나 있었던 자

• 판사·검사 또는 변호사의 직에 있거나 있었던 자

• 4급 이상 공무원의 직에 있거나 있었던 자

• 건축사·세무사·공인회계사·기술사·변리사의 자격을 소지하고 해당 직종에서 5년 이상 있거나 있었던 자

• 사회적 신망이 높고 행정에 관한 식견과 경험이 있는 자로서 시민사회단체로부터 추천을 받은 자

ⓒ 신청인은 법정대리인 외에 신청인의 배우자, 직계 존·비속 또는 형제자매, 신청인인 법인의 임원 또는 직원, 변호사, 다른 법률의 규정에 따라 고충민원신청의 대리를 할 수 있는 자, 규정 외의 자로서 권익위원회의 허가를 받은 자 중 어느 하나에 해당하는 자를 대리인으로 선임할 수 있다. 이 경우 대리인의 자격은 서면으로 소명하여야 한다.

ⓓ 권익위원회는 고충민원의 신청이 있는 경우에는 다른 법령에 특별한 규정이 없는 한 그 접수를 보류하거나 거부할 수 없으며, 접수된 고충민원서류를 부당하게 되돌려 보내서는 안 된다. 다만, 권익위원회가 고충민원서류를 보류·거부 또는 반려하는 경우에는 지체 없이 그 사유를 신청인에게 통보하여야 한다.

⑩ **고충민원의 조사 방법(제42조 제1항)** : 위원회는 고충민원의 내용을 조사함에 있어서 필요하다고 인정하는 경우에는 관계 행정기관 등에 대한 설명요구 또는 관련 자료·서류 등의 제출요구, 직원·신청인·이해관계인이나 참고인의 출석 및 의견진술 등의 요구, 조사사항과 관계있다고 인정되는 장소·시설 등에 대한 실지조사, 감정의 의뢰 등의 조치를 할 수 있다.

⑪ **권고 및 의견의 표명**

ⓐ **시정의 권고(제46조 제1항)** : 권익위원회는 고충민원에 대한 조사결과 처분 등이 위법·부당하다고 인정할 만한 상당한 이유가 있는 경우에는 관계 행정기관등의 장에게 적절한 시정을 권고할 수 있다.

ⓑ **의견의 표명(제46조 제2항)** : 권익위원회는 고충민원에 대한 조사결과 신청인의 주장이 상당한 이유가 있다고 인정되는 사안에 대하여는 관계 행정기관등의 장에게 의견을 표명할 수 있다.

ⓒ **개선의 권고(제47조)** : 권익위원회는 고충민원을 조사·처리하는 과정에서 법령 그 밖의 제도나 정책 등의 개선이 필요하다고 인정되는 경우에는 관계 행정기관등의 장에게 이에 대한 합리적인 개선을 권고하거나 의견을 표명할 수 있다.

⑫ **결정의 통지(제49조)** : 권익위원회는 고충민원의 결정내용을 지체 없이 신청인 및 관계 행정기관 등의 장에게 통지하여야 한다.

⑬ **처리결과의 통보 등(제50조 제1항)** : 제46조(시정의 권고 및 의견의 표명) 또는 제47조(제도개선의 권고 및 의견의 표명)에 따른 권고 또는 의견을 받은 관계 행정기관 등의 장은 이를 존중하여야 하며, 그 권고 또는 의견을 받은 날부터 30일 이내에 그 처리결과를 권익위원회에 통보하여야 한다.

⑭ **감사의 의뢰(제51조)** : 고충민원의 조사·처리과정에서 관계 행정기관 등의 직원이 고의 또는 중대한 과실로 위법·부당하게 업무를 처리한 사실을 발견한

Check Point

고충민원의 조사 예외 사항(제41조 제1항)
권익위원회는 고충민원을 접수한 경우에는 지체 없이 그 내용에 관하여 필요한 조사를 하여야 하나, 다음의 어느 하나에 해당하는 경우에는 조사를 하지 않을 수 있다.
• 제43조 제항 각 호의 어느 하나에 해당하는 사항(고충민원을 각하하거나 관계 기관에 이송하는 경우)
• 고충민원의 내용이 거짓이거나 정당한 사유가 없다고 인정되는 사항
• 그 밖에 고충민원에 해당하지 아니하는 경우 등 권익위원회가 조사하는 것이 적절하지 아니하다고 인정하는 사항

Check Point

의견제출 기회의 부여(제48조)
권익위원회는 관계 행정기관등의 장에게 권고 또는 의견표명을 하기 전에 그 행정기관등과 신청인 또는 이해관계인에게 미리 의견을 제출할 기회를 주어야 한다. 관계 행정기관등의 직원·신청인 또는 이해관계인은 권익위원회가 개최하는 회의에 출석하여 의견을 진술하거나 필요한 자료를 제출할 수 있다.

경우 위원회는 감사원에, 시민고충처리위원회는 당해 지방자치단체에 감사를
의뢰할 수 있다.

⑮ **공표(제53조)** : 권익위원회는 다음의 사항을 공표할 수 있다. 다만, 다른 법률
의 규정에 따라 공표가 제한되거나 개인의 사생활의 비밀이 침해될 우려가 있
는 경우에는 공표할 수 없다.

    ㉠ 제46조 및 제47조에 따른 권고 또는 의견표명의 내용

    ㉡ 제50조 제1항에 따른 처리결과

    ㉢ 제50조 제2항에 따른 권고내용의 불이행사유

Check Point

제50조(처리결과의 통보 등) 제2항
제1항에 따른 권고를 받은 관계 행
정기관 등의 장이 그 권고내용을
이행하지 아니하는 경우에는 그
이유를 권익위원회에 문서로 통보
하여야 한다.

 꼭! 확인 기출문제

국민권익위원회에 관한 설명으로 옳지 <u>않은</u> 것은? [국가직 9급 기출]

① 고충민원의 처리와 이에 관련된 불합리한 행정제도를 개선하고, 부패의 발생을 예방하며 부패행위를
효율적으로 규제하도록 하기 위하여 국무총리 소속으로 설치하였다.

❷ 국민권익위원회는 필요하다고 인정하는 경우 공공기관의 장에게 제도개선의 권고를 할 수 있으며, 제
도개선 권고를 받은 공공기관의 장은 이를 제도개선에 반영하여야 하며 그 조치에 대한 결과를 국민
권익위원회에 통보할 필요까지는 없다.

③ 국민권익위원회는 행정심판법에 따른 국무총리행정심판위원회의 운영에 관한 사항을 관장한다.

④ 지방자치단체 및 그 소속 기관에 관한 고충민원의 처리와 행정제도의 개선 등을 위하여 부패방지및국
민권익위원회의설치와운영에관한법률에서 각 지방자치단체에 시민고충처리위원회를 설치할 수 있는
근거조항을 두고 있다.

해 ② 국민권익위원회는 필요하다고 인정하는 경우 공공기관의 장에게 부패방지를 위한 제도개선을 권고할 수 있으며, 개선
의 권고를 받은 공공기관의 장은 이를 제도개선에 반영하고 그 조치결과를 위원회에 통보하여야 한다(부패방지및국민
권익위원회의설치와운영에관한법률 제27조 제1항 및 제2항).
① 동법 제11조의 국민권익위원회 설치에 관한 규정 내용이다.
③ 국민권익위원회는 행정심판법에 따른 국무총리행정심판위원회(현행 중앙행정심판위원회)의 운영에 관한 사항 등을 관
장한다(동법 제12조 제19호).
④ 지방자치단체 및 그 소속 기관에 관한 고충민원의 처리와 행정제도의 개선 등을 위하여 각 지방자치단체에 시민고충처
리위원회를 둘 수 있다(동법 제32조 제1항).

TIP

국민감사청구

• **감사청구권(제72조 제1항)** : 19세 이상의 국민은 공공기관의 사무처리가 법령위반 또는 부패행위로 인하
여 공익을 현저히 해하는 경우 대통령령으로 정하는 일정한 수 이상의 국민의 연서로 감사원에 감사를
청구할 수 있다. 다만, 국회 · 법원 · 헌법재판소 · 선거관리위원회 또는 감사원의 사무에 대하여는 국회
의장 · 대법원장 · 헌법재판소장 · 중앙선거관리위원회 위원장 또는 감사원장(이하 "당해 기관의 장"이
라 한다)에게 감사를 청구하여야 한다.

• **감사청구 제외 대상(제72조 제2항)**
  – 국가의 기밀 및 안전보장에 관한 사항
  – 수사 · 재판 및 형집행(보안처분 · 보안관찰처분 · 보호처분 · 보호관찰처분 · 보호감호처분 · 치료감
    호처분 · 사회봉사명령을 포함함)에 관한 사항
  – 사적인 권리관계 또는 개인의 사생활에 관한 사항
  – 다른 기관에서 감사하였거나 감사 중인 사항

– 그 밖에 감사를 실시하는 것이 적절하지 아니한 정당한 사유가 있는 경우로서 대통령령이 정하는 사항
- **지방자치단체에 대한 감사청구(제72조 제3항)** : 제1항에도 불구하고 지방자치단체와 그 장의 권한에 속하는 사무의 처리에 대한 감사청구는 지방자치법 제21조에 따른다.
- **감사청구의 방법(제73조)** : 감사청구를 하고자 하는 자는 청구인의 인적사항과 감사청구의 취지 및 이유를 기재한 기명의 문서로 하여야 한다.
- **감사실시의 결정(제74조)** : 감사청구된 사항에 대하여는 감사원규칙으로 정하는 국민감사청구심사위원회에서 감사실시 여부를 결정하여야 한다.
- **감사청구에 의한 감사(제75조)** : 감사원 또는 당해 기관의 장은 감사를 실시하기로 결정한 날부터 60일 이내에 감사를 종결하여야 하며(다만, 정당한 사유가 있는 경우 연장 가능), 감사가 종결된 날부터 10일 이내에 그 결과를 감사청구인에게 통보하여야 한다.

제3장

행정상 손해전보

제1절 개설

1. 개념

(1) 행정상 손해배상

행정상 손해배상이란 공무원의 위법한 직무집행행위 또는 국가나 공공단체의 공공영조물의 설치 또는 관리의 하자로 인하여 타인에게 손해를 가한 경우에 국가나 공공단체가 그 손해를 배상하는 것을 말한다(헌법 제29조 제1항, 국가배상법 제2조 · 제5조).

(2) 행정상 손실보상

행정상 손실보상이란 공공의 필요에 의하여 적법한 공권력의 행사로 타인의 재산권에 가해진 특별한 희생에 대하여 보상하는 것을 말한다.

2. 행정상 손해배상과 손실보상의 구분

양자는 타인의 권리침해를 구제함으로써 실질적 법치주의의 이념을 달성하고자 도입된 제도라는 점에서는 같으나, 사후구제제도라는 점에서 행정절차 등의 사전구제제도와 구별되고, 실체법적 구제제도라는 점에서 행정쟁송 등의 절차적 구제제도와도 구별된다. 양자는 그 본질과 운영 · 적용에 있어 다음과 같은 차이가 있다.

Check Point

행정상 손해전보
행정상 손해전보란 행정상 손해배상과 손실보상을 의미한다.

구분	손해배상	손실보상
본질	위법한 행정작용에 대한 구제	적법한 행정작용에 대한 구제
기본 이념	개인주의 사상	단체주의 사상
실정법	헌법(제29조), 국가배상법(일반법), 민법(보충적용)	헌법(제23조 제3항), 개별법
법적 성질	• 공권설(다수설) · 사권설(판례) • 양도 및 압류 금지	• 공권설(다수설) · 사권설(판례) • 양도 및 압류 가능
청구권 발생원인	위법한 행정작용(공무원의 직무상 불법행위, 영조물의 설치 · 관리의 하자)	적법한 행정작용(공권력 행사에 의한 특별한 희생)
책임원인	과실책임주의	공평부담적 무과실책임주의
책임형태	도의적 책임중시	특별한 희생에 대한 공평배분 중시
전보기준	가해 · 하자와 상당인과관계 있는 모든 손해	정당한 보상(완전보상)
전보내용	재산상 손해, 비재산상 손해	재산상 손실
청구절차	임의적 결정전치주의	협의원칙, 불협의 시 행정소송
책임자	국가, 지방자치단체	사업시행자

행정상 손해배상과 손실보상의 접근 및 융화

양자는 몇몇 차이점에도 불구하고 피해자구제라는 본질적인 관점에서 본다면 그 차이는 상대적인 것에 지나지 않는다. 특히 무과실책임이론과 국가위험책임이론의 등장과 함께 양자를 국가보상제도로 통합시키려는 경향이 있는데, 이는 손해배상제도의 배상범위를 확대함으로써 손실보상으로 접근을 모색하는 경향으로 나타나고 있다. 결국, 이는 양 제도를 큰 틀에서 융화시켜 행정상 손해전보제도라고 하는 단일화된 법제화를 모색하는 시도라 할 수 있다.

제2절 손해배상제도(국가배상제도)

1. 각국의 행정상 손해배상제도

(1) 프랑스

국가배상책임은 국참사원의 판례와 학설을 통하여 발전하였는데, 역무과실책임과 위험책임(무과실책임)의 2원적 구조를 취하고 있다.

① **역무과실책임** : 국가의 국민에 대한 역무과실책임은 1873년 '블랑코(Blanco) 판결'에 의해 민법과는 별개의 행정상의 배상책임으로 확립되어 오늘날 과실 관념의 객관화, 책임의 중복이론 등의 법리를 적용하여 그 구제의 폭을 넓혀 가고 있다.

② **위험책임(무과실책임)** : 국가가 과실 없이 야기한 행정적 위험에 의하여 생긴 손해에 대하여 '위험의 사회화' 또는 '공적 부담 앞의 평등'의 관점에서 국가의 위험책임을 인정하여야 한다는 것이다. 다만, 위험책임은 공무에 종사 중인 직업적인 위험, 폭동 등에 의한 사회적 위험, 폭발물 등의 위험물에 의한 행위, 행정의 위험활동에 의한 경우 등 제한적으로만 인정되고 있는 실정이다.

(2) 독일

① **연혁** : 독일은 19세기 초부터 사경제적 작용인 국고작용에서만 국가책임을 인정하다가 바이마르헌법에 의해서 20세기 초 이후 공행정작용에 있어서도 공무원의 불법행위책임을 국가가 대신하여 책임을 진다는 대위책임과 과실책임을 인정하게 되었다. 이후 1994년에 본 기본법을 개정하여 국가책임법 제정의 명시적 근거규정을 두었다.

② **특징** : 과실책임과 대위책임의 성격을 지닌 독일의 배상책임은 위험책임을 인정하고 있는 프랑스보다 그 배상책임의 범위가 제한적이었다. 이에 위법·무과실 행위에 대한 그 배상책임을 인정하기 위하여 수용유사침해이론을 판례에 의해 정립하면서 국가책임을 무과실책임과 위험책임론으로 발전시키고 있다.

(3) 영국과 미국

① **연혁** : 영국은 국왕대권에서 유래한 '왕은 악을 행하지 아니한다'는 법리, 미국은 주권면책사상인 '주권자는 그 승낙 없이 소추되지 않는다'는 법리하에 공무원에게만 개인적 민사책임을 인정하고 국가에 대한 책임을 부정하는 것이 지배적 현상이었다. 그러나 제2차 세계대전 이후 영국의 국왕소추절차법(1947년)과 미국의 연방불법행위청구권법(1946년)이 제정되면서 국가의 배상책임을 인정하게 되었다.

② **특징** : 국가책임을 사인의 민법상 불법행위책임과 같은 토대에서 구성하였다. 또한 국왕소추절차법과 연방불법행위청구권법의 경우에는 광범위한 적용배제조항을 두어 국가의 배상책임을 축소시킴으로써 실질적 기능을 다하지 못하는 실정이다(주권면책원칙이 일부 남아 있음).

Check Point

책임의 중복이론
공무원의 과실이 인정되더라도 그 과실이 직무행위와 관련이 있다면 그 공무원의 민사책임과 국가책임이 경합하여 책임이 발생되므로, 피해자는 선택적으로 청구권을 행사할 수 있다는 이론이다.

2. 우리나라의 국가배상제도

(1) 헌법상의 국가배상제도

① 헌법상 국가배상책임의 원칙 : 헌법 제29조 제1항에 "공무원의 직무상 불법행위로 손해를 받은 국민은 법률이 정하는 바에 의하여 국가 또는 공공단체에 정당한 배상을 청구할 수 있다. 이 경우 공무원 자신의 책임은 면제되지 아니한다."고 규정하여, 국가배상책임의 원칙을 선언하고 있다. 다만, 동조 제2항에서 "군인 · 군무원 · 경찰공무원 기타 법률이 정하는 자가 전투 · 훈련 등 직무집행과 관련하여 받은 손해에 대하여는 법률이 정하는 보상 외에 국가 또는 공공단체에 공무원의 직무상 불법행위로 인한 배상은 청구할 수 없다."고 규정하여 이중배상의 금지를 명시적으로 규정하고 있다.

② 국가배상청구권의 성격 : 헌법 제29조 제1항에 의한 국가배상청구권은 청구권적 기본권이라는 것이 통설이나, 이 규정은 어디까지나 입법자에 대한 명령규정으로 본다는 일부 견해도 있다.

③ 헌법과 국가배상법의 규정상 차이

㉠ 배상의 대상범위 : 헌법은 국가배상법과 달리 공무원의 직무상 불법행위에 대해서만 국가배상을 규정하고 있다. 여기에 국가배상법 제5조의 규정에 따른 영조물의 설치 · 관리의 하자로 인한 국가배상도 그 청구대상으로 포함할 것인가에 대해서는 부정하는 것이 다수설이다.

㉡ 배상의 주체 : 헌법에서는 배상주체로 '국가 또는 공공단체'를 규정하였으나, 국가배상법은 '국가 또는 지방자치단체'로 규정하고 있다. 지방자치단체 이외의 공공단체의 배상책임에 대하여는 민법에 의한다는 것이 지배적 견해이다.

㉢ 배상책임의 내용(배상기준) : 배상기준에 있어 헌법에서는 '정당한 배상'을 규정하고 있으나, 국가배상법에서는 '구체적 배상기준(제3조)'을 규정하고 있다.

㉣ 이중배상의 금지대상 : 이중배상의 금지대상으로 헌법은 '군인 · 군무원 · 경찰공무원 기타 법률이 정하는 자'를, 국가배상법은 '군인 · 군무원 · 경찰공무원 · 예비군대원'을 규정하고 있다.

(2) 국가배상법의 성격

① 국가배상에 관한 일반법

㉠ 국가배상법의 우선 적용 원칙 : 국가배상법 제8조에 "국가나 지방자치단체의 손해배상책임에 관하여는 이 법에 규정된 사항 외에는 민법에 따른다.

다만, 민법 외의 법률에 다른 규정이 있을 때에는 그 규정에 따른다."고 규정하여, 국가 또는 지방자치단체의 불법책임에 관한 일반법임을 명시하고 있다.

ⓛ **우선 적용되는 특별법** : 민법 외의 법률에 다른 규정이 있는 경우 그 법률이 먼저 적용되는데, 그 다른 법률(특별법)에는 다음과 같은 것이 있다.

- 무과실책임을 인정하는 경우 : 자동차손해배상보장법 제3조, 산업재해보상보험법, 원자력손해배상법 제3조, 공무원연금법, 광업법 등
- 무과실책임을 인정하지 않으나 배상금액을 경감 또는 정형화하는 경우 : 전기통신사업법 제33조, 우편법 제38조·제39조·제40조, 철도사업법 제24조 등
- 배상청구권의 단기소멸시효를 인정하는 경우

② **국가배상법의 법적 성격**

㉠ **학설**

- 공법설 : 국가배상사건에 대해 당사자소송을 제기할 수 있는 공법이라는 견해이다(다수설, 대륙법계).
- 사법설 : 국가배상사건에 대해 민사소송을 제기할 수 있는 사법으로, 국가배상법은 일반법인 민법에 대한 특별사법이라고 보는 견해이다(소수설, 영미법계).

ⓛ **판례** : 다수설과 달리 국가배상을 소송실무상 민사소송으로 처리하고 있다.

> 관련 판례 : 공무원의 직무상 불법행위로 손해를 받은 국민이 국가 또는 공공단체에 배상을 청구하는 경우 국가 또는 공공단체에 대하여 그의 불법행위를 이유로 손해배상을 구함은 국가배상법이 정한 바에 따른다 하여도 이 역시 민사상의 손해배상 책임을 특별법인 국가배상법이 정한 데 불과하다(대판 1972. 10. 10, 69다701).

③ **손해책임의 유형**

㉠ 공무원의 직무상 불법행위로 인한 손해배상은 과실책임주의를 적용받고(국가배상법 제2조), 영조물의 설치·관리의 하자로 인한 손해배상은 무과실책임주의를 적용받는다(제5조).

ⓛ 한편, 국가나 지방자치단체가 사인의 지위에서 행하는 사경제작용으로 인하여 발생된 손해배상책임에 관하여 국가배상법에서는 명문 규정이 없으므로 판례에서는 국가배상법 제8조 규정에 따라 민법이 정하는 바에 따른다고 한다(대판 1999. 6. 22, 99다7008).

④ **외국인이 피해자인 경우에 국가배상법의 적용** : 국가배상법은 외국인이 피해자인 경우에는 해당 국가와 상호보증이 있는 때에 한하여 적용되며(제7조), 주한미국군대 및 한국증원군대(카투사) 구성원 등의 공무집행 중의 행위와 이들

Check Point

국가배상의 법 적용순서
국가배상에 관한 법적용은 '특별법 → 국가배상법(민법의 특별법) → 민법(보충적용)'의 순서가 된다.

Check Point

국가배상법 제2조(배상책임)
① 국가나 지방자치단체는 공무원 또는 공무를 위탁받은 사인("공무원")이 직무를 집행하면서 고의 또는 과실로 법령을 위반하여 타인에게 손해를 입히거나, 자동차손해배상보장법에 따라 손해배상의 책임이 있을 때에는 이 법에 따라 그 손해를 배상하여야 한다. 다만, 군인·군무원·경찰공무원 또는 예비군대원이 전투·훈련 등 직무 집행과 관련하여 전사·순직하거나 공상(公傷)을 입은 경우에 본인이나 그 유족이 다른 법령에 따라 재해보상금·유족연금·상이연금 등의 보상을 지급받을 수 있을 때에는 이 법 및 민법에 따른 손해배상을 청구할 수 없다.
② 제1항 본문의 경우에 공무원에게 고의 또는 중대한 과실이 있으면 국가나 지방자치단체는 그 공무원에게 구상할 수 있다.

이 점유·소유·관리하는 시설 등의 설치 또는 관리의 하자로 인한 피해자도 국가배상법의 규정에 따라 대한민국에 대하여 배상을 청구할 수 있다(한미상호방위조약 제4조, 한미행정협정 제23조 제5항).

3. 공무원의 위법한 직무행위로 인한 배상책임(국가배상법 제2조 배상책임)

(1) 손해배상책임의 성질

① 학설 및 판례의 입장

㉠ 대위책임설 : 손해배상책임은 본래 가해공무원이 책임을 져야 하나, 피해자 보호 등을 위해서 국가 또는 지방자치단체가 대신하여 책임을 진다는 견해이다. 이는 손해배상책임을 공무원 선임·감독자의 책임으로 이해하고 있는 민법 제756조의 사용자책임과는 다르다고 보는 견해로, 과실책임주의에 입각한 행정법학계의 다수설이다.

㉡ 자기책임설 : 공무원의 위법한 직무행위에 대하여 국가 등은 국가기관인 공무원의 행위라는 형식을 통하여 직접 자신이 책임을 져야 한다는 견해로, 그 책임이 민법 제35조에서 규정한 법인의 불법행위책임과 같다고 보았다. 이 설은 무과실책임주의에 입각한 헌법학계의 다수설이다.

㉢ 중간설(절충설) : 공무원의 고의 또는 중과실에 의한 손해는 불법행위여서 기관행위로 볼 수 없으므로 국가 등이 그 손해에 대해 대위책임을 지나, 경과실에 의한 손해는 기관행위로 국가 등이 그 손해에 대해 직접 자기책임을 진다는 견해이다. 이 설은 국가배상법 제2조의 규정을 근거로 들고 있다.

㉣ 판례 : 판례의 다수 견해는 절충설의 입장을 취하고 있다. 즉, 경과실인 경우에는 국가 등의 기관행위로 보아 국가의 자기책임으로 보았고, 고의 또는 중과실에 대해서는 공무원 개인의 손해배상책임을 인정하여 국가책임은 대위책임으로 보았다.

> 관련 판례 : 국가배상법 제2조 제1항 본문 및 제2항의 입법 취지는 공무원의 직무상 위법행위로 타인에게 손해를 끼친 경우에는 변제자력이 충분한 국가 등에게 선임감독상 과실 여부에 불구하고 손해배상책임을 부담시켜 국민의 재산권을 보장하되, 공무원이 직무를 수행함에 있어 경과실로 타인에게 손해를 입힌 경우에는 그 직무수행상 통상 예기할 수 있는 흠이 있는 것에 불과하므로, 이러한 공무원의 행위는 여전히 국가 등의 기관의 행위로 보아 그로 인하여 발생한 손해에 대한 배상책임도 전적으로 국가 등에만 귀속시키고 … 반면에 공무원의 위법행위가 고의·중과실에 기한 경우에는 비록 그 행위가 그의 직무와 관련된 것이라고 하더라도 그와 같은 행위는 그 본질에 있어서 기관행위로서의 품격을 상실하여 국가 등에게 그 책임을 귀속시킬 수 없으므로 공무원 개인에게 불법행위로 인한 손해배상책임을 부담시키되, 다만 이러한 경우에도 그 행위의 외관을 객관적으로

Check Point

민법 제756조(사용자의 배상책임) 제1항

타인을 사용하여 어느 사무에 종사하게 한 자는 피용자가 그 사무집행에 관하여 제3자에게 가한 손해를 배상할 책임이 있다. 그러나 사용자가 피용자의 선임 및 그 사무감독에 상당한 주의를 한 때 또는 상당한 주의를 하여도 손해가 있을 경우에는 그러하지 아니하다.

관찰하여 공무원의 직무집행으로 보여질 때에는 피해자인 국민을 두텁게 보호하기 위하여 국가 등이 공무원 개인과 중첩적으로 배상책임을 부담하되 국가 등이 배상책임을 지는 경우에는 공무원 개인에게 구상할 수 있도록 함으로써 궁극적으로 그 책임이 공무원 개인에게 귀속되도록 하려는 것이라고 봄이 합당하다(대판 1996. 2. 15, 95다38677(전합)).

② **선택적 청구권의 인정 여부(외부적 책임문제)** : 헌법상 제29조 제1항 규정으로 인하여 공무원의 불법행위에 대하여 국가 등이 배상책임을 지는 것 외에 가해공무원도 피해자에게 직접적으로 그 배상책임을 질 수 있는가의 여부이다. 손해배상책임의 성질에 관한 학설에 따라 다음과 같이 구분할 수 있다.

   ⊙ **대위책임설의 입장** : 선택적 청구권을 부정하는 것이 다수의 입장이다. 즉, 헌법 제29조 제1항 단서의 "공무원 자신의 책임은 면제되지 않는다" 규정은 공무원이 국가 등의 구상권에 응하는 책임을 의미한다는 것으로, 피해자는 국가 등에게만 배상청구가 가능하다고 본다. 다만, 선택적 청구권을 인정하는 견해도 있다.

   ⊙ **자기책임설의 입장** : 선택적 청구권을 부정하는 것이 다수의 입장이다. 즉, 헌법 제29조 제1항 단서의 규정에 의거하여, 가해공무원 개인의 책임은 국가 등의 자기책임에 해당되므로 국가 또는 지방자치단체에 대해서만 청구가 가능하다고 본다. 다만, 양자에 청구할 수 있다는 선택적 청구를 인정하는 견해도 있다.

   ⊙ **중간설(절충설)의 입장** : 경과실의 경우 선택적 청구가 부정되므로 피해자는 국가 또는 지방자치단체에 청구해야 하며, 고의·중과실의 경우 선택적 청구가 인정되므로 피해자는 국가·지방자치단체나 가해공무원에게 선택적으로 청구할 수 있다고 보았다.

   ⊙ **판례** : 현재 중간설(절충설, 제한적 긍정설)의 입장을 취하고 있다. 종래 판례는 선택적 청구를 인정하기도 하고 부정하기도 하는 등 혼란을 보이다가, 1996년 2월 전원합의체 판결을 통해 고의·중과실의 경우 공무원도 손해배상책임을 부담하나(선택적 청구가 가능하나), 경과실인 경우 공무원은 손해배상책임을 부담하지 않는다(선택적 청구가 불가능하다)고 최종 판결하였다(대판 1996. 2. 15, 95다38677).

③ **구상권(내부적 책임)**

   ⊙ **근거 규정** : 국가배상법 제2조 제2항에서 "제1항 본문의 경우에 공무원에게 고의 또는 중대한 과실이 있으면 국가나 지방자치단체는 그 공무원에게 구상할 수 있다"고 규정하고 있고, 또한 동법 제6조 제2항에서 "제1항의 경우에 손해를 배상한 자는 내부관계에서 그 손해를 배상할 책임이 있는 자에게 구상할 수 있다(공무원의 선임감독자와 비용부담자가 다른 경우의 구상)"고 규정하여, 구상권에 관한 명시적 규정을 두고 있다.

Check Point

대위책임설과 선택적 청구

손해배상책임의 성질에 관한 대위책임설은 국가 또는 지방자치단체의 책임과 공무원 개인의 책임과는 무관하다는 것을 전제로 하므로, 피해자는 양쪽에 선택적 청구가 가능하다는 것(선택적 청구를 인정하는 것)이 논리적이다. 하지만 대위책임설을 취하고 있는 다수 견해는 선택적 청구권을 부정하고 있다.

ⓛ 법적 성질에 따른 인정 여부

　　　　　　• 대위책임설의 입장 : 국가는 당연히 본래 책임자인 공무원에게 구상권을
　　　　　　　가지며, 구상권은 부당이득반환청구권의 성격을 가지는 것으로 보고 있
　　　　　　　다. 한편, 국가배상법에서 공무원의 경과실에 대해 구상권을 규정하지
　　　　　　　않는 것은 의욕저하 방지 등의 입법정책적 고려 때문이라고 보고 있다.

　　　　　　• 자기책임설의 입장 : 공무원의 직무상 의무위반에 대한 책임에 기반하여
　　　　　　　국가 등에게 구상권을 인정하며, 구상권은 책무불이행책임에 근거한 손
　　　　　　　해배상청구권의 성질을 가지는 것으로 보고 있다.

　　　　　　• 중간설(절충설)의 입장 : 경과실에 대해서는 구상권을 부정하고, 고의 ·
　　　　　　　중과실에 대해서는 구상권을 인정하고 있다(판례).

　　　　ⓒ **구상권의 범위** : 판례는 제반사정을 참작하여 손해의 공평 분담과 신의칙
　　　　　상 상당하다고 인정되는 한도 내에서 구상권을 행사할 수 있다고 하였다.

> 관련 판례 : 국가 또는 지방자치단체의 산하 공무원이 그 직무를 집행함에 당하여 중대한
> 과실로 인하여 법령에 위반하여 타인에게 손해를 가함으로써 국가 또는 지방자치단체가
> 손해배상책임을 부담하고, 그 결과로 손해를 입게 된 경우에는 국가 등은 당해 공무원의
> 직무내용, 당해 불법행위의 상황, 손해발생에 대한 당해 공무원의 기여정도, 당해 공무원
> 의 평소 근무태도, 불법행위의 예방이나 손실분산에 관한 국가 또는 지방자치단체의 배려
> 의 정도 등 제반사정을 참작하여 손해의 공평한 분담이라는 견지에서 신의칙상 상당하다
> 고 인정되는 한도 내에서만 당해 공무원에 대하여 구상권을 행사할 수 있다고 봄이 상당
> 하다(대판 1991. 5. 10, 91다6764).

(2) 배상책임의 요건

배상책임의 요건에 해당하는 국가배상법의 제2조 제1항의 규정 내용을 분석하면
다음과 같다.

① 공무원 또는 공무를 위탁받은 사인

　　ⓐ 의미 : 국가공무원법 · 지방공무원법상의 공무원뿐만 아니라 널리 공무를
　　　위탁받아 실질적으로 공무에 종사하는 모든 자(공무수탁사인)를 포함하는
　　　넓은 의미의 공무원을 의미한다(통설 · 판례). 여기의 공무원에는 국회 · 지
　　　방의회의원뿐만 아니라 기관이나 국회 자체도 포함된다. 또한, 공무의 위
　　　탁이 일시적이고 한정적인 사항에 관한 활동을 위한 것이어도 여기서의 공
　　　무 위탁에 포함된다.

　　ⓑ 국가배상법상의 공무원에 해당하는 자(판례) : 통장, 집행관, 공탁공무원,
　　　조세의 원천징수의무자, 별정우체국장, 소방원, 임시공무원, 소집 중인 향
　　　토예비군, 미군부대 카투사, 국회의원, 헌법재판소재판관, 판사, 검사, 전
　　　경, 일정 급료를 받는 부대차량 운전업무종사자, 국가 또는 지방자치단체

Check Point

광의의 공무원
여기의 공무원에는 국회 · 지방의
회의원뿐만 아니라 기관이나 국회
자체도 포함된다.

의 청원경찰, 수당을 지급하는 교통할아버지, 시청소차운전자, 철도차장, 국공립학교 강사, 특허기업자, 각종 위원회 위원 등

> 관련 판례 : 국가배상법 제2조 소정의 '공무원'이라 함은 국가공무원법이나 지방공무원법에 의하여 공무원으로서의 신분을 가진 자에 국한하지 않고, 널리 공무를 위탁받아 실질적으로 공무에 종사하고 있는 일체의 자를 가리키는 것으로서, 공무의 위탁이 일시적이고 한정적인 사항에 관한 활동을 위한 것이어도 달리 볼 것은 아니다. 지방자치단체가 관할 동장으로 하여금 '교통할아버지'를 선정하게 하여 어린이 보호, 교통안내, 거리질서 확립 등의 공무를 위탁하여 집행하게 하던 중 '교통할아버지'로 선정된 노인이 위탁받은 업무 범위를 넘어 교차로 중앙에서 교통정리를 하다가 교통사고를 발생시킨 경우, 지방자치단체가 국가배상법 제2조 소정의 배상책임을 부담한다(대판 2001. 1. 5, 98다39060).

ⓒ **국가배상법상의 공무원에 해당하지 않는 자(판례)** : 의용소방대원, 시영버스 운전사, 단순노무자, 정부기관에서 아르바이트하는 자, 농협의 임직원, 한국은행총재 및 그 임직원, 서울대학교병원의 의사 · 간호사 등

> 관련 판례 : 한국토지공사는 구 한국토지공사법 제2조, 제4조에 의하여 정부가 자본금의 전액을 출자하여 설립한 법인이고, 같은 법 제9조 제4호에 규정된 한국토지공사의 사업에 관하여는 공익사업을 위한 토지 등의 취득 및 보상에 관한 법률 제89조 제1항, 위 한국토지공사법 제22조 제6호 및 같은 법 시행령 제40조의3 제1항의 규정에 의하여 본래 시 · 도지사나 시장 · 군수 또는 구청장의 업무에 속하는 대집행권한을 한국토지공사에게 위탁하도록 되어 있는바, 한국토지공사는 이러한 법령의 위탁에 의하여 대집행을 수권받은 자로서 공무인 대집행을 실시함에 따르는 권리 · 의무 및 책임이 귀속되는 행정주체의 지위에 있다고 볼 것이지 지방자치단체 등의 기관으로서 국가배상법 제2조 소정의 공무원에 해당한다고 볼 것은 아니다(대판 2010. 1. 28, 2007다82950, 82967).

② **직무행위**

㉠ **직무행위의 범위**

- **협의설(권력작용설)** : 직무는 공법상 권력작용만을 의미한다는 견해이다.
- **광의설(관리작용설)** : 직무에는 권력작용과 비권력적 작용(관리작용)이 포함되고 사경제작용(국가배상법이 아닌 민법이 적용됨)은 제외된다는 견해이다(다수설 · 판례). 다만, 관리작용 중에서 영조물의 설치 · 관리작용은 국가배상법 제5조에 별도로 규정되어 있으므로 여기서는 제외된다.
- **최광의설(국고작용설)** : 직무에는 권력작용 · 비권력적 작용 및 사경제작용이 모두 포함된다는 견해이다.
- **판례의 태도** : 과거에는 최광의설의 입장을 취하였으나, 현재는 광의설의 입장을 취하고 있다.

> 관련 판례 : 국가배상법이 정한 배상청구의 요건인 공무원의 직무에는 권력적 작용만이 아니라 행정지도와 같은 비권력적 작용도 포함되며, 단지 행정주체가 사경제주체로서 하는 활동만이 제외된다(대판 1998. 7. 10, 96다38971).

 기출 Plus　지방직 9급 기출

01. 국가배상법 제2조의 배상 책임에 관한 설명으로 옳지 않은 것은? (다툼이 있는 경우 판례에 의함)

① 공무원에는 널리 공무를 위탁받아 실질적으로 공무에 종사하고 있는 일체의 자가 포함되지만, 공무의 위탁이 일시적이고 한정적인 사항에 관한 활동을 위한 것인 경우에는 공무원에 해당하지 않는다.

② 국가 또는 공공단체라 할지라도 사경제의 주체로 활동하였을 경우에는 그 손해배상의 책임에 국가배상법의 규정이 적용될 수 없고 민법이 적용된다.

③ 공무원의 직무상 의무는 명문의 규정이 없는 경우에도 관련 규정에 비추어 조리상 인정될 수 있다.

④ 법령 위반에는 엄격한 의미의 법령 위반뿐만 아니라 인권존중, 권력남용금지, 신의성실, 공서양속 등의 위반도 포함된다.

해 국가배상법 제2조 소정의 공무원에는 공무수탁사인도 포함되며, 공무의 위탁이 일시적이고 한정적인 사항에 관한 활동을 위한 것이어도 여기서의 공무원에 포함된다.

답　01 ①

ⓛ **직무행위의 내용**

• 직무행위에는 입법·사법·행정작용을 불문하고 공행정작용은 모두 포함되며, 특히 행정작용에는 법률행위적·준법률행위적 행정행위는 물론 사실행위(행정지도 등), 부작위 등도 포함된다.

• 고유한 입법행위나 사법행위로 인한 손해에 대하여는 원칙적으로 국가배상책임을 인정하지 않는다.

> 관련 판례 : 국회는 다원적 의견이나 갖가지 이익을 반영시킨 토론과정을 거쳐 다수결의 원리에 따라 통일적인 국가의사를 형성하는 역할을 담당하는 국가기관으로서 그 과정에 참여한 국회의원은 입법에 관하여 원칙적으로 국민 전체에 대한 관계에서 정치적 책임을 질 뿐 국민 개개인의 권리에 대응하여 법적 의무를 지는 것은 아니므로, 국회의원의 입법행위는 그 입법 내용이 헌법의 문언에 명백히 위반됨에도 불구하고 국회가 굳이 당해 입법을 한 것과 같은 특수한 경우가 아닌 한 국가배상법 제2조 제1항 소정의 위법행위에 해당된다고 볼 수 없다(대판 1997. 6. 13, 96다56115).

• 다만, 국회의원이나 법관의 고의·과실 내지 위법성 입증이 가능한 경우에는 국가의 배상책임이 인정된다고 한다.

> 관련 판례 : 법관의 재판에 법령의 규정을 따르지 아니한 잘못이 있다 하더라도 이로써 바로 그 재판상 직무행위가 국가배상법 제2조 제1항에서 말하는 위법한 행위로 되어 국가의 손해배상책임이 발생하는 것은 아니고, 그 국가배상책임이 인정되려면 당해 법관이 위법 또는 부당한 목적을 가지고 재판을 하는 등 법관이 그에게 부여된 권한의 취지에 명백히 어긋나게 이를 행사하였다고 인정할 만한 특별한 사정이 있어야 한다고 해석함이 상당하다(대판 2001. 4. 24, 2000다16114).

ⓒ **직무집행행위** : 직무집행행위 자체뿐만 아니라 외형상으로 직무집행의 행위와 관련 있는 행위도 포함된다는 견해(외형설)가 다수설·판례의 입장이다(대판 2001. 1. 5, 98다39060). 결국 통상적으로 공무원이 행하는 행위를 직무집행의 행위로 보는 것이 일반적이다.

> 관련 판례 : 국가배상법 제2조 제1항의 '직무를 집행함에 당하여'라 함은 직접 공무원의 직무집행행위이거나 그와 밀접한 관계가 있는 행위를 포함하고, 이를 판단함에 있어서는 행위 자체의 외관을 객관적으로 관찰하여 공무원의 직무행위로 보여질 때에는 비록 그것이 실질적으로 직무행위가 아니거나 또는 행위자로서는 주관적으로 공무집행의 의사가 없었다고 하더라도 그 행위는 공무원이 직무를 집행함에 당하여 한 것으로 보아야 한다. 그러한 행위가 실질적으로 공무집행행위가 아니라는 사정을 피해자가 알았다 하더라도 그것을 "직무를 행함에 당하여"라고 단정하는 데 아무런 영향을 미치는 것이 아니다(대판 2005. 1. 14, 2004다26805).

직무집행행위 인정 여부(판례)

직무집행 행위로 본 경우	직무집행 행위로 보지 않는 경우
• 교도소 · 소년원 내의 기합 등 사형(私刑) • 공무원의 직무와 관련된 수뢰행위 • 시위진압 중 전경이 조경수를 짓밟는 행위 • 군의 후생사업 또는 퇴근 중의 사고, 공무출장 후 귀대 중의 사고 • 상관의 명령에 의한 상관의 이삿짐 운반 • 훈계권 행사로서의 기합 • ROTC소속차량의 교수 장례식에서의 운행 • 제복을 착용한 비번 중인 경찰의 불심검문 • 훈련도중인 군인의 휴식 중 꿩 사냥 • 수사 중 고문 행위 • 근무시간초과 후 위생검열도중 가스관폭발 • 중앙정보부 소속 지프의 운전병이 상관을 귀대 시키고 오던 중 친지와 음주 후 그에게 대리운 전을 시키다가 발생한 사고	• 결혼식 참석을 위한 군용차 운행 • 압류 도중의 절도행위 • 통치행위 • 휘발유불법처분 중 발화 • 개인 원한에 의한 총기사고 • 상관의 기합에 격분한 총기난사 • 서로의 장난 중 권총오발사고 • 고참병의 훈계살인 • 군인의 휴가 중 비둘기 사냥 • 군의관의 포경수술 • 세무공무원의 재산압류 중 절도행위 • 공무원의 휴가 중, 퇴근 후의 행위 • 부대이탈 후 난동행위, 민간인사살 • 불법휴대 카빈총으로 보리밭의 꿩 사냥을 한 행 위 등

③ 고의 또는 과실로 인한 행위

　㉠ 의의

Check Point

고의 · 과실
여기서의 고의 · 과실의 관념은 민법(제750조)의 불법행위 성립요건으로서의 고의 · 과실과 같다.

　　• 고의란 위법행위의 발생가능성을 인식하고 그 결과를 인용하는 것을 말하며, 과실이란 부주의로 인하여 위법을 초래하는 것을 말한다.

　　• 판례는 여기서의 과실을 공무원이 직무수행에 있어 당해 직무를 담당하는 평균인이 통상 갖추어야 할 주의의무를 게을리한 것이라 보았다(대판 1997. 7. 11, 97다7608). 또한 과실을 '담당공무원이 보통 일반의 공무원을 표준으로 하여 볼 때 객관적 주의의무를 결하여 그 행정처분이 객관적 정당성을 상실하였다고 인정될 정도(대판 2000. 5. 12, 99다70600)'라고 하여, 공무원의 직종과 지위에 의하여 객관적으로 정해지는 객관적 과실, 즉 주의의무를 게을리한 것을 말한다고 보았다.

> 관련 판례 : 어떠한 행정처분이 위법하다고 할지라도 그 자체만으로 곧바로 그 행정처분이 공무원의 고의 또는 과실로 인한 불법행위를 구성한다고 단정할 수는 없고, 공무원의 고의 또는 과실의 유무에 대하여는 별도의 판단을 요한다고 할 것인바, 그 이유는 행정청이 관계 법령의 해석이 확립되기 전에 어느 한 설을 취하여 업무를 처리한 것이 결과적으로 위법하게 되어 그 법령의 부당집행이라는 결과를 빚었다고 하더라도 처분 당시 그와 같은 처리방법 이상의 것을 성실한 평균적 공무원에게 기대하기 어려웠던 경우라면 특별한 사정이 없는 한 이를 두고 공무원의 과실로 인한 것이라고 볼 수는 없기 때문이다(대판 2004. 6. 11, 2002다31018).

　㉡ 판단기준 : 고의 · 과실 유무의 판단기준은 공무원을 기준으로 판단하므로

(대판 2003. 11. 27, 2001다33789), 공무원에게 고의 · 과실이 없다면 국가는 배상책임이 없다. 다만, 공무원의 불법행위책임이 인정되는 경우에 국가는 그 공무원에 대한 선임 · 감독을 게을리하지 않았다 하더라도 배상책임을 진다는 점에서 민법 제756조의 사용자 배상책임의 경우와는 차이가 있다.

ⓒ 손해배상책임의 성질 : 대위책임설에 의한 고의 · 과실은 공무원의 주관적 인식 유무를 기준으로 판단하므로, 공무원이 심신상실 중에 한 행위에는 고의 · 과실이 인정되지 않는다. 이에 반해 자기책임설에 의한 고의 · 과실은 객관적으로 판단하므로, 공무원이 심신상실 중에 행한 행위일지라도 객관적으로 보아 통상 공무원에 대해 요구되는 주의력이 결여된 것으로 인정되는 경우 과실의 존재를 인정한다.

ⓔ 과실의 객관화 : 과실의 객관화란 행정작용이 당해 작용에 요구되는 정상수준에 도달되는 상태를 말하는 것으로, 행정작용의 하자를 객관적으로 이해하는 관념으로 이해되고 있다. 판례 또한 과실의 판단은 '당해 공무원이 아니라 당해 직무를 담당하는 평균적 공무원을 기준으로 한다'고 하여 과실개념에 객관적으로 접근하는 입장이다. 오늘날 대위책임설의 입장에서도 과실 객관화 · 정형화를 인정하여 국가책임의 범위를 확대하는 경향에 있다.

ⓜ 가해공무원의 특정 : 공무원의 행위로 손해가 발생하면, 가해공무원이 특정되지 않더라도 국가는 배상책임을 진다(가해공무원 특정은 국가책임의 성립요건이 아님). 이러한 과실 관념은 독일의 조직과실이나 프랑스의 공역무과실과 유사한 것이라 할 수 있다.

ⓗ 고의 · 과실의 입증책임 : 입증책임은 원칙적으로 원고인 피해자 측에 있지만, 피해가 공무원의 직무수행에 의한 손해임을 입증하면 공무원의 과실이 있는 것으로 추정되는 민사소송법상 일응추정의 법리가 인정되고 있는 추세이다.

고의·과실 관련 판례
• 공무원이 관계 법규를 모르거나 무지로 법규의 해석을 그르친 경우 원칙적으로 과실책임은 인정하고 있음 : 법령에 대한 해석이 복잡 · 미묘하여 워낙 어렵고, 이에 대한 학설, 판례조차 귀일되어 있지 않는 등의 특별한 사정이 없는 한 일반적으로 공무원이 관계 법규를 알지 못하거나 필요한 지식을 갖추지 못하고 법규의 해석을 그르쳐 행정처분을 하였다면 그가 법률전문가가 아닌 행정직 공무원이라고 하여 과실이 없다고는 할 수 없다(대판 2001. 2. 9, 98다52988).
• 법령의 해석이 복잡하고 난해한 경우는 예외적으로 과실책임을 인정하지 않음 : 담당공무원이 같은 장소에 대하여 사업자를 달리하는 축산물판매업 중복신고는 허용되지 않는다고 축산물가공처리법령을 해석 · 적용한 결과 기존 영업자가 휴업신고만 하고 폐업신고를 하지 않았음을 이유로 신규 영업신고를

수리하지 않은 사안에서, 담당공무원의 과실을 인정할 수 없다(대판 2010. 4. 29, 2009다97925).

• **행정처분이 항고소송에서 취소되었다 하더라도 당해 행정처분이 곧바로 공무원의 고의나 과실로 인한 불법행위를 구성한다고 볼 수 없음** : 어떠한 행정처분이 후에 항고소송에서 취소되었다고 할지라도 그 기판력에 의하여 당해 행정처분이 곧바로 공무원의 고의 또는 과실로 인한 것으로서 불법행위를 구성한다고 단정할 수는 없는 것이고, 그 행정처분의 담당공무원이 보통 일반의 공무원을 표준으로 하여 볼 때 객관적 주의의무를 결하여 그 행정처분이 객관적 정당성을 상실하였다고 인정될 정도에 이른 경우에 국가배상법 제2조 소정의 국가배상책임의 요건을 충족하였다고 봄이 상당하다(대판 99다70600, 2000다2073, 2005다31828 등).

④ **법령위반(위법성)**

㉠ **의의** : 법령위반이란 위법성을 의미하는데 그것은 반드시 엄격한 의미의 법령(헌법·법률·법규명령·자치법규)위반만을 의미하는 것이 아니며, 엄격한 의미의 법령은 물론 인권존중, 권리남용금지, 신의성실 등 법의 일반원칙의 위반도 포함한다.

> 관련 판례 : 국가배상책임에 있어 공무원의 가해행위는 법령을 위반한 것이어야 하고, 법령을 위반하였다 함은 엄격한 의미의 법령 위반뿐 아니라 인권존중, 권력남용금지, 신의성실과 같이 공무원으로서 마땅히 지켜야 할 준칙이나 규범을 지키지 아니하고 위반한 경우를 포함하여 널리 그 행위가 객관적인 정당성을 결여하고 있음을 뜻하는 것이므로, 경찰관이 범죄수사를 함에 있어 경찰관으로서 의당 지켜야 할 법규상 또는 조리상의 한계를 위반하였다면 이는 법령을 위반한 경우에 해당한다(대판 2008. 6. 12, 2007다64365).

㉡ **위반의 사례** : 위반이란 법령에 위배되는 것을 말하는 것으로, 그 위반형태는 작위에 의한 위반과 부작위에 의한 위반이 있다. 판례는 공무원의 부작위로 인한 국가배상책임을 인정하기 위해 반드시 법령에 명시적으로 공무원의 작위의무를 규정하여야 하는 것은 아니라 하였다. 즉, 국민의 생명·신체·재산 등에 대하여 절박하고 중대한 위험상태가 발생하였거나 발생할 우려가 있는 경우에는 형식적 의미의 법령에 근거가 없더라도 국가나 관련 공무원에게 그러한 위험을 배제할 작위의무를 인정할 수 있다(대판 2001. 4. 24, 2000다57856).

Check Point

통상적으로 기속행위는 작위의무가 있지만, 재량행위는 '재량이 0으로 수축'되는 경우에 작위의무가 있다.

• **행정규칙의 위반** : 행정규칙은 원칙적으로 법규성은 부정되므로 손해배상청구를 할 수 없지만, 위법성개념에서 합리적 사유 없는 행정규칙위반은 법령위반에 해당하는 것으로 보아 손해배상청구가 가능하다는 것이 다수설의 견해이다. 판례는 이를 부정한다.

• **재량행위의 위반** : 재량행위의 위반은 부당으로 손해배상청구를 할 수 없지만, 재량권이 0으로 수축되어 그 권한의 행사(작위)만이 의무에 합당한 것으로 판단되면 그 부작위의 위법성이 인정된다. 즉 재량권행사의 일탈·남용으로 위법성이 인정된 경우 법령의 위반으로 손해배상을 청구할 수 있다.

- 법령해석의 위반 : 관계 공무원이 그 직무와 관련하여 관계 법규를 알지 못하거나 법률 해석을 잘못하여 행정처분을 한 경우 법령의 위반으로 볼 수 있는가에 대해, 판례는 원칙적으로 과실책임을 인정하면서도 보통의 평균적 공무원에게 기대하기 어려운 경우라면 과실이 없다고 하여 법령의 위반을 부정하고 있다.

ⓒ **국가배상법상 위법개념과 행정소송법상 위법개념** : 위법성이원론(결과불법설)은 손해배상제도와 취소소송은 그 성질과 범위가 다르다는 견해로, 국가배상법상 위법개념을 취소소송의 위법개념보다 포괄적으로 이해하고 있다. 이에 반하여 위법성일원론(행위위법설)은 양자를 동일한 개념으로 이해한다. 위법개념을 어떻게 이해하느냐에 따라 취소소송의 기판력이 국가배상소송에 영향을 미치는가에 중요한 의미를 갖고 있다.

- 취소소송의 기판력과 국가배상소송 : 위법성이원론은 취소소송의 경우 위법 여부를 소송물로 하기 때문에 취소소송의 기판력은 국가배상소송에 영향을 미치지 않는다고 보며, 위법성일원론은 취소소송의 기판력은 국가배상소송에 영향을 미친다고 본다.

- 국가배상소송의 기판력과 취소소송 : 국가배상청구소송은 오로지 그 청구권의 존재 여부를 대상으로 하는 것이므로 국가배상소송의 기판력은 취소소송에 영향을 미치지 않는다는 것이 지배적 견해이다.

ⓔ **위법행위의 선결문제** : 행정행위의 위법성을 이유로 손해배상을 청구하는 경우에 그 행위의 취소나 무효확인의 판결을 받지 않고 손해배상청구를 할 수 있는지(즉, 민사법원이 그 위법성을 판단할 수 있는지 여부)에 대해 민사법원은 민사소송절차에서 행정행위의 공정력을 이유로 그 행정행위의 위법성을 심리·판단할 수 없다는 소극설이 있으나, 공무원의 직무행위에 대한 위법성의 판단은 당해 행정행위를 부인하는 것은 아니므로 민사법원은 선결문제로서 그 원인이 되는 행정행위의 위법성 여부를 심사할 수 있다고 하여 손해배상을 청구할 수 있다는 것이 다수설과 판례의 입장이다(대판 1972. 4. 28, 72다337).

⑤ **타인에게 손해를 입혔을 것**

ⓐ **타인** : 가해자인 공무원 및 그의 직무행위에 가세한 자 이외의 모든 자를 말한다. 다만, 헌법 제29조 제2항과 국가배상법 제2조 제1항 단서에 규정된 군인·공무원·경찰공무원 등에 대해 이중배상청구가 금지된다.

ⓑ **손해** : 피해자가 입은 모든 불이익을 의미하며, 그 손해가 재산적 손해이든 정신적 손해이든, 적극적 손해이든 소극적 손해이든 이를 구분하지 않는다. 다만, 반사적 이익의 침해는 손해로 볼 수 없다.

관련 판례

- 불법행위로 인한 재산상 손해는 위법한 가해행위로 인하여 발생한 재산상 불이익, 즉 그 위법행위가 없었더라면 존재하였을 재산 상태와 그 위법행위가 가해진 현재의 재산 상태의 차이를 말하는 것이고, 그것은 기존의 이익이 상실되는 적극적 손해의 형태와 장차 얻을 수 있을 이익을 얻지 못하는 소극적 손해의 형태로 구분된다. 재산상의 손해로 인하여 받는 정신적 고통은 그로 인하여 재산상 손해의 배상만으로는 전보될 수 없을 정도의 심대한 것이라고 볼 만한 특별한 사정이 없는 한 재산상 손해배상으로써 위자(慰藉)된다(대판 1998. 7. 10, 96다38971).
- 일반적으로 타인의 불법행위로 인하여 재산권이 침해된 경우에는 특별한 사정이 없는 한 그 재산적 손해의 배상에 의하여 정신적 고통도 회복된다고 보아야 할 것이고 재산적 손해의 배상만으로는 회복할 수 없는 정신적 손해가 있다면 그 위자료를 인정할 수 있다(대판 2003. 7. 25, 2003다22912).

ⓒ 손해와 가해행위의 인과관계 : 가해행위와 손해의 발생은 상당인과관계가 있어야 하는데(국가배상법 제3조 제4항), 상당인과관계의 유무를 판단함에 있어서는 일반적인 결과발생의 개연성은 물론 직무상의 의무를 부과하는 법령 기타 행동규범의 목적이나 가해행위의 태양 및 피해의 정도 등을 종합적으로 고려하여야 한다(대판 1997. 9. 9, 97다12907).

Check Point

국가배상법 제3조(배상기준) 제4항

생명·신체에 대한 침해와 물건의 멸실·훼손으로 인한 손해 외의 손해는 불법행위와 상당한 인과관계가 있는 범위에서 배상한다.

꼭! 확인 기출문제

행정상 손해배상에 대한 설명으로 옳지 않은 것은 몇 개인가? (다툼이 있는 경우 판례에 의함)

[국가직 9급 기출]

- (가) 법령해석에 여러 견해가 있어 관계공무원이 신중한 태도로 어느 일설을 취하여 처분한 경우, 위법한 것으로 판명되었다고 하더라도 그것만으로 배상책임을 인정할 수 없다.
- (나) 법령에 명시적으로 공무원의 작위의무가 규정되어 있지 않은 경우라 할지라도 공무원의 부작위로 인한 국가배상 책임을 인정할 수 있다.
- (다) 실질적으로 직무행위가 아니거나 또는 직무행위를 수행한다는 행위자의 주관적 의사가 없는 공무원의 행위는 국가배상법상 공무원의 직무행위가 될 수 없다.
- (라) 국가배상법상 과실을 판단할 경우 보통 일반의 공무원을 그 표준으로 하고 반드시 누구의 행위인지 가해공무원을 특정하여야 한다.
- (마) 재판행위로 인한 국가배상에 있어서 위법은 판결 자체의 위법이 아니라 법관의 공정한 재판을 위한 직무수행상 의무의 위반으로서의 위법이다.
- (바) 서울특별시 강서구 교통할아버지사건과 같은 경우 공무를 위탁받아 수행하는 일반 사인(私人)은 국가배상법 제2조 제1항에 따른 공무원이 될 수 없다.

① 2개   ❷ 3개
③ 4개   ④ 5개

해설 (다) 외관을 객관적으로 관찰하여 공무원의 직무행위로 보여질 때에는 비록 그것이 실질적으로 직무행위가 아니거나 또는 행위자로서는 주관적으로 공무집행의 의사가 없었다고 하더라도 그 행위는 국가공무원법상 공무원의 직무행위가 된다(대판 2004다26805).

(라) 공무원의 행위로 국가공무원법상의 손해가 발생하면 가해공무원이 특정되지 않더라도 국가는 배상책임을 진다(가해공무원 특정은 국가책임의 성립요건이 아님). 이러한 과실관념은 독일의 조직과실이나 프랑스의 공역무과실과 유사한 것이라 할 수 있다.

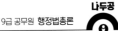
(ㅂ) 판례는 국가배상법 제2조 소정의 '공무원'을 공무원으로서의 신분을 가진 자에 국한하지 않고 널리 공무를 위탁받아 실질적으로 공무에 종사하고 있는 일체의 자를 가리키는 것으로 보아, 공무를 위탁하여 집행하게 하던 '교통할아버지 봉사원'도 국가배상법상 공무원이라 하였다(대판 98다39060).

(ㅅ) 관계 법령의 해석이 확립되기 전에 공무원이 어느 한 설을 취하여 업무를 처리한 것이 결과적으로 위법하게 되어 결과적으로 부당집행이 되었다 하더라도 특별한 사정이 없는 한 그것만으로 공무원의 과실로 인한 배상책임을 인정할 수는 없다(대판 2002다31018).

(ㅇ) 법령에서 명시적으로 공무원의 작위의무를 규정하고 있지 않더라도 국민의 생명·신체·재산 등에 대하여 절박하고 중대한 위험이 발생하거나 발생할 우려가 있는 경우 관련 공무원에게 그러한 위험을 배제할 작위의무를 인정할 수 있다(이 경우 부작위로 인한 국가배상책임이 인정됨)(대판 2000다57856).

(ㅈ) 고유한 입법행위나 사법행위로 인한 손해에 대하여는 원칙적으로 국가배상책임을 인정하지 않으며(대판 96다56115), 다만 국회의원이나 법관의 고의·과실 내지 위법성 입증이 가능한 경우에 국가의 배상책임이 인정된다(대판 2000다16114). 따라서 법관의 재판행위에 있어서의 위법은 판결 자체의 위법이 아니라 공정한 재판을 위한 법관의 직무수행상의 의무위반으로서의 위법이라 할 수 있다.

(3) 배상책임의 내용

① 배상책임자

㉠ **국가와 지방자치단체** : 국가배상법은 국가 또는 지방자치단체를 배상책임자로 규정하고 있으며, 지방자치단체를 제외한 공공단체는 다른 특별한 규정이 없는 한 민법 규정에 의하여 배상한다.

㉡ **사무의 귀속주체로서 배상책임자** : 국가배상법 제2조 제1항 규정에 의해 당해 사무의 귀속주체에 따라서 배상책임자가 결정된다. 따라서 기관위임사무의 경우에는 위임기관이 속한 행정주체가 배상책임을 져야 한다.

> 관련 판례 : 자동차운전면허시험 관리업무는 국가행정사무이고 지방자치단체의 장인 서울특별시장은 국가로부터 그 관리업무를 기관위임 받아 국가행정기관의 지위에서 그 업무를 집행하므로, 국가는 면허시험장의 설치 및 보존의 하자로 인한 손해배상책임을 부담한다(대판 1991, 12, 24, 91다34097).

㉢ **비용부담자로서의 배상책임자**

• 외부적 배상책임자 : 공무원의 선임·감독자(또는 영조물의 설치·관리를 맡은 자)와 봉급·급여 기타 비용부담자(또는 영조물의 설치·관리 비용을 부담하는 자)가 다른 경우 비용부담자도 손해를 배상한다(국가배상법 제6조 제1항). 따라서 이 경우 양자에 대한 선택적 배상청구가 가능하다(통설).

• 내부적 구상책임 : 이 경우 손해를 배상한 자는 내부관계에서 그 손해를 배상할 책임이 있는 자에게 구상할 수 있다(동조 제2항).

• 종국적 배상책임자 : 선임·감독자와 비용부담자가 다른 경우 종국적 배상책임자는 누구인가에 관한 학설로, 사무를 관리한 자가 책임을 져야 한다는 관리자부담설(사무귀속자설, 통설)과 최종적인 비용을 부담하는 자가 책임을 져야 한다는 비용부담자설, 손해발생의 기여정도에 따라 책

임을 져야 한다는 기여도설, 손해발생의 기여도 · 비용부담의 비율 등 개별적 · 구체적 모든 사정을 반영해 결정한다는 종합설(개별검토설) 등이 있다. 이에 대한 판례의 입장은 명확하지 않다(기여도설이나 종합설을 취한 것도 있고 관리자부담설의 입장으로 보이는 것도 있음).

• 기관위임사무의 손해배상책임자 : 위의 문제와 관련하여 기관위임사무의 손해배상책임자는 누구인지가 논의되는바, 판례에서는 기관위임사무의 경우 원칙적으로 위임자의 비용 · 책임으로 수행되므로 손해배상책임자는 위임자인 국가 또는 지방자치단체라 보고 있다. 다만, 수임자가 봉급 등 비용을 부담하는 경우에는 수임자도 배상책임자에 해당한다고 하여, 위임자와 수임자에 대해 선택적으로 배상청구를 할 수 있다고 한다.

> 관련 판례 : 지방자치단체의 장이 기관위임된 국가행정사무를 처리하는 경우, 그에 소요되는 경비의 실질적 · 궁극적 부담자는 국가라고 하더라도 당해 지방자치단체는 국가로부터 내부적으로 교부된 금원으로 사무에 필요한 경비를 대외적으로 지출하는 자이므로 이러한 경우 지방자치단체는 국가배상법 제6조 제1항 소정의 비용부담자로서 공무원의 불법행위로 인한 손해를 배상할 책임이 있다(대판 94다38137, 99다70600).

② 손해배상액

　㉠ 배상범위 : 국가배상법 제3조 및 제3조의2 등의 규정을 종합해 볼 때, 민법 제750조의 불법행위로 인한 손해배상의 경우와 같이 공무원의 가해행위와 상당인과관계가 있는 모든 손해액이라 할 수 있다.

　㉡ 생명 · 신체의 침해 등에 대한 배상기준의 성질

　　• 기준액설 : 국가배상법 제3조 및 제3조의2의 규정을 단순한 기준규정으로 보는 견해로, 이 규정은 배상심의회의 배상금 지급기준을 정함에 있어 하나의 기준을 정한 것에 불과하다는 견해이다(다수설 · 판례). 이 견해에 따르면 배상금이 규정된 금액을 초과할 수 있다.

> 관련 판례 : 국가배상법 제3조 제1, 3항 규정의 손해배상기준은 배상심의회의 배상금 지급기준을 정함에 있어서의 하나의 기준을 정한 것에 지나지 아니하고 이로써 배상액의 상환을 제한한 것으로는 볼 수 없다고 함이 종래 본원의 판례이므로 원심이 본건 손해배상액을 산정함에 있어서 국가배상법 제3조 소정의 기준에 구애되지 않고 이를 초과하여 그 액을 정하였다 하더라도 다른 특별한 사정이 없는 한 위법이라고 할 수 없다 (대판 1970. 3. 10, 69다1772)

　　• 한정액설 : 국가배상법 제3조 및 제3조의2의 규정은 배상액의 상한을 규정한 제한규정이라고 보는 견해이다.

　㉢ 손해배상청구권의 양도 · 압류금지 : 피해자나 유족들을 보호하기 위하여 생명 · 신체의 침해로 인한 손해배상청구권은 이를 양도하거나 압류하지 못하게 하고 있다(국가배상법 제4조).

③ 손해배상청구의 주체와 시효

　　㉠ 손해배상청구자 : 공무원이 그 직무를 집행함에 대하여 고의 또는 과실로 법령에 위반하여 타인에게 손해를 가하는 경우, 손해를 입은 자는 누구든지 배상금지급을 신청할 수 있다.

　　㉡ 손해배상청구권의 제한(이중배상의 제한) : 헌법 제29조 제2항, 국가배상법 제2조 제1항 단서는 군인 등에 대한 이중배상을 배제하고 있다.

　　　• 제한대상자 및 요건 : '군인 · 군무원 · 경찰공무원[전투경찰순경 포함(판례)] 또는 예비군대원이 전투 · 훈련 등 직무 집행과 관련하여 전사 · 순직하거나 공상을 입은 경우에 본인이나 그 유족이 다른 법령에 따라 재해보상금 · 유족연금 · 상이연금 등의 보상을 지급받을 수 있을 때'에는 이 법 및 민법에 따른 손해배상을 청구할 수 없다.

　　　• 제한되지 않는 대상(판례)

　　　　－ 공익근무요원, 경비교도대원, 숙직 중 연탄가스를 마시고 순직한 경찰공무원은 군인 등에 해당하지 않아 이중배상청구가 금지되지 않는다(대판 1997. 3. 28, 97다4036 등).

　　　　－ 이중배상이 제한되는 군인 등도 다른 법령의 규정에 의하여 재해보상금 · 유족연금 · 상이연금 등의 보상을 지급받을 수 없을 때에는 국가배상법에 따라 배상청구가 가능하다(대판 1997. 2. 14, 96다28066). 다만, 다른 법령에 의한 보상금 청구권이 시효로 소멸한 경우 국가배상은 청구 불가하다(대판 2002. 5. 10, 2000다39735).

　　㉢ 손해배상청구권의 소멸시효

　　　• 국가배상법에는 배상청구권의 소멸시효에 대한 명문규정이 없는바, 민법 제766조 규정에 의하여 손해배상청구권은 피해자나 그 법정대리인이 손해 및 그 가해자를 안 날로부터 3년, 불법행위를 한 날로부터 10년이 경과되면 시효로 소멸한다.

　　　• 단, 배상심의회에 대한 손해배상신청은 시효중단사유가 된다.

자동차손해배상 보장법에 의한 책임

• 국가배상법 제2조 제1항에 의해 국가나 지방자치단체는 자동차손해배상 보장법에 따라 손해배상의 책임이 있을 때에는 이법에 따라 그 손해를 배상하여야 한다고 하였다.

• 무과실책임 : 자동차를 운행하는 자가 운행 도중 타인에게 손해를 끼친 경우 승객의 고의가 아닌 한 운행자의 과실여부와는 상관없이 손해배상책임을 묻는다.

• 국가배상책임 : 공무원이 공무를 위해 관용차를 운행한 경우, 공무원이 사적으로 관용차를 운행한 경우 모두 국가 등이 손해를 배상하여야 한다.

• 공무원이 자기를 위하여 운행하다 손해를 발생하였을 때에도 고의 · 중과실 · 경과실 여부를 따지지 않고 배상책임을 진다.

4. 영조물의 설치·관리의 하자로 인한 손해배상

(1) 의의 및 성질

① 의의(국가배상법 제5조)

㉠ 도로·하천, 그 밖의 공공의 영조물의 설치나 관리에 하자가 있기 때문에 타인에게 손해를 발생하게 하였을 때에는 국가나 지방자치단체는 그 손해를 배상하여야 한다.

㉡ 이 경우에도 제2조 제1항 단서(이중배상의 금지), 제3조(배상기준) 및 제3조의2(배상액의 공제액)의 규정을 준용한다.

㉢ 또한, 손해의 원인에 대하여 책임을 질 자가 따로 있으면 국가나 지방자치단체는 그 자에게 구상할 수 있다.

② 손해배상책임의 성질

㉠ 법적 성질 : 국가배상법 제5조의 배상책임은 민법 제758조의 공작물 배상책임과 같이 위험책임주의에 입각한 무과실책임에 해당한다. 다만, 설치·관리상 하자를 요한다는 점에서 완전한 절대적 무과실책임으로 볼 수는 없다.

㉡ 민법 제758조 제1항 공작물책임과의 관계 : 설치·관리의 대상에 있어 국가배상법은 민법의 공작물보다 그 범위를 확대하여 공작물에 한하지 않으며, 영조물 점유자의 면책사유를 인정하지 않는다는 점에서 차이가 있다.

> 관련 판례 : 국가배상법은 민법상의 사용자책임을 규정한 민법 제756조 제1항 단서에서 사용자가 피용자의 선임감독에 무과실인 경우에는 면책되도록 규정한 것과는 달리 이러한 면책규정을 두지 아니함으로써 국가배상책임이 용이하게 인정되도록 하고 있다(대판 1996. 2. 15, 95다38677).

(2) 손해배상책임의 요건

① 공공의 영조물 : 영조물이란 공공목적에 공용되는 유체물, 즉 강학상의 공물(사실상의 관리를 하고 있는 경우도 포함)을 의미하는 것으로(대판 1995. 1. 24, 94다45302), 민법상 공작물보다는 포괄적 개념이다. 따라서 인공공물과 자연공물, 동산·부동산 등도 포함한다. 다만, 국·공유재산 중 일반재산(이전의 잡종재산)은 여기에서의 공공영조물에서 제외된다. 판례에서 공공영조물로 인정 또는 부정된 것은 다음과 같다.

인정된 것	부정된 것
지하케이블선의 맨홀, 미군사용 매향리사격장, 철도건널목의 자동경보기, 철도역 대합실·승강장, 여의도 광장, 태종대 유원지, 하천, 제방, 다목적 댐, 유수지의 수문상자, 상하수도, 배수펌프	• 시 명의의 종합운동장 예정부지나 그 지상의 자동차경주를 위한 안전시설(예정공물) • 아직 공사 중이라 일반 공중의 이용에 제공되지 않는 옹벽(형체적 요소를 갖추지 못한 경우)

03. 국가배상법 제5조에 관한 설명으로 옳지 않은 것은? (다툼이 있는 경우 판례에 의함)

① 공공의 영조물이라 함은 국가 또는 지방자치단체에 의하여 특정 공공의 목적에 공여된 유체물 내지 물적 설비를 말하며, 국가 또는 지방자치단체가 소유권, 임차권 그 밖의 권한에 기하여 관리하고 있는 경우뿐만 아니라 사실상 관리하고 있는 경우에도 포함된다.

② 판례는 영조물의 결함이 영조물의 설치 또는 관리자의 관리 행위가 미칠 수 없는 상황 아래에 있는 경우 그 하자를 인정할 수 없다고 보고 있다.

③ 지방자치단체장이 설치하여 관할 지방경찰청장에게 관리권한이 위임된 교통신호기의 고장으로 교통사고가 발생한 경우에는 국가는 배상책임을 지지 않는다.

④ 가변차로에 설치된 2개의 신호등에서 서로 모순된 신호가 들어오는 오작동이 발생하였고 그 고장이 현재의 기술수준상 부득이하다는 사정만으로 영조물의 하자가 면책되는 것은 아니다.

해 판례는 지방자치단체장이 설치하여 관할 지방경찰청장에게 관리권한이 위임된 교통신호기의 고장으로 교통사고가 발생한 경우 교통신호기를 관리하는 경찰관들에 대한 봉급을 부담하는 국가도 국가배상법상의 배상책임을 부담한다고 판시하였다.

장, 정부청사, 국립병원, 공중변소, 가로수, 도로, 육교, 전신주, 군견 · 경찰견 · 경찰마

• 사실상 군민의 통행에 제공되고 있던 도로(공용지정을 갖추지 못한 경우)
• 국유림(일반임야) · 국유미개간지 · 폐천부지 · 폐차된 관용차 등의 국유잡종재산

② 설치나 관리의 하자

㉠ 설치 · 관리의 개념 : 설치란 영조물(공물)의 설계에서 건조까지를 말하고, 관리란 영조물의 건조 후의 유지 · 수선을 의미한다.

㉡ 설치나 관리 하자의 의미와 판단기준 : 영조물 설치의 '하자'라 함은 영조물의 축조에 불완전한 점이 있어 이 때문에 영조물 자체가 통상 갖추어야 할 완전성을 갖추지 못한 상태에 있음을 말하는 것으로(대판 1967. 2. 21, 66다1723), 그 하자의 의미와 관련하여서는 견해가 나뉘고 있다.

• 객관설(통설 · 판례) : 하자의 유무를 객관적으로 판단하여 사회통념상 영조물의 설치 · 유지 · 보관 · 수선 등에 불완전한 점이 있어 일반적으로 갖추어야 할 완전성을 결여하였음을 의미하는 것으로 보고, 그 하자발생에 고의 · 과실의 유무는 불문한다는 견해이다.

• 주관설(의무위반설) : 하자를 관리자의 주관적 귀책사유의 존재로 보는 것으로, 공물주체의 관리와 관련하여 위험발생방지의무위반 · 해태를 하자로 보는 견해이다.

• 절충설 : 하자의 유무를 영조물 자체의 객관적 하자뿐만 아니라 관리자의 안전관리의무위반 또한 주관적 요소로 포함하여 하자를 이해하려는 견해이다.

• 판례의 입장 : 종래 객관설에 입각한 판례가 주류적이었으나, 최근에는 주관설에 가까운 절충적 견해를 보이는 경향이 있다.

> 관련 판례 : 국가배상법 제5조 제1항에 정해진 영조물의 설치 또는 관리의 하자라 함은 영조물이 그 용도에 따라 통상 갖추어야 할 안전성을 갖추지 못한 상태에 있음을 말하는 것이며, 다만 영조물이 완전무결한 상태에 있지 아니하고 그 기능상 어떠한 결함이 있다는 것만으로 영조물의 설치 또는 관리에 하자가 있다고 할 수 없는 것이고, 위와 같은 안전성의 구비 여부를 판단함에 있어서는 당해 영조물의 용도, 그 설치장소의 현황 및 이용 상황 등 제반 사정을 종합적으로 고려하여 설치 · 관리자가 그 영조물의 위험성에 비례하여 사회통념상 일반적으로 요구되는 정도의 방호조치의무를 다하였는지 여부를 그 기준으로 삼아야 하며, 만일 객관적으로 보아 시간적 · 장소적으로 영조물의 기능상 결함으로 인한 손해발생의 예견가능성과 회피가능성이 없는 경우, 즉 그 영조물의 결함이 영조물의 설치 · 관리자의 관리행위가 미칠 수 없는 상황 아래에 있는 경우임이 입증되는 경우라면 영조물의 설치 · 관리상의 하자를 인정할 수 없다(대판 2001. 7. 27, 2000다56822).

㉢ 무과실책임 : 국가나 지방자치단체가 영조물의 설치 · 관리에 하자가 없더라도 영조물 그 자체에 객관적 안정성이 결여되었다면 배상책임을 져야 한

다는 무과실책임이 적용된다. 다만, 객관적인 안정성을 갖추었다 하더라도 천재지변 등 불가항력이 있다면 그 배상책임은 부인된다.

ⓔ **하자의 입증책임** : 하자의 입증책임은 불법행위책임의 일반적 이론에 의거하여 원칙적으로 피해자인 원고에게 있지만, 그 입증이 매우 어려운 것이 보통이므로 일응추정의 법리를 적용하여 영조물로 인하여 손해발생을 입증하면 하자의 존재가 추정되어야 한다는 것이 지배적 견해이다.

ⓜ **면책사유**

• 불가항력

– 객관설을 유지하면서도 예측가능성·회피가능성 결여를 면책사유로 인정한 판례

> 관련 판례 : 객관적으로 보아 시간적·장소적으로 영조물의 기능상 결함으로 인한 손해발생의 예견가능성과 회피가능성이 없는 경우, 즉 그 영조물의 결함이 영조물의 설치·관리자의 관리행위가 미칠 수 없는 상황 아래에 있는 경우임이 입증되는 경우라면 영조물의 설치·관리상의 하자를 인정할 수 없다(대판 2001. 7. 27, 2000다56822).

– 예산부족 등의 재정적 제약은 면책사유가 되지 않는다고 판시한 판례

> 관련 판례 : 그 '하자' 유무는 객관적 견지에서 본 안정성의 문제이고 그 설치자의 재정사정이나 영조물의 사용목적에 의한 사정은 안정성을 요구하는 데 대한 정도 문제로서 참작사유에는 해당할지언정 안정성을 결정지을 절대적 요건에는 해당하지 아니한다 할 것이다(대판 1967. 2. 21, 66다1723).

• **제3자의 행위 및 자연력 간의 경합** : 판례는 '다른 자연적 사실이나 제3자의 행위 또는 피해자의 행위와 경합하여 손해가 발생한 경우도 설치·관리의 하자가 인정된다(대판 1994. 11. 22, 94다32924 '상수도관균열도로결빙사건')'고 판시하여, 각 부담부분에 상응한 각자의 책임을 부담하도록 하여 부진정연대책임을 부정하였다(학설은 인정). 따라서 설치·관리의 하자와 제3자의 행위 및 자연력이 서로 경합하여 손해발생된 경우 각자 경합된 범위 안에서 행정상 손해배상책임이 있다고 보아야 한다.

불가항력에 관한 판례
• **불가항력에 해당한다고 본 판례** – 강설로 생긴 빙판을 방치하고 도로상황에 대한 경고나 위험표지판을 설치하지 않았다는 사정만으로는 도로관리상의 하자로 볼 수 없다(대판 2000. 4. 25, 99다54998) – 계획홍수수위보다 높은 제방을 갖춘 이상 관리청에 책임을 물을 수 없음(1998년 중랑천 범람은 천재지변으로 불가항력적 재해에 해당)(대판 2003. 10. 23, 2001다48057)

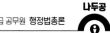

> – 운전자가 편도 2차선 국도에서 반대차선 진행차량의 바퀴에 팅긴 쇠파이프에 의해 사망한 경우 도로
> 의 설치·관리에 하자가 있다고 볼 수 없음(대판 1997. 4. 22. 97다3194)
> • **불가항력에 해당하지 않는다고 본 판례**
> – 집중호우는 불가항력으로 볼 수 없음(대판 93다11678, 93다20702, 99다53247 등)
> – 강설로 차량운전자 등이 고속도로에서 장시간 고립된 경우(대판 2008. 3. 13. 2007다29287)
> – 국가하천관리에 있어서의 익사사고 방지를 위해 경고 표지판을 설치하는 정도로는 요구되는 방호조
> 치의무를 다했다고 볼 수 없음(대판 2010. 7. 22. 2010다33354)
> – 재정적 제약(예산부족)은 면책사유가 되지 않음(대판 66다1723)

③ 타인에게 손해가 발생할 것

ㄱ 타인 : 일반인은 물론 영조물을 관리하는 공무원도 포함된 것으로, 국가배
상법 제5조에 의한 손해배상청구권을 갖게 되어 원고적격이 있다. 다만, 군
인·군무원·경찰공무원·향토예비군대원 등에게는 이중배상이 배제된다.

ㄴ 손해와 인과관계 : 손해의 발생은 영조물의 설치·관리의 하자로 인한 것
이어야 하며, 하자와 손해 사이에 상당인과관계가 있어야 하며, 상당인과
관계의 입증책임은 피해자에게 있다고 보아야 한다.

④ **국가배상법 제2조와 국가배상법 제5조의 경합** : 소방차의 하자와 운전자의 과
실로 인하여 손해가 발생한 경우처럼 국가배상법 제2조(배상책임)와 국가배
상법 제5조(공공시설 등의 하자로 인한 책임)가 경합된 경우 그 피해자는 선
택적으로 배상청구를 할 수 있다(다수설·판례).

(3) 배상책임의 내용

① 배상책임자

ㄱ 배상책임자 : 국가 또는 지방자치단체가 배상책임을 지며, 사무의 귀속주
체에 따라서 배상책임자가 결정된다는 것은 국가배상법 제2조의 경우와
같다.

ㄴ 비용부담자의 배상책임 : 영조물의 설치·관리자와 비용부담자가 다른 경
우에는 피해자는 양자에게 선택적으로 청구할 수 있고, 이 경우 손해를 배
상한 자는 내부관계에서 그 손해를 배상할 책임이 있는 자에게 구상할 수
있다(동법 제6조).

② 손해배상액 : 배상액에는 하자와 상당인과관계에 있는 모든 것이 포함되며,
그 손해가 생명·신체상의 것인 때에는 국가배상법 제3조 및 제3조의2가 적
용된다(기준액설).

③ 구상권

ㄱ 손해원인 책임자에 구상 : 국가 또는 지방자치단체는 손해를 배상한 경우
에 손해의 원인에 대하여 책임을 질 자가 따로 있으면 국가나 지방자치단
체는 그 자에게 구상할 수 있다(동법 제5조 제2항). 여기서 '손해의 원인에

대하여 따로 책임을 질 자'에 해당하는 것으로는, 고의·과실로 영조물의 통상적 안전성을 결여하게 한 자(영조물을 건조한 자, 손괴한 자 등)와 고의·중과실에 의한 관리로 하자를 발생하게 한 공무원 등이 있다.

ⓒ 관리자 또는 비용부담자가 다른 경우 : 이 경우 비용을 부담하는 자도 손해를 배상하여야 하며, 손해를 배상한 자는 내부관계에서 그 손해를 배상할 책임이 있는 자에게 구상할 수 있다.

5. 손해배상의 청구절차

(1) 소송과 배상신청의 관계

국가배상법 제9조의 규정에 따라 손해배상결정절차에 있어서는 임의적 결정전치주의가 적용된다. 따라서 피해자의 선택에 따라 국가배상법에 의한 행정절차 또는 사법절차에 의한 손해배상청구가 가능하다.

(2) 행정절차에 의한 손해배상청구

① 임의적 결정전치주의 : 국가배상법(제9조)에서는 번잡한 소송절차의 회피, 시간과 경비의 절약, 신속한 피해자 구제를 위해서 임의적 결정전치주의를 채택하고 있다.

② 손해배상심의회(국가배상법 제10조)

  ㉠ 성격 : 배상심의회는 영미식 행정위원회의 성격을 가진 합의제 행정관청으로, 행정상 손해배상에 관하여 배상금을 심의·결정하고 그 결과를 신청인에게 송달한다.

  ㉡ 조직

- 국가나 지방자치단체에 대한 배상신청사건을 심의하기 위하여 법무부에 본부심의회를 두며, 군인이나 군무원이 타인에게 입힌 손해에 대한 배상신청사건을 심의하기 위하여 국방부에 특별심의회를 둔다(제1항).
- 본부심의회와 특별심의회는 대통령령으로 정하는 바에 따라 지구심의회를 둔다(제2항).

③ 심의·결정절차(동법 제13조)

  ㉠ 배상신청 : 배상금을 지급받으려는 자는 그 주소지·소재지 또는 배상원인 발생지를 관할하는 지구심의회에 배상신청을 해야 한다.

  ㉡ 배상금 지급·기각 또는 각하의 결정 : 지구심의회는 배상신청을 받으면 지체 없이 증인신문·감정·검증 등 증거조사를 한 후 그 심의를 거쳐 4주일 이내에 배상금 지급결정, 기각결정 또는 각하결정을 해야 한다. 여기서의

Check Point

국가배상법 제9조(소송과 배상신청의 관계)

이 법에 따른 손해배상의 소송은 배상심의회에 배상신청을 하지 아니하고도 제기할 수 있다.

Check Point

지휘

본부심의회와 특별심의회와 지구심의회는 법무부장관의 지휘를 받는다.

결정기간은 불변기간이 아니므로 특별한 사정으로 4주가 경과된 후 결정한 경우도 효력이 발생할 수 있다(제1항).

ⓒ 사전 지급 및 추인 : 지구심의회는 긴급한 사유가 있다고 인정할 때에는 장례비·요양비 및 수리비의 일부를 사전에 지급하도록 결정할 수 있다. 다만, 지구심의회의 회의를 소집할 시간적 여유가 없거나 그 밖의 부득이한 사유가 있으면 지구심의회의 위원장은 직권으로 사전 지급을 결정할 수 있다. 이 경우 위원장은 지구심의회에 그 사실을 보고하고 추인을 받아야 하며, 지구심의회의 추인을 받지 못하면 그 결정은 효력을 잃는다(제2항·제4항).

ⓔ 결정의 효력 : 배상심의회의 배상결정에 대하여 신청인이 동의하는 경우에는 배상결정이 효력을 발생한다(배상책임자가 지방자치단체인 경우 신청인의 동의 외에 지방자치단체의 동의가 있어야 함). 다만, 배상심의회의 배상결정은 행정처분에 해당되지 않으므로 행정소송의 대상이 아니다(대판 1981. 2. 10, 80누317).

④ 재심신청(동법 제15조의2)

㉠ 지구심의회에서 배상신청이 기각 또는 각하된 신청인은 결정정본이 송달된 날부터 2주일 이내에 그 심의회를 거쳐 본부심의회나 특별심의회에 재심을 신청할 수 있으며, 이 경우 본부심의회나 특별심의회는 심의를 거쳐 4주일 이내에 다시 배상결정을 하여야 한다(제1항·제3항).

㉡ 재심신청을 받은 지구심의회는 1주일 이내에 배상신청기록 일체를 본부심의회나 특별심의회에 송부하여야 한다(제2항).

㉢ 본부심의회나 특별심의회는 배상신청을 각하한 지구심의회의 결정이 법령에 위반되면 사건을 그 지구심의회에 환송할 수 있다(제4항).

㉣ 본부심의회나 특별심의회는 배상신청이 각하된 신청인이 잘못된 부분을 보정하여 재심신청을 하면 사건을 해당 지구심의회에 환송할 수 있다(제5항).

(3) 사법절차에 의한 손해배상청구

① 청구절차의 성격 : 손해배상청구소송에 관하여, 국가배상법을 공법으로 보는 공법설(다수설)은 행정소송(공법상의 당사자소송)에 의하여 행정법원이 제1심법원이 된다고 보는 데 비해, 국가배상법을 사법으로 보는 사법설은 민사소송에 의하여 민사법원이 제1심법원이 된다고 한다. 판례는 일관되게 소송실무상 민사소송으로 다루고 있다.

② 민사소송 : 국가나 지방자치단체를 피고로 하여 관할법원·소송비용·소송절차 등에 관하여 민사소송절차에 따르는 경우를 말하며, 국가가 피고인 경우에

는 법무부장관이 국가를 대표하며, 지방자치단체가 피고인 경우에는 그 자치단체의 장이 지방자치단체를 대표한다.

민사소송의 가집행선고 여부

국가를 상대로 하는 재산권의 청구에 관해서는 가집행선고를 할 수 없다고 규정한 구 소송촉진등에관한특례법 제6조 제1항 규정이 헌법재판소에 의하여 위헌결정되어 이제는 국가를 상대로 하는 손해배상청구소송(민사소송)에서도 법원은 국가에 대하여 가집행선고를 할 수 있다. 다만, 가집행선고의 가부결정은 법원의 재량사항에 해당한다.

제3절 행정상 손실보상

1. 의의

(1) 개념

① **행정상 손실보상** : 공공필요에 의한 적법한 공권력 행사로 인하여 사인에게 과하여진 특별한 희생을 공평부담의 견지에서 행정주체가 보상하는 조절적인 재산적 전보제도이다. 일반적으로 손실보상제도는 사유재산권의 보장과 단체주의 사상에 입각한 공평부담의 견지에서 인정되고 있다.

② **구별 개념**

㉠ **행정상 손해배상제도** : 행정상 손실보상은 행정기관에 부여한 권한의 적법한 행사로 인하여 발생한 손실의 보상을 말하며, 행정상 손해배상은 불법행위로 인한 손해배상을 말한다.

㉡ **형사보상청구제도** : 행정상 손실보상은 재산권 침해에 대한 특별한 희생으로서의 보전을 말하나, 형사보상은 사람의 자유·명예나 신체에 대한 특별한 희생에 따른 희생보상을 말한다.

㉢ **사법상 손해배상제도** : 행정상 손실보상은 공법적 근거 아래 행해지는 공권력에 의해 야기되는 결과의 조절작용이나, 사법상 손해배상제도는 위법한 사법작용 결과의 조절작용이다.

(2) 손실보상청구권의 성질

① 학설

㉠ 공권설(다수설) : 손실보상의 원인행위가 공법적인 것이므로 그 효과 역시 공법으로 보며, 그에 관한 소송은 행정소송인 당사자소송에 의한다는 견해이다.

㉡ 사권설 : 손실보상의 원인은 공법적이나 그 효과는 사법적인 것으로 보고, 당해 청구권 행사를 위한 소송은 민사소송에 의한다는 견해이다.

② 판례

㉠ 원칙 : 판례는 손실보상의 원인이 공법적일지라도 손실의 내용은 사권이라는 사권설을 취한다.

> 관련 판례 : 제외지 안의 토지가 국유로 됨으로써 발생하는 손실보상청구권은 그 권리의 발생원인이 행정처분이 아닌 법률의 규정으로서, 그 성질이 사법상의 권리라 보는 것이 상당하므로, 이 사건 소는 민사소송으로 제기하여야 할 것을 행정소송으로 제기한 것으로서 부적법하다(대판 1990. 12. 21, 90누5689).

㉡ 예외 : 다만, 법령에 별도의 규정이 있는 경우에는 행정소송의 대상으로 본다.

- 구 토지수용법에 따른 보상금증감소송(대판 1993. 5. 25, 92누15772)
- 구 공유수면매립법상 공유수면매립사업으로 인한 관행어업권자의 손실보상청구(대판 2001. 6. 29, 99다56468)
- 준용하천의 제외지로 편입된 토지소유자의 하천관리청을 상대로 한 손실보상청구(대판 2003. 4. 25, 2001두1369)
- 하천구역에 편입된 토지에 대한 손실보상청구의 경우 : 종래에는 하천법이 개정된 1984년 12월 31일을 기준으로, 그 이전에 토지가 하천구역으로 편입된 경우에는 민사소송으로 처리하고 그 이후에 편입된 경우에는 행정소송으로 처리해 왔다. 그러나 최근 판례를 변경하여 그 이전에 하천구역으로 편입된 경우에도 공법상 당사자소송에 의하여야 한다고 판시하였다(대판 2006. 5. 18, 2004다6207).
- 구 공익사업을위한토지등의취득및보상에관한법령에 의해 인정되는 주거이전비 보상청구권(대판 2008. 5. 29, 2007다8129)

Check Point

불가분조항의 원칙
내용상 분리할 수 없는 사항을 함께 규정하여야 한다는 원칙을 의미한다(예 공공필요를 위해 재산권을 침해하는 경우 그 재산권침해규정과 침해에 대한 보상규정이 동일한 법률에 함께 규정되어야 한다는 원칙).

2. 손실보상제도의 실정법적 근거

(1) 헌법 제23조 제3항과 불가분조항

행정상 손실보상의 실정법적 근거라 할 수 있는 제23조 제3항의 규정은 재산권의 내재적 한계를 넘어선 특별한 희생에 대하여는 보상하여야 한다는 불가분조항으로 이해된다. 따라서 재산권침해규정을 두면서 보상규정을 두지 않거나 불충분한 보상규정을 둔 법률은 헌법위반이라 할 것이다.

(2) 개별법

경찰관직무집행법(제11조의2), 공익사업을위한토지등의취득및보상에관한법률(제61조), 국토의계획및이용에관한법률(제131조), 사방사업법(제10조), 산림보호법(제10조), 징발법(제19조), 도시개발법, 도시및주거환경정비기본법 등 다수 법률에서 개별적으로 규정하고 있다.

경찰관직무집행법의 손실보상(제11조의2)

① 국가는 경찰관의 적법한 직무집행으로 인하여 다음 각 호의 어느 하나에 해당하는 손실을 입은 자에 대하여 정당한 보상을 하여야 한다.
  1. 손실발생의 원인에 대하여 책임이 없는 자가 생명·신체 또는 재산상의 손실을 입은 경우(손실발생의 원인에 대하여 책임이 없는 자가 경찰관의 직무집행에 자발적으로 협조하거나 물건을 제공하여 생명·신체 또는 재산상의 손실을 입은 경우를 포함한다)
  2. 손실발생의 원인에 대하여 책임이 있는 자가 자신의 책임에 상응하는 정도를 초과하는 생명·신체 또는 재산상의 손실을 입은 경우
② 제1항에 따른 보상을 청구할 수 있는 권리는 손실이 있음을 안 날부터 3년, 손실이 발생한 날부터 5년간 행사하지 아니하면 시효의 완성으로 소멸한다.
③ 제1항에 따른 손실보상신청 사건을 심의하기 위하여 손실보상심의위원회를 둔다.
④ 경찰청장 또는 시·도경찰청장은 제3항의 손실보상심의위원회의 심의·의결에 따라 보상금을 지급하고, 거짓 또는 부정한 방법으로 보상금을 받은 사람에 대하여는 해당 보상금을 환수하여야 한다.
⑤ 보상금이 지급된 경우 손실보상심의위원회는 대통령령으로 정하는 바에 따라 국가경찰위원회에 심사자료와 결과를 보고하여야 한다. 이 경우 국가경찰위원회는 손실보상의 적법성 및 적정성 확인을 위하여 필요한 자료의 제출을 요구할 수 있다.
⑥ 경찰청장 또는 시·도경찰청장은 제4항에 따라 보상금을 반환하여야 할 사람이 대통령령으로 정한 기한까지 그 금액을 납부하지 아니한 때에는 국세 체납처분의 예에 따라 징수할 수 있다.
⑦ 제1항에 따른 손실보상의 기준, 보상금액, 지급 절차 및 방법, 제3항에 따른 손실보상심의위원회의 구성 및 운영, 제4항 및 제6항에 따른 환수절차, 그 밖에 손실보상에 관하여 필요한 사항은 대통령령으로 정한다.

(3) 손실보상청구권의 법적 근거로서의 헌법 제23조 제3항(보상규정의 흠결효과)

개별법에 손실보상청구권에 대한 명문규정이 없는 경우 헌법 제23조 제3항에 의하여 손실보상을 청구할 수 있는가에 대하여 견해가 대립되고 있다.

① **방침규정설(입법지침설·입법자비구속설)** : 손실보상에 관한 헌법 규정은 재산권보장의 원칙을 선언한 입법에 대한 방침규정에 지나지 않으므로, 헌법 규정을 근거로 손실보상청구를 할 수 없다는 견해이다. 따라서 보상에 관한 규정이 없으면 손실보상의 청구를 할 수 없다고 한다.

② **직접효력설(국민에 대한 직접효력설)** : 헌법 제23조 제3항 규정은 국민에게 직

Check Point

헌법 제23조 제3항
공공필요에 의한 재산권의 수용·사용 또는 제한 및 그에 대한 보상은 법률로써 하되, 정당한 보상을 지급하여야 한다.

접 효력이 있는 규정으로 개인의 손실보상의 청구는 개별법에 의한 보상규정이 없더라도 가능하다는 견해로, 이는 헌법학계의 다수설 입장이다. 그러나 현행 헌법 제23조 제3항에서 보상은 '법률'로써 하도록 규정하고 있어 직접효력설의 여지를 배제하고 있다.

③ 위헌무효설(입법자구속설 · 입법자에 대한 직접효력설) : 헌법 제23조 제3항의 규정은 국민이 직접 손실보상청구를 할 수 있는 규정으로는 볼 수 없고 입법자를 직접 구속하는 효력이 있는 규정인바, 보상규정이 없는 법률은 위헌무효라는 견해이다. 따라서 그 법률에 근거한 재산권의 침해행위는 불법행위가 되므로 손해배상을 청구할 수 있다는 것으로, 행정법학계의 다수설이다.

④ 유추적용설(간접효력규정설 · 간접적용설 · 수용유사적 침해설) : 법률에서 공용침해 등의 재산권침해를 규정하면서 보상규정을 두지 않은 경우 국민은 헌법 제23조 제1항("모든 국민의 재산권은 보장된다")과 제11조(평등원칙)를 근거로 하면서 동시에 헌법 제23조 제3항(보상규정) 및 기타 관련 법규상의 보상규정을 유추적용하여 보상청구권을 행사할 수 있다는 견해이다.

⑤ 헌법재판소의 입장 : 헌법재판소는 위헌무효설(진정입법부작위로서의 위헌)과 가까운 입장에서 판시한 경우(헌재 89헌마2)도 있고, 이른바 분리이론에 입각하여 보상이 아니라 보상입법의무의 부과를 통해 위헌문제를 해결하려는 입장을 보이는 판결[헌재 89헌마214 · 90헌바16 · 97헌바78(병합)]도 있다.

⑥ 대법원의 입장 : 판결에 있어 입장의 변화가 계속되어 왔는데, 직접효력설(대판 72다1597)과 방침규정설(대판 76다1443)을 취하다가 최근에는 위헌무효설(대판 90다16474)이나 유추적용설(대판 2000다2511)을 통해 해결하려는 경향을 보이고 있다.

> **관련 판례**
> • 보상규정이 없는 경우라도 손실보상을 해야 함(직접효력설) : 토지구획정리사업으로 말미암아 본건 토지에 대한 환지를 교부하지 않고 그 소유권을 상실케 한 데 대한 본건과 같은 경우에 손실보상을 하여야 한다는 규정이 본 법에 없다 할지라도 이는 법리상 그 손실을 보상하여야 할 것이다(대판 1972. 11. 28, 72다1597).
> • 보상규정이 있어야 손실보상이 가능(방침규정설 또는 간접효력설) : 헌법 규정에 의하면 "공공 필요에 의한 재산권의 수용 · 사용 또는 제한 및 그 보상의 기준과 방법은 법률로 정한다"라고 명시하고 있어서 손실보상을 청구하려면 그 손실보상의 기준과 방법을 정한 법률에 의하여서만 가능하다고 풀이하여야 된다. 따라서 토지소유자가 그 소유토지를 도로로 개설하여 점유사용하고 있는 지방자치단체에 대하여 손실보상을 청구하려면 헌법 규정에 의하여 그 손실보상의 기준과 방법을 정한 법률에 의하여서만 가능하다(대판 1976. 10. 12, 76다1443).
> • 보상규정이 없는 경우 손해배상이 발생(위헌무효설) : 토지구획정리사업시행자가 구 토지구획정리사업법에 따라 사도 등 사유지에 대하여 환지를 지정하지 아니한 것은 위 법규정상 어쩔 수 없으나, 거기에서 더 나아가 청산금도 지급하지 아니한 채 구획정리사업을 마치고 환지처분의 확정공고를 함으로써 그 토지에 대한 소유권을 상실시킨 것은 토지소유자에

대하여 불법행위를 구성하므로 토지구획정리사업시행자는 청산금상당액의 손해를 배상할 책임이 있다(대판 1991. 2. 22. 90다16474).

- 보상규정이 없는 경우 유추적용을 통해 손실보상 의무가 발생(유추적용설) : 적법한 절차에 의하여 신고를 하고 신고어업에 종사하던 중 공유수면매립사업의 시행으로 피해를 입게 되는 어민들이 있는 경우, 그 공유수면매립사업의 시행자로서는 수산업법의 규정 및 신고 어업자의 손실보상액 산정에 관한 수산업법 시행령 제62조의 규정을 유추적용하여 손실보상을 하여 줄 의무가 있다(대판 2002. 1. 22. 2000다2511).

3. 행정상 손실보상의 요건

(1) 공공필요에 의한 재산권에 대한 적법한 침해일 것

① **공공필요** : 공공필요는 불확정개념이어서 이에 대해 협의설(특정공익사업)과 광의설(공공복리), 최광의설(공공목적) 등의 견해가 대립된다. 최광의설이 일반적이나, 판례는 공공사업의 시행과 같이 적법한 공권력의 행사로 가하여진 재산상의 특별한 희생에 대하여 전체적인 공평부담의 견지에서 손실보상이 인정된다(대판 2002. 11. 26. 2001다44352)고 보아 협의설의 관점을 취하기도 했다.

② **재산권**

㉠ 손실보상은 재산권의 침해에 대해서만 그 대상으로 한다. 재산권은 소유권과 그 밖에 법에 의해 보호되는 모든 재산적 가치 있는 권리를 말하는 것으로, 사법상이든 공법상이든 구분하지 않는다.

㉡ 지가상승에 따른 기대이익이나 문화적·학술적 가치는 원칙적으로 손실보상의 대상으로서의 재산권에 해당되지 않는다.

> 관련 판례 : 문화적·학술적 가치는 특별한 사정이 없는 한 그 토지의 부동산으로서의 경제적, 재산적 가치를 높여 주는 것이 아니므로 토지수용법 제51조 소정의 손실보상의 대상이 될 수 없으니, 이 사건 토지가 철새 도래지로서 자연 문화적인 학술가치를 지녔다 하더라도 손실보상의 대상이 될 수 없다(대판 1989. 9. 12. 88누11216).

㉢ 적법 건축물은 손실보상 대상으로서의 재산권에 포함된다. 다만, 판례는 위법건축물의 경우 손실보상과 건축물의 적법·위법 여부는 무관하므로 원칙적으로 위법 건축물도 손실보상의 대상이 된다고 하면서도, 보상이 제한될 수 있다고 한다.

> 관련 판례 : 주거용 건물이 아닌 위법 건축물의 경우, 관계 법령의 입법 취지와 그 법령에 위반된 행위에 대한 비난가능성과 위법성의 정도, 합법화될 가능성, 사회통념상 거래 객체가 되는지 여부 등을 종합하여 구체적·개별적으로 판단한 결과 그 위법의 정도가 관계 법령의 규정이나 사회통념상 용인할 수 없을 정도로 크고 객관적으로도 합법화될 가

답 01 ①

능성이 거의 없어 거래의 객체도 되지 아니하는 경우에는 예외적으로 토지수용법상의 수용보상 대상이 되지 아니한다(대판 2001. 4. 13, 2000두6411).

③ 적법한 침해

ㄱ 개념 : 침해란 재산권을 일체 박탈하는 '수용', 일시사용을 의미하는 '사용', 개인의 사용과 수익을 한정하는 '제한'을 의미하며, 넓은 의미로는 '공용침해'라 한다.

ㄴ 침해의 유형 : 법률에 의한 직접적인 침해인 법률수용과 법률의 수권에 따른 행정행위에 의한 침해인 행정수용이 있는데, 법률수용은 처분법률의 성질을 가지는 바 권리보호를 위해 예외적으로 허용된다. 따라서 개인의 구체적 재산권의 박탈은 행정수용에 의하여 이루어지는 것이 일반적 현상이다.

ㄷ 침해의 적법성 : 헌법 제23조 제3항에 따라 손실보상이 주어지는 공용침해는 국회에서 제정한 법률에 근거하여 적법한 것이어야 한다.

ㄹ 침해의 의도성(직접성) : 침해는 직접적인 원인에 의해서 야기되는 것이어야 한다. 따라서 간접적ㆍ결과적으로 야기된 침해는 보상대상으로 볼 여지가 없다.

ㅁ 침해의 현실성 : 침해가 현실적으로 발생하여야 한다. 따라서 침해의 발생가능성만으로 재산권 침해로 인한 손실보상이 인정될 수 없다.

> 관련 판례 : 손실보상은 공공필요에 의한 행정작용에 의하여 사인에게 발생한 특별한 희생에 대한 전보라는 점에서 그 사인에게 특별한 희생이 발생하여야 하는 것은 당연히 요구되는 것이고, 공유수면 매립면허의 고시가 있다고 하여 반드시 그 사업이 시행되고 그로 인하여 손실이 발생한다고 할 수 없으므로, 매립면허 고시 이후 매립공사가 실행되어 관행어업권자에게 실질적이고 현실적인 피해가 발생한 경우에만 공유수면매립법에서 정하는 손실보상청구권이 발생하였다고 할 것이다(대판 2010. 12. 9, 2007두6571).

공용침해와 재산권의 내용ㆍ한계설정의 구분이론

헌법 제23조 제1항ㆍ제2항("모든 국민의 재산권은 보장되며, 그 내용과 한계는 법률로 정한다. 또한 재산권의 행사는 공공복리에 적합하도록 하여야 한다.")과 제3항("공공필요에 의한 재산권의 수용ㆍ사용 또는 제한 및 그에 대한 보상은 법률로써 하되, 정당한 보상을 지급하여야 한다.")의 구분과 관련하여 논의되는 이론이 경계이론과 분리이론이다.

• 경계이론(손실보상에 관한 독일의 전통적 이론) : 경계이론은 헌법 제23조 제1항ㆍ제2항(재산권의 내용과 한계, 사회적 제약)과 제3항(공용침해)은 분리되는 제도가 아니라, 연속선상에 있어 '재산권 내용의 규정'이 일정한 경계(사회적 제약의 한계)를 벗어나면 보상의무가 있는 '공용침해'로 전환된다는 이론이다. 따라서 이 이론에 의하면, 사회적 제약을 벗어나는 재산적 규제에 의한 침해는 특별한 희생에 해당되어, 그 보상규정의 유무를 불문하고 보상하여야 한다. 이 이론은 독일의 통상재판소와 우리나라의 대법원이 취하는 입장으로, 수용유사침해론으로 연결된다.

• 분리이론(독일 헌법재판소의 이론) : 헌법 제23조 제1항ㆍ제2항과 제3항은 연속상에 있는 것이 아니라, 입법자의 의도에 따라 분리되는 별개의 제도라는 이론이다. 이 이론에 따르면, 입법자가 공용침해를 규정한 것이 아니고 재산권의 내용을 규정하는 경우, 그 규정이 비례원칙에 반하여 기본권을 침해하면

Check Point

공용침해에 대한 경계이론과 분리이론의 중점

사회적 제약을 벗어난 공용침해에 있어, 분리이론은 당해 침해행위의 폐지를 주장함으로써 위헌적 침해를 억제하는 데 중점을 두지만, 경계이론은 이에 대한 보상을 통한 가치의 보장에 중점을 두고 있다.

구제되어야 하지만, 보상의 문제를 가져오는 것이 아니라 위헌의 문제를 가져온다는 것이다. 분리이론은 독일의 헌법재판소와 우리나라의 헌법재판소가 취하는 입장이다.

- **위헌심사의 기준(분리이론)**
  - 사회적 제약에 의한 위헌심사(헌법 제23조 제1항·제2항) : 재산권의 내용규정은 평등원칙·비례원칙·신뢰보호원칙 등을 기준으로 위헌성을 판단해야 한다는 것이다. 따라서 그 재산권의 내용 및 사회적 제약이 비례원칙 등에 위반한 것은 '보상의무 있는 재산권의 내용규정'에 반한 것이므로, 보상입법을 규정함으로써 위헌을 제거할 수 있다는 것이다.
  - 공용침해에 의한 위헌심사(헌법 제23조 제3항) : 헌법 제23조 제3항의 공용침해는 '국가가 구체적인 공익사업을 위해 이미 형성된 개인의 재산권을 박탈하는 것'으로 정의하는 바, 헌법 제23조 제3항에서 규정하고 있는 조건하에서만 위헌성 심사가 허용된다는 것이다.
  - 헌법상 재산권 제한의 유형 : 분리이론은 헌법상 재산권 제한은 '보상이 필요 없는 사회적 제약', '보상의무가 있는 사회적 제약', '보상을 요하는 공용침해'의 유형으로 구분하고 있다.
- **헌법재판소의 태도** : 개발제한구역의 지정과 관련한 헌법재판소의 결정(헌재 97헌바78)은 분리이론에 따른 해석이라 할 것이고, 재산권 행사 제한과 그에 따른 권리구제는 헌법 제23조 제3항의 공용침해와 손실보상의 문제로 보지 않고, 동조 제1항·제2항의 재산권의 내용과 한계의 문제로 보았다.

(2) 침해가 특별한 희생일 것

① **특별한 희생의 의의** : 특별한 희생이란 공공필요에 의한 공용침해의 범위가 사회적 제약을 벗어나 수인할 수 없는 정도에 이른 것을 말한다. 따라서 침해가 재산권의 사회적 제약의 범위 내에서 행해진 때에는 손실보상의 문제가 없고, 사회적 제약을 넘는 특별한 희생인 때에 한하여 손실보상의 대상이 된다.

② **사회적 제약과 특별한 희생의 구별기준** : 손실보상을 요하지 않는 사회적 제약(재산의 내재적 제약)과 손실보상을 요하는 특별한 희생에 대한 명확한 한계가 없는 바, 이 양자의 구분기준과 관련하여 여러 견해가 있다.

　㉠ **형식적 표준설** : 침해받은 자의 특정 여부, 즉 침해가 일반적인 것이냐 개별적인 것이냐에 따라 사회적 제약과 특별한 희생을 구분하는 견해이다.

　　• **개별행위설** : 침해행위가 일반적인 것인가 개별적인 것인가를 기준으로 하여, 그 침해받은 대상이 일반인이 아니라 특정인·특정집단인 경우 평등원칙에 위배되어 특별한 희생이 된다는 것이다.

　　• **특별희생설** : 독일의 연방사법재판소가 개별행위설을 계승·발전시킨 이론으로, 공익을 위하여 특정인 또는 특정집단에게 수인할 수 없는 불평등을 부과하는 재산권침해의 보상을 요하는 공용수용행위라 본다. 이 설은 법규에 의한 침해행위일지라도 불평등한 침해로 볼 수 있다면 보상을 요하는 특별희생으로 본다는 점에서 개별행위설에 비해 보상을 요하는 침해행위의 범위를 확대하고 있다.

　㉡ **실질적 표준설(중대설)** : 이 설은 사회적 제약과 특별한 희생의 구별을 침해의 중대성과 범위를 기준으로 하여 결정하여야 한다는 입장으로, 그 침해의 정도가 사회적 제약의 한계를 넘는 경우에 특별한 희생으로 본다.

Check Point

중대설은 독일 연방행정법원의 입장에 해당한다.

- 수인한도설 : 재산권의 배타적 지배성을 침해하여 사인이 수인할 수 없는 경우에 한하여 특별한 희생으로 본다.
- 보호가치설 : 법률의 취지 등에 비추어 보호할 만한 가치가 있는 재산권 침해를 특별한 희생으로 본다.
- 사적 효용설 : 사유재산제도의 본질인 사적 효용성을 침해하는 행위를 특별한 희생으로 본다.
- 목적위배설 : 공익적 관점에서 개인의 재산권에 종래와는 다른 목적을 부여하기 위해 재산권의 침해를 특별한 희생으로 본다.

> 관련 판례 : 개발제한구역 지정으로 인하여 토지를 종래의 목적으로도 사용할 수 없거나 또는 더 이상 법적으로 허용된 토지이용의 방법이 없기 때문에 실질적으로 토지의 사용·수익의 길이 없는 경우에는 토지소유자가 수인해야 하는 사회적 제약의 한계를 넘는 것으로 보아야 한다(헌재 1998. 12. 24, 89헌마214).

- 사회적 제약설 : 재산권에 대한 사회적 제약을 넘어선 모든 침해행위는 손실보상 대상으로서의 특별한 희생에 해당된다고 본다.
- 상황구속성설 : 주로 토지의 이용제한과 관련하여 판례를 통해 발전된 이론으로, 토지의 이용은 토지가 위치한 상황에 가장 적합하게 이용되어져야 할 사회적 제약 내지는 상황적 구속을 받는다는 견해이다. 이 설은 최근 토지거래허가제에 대한 위헌성 여부의 합헌 논거로 인용(헌재 88헌가13)되면서 그 의의가 높이 평가되고 있다.
- 절충설(통설) : 재산권침해에 대한 손실보상의 여부는 표준설을 함께 고려하여 판단하여야 한다는 견해이다.

(3) 보상규정이 존재할 것

① 보상규정이 있는 경우 : 헌법 제23조 제3항이 예정하고 있는 손실보상의 형태는 불가분조항으로 인하여 공용침해를 규정하는 법률에서 보상까지 규정하는 것이다. 이러한 형태의 보상은 공익사업을위한토지등의취득및보상에관한법률, 국토의계획및이용에관한법률, 도로법, 하천법 등의 다수 법규에서 규정하고 있다.

② 보상규정이 없는 경우 : 공용제한만을 규정하고 보상규정이 없는 경우의 헌법상 근거를 통한 보상청구 여부에 대한 것이다. 이에 대해 여러 학설이 있으나, 최근 판례는 위헌무효설 또는 유추적용설을 통해 해결하려는 경향이 있다.

4. 손실보상의 내용

(1) 손실보상의 기준(범위)

① 헌법상의 기준(법률에 의한 정당한 보상)

ⓐ **완전보상설(다수설·판례)** : 손실보상은 자유국가적 입장에서 피수용재산이 갖는 재산적 가치를 충분하고도 완전하게 보상하는 것이라야 한다는 견해이다. 그 완전보상의 의미는 객관적 교환가치만을 의미하는 것이 아니라 부대적 손실도 보상대상에 포함한다고 본다. 다만, 공익상의 합리적 사유가 있거나 공·사익을 조정하는 견지에서 완전보상을 상회(생활보상)하거나 하회(개발이익의 배제)할 수도 있다고 한다.

> 관련 판례
> • 헌법 제23조 제3항에서 규정한 '정당한 보상'이란 원칙적으로 피수용재산의 객관적인 재산가치를 완전하게 보상하여야 한다는 완전보상을 뜻하는 것이지만, 공익사업의 시행으로 인한 개발이익은 완전보상의 범위에 포함되는 피수용토지의 객관적 가치 내지 피수용자의 손실이라고는 볼 수 없다(대판 2000두2426, 헌재 2000헌바31).
> • 공익사업법(토지보상법) 제67조 제2항은 보상액을 산정함에 있어 당해 공익사업으로 인한 개발이익을 배제하는 조항인데, 공익사업의 시행으로 지가가 상승하여 발생하는 개발이익은 사업시행자의 투자에 의한 것으로서 피수용자인 토지소유자의 노력이나 자본에 의하여 발생하는 것이 아니므로, 이러한 개발이익은 형평의 관념에 비추어 볼 때 토지소유자에게 당연히 귀속되어야 할 성질의 것이 아니고, 또한 개발이익은 공공사업의 시행에 의하여 비로소 발생하는 것이므로, 그것이 피수용 토지가 수용 당시 갖는 객관적 가치에 포함된다고 볼 수도 없다. 따라서 개발이익은 그 성질상 완전보상의 범위에 포함되는 피수용자의 손실이라고 볼 수 없으므로, 이러한 개발이익을 배제하고 손실보상액을 산정한다 하여 헌법이 규정한 정당보상의 원리에 어긋나는 것이라고 할 수 없다(헌재 2009. 9. 24, 2008헌바112).

ⓑ **상당보상설** : 정당한 보상은 사회통념에 비추어 공정·타당하면 된다는 견해로, 독일 본(Bonn)기본법 제14조 제3항("보상은 공공 및 관계자의 이해를 공정히 고려하여 결정하여야 한다")의 규정을 그 근거로 한다. 이 설은 재산권의 사회적 제약성을 바탕으로 하는 사회국가적인 견지에서 주장되는 견해이다.

② 공익사업을위한토지등의취득및보상에관한법률("토지보상법")

③ 개발이익환수에관한법률(개발이익의 배제 및 환수)(※ 후술)

④ **공용제한의 보상기준** : 공용제한(계획제한·보전제한·사업제한·공물제한·사용제한 등)의 근거법으로는 국토의계획및이용에관한법률, 도로법, 하천법, 산림보호법, 철도법 등 다수의 개별법이 있으나, 대부분의 관련법은 공용제한을 사회적 제약의 일종으로 보아 보상규정을 두고 있지 않다. 손실보상 규정을 두고 있는 법으로는 산림보호법(제10조) 등이 있다.

Check Point

헌법 제23조 제3항은 '정당한 보상'을 지급하여야 한다고 규정하고 있는데, 정당한 보상의 의미에 대해 완전보상설과 상당보상설의 대립이 있다.

Check Point

공용제한
공익사업이나 기타 복리행정상의 수요를 충족하기 위하여 특정한 재산권에 대해 과하는 공법상의 제한을 말하며, 제한을 필요로 하는 공익상 수요에 따라 계획제한·보전제한·사업제한·공물제한·사용제한으로 나눌 수 있다(예) 그린벨트 등의 개발제한구역, 소방도로계획구역설정, 한옥보존지구설정 등).

기출 Plus

서울시 9급 기출

02. 공익사업을 위한 토지 등의 취득 및 보상에 관한 법률상 손실보상의 원칙에 관한 설명으로 옳지 않은 것은?
① 동일한 사업지역에 보상시기를 달리하는 동일인 소유의 토지 등이 여러 개 있는 경우 토지소유자나 관계인이 요구할 때에는 한꺼번에 보상금을 지급하도록 하여야 한다.
② 공익사업에 필요한 토지 등의 취득 또는 사용으로 인하여 토지소유자나 관계인이 입은 손실은 사업시행자가 보상하여야 한다.
③ 보상액의 산정은 협의에 의한 경우에는 협의 성립 당시의 가격을, 재결에 의한 경우에는 수용 또는 사용의 재결 당시의 가격을 기준으로 한다.
④ 보상액을 산정할 경우에 해당 공익사업으로 인하여 토지 등의 가격이 변동되었을 때에는 이를 고려하여야 한다.

해 보상액을 산정할 경우에 해당 공익사업으로 인하여 토지 등의 가격이 변동되었을 때에는 이를 고려하지 아니한다(동법 제67조 제2항).

(2) 손실보상의 내용

① 대인적 보상 : 영국에서 판례를 통해 인정된 손실보상방법으로서 피수용자가 수용목적물에 대하여 갖는 주관적 가치의 보상을 말한다.

② 대물적 보상(재산권보상)

  ㉠ 의의 : 피수용자의 수용목적물에 대한 객관적 시장가치를 기준으로 하는 보상으로, 우리나라뿐만 아니라 여러 국가에서 기본적인 보상제도로 채택하고 있다. 다만, 피수용자 등에 만족할만한 보상이 되지 않은 경우가 많아, 부대적 손실인 실비변상적 보상, 일실손실보상을 인정하는 것이 현실이다.

  ㉡ 보상의 내용(범위)("공익사업을 위한 토지 등의 취득 및 보상에 관한 법률")

    • 토지 등의 보상

      – 시가보상의 원칙(개발이익배제) : 보상액의 산정은 협의에 의한 경우에는 협의 성립 당시의 가격을, 재결에 의한 경우에는 수용 또는 사용의 재결 당시의 가격을 기준으로 한다. 다만, 보상액의 산정에 있어서 당해 공익사업으로 인하여 토지 등의 가격에 변동이 있는 때에는 이를 고려하지 않는다(제67조).

      – 공시지가의 보상 : 협의나 재결에 의하여 취득하는 토지에 대하여는 부동산가격공시에관한법률에 따른 공시지가를 기준으로 하여 보상하되, 그 공시기준일부터 가격시점까지의 관계 법령에 따른 그 토지의 이용계획, 해당 공익사업으로 인한 지가의 영향을 받지 아니하는 지역의 대통령령으로 정하는 지가변동률, 생산자물가상승률과 그 밖에 그 토지의 위치·형상·환경·이용상황 등을 고려하여 평가한 적정가격으로 보상하여야 한다(제70조 제1항).

      – 사업인정 전 협의에 의한 취득의 경우에 보상의 기준이 되는 공시지가는 해당 토지의 가격시점 당시 공시된 공시지가 중 가격시점과 가장 가까운 시점에 공시된 공시지가로 한다(동조 제3항).

      – 사업인정 후의 취득의 경우에 제1항에 따른 공시지가는 사업인정고시일 전의 시점을 공시기준일로 하는 공시지가로서, 해당 토지에 관한 협의의 성립 또는 재결 당시 공시된 공시지가 중 그 사업인정고시일과 가장 가까운 시점에 공시된 공시지가로 한다(동조 제4항).

      – 협의 또는 재결에 의하여 사용하는 토지에 대하여는 그 토지와 인근 유사토지의 지료(地料), 임대료, 사용방법, 사용기간 및 그 토지의 가격 등을 고려하여 평가한 적정가격으로 보상하여야 한다(제71조 제1항).

    • 부대적 손실보상

답 02 ④

- 실비변상적 보상 : 재산권의 상실·이전에 따라 비용의 지출을 요하는 경우에 그 비용을 보상하는 것을 말한다. 예로는 지상물건의 이전료, 과수 등의 이식료, 잔여지공사비보상, 가축의 운송비보상 등을 들 수 있다.
- 일실손실보상 : 토지 등의 재산권 수용에 부수하거나 독립적으로 사업을 폐지·이전하는 경우에 인정되는 보상을 말하며, 여기에는 영업을 폐지·휴업하는 경우나 전업기간·휴업기간 중의 일실손실에 대한 보상, 영업시설 등의 가액이나 이전에 따른 손실에 대한 보상, 근로자에 대한 휴업·실질보상 등이 있다(무허가영업에 대해서는 보상하지 않음).

부대적 손실보상 관련 규정(공익사업을 위한 토지 등의 취득 및 보상에 관한 법률)
- **제75조(건축물 등 물건에 대한 보상)**
  ① 건축물·입목·공작물과 그 밖에 토지에 정착한 물건에 대하여는 이전에 필요한 비용("이전비")으로 보상하여야 한다. 다만, 다음 각 호의 어느 하나에 해당하는 경우에는 해당 물건의 가격으로 보상하여야 한다.
    1. 건축물 등을 이전하기 어렵거나 그 이전으로 인하여 건축물 등을 종래의 목적대로 사용할 수 없게 된 경우
    2. 건축물 등의 이전비가 그 물건의 가격을 넘는 경우
    3. 사업시행자가 공익사업에 직접 사용할 목적으로 취득하는 경우
  ② 농작물에 대한 손실은 그 종류와 성장의 정도 등을 종합적으로 고려하여 보상하여야 한다.
  ③ 토지에 속한 흙·돌·모래 또는 자갈(해당 토지와 별도로 취득 또는 사용의 대상이 되는 경우만 해당함)에 대하여는 거래가격 등을 고려하여 평가한 적정가격으로 보상하여야 한다.
  ④ 분묘에 대하여는 이장(移葬)에 드는 비용 등을 산정하여 보상하여야 한다.
- **제77조(영업의 손실 등에 대한 보상)**
  ① 영업을 폐지하거나 휴업함에 따른 영업손실에 대하여는 영업이익과 시설의 이전비용 등을 고려하여 보상하여야 한다.
  ② 농업의 손실에 대하여는 농지의 단위면적당 소득 등을 고려하여 실제 경작자에게 보상하여야 한다. 다만, 농지소유자가 해당 지역에 거주하는 농민인 경우에는 농지소유자와 실제 경작자가 협의하는 바에 따라 보상할 수 있다.
  ③ 휴직하거나 실직하는 근로자의 임금손실에 대하여는 근로기준법에 따른 평균임금 등을 고려하여 보상하여야 한다.

③ 생활보상

　㉠ 의의

- 협의의 생활보상 : 현재 생활기반인 당해 장소에서 현실적으로 누리고 있는 총체적 생활이익의 상실로서 재산권보상으로 메워지지 않은 손실에 대한 보상을 말한다. 이는 전혀 새로운 생활환경에서 요구되는 총체적 금액으로서의 의미를 지닌다.
- 광의의 생활보상 : 생활보상을 수용 전과 같은 수준으로 보장해주는 보

상을 말하는 바, 적어도 개발사업의 시행·수용이 없었던 것과 같은 생활재건을 실현시켜 재산권의 존속을 보장하는 것이어야 한다고 본다.

ⓛ **변천** : 종래의 전통적인 손실보상이론은 주로 부동산에 대한 재산권보상에 관한 것이었으나, 오늘날에 와서는 생활근거의 상실에 따른 생활재건조치의 일환인 포괄적 생활보상으로 변천해 가고 있다(대인적 보상 → 대물적 보상 → 생활보상).

ⓒ **성격** : 생활권보상의 성격과 원상회복의 성격을 지니고 있다.

> 관련 판례 : 생활권보상은 사회복지국가원리에 바탕을 둔 종전의 생활상태를 원상으로 회복시키면서 동시에 인간다운 생활을 보장하여 주기 위한 이른바 생활보상의 일환으로 국가의 적극적이고 정책적인 배려에 의하여 마련된 제도이다(대판 1994. 5. 24, 92다35783).

ⓔ **법적 근거** : 헌법상의 근거로는 정당한 보상을 규정하고 있는 헌법 제23조 제3항과 인간다운 생활을 할 권리를 규정한 제34조 제1항을 들 수 있고, 생활보상을 구체화하고 있는 법률인 공익사업을위한토지등의취득및보상에관한법률(제78조)이나 도시개발법 등을 들 수 있다.

ⓜ **내용**

- 주거의 총체가치의 보상 : 주거의 수용으로 지불할 금액이 그 주거의 총체가치의 금액보다 적은 경우 그 주거의 총체가치에 상당하는 금액을 지불하는 보상을 말하는 것으로, 이주대책사업을 예로 들 수 있다.
  - 사업시행자는 공익사업의 시행으로 인하여 주거용 건축물을 제공함에 따라 생활의 근거를 상실하게 되는 자(이주대책대상자)를 위하여 대통령령으로 정하는 바에 따라 이주대책을 수립·실시하거나 이주정착금을 지급하여야 한다(제78조 제1항).
  - 국가나 지방자치단체는 이주대책의 실시에 따른 주택지의 조성 및 주택의 건설에 대하여는 주택도시기금법에 따른 국민주택기금을 우선적으로 지원하여야 한다(동조 제3항).
  - 이주대책의 내용에는 이주정착지에 대한 도로, 급수시설, 배수시설, 그 밖의 공공시설 등 통상적인 수준의 생활기본시설이 포함되어야 하며, 이에 필요한 비용은 사업시행자가 부담한다(동조 제4항).
- 이전료 보상 : 수용할 토지에 정착하였던 물건에 대한 이전료를 보상하는 것을 말한다. 주거용 건물의 거주자에 대하여는 주거 이전에 필요한 비용과 가재도구 등 동산의 운반에 필요한 비용을 산정하여 보상하여야 한다(제78조 제5항).
- 영업상 손실보상 : 토지 등의 수용과 인과관계에 있는 영업상 손실에 대한 보상을 말한다.

- 영업을 폐지하거나 휴업함에 따른 영업손실에 대하여는 영업이익과 시설의 이전비용 등을 고려하여 보상하여야 한다(제77조 제1항).
- 농업의 손실에 대하여는 농지의 단위면적당 소득 등을 고려하여 실제 경작자에게 보상하여야 한다(동조 제2항).
- 휴직하거나 실직하는 근로자의 임금손실에 대하여는 근로기준법에 따른 평균임금 등을 고려하여 보상하여야 한다(동조 제3항).

- 간접손실보상(사업손실보상) : 공공사업의 시행·완성 후의 시설이 간접적으로 사업지 범위 밖에 위치한 타인의 토지 등의 재산에 손실을 가하는 경우의 보상을 말한다.
  - 사업시행자는 동일한 소유자에게 속하는 일단의 토지의 일부가 취득되거나 사용됨으로 인하여 잔여지의 가격이 감소하거나 손실이 있을 때 또는 잔여지에 통로·도랑·담장 등의 신설이나 그 밖의 공사가 필요할 때에는 그 손실이나 공사의 비용을 보상하여야 한다(제73조 제1항).
  - 동일한 소유자에게 속하는 일단의 토지의 일부가 협의에 의하여 매수되거나 수용됨으로 인하여 잔여지를 종래의 목적에 사용하는 것이 현저히 곤란할 때에는 해당 토지소유자는 사업시행자에게 잔여지를 매수하여 줄 것을 청구할 수 있으며, 사업인정 이후에는 관할 토지수용위원회에 수용을 청구할 수 있다(제74조 제1항).
  - 사업시행자는 공익사업의 시행으로 취득·사용하는 토지(잔여지를 포함함) 외의 토지에 통로·도랑·담장 등의 신설이나 그 밖의 공사가 필요할 때에는 그 비용의 전부 또는 일부를 보상하여야 한다(제79조 제1항).
  - 공익사업이 시행되는 지역 밖에 있는 토지 등이 공익사업의 시행으로 인하여 본래의 기능을 다할 수 없게 되는 경우에는 그 손실을 보상하여야 한다(동조 제2항).

- 소수잔존자 보상(간접보상의 일종) : 댐건설지역에 포함되지 않으나 대공사 등으로 수몰되면 종전의 생활공동체로부터 분리되어 생활영위가 불가능하게 되어 이주가 불가피한 경우에 행하는 보상을 말한다. 공익사업의 시행으로 인해 교통이 두절되거나 경작이 불가능하게 된 경우의 대지·건물·농경지에 대한 간접보상 등이 이에 해당된다.

꾹! 확인 기출문제

다음 설명 중 옳은 것은? (다툼이 있는 경우 판례에 의함) [지방직 9급 기출]

❶ 자동차손해배상 보장법은 배상책임의 성립요건에 관하여 국가배상법에 우선하여 적용된다.
② 개인정보 보호법상 단체소송을 허가하거나 불허가하는 법원의 결정에 대하여는 더 이상 소송으로 다툴 수 없다.
③ 행정심판에 있어서 사건의 심리·의결에 관한 사무에 관여하는 직원에게는 행정심판법 제10조의 위원의 제척·기피·회피가 적용되지 않는다.
④ 공익사업을 위한 토지 등의 취득 및 보상에 관한 법률상 행정청이 아닌 사업시행자가 이주대책을 수립·실시하는 경우에 이주정착지에 대한 도로 등 통상적인 생활기본시설에 필요한 비용은 지방자치단체가 부담하여야 한다.

해 ① 자동차손해배상 보장법은 배상책임의 성립요건에 관하여 국가배상법에 대하여 특별법적 지위를 갖는 법이므로 국가배상법에 대하여 우선적으로 적용된다.
② 단체소송을 허가하거나 불허가하는 결정에 대하여는 즉시 항고할 수 있다(개인정보보호법 제55조 제2항).
③ 행정심판청구사건에 대한 위원회의 심리·의결의 공정성을 확보하기 위하여 행정심판위원회 위원에 대하여 제척·기피·회피제도를 두고 있으며, 사건의 심리·의결에 관한 사무에 관여하는 위원 아닌 직원에게도 준용하도록 하고 있다(행정심판법 제10조 제8항).
④ 이주대책의 내용에는 이주정착지(이주대책의 실시로 건설하는 주택단지를 포함한다)에 대한 도로, 급수시설, 배수시설, 그 밖의 공공시설 등 통상적인 수준의 생활기본시설이 포함되어야 하며, 이에 필요한 비용은 사업시행자가 부담한다. 다만, 행정청이 아닌 사업시행자가 이주대책을 수립·실시하는 경우에 지방자치단체는 비용의 일부를 보조할 수 있다(공익사업을 위한 토지 등의 취득 및 보상에 관한 법률 제78조 제4항).

(3) 개발이익의 배제 및 환수(개발이익환수에관한법률)

① **의의** : 개발이익이란 개발사업의 시행이나 토지이용계획의 변경, 그 밖에 사회적·경제적 요인에 따라 정상지가상승분을 초과하여 개발사업을 시행하는 자(사업시행자)나 토지소유자에게 귀속되는 토지가액의 증가분을 말한다(제2조). 이러한 개발이익의 배제나 환수는 공평부담의 원칙이나 형평성의 원리를 실현하기 위해 요청되는 것이라 할 수 있다.

② **개발이익의 배제** : 개발이익은 피수용토지의 객관적 가치나 피수용자의 손실에 해당하지 않으므로 손실보상액 산정에서 배제된다. 토지보상법(공익사업을위한토지등의취득및보상에관한법률) 제70조는 협의나 재결에 의하여 취득하는 토지에 대하여는 부동산가격공시및감정평가에관한법률에 따른 공시지가를 기준으로 하여 보상하도록 규정하여 개발이익의 배제가 가능한 근거를 두고 있다. 판례도 당해 수용사업(공익사업)으로 인한 개발이익은 손실배상액 평가에서 배제된다고 판시한 바 있다(대판 1993. 7. 27, 92누11084).

③ **개발이익의 환수** : 공익사업대상지역 안의 토지소유자 중 토지의 피수용자가 아닌 자가 향수하게 되는 개발이익을 환수하는 것을 말한다. 개발이익환수를 위해 시행되는 제도로는 개발부담금(개발이익환수에관한법률 제2조 제4호), 양도소득세제 등이 있다. 다만, 종전 토지초과이득세제는 근거법인 토지초과

Check Point

개발사업(개발이익환수에관한법률 제2조 제2호)

개발사업이란 국가나 지방자치단체로부터 인가·허가·면허 등(신고를 포함함)을 받아 시행하는 택지개발사업이나 산업단지개발사업 등의 사업을 말한다.

Check Point

개발이익의 환수(개발이익환수에관한법률 제3조)

시장·군수·구청장은 제5조에 따른 개발부담금 부과대상사업이 시행되는 지역에서 발생하는 개발이익을 이 법으로 정하는 바에 따라 개발부담금으로 징수하여야 한다.

이득세법의 폐지(1998. 12)로 함께 폐지되었다.

5. 손실보상의 방법과 절차

(1) 행정상 손실보상의 방법

① **사업시행자 보상** : 공익사업에 필요한 토지 등의 취득 또는 사용으로 인하여 토지소유자나 관계인이 입은 손실은 사업시행자가 보상하여야 한다(공익사업을 위한 토지 등의 취득 및 보상에 관한 법률 제61조)

② **사전보상의 원칙(선급원칙)** : 사업시행자는 해당 공익사업을 위한 공사에 착수하기 이전에 토지소유자와 관계인에게 보상액 전액을 지급하여야 한다. 다만, 천재지변 시의 토지사용과 시급한 토지사용의 경우 또는 토지소유자 및 관계인의 승낙이 있는 경우는 예외이다(후급 가능)(제62조). 다만 후급의 경우 지연이자와 물가변동에 따르는 불이익은 사업시행자가 부담한다(대판 1991. 12. 24, 91누308).

③ **현금보상의 원칙** : 보상은 현금으로 지급함이 원칙이다(공익사업을 위한 토지 등의 취득 및 보상에 관한 법률 제63조 제1항). 다만, 예외적으로 금전보상의 변형인 채권보상(동조 제7항), 현물보상(대토보상)(동조 제1항), 매수보상(제72조 · 제74조) 등이 인정된다.

④ **개인별 보상의 원칙(개별급 원칙)** : 손실보상은 토지소유자나 관계인에게 개인별로 하여야 한다. 다만, 개인별로 보상액을 산정할 수 없을 때에는 예외이다(제64조).

⑤ **일괄보상의 원칙** : 사업시행자는 동일한 사업지역에 보상시기를 달리하는 동일인 소유의 토지 등이 여러 개 있는 경우 토지소유자나 관계인이 요구할 때에는 한꺼번에 보상금을 지급하도록 하여야 한다(제65조).

(2) 손실보상액의 결정

① **공익사업을 위한 토지 등의 취득 및 보상에 관한 법률**

　㉠ **당사자의 협의** : 사업시행자는 토지조서 및 물건조서의 작성, 보상계획의 공고 · 통지 및 열람, 보상액의 산정과 토지소유자 및 관계인과의 협의절차를 거쳐야 한다(제26조).

　㉡ **재결**

　　• 협의가 성립되지 않거나 협의를 할 수 없을 때에는 사업시행자는 사업인정고시가 된 날부터 1년 이내에 대통령령으로 정하는 바에 따라 관할토지수용위원회에 재결을 신청할 수 있다(제28조 제1항). 토지수용위원회

Check Point

공익사업을 위한 토지 등의 취득 및 보상에 관한 법률 제63조 제7항

사업시행자가 국가, 지방자치단체, 그 밖에 대통령령으로 정하는 공공기관의 운영에 관한 법률에 따라 지정 · 고시된 공공기관 및 공공단체인 경우로서 다음 각 호의 어느 하나에 해당되는 경우에는 해당 사업시행자가 발행하는 채권으로 지급할 수 있다.

• 토지소유자나 관계인이 원하는 경우
• 사업인정을 받은 사업의 경우에는 대통령령으로 정하는 부재부동산 소유자의 토지에 대한 보상금이 대통령령으로 정하는 일정 금액을 초과하는 경우로서 그 초과하는 금액에 대하여 보상하는 경우

Check Point

보상액의 결정방법에 관한 통칙적 규정은 없으며, 개별법이 정하는 바에 따른다.

는 사업시행자, 토지소유자 또는 관계인이 신청한 범위에서 재결하여야 한다. 다만, 재결사항 중 손실보상의 경우에는 증액재결을 할 수 있다.
• 사업인정고시가 된 후 협의가 성립되지 아니하였을 때에는 토지소유자와 관계인은 대통령령으로 정하는 바에 따라 서면으로 사업시행자에게 재결을 신청할 것을 청구할 수 있다(제30조 제1항).
② **기타 법률** : 하천법(제76조 제2항 · 제3항), 징발법, 특허법 등이 있다.

(3) 보상결정에 대한 불복절차(공익사업을위한토지등의취득및보상에관한법률)

① **이의신청(제83조)**
　㉠ 중앙토지수용위원회의 재결에 이의가 있는 자는 중앙토지수용위원회에 이의를 신청할 수 있다.
　㉡ 지방토지수용위원회의 재결에 이의가 있는 자는 해당 지방토지수용위원회를 거쳐 중앙토지수용위원회에 이의를 신청할 수 있다.
　㉢ 이의의 신청은 재결서의 정본을 받은 날부터 30일 이내에 하여야 한다.

② **이의신청에 대한 재결(제84조)**
　㉠ 중앙토지수용위원회는 이의신청을 받은 경우 재결이 위법 · 부당하다고 인정할 때에는 그 재결의 전부 또는 일부를 취소하거나 보상액을 변경할 수 있다.
　㉡ 재결로 보상금이 늘어난 경우 사업시행자는 재결의 취소 · 변경의 재결서 정본을 받은 날부터 30일 이내에 보상금을 받을 자에게 그 늘어난 보상금을 지급하여야 한다.

③ **이의신청에 대한 재결의 효력(제86조 제1항)** : 제85조 제1항에 따른 기간 이내 (재결에 불복 시 재결서를 받은 날부터 90일 이내, 이의신청을 거친 경우는 이의신청에 대한 재결서를 받은 날부터 60일 이내)에 소송이 제기되지 않거나 그 밖의 사유로 이의신청에 대한 재결이 확정된 때에는 민사소송법상의 확정판결이 있은 것으로 보며, 재결서 정본은 집행력 있는 판결의 정본과 동일한 효력을 가진다.

④ **행정소송의 제기(제85조)**
　㉠ 사업시행자, 토지소유자 또는 관계인은 재결에 불복할 때에는 재결서를 받은 날부터 90일 이내에, 이의신청을 거쳤을 때에는 이의신청에 대한 재결서를 받은 날부터 60일 이내에 각각 행정소송을 제기할 수 있다.
　㉡ 제기하려는 행정소송이 보상금의 증감에 관한 소송인 경우, 그 소송을 제기하는 자가 토지소유자 또는 관계인일 때에는 사업시행자를, 사업시행자일 때에는 토지소유자 또는 관계인을 각각 피고로 한다. 보상금증감소송의 경

우 처분청인 토지수용위원회를 피고로 하지 않고 대등한 당사자인 토지소유자 · 관계인 · 사업시행자를 당사자로 하는 형식적 당사자소송에 해당된다.

> 관련 판례 : 구 토지수용법 제75조의2 제2항의 규정은 제1항에 의하여 이의재결에 대하여 불복하는 행정소송을 제기하는 경우, 이것이 보상금의 증감에 관한 소송인 때에는 이의재결에서 정한 보상금이 증액 변경될 것을 전제로 하여 기업자를 상대로 보상금의 지급을 구하는 공법상의 당사자소송을 규정한 것으로 볼 것이다(대판 1991. 11. 26, 91누285).

⑤ **입증책임** : 입증책임은 원고에게 있다.

> 관련 판례 : 구 토지수용법 제75조의2 제2항 소정의 손실보상금 증액청구의 소에 있어서 그 이의재결에서 정한 손실보상금액보다 정당한 손실보상금액이 더 많다는 점에 대한 입증책임은 원고에게 있다고 할 것이고, 위 보상금 증액청구소송은 재결청과 기업자를 공동피고로 하는 필수적 공동소송으로서 그 공동피고 사이에 소송의 승패를 합일적으로 확정하여야 하므로, 비록 이의재결이 토지소유자 또는 관계인의 입회 없이 작성된 조서를 기초로 하는 등의 사유가 있다고 하더라도 그 점만으로 위와 같은 입증책임의 소재를 달리 볼 것은 아니다(대판 2004. 10. 15, 2003두12226).

제4절 새로운 행정구제제도

1. 수용유사적 침해

(1) 의의

수용유사적 침해란 공공필요에 의하여 재산권 침해의 근거규정을 두면서도 그로 인하여 발생된 특별한 희생에 대한 손실보상규정의 결여로, 그 공권력 행사가 위법하게 된 경우의 공용침해(주로 공용제한)를 말한다. 이러한 특별희생을 입은 자에게도 보상을 해주어야 한다.

(2) 구별 개념

① 수용적 침해와의 구별

ⓐ 수용유사적 침해는 '위법(위헌이 된다는 의미의 위법) · 무책'의 침해를 요건으로 하나, 수용적 침해는 '적법 · 무책'의 침해를 요건으로 한다.

ⓑ 수용유사적 침해는 예측할 수 있는 본질적 · 정형적 침해이나, 수용적 침해는 예측할 수 없는 부수적 · 비정형적 침해이다.

② **국가배상과의 구별**

    ⊙ 수용유사적 침해는 국가 등에 대한 헌신의 대가(공공필요에 의한 재산권침해)이나, 손해배상은 불법행위에 대한 대가이다.

    ⓛ 수용유사적 침해보상은 공익 및 관계자의 이익을 형량한 조절보상이나, 손해배상은 상당인과관계에 있는 모든 손해에 대한 배상이다.

구분	국가배상	수용유사적 침해
청구권의 성립요건	공무원의 불법행위	특별희생
보상의 성격	상당인과관계에 있는 모든 손해에 대한 배상	공익 및 관계자의 이익을 형량한 조절보상
보상의 범위	완전배상원칙	완전보상원칙
청구절차	임의적 전치주의	당사자소송
소멸시효	안 날로부터 3년, 있는 날로부터 10년(민법)	5년(국가재정법)
특별법상 제한	많음	없음

(3) 법적 근거

① **학설(수용유사침해보상의 법리인정 여부)**

    ⊙ **긍정설(손실보상으로 접근하는 견해)** : 구제의 폭을 넓히기 위하여 수용적 침해법리가 손실보상요건을 충족하지 못하더라도, 헌법 제23조 제3항을 직접적 또는 간접적 효력규정으로 보아 손실보상청구가 가능하다거나, 헌법의 재산권 보장 내지 생존권적 기본권 규정에 근거하여 보상이 이루어져야 한다는 견해로 다수설에 해당한다.

    ⓛ **부정설** : 국가에 의한 침해가 수용유사침해보상에 해당하는 경우 손해배상청구권만 가능하다는 견해와 손실보상이나 손해배상의 문제가 아니라 취소소송으로 다루어야 한다는 견해가 있다.

② **판례** : 수용유사침해에 해당하는 경우 손실보상문제로 해결하기도 하고 불법행위 내지 부당이득의 법리로 해결하기도 하였으나, 현재까지 수용유사침해 이론을 채택하지 않고 있는 것으로 보인다(이견 있음).

> 관련 판례 : 수용유사적 침해의 이론은 국가 기타 공권력의 주체가 위법하게 공권력을 행사하여 국민의 재산권을 침해하고, 그 효과가 실제에 있어서 수용과 다름이 없을 때에는 적법한 수용이 있는 것과 마찬가지로 국민이 그로 인한 손실의 보상을 청구할 수 있다는 것인데, 1980년 6월 말경의 비상계엄 당시 국군보안사령부 정보처장이 언론통폐합조치의 일환으로 사인소유의 방송사 주식을 강압적으로 국가에 증여하게 한 것은 수용유사적 침해에 해당한다고 할 수 없다(대판 1993. 10. 26, 93다6409).

(4) 성립요건

① 공공필요에 의하여 재산권에 대한 공용침해(수용·사용·제한)가 있어야 한다.

② 그 공용침해는 위법행위여야 한다(보상규정을 두지 않은 법률은 헌법위반이기 때문에 그 법률에 의한 공용침해가 위법한 침해가 된다는 의미임).

③ 공용침해로 인하여 재산권자에게 특별한 희생이 발생하여야 한다. 다만, 침해는 침해가 목적지향적 또는 의도적일 필요는 없다는 것이 지배적이다.

2. 수용적 침해

(1) 의의

① 개념 : 수용적 침해란 공공필요에 의하여 사인의 재산권에 적법한 직접적인 침해로서 의도되지 않은 특별한 희생이 부수적 효과로 발생하는 것을 말한다.

② 예 : 장기간의 공공사업으로 인하여 장사를 하지 못하게 됨에 따라 재산상 불이익을 받게 되는 경우, 도시관리계획에 의거 도로예정구역으로 지정되고 그것이 10년 이상 방치되어 토지소유자가 입게 된 불이익 등

(2) 법적 근거 및 성질(수용유사적 침해와의 비교)

① 수용유사적 침해이론과 그 법적 근거가 같다.

② 수용유사적 침해가 위법·무책의 공용침해에 대한 책임과 관련되는 데 비해, 수용적 침해는 적법·무책의 침해로 발생한 의도되지 않은 특별한 희생에 대한 책임(결과책임)과 관련된다.

(3) 법리 인정 여부

수용유사적 침해이론의 경우와 같이, 학설은 긍정설(다수설)과 부정설의 다툼이 있으나 판례는 이를 채택하지 않고 있는 것으로 보인다.

(4) 성립요건

공공필요에 의한 재산권에 대하여 적법한 공용침해(행정작용)가 있고, 이러한 침해의 부수적 효과로 사인의 특별한 희생이 발생되어야 한다.

① 침해 : 침해는 법적 근거에 의한 적법한 행정작용이어야 하며, 의도되지 않는 침해를 말한다(수용적 침해형태는 적법한 결과의 침해임).

② 특별한 희생 : 본래적 의미의 공용침해는 근거 법률에서 처음부터 수용의 효과를 부여하고 있다(특별희생을 처음부터 인정). 수용적 침해는 그 공용침해는 처음부터 용인의무가 있어 손실보상을 요하는 특별희생에 해당하지 않는

Check Point

보상청구권의 성립요건
수용유사침해로 인한 보상청구권의 성립요건은 적법한 공권력 행사로 인한 손실보상의 다른 요건을 갖추고 있으나 보상에 관한 규정만 두고 있지 않은 경우에 이루어진다. 따라서 본래의 공용침해로 인한 손실보상청구의 요건 가운데 그 침해의 '위법성'만이 다르다.

Check Point

수용적 침해이론의 성립 배경
수용적 침해이론은 적법한 행정작용의 비의도적·부수적 효과로 발생한 재산권의 손실을 보상하기 위해 관습법적으로 발전되어 온 희생보상제도를 근거로 하여 독일 연방사법재판소가 고안해 낸 이론이다.

Check Point

수용적 침해이론은 수용유사적 침해이론의 발전형태라 할 수 있다.

사회적 제약에 불과한 것이지만, 그 공용침해가 장기화됨에 따라 용인할 수 없는 정도로 이르게 된 경우에만 특별한 희생을 인정하자는 것이다.

(5) 보상

수용적 침해는 처음에는 적법한 법률에 근거하여 행정행위가 이루어졌으나, 시간이 경과됨에 따라 수인할 수 없을 정도로 침해의 결과가 발생된 경우 보상의 원인이 된다. 그 보상은 수용유사적 침해에 대한 보상과 같다.

3. 희생보상청구권

(1) 의의

① 개념 : 희생보상청구권이란 공공필요에 의한 적법한 공권력 행사에 의하여 생명 · 건강 · 명예 · 자유와 같은 개인의 비재산적 법익에 가해진 손실에 대한 보상청구권을 말한다.

② 예 : 예방접종으로 입은 건강상의 손실에 대한 보상청구권 등

(2) 법적 근거

일반적인 제도로서 희생보상청구권의 근거가 되는 실정법이나 판례는 아직 없다. 다만, 학설에서는 헌법상의 기본권 규정(제10조 · 제11조)이나 제23조 제3항을 유추적용하여 근거로 보기도 한다. 비재산적 법익침해에 대한 보상규정을 두고 있는 개별법으로는 소방기본법, 산림보호법, 감염병의예방및관리에관한법률 등이 있다.

(3) 성립요건

공공필요에 의하여 행정청이 적법한 절차에 따라 행한 비재산적 권리에 대한 권력적 침해로 인하여 특별한 희생이 발생하여야 한다. 예를 들면, 행정청이 공익목적으로 적법한 절차에 의하여 예방접종을 실시한 결과 예상치 못했던 부작용으로 사망한 경우가 이에 해당된다.

(4) 보상

① 보상의무자 : 침해를 통해 수익자가 있다면 그 수익자가 보상의무자가 될 것이고, 수익자가 없다면 처분청이 속한 행정주체가 보상의무자가 될 것이다.

② 보상범위 : 독일의 판례는 비재산적 침해에 의한 재산적 결과에 대한 보상(치료비 · 소송비용 · 양육비 등)만을 포함시키고 있다. 따라서 위자료와 같은 정

신적 침해에 대한 보상청구는 제외된다. 한편, 관계인의 귀책사유는 보상액 결정 시 반영될 수 있다.

③ 청구권의 경합 : 희생보상청구권은 명문규정이 없는 경우에 한하여 행정상 당사자소송이 가능할 것이나, 이미 다른 방법으로 충분히 보상이 이루어졌다면 행사할 수 없다.

4. 행정상 결과제거청구권

(1) 의의

① 개념 : 결과제거청구권이란 공행정작용의 결과로서 남아 있는 위법한 사실상태로 인하여 법률상의 이익을 침해받고 있는 자가 행정주체에게 그 위법한 상태를 제거해 줄 것을 청구하는 권리이다. 즉, 위법침해인 동시에 위법한 사실상태에 있어 당해 처분청에 적법한 사실상태로 회복시켜 줄 것을 구하는 청구권을 의미한다. 따라서 이 청구권은 원상회복 또는 방해배제청구권이라고도 한다.

② 행정상 손해배상청구권과의 구별 : 결과제거청구권은 고의·과실에 관계없이 위법상태가 존재하면 그 위법상태를 원상회복하는 물권적 성질을 가지나, 손해배상청구는 가해자의 고의·과실로 발생된 손해에 대해 금전으로 배상할 것을 청구하는 채권적 성질을 가지고 있다는 점에서 차이가 있다. 다만, 결과제거청구권은 그 본질상 손해배상청구권의 성질을 가지므로, 원상회복 후에도 손해가 남아 있으면 부가적으로 손해배상청구가 가능하다.

구분	손해배상청구권	결과제거청구권
성질	채권적 청구권	물권적 청구권의 일종(다만, 비재산권 침해의 경우에도 발생)
요건	가해자의 고의·과실 요함	위법한(권원 없는) 물권적 침해상태의 존재(고의·과실 불요)
내용	금전배상	위법한 결과의 제거를 통한 원상회복

③ 성질

㉠ 개인적 공권
- 다수설(대륙법계) : 결과제거청구권은 행정청의 행정작용으로 인하여 야기된 위법한 상태를 제거함을 목적으로 하는 공권이라는 입장이다.
- 판례(영미법계) : 결과제거청구권은 권원 없는 행정작용으로 인하여 야기된 위법침해의 상태를 제거하는 것이므로 사인 상호 간에 있어서 동일한 법률관계로 취급할 수 있다는 점에서 사권이라는 입장이다.

ⓛ **물권적 청구권** : 물권적 지배권이 침해된 경우에 발생하는 물권적 청구권이라는 견해도 있으나, 신체나 명예 등과 같은 비재산권이 침해된 경우에도 발생할 수 있어 물권적 청구권에 한정할 것은 아니라는 것이 다수설의 견해이다.

ⓒ **원상회복청구권** : 결과제거청구권은 계속되는 위법 사실상태의 제거를 통해 원상으로 회복을 구하는 청구권일 뿐이다. 따라서 일종의 보상청구권이라 할 수 있으나, 본질적으로는 손해배상이나 손실보상의 청구권과 구별된다.

(2) 법적 근거

① 실체법적 근거로는 헌법상 법치행정의 원리(제108조), 기본권 규정(제10조 · 제11조) 등이 있다. 민법상 관계 규정(소유권방해제거청구권 등)은 유추적용의 범위 내에서 근거가 된다.

② 절차법적 근거로는 행정소송법상의 관련 청구소송의 이송 · 병합에 관한 규정(제10조), 판결의 기속력에 관한 규정(제30조 제1항), 당사자소송에 관한 규정(제4장)을 들 수 있다.

(3) 성립요건

① **행정청의 공행정작용** : 결과제거청구권은 공행정작용을 그 전제로 한다.

ⓛ **공권설** : 법적 행위뿐만 아니라 사실행위도 포함되며, 권력작용과 비권력적 작용(관리작용), 의무위반의 부작위 등도 포함된다고 한다(다수설). 또한 행정청의 사법적 활동에 의한 침해는 민법상 물권적 청구권에 의한다고 본다.

ⓒ **사권설** : 권력적 행정작용과 비권력적 행정작용, 사실행위 외에 사법상 행위도 포함된다고 한다.

② **타인의 법률상 이익의 침해** : 법적으로 보호가치가 있는 타인의 법률상 이익을 침해하여야 한다. 그 법률상 이익은 재산상 권리에 한하지 않으며, 명예 · 신용 · 직업 등 비재산적 권리도 포함된다.

③ **침해의 위법성** : 결과제거청구권은 위법한 상태의 제거를 그 내용으로 하는 바, 그 위법은 처음부터 존재할 수도 있고 기한의 경과나 조건의 발생 등으로 사후에 발생할 수도 있다. 따라서 그 침해는 위법 및 가해자의 고의 · 과실을 요건으로 하는 것은 아니다.

④ **위법한 침해상태의 계속** : 결과제거청구권은 제거하고자 하는 결과가 계속 존재함을 그 전제요소로 하는바, 불이익을 가져오는 상태가 더 이상 존재하지

Check Point

성립요건

공행정작용의 결과로 위법한 사실상태가 존재하여 타인의 법률상 이익을 침해하여야 하고, 그 침해가 계속적인 상태로 존재하여야 한다. 행정청이 정당한 권원 없이 사인소유지인 도로를 계속하여 사용하고 있는 경우를 예로 들 수 있다.

Check Point

취소할 수 있는 행정행위와 결과제거청구권

취소할 수 있는 행정행위의 경우 공정력으로 인해 권한 있는 기관에 의하여 취소되기 전까지는 유효한 것이므로 결과제거청구권이 인정되지 않는다.

않거나 위법상태가 합법화된 경우는 결과제거청구를 할 수 없고, 손해배상문제가 수반된다. 위법상태의 존재 여부는 변론종결 시를 기준으로 판단한다.

⑤ **결과제거의 가능성·허용성·수인가능성** : 결과제거청구권은 원상회복을 의미하는 바, 법적·사실적으로 원상 또는 유사한 상태로 회복이 가능하여야 하고, 그 원상회복이 법상 허용되어야 하며, 의무자에게 수인이 가능하여야 한다. 이러한 요건을 구비하지 못하면 손해배상이나 손실보상의 문제가 된다.

(4) 결과제거의 내용

① **청구권의 상대방** : 결과제거청구권은 위법한 상태를 야기한 공행정작용을 행한 행정주체에 대하여 행사한다.

② **청구권의 내용** : 결과제거청구권은 위법한 행정작용으로 발생한 위법상태나 사후적으로 위법하게 된 상태의 제거를 그 목적으로 하며, 위법한 상태를 제거하여 침해가 없는 원래의 상태로 또는 그와 유사한 상태로 회복하는 것을 내용으로 한다. 예를 들면, 개인의 토지에 시가 쓰레기를 적치한 경우나 사유지의 지하에 시가 무단으로 하수도관을 매설한 경우, 토지수용처분이 취소된 후에도 사업시행자가 그 토지를 반환하지 않는 경우 등의 제거가 내용이 된다.

③ **행정상 결과제거청구권의 한계**

㉠ **원상회복의 가능성** : 위법한 상태의 제거가 사실상 또는 법적으로 불가능한 경우 결과제거청구권은 부인되고, 손해배상·손실보상의 문제가 된다.

㉡ **비용 또는 신의성실의 원칙** : 원상회복에 그 비용이 지나치게 소요되거나 신의성실의 원칙에 반하는 때에는 사정재결·사정판결 등을 통해 해결하고, 결과제거청구권은 부인된다(다수설). 이 경우 손해배상이나 손실보상으로 대신해야 한다.

㉢ **과실상계** : 위법한 상태의 발생에 피해자의 과실도 있는 경우에는 민법(제396조)상의 과실상계규정이 적용되며, 결과제거청구권은 제한된다(과실정도에 따라 수축되거나 상실됨).

㉣ **제3자의 결과제거청구권** : 결과제거청구권은 위법한 행정작용으로 인한 직접적인 결과의 제거를 청구하는 것이므로, 복효적 행정행위에 의하여 간접적으로 자신의 법률상 이익을 침해받았다고 주장하는 제3자의 경우는 동청구권이 인정되지 않는다.

(5) 권리보호

행정상 결과제거청구권을 공권으로 보면 행정소송의 당사자소송에 의할 것이나(다수설), 사권으로 보면 민사소송에 의한다(판례). 여기서의 당사자소송은 독자적으로 제기될 수도 있고, 처분 등에 대한 취소소송의 관련소송으로 병합해 제기될 수도 있다(행정소송법 제10조). 또한 결과제거청구권을 행사하는 자는 그 침해된 손해의 완전복구가 불가능한 경우 손해배상이나 손실보상청구가 가능하다.

행정상 손해전보제도 비교

구분	손해배상		손실보상	수용유사침해	수용적침해	희생보상청구권	결과제거청구권
	공무원의 위법행위	영조물의 하자					
침해방법	위법, 유책	위법, 무책	적법, 무책	위법, 무책	적법, 무책	적법, 무책	위법, 무책
재산적 침해	○			○		×	–
비재산적 침해	○			×		○	–

제4장

행정쟁송

제1절 개설

1. 의의

(1) 행정쟁송의 개념

① **광의의 행정쟁송** : 행정법관계에서 위법 또는 부당한 행정작용으로 인한 분쟁이 있을 경우에 이해관계인의 쟁송제기에 따라 권한 있는 기관이 그 분쟁을 판정하는 절차나 작용을 말한다. 여기에는 행정청이 심판기관이 되는 행정심판과 법원이 심판하는 행정소송이 포함된다.

② **협의의 행정쟁송** : 광의의 행정쟁송 중 특별기관이 그 분쟁을 판정하는 절차(작용)만을 말하며, 이는 행정심판을 의미한다.

(2) 우리나라의 행정쟁송제도

우리나라는 영미식 사법심사제도를 취하여 행정사건도 독립된 행정법원이 아닌 일반법원에서 재판하도록 하고 있다(헌법 제107조 제2항). 다만, 행정의 자기통제성과 행정사건의 특수성, 권리구제의 간이성·신속성 등을 고려하여 대륙법계 요소를 일부 가미하고 있는데, 임의적·예외적 행정심판전치주의(헌법 제107조 제3항, 행정소송법 제18조 제1항)와 민사소송절차와 구별되는 행정소송절차에서의 여러 특례규정(제소기간, 재판관할, 사정재결 등) 등이 있다.

(3) 제도적 기능

① 법치국가의 행정원리는 적법하고 합목적적이어야 한다. 따라서 이러한 행정원리의 구현을 위한 행정의 자기통제수단, 또는 국민의 권리구제수단으로서

Check Point

대한민국헌법 제107조
- 제2항 : 명령·규칙 또는 처분이 헌법이나 법률에 위반되는 여부가 재판의 전제가 된 경우에는 대법원은 이를 최종적으로 심사할 권한을 가진다.
- 제3항 : 재판의 전심절차로서 행정심판을 할 수 있다. 행정심판의 절차는 법률로 정하되, 사법절차가 준용되어야 한다.

Check Point

행정소송법 제18조
- 제항 : 취소소송은 법령의 규정에 의하여 당해 처분에 대한 행정심판을 제기할 수 있는 경우에도 이를 거치지 아니하고 제기할 수 있다. 다만, 다른 법률에 당해 처분에 대한 행정심판의 재결을 거치지 아니하면 취소소송을 제기할 수 없다는 규정이 있는 때에는 그러하지 아니하다.

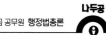
행정쟁송제도가 요청되고 있다.

② 고유한 의미의 행정심판은 행정의 자기통제 기능에 중심을 두며(대륙법계), 행정소송은 권리구제에 중심을 둔다(영미법계) 할 것이나, 오늘날에는 양자 모두 권리구제의 기능에 중심을 두고 행정의 자기통제 기능은 부수적인 것이라 보고 있다. 따라서 행정쟁송제도에서 행정소송은 궁극적인 권익구제수단으로 기능하고 있다고 볼 수 있다.

2. 종류

(1) 정식쟁송과 약식쟁송(쟁송절차에 따른 분류)

① 정식쟁송 : 분쟁의 공정한 해결을 위해 당사자로부터 독립된 제3자의 기관에 의해서 판단되고, 당사자에게 구두변론의 기회가 보장된 쟁송을 말한다(행정소송).

② 약식쟁송 : 정식쟁송의 두 가지 절차요건 중 어느 하나 또는 둘 모두를 결(缺)한 쟁송을 말한다(즉결심판, 행정심판).

(2) 실질적 쟁송과 형식적 쟁송(분쟁을 전제로 하는지 여부에 따른 분류)

① 실질적 쟁송 : 위법 또는 부당한 행정작용으로 인한 분쟁의 존재를 전제로 이를 시정하기 위한 쟁송을 말한다. 이는 사후절차로 유권적 판정절차를 의미하는 것이라 할 수 있다(행정심판, 행정소송 등).

② 형식적 쟁송 : 분쟁의 존재를 전제로 하지 않고 공권력 행사를 신중·공정하게 함으로써 분쟁의 발생을 미연에 방지하는 사전절차이다(행정절차 등).

(3) 주관적 쟁송과 객관적 쟁송(쟁송목적에 따른 분류)

① 주관적 쟁송 : 개인의 권리와 이익 구제를 목적으로 하는 쟁송을 말한다(당사자소송, 항고쟁송).

② 객관적 소송 : 공공이익의 보호를 목적으로 하는 쟁송을 말한다(민중쟁송, 기관쟁송).

(4) 시심적(始審的) 쟁송과 복심적(覆審的) 쟁송(쟁송단계에 따른 분류)

① 시심적 쟁송 : 법률관계의 형성 또는 존부에 관한 최초의 행정작용 그 자체가 쟁송의 형식을 거쳐 행하여지는 경우의 쟁송을 말한다(토지수용의 재결신청, 당사자소송의 1심, 형식적 쟁송 등).

② 복심적 쟁송 : 이미 행하여진 행정행위의 하자를 이유로 그에 대한 재심사를

구하는 경우의 쟁송을 말한다(항고심판, 항고소송 등).

(5) 당사자쟁송과 항고쟁송(쟁송성질에 따른 분류)

① **당사자쟁송** : 양 당사자가 대등한 지위에서 법률상 분쟁을 다투는 쟁송을 말한다(손실보상청구소송, 봉급청구소송, 토지수용재결신청 등).

② **항고쟁송** : 행정청이 우월한 지위(공권력 행사)에서 행한 처분의 취소 또는 변경을 구하는 쟁송을 말한다(항고심판, 항고소송 등).

(6) 민중쟁송과 기관쟁송(주체에 따른 분류)

① **민중쟁송** : 행정법규의 위법한 적용을 시정하기 위하여 일반민중 또는 선거인 등에 제소권이 부여되는 쟁송을 말한다(선거소청, 선거소송, 당선소송 등).

② **기관쟁송** : 국가 또는 공공단체의 기관 상호간에 있어서 권한의 존부 또는 그행사에 관한 쟁송을 말한다(지방자치단체장이 지방의회 의결에 대해 제기하는 소송 등).

(7) 행정심판과 행정소송(심판기관에 따른 분류)

① **행정심판** : 행정기관에 의하여 심리 · 재결되는 쟁송을 말한다.

② **행정소송** : 법원에 의하여 심리 · 판결되는 쟁송을 말한다.

> **Check Point**
>
> 당사자쟁송이 시심적 쟁송이 되는 데 비해, 항고쟁송은 처분의 존재를 존재로 하므로 언제나 복심적 쟁송이 된다.

제2절 행정심판

1. 개설

(1) 의의

① **실질적 의미의 행정심판** : 특정한 실정법 제도와 관계없이 이론적 측면에서 파악하는 행정심판의 개념이다.

㉠ **광의의 행정심판** : 행정청이 일정한 공권적 결정을 함에 있어서 거치는 준사법적 절차를 총칭하는바, 행정기관이 재결하는 행정쟁송뿐만 아니라 행정절차도 포함된다.

㉡ **협의의 행정심판(일반적 의미의 행정심판)** : 행정법관계에 대한 법적 분쟁을 행정기관이 재결하는 행정쟁송을 말한다. 여기에는 행정심판법과 특별

법에 의한 행정심판(이의신청, 심판·심사청구)이 있다.

② **형식적 의미의 행정심판** : 행정심판법에 의한 행정심판을 말한다. 이는 행정심판의 개념을 가장 좁게 본 것이라 할 수 있다.

(2) 행정심판의 성질

보편적으로 행정심판이란 행정법관계에 대한 법적 분쟁을 행정기관이 재결하는 행정쟁송(약식쟁송) 절차라 할 수 있다. 따라서 행정심판은 분쟁에 대한 심판작용으로서 재판적 성질을 가지나, 이를 사법절차로 보지 않고 행정절차로 본다. 또한 행정심판의 재결은 권익구제의 기능도 있으나, 행정법질서를 유지 또는 형성함으로써 행정목적을 실현한다는 점에서 그 자체가 하나의 행정작용, 즉 행정행위의 성질을 지닌다고 할 수 있다.

(3) 헌법과 행정심판

헌법 제107조 제3항에 "재판의 전심절차로서 행정심판을 할 수 있다. 행정심판의 절차는 법률로 정하되, 사법절차가 준용되어야 한다."고 규정하여, 행정심판절차의 헌법상 근거를 마련하고 있다. 이에 헌법재판소는 행정심판을 종심절차로 하거나 사법절차를 준용하지 않는 것은 위헌이라 하였다.

> 관련 판례 : 입법자가 행정심판을 전심절차가 아니라 종심절차로 규정함으로써 정식재판의 기회를 배제하거나, 어떤 행정심판을 필요적 전심절차로 규정하면서도 그 절차에 사법절차가 준용되지 않는다면 이는 헌법 제107조 제3항, 나아가 재판청구권을 보장하고 있는 헌법 제27조에도 위반된다(헌재 2000. 6. 1, 98헌바8).

(4) 유사제도와의 구별

① **이의신청과의 구별**

㉠ **공통점** : 행정소송의 전심절차로서 행정의 자기통제수단에 해당한다. 쟁송형태는 항고쟁송이며, 복심적 쟁송이다.

㉡ **차이점**

- 행정심판은 모든 위법 또는 부당한 처분 등에 대하여 소속 행정심판위원회에 제기하는 쟁송이나, 이의신청은 그 법률에서 규정하고 있는 위법 또는 부당한 처분 등에 한하여 그 처분청에 재심사를 구하는 쟁송이다.
- 이의신청은 임의적 절차인 것이 보통이며, 이의신청의 결정에 대한 불복으로 다시 행정심판을 제기할 수 있음이 원칙이다. 다만, 이의신청, 심사청구 또는 심판청구의 2단계의 행정심판을 규정하는 경우도 있다(국세기본법 제62조·제66조·제69조 등).

Check Point

이의신청 관련 국세기본법 조항
- 제62조 : 심사 청구 절차
- 제66조 : 이의신청
- 제69조 : 심판 청구 절차

② **청원과의 구별**

　　㉠ 행정심판이 사후적 권리구제를 위한 쟁송제도라면, 청원은 국정에 대한 국민의 정치적 의사표시보장제도이다. 따라서 행정심판은 제기권자, 심판기관, 제기기간, 제기사항 등에 대한 제한이 있으나 청원은 이러한 제한 없이 어떠한 사항에 관해서도 제출할 수 있음이 원칙이다.

　　㉡ 행정심판은 행정심판법에 의한 법적 기속을 받으나, 청원은 심판절차와 형식, 내용에 있어 그러한 법적 기속이 없다.

　　㉢ 효력 측면에서, 행정심판의 재결은 확정력(불가쟁력·불가변력) 등의 효력이 발생하나, 청원의 결정은 그러한 효력이 발생하지 않는다.

③ **진정과의 구별**

　　㉠ 행정심판은 행정심판법이 정한 절차와 형식에 따라 행하여지는 법적 행위인데 반하여, 진정은 법정의 형식과 절차에 의하지 않고 단순히 희망을 진술하는 사실행위이다.

　　㉡ 또한 권리행사로 볼 수 없어 그에 대한 회답은 법적 의미를 가지지 못한다는 점에서 행정심판과 구별된다.

　　㉢ 다만, 진정서의 제목과 형식으로 되어 있어도 그 실질적 내용이 행정심판에 해당하는 것이라면 행정심판으로 보아야 한다(대판 2000. 6. 9, 98두2621).

④ **직권취소와의 구별** : 행정심판은 주로 침익적 행정행위의 위법·부당성을 이유로 사후적으로 권리구제를 도모함으로써 법률에 의한 행정원리를 실현하는 것이지만, 처분청의 직권취소는 주로 수익적 행정행위에 대해 장래에 향하여 행정목적 실현을 위한 수단으로 이루어진다(취소행위 자체가 하나의 행정행위가 됨).

⑤ **행정소송과의 구별**

　　㉠ **행정심판과 행정소송의 공통점**

　　　• 위법한 처분이나 부작위로 법률상 이익이 침해된 자가 그 행정처분의 시정 및 권익구제를 위해 제기하는 실질적 쟁송이다.

　　　• 일정 기간 내에 당사자의 쟁송제기에 의하여 절차가 개시된다.

　　　• 그 외에 청구의 변경, 참가인제도, 직권심리, 집행부정지의 원칙, 불이익변경금지의 원칙, 사정재결(판결) 등에서도 공통점이 있다.

　　㉡ **차이점**

　　　• 제도의 본질 : 행정심판은 행정통제적(감독적) 성격이 강하나, 행정소송은 법원이 권리구제를 위해 심판하는 행정구제적 성격이 강하다.

　　　• 쟁송의 성질 : 행정심판은 형식적 의미의 행정작용에 해당되며, 행정소

Check Point

집행부정지원칙(행정심판법 제30조, 행정소송법 제23조)
심판청구나 취소소송의 제기로 처분의 효력이나 그 집행 또는 절차의 속행에 영향을 주지 않는 것을 말한다(집행 등이 정지되지 않는 것을 말함).

송은 형식적 의미의 사법작용에 해당된다.

- 쟁송의 대상(쟁송사항) : 행정심판은 행정행위의 위법 · 부당(적법성 · 합목적성)을 그 심판대상으로 하는 데 비해, 행정소송은 행정행위의 위법(법률문제의 판단)만을 소송대상으로 한다. 다만, 행정쟁송의 대상인 법률문제에는 재량권의 남용 · 일탈이 포함된다.
- 쟁송의 판정절차 : 행정심판은 약식절차(직권주의 · 비공개주의)로 서면심리주의와 구술심리주의가 병행하여 적용되는 데 비해, 행정소송은 정식절차(당사자주의 · 공개주의)로 구두변론주의가 적용된다.
- 적극적 판단 여부 : 행정심판에는 의무이행심판이 인정되는 데 비해, 행정소송에는 의무이행소송이 부인되고 부작위위법확인소송이 인정된다.

(5) 행정심판제도의 필요성

① 행정의 자기통제 : 행정심판은 권력분립의 원칙하에 사법권으로부터 행정권의 독립이라는 정치적 이유를 바탕으로 하여, 행정결정의 적법성 · 합목적성에 대한 흠을 행정청 스스로 시정함으로써 국민의 권익을 구제하고 행정의 적법 · 타당성을 확보하려는 데 있다(주로 대륙법계에서 채택).

② 권리구제의 기능 : 행정심판절차는 행정소송절차와 달리 그 행정행위의 적법성 이외에 합목적성에 대한 통제까지 함으로써 궁극적으로 국민의 권리구제기능을 수행하게 된다.

③ 행정능률의 보장 : 사법절차에 앞서 신속하고 간편한 행정심판을 통하여 분쟁해결을 도모함으로써 행정능률의 보장에 기여한다.

④ 법원의 부담경감 : 행정심판은 행정청으로 하여금 그 행정처분을 다시 검토 · 시정할 기회를 줌으로써 행정권의 자주성을 도모하며, 아울러 행정소송의 폭주를 방지함으로써 법원의 부담을 줄이고자 기여한다.

⑤ 소송상 경제성 확보 : 행정심판은 약식쟁송으로 사법절차에 비하여 경비나 시간 등을 크게 절약할 수 있다.

2. 우리나라 행정심판제도

(1) 행정심판법의 지위

① 일반법으로서의 지위 : 헌법 제107조 제3항에서 행정심판절차의 헌법상 근거를 마련하고 있는바, 이에 대한 일반법으로 규정된 법이 행정심판법이다. 행정심판법은 주로 항고심판을 중심으로 하여 규율하고 있으며, 행정심판에 관한 여타 법률의 제정에 기준이 되는 기준법률이 된다.

Check Point

행정심판법의 목적(제1조)
이 법은 행정심판 절차를 통하여 행정청의 위법 또는 부당한 처분이나 부작위로 침해된 국민의 권리 또는 이익을 구제하고, 아울러 행정의 적정한 운영을 꾀함을 목적으로 한다.

② 행정심판법의 특별법(개별법 규정) : 국세기본법(제55조 내지 제81조), 국가공무원법, 국토의계획및이용에관한법률, 공익사업을위한토지등의취득및보상에관한법률(제85조), 공직선거법(제219조) 등 다수의 법률이 있다.

(2) 행정심판제도의 특색(행정심판법)

① 의무이행심판의 인정

② 재결 및 심의기관의 일원화(행정심판위원회에서 담당)

③ 심리절차의 대심구조화 내지 준사법화

④ 소송사항의 개괄주의, 이해관계인의 심판청구

⑤ 임의적 경유주의의 채택

⑥ 불고불리 및 불이익변경금지의 원칙

⑦ 집행부정지의 원칙 및 임시처분제도의 도입

⑧ 고지제도의 채택 등을 인정

임시처분제도의 도입(행정심판법 제31조)

행정심판위원회는 위법·부당하다고 상당히 의심되는 처분이나 부작위로 인한 중대한 불이익이나 급박한 위험을 막기 위해 직권 또는 당사자의 신청으로 임시처분을 결정할 수 있다. 이는 처분이나 부작위에 의하여 회복하기 어려운 손해를 입게 되는 경우 종전의 집행정지제도만으로는 권익구제가 어렵다는 점에서, 보다 적극적인 권익보호를 위해 행정심판법 전면개정(2010. 1. 25) 시 새롭게 도입되었다.

(3) 행정심판제도상의 문제점

① 청구인적격의 엄격성 및 심판청구기간의 단기성

② 청구인의 자료요구권의 부인

③ 집행부정지원칙의 채택

④ 사정재결의 인정

3. 행정심판의 종류

(1) 행정심판법상의 행정심판

① 취소심판

㉠ 의의 : 취소심판이란 행정청의 위법 또는 부당한 처분을 취소하거나 변경하는 행정심판을 말한다(제5조 제1호). 이는 공정력이 있는 처분의 효력을 소멸시킴으로써 행정청의 행위로 침해된 권리를 보호하고자 하는 것이다.

㉡ 성질 : 취소심판을 처분의 위법성을 확인하는 확인적 쟁송으로 보는 견해

Check Point

행정심판의 대상(행정심판법 제3조)

• 행정청의 처분 또는 부작위에 대하여는 다른 법률에 특별한 규정이 없는 한 행정심판법에 따라 행정심판을 청구할 수 있다.

• 대통령의 처분 또는 부작위에 대하여는 다른 법률에서 행정심판을 청구할 수 있도록 정한 경우 외에는 행정심판을 청구할 수 없다(행정소송의 대상).

(확인적 쟁송설)가 있으나, 유효한 처분의 효력을 취소·변경하여 그 법률관계를 소멸·변경하는 형성적 쟁송이라는 것(형성적 쟁송설)이 통설·판례의 입장이다.

ⓒ **재결** : 재결이란 행정심판의 청구에 대하여 행정심판위원회가 심리의 결과를 판단하는 준사법적 행정행위로, 재결기관(행정심판위원회)은 취소심판의 청구에 이유가 있다고 인정되면 처분을 취소 또는 다른 처분으로 변경하거나 처분을 다른 처분으로 변경할 것을 피청구인에게 명한다(제43조 제3항). 다만, 심판청구가 부적법하면 그 심판청구를 각하하며, 심판청구에 이유가 없다고 인정되면 기각한다(동조 제1항·제2항).

ⓔ **특색** : 취소심판은 청구기간의 제한(제27조), 집행부정지의 원칙(제30조), 사정재결의 인정(제44조) 등의 특징을 지닌다.

② **무효등확인심판**

㉠ **의의** : 무효등확인심판이란 행정청 처분의 효력 유무 또는 존재 여부를 확인하는 행정심판을 말하며(제5조 제2호), 구체적으로는 무효확인심판, 유효확인심판, 실효확인심판, 부존재확인심판, 존재확인심판 등의 형태로 분류될 수 있다. 또한 확인의 법률상 이익이 있다면, 그 외의 다른 확인심판도 인정될 수 있다.

㉡ **성질**

• 확인적 쟁송설 : 처분의 효력 유무 또는 존재 여부를 공권적으로 확인하는 쟁송이다.

• 형성적 쟁송설 : 무효와 취소사유의 구분의 상대성을 전제로 하여 행정청이 우월한 지위에서 행한 처분효력을 다투는 쟁송이다.

• 준형성적 쟁송설(통설) : 무효등확인심판은 실질적으로는 확인적 쟁송이나, 형식적으로는 처분의 효력 유무 또는 존재 여부를 대상으로 하는 형성적 쟁송의 성질을 아울러 가지는 것으로 본다.

ⓒ **재결** : 행정심판위원회는 무효등확인심판의 청구가 이유가 있다고 인정되면 처분의 효력 유무 또는 처분의 존재 여부를 확인하는 재결을 한다(무효 및 유효확인·실효확인·존재 및 부존재확인의 재결)(제43조 제4항).

ⓔ **특색** : 무효등확인심판은 취소심판의 경우와는 달리 청구기간 및 사정재결에 관한 규정이 적용되지 않는다(제27조 제7항, 제44조 제3항).

③ **의무이행심판**

㉠ **의의** : 의무이행심판이란 당사자의 신청에 대한 행정청의 위법 또는 부당한 거부처분이나 부작위에 대하여 일정한 처분을 하도록 하는 행정심판으로(제5조 제3호), 행정청의 소극적 행위로 인한 침해로부터 국민의 권리를

구제하는 것을 목적으로 한다.

ⓛ **성질** : 의무이행심판은 피청구인이 행정청에게 일정한 처분을 하도록 명하는 재결을 구하는 행정심판이므로, 이행쟁송으로서의 성질을 가진다. 다만, 현재의 이행심판만 허용되고 민사소송(민사소송법 제251조)에서와 같은 장래의 이행쟁송은 허용될 수 없다.

ⓒ **재결** : 위원회는 의무이행심판의 청구에 이유가 있다고 인정하면 지체 없이 신청에 따른 처분을 하거나(처분재결), 처분을 할 것을 피청구인에게 명한다(처분명령재결)(제43조 제5항). 처분의 이행을 명하는 재결이 있으면 행정청은 지체 없이 이전의 신청(원 신청)에 대하여 재결의 취지에 따라 처분을 하여야 한다(제49조 제2항).

ⓔ **특색**
- 거부처분에 대한 의무이행심판청구의 경우는 심판제기기간의 제한이 적용되나, 부작위에 대한 의무이행심판청구에는 심판제기기간의 제한이 적용되지 않는다(제27조 제7항).
- 의무이행심판에도 사정재결이 인정된다(제44조).
- 거부처분에 대한 의무이행심판에 불복하는 경우는 거부처분취소소송을 제기할 수 있고, 부작위에 대한 의무이행심판에 불복하는 경우 부작위위법확인소송을 제기할 수 있다(의무이행소송은 인정되지 않음).

Check Point

장래의 이행을 청구하는 소(민사소송법 제251조)
장래에 이행할 것을 청구하는 소는 미리 청구할 필요가 있어야 제기할 수 있다.

(2) 개별법상의 행정심판

① **이의신청** : 이의신청이란 위법·부당한 행정처분으로 인해 권익을 침해당한 자의 청구에 대해 당해 처분청 자신이 그 행정처분을 재심사하는 절차를 말한다. 이는 각 개별법령에서 규정한 처분에 대하여 인정된다(예 토지보상법 제83조의 이의신청, 국세기본법 제55조 제1항의 이의신청, 지방세법 제138조의 이의신청 등).

② **기타 행정심판** : 국세기본법·관세법·지방세기본법상의 심사청구와 심판청구, 특허법상의 특허심판과 항고심판, 국가공무원법·지방공무원법상의 소청심사 등

③ **개별법상의 재심절차에 대한 행정심판법의 적용** : 판례는 이와 관련하여 토지수용재결에 대한 이의신청의 재결절차에 행정심판법이 일반법으로 적용된다고 판시한 바 있다.

> 관련 판례 : 구 토지수용법상 토지수용위원회의 수용재결에 대한 이의절차는 실질적으로 행정심판의 성질을 갖는 것이므로 구 토지수용법에 특별한 규정이 있는 것을 제외하고는 행정심판법의 규정이 적용된다고 할 것이다(대판 1992. 6. 9. 92누565).

Check Point

이의신청은 실정법상 재심사청구, 재결신청 등으로 표현되고 있다.

Check Point

항고행정심판의 유형
취소심판, 무효등확인심판, 의무이행심판, 이의신청, 소청심사, 심사청구, 심판청구 등

(3) 당사자심판(당사자 행정심판)

① 의의

ㄱ 당사자심판이란 공권력 행사를 전제로 하지 않고 행정법관계의 형성 또는 존부에 관하여 분쟁이 있는 경우에, 일방당사자가 타방당사자를 상대로 하여 권한 있는 행정기관에 재결을 구하는 심판을 말한다.

ㄴ 실정법상 재결·재정·판정 등의 용어로 사용되며, 강학상 이러한 당사자심판을 구하는 절차를 재결신청이라 하고 그 판정을 재결이라 한다.

ㄷ 당사자심판은 처음부터 소송절차로서 행정청의 재결을 구하는 것으로, 시심적 쟁송에 해당한다.

② 법적 근거 : 일반법적인 근거는 없으며, 일부 개별법령에서 규정하고 있다.

③ 재결기관 : 재결의 신중을 기하고 공정성 확보를 위해 특별한 위원회를 두어 재결하도록 하고 있다(토지수용위원회 등).

④ 재결의 종류 : 확인재결과 형성재결이 있다.

⑤ 재결에 대한 불복 : 각 개별법에서 규정한 불복기간 내에 당사자소송을 제기할 수 있다.

4. 행정심판기관

(1) 의의

행정심판법상 행정심판기관은 행정심판의 청구를 수리하여 이를 심리·재결하는 권한을 가진 행정기관을 말한다. 종전의 행정심판법은 심리·의결기능을 담당하는 행정심판위원회와 재결기능을 담당하는 재결청으로 구분하였으나, 2008년 2월 행정심판법의 개정으로 이를 행정심판위원회로 일원화하여 행정심판위원회에서 심리·재결하도록 하였다. 따라서 현재의 행정심판위원회는 행정심판청구사건을 심리·재결하기 위한 합의제 행정관청의 성격을 지니며, 이는 소청심사위원회나 중앙노동위원회, 조세심판원, 토지수용위원회 등의 성격과 비슷하다고 하겠다.

(2) 행정심판위원회의 설치(제6조)

① 해당 행정청 소속 행정심판위원회(동조 제1항)

ㄱ 설치 : 해당 행정청(처분청·부작위청)에 설치한다.

ㄴ 심리·재결 : 다음의 행정청 또는 그 소속 행정청(감독을 받거나 위탁을 받은 모든 행정청을 말하되, 위탁받은 사무에 대하여는 위탁한 소속 행정청으로 봄)의 처분 또는 부작위에 대한 심판청구에 대하여는 해당 행정청에

두는 행정심판위원회에서 심리 · 재결한다.

- 감사원, 국가정보원장, 그 밖에 대통령령으로 정하는 대통령 소속기관의 장
- 국회사무총장 · 법원행정처장 · 헌법재판소사무처장 및 중앙선거관리위원회사무총장
- 국가인권위원회, 그 밖에 지위 · 성격의 독립성과 특수성 등이 인정되어 대통령령으로 정하는 행정청

② **중앙행정심판위원회(동조 제2항)**

ㄱ **설치** : 부패방지및국민권익위원회의설치와운영에관한법률에 따른 국민권익위원회에 설치한다.

ㄴ **심리 · 재결** : 다음과 같은 행정청의 처분 또는 부작위에 대한 심판청구에 대하여는 중앙행정심판위원회에서 심리 · 재결한다.

- 제1항에 따른 행정청(해당 행정청 소속 행정심판위원회에서 심리 · 재결하는 행정청)을 제외한 국가행정기관의 장 또는 그 소속 행정청
- 특별시장 · 광역시장 · 특별자치시장 · 도지사 · 특별자치도지사(해당 교육감을 포함함) 또는 특별시 · 광역시 · 특별자치시 · 도 · 특별자치도(시 · 도)의 의회(의장, 위원회의 위원장, 사무처장 등 의회 소속 모든 행정청을 포함함)
- 지방자치법에 따른 지방자치단체조합 등 관계 법률에 따라 국가 · 지방자치단체 · 공공법인 등이 공동으로 설립한 행정청(다만, 시 · 도의 관할구역에 있는 둘 이상의 기초자치단체 · 공공법인 등이 공동으로 설립한 행정청은 제외함)

③ **해당 행정청의 직근 상급행정기관 소속 행정심판위원회(동조 제4항)**

ㄱ **설치** : 해당 행정청(처분청 · 부작위청)의 가장 가까운 상급행정기관에 설치한다.

ㄴ **심리 · 재결** : 대통령령으로 정하는 국가행정기관 소속 특별지방행정기관(법무부 및 대검찰청 소속 특별지방행정기관)의 처분 또는 부작위에 대한 심판청구에 대하여는 해당 행정청의 직근 상급행정기관에 설치하는 행정심판위원회에서 심리 · 재결한다.

④ **시 · 도지사 소속 행정심판위원회(동조 제3항)**

ㄱ **설치** : 시 · 도지사(특별시장 · 광역시장 · 특별자치시장 · 도지사 · 특별자치도지사) 소속으로 설치한다.

ㄴ **심리 · 재결** : 다음 행정청의 처분 또는 부작위에 대한 심판청구에 대하여는 시 · 도지사 소속으로 두는 행정심판위원회에서 심리 · 재결한다.

- 시 · 도 소속 행정청

- 시 · 도의 관할구역에 있는 시 · 군 · 자치구의 장, 소속 행정청 또는 시 · 군 · 자치구의 의회(의장, 위원회의 위원장, 사무국장, 사무과장 등 의회 소속 모든 행정청을 포함함)
- 시 · 도의 관할구역에 있는 둘 이상의 지방자치단체(시 · 군 · 자치구를 말함) · 공공법인 등이 공동으로 설립한 행정청

⑤ 특별행정심판위원회

  ㉠ 설치 : 개별법의 규정으로 행정심판위원회의 역할을 하는 특별행정심판위원회가 설치되는 경우가 있다. 대표적인 것으로는 공무원의 소청에 대한 심리 · 재결을 담당하는 소청심사위원회(국가공무원법 제9조, 지방공무원법 제13조), 조세심판기관인 조세심판원(국세기본법 제67조) 등이 있다.

  ㉡ 중앙행정심판위원회와의 협의 : 행정심판법의 전면개정(2010년 1월) 시 특별행정심판의 남설을 방지하기 위해, 개별법에 특별행정심판에 대한 특례를 신설하거나 변경하는 법령을 제정 · 개정할 때에는 미리 중앙행정심판위원회와 협의하도록 하였다(행정심판법 제4조).

(3) 행정심판위원회의 구성 등

① 중앙행정심판위원회의 구성(제8조 · 제9조)

  ㉠ 중앙행정심판위원회는 위원장 1명을 포함한 70명 이내의 위원으로 구성하되, 위원 중 상임위원은 4명 이내로 한다.

  ㉡ 위원장은 국민권익위원회의 부위원장 중 1명이 되며, 위원장이 없거나 부득이한 사유로 직무를 수행할 수 없거나 위원장이 필요하다고 인정하는 경우에는 상임위원(상임으로 재직한 기간이 긴 위원 순서로, 재직기간이 같은 경우 연장자 순서로 함)이 위원장의 직무를 대행한다.

  ㉢ 상임위원은 일반직 공무원으로서 국가공무원법 제26조의5에 따른 임기제 공무원으로 임명하되, 3급 이상 공무원 또는 고위공무원단에 속하는 일반직 공무원으로 3년 이상 근무한 사람이나 그 밖에 행정심판에 관한 지식과 경험이 풍부한 사람 중에서 중앙행정심판위원회 위원장의 제청으로 국무총리를 거쳐 대통령이 임명한다. 상임위원의 임기는 3년으로 하며, 1차에 한하여 연임할 수 있다.

  ㉣ 비상임위원은 위원자격이 있는 사람 중에서 중앙행정심판위원회 위원장의 제청으로 국무총리가 성별을 고려하여 위촉한다. 위촉된 위원의 임기는 2년으로 하되, 2차에 한하여 연임할 수 있다.

  ㉤ 중앙행정심판위원회의 회의(소위원회 회의는 제외함)는 위원장, 상임위원 및 위원장이 회의마다 지정하는 비상임위원을 포함하여 총 9명으로 구성

Check Point

행정심판법 제4조(특별행정심판 등)
① 사안의 전문성과 특수성을 살리기 위하여 특히 필요한 경우 외에는 이 법에 따른 행정심판을 갈음하는 특별한 행정불복절차("특별행정심판")나 이 법에 따른 행정심판 절차에 대한 특례를 다른 법률로 정할 수 없다.
② 다른 법률에서 특별행정심판이나 이 법에 따른 행정심판 절차에 대한 특례를 정한 경우에도 그 법률에서 규정하지 아니한 사항에 관하여는 이 법에서 정하는 바에 따른다.
③ 관계 행정기관의 장이 특별행정심판 또는 이 법에 따른 행정심판 절차에 대한 특례를 신설하거나 변경하는 법령을 제정 · 개정할 때에는 미리 중앙행정심판위원회와 협의하여야 한다.

한다.

ⓗ 중앙행정심판위원회 및 소위원회는 구성원 과반수의 출석과 출석위원 과반수의 찬성으로 의결한다.

ⓢ 위원장이 지정하는 사건을 미리 검토하도록 필요한 경우에는 전문위원회를 둘 수 있다.

② 행정심판위원회의 구성(제7조)

　　㉠ 행정심판위원회(중앙행정심판위원회는 제외함)는 위원장 1명을 포함한 50명 이내의 위원으로 구성한다.

　　㉡ 위원장은 그 행정심판위원회가 소속된 행정청이 되며, 위원장이 없거나 부득이한 사유로 직무를 수행할 수 없거나 위원장이 필요하다고 인정하는 경우에는 위원장이 사전에 지명한 위원, 지명된 공무원인 위원(2명 이상인 경우에는 직급 또는 직무등급, 위원 재직기간, 연장자 순서로 함)의 순서에 따라 위원이 위원장의 직무를 대행한다.

　　㉢ 위원은 해당 행정심판위원회가 소속된 행정청이 다음의 사람 중에서 성별을 고려하여 위촉하거나 그 소속 공무원 중에서 지명한다.

　　　• 변호사 자격을 취득한 후 5년 이상의 실무 경험이 있는 사람

　　　• 고등교육법 제2조 제1호부터 제6호까지의 규정에 따른 학교에서 조교수 이상으로 재직하거나 재직하였던 사람

　　　• 행정기관의 4급 이상 공무원이었거나 고위공무원단에 속하는 공무원이었던 사람

　　　• 박사학위를 취득한 후 해당 분야에서 5년 이상 근무한 경험이 있는 사람

　　　• 그 밖에 행정심판과 관련된 분야의 지식과 경험이 풍부한 사람

　　㉣ 행정심판위원회의 회의는 위원장과 위원장이 회의마다 지정하는 8명의 위원(그중 위촉위원은 6명 이상으로 하되, 위원장이 공무원이 아닌 경우에는 5명 이상으로 함)으로 구성한다. 다만, 국회규칙, 대법원규칙, 헌법재판소규칙, 중앙선거관리위원회규칙 또는 대통령령으로 정하는 바에 따라 위원장과 위원장이 회의마다 지정하는 6명의 위원(그중 위촉위원은 5명 이상으로 하되, 공무원이 아닌 위원이 위원장인 경우에는 4명 이상으로 함)으로 구성할 수 있다.

　　㉤ 행정심판위원회는 회의 구성원 과반수의 출석과 출석위원 과반수의 찬성으로 의결한다.

(4) 위원의 제척 · 기피 · 회피(제10조)

　　① 위원회의 위원은 다음 각 호의 어느 하나에 해당하는 경우에는 그 사건의 심

Check Point

시 · 도지사 소속으로 두는 행정심판위원회의 경우에는 해당 지방자치단체의 조례로 정하는 바에 따라 공무원이 아닌 위원을 위원장으로 정할 수 있다. 이 경우 위원장은 비상임으로 한다.

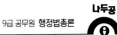

Check Point

제척(除斥)
재판 등의 공정을 보장하기 위해, 구체적인 사건에서 사건 자체 또는 사건의 당사자와 특수한 관계를 가진 사람을 직무집행으로부터 배제하는 것을 말한다.

리·의결에서 제척(除斥)된다. 이 경우 제척결정은 위원회의 위원장이 직권으로 또는 당사자의 신청에 의하여 한다.

ⓐ 위원 또는 그 배우자나 배우자이었던 사람이 사건의 당사자이거나 사건에 관하여 공동 권리자 또는 의무자인 경우

ⓑ 위원이 사건의 당사자와 친족이거나 친족이었던 경우

ⓒ 위원이 사건에 관하여 증언이나 감정(鑑定)을 한 경우

ⓓ 위원이 당사자의 대리인으로서 사건에 관여하거나 관여하였던 경우

ⓔ 위원이 사건의 대상이 된 처분 또는 부작위에 관여한 경우

② 당사자는 위원에게 공정한 심리·의결을 기대하기 어려운 사정이 있으면 위원장에게 기피신청을 할 수 있다.

③ 위원에 대한 제척신청이나 기피신청은 그 사유를 소명(疏明)한 문서로 하여야 한다. 다만, 불가피한 경우에는 신청한 날부터 3일 이내에 신청 사유를 소명할 수 있는 자료를 제출하여야 한다.

④ 제척신청이나 기피신청이 제3항을 위반하였을 때에는 위원장은 결정으로 이를 각하한다.

⑤ 위원장은 제척신청이나 기피신청의 대상이 된 위원에게서 그에 대한 의견을 받을 수 있다.

Check Point

위원의 제척·기피·회피(제10조)
⑥ 위원장은 제척신청이나 기피신청을 받으면 제척 또는 기피 여부에 대한 결정을 하고, 지체 없이 신청인에게 결정서 정본(正本)을 송달하여야 한다.
⑦ 위원회의 회의에 참석하는 위원이 제척사유 또는 기피사유에 해당되는 것을 알게 되었을 때에는 위원장에게 그 사유를 소명하고 스스로 그 사건의 심리·의결에서 회피할 수 있다.
⑧ 사건의 심리·의결에 관한 사무에 관여하는 위원 아닌 직원에게도 제항부터 제7항까지의 규정을 준용한다.

(5) 행정심판위원회의 권한 및 권한 승계

① 행정심판위원회의 권한

ⓐ 심리·재결권

ⓑ **직접처분권** : 위원회는 피청구인이 처분을 하지 아니하는 경우에는 당사자가 신청하면 기간을 정하여 서면으로 시정을 명하고 그 기간에 이행하지 아니하면 직접 처분을 할 수 있다. 다만, 그 처분의 성질이나 그 밖의 불가피한 사유로 위원회가 직접 처분을 할 수 없는 경우에는 그러하지 아니하다. 위원회가 직접 처분을 하였을 때에는 그 사실을 해당 행정청에 통보하여야 하며, 그 통보를 받은 행정청은 위원회가 한 처분을 자기가 한 처분으로 보아 관계 법령에 따라 관리·감독 등 필요한 조치를 하여야 한다(제50조).

ⓒ **시정조치 요청권** : 중앙행정심판위원회는 심판청구를 심리·재결할 때에 처분 또는 부작위의 근거가 되는 명령 등이 법령에 근거가 없거나 상위 법령에 위배되거나 국민에게 과도한 부담을 주는 등 크게 불합리하면 관계 행정기관에 그 명령 등의 개정·폐지 등 적절한 시정조치를 요청할 수 있다. 이 경우 중앙행정심판위원회는 시정조치를 요청한 사실을 법제처장에

게 통보하여야 한다(제59조 제1항).

ⓔ 기타 권한

- 청구인의 지위 승계 허가권(제16조 제5항)
- 피청구인 경정 결정권(제17조 제2항)
- 대리인선임 허가권(제18조 제1항)
- 심판참가 허가권(제20조), 심판참가 요구권(제21조)
- 청구의 변경 허가권(제29조)
- 집행정지 및 집행정지결정 취소권(제30조)
- 심판청구 보정 요구 및 직권 보정권(제32조)
- 자료제출 · 의견진술 · 의견서제출 요구권(제35조)
- 증거조사권(제36조) 등

② 행정심판위원회의 권한 승계(제12조)

ⓐ 당사자의 심판청구 후 위원회가 법령의 개정 · 폐지 또는 피청구인의 경정 결정에 따라 그 심판청구에 대한 재결권한을 잃게 된 경우 해당 위원회는 심판청구서와 관계 서류, 그 밖의 자료를 새로 재결권한을 갖게 된 위원회에 송부해야 한다.

ⓑ 위의 송부를 받은 위원회는 지체 없이 그 사실을 행정심판 청구인과 행정심판 피청구인, 심판참가를 하는 자(참가인)에게 알려야 한다.

5. 행정심판의 당사자(청구인·피청구인) 및 관계인

(1) 청구인

① 의의 : 행정심판의 청구인이란 행정심판의 대상인 처분 또는 부작위에 불복하여 그의 취소 · 변경 등을 위하여 심판청구를 제기하는 자를 말한다. 행정청은 심판청구인이 될 수 없다.

② 청구인적격(심판청구인의 자격) : 청구인이 될 수 있는 자는 처분의 상대방뿐만 아니라 제3자도 행정심판을 청구할 법률상 이익이 있는 경우에 청구할 수 있다.

ⓐ 취소심판은 처분의 취소 또는 변경을 구할 법률상 이익이 있는 자가 청구할 수 있다. 처분의 효과가 기간의 경과, 처분의 집행, 그 밖의 사유로 소멸된 뒤에도 그 처분의 취소로 회복되는 법률상 이익이 있는 자의 경우에도 또한 같다(제13조 제1항).

ⓑ 무효등확인심판은 처분의 효력 유무 또는 존재 여부의 확인을 구할 법률상 이익이 있는 자가 청구할 수 있다(동조 제2항).

Check Point

행정심판법

- 제16조 제5항 : 심판청구의 대상과 관계되는 권리나 이익을 양수한 자는 위원회의 허가를 받아 청구인의 지위를 승계할 수 있다.
- 제17조 제2항 : 청구인이 피청구인을 잘못 지정한 경우에는 위원회는 직권으로 또는 당사자의 신청에 의하여 결정으로써 피청구인을 경정(更正)할 수 있다.
- 제18조 제1항 : 청구인은 법정대리인 외에 다음 각 호의 어느 하나에 해당하는 자를 대리인으로 선임할 수 있다.
  - 청구인의 배우자, 청구인 또는 배우자의 사촌 이내의 혈족
  - 청구인이 법인이거나 제14조에 따른 청구인 능력이 있는 법인이 아닌 사단 또는 재단인 경우 그 소속 임직원
  - 변호사
  - 다른 법률에 따라 심판청구를 대리할 수 있는 자
  - 그 밖에 위원회의 허가를 받은 자

Check Point

법률상 이익에 관한 학설

법률상 이익에 대해 실체법상 권리를 의미한다는 권리향수설, 법규에 의해서 보호되고 있는 이익이라는 법률상 보호이익설, 실체법상 보호이익에 속하지 않더라도 쟁송절차에 의하여 보호가치가 있는 이익이면 법률상 이익이라는 보호가치이익설 등의 견해가 있으나, 법률상 보호이익설이 통설 · 판례의 입장이다. 법률상 보호이익설은 법률상 이익에 권리 이외에도 법률이 보호하는 이익(보호이익)이 포함되나, 반사적 이익은 제외된다고 본다.

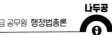

ⓒ 의무이행심판은 처분을 신청한 자로서 행정청의 거부처분 또는 부작위에 대하여 일정한 처분을 구할 법률상 이익이 있는 자가 청구할 수 있다(동조 제3항).

'법률상 이익'의 의미에 관한 판례
행정심판청구인이 아닌 제3자라도 당해 행정심판청구를 인용하는 재결로 인하여 권리 또는 법률상 이익을 침해받게 되는 경우에는 그 재결의 취소를 구할 수 있으나, 이 경우 법률상 이익이란 당해 처분의 근거 법률에 의하여 직접 보호되는 구체적인 이익을 말하므로 제3자가 단지 간접적인 사실상 경제적인 이해관계를 가지는 경우에는 그 재결의 취소를 구할 원고적격이 없다(대판 2000. 9. 8, 98두13072).

③ 청구인의 지위보장
ㄱ 법인이 아닌 사단 또는 재단의 청구인 능력 : 법인이 아닌 사단 또는 재단으로서 대표자나 관리인이 정하여져 있는 경우에는 그 사단이나 재단의 이름으로 심판청구를 할 수 있다(제14조).
ㄴ 선정대표자 : 여러 명의 청구인이 공동으로 심판청구를 할 때에는 청구인들 중에서 3명 이하의 선정대표자를 선정할 수 있는데, 선정대표자는 다른 청구인들을 위하여 그 사건에 관한 모든 행위를 할 수 있다. 다만, 심판청구를 취하하려면 다른 청구인들의 동의를 받고 이 사실을 서면으로 소명하여야 한다(제15조).

④ 청구인의 지위승계(제16조)
ㄱ 당연 승계 : 청구인이 사망한 경우에는 상속인 등이, 법인인 청구인이 합병으로 소멸하였을 때에는 합병 후 존속하는 법인이나 합병에 따라 설립된 법인이 청구인의 지위를 승계한다.
ㄴ 허가 승계 : 심판청구의 대상과 관계되는 권리나 이익을 양수한 자는 위원회의 허가를 받아 청구인의 지위를 승계할 수 있다.

Check Point
제16조 제8항
신청인은 위원회가 제5항의 지위승계를 허가하지 아니하면 결정서 정본을 받은 날부터 7일 이내에 위원회에 이의신청을 할 수 있다.

(2) 피청구인
① 의의 : 피청구인이란 행정심판의 당사자로서, 심판청구인으로부터 심판제기를 받은 행정청을 말한다.
② 피청구인의 적격 : 행정심판은 처분을 한 행정청(의무이행심판의 경우에는 청구인의 신청을 받은 행정청)을 피청구인으로 하여 청구하여야 한다. 다만, 심판청구의 대상과 관계되는 권한이 다른 행정청에 승계된 경우에는 권한을 승계한 행정청을 피청구인으로 하여야 한다(제17조 제1항).
③ 피청구인의 경정
ㄱ 의의 : 청구인이 피청구인을 잘못 지정한 경우에는 위원회는 직권으로 또

는 당사자의 신청에 의하여 결정으로써 피청구인을 경정할 수 있다(동조 제2항).

ⓛ **경정결정의 효과** : 경정결정이 있으면 종전의 피청구인에 대한 심판청구는 취하되고, 종전의 피청구인에 대한 행정심판이 청구된 때에 새로운 피청구인에 대한 행정심판이 청구된 것으로 본다(동조 제4항).

ⓒ **권한 승계 시의 경정** : 위원회는 행정심판이 청구된 후에 심판청구의 대상과 관계되는 권한이 다른 행정청에 승계된 경우 직권으로 또는 당사자의 신청에 의하여 결정으로써 피청구인을 경정한다(동조 제5항).

(3) 관계인

① **참가인** : 행정심판의 결과에 대하여 이해관계가 있는 제3자 또는 행정청은 행정심판위원회의 허가 또는 참가요구에 따라 심판청구에 참가할 수 있다.

② **심판참가**

ⓐ 행정심판의 결과에 이해관계가 있는 제3자나 행정청은 해당 심판청구에 대한 위원회나 소위원회의 의결이 있기 전까지 위원회의 허가나 참가요구에 따라 그 사건에 대하여 심판참가를 할 수 있다(제20조 · 제21조).

ⓑ 심판참가를 하려는 자는 참가의 취지와 이유를 적은 참가신청서를 위원회에 제출하여야 하며, 위원회는 허가 여부를 결정하고 지체 없이 신청인에게는 결정서 정본을, 당사자와 다른 참가인에게는 결정서 등본을 송달하여야 한다(제20조 제2항 · 제5항). 신청인은 송달을 받은 날부터 7일 이내에 위원회에 이의신청을 할 수 있다(동조 제6항).

ⓒ 위원회는 참가신청서를 받으면 참가신청서 부본을 당사자에게 송달하여야 한다. 이 경우 기간을 정하여 당사자와 다른 참가인에게 제3자의 참가신청에 대한 의견을 제출하도록 할 수 있으며, 당사자와 다른 참가인이 그 기간에 의견을 제출하지 않으면 의견이 없는 것으로 본다(제20조 제3항 · 제4항).

③ **참가인의 지위**(제22조)

ⓐ 참가인은 행정심판 절차에서 당사자가 할 수 있는 심판절차상의 행위를 할 수 있다.

ⓑ 당사자가 위원회에 서류를 제출할 때에는 참가인의 수만큼 부본을 제출하여야 하고, 위원회가 당사자에게 통지를 하거나 서류를 송달할 때에는 참가인에게도 통지하거나 송달하여야 한다.

Check Point

대리인의 선임(제18조)
① 청구인은 법정대리인 외에 다음 각 호의 어느 하나에 해당하는 자를 대리인으로 선임할 수 있다.
  • 청구인의 배우자, 청구인 또는 배우자의 사촌 이내의 혈족
  • 청구인이 법인이거나 제14조에 따른 청구인 능력이 있는 법인이 아닌 사단 또는 재단인 경우 그 소속 임직원
  • 변호사
  • 다른 법률에 따라 심판청구를 대리할 수 있는 자
  • 그 밖에 위원회의 허가를 받은 자
② 피청구인은 그 소속 직원 또는 제1항제3호부터 제5호까지의 어느 하나에 해당하는 자를 대리인으로 선임할 수 있다.
③ 제1항과 제2항에 따른 대리인에 관하여는 제15조 제3항 및 제5항을 준용한다.
④ 청구인이 경제적 능력으로 인해 대리인을 선임할 수 없는 경우에는 위원회에 국선대리인을 선임하여 줄 것을 신청할 수 있다(제18조의2).

6. 행정심판의 청구

(1) 심판청구의 요건

행정심판의 청구는 위법 또는 부당한 처분이나 부작위에 대하여, 청구인적격이 있는 자가, 청구기간 내에, 소정의 형식과 절차를 갖추어 제기하여야 한다.

① 심판청구의 대상 : 행정청의 위법 또는 부당한 처분이나 부작위

ㄱ 행정청의 처분 또는 부작위 : 행정청의 처분 또는 부작위에 대하여는 다른 법률에 특별한 규정이 있는 경우 외에는 이 법에 따라 행정심판을 청구할 수 있다(제3조 제1항). 이는 행정법이 쟁송사항에 있어 개괄주의를 채택하고 있음을 의미하므로, '행정청의 위법 또는 부당한 처분이나 부작위'로 권리나 이익이 침해된 경우 행정심판 청구가 가능하다.

ㄴ 제외 대상 : 대통령의 처분 또는 부작위의 경우 다른 법률에서 행정심판을 청구할 수 있도록 정한 경우 외에는 행정심판을 청구할 수 없다(제3조 제2항). 또한 통고처분, 검사의 불기소처분 등도 행정심판의 대상이 되지 못한다.

ㄷ 청구 대상의 검토

• 행정청의 위법 또는 부당한 처분

 − 행정청 : 행정청이란 행정에 관한 의사를 결정하여 표시하는 국가 또는 지방자치단체의 기관, 그 밖에 법령 또는 자치법규에 따라 행정권한을 가지고 있거나 위탁을 받은 공공단체나 그 기관 또는 사인을 말한다(제2조 제4호).

 − 처분 : 처분이란 행정청이 행하는 구체적 사실에 관한 법집행으로서의 공권력의 행사 또는 그 거부, 그 밖에 이에 준하는 행정작용을 말하는데(동조 제1호), 여기서 '공권력의 행사 또는 그 거부, 그 밖에 이에 준하는 행정작용'에는 행정청의 적극적 처분과 소극적 처분(거부처분), 일반처분, 처분법규, 구속적 행정계획, 일정한 권력적 사실행위 등이 포함된다.

 − 위법한 처분(처분의 위법성) : 행정청의 처분이 근거법규나 행정법 일반원칙(조리법)을 위반하였음을 의미하며, 무효 또는 취소사유가 된다.

 − 부당한 처분(처분의 부당성) : 처분에 있어 행정청의 재량권 행사가 재량규범의 한계 내에서 행사되어 위법하지는 않으나, 재량규범의 수권목적에 비추어 합목적적으로 행사되지 못하였음을 의미한다.

• 행정청의 부작위

 − 부작위란 행정청이 당사자의 신청에 대하여 상당 기간 내에 일정한 처

분을 하여야 할 법률상 의무가 있는데도 처분을 하지 않는 것을 말한다(제2조 제2호).

- 여기서 '처분을 하여야 할 법률상 의무'는 법령 규정상의 의무뿐만 아니라 행정청의 기속행위나 재량행위 중 재량권이 0으로 수축된 경우도 포함한다.

② 심판청구의 기간(제27조)

㉠ 적용범위 : 행정심판청구기간의 규정은 취소심판청구에 해당되며, 무효등확인심판청구와 부작위에 대한 의무이행심판청구에는 적용하지 않는다.

㉡ 청구기간

원칙	예외
행정심판은 처분이 있음을 알게 된 날부터 90일 이내에 청구하여야 한다. 이 기간은 불변기간으로 한다.	청구인이 천재지변, 전쟁, 사변(事變), 그 밖의 불가항력으로 인하여 90일 이내에 심판청구를 할 수 없었을 때에는 그 사유가 소멸한 날부터 14일(국외에서 청구하는 경우는 30일) 이내에 행정심판을 청구할 수 있다. 이 기간도 불변기간이다.
행정심판은 처분이 있었던 날부터 180일 이내에 청구하여야 한다.	정당한 사유가 있는 경우에는 180일이 경과한 후라도 청구할 수 있다.

㉢ 복효적 행정행위(이중효과적 행정행위) : 복효적 행정행위의 제3자의 경우도 행정심판청구기간이 적용된다.

> 관련 판례 : 행정처분의 상대방이 아닌 제3자는 일반적으로 처분이 있는 것을 바로 알 수 있는 처지에 있지 아니하므로 처분이 있은 날로부터 180일이 경과하더라도 특별한 사유가 없는 한 구 행정심판법 제18조 제3항 단서 소정의 정당한 사유가 있는 것으로 보아 심판청구가 가능하다고 할 것이나, 그 제3자가 어떤 경위로든 행정처분이 있음을 알았거나 쉽게 알 수 있는 등 행정심판법 제18조 제1항 소정의 심판청구기간 내에 심판청구가 가능하였다는 사정이 있는 경우에는 그때로부터 90일 이내에 행정심판을 청구하여야 한다(대판 1997. 9. 12, 96누14661).

㉣ 오고지(誤告知)·불고지(不告知)와 청구기간

- 오고지 : 행정청이 심판청구기간을 '처분이 있음을 알게 된 날부터 90일 이내'보다 긴 기간으로 잘못 알린 경우 그 잘못 알린 기간에 심판청구가 있으면 그 행정심판은 규정된 기간에 청구된 것으로 본다.
- 불고지 : 행정청이 심판청구 기간을 알리지 않은 경우에는 처분이 있었던 날부터 180일 이내에 취소심판이나 의무이행심판을 제기할 수 있다.

꼭! 확인 기출문제

행정심판과 행정소송에 대한 설명으로 옳지 않은 것은? (다툼이 있는 경우 판례에 의함) [국가직 9급 기출]

① 행정심판을 청구하려는 자는 행정심판위원회뿐만 아니라 피청구인인 행정청에도 행정심판청구서를 제출할 수 있으나 행정소송을 제기하려는 자는 법원에 소장을 제출하여야 한다.
② 행정심판에서는 행정청이 상대방에게 심판청구기간을 법정 심판청구기간보다 긴 기간으로 잘못 알린 경우에 그 잘못 알린 기간 내에 심판청구가 있으면 그 심판청구는 법정 심판청구 기간 내에 제기된 것으로 보나 행정소송에서는 그렇지 않다.
③ 「행정심판법」은 「행정소송법」과는 달리 집행정지뿐만 아니라 임시처분도 규정하고 있다.
❹ 행정심판에서 행정심판위원회는 행정청의 부작위가 위법, 부당하다고 판단되면 직접 처분을 할 수 있으나 행정소송에서 법원은 행정청의 부작위가 위법한 경우에만 직접 처분을 할 수 있다.

🖐 ④ 위원회는 피청구인이 제49조 제3항에도 불구하고 처분을 하지 아니하는 경우에는 당사자가 신청하면 기간을 정하여 서면으로 시정을 명하고 그 기간에 이행하지 아니하면 직접 처분을 할 수 있다. 다만, 그 처분의 성질이나 그 밖의 불가피한 사유로 위원회가 직접 처분을 할 수 없는 경우에는 그러하지 아니하다(행정심판법 제50조 제1항).
① 행정심판을 청구하려는 자는 제28조에 따라 심판청구서를 작성하여 피청구인이나 위원회에 제출하여야 한다. 이 경우 피청구인의 수만큼 심판청구서 부본을 함께 제출하여야 한다(행정심판법 제23조 제1항).
② 행정청이 심판청구 기간을 제1항에 규정된 기간보다 긴 기간으로 잘못 알린 경우 그 잘못 알린 기간에 심판청구가 있으면 그 행정심판은 제1항에 규정된 기간에 청구된 것으로 본다(행정심판법 제27조 제5항).
③ 위원회는 처분 또는 부작위가 위법·부당하다고 상당히 의심되는 경우로서 처분 또는 부작위 때문에 당사자가 받을 우려가 있는 중대한 불이익이나 당사자에게 생길 급박한 위험을 막기 위하여 임시지위를 정하여야 할 필요가 있는 경우에는 직권으로 또는 당사자의 신청에 의하여 임시처분을 결정할 수 있다(행정심판법 제31조 제1항). 그러나 행정소송법은 제23조(집행정지)에 의하여 집행정지만 가능하다.

③ 심판청구의 방식

㉠ 서면주의(요식행위) : 심판청구는 서면(심판청구서)으로 하여야 한다. 심판청구서에는 청구인의 이름과 주소 등 관련 사항이 포함되어야 한다(제28조 제1항·제2항). 또한, 심판청구서에는 청구인·대표자·관리인·선정대표자 또는 대리인이 서명하거나 날인하여야 한다(동조 제5항).

㉡ 심판청구서의 제출
• 행정심판을 청구하려는 자는 심판청구서를 작성하여 피청구인이나 위원회에 제출하여야 한다. 이 경우 피청구인의 수만큼 심판청구서 부본을 함께 제출하여야 한다(제23조 제1항).
• 행정청이 고지를 하지 않거나 잘못 고지하여 청구인이 심판청구서를 다른 행정기관에 제출한 경우에는 행정기관은 지체 없이 심판청구서를 정당한 권한이 있는 피청구인에게 보내고 그 사실을 청구인에게 알려야 한다(동조 제2항·제3항).
• 심판청구서와 그 밖의 서류를 전자문서화하고 이를 정보통신망을 이용하여 위원회에서 지정·운영하는 전자정보처리조직을 통하여 제출할 수 있다(제52조 제1항). 이렇게 제출된 전자문서의 경우 부본을 제출할 의무는 면제되며, 그 문서를 제출한 사람이 정보통신망을 통하여 전자정보처리조직에서 제공하는 접수번호를 확인하였을 때에 전자정보처리조직에

Check Point

처분에 대한 심판청구의 경우에는 심판청구서에 포함되어야 할 사항(제28조 제2항)

• 청구인의 이름과 주소 또는 사무소(주소 또는 사무소 외의 장소에서 송달받기를 원하면 송달장소를 추가로 기재)
• 피청구인과 위원회
• 심판청구의 대상이 되는 처분의 내용
• 처분이 있음을 알게 된 날
• 심판청구의 취지와 이유
• 피청구인의 행정심판 고지 유무와 그 내용

Check Point

전자정보처리조직을 통한 심판청구(제 52조 제1항)

이 법에 따른 행정심판 절차를 밟는 자는 심판청구서와 그 밖의 서류를 전자문서화하고 이를 정보통신망을 이용하여 위원회에서 지정·운영하는 전자정보처리조직(행정심판 절차에 필요한 전자문서를 작성·제출·송달할 수 있도록 하는 하드웨어, 소프트웨어, 데이터베이스, 네트워크, 보안요소 등을 결합하여 구축한 정보처리능력을 갖춘 전자적 장치를 말한다. 이하 같다)을 통하여 제출할 수 있다.

기록된 내용으로 접수된 것으로 본다(동조 제2항·제3항).

ⓒ 피청구인의 심판청구서 등의 접수·처리(제24조)

- 피청구인이 심판청구서를 접수하거나 송부받으면 10일 이내에 심판청구서(청구인이 제출한 경우와 다른 행정기관이 보낸 경우만 해당됨)와 답변서를 위원회에 보내야 한다. 다만, 청구인이 심판청구를 취하한 경우에는 예외이다(제1항).
- 피청구인은 처분의 상대방이 아닌 제3자가 심판청구를 한 경우에는 지체 없이 처분의 상대방에게 그 사실을 알려야 한다. 이 경우 심판청구서 사본을 함께 송달하여야 한다(제2항).
- 피청구인이 위원회에 심판청구서를 보낼 때에는 심판청구서에 위원회가 표시되지 않았거나 잘못 표시된 경우에도 정당한 권한이 있는 위원회에 보내야 한다(제3항).

ⓔ 위원회의 심판청구서 등의 접수·처리(제26조) : 위원회는 심판청구서를 받으면 지체 없이 피청구인에게 심판청구서 부본을 보내야 하며, 피청구인으로부터 답변서가 제출되면 답변서 부본을 청구인에게 송달하여야 한다.

ⓜ 피청구인의 직권취소 등(청구의 인용)(제25조)

- 심판청구서를 받은 피청구인은 그 심판청구가 이유 있다고 인정하면 심판청구의 취지에 따라 직권으로 처분을 취소·변경 또는 확인을 하거나 신청에 따른 처분(직권취소 등)을 할 수 있다. 이 경우 서면으로 청구인에게 알려야 한다.
- 피청구인은 직권취소 등을 하였을 때에는 청구인이 심판청구를 취하한 경우가 아니면 심판청구서·답변서를 보낼 때 직권취소 등의 사실을 증명하는 서류를 위원회에 함께 제출하여야 한다.

ⓑ 심판청구 기간의 계산

- 심판청구 기간을 계산할 때에는 피청구인이나 위원회 또는 불고지나 오고지로 다른 행정기관에 심판청구서가 제출되었을 때에 행정심판이 청구된 것으로 본다(제23조 제4항).
- 전자정보처리조직을 통하여 접수된 심판청구의 경우 심판청구 기간을 계산할 때에는 제출한 사람이 정보통신망을 통하여 전자정보처리조직에서 제공하는 접수번호를 확인하였을 때 행정심판이 청구된 것으로 본다(제52조 제3항·제4항).

(2) 심판청구의 변경과 취하

① 심판청구의 변경(제29조)

ⓐ 의의 : 청구인의 편의와 신속한 심판을 위해, 행정심판청구를 제기한 후에 그 청구인이 당초에 청구한 심판사항에 대하여 새로운 심판청구를 제기함이 없이 계속 중인 심판청구의 취지나 이유를 변경할 수 있도록 하고 있다.

ⓑ 요건 : 청구의 기초에 변경이 없어야 하고, 심판청구가 계속되고 위원회의 재결이 있기 전이어야 하며, 위원회의 허가를 얻어야 한다.

ⓒ 사유 : 행정심판이 청구된 후에 피청구인이 새로운 처분을 하거나 심판청구의 대상인 처분을 변경한 경우에는 청구인은 새로운 처분이나 변경된 처분에 맞추어 청구의 취지나 이유를 변경할 수 있다(제2항).

ⓓ 절차

- 청구의 변경은 서면(청구변경신청서)으로 신청하여야 하며, 피청구인과 참가인의 수만큼 청구변경신청서 부본을 함께 제출하여야 한다. 위원회는 청구변경신청서 부본을 피청구인과 참가인에게 송달하여야 한다(제3항, 제4항).
- 위원회는 청구변경 신청에 대하여 허가할 것인지 여부를 결정하고, 지체없이 신청인에게는 결정서 정본을, 당사자·참가인에게는 결정서 등본을 송달하여야 한다(제6항).

ⓔ 효과 : 청구의 변경결정이 있으면 처음 행정심판이 청구되었을 때부터 변경된 청구의 취지나 이유로 행정심판이 청구된 것으로 본다(제8항).

② 심판청구의 취하 : 청구인은 심판청구에 대한 의결이 있을 때까지 서면으로 심판청구를 취하할 수 있으며, 참가인은 의결이 있을 때까지 서면으로 참가신청을 취하할 수 있다(제42조 제1항·제2항).

(3) 심판청구의 효과

① 위원회에 대한 구속 : 심판청구서가 송부되거나 피청구인의 답변서가 제출된 경우 지체 없이 심리·재결하여야 한다.

② 처분에 대한 효과(객관적 효과)

ⓐ 집행부정지원칙

- 의의 : 집행부정지란 행정심판청구가 제기된 경우에라도 그것은 당해 처분의 효력이나 그 집행 또는 절차의 속행을 정지하지 않는 것을 말한다.
- 근거 : 행정행위의 공정력의 결과로 보는 견해가 있으나, 입법적 견지에서 과다한 심판제기를 억제하고 행정의 신속하고 원활한 운용을 위한 것이라는 견해가 통설이다.

ⓑ 예외적인 집행정지

- 의의 : 위원회는 처분, 처분의 집행 또는 절차의 속행 때문에 중대한 손

해가 생기는 것을 예방할 필요성이 긴급하다고 인정할 때에는 직권 또는 당사자의 신청에 의하여 처분의 효력, 처분의 집행 또는 절차의 속행의 전부 또는 일부의 정지(집행정지)를 결정할 수 있다(제30조 제2항).

- 요건
  - 적극적 요건 : 집행정지 대상인 처분이 존재하여야 하고, 그 심판청구가 계속 중이어야 하며, 중대한 손해예방의 필요가 있어야 하고, 그 필요성이 긴급해야 한다(시간적 절박성으로 재결을 기다릴 만한 여유가 없는 경우를 말함).
  - 소극적 요건 : 집행정지가 공공복리에 중대한 영향을 미칠 우려가 없어야 한다(동조 제3항). 공공복리는 공익과 사익을 비교형량하여 상대적으로 결정해야 할 것이다.
- 대상 : 처분의 효력·처분의 집행·절차의 속행의 전부 또는 일부가 집행정지의 대상이다. 다만, 처분의 효력정지는 처분의 집행 또는 절차의 속행을 정지함으로써 그 목적을 달성할 수 있을 때에는 허용되지 않는다(동조 제2항 단서).
- 결정권자 및 결정절차 : 집행정지결정 및 집행정지결정의 취소는 행정심판위원회가 당사자의 신청 또는 직권으로 할 수 있다.
- 집행정지결정의 취소 : 위원회는 집행정지를 결정한 후에 집행정지가 공공복리에 중대한 영향을 미치거나 그 정지사유가 없어진 경우에는 직권으로 또는 당사자의 신청에 의하여 집행정지결정을 취소할 수 있다(동조 제4항).
- 집행정지결정의 효력
  - 형성적 효력 : 처분의 효력·처분의 집행·절차의 속행의 전부 또는 일부가 정지되는 효과가 발생된다(형성적 효력).
  - 대인적 효력 : 집행정지결정의 효력은 당사자뿐만 아니라 제3자에 대해서도 미친다.
  - 시간적 효력 : 집행정지결정의 효력은 결정주문에 규정된 시간까지 지속된다.

ⓒ 임시처분(제31조)
- 의의 : 위원회는 처분 또는 부작위가 위법·부당하다고 상당히 의심되는 경우로서 처분 또는 부작위 때문에 당사자가 받을 우려가 있는 중대한 불이익이나 당사자에게 생길 급박한 위험을 막기 위하여 임시지위를 정하여야 할 필요가 있는 경우에는 직권으로 또는 당사자의 신청에 의하여 임시처분을 결정할 수 있다(제1항).

Check Point

임시처분의 도입취지

가구제 제도로서의 집행정지는 권익구제에 있어 소극적·현상유지적 수단에 그치며, 위법한 부작위나 처분의 경우 등에 있어 적절한 구제수단이 되지 못한다. 이러한 문제를 보완·해결하기 위한 구제수단으로 도입된 것이 임시처분제도이다.

- 요건
  - 적극적 요건 : 심판청구가 계속되고, 처분 또는 부작위가 위법·부당하다고 상당히 의심되며, 처분 또는 부작위로 인한 중대한 불이익이나 급박한 위험을 막기 위한 필요가 있어야 하며, 공공복리에 중대한 영향을 미칠 우려가 없어야 한다.
  - 소극적 요건(보충성) : 임시처분은 집행정지로 목적을 달성할 수 있는 경우에는 허용되지 않는다(제3항).

7. 행정심판의 심리

(1) 의의

심리란 재결의 기초가 될 분쟁대상의 사실관계 및 법률관계를 명확히 하기 위해 당사자와 관계인의 의견진술을 듣고, 그러한 주장을 정당화시켜 주는 각종의 증거, 기타 자료를 수집·조사하는 일련의 절차를 말한다.

(2) 심리의 내용과 범위

① 심리의 내용

　㉠ 요건심리(형식적 심리) : 행정심판의 제기요건을 갖춘 적법한 심판청구인지의 여부를 형식적으로 심리하는 것을 말한다. 일반적으로 본안재결 전까지 요건심리가 가능하다(본안심리 중에도 심판청구에 대한 요건심리가 가능함). 또한요건심리 결과 심판제기의 요건을 갖추지 못해 부적법한 경우 각하가 원칙이지만, 그 요건을 보정할 수 있는 경우에는 청구인에게 보정을 요구할 수 있으며 보정을 한 경우에는 처음부터 적법하게 행정심판이 청구된 것으로 본다(제32조).

　㉡ 본안심리(실질적 심리) : 요건심리의 결과 심판제기의 요건이 구비되어 적법한 것으로 인용한 경우 당해 심판청구의 내용에 대하여 실질적으로 행정처분의 위법·부당 여부를 심리하는 것을 말한다. 그 본안심리의 결과 청구인의 청구가 이유 있다면 인용재결을, 그렇지 않으면 기각재결을 한다.

② 심리의 범위

　㉠ 심판청구의 대상인 처분이나 부작위에 관하여 적법·위법의 판단(법률문제)뿐만 아니라, 재량행위에 있어서 당·부당의 판단(재량문제)을 포함한 사실문제에 대하여도 심리할 수 있다.

　㉡ 재결의 범위에 있어 불고불리의 원칙과 불이익 변경금지의 원칙(제47조)은 심리의 범위에도 적용된다고 할 것이다.

(3) 심리의 절차

① 심리절차의 기본원칙

㉠ 대심주의 : 대심주의란 심판청구 당사자를 대립관계로 정립하여, 분쟁당사자들이 서로 대등한 입장에서 공격·방어를 통하여 심리를 진행하는 제도를 말한다. 행정심판은 이를 채택하고 있다.

㉡ 직권심리주의

- 개념 : 심리의 진행을 직권으로 함과 동시에 심리에 필요한 증거조사와 당사자가 주장하지 않은 사실에 대하여 직권으로 수집·조사하는 제도를 말한다.
- 행정심판법에서는 직권심리주의를 인정하고 있는데, 위원회는 필요하면 당사자가 주장하지 않은 사실에 대하여도 심리(직권심리)할 수 있으며(제39조), 직권으로 증거조사를 할 수도 있다(제36조 제1항).

㉢ 서면심리주의와 구술심리주의 : 행정심판의 심리는 구술심리나 서면심리로 하되, 당사자가 구술심리를 신청한 경우 서면심리만으로 결정할 수 있다고 인정되는 경우 외에는 구술심리를 하여야 한다(제40조 제1항).

㉣ 비공개주의 : 행정심판법에 비공개주의에 대한 명문규정은 없지만, 직권심리주의·구술심리주의·서면심리주의를 원칙으로 하는 심리절차와 위원의 발언 내용 등의 비공개에 대한 규정(제41조) 등을 종합해 볼 때 비공개주의 원칙을 채택하고 있는 것으로 볼 수 있다.

② 당사자의 절차적 권리 : 심판청구의 당사자인 청구인과 피청구인은 심판을 받을 권리 이외에 위원·직원에 대한 기피신청권(제10조 제2항), 구술심리신청권(제40조 제1항), 보충서면제출권(제33조), 증거서류제출권(제34조), 증거조사신청권(제36조) 등의 권리가 법령에 규정되어 있다. 다만, 관계 자료의 열람·복사청구권은 인정하고 있지 않다.

(4) 심리기관의 권한

① 보정요구 및 직권보정 : 위원회는 심판청구가 적법하지 않은 경우 기간을 정하여 보정을 요구할 수 있으며, 경미한 사항은 직권으로 보정할 수 있다(제32조 제1항).

② 자료의 제출요구 : 위원회는 사건심리에 필요하면 관계 행정기관 등에 필요한 자료제출을 요구할 수 있다(제35조 제1항).

③ 증거조사 : 위원회는 사건을 심리하기 위하여 필요하면 직권 또는 당사자의 신청으로 증거조사를 할 수 있다(제36조 제1항).

④ 절차의 병합 또는 분리 : 위원회는 필요 시 관련 심판청구를 병합해 심리하거

Check Point

발언내용 등의 비공개(제41조)
위원회에서 위원이 발언한 내용이나 그 밖에 공개되면 위원회의 심리·재결의 공정성을 해칠 우려가 있는 사항으로서 대통령령으로 정하는 사항은 공개하지 아니한다.

Check Point

- 제10조 제2항 : 당사자는 위원에게 공정한 심리·의결을 기대하기 어려운 사정이 있으면 위원장에게 기피신청을 할 수 있다.
- 제40조 제1항 : 행정심판의 심리는 구술심리나 서면심리로 한다. 다만, 당사자가 구술심리를 신청한 경우에는 서면심리만으로 결정할 수 있다고 인정되는 경우 외에는 구술심리를 하여야 한다.

Check Point

증거조사의 방법(제36조 제1항)
- 당사자나 관계인(관계 행정기관 소속 공무원을 포함함)을 위원회의 회의에 출석하게 하여 신문하는 방법
- 당사자나 관계인이 가지고 있는 문서·장부·물건 또는 그 밖의 증거자료의 제출을 요구하고 영치하는 방법
- 특별한 학식과 경험을 가진 제3자에게 감정을 요구하는 방법
- 당사자 또는 관계인의 주소·거소·사업장이나 그 밖의 필요한 장소에 출입하여 당사자 또는 관계인에게 질문하거나 서류·물건 등을 조사·검증하는 방법

나 병합된 관련 청구를 분리해 심리할 수 있다(제37조). 이는 심리의 능률성·신속성·경제성 제고를 위한 것이라 할 수 있다.

⑤ **심리기일의 지정과 변경** : 심리기일은 위원회가 직권으로 지정하며, 심리기일의 변경은 직권 또는 당사자의 신청에 의하여 한다(제38조 제1항·제2항).

⑥ **직권심리** : 필요 시 당사자가 주장하지 않은 사실에 대하여도 심리할 수 있다(제39조).

(5) 심판청구 등의 취하(제42조)

① **서면을 통한 취하** : 청구인은 심판청구에 대하여 행정심판위원회 또는 중앙행정심판위원회에 따른 의결이 있을 때까지 서면으로 심판청구나 참가신청을 취하할 수 있다(제1항·제2항).

② **서명 또는 날인** : 제1항 또는 제2항에 따른 취하서에는 청구인이나 참가인이 서명하거나 날인하여야 한다(제3항).

③ **취하서의 제출 및 취하 사실의 통지** : 청구인 또는 참가인은 취하서를 피청구인 또는 위원회에 제출하여야 한다(제4항). 피청구인 또는 위원회는 계속 중인 사건에 대하여 제1항 또는 제2항에 따른 취하서를 받으면 지체 없이 다른 관계 기관, 청구인, 참가인에게 취하 사실을 알려야 한다(제5항).

꼭! 확인 기출문제

「행정심판법」의 내용에 대한 설명으로 옳지 않은 것은? [지방직 9급 기출]

① 행정심판위원회는 필요하면 당사자가 주장하지 아니한 사실에 대하여도 심리할 수 있다.

② 행정심판위원회는 임시처분을 결정한 후에 임시처분이 공공복리에 중대한 영향을 미치는 경우에는 직권으로 또는 당사자의 신청에 의하여 이 결정을 취소할 수 있다.

③ 청구인은 행정심판위원회의 간접강제 결정에 불복하는 경우 그 결정에 대하여 행정소송을 제기할 수 있다.

❹ 당사자의 신청을 거부하는 처분에 대한 취소심판에서 인용재결이 내려진 경우, 의무이행심판과 달리 행정청은 재처분의무를 지지 않는다.

🖹 ④ 재결에 의하여 취소되거나 무효 또는 부존재로 확인되는 처분이 당사자의 신청을 거부하는 것을 내용으로 하는 경우에는 그 처분을 한 행정청은 재결의 취지에 따라 다시 이전의 신청에 대한 처분을 하여야 한다(행정심판법 제49조 제2항).

① 위원회는 필요하면 당사자가 주장하지 아니한 사실에 대하여도 심리할 수 있다(행정심판법 제39조).

② 위원회는 집행정지를 결정한 후에 집행정지가 공공복리에 중대한 영향을 미치거나 그 정지사유가 없어진 경우에는 직권으로 또는 당사자의 신청에 의하여 집행정지 결정을 취소할 수 있다(행정심판법 제30조 제4항). 행정심판법 제31조 제1항에 따른 임시처분에 관하여는 제30조 제3항부터 제7항까지를 준용한다. 이 경우 같은 조 제6항 전단 중 "중대한 손해가 생길 우려"는 "중대한 불이익이나 급박한 위험이 생길 우려"로 본다(행정심판법 제31조 제2항).

③ 청구인은 행정심판법 제50조의2 제1항 또는 제2항에 따른 결정에 불복하는 경우 그 결정에 대하여 행정소송을 제기할 수 있다(행정심판법 제50조의2 제4항).

8. 행정심판의 재결(裁決)

(1) 의의 및 성질
① 의의 : 행정심판의 재결이라 함은 행정심판의 청구에 대한 심리의 결과에 따라 행하는 행정심판위원회의 종국적 판단(의사표시)을 말한다.
② 성질 : 재결은 위원회의 종국적 의사표시로서 확인행위·기속행위·준사법행위의 성질을 지닌다. 다만, 판례는 형성적 재결(취소·변경재결)의 결과통보는 행정처분이 아니라 판시한 바 있다.

> 관련 판례 : 재결청으로부터 '처분청의 공장설립변경신고수리처분을 취소한다'는 내용의 형성적 재결을 송부 받은 처분청이 당해 처분의 상대방에게 재결결과를 통보하면서 공장설립변경신고 수리 시 발급한 확인서를 반납하도록 요구한 것은 사실의 통지에 불과하고 항고소송의 대상이 되는 새로운 행정처분이라고 볼 수 없다(대판 1997. 5. 30, 96누14678).

(2) 재결의 종류
① 각하재결 : 심판청구의 제기요건에 대해 흠결이 있는지 여부를 심리하는 재결을 말하는데, 그 제기요건에 흠결이 있는 부적법한 심판청구에 대해서는 본안심리를 거절하는 각하재결을 한다(제43조 제1항).
② 본안재결
　㉠ 기각재결 : 본안심리의 결과 심판청구가 이유 없다고 인정하여 그 심판청구를 기각하는 재결을 말한다(제43조 제2항). 이는 결국 처분(원 처분)이 적법하고 타당함을 인정하는 재결을 의미한다.
　㉡ 인용재결 : 본안심리의 결과 심판청구가 이유 있다고 인정하여 처분 또는 부작위의 위법·부당함이 판단되어 청구인의 주장을 받아들이는 내용의 재결을 말한다.
　　• 취소·변경재결 : 위원회는 심판청구가 이유 있다고 처분을 취소 또는 다른 처분으로 변경하거나(형성재결) 처분을 다른 처분으로 변경할 것을 피청구인에게 명한다(명령재결)(동조 제3항).
　　• 무효등확인재결 : 위원회는 무효등확인심판의 청구가 이유가 있다고 인정되면 처분의 효력 유무 또는 처분의 존재 여부를 확인한다(동조 제4항).
　　• 의무이행재결 : 위원회는 의무이행심판의 청구가 이유가 있다고 인정되면 지체 없이 신청에 따른 처분을 하거나(처분재결) 처분을 할 것을 피청구인에게 명한다(처분명령재결)(동조 제5항).
③ 사정재결(제44조)
　㉠ 의의 : 위원회는 심판청구가 이유가 있다고 인정하는 경우에도 이를 인용

Check Point

취소·변경재결
취소는 전부취소 또는 일부취소를 할 수 있고, 변경은 원처분에 갈음하여 새로운 처분으로 대체한다는 적극적 의미로 해석된다.

하는 것이 공공복리에 크게 위배된다고 인정하면 그 심판청구를 기각하는 재결을 할 수 있는데, 이를 사정재결이라 한다. 사정재결의 경우 위원회는 재결의 주문(主文)에서 그 처분 또는 부작위가 위법하거나 부당하다는 것을 구체적으로 밝혀야 한다.

ⓛ **요건** : 사정재결은 공공복리에 크게 위배될 수 있는 경우 공익과 사익을 합리적으로 조정하기 위해 예외적으로 인정되는 제도로, 공공복리의 요건을 엄격하고 제한적으로 해석해야 한다.

ⓒ **구제방법** : 위원회는 사정재결을 할 경우 청구인에 대하여 상당한 구제방법을 취하거나 상당한 구제방법을 취할 것을 피청구인에게 명할 수 있다.

ⓔ **적용 배제** : 사정재결은 취소심판과 의무이행심판에만 적용하며, 무효등확인심판에는 적용하지 않는다.

Check Point

법원은 사정판결의 경우에 있어서는 구제방법을 취하거나 명할 수 있는 권한이 없으며, 다만, 미리 원고가 입게 될 손해정도와 배상방법 등을 조사하여야 한다.

Check Point

재결서에 포함되는 사항(제46조 제2항)

사건번호와 사건명, 당사자·대표자 또는 대리인의 이름과 주소, 주문, 청구의 취지, 이유, 재결한 날짜

(3) 재결의 기간 · 방식 · 범위 등

① 재결 기간

ⓐ 재결은 피청구인이나 위원회가 심판청구서를 받은 날부터 60일 이내에 하는 것이 원칙이나, 부득이한 사정이 있는 경우 위원장 직권으로 30일을 연장할 수 있다(제45조 제1항).

ⓑ 위원장이 재결 기간을 연장할 경우는 재결 기간이 끝나기 7일 전까지 당사자에게 알려야 한다(동조 제2항).

ⓒ 심판청구의 보정기간은 재결 기간에 산입하지 않는다(제32조 제5항).

② 재결의 방식 : 재결은 서면(재결서)으로 하여야 하는 요식행위이다(제46조 제1항).

③ 재결의 범위(제47조)

ⓐ **불고불리(不告不理)의 원칙** : 위원회는 심판청구의 대상이 되는 처분 또는 부작위 외의 사항에 대하여는 재결하지 못한다(제1항).

ⓑ **불이익변경금지의 원칙** : 위원회는 심판청구의 대상이 되는 처분보다 청구인에게 불리한 재결을 하지 못한다(제2항).

④ 재결의 송달과 효력 발생

ⓐ 위원회는 지체 없이 당사자에게 재결서의 정본을, 참가인에게 재결서의 등본을 각각 송달하여야 한다. 중앙행정심판위원회는 재결 결과를 소관 중앙행정기관의 장에게 알려야 한다(제48조 제1항 · 제3항).

ⓑ 처분의 상대방이 아닌 제3자가 심판청구를 한 경우 위원회는 재결서의 등본을 지체 없이 피청구인을 거쳐 처분의 상대방에게 송달하여야 한다(동조 제4항).

ⓒ 재결은 청구인에게 재결서의 정본 또는 등본이 송달되었을 때에 그 효력이 생긴다(동조 제2항).

ⓔ 피청구인 또는 위원회는 청구인이나 참가인에게 전자정보처리조직과 그와 연계된 정보통신망을 이용하여 재결서나 이 법에 따른 각종 서류를 송달할 수 있다(다만, 청구인이나 참가인이 동의하지 않은 경우에는 예외). 전자정보처리조직을 이용한 서류 송달은 서면으로 한 것과 같은 효력을 가진다(제54조 제1항·제3항). 이러한 서류의 송달은 청구인이 전자문서를 확인한 때에 전자정보처리조직에 기록된 내용으로 도달한 것으로 본다. 다만, 제2항에 따라 그 등재사실을 통지한 날부터 2주 이내(재결서 외의 서류는 7일 이내)에 확인하지 아니하였을 때에는 등재사실을 통지한 날부터 2주가 지난 날(재결서 외의 서류는 7일이 지난 날)에 도달한 것으로 본다(동조 제4항).

Check Point

등재사실의 통지(행정심판법 제54조 제2항)
제항 본문의 경우 위원회는 송달하여야 하는 재결서 등 서류를 전자정보처리조직에 입력하여 등재한 다음 그 등재 사실을 국회규칙, 대법원규칙, 헌법재판소규칙, 중앙선거관리위원회규칙 또는 대통령령으로 정하는 방법에 따라 전자우편 등으로 알려야 한다.

꼭! 확인 기출문제

행정심판의 심리와 재결에 관한 내용으로 옳지 않은 것은? [국가직 9급 기출]

① 법령의 규정에 의하여 공고한 처분이 재결로써 취소된 때에는 처분청은 지체 없이 그 처분이 취소되었음을 공고하여야 한다.
② 위원회는 의무이행심판의 청구가 이유 있다고 인정할 때에는 지체 없이 신청에 따른 처분을 하거나 이를 할 것을 명한다.
❸ 위원회는 직권에 의하여 심판청구의 대상이 되는 처분 또는 부작위 외의 사항에 대하여도 재결할 수 있다.
④ 심판청구에 대한 재결이 있는 경우에는 당해 재결 및 동일한 처분 또는 부작위에 대하여 다시 심판청구를 제기할 수 없다.

뎁 ③ 위원회는 심판청구의 대상이 되는 처분 또는 부작위 외의 사항에 대하여는 재결하지 못한다(행정심판법 제47조 제항).
① 법령의 규정에 따라 공고한 처분이 재결로써 취소 또는 변경된 경우 처분청은 지체 없이 그 처분이 취소 또는 변경되었다는 것을 공고하여야 한다(동법 제49조 제5항).
② 위원회는 의무이행심판의 청구가 이유 있다고 인정하면 지체 없이 신청에 따른 처분을 하거나 이를 할 것을 피청구인에게 명한다(동법 제43조 제5항).
④ 재결이 있는 경우 행정심판의 재청구는 금지된다. 즉, 심판청구에 대한 재결이 있으면 그 재결 및 같은 처분 또는 부작위에 대해 다시 심판을 청구할 수 없다(동법 제51조).

(4) 재결의 효력

① 의의 : 재결도 행정행위의 일종이므로 행정행위가 가지는 일반적인 효력을 가진다. 행정심판법에서 규정하고 있는 특별한 효력으로는 기속력과 형성력 등이 있다.

② 기속력(제49조)

ⓐ 의의 : 재결의 기속력(구속력)은 재결의 취지에 따르도록 구속하는 효력을 말한다. 심판청구를 인용하는 재결은 피청구인과 기타 관계 행정청을 기속

하므로(제1항), 피청구인 등은 재결의 내용을 실현하여야 할 의무를 진다. 다만, 이러한 재결의 기속력은 각하재결·기각재결의 경우 인정되지 않는다.

ⓛ 내용

- 반복금지의무(소극적 의무) : 취소재결·무효등확인재결이 있으면 그 재결에 반하는 행위를 할 수 없다. 즉, 동일한 내용의 처분을 반복하는 것이 금지된다.
- 재처분의무(적극적 의무) : 당사자의 신청을 거부하거나 부작위로 방치한 처분의 이행을 명하는 재결(이행재결)이 있으면 행정청은 지체 없이 이전의 신청에 대하여 재결의 취지에 따라 처분을 하여야 한다(제3항). 신청에 따른 처분이 절차의 위법 또는 부당을 이유로 재결로써 취소된 경우에는 제2항을 준용한다(제4항).
- 결과제거의무 : 취소재결이 확정되면 행정청은 취소된 처분에 의해 초래된 위법상태를 제거하여 원상회복할 의무가 있다(명문규정은 없음).

ⓒ 범위

- 주관적 범위 : 인용재결은 피청구인인 행정청뿐만 아니라 그 밖의 관계 행정청을 기속한다.
- 객관적 범위 : 재결의 효력은 재결주문 및 재결이유 중 전제가 된 요건사실의 인정과 판단에만 미친다.

> 관련 판례 : 행정심판청구에 대한 재결이 행정청과 그 밖의 관계 행정청을 기속하는 효력은 당해 처분에 관하여 재결주문 및 그 전제가 된 요건사실의 인정과 판단에만 미치고 이와 직접 관계가 없는 다른 처분에 대하여는 미치지 아니한다(대판 1998. 2. 27, 96누13972).

ⓔ 부수적 효과(기속력에 따른 부수적 효과)

- 취소·변경의 공고나 고시의무 : 법령의 규정에 따라 공고하거나 고시한 처분이 재결로써 취소되거나 변경되면 처분을 한 행정청은 지체 없이 그 처분이 취소 또는 변경되었다는 것을 공고하거나 고시하여야 한다(제5항).
- 취소·변경의 통지의무 : 법령의 규정에 따라 처분의 상대방 이외의 이해관계인에게 통지된 처분이 재결로써 취소되거나 변경되면 처분을 한 행정청은 지체 없이 그 이해관계인에게 그 처분이 취소 또는 변경되었다는 것을 알려야 한다(제6항).

Check Point

제49조 2항

재결에 의하여 취소되거나 무효 또는 부존재로 확인되는 처분이 당사자의 신청을 거부하는 것을 내용으로 하는 경우에는 그 처분을 한 행정청은 재결의 취지에 따라 다시 이전의 신청에 대한 처분을 하여야 한다.

Check Point

위원회의 직접 처분(행정심판법 제50조)

① 위원회는 피청구인이 제49조 제3항에도 불구하고 처분을 하지 아니하는 경우에는 당사자가 신청하면 기간을 정하여 서면으로 시정을 명하고 그 기간에 이행하지 아니하면 직접 처분을 할 수 있다. 다만, 그 처분의 성질이나 그 밖의 불가피한 사유로 위원회가 직접 처분을 할 수 없는 경우에는 그러하지 아니하다.

② 위원회는 제1항 본문에 따라 직접 처분을 하였을 때에는 그 사실을 해당 행정청에 통보하여야 하며, 그 통보를 받은 행정청은 위원회가 한 처분을 자기가 한 처분으로 보아 관계 법령에 따라 관리·감독 등 필요한 조치를 하여야 한다.

재결의 기속력 관련 판례

- **기속력의 범위** : 재결의 기속력은 재결의 주문 및 그 전제가 된 요건사실의 인정과 판단, 즉 처분 등의 구체적 위법사유에 관한 판단에만 미친다고 할 것이고, 종전 처분이 재결에 의하여 취소되었다 하더라도 종전 처분 시와는 다른 사유를 들어서 처분을 하는 것은 기속력에 저촉되지 않는다고 할 것이며, 여기에서 동일 사유인지 다른 사유인지는 종전 처분에 관하여 위법한 것으로 재결에서 판단된 사유와 기본적 사실관계에 있어 동일성이 인정되는 사유인지 여부에 따라 판단되어야 한다(대판 2005. 12. 9. 2003두7705).
- **기속력에 위배된다고 본 판례** : 당초의 개별공시지가 결정처분을 취소하고 그것을 하향조정하라는 취지의 재결이 있은 후에도 처분청이 다시 당초 처분과 동일한 액수로 개별공시지가를 결정한 처분은 재결청의 재결에 위배되는 것으로서 위법하다(대판 1997. 3. 14. 96누18482).
- **기속력에 저촉되지 않는다고 본 판례** : 택지초과소유부담금 부과처분을 취소하는 재결이 있는 경우 당해 처분청은 재결의 취지에 반하지 아니하는 한, 즉 당초 처분과 동일한 사정 아래에서 동일한 내용의 처분을 반복하는 것이 아닌 이상, 그 재결에 적시된 위법사유를 시정·보완하여 정당한 부담금을 산출한 다음 새로이 부담금을 부과할 수 있는 것이고, 이러한 새로운 부과처분은 재결의 기속력에 저촉되지 아니한다(대판 1997. 2. 25. 96누14784).

③ **형성력** : 재결의 형성력이란 재결의 내용에 따라 새로운 법률관계의 발생이나 종래의 법률관계의 변경·소멸을 가져오는 효력을 말한다. 이러한 형성력은 심판청구의 당사자뿐만 아니라 제3자에게도 효력이 미친다(대세적 효력).

> 관련 판례 : 행정심판 재결의 내용이 처분청에게 처분의 취소를 명하는 것이 아니라 재결청이 스스로 처분을 취소하는 것일 때에는 그 재결의 형성력에 의하여 당해 처분은 별도의 행정처분을 기다릴 것 없이 당연히 취소되어 소멸되는 것이다(대판 1998. 4. 24. 97누17131).

(5) 재결에 대한 불복

① **행정심판 재청구의 금지** : 심판청구에 대한 재결이 있으면 그 재결 및 같은 처분 또는 부작위에 대하여 다시 행정심판을 청구할 수 없다(제51조).

② **행정소송** : 재결의 불복으로 행정소송을 제기하는 경우는 원 처분의 위법을 이유로 그 원 처분의 취소·변경을 구하는 행정소송을 제기할 수 있을 뿐이다. 다만, 재결 자체에 고유한 위법이 있는 때에는 재결의 취소를 구하는 행정소송을 할 수 있다(행정소송법 제19조).

 꼭! 확인 기출문제

「행정심판법」상 행정심판에 관한 설명으로 가장 옳지 않은 것은? [서울시 9급 기출]

① 무효등확인심판에서는 사정재결이 허용되지 아니한다.

❷ 거부처분에 대한 취소심판이나 무효등확인심판청구에서 인용재결이 있었음에도 불구하고 피청구인인 행정청이 재결의 취지에 따른 처분을 하지 아니한 경우에는 당사자가 신청하면 행정심판위원회는 기간을 정하여 서면으로 시정을 명하고 그 기간에 이행하지 아니하면 직접 처분을 할 수 있다.

③ 행정청이 처분을 할 때에 처분의 상대방에게 심판 청구 기간을 알리지 아니한 경우에는 처분이 있었던 날부터 180일까지가 취소심판이나 의무이행심판의 청구기간이 된다.

④ 종로구청장의 처분이나 부작위에 대한 행정심판청구는 서울특별시 행정심판위원회에서 심리·재결하여야 한다.

해 ② 당사자의 신청을 거부하거나 부작위로 방치한 처분의 이행을 명하는 재결이 있으면 행정청은 지체 없이 이전의 신청에 대하여 재결의 취지에 따라 처분을 하여야 한다(행정심판법 제49조 제3항). 위원회는 피청구인이 제49조 제3항에도 불구하고 처분을 하지 아니하는 경우에는 당사자가 신청하면 기간을 정하여 서면으로 시정을 명하고 그 기간에 이행하지 아니하면 직접 처분을 할 수 있다. 다만, 그 처분의 성질이나 그 밖의 불가피한 사유로 위원회가 직접 처분을 할 수 없는 경우에는 그러하지 아니하다(행정심판법 제50조 제1항).

① 위원회는 심판청구가 이유가 있다고 인정하는 경우에도 이를 인용(認容)하는 것이 공공복리에 크게 위배된다고 인정하면 그 심판청구를 기각하는 재결을 할 수 있다. 이 경우 위원회는 재결의 주문(主文)에서 그 처분 또는 부작위가 위법하거나 부당하다는 것을 구체적으로 밝혀야 한다(행정심판법 제44조 제1항). 행정심판법 제44조 제1항과 제2항은 무효등확인심판에는 적용하지 아니한다(행정심판법 제44조 제3항).

③ 행정심판은 처분이 있었던 날부터 180일이 지나면 청구하지 못한다. 다만, 정당한 사유가 있는 경우에는 그러하지 아니하다(행정심판법 제27조 제3항). 행정청이 심판청구 기간을 알리지 아니한 경우에는 제3항에 규정된 기간에 심판청구를 할 수 있다(행정심판법 제27조 제6항).

④ '시·도의 관할구역에 있는 시·군·자치구의 장, 소속 행정청 또는 시·군·자치구의 의회(의장, 위원회의 위원장, 사무국장, 사무과장 등 의회 소속 모든 행정청을 포함한다)'의 처분 또는 부작위에 대한 심판청구에 대하여는 시·도지사 소속으로 두는 행정심판위원회에서 심리·재결한다(행정심판법 제6조 제3항 제2호).

9. 고지제도

(1) 의의

① **개념** : 고지(告知)란 행정청이 행정행위의 상대방 등에게 일정 사항을 알리는 것을 말한다. 행정심판의 고지는 행정청이 처분을 할 때 처분의 상대방에게 해당 처분에 대하여 행정심판의 청구 가능 여부와 심판청구 절차 및 심판청구 기간 등을 알리는 것이다(제58조 제1항).

② **법적 성질** : 고지는 비권력적 사실행위로서 그 자체는 아무런 법적 효과도 발생시키지 않는다. 다만, 행정심판법 제58조의 고시규정에 대해서는 이를 훈시규정이라 보는 견해(훈시규정설)도 있으나, 행정심판의 청구기회를 보장하고 행정의 적정화를 위한 강행규정 또는 의무규정으로 보는 견해(강행규정설·의무규정설)가 다수의 입장이다.

(2) 종류

① **직권에 의한 고지** : 직권에 의한 고지란 처분 상대방의 신청 유무에 관계없이 행정청이 직권으로 고지하여야 하는 경우를 말한다. 행정청이 처분을 할 때에는 처분의 상대방에게 행하는 행정심판의 고지가 여기에 해당한다(제58조 제1항).

② **신청(청구)에 의한 고지** : 행정청이 이해관계인으로부터 고지를 요청받아 행하는 고지를 말한다. 행정청이 이해관계인의 요구로 행정심판의 대상 여부와 소관 위원회 및 심판청구 기간 등에 대해 고지하는 것이 여기에 해당한다(동조 제2항).

(3) 고지의무위반

① 위반의 효과 : 고지의무를 위반해도 처분 그 자체의 효력에는 영향이 없다.

> 관련 판례 : 고지절차에 관한 규정은 행정처분의 상대방이 그 처분에 대한 행정심판의 절차를 밟는 데 있어 편의를 제공하려는 데 있으며 처분청이 위 규정에 따른 고지의무를 이행하지 아니하였다고 하더라도 경우에 따라서는 행정심판의 제기기간이 연장될 수 있는 것에 그치고 이로 인하여 심판의 대상이 되는 행정처분에 어떤 하자가 수반된다고 할 수 없다(대판 1987. 11. 24, 87누529).

② 불고지 · 오고지의 효과

㉠ 송부 · 통지의무 : 행정청이 고지를 하지 않거나(불고지) 잘못 고지하여(오고지) 청구인이 심판청구서를 다른 행정기관에 제출한 경우에는 그 행정기관은 그 심판청구서를 지체 없이 정당한 권한이 있는 피청구인에게 보내야 하며, 지체 없이 그 사실을 청구인에게 알려야 한다(제23조 제2항 · 제3항).

㉡ 청구기간에 미치는 효과

• 불고지 : 행정청이 심판청구 기간을 알리지 않은 경우에는 행정심판은 처분이 있었던 날부터 180일 이내에 심판청구를 할 수 있다(제27조 제3항 · 제6항).

• 오고지 : 행정청이 심판청구 기간을 '처분이 있음을 알게 된 날부터 90일 이내'보다 긴 기간으로 잘못 알린 경우 그 잘못 알린 기간에 심판청구가 있으면 그 행정심판은 규정된 기간에 청구된 것으로 본다(동조 제1항 · 제5항).

• 심판청구 기간의 계산 : 심판청구 기간을 계산할 때에는 불고지나 오고지로 다른 행정기관에 심판청구서가 제출되었을 때에 행정심판이 청구된 것으로 본다(제23조 제4항).

제3절 행정소송

1. 개설

(1) 의의

행정소송이라 함은 행정법관계에 관한 분쟁과 관련한 당사자의 소 제기에 의하여 법원이 심리 · 판단하는 정식쟁송절차를 말한다.

(2) 성질

행정소송의 대상은 행정사건에 대해 구체적·법률적 다툼에 대한 법률적 해석 및 적용을 통하여 해결하는 사법적 작용이라는 것이 지배적이다.

(3) 유사제도와의 구별

① 민사소송과 형사소송 : 행정소송은 행정사건, 즉 행정에 관한 공법상 분쟁을 그 대상으로 하는 데 비해 민사소송은 사법상 권리관계에 관한 소송이고, 형사소송은 국가형벌권의 존부·범위에 관한 소송이라는 점에서 구별된다.

② 행정심판

㉠ 행정심판과 행정소송의 공통점 : 쟁송사항의 개괄주의 채택, 사정판결과 재결, 집행부정지, 불고불리와 불이익변경금지의 원칙, 직권증거조사 등

㉡ 행정심판과 행정소송의 차이점

구분	행정심판	행정소송
성질	행정작용, 약식쟁송	사법작용, 정식쟁송
재판기관	행정심판위원회	법원(행정법원, 고등법원, 대법원)
쟁송사항(대상)	위법·부당한 처분 • 공익문제(당·부당 문제) • 법률문제(적법·위법 문제) • 사실문제	위법한 처분 • 공익문제는 재량권의 남용·일탈인 경우에만 대상이 됨 • 법률문제(적법·위법문제) • 사실문제
절차	구술심리·서면심리 모두 가능, 비공개원칙	구술심리주의, 공개의 원칙
재소기간	처분이 있음을 알게 된 날부터 90일, 처분이 있었던 날부터 180일 이내에 행정심판을 청구하여야 함	처분이 있음을 안 날로부터 90일(행정심판을 거친 경우는 재결서정본을 송달받은 날로부터 90일), 처분이 있은 날로부터 1년 이내에 제기해야 함

(4) 행정소송의 기능

① 권리구제의 기능 : 행정소송절차를 통하여 행정청의 위법한 처분 그 밖에 공권력의 행사·불행사 등으로 인한 국민의 권리 또는 이익의 침해를 구제한다.

② 행정통제의 기능 : 행정소송은 공법상의 권리관계 또는 법적용에 관한 다툼을 적정하게 해결함을 목적으로 한다. 이를 통해 행정의 통제와 행정의 효율성을 도모할 수 있다.

③ 권리구제와 행정통제의 관계 : 행정소송의 목적은 무엇보다 권리구제에 있으므로, 행정통제는 개인의 권리구제 범위 내에서 이루어져야 하는 것이 권력분립의 원칙에 합당할 것이다.

(5) 우리나라의 행정소송제도(행정소송법)

① **행정쟁송제도의 유형** : 대륙법계는 독자적인 행정재판제도를 취하고 있으며 영미법계에서는 사법심사제도를 취하고 있는데, 우리나라는 국민의 권익보호를 위하여 독립된 지위와 완비된 소송절차를 갖추고 있는 일반법원에서 심리·판단하는 사법심사제도를 취하고 있다. 이에 행정소송법 제9조에서 "취소소송의 제1심관할법원은 피고의 소재지를 관할하는 행정법원으로 한다. 중앙행정기관, 중앙행정기관의 부속기관과 합의제행정기관 또는 그 장과 국가의 사무를 위임 또는 위탁받은 공공단체 또는 그 장에 해당하는 피고에 대하여 취소소송을 제기하는 경우에는 대법원소재지를 관할하는 행정법원에 제기할 수 있다.

② **법적 근거** : 헌법 제101조 제1항 및 제2항, 제107조의 규정 취지에 따라 일반법으로서 행정소송법을 두고 있다. 또한, 행정소송법의 특별법으로 공직선거법, 공익사업을위한토지등의취득및보상에관한법률, 특허법 등이 있다.

③ **특색** : 행정소송은 법원이 정식쟁송절차에 의하여 행하는 사법작용이라는 점에서 민사소송과 그 본질을 같이하여 민사소송의 여러 요소를 규정하고 있다. 하지만 동시에 행정소송은 공익실현을 위한 공권력 행사에 대한 통제를 통한 권리구제라는 여러 특성도 있는바, 민사소송과는 다른 여러 제도를 두고 있다. 이를 구체적으로 본다면, 다음과 같다.

　㉠ 관할법원(행정소송법 제9조), 관련청구소송의 병합(동법 제10조)

　㉡ 원고적격의 확대(동법 제12조), 피고의 특수성(동법 제13조), 제3자·행정청의 소송참가 인정(동법 제16조)

　㉢ 행정심판전치주의(동법 제18조), 제소기간의 제한(동법 제20조), 집행부정지원칙의 채택(동법 제23조)

　㉣ 직권증거조사주의(동법 제26조)

　㉤ 사정판결(동법 제28조), 취소판결의 대세적 효력(동법 제29조), 재처분의무(동법 제30조 제2항)

　㉥ 제3자에 의한 재심청구 인정(동법 제31조) 및 간접강제 인정(동법 제34조)

④ **문제점** : 행정소송법은 개괄주의를 채택하고 있으나, 협소한 처분개념과 제한된 소송형식(사실행위 등을 제외)으로 인하여 위법한 모든 공법작용에 대한 권리침해를 구제할 수 없다는 것이 중요한 문제가 된다. 개괄적으로 문제를 검토하면 다음과 같다.

　㉠ 의무이행소송의 부인(부작위위법확인소송만 인정)

　㉡ 가구제절차의 불비(집행정지 요건의 엄격성, 가처분제도 미채택)

　㉢ 자료제출요구제도의 미흡(행정심판기록 제출명령신청권만 인정)

Check Point

대한민국헌법 제101조 제1항·제2항
- 제1항 : 사법권은 법관으로 구성된 법원에 속한다.
- 제2항 : 법원은 최고법원인 대법원과 각급법원으로 조직된다.

Check Point

대한민국헌법 제107조
① 법률이 헌법에 위반되는 여부가 재판의 전제가 된 경우에는 법원은 헌법재판소에 제청하여 그 심판에 의하여 재판한다.
② 명령·규칙 또는 처분이 헌법이나 법률에 위반되는 여부가 재판의 전제가 된 경우에는 대법원은 이를 최종적으로 심사할 권한을 가진다.
③ 재판의 전심절차로서 행정심판을 할 수 있다. 행정심판의 절차는 법률로 정하되, 사법절차가 준용되어야 한다.

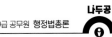

기출 Plus

지방직 9급 기출

01. 행정소송법에 관한 설명으로 옳지 않은 것은?

① 행정소송법 제3조에서는 행정소송을 취소소송, 당사자소송, 민중소송, 기관소송으로 구분한다.
② 당사자소송이란 행정청의 처분 등을 원인으로 하는 법률관계에 관한 소송 그 밖에 공법상의 법률관계에 관한 소송으로서 그 법률관계의 한쪽 당사자를 피고로 하는 소송을 말한다.
③ 취소소송이란 행정청의 위법한 처분 등을 취소 또는 변경하는 소송을 말한다.
④ 기관소송이란 국가 또는 공공단체의 기관상호 간에 있어서의 권한의 존부 또는 그 행사에 관한 다툼이 있을 때에 이에 대하여 제기하는 소송을 말한다.

테 행정소송법 제3조에서는 행정소송의 종류를 항고소송, 당사자소송, 민중소송, 기관소송으로 구분하고 있다.

답 01 ①

ㄹ 단체소송의 미채택 등

(6) 행정소송의 종류

① 내용에 의한 분류

㉠ 법정소송

• 항고소송 : 항고소송이란 행정청의 처분 등이나 부작위에 대하여 제기하는 소송, 즉 행정청이 우월한 지위에서 행하는 공권력의 행사·불행사를 직접 다투는 소송을 말한다(행정소송법 제3조 제1호). 항고소송에는 취소소송, 무효등확인소송, 부작위위법확인소송이 있다(동법 제4조). 행정소송법 제4조를 예시적 규정이라고 본다면, 이는 법정항고소송이라 할 수 있고, 그 외의 소송을 무명항고소송이라 할 수 있을 것이다.

• 당사자소송 : 행정청의 처분 등을 원인으로 하는 법률관계에 관한 소송 그 밖에 공법상의 법률관계에 관한 소송으로서 그 법률관계의 한쪽 당사자를 피고로 하는 소송을 말한다(동법 제3조 제2호). 이러한 당사자소송은 대등한 지위의 권리주체가 다투는 소송으로서 실질적 당사자소송과 형식적 당사자소송으로 구분된다.

• 민중소송 : 국가 또는 공공단체의 기관이 법률에 위반되는 행위를 한 때에 직접 자기의 법률상 이익과 관계없이 그 시정을 구하기 위하여 제기하는 소송을 말한다(동조 제3호).

• 기관소송 : 국가 또는 공공단체의 기관 상호 간에 있어서의 권한의 존부 또는 그 행사에 관한 다툼이 있을 때에 이에 대하여 제기하는 소송을 말한다. 다만, 헌법재판소법 제2조의 규정에 의하여 헌법재판소의 관장사항으로 되는 소송은 제외한다(동조 제4호).

법정소송의 구분

주관적 소송	항고소송	취소소송, 무효등확인소송, 부작위위법확인소송
	당사자소송	형식적 당사자소송, 실질적 당사자소송
객관적 소송	민중소송, 기관소송	

㉡ 무명항고소송(비법정항고소송)

• 의미 : 행정소송법 제4조에 명문으로 규정된 항고소송 이외의 항고소송을 말한다(의무이행소송, 예방적 부작위소송 등).

• 학설 및 판례 : 제4조를 열거규정으로 보아 무명항고소송을 부정하는 견

해(소극설)와 이를 예시적 규정으로 보아 무명항고소송을 인정하는 견해(적극설)의 대립이 있다. 판례는 소극설을 취하여 항고소송 이외의 무명항고소송을 인정하지 않고 있다.

> 관련 판례 : 현행 행정소송법상 의무이행소송이나 의무확인소송은 인정되지 않으며, 행정심판법이 의무이행심판청구를 할 수 있도록 규정하고 있다고 하여 행정소송에서 의무이행청구를 할 수 있는 근거가 되지 못한다(대판 1992. 2. 11, 91누4126).

② 성질에 의한 분류

㉠ **형성의 소** : 형성의 소는 행정상 기존의 법률관계를 변경·소멸하거나 새로운 법률관계를 발생시키는 판결을 구하는 소송으로서 항고소송 중 취소소송이 해당된다.

㉡ **이행의 소** : 이행의 소는 이행청구권의 확정과 피고에게 이행명령을 구하는 소송으로서 의무이행소송이나 일정한 이행명령을 구하는 당사자소송이 해당된다.

㉢ **확인의 소** : 확인의 소는 권리 또는 법률관계의 존재 또는 부존재의 확정·선언을 구하는 소송으로서 항고소송 중 무효등확인소송 및 부작위위법확인소송, 공법상 법률관계의 존부확인을 구하는 당사자소송 등이 해당된다.

(7) 행정소송의 한계

① **사법권의 본질에서 오는 한계** : 법원조직법 제2조에 "법원은 헌법에 특별한 규정이 있는 경우를 제외한 일체의 법률상의 쟁송을 심판한다."고 규정하여 사법작용의 대상을 '법률상 쟁송'에 한하고 있다. 따라서 행정소송의 대상은 당사자 간 구체적인 권리·의무에 관한 다툼(구체적 사건성)으로, 법령의 해석·적용을 통해 해결할 수 있는 분쟁(법적 해결가능성)이어야 한다.

㉠ **구체적 사건성**

• **사실행위** : 사실행위 자체는 권리·의무관계가 성립하지 않으므로 사실행위는 행정소송의 대상이 되지 않는다(대판 1990. 11. 23, 90누3553). 다만, 권력적 사실행위의 경우에는 소송을 제기할 수 있다.

• **반사적 이익** : 법률상의 이익이 침해되지 않는 반사적 이익은 행정소송의 대상이 되지 않는다. 다만, 반사적 이익 중에서도 법에 의하여 보호되는 이익에 대해 행정소송의 원고적격을 확대하는 것이 통설과 판례의 추세이다.

> 관련 판례 : 행정처분의 직접 상대방이 아닌 제3자라 하더라도 당해 행정처분으로 인하여 법률상 보호되는 이익을 침해당한 경우에는 그 처분의 취소나 무효확인을 구하는 행정소송을 제기하여 그 당부의 판단을 받을 자격이 있으며, 여기에서 말하는 법률상

Check Point

행정소송의 본질적 한계

행정소송 그 자체가 법률의 해석·적용에 대한 법 판단작용으로서 사법작용의 성격을 가지고 있어 권력분립의 원칙상 사법권이 미치는 한계 내에서만 이루어져야 한다. 따라서 이러한 측면에서 행정소송에는 사법권의 본질에서 오는 한계와 권력분립의 원칙에서 오는 일정한 한계가 있다.

> 보호되는 이익은 당해 처분의 근거 법규 및 관련 법규에 의하여 보호되는 개별적 · 직접적 · 구체적 이익을 말한다(대판 2006. 7. 28, 2004두6716).

- **추상적 규범통제(법령의 효력 및 해석)** : 법령의 일반적 · 추상적인 효력 내지 그 해석에 관한 분쟁은 구체적 권리 · 의무관계에 관한 쟁송이 아니므로 행정소송의 대상이 되지 않는다(대판 1992. 3. 10, 91누12639). 그러나 법령 그 자체가 직접 · 구체적으로 국민의 권리 · 의무에 영향을 미치는 처분적 법령인 경우에는 행정소송의 대상이 된다.
- **객관적 소송** : 객관적 소송인 민중소송과 기관소송은 개인의 권리 · 이익을 위한 것이 아니므로 법률적 쟁송으로 볼 수 없다. 따라서 법률에 의하여 특별히 인정된 경우를 제외하고는 행정소송의 대상이 될 수 없다.

ⓛ **법 적용상의 한계**

- **학문 · 문화적 · 예술적 차원의 분쟁** : 예컨대, 잘못된 역사적 사실에 대한 무효확인과 의무확인을 구하는 행정소송은 허용되지 않는다. 법률의 적용에 의해 해결될 수 있는 성질의 것이 아니기 때문이다.
- **행정상 방침규정(훈시규정)** : 훈시규정 위반은 위법의 문제가 생기지 않으므로 행정소송의 대상이 되지 않는다.
- **재량행위** : 재량권행사의 잘못이 있다고 하더라도 부당의 문제에 그치고 위법은 아니므로 행정소송의 대상이 되지 않는다. 다만, 재량권을 일탈 · 남용한 경우에는 재량행위가 위법하게 되므로 행정소송을 통한 통제가 가능하다.

> 관련 판례 : 행정주체는 구체적인 행정계획을 입안 · 결정함에 있어서 비교적 광범위한 형성의 자유를 가지는 것이지만, 행정주체가 가지는 이와 같은 형성의 자유는 무제한적인 것이 아니라 그 행정계획에 관련되는 자들의 이익을 공익과 사익 사이에서는 물론이고 공익 상호간과 사익 상호간에도 정당하게 비교교량하여야 한다는 제한이 있으므로, 행정주체가 행정계획을 입안 · 결정함에 있어서 이익형량을 전혀 행하지 아니하거나 이익형량의 고려 대상에 마땅히 포함시켜야 할 사항을 누락한 경우 또는 이익형량을 하였으나 정당성과 객관성이 결여된 경우에는 위법하다(대판 2006. 9. 8, 2003두5426).

- **특별권력관계** : 종래의 특별권력관계이론에 의하면 특별권력관계 내에서의 행위는 사법심사의 대상이 되지 않는다. 그러나 오늘날은 특별권력관계의 행위에 관한 다툼도 그것이 법률상 이익에 관한 분쟁이기만 하면 사법심사의 대상이 된다는 것이 일반적인 견해이다(대판 91누2144).
- **통치행위** : 통설 · 판례는 통치행위를 일반적으로 인정하고 있으므로 사법심사는 허용되지 않는다 할 것이나, 그 범위는 축소되는 경향에 있다.
- **기타** : 검사의 불기소처분, 통고처분, 행정지도, 공법상 계약(항고소송의

대상은 되지 않으나 당사자소송의 대상은 됨) 등도 행정소송의 대상으로 보지 않는다.

② **권력분립에서 오는 한계** : 이는 사법부가 행정부에 대한 적극적 이행 또는 형성, 부작위를 요구하는 판결을 함으로써 행정부의 고유한 권한을 침해할 수 없다는 것을 말한다. 이에 행정소송의 한계로서 제기되는 문제의 핵심은 의무이행소송 · 예방적 부작위를 구하는 소송 등이 인정될 수 있는가의 여부이다.

㉠ 의무이행소송

- 의의 : 상대방의 신청에 대해 행정청이 일정한 처분을 할 법적 의무가 있음에도 불구하고 이를 거부하거나 부작위를 한 경우, 법원에 당해 처분을 명하는 판결을 구하는 소송을 말한다.
- 인정 여부
  - 소극설 : 행정소송법 제4조의 항고소송의 종류는 열거적 · 제한적인 것이며, 법원이 행정청에 대하여 어떠한 처분을 명하는 것은 행정기관의 제1차적 판단권을 침해하는 것으로 권력분립의 원칙에 반한다는 등의 논거로 의무이행소송은 허용되지 않는다는 견해이다.
  - 적극설 : 행정소송법 제4조의 항고소송의 종류는 예시적인 것이며, 제4조 제1호의 변경에는 적극적 변경도 포함된다. 법원이 적극적으로 이행판결을 함으로써 행정권을 통제하는 것은 권력분립의 정신에 실질적으로 부합한다는 등의 논거로 의무이행소송이 허용된다는 견해이다.
  - 절충설 : 의무이행소송은 행정청이 제1차적 판단권을 행사할 수 없을 정도로 처분요건이 일의적으로 정해져 있고, 사전에 구제하지 않으면 회복할 수 없는 손해가 발생할 수 있으며, 다른 구제방법이 없는 경우에만 인정된다는 견해이다.
  - 판례 : 행정청에 대해 행정상의 처분을 구하는 청구는 특별한 규정이 없는 한 행정소송의 대상이 될 수 없다고 판시하여 소극설을 취한다.

> 관련 판례 : 검사에게 압수물 환부를 이행하라는 청구는 행정청의 부작위에 대하여 일정한 처분을 하도록 하는 의무이행소송으로 현행 행정소송법상 허용되지 아니한다(대판 1995. 3. 10, 94누14018).

㉡ 예방적 부작위소송

- 의의 : 행정청이 특정한 행정행위나 그 밖의 행정작용을 하지 않을 것을 구하는 내용의 행정소송을 말한다. 이는 예방적 금지소송이라고도 한다.
- 인정 여부
  - 소극설 : 행정소송법 제4조의 항고소송의 종류는 제한적 · 열거적인

것이며, 예방적 부작위소송을 인정하면 남소가 우려되고 부작위위법 확인소송에 관한 규정들이 사문화된다는 등의 논거로 예방적 부작위 소송은 허용되지 않는다는 견해이다.

– 적극설 : 행정소송법 제4조의 항고소송의 종류는 예시적인 것이며, 취 소소송보다는 권익의 침해를 미리 막는 예방적 부작위소송이 보다 국 민의 권익구제에 적절하다는 등의 논거로 예방적 부작위소송은 허용 된다는 견해이다.

– 판례 : 소극설을 취하여 행정소송법상 행정청이 일정한 처분을 하지 못하도록 그 부작위를 구하는 청구는 허용되지 않는 부적법한 소송이 라 판시하였다(대판 2006. 5. 25, 2003두11988).

ⓒ **작위의무확인소송** : 작위의무확인소송이란 행정청에 대해 일정한 행위를 하여야 할 작위의무가 있음의 확인을 구하는 소송을 말한다. 판례는 작위 의무의 확인을 구하는 행정소송은 허용되지 않는다고 판시하였다.

> 관련 판례 : 피고 국가보훈처장 등에게, 독립운동가들에 대한 서훈추천권의 행사가 적정 하지 아니하였으니 이를 바로잡아 다시 추천하고, 잘못 기술된 독립운동가의 활동상을 고 쳐 독립운동사 등의 책자를 다시 편찬, 보급하고, 독립기념관 전시관의 해설문, 전시물 중 잘못된 부분을 고쳐 다시 전시 및 배치할 의무가 있음의 확인을 구하는 청구는 작위의무 확인소송으로서 항고소송의 대상이 되지 아니한다(대판 1990. 11. 23, 90누3553).

2. 취소소송

(1) 개설

① **의의** : 취소소송이란 행정청의 위법한 처분 등을 취소 또는 변경하는 소송을 말한다(행정소송법 제4조 제1호).

② **종류** : 취소소송의 대상이 되는 처분 등은 처분과 재결이다. 따라서 위법한 처 분과 재결(당해 재결 자체에 고유한 위법이 있음을 이유로 함)에 대한 취소 · 변경의 소를 구할 수 있다. 그 유형은 처분취소소송과 처분변경소송 · 재결취 소소송과 재결변경소송, 그리고 판례상 인정된 무효인 처분에 대하여 무효선 언을 구하는 취소소송으로 구분된다.

③ **성질** : 취소소송은 본질적으로 사인의 권리구제를 목적으로 하는 주관적 소송 으로, 그 법적 성질에 대해 다음과 같은 견해의 대립이 있다.

㉠ **학설**

• 확인소송설 : 취소소송은 처분당시에 있어서 처분의 위법성을 확인하는 것이다.

'처분 등'의 의미

여기서 '처분 등'이라 함은 행정청 이 행하는 구체적 사실에 관한 법 집행으로서의 공권력의 행사 또 는 그 거부와 그 밖에 이에 준하 는 행정작용("처분") 및 행정심판 에 대한 재결을 말한다(행정소송 법 제2조 제1항 제1호).

- 형성소송설(통설) : 취소소송은 위법처분으로 발생한 위법상태를 제거하고, 유효한 처분 등의 효력을 소멸시킨다.
- 준형성소송설 : 취소소송은 확인적 소송과 형성적 소송의 성질 모두 갖는다.

ⓒ 판례 : 형성소송설을 취하고 있다.

> 관련 판례 : 위법한 행정처분의 취소를 구하는 소는 위법한 처분에 의하여 발생한 위법상태를 배제하여 원상으로 회복시키고, 그 처분으로 침해되거나 방해받은 권리와 이익을 보호·구제하고자 하는 소송이다(대판 1996. 2. 9, 95누14978).

④ **소송의 대상(소송물)** : 소송물의 개념은 행정소송 해당여부, 소송의 종류, 관할법원, 소의 병합과 소의 변경 등의 기준이 되는데, 동일한 소송물에 대한 소송은 이중소송이 된다. 그러나 행정소송법상 일치된 소송물의 개념이 없어 여러 견해가 있으나, 통설과 판례는 '그 취소원인이 되는 위법성 일반'이라 하여(대판 89누5386) 행정행위의 위법성 그 자체를 소송의 대상으로 보았다.

⑤ **취소소송요건과 본안요건** : 취소소송을 제기하여 법원으로부터 본안에 관한 승소판결을 받기 위해서는 취소소송의 요건과 본안요건을 갖추어야 한다.

ⓐ **취소소송의 요건** : 소송요건은 청구의 당부(當否)에 관한 법원의 본안판결을 구하기 위한 요건으로, 행정청의 위법한 처분 등에 대하여, 그 취소·변경을 구할 법률상 이익이 있는 자(원고)가, 처분 등을 행한 행정청을 피고로 하여 개별법에 특별한 규정이 있는 경우에는 행정심판을 거쳐, 제소기간 내에, 소장으로, 관할법원에 제기하여야 한다(여기서 행정청의 위법한 처분 등과 원고에 대한 내용은 실질적 요건이고, 나머지는 형식적 요건임). 아울러 당사자 사이의 소송대상에 대하여 기판력이 있는 판결이 없어야 하고, 중복제소도 아니어야 한다. 이러한 소송요건의 구비 여부는 법원의 직권사항에 해당되며, 이 소송요건을 구비하지 못한 소는 부적법하므로 법원은 각하한다.

ⓑ **본안요건** : 본안요건은 처분의 위법성으로, 이는 본안판단의 대상이 된다. 통설과 판례는 취소소송의 대상물을 '그 취소원인이 되는 위법성 일반'이라고 하여(대판 89누5386) 행정행위의 위법성 그 자체만으로 이해하므로, '위법성'만을 본안판단의 대상으로 본다. 그러나 '위법성과 권리침해의 문제'를 본안판단의 대상으로 보는 견해도 있다.

(2) 취소소송의 재판관할

① **심급관할** : 취소소송은 지방법원급인 행정법원을 제1심법원으로 하며, 그 항소심을 고등법원, 상고심을 대법원이 담당하는 3심제를 채택하고 있다.

② **사물관할** : 행정법원의 심판권은 판사 3인으로 구성된 합의부에서 한다. 다

만, 행정법원에 있어서 단독판사가 심판할 것으로 행정법원 합의부가 결정한 사건의 심판권은 단독판사가 행한다(법원조직법 제7조 제3항).

③ 토지관할

⊙ 취소소송은 피고인 행정청의 소재지를 관할하는 행정법원이 그 관할법원이다. 중앙행정기관, 중앙행정기관의 부속기관과 합의제행정기관 또는 그 장과 국가의 사무를 위임 또는 위탁받은 공공단체 또는 그 장에 해당하는 피고에 대하여 취소소송을 제기하는 경우에는 대법원소재지를 관할하는 행정법원에 제기할 수 있다(행정소송법 제9조 제1항, 제2항).

ⓛ 토지의 수용 기타 부동산 또는 특정의 장소에 관계되는 처분 등에 대한 취소소송은 그 부동산 또는 장소의 소재지를 관할하는 행정법원에 이를 제기할 수 있다(동조 제3항).

ⓒ 토지관할은 전속관할이 아니고 임의관할이다. 따라서 민사소송법상의 합의관할과 변론관할 등의 규정이 적용될 수 있다.

④ 관할법원에의 이송

⊙ 법원은 소송의 전부 또는 일부가 그 관할에 속하지 아니함이 인정될 때에는 관할법원에 이송한다.

ⓛ 원고의 법원은 원고의 고의 또는 중대한 과실 없이 행정소송이 심급을 달리하는 법원에 잘못 제기된 경우에도 이송한다(제7조).

> 관련 판례 : 행정소송법 제7조는 원고의 고의 또는 중대한 과실 없이 행정소송이 심급을 달리하는 법원에 잘못 제기된 경우에 민사소송법 제31조 제1항을 적용하여 이를 관할법원에 이송하도록 규정하고 있을 뿐 아니라, 관할 위반의 소를 부적법하다고 하여 각하하는 것보다 관할법원에 이송하는 것이 당사자의 권리구제나 소송경제의 측면에서 바람직하므로, 원고가 고의 또는 중대한 과실 없이 행정소송으로 제기하여야 할 사건을 민사소송으로 잘못 제기한 경우, 수소법원으로서는 만약 그 행정소송에 대한 관할도 동시에 가지고 있다면 이를 행정소송으로 심리 · 판단하여야 하고, 그 행정소송에 대한 관할을 가지고 있지 아니하다면 당해 소송이 이미 행정소송으로서의 전심절차 및 제소기간을 도과하였거나 행정소송의 대상이 되는 처분 등이 존재하지도 아니한 상태에 있는 등 행정소송으로서의 소송요건을 결하고 있음이 명백하여 행정소송으로 제기되었더라도 어차피 부적법하게 되는 경우가 아닌 이상 이를 부적법한 소라고 하여 각하할 것이 아니라 관할법원에 이송하여야 한다(대판 1997. 6. 30, 95다28960).

⑤ 관련청구소송의 이송 및 병합

⊙ 의의 : 행정소송법 제10조는 취소소송과 관련되는 소송에 대하여는 취소소송과 함께 변론을 병합하거나 취소소송이 계속된 법원에 이송할 수 있도록 하고 있다. 여기서의 관련청구소송에는 당해 처분 등과 관련되는 손해배상, 부당이득반환, 원상회복 등 청구소송, 당해 처분 등과 관련되는 취소소송이 있다.

ⓛ 관련청구소송의 이송 : 취소소송과 관련청구소송이 각각 다른 법원에 계속
되고 있는 경우에 관련청구소송이 계속된 법원이 상당하다고 인정하는 때
에는 당사자의 신청 또는 직권에 의하여 이를 취소소송이 계속된 법원으로
이송할 수 있다(제10조 제1항).

ⓒ 관련청구소송의 병합 : 취소소송에는 사실심의 변론종결 시까지 관련청구
소송을 병합하거나 피고 외의 자를 상대로 한 관련청구소송을 취소소송이
계속된 법원에 병합하여 제기할 수 있다(동조 제2항).

(3) 취소소송의 당사자와 참가자

① 당사자의 의의 : 당사자라 함은 취소소송에서 이해가 대립되는 원고와 피고,
참가인을 말한다. 당사자능력이란 소송 당사자가 될 수 있는 능력을 말하며,
자연인과 법인, 법인격 없는 사단·재단도 대표자 또는 관리인이 있으면 단체
의 이름으로 당사자가 될 수 있다.

② 원고적격

㉠ 원고적격의 의의 : 원고적격이란 취소소송에서 원고가 될 수 있는 자격을
말하므로 법률상 이익이 있는 자여야 한다. 따라서 취소소송은 처분 등의
취소를 구할 법률상 이익이 있는 자가 제기할 수 있다. 처분 등의 효과가
기간의 경과, 처분 등의 집행 그 밖의 사유로 인하여 소멸된 뒤에도 그 처
분 등의 취소로 인하여 회복되는 법률상 이익이 있는 자의 경우에는 또한
같다(제12조).

㉡ 법률상 이익의 주체 : 법률상 이익이 있는 자는 자연인과 법인, 법인격 없
는 사단이나 재단도 포함되며, 인인(隣人)소송, 경업자소송, 경원자소송,
환경소송, 소비자소송, 약해(藥害)소송 등의 형태에서 이중효과적 행정행
위에 있어서 처분의 직접 상대방이 아닌 법률상 이익이 침해된 제3자도 포
함된다(대판 2004두6716). 다만, 행정심판의 피청구인 행정청이 인용재결
을 한 경우 재결의 기속력으로 인해 취소소송을 제기할 수 없다(대판 97누
15432).

원고적격 관련 판례
• 제3자 : 행정처분의 직접 상대방이 아닌 제3자라 하더라도 당해 행정처분으로 인하여 법률상 보호되는
이익을 침해당한 경우에는 그 처분의 취소나 무효확인을 구하는 행정소송을 제기하여 그 당부의 판단
을 받을 자격, 즉 원고적격이 있고, 여기에서 말하는 법률상 보호되는 이익은 당해 처분의 근거 법규 및
관련 법규에 의하여 보호되는 개별적·직접적·구체적 이익을 말하며, 원고적격은 소송요건의 하나이
므로 사실심 변론종결 시는 물론 상고심에서도 존속하여야 하고 이를 흠결하면 부적법한 소가 된다(대
판 2007. 4. 12, 2004두7924).

 지방직 9급 기출

**02. 판례의 입장으로 옳지 않
은 것은?**
① 항공노선에 대한 운수권 배
분은 항고소송의 대상이 되
는 행정처분에 해당한다.
② 표준공시지가결정이 위
법한 경우에는 수용보상금
의 증액을 구하는 소송에서
도 선행처분으로서 그 수용
대상 토지가격 산정의 기초
가 된 비교표준공시지가
결정의 위법을 독립한 사유
로 주장할 수 있다.
③ 주민등록의 신고는 행정청
에 도달하기만 하면 신고로
서의 효력이 발생하는 것이
아니라 행정청이 수리한 경
우에 비로소 신고의 효력이
발생한다.
④ 환경상 이익에 대한 침해
또는 침해 우려가 있는 것
으로 사실상 추정되어 원고
적격이 인정되는 사람에는
환경상 침해를 받으리라고
예상되는 영향권 내의 주민
들을 비롯하여 단지 그 영
향권 내의 건물·토지를 소
유하거나 환경상 이익을 일
시적으로 향유하는 데 그치
는 사람도 포함된다.

해 판례는 단지 환경 침해가 예
상되는 영향권 내에 건물·
토지를 소유하거나 환경상
이익을 일시적으로 향유하는
데 그치는 사람에 대해서는
원고적격이 인정되지 않는다
고 하였다.

 02 ④

> • 기존 업자 : 일반적으로 면허나 인 · 허가 등의 수익적 행정처분의 근거가 되는 법률이 해당 업자들 사이의 과당경쟁으로 인한 경영의 불합리를 방지하는 것도 그 목적으로 하고 있는 경우, 다른 업자에 대한 면허나 인 · 허가 등의 수익적 행정처분에 대하여 이미 같은 종류의 면허나 인 · 허가 등의 수익적 행정처분을 받아 영업을 하고 있는 기존의 업자는 경업자에 대하여 이루어진 면허나 인 · 허가 등 행정처분의 상대방이 아니어도 당해 행정처분의 취소를 구할 원고적격이 있다(대판 2006. 7. 28, 2004두6716).

ⓒ 법률상 이익의 학설 : 법률상 이익이란 용어는 불확정한 개념이라 이에 대해 견해의 대립이 있다.

- 권리구제설(권리향유회복설) : 권리를 침해당한 자만이 법률상 이익을 갖는다는 견해이다.
- 법률상 보호이익구제설 : 관계법규의 목적 또는 취지가 개인의 이익도 보호하고자 하는 경우에만 법률상 이익을 갖는다는 견해이다(통설 · 판례).
- 보호가치이익구제설 : 법에 의해 보호되는 이익이 아니라고 하여도 그 이익의 실질적인 내용이 재판상 보호할 가치가 있다고 판단되는 경우에도 법률상 이익이 있다는 견해이다.
- 적법성보장설 : 당해 처분이 적법성을 침해하는 것이라고 판단되면 원고적격을 인정해야 한다는 견해이다.
- 판례의 입장 : 보호가치이익설을 따른 듯한 판례도 있지만 원칙상 법률상 보호이익설에 입각하고 있다. 다만, 판례는 법률상 이익의 범위를 점차 넓혀가는 경향이 있다.

> 관련 판례 : 행정소송법 제12조에서 말하는 법률상 이익이란 당해 행정처분의 근거 법률에 의하여 보호되는 직접적이고 구체적인 이익을 말하고 당해 행정처분과 관련하여 간접적이거나 사실적 · 경제적 이해관계를 가지는 데 불과한 경우는 여기에 포함되지 아니하나, 행정처분의 직접 상대방이 아닌 제3자라 하더라도 당해 행정처분으로 인하여 법률상 보호되는 이익을 침해당한 경우에는 취소소송을 제기하여 그 당부의 판단을 받을 자격이 있다(대판 2007. 1. 25, 2006두12289).

ⓓ 법률상 이익의 기준시점 : 법률상 이익의 유무판단의 기준시는 행정행위의 성립 시를 기준으로 하는 것이 아니라, 사실심변론종결시를 표준으로 한다.

ⓔ 법률상 이익의 존부판단 : 법률상 이익의 존부판단은 당해 법률과 관계 법률의 규정과 취지, 기본권규정도 고려하여야 한다는 것이 통설이나, 판례는 법규 또는 조리를 고려하여야 한다는 입장이다.

> 관련 판례 : 행정청이 국민의 신청에 대하여 한 거부행위가 항고소송의 대상이 되는 행정처분에 해당하려면, 행정청의 행위를 요구할 법규상 또는 조리상의 신청권이 그 국민에게 있어야 하고, 이러한 신청권의 근거 없이 한 국민의 신청을 행정청이 받아들이지 아니한 경우에는 그 거부로 인하여 신청인의 권리나 법적 이익에 어떤 영향을 주는 것이 아니므로 이를 항고소송의 대상이 되는 행정처분이라고 할 수 없다(대판 2003. 10. 23, 2002두12489).

Check Point

사실심변론종결 시
사실심은 사실 여부를 판단하는 심리를 말하며, 통상 2심(고등법원)까지 사실심을 진행한다. 따라서 사실심변론종결 시는 2심 재판의 변론이 종결되는 시점을 지칭한다고 할 수 있다.

ⓗ 협의의 소익(권리보호의 필요성) : 소송은 현실적 구제를 목적으로 하는 것이므로, 승소판결에 의하여 원고의 권익구제가 불가능하다면 소의 이익이 인정되지 않는다. 다만, 행정소송법 제12조에 근거하여 법률상 이익이 있는 한 부수적인 이익이라도 소익이 인정된다 할 것이다(대판 1977. 7. 12, 74누147).

- 처분의 효력이 소멸한 경우 : 처분의 효력이 소멸한 경우에는 통상 당해 처분의 취소를 통하여 회복할 법률상 이익이 없어 원칙적으로 소익이 인정되지 않는다. 예컨대, 영업정지처분에 대한 취소소송계속 중 정지기간이 도과한 경우에는 소의 이익이 없다. 다만, 다음과 같은 예외적인 경우 소익이 인정되고 있다.
  - 법규에 가중처분이 규정되어 있는 경우 : 제재적 처분이 장래의 제재적 처분의 가중요건으로 법규에 규정되어 있는 경우에는 소의 이익이 있다. 다만, 법규상 다른 행정처분의 가중처분요건이 되는 경우에도 실제로 가중처분을 받을 위험성이 없어진 경우에는 소의 이익이 없다.

> 관련 판례 : 건축사법 제28조 제1항이 건축사 업무정지처분을 연 2회 이상 받고 그 정지기간이 통산하여 12월 이상이 될 경우에는 가중된 제재처분인 건축사사무소 등록취소처분을 받게 되도록 규정하여 건축사에 대한 제재적인 행정처분인 업무정지명령을 더 무거운 제재처분인 사무소등록취소처분의 기준요건으로 규정하고 있으므로, 건축사 업무정지처분을 받은 건축사로서는 위 처분에서 정한 기간이 경과하였다 하더라도 위 처분을 그대로 방치하여 둠으로써 장래 건축사사무소 등록취소라는 가중된 제재처분을 받을 우려가 있어 건축사로서 업무를 행할 수 있는 법률상 지위에 대한 위험이나 불안을 제거하기 위하여 건축사 업무정지처분의 취소를 구할 이익이 있으나, 업무정지처분을 받은 후 새로운 업무정지처분을 받음이 없이 1년이 경과하여 실제로 가중된 제재처분을 받을 우려가 없어졌다면 위 처분에서 정한 정지기간이 경과한 이상 특별한 사정이 없는 한 그 처분의 취소를 구할 법률상 이익이 없다(대판 2000. 4. 21, 98두10080).

  - 대통령령 형식의 행정규칙에 가중처분이 규정되어 있는 경우 : 대통령령 형식의 행정규칙의 법적 성질에 대하여 다수설과 판례는 법규명령설을 취하고 있다. 따라서 대통령령 형식의 행정규칙에 가중제재가 규정된 경우에는 소의 이익이 있다고 보아야 한다(대판 1999. 2. 5, 98두13997).
  - 부령 형식의 행정규칙에 가중처분이 규정되어 있는 경우 : 종래 대법원 판례는 부령 형식의 행정규칙은 '행정규칙'에 불과하고 행정청에 대해 법적 구속력을 미치지 않으므로 소의 이익을 인정할 수 없다는 견해였으나, 최근 전원합의체 판결에서의 다수의견은 부령 형식의 행정규칙을 '행정규칙'으로 보면서도 소의 이익을 인정하였다.

> 관련 판례 : 제재적 행정처분이 그 처분에서 정한 제재기간의 경과로 인하여 그 효과가 소멸되었으나, 부령인 시행규칙 또는 지방자치단체의 규칙(이하 '규칙')의 형식으로 정한 처분기준에서 제재적 행정처분(이하 '선행처분')을 받은 것을 가중사유나 전제요건으로 삼아 장래의 제재적 행정처분(이하 '후행처분')을 하도록 정하고 있는 경우, 제재적 행정처분의 가중사유나 전제요건에 관한 규정이 법령이 아니라 규칙의 형식으로 되어 있다고 하더라도, 그러한 규칙이 법령에 근거를 두고 있는 이상 그 법적 성질이 대외적·일반적 구속력을 갖는 법규명령인지 여부와는 상관없이, 관할 행정청이나 담당공무원은 이를 준수할 의무가 있으므로 이들이 그 규칙에 정해진 바에 따라 행정작용을 할 것이 당연히 예견되고, 그 결과 행정작용의 상대방인 국민으로서는 그 규칙의 영향을 받을 수밖에 없다. 따라서 그러한 규칙이 정한 바에 따라 선행처분을 받은 상대방이 그 처분의 존재로 인하여 장래에 받을 불이익, 즉 후행처분의 위험은 구체적이고 현실적인 것이므로, 상대방에게는 선행처분의 취소소송을 통하여 그 불이익을 제거할 필요가 있다[대판 2006. 6. 22, 2003두1684(전합)].

- 원상회복이 불가능한 경우
  - 원칙 : 처분 등이 취소되어도 원상회복이 불가능한 경우에는 원칙적으로 소의 이익이 없다(대판 2007. 1. 11, 2004두8538). 예컨대 대집행 실행이 종료된 후 대집행 계고처분에 대한 취소소송을 제기하는 경우에는 소의 이익이 없다.
  - 예외 : 원상회복이 불가능하더라도 부수적 이익이 있는 경우는 소익이 인정된다. 예컨대 공무원이 파면처분을 다투고 있는 중에 정년에 도달하여 공무원의 지위를 회복할 수 없게 된 경우에도 그동안의 급여청구에는 소익이 있다(대판 1977. 7. 12, 74누147).
- 처분 후의 사정변경에 의해 이익침해가 해소된 경우
  - 원칙 : 처분 후의 사정변경에 의하여 이익침해가 해소된 경우에는 그 처분의 취소를 구할 소의 이익이 없다. 예컨대, 사법시험 1차 불합격처분의 취소를 구하는 소송계속 중 익년에 새로이 실시된 사법시험 1차 시험에서 합격한 경우에는 소의 이익이 없다(대판 1996. 2. 23, 95누2685).
  - 예외 : 고등학교에서 퇴학처분을 당한 이후 검정고시에 합격한 경우에는 고등학교 학생으로서의 신분과 명예가 회복될 수 없으므로 여전히 퇴학처분을 다툴 소의 이익이 있다(대판 1992. 7. 14, 91누4737).

 꼭! 확인 기출문제

다음 중 판례의 입장으로 옳지 않은 것은? [국가직 9급 기출]

① 구 도시및주거환경정비법상 행정청의 재개발조합설립인가 처분이 있은 이후에 조합설립결의의 하자를 이유로 민사소송으로 조합설립결의에 대한 무효확인을 구할 확인의 이익은 없다.

② 종전의 허가의 유효기간이 지난 후의 기간연장신청은 새로운 허가신청으로 보아 법의 관계규정에 의하여 허가요건의 적합 여부를 새로이 판단하여 허가 여부를 결정해야 한다.

❸ 제재적 행정처분의 가중요건이 부령 형식의 행정규칙으로 규정되어 있는 경우에 선행 제재처분의 제재기간이 경과한 후에는 그 처분의 취소를 구할 법률상 이익이 없다.

④ 시 청소차 운전수나 전입신고서에 확인인을 찍는 통장은 국가배상법 제2조의 공무원에 해당한다.

❸ ③ 판례는 제재적 행정처분의 가중요건이 부령형식의 행정규칙으로 규정되어 있다 하더라도 선행 제재처분을 가중사유 또는 전제요건으로 하는 후행처분을 받을 우려가 현실적으로 존재하는 경우에는 선행 제재처분의 제재기간이 경과한 후에도 그 취소를 구할 법률상 이익이 있다고 하였다[대판 2006. 6. 22, 2003두1684(전합)].

① 구 도시및주거환경정비법상 재개발조합설립 인가신청에 대하여 행정청의 조합설립인가처분이 있은 이후에 조합설립결의에 하자가 있음을 이유로 재개발조합 설립의 효력을 부정하기 위해서는 항고소송으로 조합설립인가처분의 효력을 다투어야 하고, 특별한 사정이 없는 한 이와는 별도로 민사소송으로 행정청으로부터 조합설립인가처분을 하는 데 필요한 요건 중의 하나에 불과한 조합설립결의에 대하여 무효확인을 구할 확인의 이익은 없다고 보아야 한다(대결 2009. 9. 24, 자 2009마168·169).

② 판례는 종전 허가의 유효기간이 지난 후의 기간연장신청은 종전의 허가신청과는 다른 새로운 허가신청으로 보아 법의 관계규정에 의해 허가요건의 적합 여부를 새로이 판단하여 허가 여부를 결정해야 한다고 하였다.

> 관련 판례 : 종전의 허가가 기한의 도래로 실효한 이상 원고가 종전 허가의 유효기간이 지나서 신청한 이 사건 기간연장신청은 그에 대한 종전의 허가처분을 전제로 하여 단순히 그 유효기간을 연장하여 주는 행정처분을 구하는 것이라기보다는 종전의 허가처분과는 별도의 새로운 허가를 내용으로 하는 행정처분을 구하는 것이라고 보아야 할 것이어서, 이러한 경우 허가권자는 이를 새로운 허가신청으로 보아 법의 관계 규정에 의하여 허가요건의 적합 여부를 새로이 판단하여 그 허가 여부를 결정하여야 할 것이다(대판 1995. 11. 10, 94누11866).

④ 판례는 시 청소차 운전수나 전입신고서에 확인인을 찍는 통장에 대해 모두 국가배상법 제2조의 공무원에 해당한다고 보았다.

> 관련 판례
> • 서울시 산하 구청소속의 청소차량 운전원이 지방잡급직원규정에 의하여 단순노무제공만을 행하는 기능직 잡급직원이라면 이는 지방공무원법 제2조 제2항 제7호 소정의 단순한 노무에 종사하는 별정직 공무원이다(대판 1980. 9. 24, 80다1051).
> • 국가배상법 제2조 소정의 "공무원"이라 함은 국가공무원법이나 지방공무원법에 의하여 공무원으로서의 신분을 가진 자에 국한하지 않고, 널리 공무를 위탁받아 실질적으로 공무에 종사하고 있는 일체의 자를 가리키는바, 서울특별시 종로구 통, 반설치조례에 의하면 통장은 동장의 추천에 의하여 구청장이 위촉하고 동장의 감독을 받아 주민의 거주·이동상황 파악 등의 임무를 수행하도록 규정되어 있고, 주민등록법 제14조와 같은 법 시행령 제7조의2 등에 의하면 주민등록 전입신고를 하여야 할 신고의무자가 전입신고를 할 경우에는 신고서에 관할이장(시에 있어서는 통장)의 확인인을 받아 제출하도록 규정되어 있는 점 등에 비추어 보면 통장이 전입신고서에 확인인을 찍는 행위는 공무를 위탁받아 실질적으로 공무를 수행하는 것이라고 보아야 하므로, 통장은 그 업무범위 내에서는 국가배상법 제2조 소정의 공무원에 해당한다(대판 1991. 7. 9, 91다5570).

③ 피고적격

ㄱ 처분청이 원칙 : 행정소송법 제13조 제1항은 "취소소송은 다른 법률에 특별한 규정이 없는 한 그 처분 등을 행한 행정청을 피고로 한다."고 규정하여, 처분청을 피고적격으로 하고 있다. 처분청이 합의제 행정청(예 토지수용위원회, 공정거래위원회)인 경우에는 합의제 행정청 자체가 피고가 된다(다만, 노동위원회법에서 중앙노동위원회의 처분에 대한 소는 중앙노동위원회의 위원장을 피고로 규정하고 있음).

ㄴ 예외

• 권한승계 : 처분 등이 있은 뒤에 그 처분 등에 관계되는 권한이 다른 행정청에 승계된 때에는 이를 승계한 행정청을 피고로 한다(제13조 제1항 단서).

기출 Plus 국가직 9급 기출

03. 행정소송법의 피고적격에 관한 설명으로 옳은 것은?

① 대법원은 처분청과 통지한 자가 다른 경우에는 통지한 자가 피고가 된다고 보았다.
② 중앙노동위원회의 처분에 대한 행정소송의 피고는 중앙노동위원회가 된다.
③ 조례가 항고소송의 대상이 되는 경우 조례를 재정한 지방의회가 피고가 된다.
④ 공무수탁사인은 당사자소송의 피고가 될 수 있다.

❸ 당사자소송은 국가·공공단체 그 밖의 권리주체를 피고로 하는데(→ 행정소송법 제39조), 공무수탁사인의 경우 국가나 공공단체로부터 수임한 행정사무를 집행하는 경우는 행정주체가 되므로 여기서의 '그 밖의 권리주체'에 해당하여 당사자소송의 피고가 될 수 있다.

답 03 ④

- 기관폐지 : 처분청이나 승계한 행정청이 없게 된 때에는 그 처분 등에 관한 사무가 귀속되는 국가 또는 공공단체를 피고로 한다(동조 제2항).
- 다른 법률의 규정 : 피고적격에 대해 다른 법률이 정하고 있으면 그에 따른다.

처분청	피고
대통령	소속장관
대법원장	법원행정처장
헌법재판소장	헌법재판소사무처장
중앙선거관리위원회위원장	중앙선거관리위원회사무총장
국회의장	• 공무원에 대한 징계 기타 불이익처분의 경우 : 국회규칙이 정하는 소속기관의 장 • 그 밖의 처분의 경우 : 국회사무총장

Check Point

행정소송법 제2조 제2항
이 법을 적용함에 있어서 행정청에는 법령에 의하여 행정권한의 위임 또는 위탁을 받은 행정기관, 공공단체 및 그 기관 또는 사인이 포함된다.

- 위임 · 위탁 : 권한의 위임 · 위탁의 경우에는 현실적으로 처분을 한 수임 · 수탁청이 피고가 되는데(제2조 제2항), 내부위임의 경우에 위임기관의 명의로 처분하였다면 위임기관이 피고(대판 1991. 10. 8, 91누520), 수임기관의 명의로 처분하였다면 수임기관이 피고(대판 1994. 8. 12, 94누2763)가 된다.
- 대리 : 원칙적으로 대리관계를 밝히고 처분을 한 경우 원 행정청이 피고가 되고, 대리관계를 밝히지 않고 자신명의로 처분한 경우에는 처분한 행정청이 피고가 된다.

> 관련 판례 : 대리권을 수여받은 데 불과하여 그 자신의 명의로는 행정처분을 할 권한이 없는 행정청의 경우 대리관계를 밝힘이 없이 그 자신의 명의로 행정처분을 하였다면 그에 대하여는 처분명의자인 당해 행정청이 항고소송의 피고가 되어야 하는 것이 원칙이지만, 비록 대리관계를 명시적으로 밝히지는 아니하였다 하더라도 처분명의자가 피대리 행정청 산하의 행정기관으로서 실제로 피대리 행정청으로부터 대리권한을 수여받아 피대리 행정청을 대리한다는 의사로 행정처분을 하였고 처분명의자는 물론 그 상대방도 그 행정처분이 피대리 행정청을 대리하여 한 것임을 알고서 이를 받아들인 예외적인 경우에는 피대리 행정청이 피고가 되어야 한다(대판 2006. 2. 23, 2005부4).

- 지방의회와 지방자치단체장
  - 지방의회의 의장선거, 지방의회의장에 대한 불신임의결, 지방의회의원에 대한 징계의결 등에 대하여 항고소송은 지방의회가 피고가 된다.
  - 처분적 조례에 대한 항고소송의 경우에는 조례를 공포한 지방자치단체장이 피고가 되며(대판 1996. 9. 20, 95누8003), 그 조례가 교육에 관한 것인 때에는 시 · 도교육감이 피고가 된다.
- ㉢ 피고경정(被告更正) : 피고경정이란 소송 중에 피고로 지정된 자를 다른 자

로 변경하는 것으로, 이는 소송진행의 효율성을 제고하기 위하여 도입된 제도이다. 피고경정은 사실심변론종결에 이르기까지 허용되는 것으로 해석하여야 할 것이고, 굳이 제1심 단계에서만 허용되는 것으로 해석할 근거는 없다(대결 자 2005부4).

- 잘못 지정한 경우 : 원고가 피고를 잘못 지정한 때에는 법원은 원고의 신청에 의하여 결정으로써 피고의 경정을 허가할 수 있고, 법원은 결정의 정본을 새로운 피고에게 송달하여야 한다(제14조 제1항·제2항). 피고의 잘못 지정에 대한 원고의 고의·과실 유무는 불문한다.

> 관련 판례 : 세무서장의 위임에 의하여 성업공사가 한 공매처분에 대하여 피고 지정을 잘못하여 피고적격이 없는 세무서장을 상대로 그 공매처분의 취소를 구하는 소송이 제기된 경우, 법원으로서는 석명권을 행사하여 피고를 성업공사로 경정하게 하여 소송을 진행하여야 한다(대판 1997. 2. 28, 96누1757).

- 처분청이 없게 된 경우 : 취소소송이 제기된 후에 처분청의 권한승계나 처분청이 없게 된 사유가 생긴 때에는 법원은 당사자의 신청 또는 직권에 의하여 피고를 경정한다. 이 경우에도 경정의 효과가 발생된다(동조 제6항).
- 경정허가의 효과 : 경정결정이 있은 때에는 종전의 피고에 대한 소송은 취하된 것으로 보며(제14조 제5항), 경정결정이 있은 때에는 새로운 피고에 대한 소송은 처음에 소를 제기한 때에 제기된 것으로 본다(동조 제4항).
- 경정각하 : 경정신청을 각하하는 결정에 대하여는 즉시항고할 수 있다(동조 제3항).

피고경정 관련 판례
- **행정소송에 있어서 예비적인 피고의 변경은 허용되지 않음** : 소위 주관적·예비적 병합은 행정소송법 제28조 제3항과 같은 예외적 규정이 있는 경우를 제외하고는 원칙적으로 허용되지 않는 것이고, 또 행정소송법상 소의 종류의 변경에 따른 당사자(피고)의 변경은 교환적 변경에 한한다고 봄이 상당하므로 예비적 청구만이 있는 피고의 추가경정신청은 허용되지 않는다(대결 1989. 10. 27, 자 89두1).
- **행정소송법 제10조 제2항 소정의 관련 청구병합의 경우 법원의 피고경정결정을 요하지 않음** : 행정소송법 제10조 제2항의 관련청구의 병합은 그것이 관련청구에 해당하기만 하면 당연히 병합청구를 할 수 있으므로 법원의 피고경정결정을 받을 필요가 없다(대결 1989. 10. 27, 자 89두1).

④ 소송참가
ㅇ 의의 : 소송계속 중에 소송 외의 제3자가 타인 간의 소송의 결과에 따라 자기의 법률상 이익에 영향을 미치게 될 경우에 자기의 이익을 위하여 취소소송과 이해관계가 있는 제3자나 다른 행정청을 소송에 참여시키는 제도를 소송참가제도라 한다. 소송참가제도는 취소소송 이외의 항고소송, 당사

 국가직 9급 기출

04. 제3자의 소송참가에 대한 설명으로 옳지 않은 것은?

① 제3자의 소송참가에는 신청에 의한 경우와 직권에 의한 경우가 있다.
② 행정소송법은 제3자 보호를 위하여 제3자의 소송참가 외에 제3자의 재심청구를 인정하고 있다.
③ 취소소송의 제3자 소송참가에 관한 규정은 무효등확인소송, 부작위위법확인소송, 당사자소송에도 준용된다.
④ 제3자는 판결의 형성력에 의해 권리 또는 이익의 침해를 받은 자를 말하며, 판결의 기속력에 의해 권리 또는 이익의 침해를 받은 경우는 포함되지 않는다.

해 제3자는 소송의 결과에 따라 권리 또는 이익의 침해를 받는 자를 말하는데, 여기에는 판결의 형성력 그 자체에 의해 권리 또는 이익을 침해받는 경우뿐만 아니라 판결의 기속력에 따른 행정청의 새로운 처분에 의해 권리 또는 이익을 침해받는 경우도 포함된다.

Check Point

민사소송법 제87조(소송대리인의 자격)
법률에 따라 재판상 행위를 할 수 있는 대리인 외에는 변호사가 아니면 소송대리인이 될 수 없다.

답 04 ④

자소송, 민중소송 및 기관소송에도 준용된다(제38조, 제44조, 제46조).

ⓒ **제3자의 소송참가**
- **의의** : 법원은 소송의 결과에 따라 권리 또는 이익의 침해를 받을 제3자가 있는 경우에는 당사자 또는 제3자의 신청 또는 직권에 의하여 결정으로써 그 제3자를 소송에 참가시킬 수 있다(제16조 제1항). 예를 들면, 이중효과적 행정행위나 취소판결의 제3자적 효력이 있는 경우 등이 있다.
- **요건** : 타인 간에 소송이 계속 진행 중이어야 하고, 소송의 결과에 따라 법률상 이해관계에 있는 자로서 법률상 이익의 침해를 받게 될 자이어야 한다. 여기에서의 법률상 이익의 침해에는, 판결의 형성력 자체에 의해 권리·이익을 침해받는 경우뿐만 아니라 판결의 기속력에 따른 행정청의 새로운 처분에 의해 권리·이익을 침해받는 경우도 포함된다.
- **절차** : 법원이 참가결정을 하고자 할 때에는 미리 당사자 및 제3자의 의견을 들어야 한다(동조 제2항). 참가신청을 한 제3자는 그 신청을 각하한 결정에 대하여 즉시항고할 수 있다(동조 제3항).
- **참가인의 지위(통설)** : 참가인은 공동소송적 보조참가인의 지위와 유사하다.

ⓒ **타 행정청의 소송참가**
- **의의** : 법원은 다른 행정청을 소송에 참가시킬 필요가 있다고 인정할 때에는 당사자 또는 당해 행정청의 신청 또는 직권에 의하여 결정으로써 그 행정청을 소송에 참가시킬 수 있다(제17조 제1항).
- **요건** : 타인의 소송이 계속 중이어야 하고, 참가행정청은 피고 행정청이 아닌 다른 행정청이어야 하며, 법원이 소송에 참가시킬 필요가 있다고 인정(법원의 참가결정)하여야 한다.
- **절차** : 법원은 참가결정을 하고자 할 때에는 당사자 및 당해 행정청의 의견을 들어야 한다(동조 제2항). 참가 여부의 결정에 관하여는 당사자나 참가행정청 모두 불복할 수 없다.
- **참가행정청의 지위** : 참가행정청은 보조참가인에 준한 지위에 선다.

⑤ **공동소송** : 수인의 청구 또는 수인에 대한 청구가 처분 등의 취소청구와 관련되는 청구인 경우에 한하여 그 수인은 공동소송인이 될 수 있다(제15조).

⑥ **소송대리인** : 행정소송법에서 특별한 규정이 없으면 행정소송에서도 민사소송의 경우와 같이 소송대리인이 당연히 적용될 것이다(민사소송법 제87조 내지 제97조). 다만, 국가를당사자로하는소송에관한법률에 의하면 법무부장관과 행정청의 장은 소송수행자를 지정할 수도 있고, 변호사를 소송대리인으로 선임할 수도 있다(동법 제87조).

(4) 취소소송의 제기

① 취소소송의 대상

㉠ 처분

- 학설 : 행정소송법상 처분개념이 실체법적 의미의 행정행위와 동일한지에 대하여 견해가 대립한다.
  - 실체법상 개념설(일원설) : 행정소송법상 처분개념을 학문상 행정행위와 동일한 것으로 보는 견해이다.
  - 쟁송법상 개념설(이원설) : 처분개념을 행정행위를 중심으로 하되, 사실상 국민에게 지배력이 미치는 행정작용(형식적 행정행위)이라면 공권력실체를 갖추지 아니하였더라도 일정한 범위 내에서 처분성을 인정하자는 견해이다(다수설).
  - 판례의 입장 : 판례는 원칙상 행정행위를 항고소송의 주된 대상으로 본다(실체법상 개념설).

> 관련 판례 : 항고소송의 대상이 되는 처분이라 함은 행정청의 공법상의 행위로서 특정사항에 대하여 법규에 의한 권리의 설정 또는 의무의 부담을 명하거나 기타 법률상 효과를 발생하게 하는 등 국민의 권리의무에 직접 관계가 있는 행위를 가리키는 것이고, 상대방 또는 기타 관계자들의 법률상 지위에 직접적인 법률적 변동을 일으키지 아니하는 행위 등은 항고소송의 대상이 되는 처분이 될 수 없다(대판 1997. 5. 9, 96누5933).

  - 다만, 예외적으로 행정행위가 아닌 권력성이 있는 행위에도 항고소송의 대상이 될 수 있는 여지를 남겨 두고 있다고 할 수 있다(대판 1993. 12. 10, 93누12619).

- 요소
  - 행정청 : 행정소송법상 행정청에는 입법·사법기관은 물론 법령에 의하여 행정권한의 위임 또는 위탁을 받은 행정기관, 공공단체 및 그 기관 또는 사인이 포함된다(제2조 제2항).
  - 구체적 사실 : 행정소송법상 처분은 구체적 사실에 관한 행정청의 공권력 행사이어야 한다. 구체적 사실이란 관련자가 개별적이고, 규율 대상이 구체적이어야 함을 의미하는바, 일반적·추상적 규율을 행하는 행정입법은 처분에 해당되지 않는다. 다만, 일반처분은 불특정 다수인을 대상으로 하는 것이나, 구체적 사실을 규율하는 행위이기 때문에 처분에 해당한다.
  - 법집행으로서의 법적 행위 : 행정소송법상 처분은 법집행으로서 공권력 행사, 즉 법적 행위이어야 한다. 여기서 법적 행위란 외부에 대하여 직접 법적 효과를 발생하는 의사표시로서 법률행위적 행정행위와

준법률행위적 행정행위뿐만 아니라, 불법 건축물의 철거와 같은 권력적 사실행위도 포함된다.

- 공권력 행사 : 처분은 행정청의 공권력 행사이어야 한다. 공권력 행사란 행정청이 우월한 의사의 주체로서 행하는 모든 권력적 행정작용을 말한다. 따라서 사법행위, 공법상 계약, 공법상 합동행위, 행정지도 등은 처분으로 볼 수 없어 취소소송의 대상이 되지 않는다.

- 공권력 행사의 거부 : 공권력 행사의 거부란 행정청이 행하는 구체적 사실에 관한 법집행으로서의 공권력 행사의 거부를 말하며, 실정법상 간주거부도 거부처분에 포함된다. 거부의 의사표시는 행정청이 외부적으로 표시하는 것이 일반적이나, 묵시적 거부, 즉 상대방에게 그 의사표시가 직접 고시되지 않았다 하더라도 상대방이 이를 알았거나 알 수 있었을 때에 거부처분한 것으로 보았다(대판 1991. 2. 12, 90누5825).

- 공권력 행사나 그 거부에 준하는 행정작용 : 행정소송법상 처분은 공권력 행사나 그 거부에 준하는 행정작용이어야 한다. 개별적 · 추상적 규율(대인적인 규율대상은 개별적이나 그 규율내용이 추상적인 행정청의 명령)이나 대물적 행정행위(주차금지구역의 지정 · 고시) 등은 모두 공권력 행사나 그 거부에 준하는 행정작용으로서 처분에 해당되나, 보류처분(유보처분)은 처분으로 볼 수 없다 할 것이다. 또한 통고처분 · 검사의 불기소처분 등은 행정처분이긴 하나 별도의 구제수단을 규정하고 있는바, 취소소송의 대상이 되는 처분에 포함되지 않는다. 실질적으로 국민에게 계속적으로 사실상 지배력을 미치는 행정작용, 즉 형식적 행정행위에도 그 처분성을 인정할 것인가에 대해서는 견해가 대립되고 있다.

ⓒ 재결(裁決)

- 재결과 재결소송의 의의 : 행정소송법상 재결은 위법 · 부당한 처분으로 인하여 권리 · 이익을 침해당한 자가 행정기관에 대하여 시정을 구하는 행정심판법상 재결과 그 밖에 당사자심판이나 이의신청에 의한 재결도 포함한다. 이러한 재결을 분쟁대상으로 하는 항고소송이 재결소송이다.

- 원처분주의의 채택 : 행정소송법상 재결에 대한 취소소송은 재결 자체에 고유한 위법이 있음을 이유로 하는 경우에 한한다(제19조). 따라서 취소소송은 원칙적으로 원처분을 대상으로 한다. 따라서 원처분주의에 반하여 소송을 제기하면 기각판결을 하여야 한다.

Check Point

행정소송법 제19조(취소소송의 대상)
취소소송은 처분 등을 대상으로 한다. 다만, 재결취소소송의 경우에는 재결 자체에 고유한 위법이 있음을 이유로 하는 경우에 한한다.

관련 판례
- 행정소송법 제19조는 취소소송은 행정청의 원처분을 대상으로 하되(원처분주의), 다만 "재결 자체에 고유한 위법이 있음을 이유로 하는 경우"에 한하여 행정심판의 재결도 취소소송의 대상으로 삼을 수 있도록 규정하고 있으므로 재결취소소송의 경우 재결 자체에 고유한 위법이 있는지 여부를 심리할 것이고, 재결 자체에 고유한 위법이 없는 경우에는 원처분의 당부와는 상관없이 당해 재결취소소송은 이를 기각하여야 한다(대판 1994. 1. 25, 93누16901).
- 공익사업을위한토지등의취득및보상에관한법률 제85조 제1항 등이 중앙토지수용위원회에 대한 이의신청을 임의적 절차로 규정하고 있는 점, 행정소송법 제19조 단서가 행정심판에 대한 재결은 재결 자체에 고유한 위법이 있음을 이유로 하는 경우에 한하여 취소소송의 대상으로 삼을 수 있도록 규정하고 있는 점 등을 종합하여 보면, 수용재결에 불복하여 취소소송을 제기하는 때에는 이의신청을 거친 경우에도 수용재결을 한 중앙토지수용위원회 또는 지방토지수용위원회를 피고로 하여 수용재결의 취소를 구하여야 하고, 다만 이의신청에 대한 재결 자체에 고유한 위법이 있음을 이유로 하는 경우에는 그 이의재결을 한 중앙토지수용위원회를 피고로 하여 이의재결의 취소를 구할 수 있다고 보아야 한다(대판 2010. 1. 28, 2008두1504).

- 재결소송의 사유 : 취소소송은 재결 자체에 고유한 위법이 있음을 이유로 하는 경우에 한하는 것이므로 재결 자체에 주체·절차·형식 또는 내용상의 위법이 있는 경우에 한한다 할 것인바, 원 처분의 위법을 이유로 재결의 취소를 구할 수 없다.

관련 판례
- 행정처분무효확인 등의 행정심판청구를 각하한 재결에 대한 항고소송은 원처분의 존재 여부나 그 유·무효를 이유로 주장할 수 없고, 그 재결 자체에 주체, 절차, 형식 또는 내용상의 위법이 있는 경우에 한한다 할 것이다(대판 1992. 2. 28, 91누6979).
- 항고소송은 원칙적으로 당해 처분을 대상으로 하나, 당해 처분에 대한 재결 자체에 고유한 주체, 절차, 형식 또는 내용상의 위법이 있는 경우에 한하여 그 재결을 대상으로 할 수 있다고 해석되므로, 징계혐의자에 대한 감봉 1월의 징계처분을 견책으로 변경한 소청결정 중 그를 견책에 처한 조치는 재량권의 남용 또는 일탈로서 위법하다는 사유는 소청결정 자체에 고유한 위법을 주장하는 것으로 볼 수 없어 소청결정의 취소사유가 될 수 없다(대판 1993. 8. 24, 93누5673).

- 재결소송의 대상인 재결 : 형성재결인 취소재결은 '그 재결 외에 그에 따른 행정청의 별도의 처분이 있지 않기 때문에 재결 자체를 쟁송대상으로 할 수밖에 없다'(대판 1997. 12. 23, 96누10911)고 판시하여 취소재결 그 자체가 취소소송의 대상이 된 것으로 보았고, 명령재결인 취소명령재결 또한 소의 대상으로 보았다.

관련 판례 : 행정심판법 제37조 제1항의 규정에 의하면 재결은 행정청을 기속하는 효력을 가지므로 재결청이 취소심판의 청구가 이유 있다고 인정하여 처분청에게 처분의 취소를 명하면 처분청으로서는 그 재결의 취지에 따라 처분을 취소하여야 하지만, 그렇다고 하여 그 재결의 취지에 따른 취소처분이 위법할 경우 그 취소처분의 상대방이 이를 항고소송으로 다툴 수 없는 것은 아니다(대판 1993. 9. 28, 92누15093).

• 원처분주의에 대한 예외 : 감사원법 제40조, 구 토지수용법 제75조의2 등에서 원처분중심주의의 예외로서 재결을 취소대상으로 규정하는 경우가 있는데, 이를 재결주의라 한다. 이 경우에 해당하는 경우 모두 소의 제기가 가능하다는 것이 판례의 태도이다. 다만, 구 토지수용법 제75조의2에 대해서는 부정하는 견해도 있다.

② **처분 등의 존재의 의미** : 취소소송을 제기하기 위하여는 처분 등이 존재하여야 하므로 처분 등이 부존재하거나 무효라면 이는 취소소송의 대상으로 볼 수 없고, 단지 무효등확인소송의 대상이 될 뿐이다.

관련 판례
• **처분과 재결의 존부** : 행정소송에서 쟁송의 대상이 되는 행정처분의 존부는 소송요건으로서 직권조사사항이고, 자백의 대상이 될 수 없는 것이므로, 설사 그 존재를 당사자들이 다투지 아니한다 하더라도 그 존부에 관하여 의심이 있는 경우에는 이를 직권으로 밝혀 보아야 할 것이고, 사실심에서 변론종결시까지 당사자가 주장하지 않던 직권조사사항에 해당하는 사항을 상고심에서 비로소 주장하는 경우 그 직권조사사항에 해당하는 사항은 상고심의 심판범위에 해당한다(대판 2004. 12. 24, 2003두15195).
• **처분과 재결의 소멸** : 행정처분에 그 효력기간이 정하여져 있는 경우, 그 처분의 효력 또는 집행이 정지된 바 없다면 위 기간의 경과로 그 행정처분의 효력은 상실되므로 그 기간 경과 후에는 그 처분이 외형상 잔존함으로 인하여 어떠한 법률상 이익이 침해되고 있다고 볼 만한 별다른 사정이 없는 한 그 처분의 취소를 구할 법률상의 이익이 없다(대판 2004. 7. 8, 2002두1946).

처분성의 인정 여부 관련 판례

㉠ 처분성을 인정한 최근 판례
• 표준지공시지가결정(대판 2008. 8. 21, 2007두13845)
• 국가인권위원회의 성희롱결정 및 시정조치권고(대판 2005. 7. 8, 2005두487)
• 민주화운동관련자명예회복및보상심의위원회의 보상금 등의 지급 결정[대판 2008. 4. 17, 2005두16185(전합)]
• 국토의계획및이용에관한법률에 따른 토지거래 허가구역지정(대판 2006. 12. 22, 2006두12883)
• 청소년유해매체물 결정 및 고시(대판 2007. 6. 14, 2004두619)
• 국민건강보험공단의 사위 등에 의한 재심 요양급여비 환수결정처분[대판 2008. 9. 11, 2008두6981·6998(병합)]
• 유역환경청장의 토지매수 거부행위(대판 2009. 9. 10, 2007두20638)
• 친일반민족행위자재산조사위원회의 재산조사개시결정(대판 2009. 10. 15, 2009두6513)
• 건축물에 관한 건축물대장의 직권말소행위(대판 2010. 5. 27, 2008두22655)
• 납골시설에 관한 도시관리계획의 입안제안 반려처분(대판 2010. 7. 22, 2010두57)
• 과세관청의 질문조사권이 행해지는 세무조사결정(대판 2011. 3. 10, 2009두23617)
• 산업집적활성화및공장설립에관한법률에 따른 산업단지 입주계약 해지통보(대판 2011. 6. 30, 2010두23859)

㉡ 처분성을 부정한 최근 판례
• 혁신도시의 최종입지 선정행위(대판 2007. 11. 15, 2007두10198)
• 한국마사회의 기수에 대한 징계처분(대판 2008. 1. 31, 2005두8269)
• 관할관청의 무허가건물관리대장에서의 삭제행위(대판 2009. 3. 12, 2008두11525)
• 과세관청이 직권으로 행한 실사업자명의로의 정정행위(대판 2011. 1. 27, 2008두2200)

ⓒ 처분성 인정 여부가 변경된 사례
- 지적공부소관청의 지목변경신청반려행위가 항고소송의 대상이 되는 행정처분인지 여부
  – 종전의 판례 : 처분성 부정(대판 80누456, 94누4295 등)
  – 변경된 판례 : 처분성 인정(대판 2003두9015)
- 교원재임용거부 취지의 임용기간만료 통지가 항고소송의 대상이 되는 처분에 해당하는지 여부
  – 종전의 판례 : 처분성 부정(대판 96누4305)
  – 변경된 판례 : 처분성 인정(대판 2000두7735)
- 소득금액변동통지가 행정처분에 해당하는지 여부
  – 종전의 판례 : 처분성 부정(대판 83누589)
  – 변경된 판례 : 처분성 인정(대판 2002두1878)

 꼭! 확인 기출문제

행정쟁송의 대상이 되는 처분에 관한 판례의 입장으로 옳지 않은 것은? [국가직 9급 기출]

① 세무당국이 소외 ○○맥주회사에 대해 갑과의 주류거래를 일정기간 정지하여 줄 것을 요청한 행위는 행정처분이라 볼 수 없다.
② 행정청이 전기공급자에게 위법건축물에 대한 단전을 요청한 행위는 행정처분이 아니다.
❸ 혁신도시의 최종입지 선정행위는 상대방 또는 관계자들의 법률상 지위에 직접적인 영향을 미치는 행정처분이다.
④ 병역법상 신체등위판정은 행정처분이 아니다.

📖 ③ 판례는 도지사의 혁신도시 최종입지 선정행위를 항고소송의 대상이 되는 행정처분이 아니라 하였다.

> 관련 판례 : 정부의 수도권 소재 공공기관의 지방이전시책을 추진하는 과정에서 도지사가 도 내 특정시를 공공기관이 이전할 혁신도시 최종입지로 선정한 행위는 항고소송의 대상이 되는 행정처분이 아니다(대판 2007. 11. 15, 2007두10198).

① 판례는 세무당국이 소외 회사에 대해 원고와의 주류거래를 일정기간 정지요청한 행위는 행정처분이 될 수 없다고 하였다.

> 관련 판례 : 항고소송의 대상이 되는 행정처분은 행정청의 공법상의 행위로서 상대방 또는 기타 관계자들의 법률상 지위에 직접적으로 법률적인 변동을 일으키는 행위를 말하는 것이므로 세무당국이 소외 회사에 대하여 원고와의 주류거래를 일정기간 중지하여 줄 것을 요청한 행위는 권고 내지 협조를 요청하는 권고적 성격의 행위로서 소외 회사나 원고의 법률상의 지위에 직접적인 법률상의 변동을 가져오는 행정처분이라고 볼 수 없는 것이므로 항고소송의 대상이 될 수 없다(대판 1980. 10. 27, 80누395).

② 위법건축물에 대한 행정청의 단전 및 전화통화 단절조치 요청행위는 행정처분에 해당되지 않는다.

> 관련 판례 : 건축법 제69조 제2항, 제3항의 규정에 비추어 보면, 행정청이 위법건축물에 대한 시정명령을 하고 나서 위반자가 이를 이행하지 아니하여 전기ㆍ전화의 공급자에게 그 위법건축물에 대한 전기ㆍ전화공급을 하지 말아 줄 것을 요청한 행위는 권고적 성격의 행위에 불과한 것으로서 전기ㆍ전화공급자나 특정인의 법률상 지위에 직접적인 변동을 가져오는 것은 아니므로 이를 항고소송의 대상이 되는 행정처분이라고 볼 수 없다(대판 1996. 3. 22, 96누433).

④ 병역법상 신체등위판정은 행정청이라고 볼 수 없는 군의관이 하도록 되어 있으며, 그 자체만으로 바로 병역법상의 권리의무가 정하여지는 것이 아니라 그에 따라 지방병무청장이 병역처분을 함으로써 비로소 병역의무의 종류가 정하여지는 것이므로 항고소송의 대상이 되는 행정처분이라 보기 어렵다(대판 1993. 8. 27, 93누3356).

③ 제소기간

  ㉠ 의의 : 제소기간이란 소송을 제기할 수 있는 시간적 간격을 말하는 것으로, 취소소송은 일정한 제소기간 내에 제기하여야 하며 이 제소기간의 경과로 당해 행정처분은 불가쟁력을 발생한다. 그러나 그것은 위법한 처분 등이 적법한 것으로 전환되는 것은 아니며, 처분청은 직권취소를 할 수 있고 하

기출 Plus
국가직 9급 기출

06. 항고소송의 대상이 되는 행정처분에 대한 판례의 입장으로 옳지 않은 것은?

① 교도소장이 특정 수형자를 '접견내용 녹음ㆍ녹화 및 접견 시교도관 참여대상자'로 지정한 행위는 수형자의 구체적 권리 의무에 직접적 변동을 가져오는 행위로서 항고소송의 대상이 되는 행정처분에 해당한다.
② 토지대장의 기재는 토지소유권을 제대로 행사하기 위한 전제 요건으로서 토지소유자의 실체적 권리관계에 밀접하게 관련 되어 있으므로 토지대장상의 소유자명의변경신청을 거부한 행위는 국민의 권리관계에 영향을 미치는 것이어서 항고소송의 대상이 되는 행정처분에 해당한다.
③ 금융감독원장으로부터 문책경고를 받은 금융기관의 임원이 일정기간 금융업종 임원선임의 자격제한을 받도록 관계법령에 규정되어 있는 경우, 금융기관 임원에 대한 문책경고는 상대방의 권리의무에 직접 영향을 미치는 행위이므로 행정 처분에 해당한다.
④ 국가공무원법 상 당연퇴직의 인사발령은 법률상 당연히 발생하는 퇴직사유를 공적으로 확인하여 알려주는 이른바 관념의 통지에 불과하므로 행정소송의 대상이 되는 독립한 행정처분 이라고 할 수 없다.

📖 토지대장상의 소유자명의변경신청을 거부한 행위는 항고소송의 대상이 되는 행정처분에 해당되지 않는다(대판 2012.1.12, 2010두12354).

 답 06 ②

자의 승계에는 아무런 영향이 없다.

ⓒ 행정소송의 제소기간

- 있음을 안 날로부터 90일 이내 : 취소소송은 처분 등이 있음을 안 날부터 (행정심판을 거친 경우는 재결서 정본을 송달받은 날부터) 90일 이내에 제기하여야 한다. 이 기간은 불변기간이다(제20조 제1항·제3항). '처분이 있음을 안 날'이라 함은 당사자가 통지, 공고 기타의 방법에 의하여 당해 처분이 있었다는 사실을 현실적으로 안 날을 의미한다(대판 2006. 4. 28, 2005두14851).

- 있은 날로부터 1년 이내 : 취소소송은 처분 등이 있은 날로부터(행정심판을 거친 경우는 재결이 있은 날부터) 1년을 경과하면 이를 제기하지 못한다. 다만, 정당한 사유가 있는 경우에는 예외가 인정된다(제20조 제2항). '처분이 있은 날'이라 함은 당해 처분이 상대방에게 고지되어 효력이 발생한 날을 말한다(대판 1990. 7. 13, 90누2284). 예외사유로서의 '정당한 사유'에 대해 이를 넓게 보는 것이 판례의 입장이다.

> 관련 판례 : 행정소송법 제20조 제2항 소정의 "정당한 사유"란 불확정 개념으로서 그 존부는 사안에 따라 개별적, 구체적으로 판단하여야 하나 민사소송법 제160조의 "당사자가 그 책임을 질 수 없는 사유"나 행정심판법 제18조 제2항 소정의 "천재, 지변, 전쟁, 사변 그 밖에 불가항력적인 사유"보다는 넓은 개념이라고 풀이되므로, 제소기간도과의 원인 등 여러 사정을 종합하여 지연된 제소를 허용하는 것이 사회통념상 상당하다고 할 수 있는가에 의하여 판단하여야 한다(대판 1991. 6. 28, 90누6521).

④ 소장(訴狀) : 민사소송법 제249조 규정에 의한 형식을 갖춘 소장에 의하여 제기하여야 한다.

⑤ 행정심판전치주의

ⓐ 의의 : 행정심판전치주의란 위법·부당한 처분 등에 대하여 법령이 행정심판을 인정하고 있는 경우에 그 행정심판을 거치는 것을 행정소송의 제기를 위한 필요적인 전심절차로 하는 제도이다. 다만, 행정소송법 제18조에서 임의적 전치주의를 명시하고 있다.

ⓑ 요건

- 심판청구의 적법성과 전치요건 : 행정처분의 취소를 구하는 항고소송의 전심절차인 행정심판청구가 기간도과로 인하여 부적법한 경우에는 행정소송 역시 전치의 요건을 충족치 못한 것이 되어 부적법 각하를 면치 못하며, 이 점은 행정청이 행정심판의 제기기간을 도과한 부적법한 심판에 대하여 그 부적법을 간과한 채 실질적 재결을 하였다 하더라도 달라지는 것이 아니다(대판 1991. 6. 25, 90누8091).

- 행정심판과 행정소송의 관련 정도

Check Point

행정소송법 제20조(제소기간)

① 취소소송은 처분 등이 있음을 안 날부터 90일 이내에 제기하여야 한다. 다만, 제18조 제1항 단서에 규정된 경우와 그 밖에 행정심판청구를 할 수 있는 경우 또는 행정청이 행정심판청구를 할 수 있다고 잘못 알린 경우에 행정심판청구가 있은 때의 기간은 재결서의 정본을 송달받은 날부터 기산한다.

② 취소소송은 처분 등이 있은 날부터 1년(제1항 단서의 경우는 재결이 있은 날부터 1년)을 경과하면 이를 제기하지 못한다. 다만, 정당한 사유가 있는 때에는 그러하지 아니하다.

③ 제1항의 규정에 의한 기간은 불변기간으로 한다.

Check Point

민사소송법 제249조(소장의 기재사항)

① 소장에는 당사자와 법정대리인, 청구의 취지와 원인을 적어야 한다.

② 소장에는 준비서면에 관한 규정을 준용한다.

- 2단계 이상의 행정심판절차를 요하는 경우 그중 하나만 거치면 족하다.
- 행정심판의 청구인과 행정소송의 원고(인적 관련)는 완전히 일치할 필요는 없어 공동소송의 경우에 공동소송인의 1인이 행정심판을 거치게 되면 다른 공동소송인은 직접 행정소송을 제기할 수 있다.
- 쟁송대상으로서의 처분 등은 행정심판과 행정소송에서 동일하여야 하나(물적 관련), 행정심판의 청구원인과 행정소송의 청구원인은 그 기본적인 점에서 동일성을 유지하고 있으면 된다.

• 전치요건의 충족시기 : 행정심판을 거치지 않고 소를 제기하였으나 그 뒤 사실심변론종결 전까지 행정심판전치의 요건을 갖추었다면 흠이 치유되며(대판 63누9), 또한 행정심판의 재결이 있기 전에 제기된 취소소송은 부적법하나, 소가 각하되기 전에 재결이 있으면 그 흠은 치유된다(대판 65누57). 따라서 제소 당시에는 전치요건, 즉 소송요건이 결여되었더라도 사실심의 변론종결 시까지 이를 구비하면 되는 것이다.

ⓒ 임의적 행정심판전치주의(원칙) : 행정소송법 제18조 제1항에서 "취소소송은 법령의 규정에 의하여 당해 처분에 대한 행정심판을 제기할 수 있는 경우에도 이를 거치지 아니하고 제기할 수 있다."고 규정하여, 임의적 전치주의를 명시하고 있다.

ⓔ 필요적(예외적) 행정심판전치주의

• 의의 : 다른 법률에 당해 처분에 대한 행정심판의 재결을 거치지 아니하면 취소소송을 제기할 수 없다는 규정이 있는 때에는 전치를 요한다(제18조 제1항 단서). 그러므로 이 경우 반드시 행정심판의 재결을 거쳐야 한다. 이러한 필요적 요건을 구비하였는가의 여부는 법원이 직권으로 조사할 사항이다.

• 예외 : 행정심판전치주의가 필요적(예외적)인 경우(제18조 제1항 단서)에 해당하더라도, 이를 강행하면 국민의 권익을 침해하는 결과가 되는 경우도 있어 예외 규정을 인정할 필요가 있다.

필요적 전치의 예외 근거	사유
행정심판법 제18조 제2항 ("특별법상 행정심판을 거쳐야 한다는 규정에도 불구하고, 다음의 사유가 있는 때에는 행정심판의 재결을 거치지 아니하고 취소소송을 제기할 수 있다.")	• 행정심판청구가 있은 날로부터 60일이 지나도 재결이 없는 때 • 처분의 집행 또는 절차의 속행으로 생길 중대한 손해를 예방하여야 할 긴급한 필요가 있는 때 • 법령의 규정에 의한 행정심판기관이 의결 또는 재결을 하지 못할 사유가 있는 때 • 그 밖의 정당한 사유가 있는 때

Check Point

행정심판전치주의의 인정 이유
첫째, 행정심판절차는 통상의 소송절차에 비하여 간편한 절차를 통하여 시간과 비용을 절약하면서 신속하고 효율적인 권리구제를 꾀할 수 있다는 장점이 있다. 궁극적으로 행정심판은 국민의 이익을 위한 것이고, 사전절차를 통하여 원칙적으로 권리구제가 약화되는 것이 아니라 강화되는 것이다. 둘째, 법원의 입장에서 보더라도 행정심판전치주의를 취하는 경우에는 행정심판절차에서 심판청구인의 목적이 달성됨으로써 행정소송의 단계에 이르지 아니하는 경우가 많을 뿐 아니라, 그렇지 아니하는 경우에도 행정심판을 거침으로써 사실상·법률상의 쟁점이 많이 정리되기 때문에 행정소송의 심리를 위한 부담이 경감되는 효과가 있다(헌재 2002. 10. 31, 2001헌바40).

Check Point

특별법상의 행정심판전치주의에 대한 특례(예외적 행정심판전치주의)
• 심사청구 또는 심판청구(국세기본법·관세법)
• 소청심사위원회에 소청심사청구(국가공무원법·지방공무원법)
• 교원소청심사위원회에 소청심사청구(교원지위향상을 위한 특별법)
• 중앙노동위원회에 재심신청(노동위원회법)
• 운전면허의 취소·정지처분의 행정심판(도로교통법)
• 사용료·수수료·분담금의 부과·징수처분에 대한 이의신청(지방자치법)
• 징발보상심의회에 재심청구(징발법)

기출 Plus

서울시 9급 기출

07. 「행정소송법」제18조 제3항에서 규정하고 있는 행정심판을 거칠 필요가 없는 경우가 아닌 것은?

① 동종사건에 관하여 이미 행정심판의 기각재결이 있은 때
② 서로 내용상 관련되는 처분 또는 같은 목적을 위하여 단계적으로 진행되는 처분 중 어느 하나가 이미 행정심판의 재결을 거친 때
③ 행정청이 사실심의 변론종결 후 소송의 대상인 처분을 변경하여 당해 변경된 처분에 관하여 소를 제기하는 때
④ 법령의 규정에 의한 행정심판기관이 의결 또는 재결을 하지 못할 사유가 있는 때

해 ④는 행정소송법 제18조 제2항에 해당한다.
행정소송법 제18조 제3항
1. 동종사건에 관하여 이미 행정심판의 기각재결이 있은 때
2. 서로 내용상 관련되는 처분 또는 같은 목적을 위하여 단계적으로 진행되는 처분 중 어느 하나가 이미 행정심판의 재결을 거친 때
3. 행정청이 사실심의 변론종결 후 소송의 대상인 처분을 변경하여 당해 변경된 처분에 관하여 소를 제기하는 때
4. 처분을 행한 행정청이 행정심판을 거칠 필요가 없다고 잘못 알린 때

답 07 ④

행정심판법 제18조 제3항 ("특별법상 행정심판을 거쳐야 한다는 규정에도 불구하고, 다음의 사유가 있는 때에는 행정심판을 제기함이 없이 취소소송을 제기할 수 있다.")	• 동종사건에 관하여 이미 행정심판의 기각재결이 있은 때 • 서로 내용상 관련되는 처분 또는 같은 목적을 위하여 단계적으로 진행되는 처분 중 어느 하나가 이미 행정심판의 재결을 거친 때 • 행정청이 사실심의 변론종결 후 소송의 대상인 처분을 변경하여 당해 변경된 처분에 관하여 소를 제기하는 때 • 처분을 행한 행정청이 행정심판을 거칠 필요가 없다고 잘못 알린 때

- **적용의 범위** : 행정심판전치주의가 적용되는 소송은 취소소송과 부작위위법확인소송이다. 따라서 무효등확인소송과 당사자소송은 적용대상에서 제외된다.
  - 무효확인소송에 예비적으로 병합된 취소소송과 행정심판전치주의 : 주위적 청구가 행정심판의 재결을 거칠 필요가 없는 무효등확인소송이라 하더라도 병합 제기된 예비적 청구가 취소소송이라면 이에 대한 행정심판의 재결을 거치는 등으로 적법한 제소요건을 갖추어야 한다(대판 1994. 4. 29, 93누12626).
  - 제3자소송 : 행정심판전치주의가 적용된다. 다만, 행정심판을 거치지 못한 정당한 사유가 있는 경우 제기기간은 연장된다 할 것이다(대판 1985. 5. 9, 88누5150).
  - 2단계 이상의 행정심판절차가 규정된 경우 : 행정심판전치주의는 행정의 자기통제성의 확보와 간편·신속한 권리구제를 목적으로 하는 바, 하나의 절차만 거치면 족하다는 것이 지배적 견해이다.

⑥ **소의 변경**

㉠ **의의** : 소의 변경이란 소송의 계속 중에 원고가 소송대상인 청구를 변경하는 것, 즉 종전의 청구를 새로운 청구로 변경하거나 추가시키는 것을 말한다. 이러한 소의 변경은 소의 종류변경과 처분의 변경으로 인한 소의 변경이 있다.

㉡ **소의 종류변경**

- **의의** : 원고가 그 행정소송을 다른 종류의 행정소송으로 변경하는 것을 말한다. 즉, 법원은 취소소송을 당해 처분 등에 관계되는 사무가 귀속하는 국가 또는 공공단체에 대한 당사자소송 또는 취소소송 외의 항고소송으로 변경하는 것이 상당하다고 인정할 때에는 청구의 기초에 변경이 없는 한 사실심의 변론종결 시까지 원고의 신청에 의하여 결정으로써 소의 변경을 허가할 수 있다(제21조 제1항). 이를테면, 건축물철거명령에 대한 취소소송제기 중에 건축물이 철거가 된 경우 종래 취소소송에서 철거에 따른 손해배상의 청구를 당사자소송으로 변경하는 경우이다.

- 이러한 소의 변경은 교환적 변경에 한하여 인정되고, 종래의 청구를 유지하면서 새로운 청구를 추가하는 추가적 변경은 인정되지 않는다.
- 소의 변경에 대한 인정 범위
  - 취소소송에서의 변경 : 당사자소송 또는 취소소송 외의 항고소송으로 변경하는 것이어야 한다. 즉, 취소소송을 무효등확인소송 또는 부작위법확인소송으로 변경하거나 당사자소송으로 변경하는 경우이다(제21조 제1항).
  - 무효등확인소송에서의 변경 : 무효등확인소송을 취소소송 또는 당사자소송으로 변경하는 경우이다(제37조).
  - 부작위법확인소송에서의 변경 : 부작위법확인소송을 취소소송 또는 당사자소송으로 변경하는 경우이다(제37조).
  - 당사자소송에서의 변경 : 당사자소송을 당해 처분 등을 한 행정청에 항고소송으로 변경하는 경우이다(제42조).
- 변경절차 : 원고의 신청이 있어야 하고, 소의 변경허가를 하는 경우 피고를 달리하게 될 때에는 법원은 새로이 피고로 될 자의 의견을 들어야 하며, 소의 변경으로 피고가 변경된 때에는 그 결정의 정본을 새로운 피고에게 송달하여야 한다(제21조 제2항·제4항).
- 효과 : 소의 변경을 허가하는 법원의 결정이 있은 때에는 새로운 피고에 대한 소송은 처음에 소를 제기한 때에 제기된 것으로 보며, 종전의 피고에 대한 소송은 취하된 것으로 본다(제21조 제4항). 따라서 구소에 대하여 취하여진 종전의 소송절차는 신 소송에 대한 것으로서 유효하게 승계된다 할 것이다.
- 불복 : 소의 종류변경에 대한 법원의 허가결정에 대하여는 즉시항고할 수 있다(제21조 제3항).

ⓒ 처분의 변경으로 인한 소의 변경
- 의의 : 법원은 행정청이 소송의 대상인 처분을 소가 제기된 후에 변경한 때에는 원고의 신청에 의하여 결정으로써 청구의 취지 또는 원인의 변경을 허가할 수 있다(제22조). 이를테면, 영업허가취소소송의 계속 중에 영업허가취소처분을 행정청이 영업정지처분으로 변경하는 경우에 영업정지취소소송으로 변경되는 경우이다.
- 요건 : 소의 변경신청은 처분의 변경이 있음을 안 날로부터 60일 이내에 하여야 하며, 변경되는 청구는 제18조 제1항 단서의 규정에 의한 요건을 갖춘 것으로 본다(제22조 제2항·제3항). 따라서 재결을 거치지 않고 청구할 수 있다.

Check Point

행정소송법 제42조(소의 변경)
제21조의 규정은 당사자소송을 항고소송으로 변경하는 경우에 준용한다.

Check Point

처분변경에 따른 소의 변경 인정 이유
원고에게 과실 등이 없는 사유로 인하여 발생하는 불합리한 절차의 반복을 피하고, 신속하게 권리구제를 받도록 하기 위해서 인정된다.

- 인정범위 : 소의 변경은 취소소송과 무효등확인소송 및 당사자소송에서만 가능하며, 부작위위법확인소송은 변경될 처분이 존재하지 않아 소의 변경에서 제외된다.
- 효과 : 소 변경의 허가결정이 있으면 구소가 처음 제기된 때에 새로운 소가 제기되고, 동시에 구소는 취하된 것으로 본다.

② 처분사유의 추가 · 변경
- 의의 : 취소소송의 계속 중에 그 대상처분의 사유를 추가하거나 잘못 제시된 사실상 · 법률상의 근거를 변경하는 것을 말한다.
- 인정 여부
  - 긍정설 : 분쟁의 일회적 해결이라는 소송경제적 측면을 강조하며, 소송물의 범위를 처분의 위법성 일반으로 보아 처분사유의 추가 · 변경을 넓게 인정하는 견해이다.
  - 부정설 : 처분상대방의 공격 · 방어권의 보장이라는 측면을 강조하며, 소송물의 범위를 처분 개개의 위법사유로 보아 처분사유의 추가 · 변경을 허용하지 않는 견해이다.
  - 제한적 긍정설 : 기본적 사실관계가 동일성이 있다고 인정되는 한도 내에서만 다른 사유를 추가 · 변경할 수 있다는 견해이다(통설 · 판례).

> 관련 판례 : 행정처분의 취소를 구하는 항고소송에 있어서, 실질적 법치주의와 행정처분의 상대방인 국민에 대한 신뢰보호라는 견지에서, 처분청은 당초 처분의 근거로 삼은 사유와 기본적 사실관계가 동일성이 있다고 인정되는 한도 내에서만 다른 사유를 추가하거나 변경할 수 있고, 여기서 기본적 사실관계의 동일성 유무는 처분사유를 법률적으로 평가하기 이전의 구체적인 사실에 착안하여 그 기초인 사회적 사실관계가 기본적인 점에서 동일한지 여부에 따라 결정되며, 추가 또는 변경된 사유가 당초의 처분 시 그 사유를 명기하지 않았을 뿐 처분 시에 이미 존재하고 있었고 당사자도 그 사실을 알고 있었다 하여 당초의 처분사유와 동일성이 있는 것이라 할 수 없다(대판 2003. 12. 11. 2003두8395).

- 시간적 한계 : 사실심변론종결 시까지 처분사유를 추가 · 변경할 수 있다(대판 2001. 10. 30. 2000두5616).

⑦ 소 제기의 효과
- ㉠ 법원에 대한 효과(주관적 효과) : 취소소송이 제기되면 당해 사건은 법원에 계속되며 법원은 당해 사건을 심리하고 판결할 구속을 받는 동시에, 당사자는 동일한 사건에 대하여 다시 소를 제기하지 못한다(민사소송법 제259조).
- ㉡ 처분에 대한 효과(객관적 효과) : 행정소송법 제23조 제1항은 "취소소송의 제기는 처분 등의 효력이나 그 집행 또는 절차의 속행에 영향을 주지 아니한다."고 규정하여 취소소송제기의 객관적 효과에 대하여 원칙적으로 '집행부정지의 원칙'을 채택하고 있다. 다만 예외적으로 집행정지결정을 할

Check Point

집행부정지의 원칙의 취지
공행정의 원활하고 영속적인 수행을 위하여 정책적 고려의 결과 집행부정지의 원칙을 채택하고 있다.

수 있게 규정하고 있다.

⑧ **가구제** : 가구제란 원고가 승소해도 집행이 종료되어 회복 불가능한 손해를 입는 것을 예방하기 위하여 일정한 요건하에서 잠정적으로 권리를 보호하기 위한 제도를 말한다. 가구제에는 집행정지제도와 가처분이 있는데, 행정소송법에서는 집행정지에 대해서만 규정하고 있다.

㉠ 집행정지

- 의의 : 취소소송이 제기된 경우에 처분 등이나 그 집행 또는 절차의 속행으로 인하여 생길 회복하기 어려운 손해를 예방하기 위하여 긴급한 필요가 있다고 인정할 때에는 본안이 계속되고 있는 법원은 당사자의 신청 또는 직권에 의하여 처분 등의 효력이나 그 집행 또는 절차의 속행의 전부 또는 일부의 정지를 결정할 수 있다(제23조 제2항). 이는 무효확인소송에도 준용되나, 부작위법확인소송에는 준용되지 않는다(제38조).
- 성질 : 집행정지는 사법작용·소극적 작용이며, 잠정적인 보전처분으로서의 성질을 가진다.
- 요건
  - 적법한 본안소송이 계속 중일 것 : 집행정지는 본안에 대한 판결이 확정되기까지 잠정적인 권리보호를 위한 제도이므로, 본안소송의 계속을 전제로 한다. 따라서 본안소송이 취하되면 집행정지의 결정은 당연히 소멸되는 것이고 별도의 취소조치를 필요로 하는 것은 아니다(대판 1975. 11. 11, 75누97).
  - 처분 등이 존재할 것 : 집행정지를 위하여는 집행정지의 대상으로서 처분이 존재하여야 한다. 따라서 처분이 이미 종료된 때에는 집행정지가 불가능하다. 거부처분의 경우에는 그 효력을 정지하여도 신청인의 법적 지위는 거부처분이 없는 상태, 즉 신청 시의 상태로 돌아가는 것에 그치므로 집행정지의 대상이 될 수 없다(대판 1995. 6. 21, 95두26).
  - 회복하기 어려운 손해를 예방하기 위한 것이어야 할 것 : 회복하기 어려운 손해라 함은 금전보상이 불가능한 경우뿐만 아니라 금전보상으로는 사회관념상 행정처분을 받은 당사자가 수인할 수 없거나 수인하기 어려운 유·무형의 손해를 말한다(대판 1997. 2. 26, 97두3). 한편, 금전납부(과징금납부명령의 처분)로 인한 손해도 회복하기 어려운 손해에 해당할 수 있다(대판 2001. 10. 10, 2001무29).
  - 긴급한 필요가 있을 것 : 시간적으로 절박하여 판결을 기다릴 만한 여유가 없는 경우를 말한다.
  - 공공복리에 중대한 영향을 미칠 우려가 없을 것(소극적 요건) : 집행정

지는 공공복리에 중대한 영향을 미칠 우려가 있을 때에는 허용되지 아니한다(제23조 제3항). 여기서 공공복리는 그 처분의 집행과 관련된 구체적이고도 개별적인 공익을 말한다. '공공복리'는 집행정지의 장애사유로서 소극적 요건에 해당하며, 이러한 집행정지의 소극적 요건에 대한 주장·소명책임은 행정청에게 있다(대결 1999. 12. 20, 자99무42).

– 본안청구의 이유 없음이 명백하지 않을 것 : 행정처분의 효력정지나 집행정지제도는 신청인이 본안소송에서 승소판결을 받을 때까지 그 지위를 보호함과 동시에 후에 받을 승소판결을 무의미하게 하는 것을 방지하려는 것이어서 본안소송에서 처분의 취소가능성이 없음에도 처분의 효력이나 집행의 정지를 인정한다는 것은 제도의 취지에 반하므로 효력정지나 집행정지사건 자체에 의하여도 신청인의 본안청구가 이유 없음이 명백하지 않아야 한다는 것도 효력정지나 집행정지의 요건에 포함시켜야 한다(대판 2004무6, 대결 자2004무6·2005무85 등).

• 요건의 주장 및 입증책임 : 집행정지의 적극적 요건에 관한 주장·소명책임은 원칙적으로 신청인 측에 있으며, 소극적 요건에 대한 주장·소명책임은 행정청에게 있다(대결 1999. 12. 20, 자99무42).

• 절차 : 집행정지결정의 관할법원은 본안이 계속되어 있는 법원이다. 집행정지는 당사자의 신청 또는 법원의 직권에 의하여 개시되며, 신청인은 그 신청의 이유에 관하여 소명하여야 한다(제23조 제4항).

• 내용 : 집행정지는 본안소송이 종결될 때까지 처분 등의 효력이나 그 집행 또는 절차 속행의 전부 또는 일부를 정지함을 그 내용으로 한다. 다만, 처분의 효력정지는 처분 등의 집행 또는 절차의 속행을 정지함으로써 목적을 달성할 수 있는 경우에는 허용되지 아니한다(제23조 제2항).

• 효과

– 형성력 : 집행정지결정 중 효력정지결정은 효력 그 자체를 소멸시켜 행정처분이 없었던 원래 상태를 가져오고, 집행과 절차속행의 정지결정은 처분의 효력에는 영향을 미치지 아니하나 집행만의 정지효과를 가져온다. 따라서 집행정지결정에 위배된 후속행위들은 무효이다(대결 4294행상3).

– 기속력(대인적 효력) : 집행정지결정의 효력은 당해 처분·재결의 당사자인 행정청과 관계 행정청뿐만 아니라 제3자에 대하여도 미친다(제23조 제6항, 제29조 제2항).

– 시간적 효력 : 집행정지결정의 효력은 집행정지 결정시점부터 발생하며, 결정주문에서 정한 시기까지 존속한다. 결정주문에 정함이 없는

때에는 본안판결이 확정될 때까지 그 효력이 존속된다(대결 1962. 4. 12, 4294민상1541).

- 집행정지결정의 불복과 취소
  - 불복 : 집행정지결정이나 기각의 결정 또는 집행정지결정의 취소결정에 대하여는 즉시항고할 수 있다. 이 경우 즉시항고에는 결정의 집행을 정지하는 효력이 없다(제23조 제5항).
  - 취소 : 집행정지결정이 확정된 후 집행정지가 공공복리에 중대한 영향을 미치거나 그 정지사유가 없어진 때에는 당사자의 신청 또는 직권에 의하여 당해 집행정지결정을 한 법원은 집행정지결정을 취소할 수 있다(제24조 제1항).

ⓒ 가처분

- 의의 : 가처분이란 금전 이외의 급부를 목적으로 하는 청구권의 집행을 보전하거나 다툼이 있는 법률관계에 관하여 잠정적으로 임시의 지위를 보전하는 것을 목적으로 하는 가구제이다.
- 인정 여부 : 가구제의 수단으로서 행정소송법은 집행정지만을 규정하고 있어서 가처분(민사집행법 제300조)을 인정할 것인지의 여부에 대해, 행정소송법 제8조를 근거로 인정하자는 견해(긍정설)와 집행정지제도로 소기의 목적을 달성할 수 없는 경우에 한하여 제한적으로 인정하는 견해가 있으나(제한적 긍정설), 판례는 '보전처분은 민사판결절차에 의하여 보호받을 수 있는 권리에 관한 것이므로, 민사소송법상 가처분으로써 행정청의 어떠한 행정행위의 금지를 구하는 것은 허용되지 아니한다'(대결 1992. 7. 6, 자92마54)고 판시하여 부정설을 취하고 있다.

꼭! 확인 기출문제

행정소송에서 잠정적 권리보호를 목적으로 하는 가구제(假救濟) 제도에 대한 설명으로 옳지 않은 것은? [국가직 9급 기출]

① 행정소송법은 집행부정지원칙을 택하면서도 집행정지의 길을 열어 개인(원고)의 권리보호를 목적으로 하고 있다.
② 집행정지결정 중 효력정지결정은 효력 그 자체를 잠정적으로 정지시키는 것이므로 행정처분이 없었던 원래 상태와 같은 상태를 가져오지만 장래에 향하여 효력을 발생하는 것이 원칙이다.
③ 집행정지결정은 당사자인 행정청과 그 밖의 관계 행정청을 기속한다.
❹ 행정소송법은 가처분제도를 규정하지 않고 있으나 대법원 판례는 가처분제도를 긍정하고 있다.

圝 ④ 가구제의 수단으로서 행정소송법에 규정된 집행정지 외에 가처분제도를 인정할 것인지에 대해 학설상의 다툼이 있으나, 다수설과 판례는 이를 인정하지 않고 있다.

관련 판례 : 보전처분은 민사판결절차에 의하여 보호받을 수 있는 권리에 관한 것이므로, 민사소송법상 가처분으로써 행정청의 어떠한 행정행위의 금지를 구하는 것은 허용되지 아니한다(대판 92헌마54).

① 행정소송법 제23조 제1항에서는 "취소소송의 제기는 처분 등의 효력이나 그 집행 또는 절차의 속행에 영향을 주지 아니한다."고 하여 집행부정지원칙을 규정하면서도, "취소소송이 제기된 경우에 처분 등이나 그 집행 또는 절차의 속행으로 인하여 생길 회복하기 어려운 손해를 예방하기 위하여 긴급한 필요가 있다고 인정할 때에는 본안이 계속되고 있는 법원은 당사자의 신청 또는 직권에 의하여 처분 등의 효력이나 그 집행 또는 절차의 속행의 전부 또는 일부의 정지("집행정지")를 결정할 수 있다."고 하여 권리구제를 위한 집행정지의 길을 열어 두고 있다(제23조 제2항).
② 집행정지결정 중 효력정지결정은 효력 그 자체를 소멸시켜 행정처분이 없었던 원래 상태를 가져오지만, 집행정지결정 시점부터 장래를 향하여 효력이 발생된다.
③ 집행정지결정의 효력(기속력)은 당해 처분·재결의 당사자인 행정청과 그 밖의 관계 행정청을 기속한다(제30조 제1항). 또한 제3자에 대하여도 효력이 미친다(제29조 제2항).

(5) 취소소송의 심리

① 의의 : 소송의 심리란 소에 대한 판결을 하기 위하여 그 기초가 되는 소송자료를 수집하는 절차를 말한다.

② 심리의 내용

ㄱ 요건심리

- 의의 : 요건심리란 법원에 제기된 소가 소송제기요건을 갖추었는지의 여부를 심리하는 것을 말한다.
- 심리대상 : 관할권, 제소기간, 전심절차, 당사자적격 등 형식적 요건에 관한 것을 심리한다.
- 직권조사사항 : 요건 존부의 판단은 법원의 직권조사사항이다. 다만, 제소 당시에는 소송요건이 결여되었더라도 사실심의 변론종결 시까지 이를 구비하면 족하고 소송제기요건을 구비하지 못하였다면 법원은 이를 각하한다.

ㄴ 본안심리 : 본안심리는 요건심리의 결과 적법한 것으로 수리된 소의 실체적 내용을 심리하여 원고의 청구가 이유 있는지 여부를 심사하는 것을 말하는 바, 원고의 청구가 이유 있다면 인용판결을, 없다면 기각판결을 하게 된다.

③ 심리의 범위

ㄱ 법률문제·사실문제 : 법원은 행정사건을 심리함에 있어 행정처분이나 재결의 실체면·절차면 및 법률문제·사실문제 등을 심리하는 것이 원칙이다. 다만, 전문적·기술적인 지식을 요하는 사항인 경우에는 법원의 심리를 제한하고 있는 입법례가 있다(미국의 실질적 증거의 법칙, 영국의 무증거의 법칙, 독일의 판단여지설 등).

ㄴ 자유재량행위의 위반문제 : 재량권의 문제는 법원의 심리대상에서 제외된다는 것이 원칙이다. 다만, 재량권의 일탈·남용의 경우 위법한 처분이 되므로 일탈·남용의 여부를 심리하여 행정청의 재량에 속하는 처분이라도 재량권의 한계를 넘거나 그 남용이 있는 때에는 법원은 이를 취소할 수 있

Check Point

당사자적격

당사자적격이란 개별적·구체적 사건에서 원고나 피고로서 소송을 수행하고 본안판결을 받을 수 있는 자격을 말한다.

다(제27조).

ⓒ 불고불리의 원칙과 그 예외 : 취소소송의 경우에도 민사소송과 같이 불고불리의 원칙이 적용되는바, 법원은 소 제기가 없으면 재판할 수 없고, 또한 그 청구의 범위를 넘어서 심리·판단할 수 없다 할 것이다. 다만, 법원은 필요하다고 인정할 때에는 당사자가 주장하지 아니한 사실에 대하여도 판단할 수 있다(제26조).

④ 심리의 절차

ⓐ 일반원칙 : 행정소송사건의 심리에 있어서도 행정소송법에 특별한 규정이 없는 한 민사소송법의 심리 원칙들이 적용된다(제8조 제2항).

- 처분권주의 : 소송절차의 개시, 소송의 종료, 소송절차의 개별적인 사항의 결정에 관하여 당사자에게 맡기는 원칙을 말한다. 법원이 소송절차를 직권으로 진행시키는 직권주의에 대립되는 원칙이다.
- 변론주의 : 재판의 기초가 되는 자료의 수집·제출을 당사자의 권능과 책임으로 하는 원칙을 말한다. 직권탐지주의에 대립되는 원칙이다.
- 공개심리주의 : 재판의 심리와 판결의 선고를 공개하는 원칙을 말한다. 다만, 예외적으로 일정 경우에는 비공개도 인정된다.
- 구술심리주의 : 변론 및 증거조사를 구술로 행하는 원칙을 말한다. 서면심리주의에 대립되는 원칙이다.

ⓑ 행정소송법상 특칙

- 직권탐지주의(직권조사주의) : 행정소송법 제26조에 "법원은 필요하다고 인정할 때에는 직권으로 증거조사를 할 수 있고, 당사자가 주장하지 아니한 사실에 대하여도 판단할 수 있다."고 규정하여 변론주의에 대한 예외를 규정하고 있다. 이 규정에 대해 학설은 보충적으로 당사자가 주장하지 아니한 사실에 대하여만 탐지할 수 있다는 변론주의보충설과 당사자가 주장하지 아니한 사실에 대하여 당연히 탐지할 수 있는 직권탐지주의설이 대립하고 있다. 판례는 변론주의보충설을 취하고 있다.

> 관련 판례 : 행정소송법 제26조가 규정하는 바는 행정소송의 특수성에서 연유하는 당사자주의, 변론주의에 대한 일부 예외규정일 뿐, 법원이 아무런 제한 없이 당사자가 주장하지 아니한 사실을 판단할 수 있는 것은 아니고, 일건 기록상 현출되어 있는 사항에 관하여서만 직권으로 증거조사를 하고 이를 기초로 하여 판단할 수 있을 따름이다(대판 1994. 4. 26, 92누17402).

- 행정심판기록제출명령 : 법원은 당사자의 신청이 있는 때에는 결정으로써 재결을 행한 행정청에 대하여 행정심판에 관한 기록의 제출을 명할 수 있고, 제출명령을 받은 행정청은 지체 없이 당해 행정심판에 관한 기

Check Point

행정소송법 제8조(법적용예)
① 행정소송에 대하여는 다른 법률에 특별한 규정이 있는 경우를 제외하고는 이 법이 정하는 바에 의한다.
② 행정소송에 관하여 이 법에 특별한 규정이 없는 사항에 대하여는 법원조직법과 민사소송법 및 민사집행법의 규정을 준용한다.

록을 법원에 제출하여야 한다(제25조).

⑤ 주장책임과 입증책임

    ㉠ 주장책임 : 주장책임이란 분쟁의 주요한 사실관계를 주장하지 않음으로 인하여 당사자 일방의 불이익 내지 부담을 말하는 것으로, 이러한 주장책임의 완화의 의미로 직권조사주의가 있다.

    ㉡ 입증책임 : 분쟁의 중요한 사실관계의 존부가 확정되지 아니한 때, 불리한 법적 판단을 받게 되는 일방 당사자의 불이익 내지 위험을 누가 부담하여야 하는지의 문제가 입증책임이다. 그러나 입증책임의 분배에 관한 명문규정이 없어 견해의 대립이 있다.

      • 원고책임설(적법성추정설) : 행정행위에는 공정력이 있어 원고가 행정행위 위법성을 입증하여야 한다는 견해이다.

      • 피고책임설(적법성담보설) : 법치주의 원리상 행정행위의 적법성은 행정주체가 담보하여야 하므로, 입증책임은 피고에게 있다는 견해이다.

      • 행정소송독자분배설 : 행정소송에서의 특수성을 감안하여 권리제한이나 의무부과는 피고가 적법성의 입증책임을, 권리와 이익의 확장이나 재량일탈·남용은 원고가 입증책임을 부담하여야 한다는 견해이다.

      • 법률요건분류설 : 민사소송의 일반원칙에 따라 원고와 피고에게 입증책임이 분배되어야 하는 것으로 보고, 권한행사규정의 요건사실은 그 처분권한의 행사를 주장하는 자가, 권한불행사규정의 요건사실은 그 처분권한의 불행사를 주장하는 자가 각각 입증책임을 진다고 보는 견해이다(다수설·판례).

입증책임 관련 판례
- **자유재량의 처분** : 자유재량에 의한 행정처분이 그 재량권의 한계를 벗어난 것이어서 위법하다는 점은 그 행정처분의 효력을 다투는 자가 이를 주장·입증하여야 하고, 처분청이 그 재량권의 행사가 정당한 것이었다는 점까지 주장·입증할 필요는 없다(대판 1987. 12. 8, 87누861).
- **항고소송** : 행정처분이 위법함을 내세워 그 취소를 구하는 항고소송에 있어서 그 처분의 적법성에 대한 주장입증책임은 처분청인 피고에게 있다(대판 1983. 9. 13, 83누288).
- **과세처분** : 과세처분에 관한 행정소송에 있어서 과세원인 및 과세표준금액 등 과세요건이 되는 사실에 관하여는 다른 특별한 사정이 없는 한 과세관청에 그 입증책임이 있다(대판 1981. 5. 26, 80누521).

⑥ 위법판단의 기준 시 : 취소소송에 있어서 법원은 계쟁 중인 처분 등의 위법성을 어떤 시점을 기준으로 하여 판단할 것인가에 대해 견해의 대립이 있다.

    ㉠ 처분시설 : 행정처분이 있을 때의 법령과 사실상태를 기준으로 하여 위법 여부를 판단하여야 한다는 견해이다(통설·판례). 다만, 판례는 부작위위법확인소송의 경우에는 판결시설을 취한다(대판 91누7631).

ⓒ 판결시설 : 위법 여부는 사실심의 최종구두변론종결 당시의 법령과 사실상
태를 기준으로 판단하여야 한다는 견해이다.

(6) 취소소송의 판결

① 의의 : 취소소송의 판결이란 법원이 당해 소송사건에 대해 변론을 거쳐 무엇
이 법인가를 판단·선언하는 사법적 작용을 말한다.

② 판결의 종류와 내용

중간판결		종국판결을 하기 전 소송진행 중에 생긴 쟁점을 해결하기 위한 확인적 성질의 판결
종국판결	소송판결	소송요건의 결여로 각하하는 판결(각하판결)
	본안판결	본안심리의 결과 청구의 전부 또는 일부를 인용(인용판결)하거나 기각하는 판결(기각판결)

ⓐ 각하판결 : 각하판결이란 소송요건의 심리 결과 당사자적격·관할권·행
정심판전치주의 등 소송요건을 구비하지 못하여 부적법한 소라고 여겨 본
안심리를 거부하는 판결을 말한다. 각하판결은 취소청구의 대상인 처분 등
의 위법성을 판단하는 것이 아니고, 단지 소송요건(본안판단의 전제요건)
의 구비 여부에 대한 판단이며 그 구비 여부는 법원의 직권사항으로 구두
변론의 종결시점까지 구비하면 족하다.

ⓑ 기각판결 : 기각판결은 본안심리의 결과 원고의 청구에 합리적 이유가 없다
고 하여 배척하는 판결을 말한다. 한편, 원고의 청구에 이유가 있는 경우에
도 공익상의 이유로 기각판결을 할 수 있는데 이를 사정판결이라고 한다.

ⓒ 사정판결

- 의의 : 사정판결이란 원고의 청구가 이유 있다고 인정하는 경우에도 처
분 등을 취소하는 것이 현저히 공공복리에 적합하지 아니하다고 인정하
는 때에 법원이 원고의 청구를 기각하는 판결을 말한다(제28조).
- 요건
  - 취소소송일 것 : 사정판결은 당사자소송, 객관적 소송, 무효등확인소
    송, 부작위위법확인소송에서는 인정되지 않고 취소소송에서만 인정된
    다는 것이 통설 및 판례의 입장이다.
  - 처분 등이 위법할 것 : 원고의 청구가 이유 있다고 인정하는 경우이어
    야 하므로 처분이 위법하여야 한다.
  - 처분 등을 취소하는 것이 현저히 공공복리에 적합하지 않을 것 : 위법
    한 처분을 취소하여 개인의 권익을 구제할 필요와 그 취소로 인하여
    발생할 수 있는 공공복리에 대한 현저한 침해를 비교형량하여 결정하
    여야 한다.

Check Point

사정판결의 인정 이유
사정판결은 행정의 법률적합성의
원칙의 예외적인 현상으로, 이익
형량의 원칙에 입각하여 공익을
사익에 우선시키는 제도이므로,
제한적으로만 허용되어야 한다.

- 주장 및 입증책임 : 사정판결을 할 사정에 관한 주장 및 입증책임은 피고 행정청에 있다. 다만, 판례는 당사자의 주장이 없더라도 직권으로 사정판결을 할 수 있다고 보고 있다(대판 2005. 12. 8, 2003두10046).

- 판단의 기준 시 : 처분 등의 위법 여부는 판결 시가 아니라 처분 시를 기준으로 판단하고(대판 1993. 5. 27, 92누19033), 공공복리를 위한 사정판결의 필요성은 판결 시(사실심 구두변론종결 시)를 기준으로 판단하여야 한다(대판 1970. 3. 24, 69누29).

- 판결의 효과
  - 위법명시 : 사정판결을 하는 경우 법원은 그 판결의 주문에서 그 처분 등이 위법함을 명시하여야 한다(제28조 제1항). 이로써 처분의 위법성에 대하여는 기판력이 발생한다.
  - 소송비용 : 사정판결에 의해 원고의 청구가 기각된 경우 소송비용은 피고의 부담으로 한다(제32조).
  - 권리구제 : 원고는 피고인 행정청이 속하는 국가 또는 공공단체를 상대로 손해배상, 제해시설의 설치 그 밖에 적당한 구제방법의 청구를 당해 취소소송 등이 계속된 법원에 병합하여 제기할 수 있다(제28조 제3항). 법원이 사정판결을 함에 있어서는 미리 원고가 그로 인하여 입게 될 손해의 정도와 배상방법 그 밖의 사정을 조사하여야 한다(동조 제2항).

- 사정판결에 대한 불복 : 사정판결은 취소인용판결이 아니라 기각판결이다. 따라서 원고는 이에 대하여 상소를 제기할 수 있다.

㉣ 인용판결 : 인용판결이란 원고의 청구가 이유 있다고 인정하여 그 청구의 전부 또는 일부를 받아들이는 판결을 말한다. 즉, 인용판결은 처분을 취소·변경하는 형성판결이다. 여기서의 처분을 '변경'하는 판결이 소극적 변경(일부취소)을 의미하는지 적극적 변경을 의미하는지에 대해 견해의 대립이 있으나, 통설·판례는 소극적 변경으로 본다.

꼭! 확인 기출문제

행정소송의 판결의 효력에 관한 설명으로 가장 옳은 것은? [서울시 9급 기출]

① 기속력은 청구인용판결뿐만 아니라 청구기각판결에도 미친다.

② 처분 등의 무효를 확인하는 확정판결은 소송당사자 이외의 제3자에 대하여는 효력이 미치지 않는다.

❸ 사정판결의 경우에는 처분의 적법성이 아닌 처분의 위법성에 대하여 기판력이 발생한다.

④ 세무서장을 피고로 하는 과세처분취소소송에서 패소하여 그 판결이 확정된 자가 국가를 피고로 하여 과세처분의 무효를 주장하여 과오납금반환청구소송을 제기하더라도 취소소송의 기판력에 반하는 것은 아니다.

해 ③ 원고의 청구가 이유 있다고 인정하는 경우에도 처분등을 취소하는 것이 현저히 공공복리에 적합하지 아니하다고 인정하는 때에는 법원은 원고의 청구를 기각할 수 있다. 이 경우 법원은 그 판결의 주문에서 그 처분등이 위법함을 명시하여야 한다(행정소송법 제28조 제1항).
① 기속력은 청구인용판결에만 미친다.
② 처분등을 취소하는 확정판결은 제3자에 대하여도 효력이 있다(행정소송법 제29조 제1항). 행정소송법 제9조, 제10조, 제13조 내지 제17조, 제19조, 제22조 내지 제26조, 제29조 내지 제31조 및 제33조의 규정은 무효등 확인소송의 경우에 준용한다(행정소송법 제38조 제1항).
④ 과세처분의 취소소송은 과세처분의 실체적, 절차적 위법을 그 취소원인으로 하는 것으로서 그 심리의 대상은 과세관청의 과세처분에 의하여 인정된 조세채무인 과세표준 및 세액의 객관적 존부, 즉 당해 과세처분의 적부가 심리의 대상이 되는 것이며, 과세처분 취소청구를 기각하는 판결이 확정되면 그 처분이 적법하다는 점에 관하여 기판력이 생기고 그 후 원고가 이를 무효라 하여 무효확인을 소구할 수 없는 것이어서 과세처분의 취소소송에서 청구가 기각된 확정판결의 기판력은 그 과세처분의 무효확인을 구하는 소송에도 미친다(대판 1998. 7. 24, 98다10854).

③ 취소판결의 효력

ㄱ **자박력(불가변력)** : 판결이 일단 선고되면 선고법원 자신은 이를 취소·변경할 수 없는 기속을 받게 되는데 이를 자박력이라고 한다.

ㄴ **형식적 확정력(불가쟁력)** : 판결에 대하여 불복이 있는 경우에는 상소를 통하여 그의 효력을 다툴 수 있는데, 이때 상소기간이 경과하거나 당사자가 상소를 포기하는 등 기타의 사유로 상소할 수 없게 된 상태를 판결의 형식적 확정력이라 한다.

ㄷ **실질적 확정력(기판력)**

- 의의 : 기판력이란 판결이 확정된 때에는 후에 동일한 사건이 소송상 문제가 되었을 경우 소송당사자는 이에 저촉되는 주장을 할 수 없으며 법원도 이에 저촉되는 판단을 하지 못하게 하는 효력을 말한다. 즉 전소의 확정판결이 후소에 미치는 구속력을 말한다.

> 관련 판례 : 어떠한 행정처분에 위법한 하자가 있다는 이유로 그 취소를 소구한 행정소송에서 그 행정처분을 취소하는 판결이 선고되어 확정된 경우에 처분행정청이 그 행정소송의 사실심변론종결 이전의 사유를 내세워 다시 확정판결에 저촉되는 행정처분을 하는 것은 확정판결의 기판력에 저촉되어 허용될 수 없고 이와 같은 행정처분은 그 하자가 명백하고 중대한 경우에 해당되어 당연무효이다(대판 1989. 9. 12, 89누985).

- 효력범위
  - 주관적 범위 : 기판력은 당사자 및 당사자와 동일시할 수 있는 승계인에게만 미치고, 제3자에게는 미치지 않는다. 다만, 피고인 행정청이 속하는 국가 또는 공공단체에는 미친다(대판 1998. 7. 24, 98다10854).
  - 객관적 범위 : 기판력은 판결의 주문에 표시된 소송물에 관한 판단에만 미치고 판결이유에 설시된 개개의 위법사유에 관한 판단에는 미치지 않는다.
  - 시간적 범위 : 기판력은 사실심의 변론종결 시를 표준 시로 하여 발생

Check Point

기판력의 취지
기판력을 인정하는 취지는 소송절차의 반복과 모순된 재판의 방지라는 법적 안정성의 요청에 따라 인정되는 것이다.

한다(대판 1995. 9. 29, 94다46817).

기판력 관련 판례
• 확정판결의 기판력은 소송물로 주장된 법률관계의 존부에 관한 판단의 결론 그 자체에만 미치는 것이고 그 전제가 되는 법률관계의 존부에까지 미치는 것이 아니며, 소송판결은 그 판결에서 확정한 소송요건의 흠결에 관하여 기판력이 발생하는 것이다(대판 1996. 11. 15, 96다31406).
• 행정처분에 위법이 있어 행정처분을 취소하는 판결이 확정된 경우 그 확정판결의 기판력은 거기에 적시된 위법사유에 한하여 미치는 것이므로, 행정관청이 그 확정판결에 적시된 위법사유를 보완하여 행한 새로운 행정처분은 확정판결에 의하여 취소된 종전의 처분과는 별개의 처분으로서 확정판결의 기판력에 저촉된다고 할 수 없다(대판 1997. 2. 11, 96누13057).

Check Point

기판력과 기속력의 성질·범위 구분
기판력은 소송법상의 구속력으로 인용·기각판결 모두에 인정되나, 기속력은 실체법상 구속력으로 인용판결에만 인정된다.

• 기판력의 적용
  – 취소판결의 무효확인소송에 대한 기판력 : 취소소송에서의 기각판결이 확정되면 당해 처분에 하자가 없다는 점에 기판력이 생기므로 후소로 무효확인소송을 제기하면 기판력에 반하게 된다(대판 2001. 6. 12, 99다46805). 이에 반하여 무효확인소송에서 기각판결이 확정되었다 하더라도 당해 처분이 무효가 아니라는 점에 기판력이 발생하는 것이므로 취소소송을 제기할 수 있다.
  – 취소판결의 국가배상청구소송에 대한 기판력 : 취소소송의 판결이 그 후에 제기된 국가배상소송에 미치는가에 대하여 관련분쟁의 통일적 해결을 위하여 기판력이 미친다는 기판력긍정설, 양자는 소송물이 다르므로 기판력이 미치지 아니한다는 기판력부정설, 기각판결의 기판력은 국가배상소송에 영향을 미치지 아니하므로 패소한 원고가 다시 국가배상소송을 제기할 수 있다는 제한적 긍정설의 대립이 있다.

㉣ 기속력(구속력)
  • 의의 : 처분이나 재결을 취소하는 확정판결이 그 내용에 따라 소송당사자와 관계 행정청에게 판결의 취지에 따라 행동할 의무를 지우는 효력을 말한다(제30조 제1항). 이러한 기속력은 취소판결뿐만 아니라 무효등확인소송과 부작위법확인소송 및 당사자소송의 판결에도 인정된다(제38조, 제44조 제1항).
  • 성질 : 기속력의 성질에 대해서는 기속력이 기판력과 동일하다는 기판력설과 취소판결의 실효성을 확보하기 위하여 행정소송법에서 특별히 인정하는 효력이라는 특수효력설(통설)이 대립한다. 판례의 입장은 명확하지 않다.
  • 내용
    – 반복금지효(소극적 효력, 부작위의무) : 취소판결이 확정되면 행정청

Check Point

취소판결 등의 기속력(행정소송법 제30조)
① 처분 등을 취소하는 확정판결은 그 사건에 관하여 당사자인 행정청과 그 밖의 관계 행정청을 기속한다.
② 판결에 의하여 취소되는 처분이 당사자의 신청을 거부하는 것을 내용으로 하는 경우에는 그 처분을 행한 행정청은 판결의 취지에 따라 다시 이전의 신청에 대한 처분을 하여야 한다.
③ 제2항의 규정은 신청에 따른 처분이 절차의 위법을 이유로 취소되는 경우에 준용한다.

은 동일한 사실관계하에 동일이유로 동일인에 대해 동일내용의 처분을 해서는 안 된다. 이러한 반복금지효는 청구인용판결에 대하여만 인정되며, 기각판결에는 인정되지 않는다. 따라서 기각판결의 경우에는 행정청이 직권으로 동일한 처분을 취소할 수 있다.

- 재처분의무(적극적 효력) : 거부처분이 취소된 경우 처분을 행한 행정청은 다시 이전의 신청에 대한 처분을 하여야 하며(제30조 제2항), 인용처분이 절차상의 위법을 이유로 취소된 경우 행정청은 적법한 절차에 의하여 이전의 신청에 대한 처분을 다시 하여야 한다(동조 제3항). 거부처분이 취소된 경우를 세분하면 다음과 같다.

Check Point

제30조 제2항·제3항
② 판결에 의하여 취소되는 처분이 당사자의 신청을 거부하는 것을 내용으로 하는 경우에는 그 처분을 행한 행정청은 판결의 취지에 따라 다시 이전의 신청에 대한 처분을 하여야 한다.
③ 제2항의 규정은 신청에 따른 처분이 절차의 위법을 이유로 취소되는 경우에 준용한다.

거부처분이 실체법상 위법을 이유로 취소된 경우	기속행위, 재량권이 0으로 수축된 경우	행정청은 원칙적으로 원고의 신청을 인용하는 처분을 하여야 함
	재량행위	신청된 대로 처분하거나 다른 이유로 거부처분 가능
거부처분이 절차상 위법을 이유로 취소된 경우		적법한 절차를 거친 뒤, 신청된 대로 처분하거나 거부처분 가능

- 원상회복의무(결과제거의무) : 행정청은 처분의 취소판결이 있으면 결과적으로 위법이 되는 처분에 의하여 초래된 상태를 제거하여야 하는 의무를 진다.

재처분의무 관련 판례
- 행정소송법 제30조 제2항의 규정에 의하면 행정청의 거부처분을 취소하는 판결이 확정된 경우에는 그 처분을 행한 행정청이 판결의 취지에 따라 이전의 신청에 대하여 재처분할 의무가 있으나, 이때 확정판결의 당사자인 처분 행정청은 그 행정소송의 사실심변론종결 이후 발생한 새로운 사유를 내세워 다시 이전의 신청에 대한 거부처분을 할 수 있고 그러한 처분도 위 조항에 규정된 재처분에 해당된다(대판 1997. 2. 4, 96두70).
- 행정처분의 적법 여부는 그 행정처분이 행하여 진 때의 법령과 사실을 기준으로 하여 판단하는 것이므로 거부처분 후에 법령이 개정·시행된 경우에는 개정된 법령 및 허가기준을 새로운 사유로 들어 다시 이전의 신청에 대한 거부처분을 할 수 있으며 그러한 처분도 행정소송법 제30조 제2항에 규정된 재처분에 해당된다(대판 1998. 1. 7, 97두22).
- 행정소송법 제30조 제2항의 규정에 의하면 행정청의 거부처분을 취소하는 판결이 확정된 경우에는 그 처분을 행한 행정청이 판결의 취지에 따라 이전의 신청에 대하여 재처분할 의무가 있다고 할 것이나, 그 취소사유가 행정처분의 절차, 방법의 위법으로 인한 것이라면 그 처분 행정청은 그 확정판결의 취지에 따라 그 위법사유를 보완하여 다시 종전의 신청에 대한 거부처분을 할 수 있고, 그러한 처분도 위 조항에 규정된 재처분에 해당한다(대판 2005. 1. 14, 2003두13045).

- 범위
  - 주관적 범위 : 당사자인 행정청뿐만 아니라 그 밖의 모든 관계 행정청에 미친다(제30조 제1항).
  - 객관적 범위 : 판결의 주문뿐만 아니라 이유에 명시된 사실인정과 법

기출 Plus
지방직 9급 기출

10. 행정소송법상 취소소송에 관한 설명으로 옳은 것은? (다툼이 있는 경우 판례에 의함)

① 취소소송의 원고적격은 처분 등의 취소를 구할 법률상 이익이 있는 자에게 인정되기 때문에, 직접 처분 또는 재결을 받은 상대방 이외의 자에게는 인정되지 아니한다.

② 형성소송설에 따를 경우 취소판결이 확정되면 당해 처분의 효력은 행정청이 취소하지 않더라고 소급하여 효력을 상실한다.

③ 취소소송의 피고는 원칙적으로 당해 처분을 한 행정청이 소속하는 국가 또는 공공단체이다.

④ 행정청의 재량행위에 속하는 처분은 취소소송의 대상이 되지 않는다.

해 형성소송설에 의하면, 취소판결의 확정으로 행정청이 별도로 취소하지 않더라도 당해 처분의 효력은 소급하여 상실된다고 한다.

률문제에 대한 판단에까지 미친다. 다만, 판결의 결론과 직접 관계가 없는 간접사실의 판단에는 미치지 않는다.

– 시간적 범위 : 기속력은 처분 당시까지 존재하던 사유에 대하여만 미치고 그 이후에 생긴 사유에는 미치지 않는다.

• 위반의 효과 : 기속력에 위반하여 한 행정청의 행위는 당연무효가 된다(통설 · 판례).

㉤ 형성력(제3자에 대한 효력)

• 의의 : 판결의 형성력이란 판결의 취지에 따라 법률관계의 발생 · 변경 · 소멸을 가져오는 효력을 말한다. 즉, 처분이나 재결을 취소하는 내용의 판결이 확정되면 그 처분이나 재결의 효력은 처분청의 별도의 행위를 기다릴 것 없이 처분 또는 재결 시에 소급하여 소멸되어 처음부터 이러한 처분이 없었던 것과 같은 효력을 가져온다.

> 관련 판례 : 행정처분을 취소한다는 확정판결이 있으면 그 취소판결의 형성력에 의하여 당해 행정처분의 취소나 취소통지 등의 별도의 절차를 요하지 아니하고 당연히 취소의 효과가 발생한다(대판 1991. 10. 11, 90누5443).

• 제3자효(대세효) : 형성력은 당해 소송의 당사자뿐만 아니라 소송에 관여하지 않은 제3자에게도 미친다(제29조 제1항). 이러한 대세적 효력은 취소판결뿐만 아니라 무효등확인소송 및 부작위위법확인소송의 판결에서도 인정된다(제38조).

㉥ 집행력

• 의의 : 집행력이란 이행판결에서 명령된 이행의무를 강제집행절차로써 실현할 수 있는 효력을 의미하는데, 형성판결인 취소판결은 집행력이 없어 행정소송법에서는 거부처분취소에 따른 재처분의무의 실효성을 확보하기 위하여 간접강제제도를 규정하고 있다. 이는 부작위위법확인소송에도 준용된다(제38조 제2항).

• 간접강제 : 행정청이 거부처분취소판결의 취지에 따라 처분을 하지 아니하는 때에는 제1심 수소법원은 당사자의 신청에 의하여 결정으로써 상당한 기간을 정하고 행정청이 그 기간 내에 이행하지 아니한 때에는 그 지연기간에 따라 일정한 배상을 할 것을 명하거나 즉시 손해배상을 할 것을 명할 수 있다(제34조 제1항).

답 10 ②

집행력 관련 판례

거부처분에 대한 취소의 확정판결이 있음에도 행정청이 아무런 재처분을 하지 아니하거나, 재처분을 하였다 하더라도 그것이 종전 거부처분에 대한 취소의 확정판결의 기속력에 반하는 등으로 당연무효라면 이는 아무런 재처분을 하지 아니한 때와 마찬가지라 할 것이므로 이러한 경우에는 행정소송법 제30조 제2항, 제34조 제1항 등에 의한 간접강제신청에 필요한 요건을 갖춘 것으로 보아야 한다(대판 2002. 12. 11, 2002무22).

④ 위헌·위법판결의 공고 : 행정소송에 대한 대법원판결에 의하여 명령·규칙이 헌법 또는 법률에 위반된다는 것이 확정된 경우에는 대법원은 지체 없이 그 사유를 행정안전부장관에게 통보하여야 하고, 통보를 받은 행정안전부장관은 지체 없이 이를 관보에 게재하여야 한다(제6조).

 확인 기출문제

항고소송에서 판결의 기속력에 대한 설명으로 옳지 않은 것은? [국가직 9급 기출]

❶ 기속력은 일단 판결이 확정된 때에는 동일한 사항이 다시 소송상 문제되었을 때 당사자와 법원은 이에 저촉되는 주장이나 판단을 할 수 없는 효력을 의미한다.

② 현행 행정소송법은 취소판결에 대하여 기속력 있음을 규정하고 무효등확인소송과 부작위위법확인소송 및 당사자소송에 이를 준용하고 있다.

③ 기속력은 취소판결 등의 실효성을 도모하기 위하여 인정된 효력이므로, 판결주문 및 그 전제가 된 요건사실의 인정과 효력의 판단에만 미친다.

④ 취소판결이 확정된 후에 그 기속력에 위반하여 같은 사유에 의한 동일한 내용의 처분은 그 하자가 중대하고도 명백하여 당연무효이다.

해 ① 기판력(既判力)에 대한 설명이다. 기속력은 확정판결이 동일 사건에 관하여 당사자인 행정청과 그 밖의 관계 행정청을 기속하여 그 판결의 내용에 따라 행하여야 할 실체법상의 의무를 발생시키는 효력을 말한다.

② 현행 행정소송법 제30조의 취소판결의 기속력 규정은 무효등확인소송과 부작위위법확인소송에 준용하며(동법 제38조), 당사자소송에도 이를 준용하고 있다(동법 제44조).

③ 기속력은 주로 판결의 실효성 확보를 위하여 인정되는 효력으로서 판결주문 및 그 전제가 된 요건사실의 인정과 효력의 판단에만 미친다.

> 관련 판례 : 행정소송법 제30조 제1항에 의하여 인정되는 취소소송에서 처분 등을 취소하는 확정판결의 기속력은 주로 판결의 실효성 확보를 위하여 인정되는 효력으로서 판결의 주문뿐만 아니라 그 전제가 되는 처분 등의 구체적 위법사유에 관한 이유 중의 판단에 대하여도 인정된다(대판 2001. 3. 23, 99두5238).(→ 간접사실의 판단에는 미치지 않음)

④ 취소판결이 확정된 후에 그 기속력에 위반하여 행한 처분은 그 하자가 중대하고도 명백하여 당연무효이다(대판 1990. 12. 11, 90누3560).

(7) 판결에 의하지 않는 취소소송의 종료

취소소송은 법원의 종국판결에 의해 종료하는 것이 원칙이나, 원고의 소 취하에 의해 종료하는 경우도 있다. 취소소송에 있어 청구의 포기·인락 및 소송상의 화해가 허용되는가에 대하여는 부정설이 다수설이다.

① 소의 취하 : 원고가 자신이 제기한 소의 전부 또는 일부를 철회하는 법원에 대

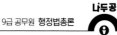
Check Point

피고적격(행정소송법 제13조)
① 취소소송은 다른 법률에 특별한 규정이 없는 한 그 처분 등을 행한 행정청을 피고로 한다. 다만, 처분 등이 있은 뒤에 그 처분 등에 관계되는 권한이 다른 행정청에 승계된 때에는 이를 승계한 행정청을 피고로 한다.
② 제항의 규정에 의한 행정청이 없게 된 때에는 그 처분 등에 관한 사무가 귀속되는 국가 또는 공공단체를 피고로 한다.

Check Point

항소, 상고
• 항소 : 하급법원에서 받은 제1심의 판결에 불복할 때 그 파기 또는 변경을 직접 상급법원인 고등법원 또는 지방법원 합의부에 신청하는 것을 말한다.
• 상고 : 항소심의 종국 판결이 확정되기 전에 법령의 해석적용면에서 심사를 구하는 불복신청(제2심 판결에 대한 상소)을 말한다.

Check Point

무효등확인소송의 필요성
무효인 처분 등도 처분으로서의 외관은 존재하고 있고, 또한 처분의 무효원인과 취소원인의 구별은 상대적이어서 당해 처분청이 유효한 것으로 판단하여 집행할 우려가 있다. 따라서 무효인 처분의 상대방이나 이해관계인은 그 처분이 무효임을 공적으로 확인받을 필요가 있다.

한 일방적 의사표시이다.

② **청구의 포기·인낙** : 청구의 포기란 원고가 자기의 소송상의 청구가 이유 없음을 자인하는 법원에 대한 일방적 의사표시이며, 청구의 인낙이란 피고가 원고의 소송상의 청구가 이유 있음을 자인하는 법원에 대한 일방적 의사표시이다.

③ **소송상 화해** : 소송상 화해란 소송계속 중 당사자 쌍방이 소송물인 권리관계의 주장을 서로 양보하여 소송을 종료시키기로 하는 합의를 말한다.

④ **당사자의 소멸**

　㉠ 원고가 사망하고 소송물인 권리관계의 성질상 이를 승계할 자가 없는 경우 소송은 종료된다.

　㉡ 피고인 행정청이 없게 된 때에는 그 처분 등에 관한 사무가 귀속되는 국가 또는 공공단체가 피고가 되므로(제13조 제2항) 소송은 종료되지 않는다.

(8) 상소와 재심

① **상소** : 행정소송의 제1심 관할법원은 피고의 소재지를 관할하는 행정법원이기 때문에, 제1심 판결에 대하여 불복하는 자는 고등법원·대법원에 항소·상고할 수 있다.

② **재심**

　㉠ **의의** : 재심이란 확정된 종국판결에 일정사유가 있어 판결법원에 다시 심사를 구하는 것을 말한다. 이에는 당사자가 제기하는 일반적인 재심과 제3자가 제기하는 재심으로 구분된다.

　㉡ **제3자에 의한 재심**

　　• 재심사유 : 처분 등을 취소하는 판결에 의하여 권익의 침해를 받은 제3자는 자기에게 책임 없는 사유로 소송에 참가하지 못함으로써 판결의 결과에 영향을 미칠 공격 또는 방어방법을 제출하지 못한 때에는 이를 이유로 확정된 종국판결에 대하여 재심청구를 할 수 있다(제31조 제1항).

　　• 재심청구의 기간 : 확정판결이 있음을 안 날로부터 30일 이내, 판결이 확정된 날로부터 1년 이내에 제기하여야 하며, 그 기간은 불변기간이다(제31조 제2항·제3항).

3. 무효등확인소송

(1) 개설

① **의의** : 무효등확인소송이란 행정청의 처분·재결의 효력 유무 또는 존재 여부를 확인하는 소송을 말한다(제4조 제2호).

② **성질** : 무효등확인소송은 처분의 무효나 부존재를 확인하는 점에서 확인소송의 성질을 가지나, 형식적으로 처분 등의 효력 유무나 존재 유무를 다툰다는 점에서 항고소송의 성질도 가지므로 '준항고소송'으로 보는 견해가 통설·판례이다. 그러나 행정소송법은 이를 항고소송의 일종으로 규정하고 있다.

③ **종류** : 처분 또는 재결에 대하여 각각 무효확인소송, 유효확인소송, 실효확인소송, 존재확인소송, 부존재확인소송 등이 있다.

④ **준용규정** : 취소소송에 관한 규정이 대부분 준용된다.

　　㉠ **준용되는 규정** : 제9조(재판관할), 제10조(관련청구소송의 이송 및 병합), 제13조(피고적격), 제14조(피고경정), 제15조(공동소송), 제16조(제3자의 소송참가), 제17조(행정청의 소송참가), 제19조(취소소송의 대상), 제22조(처분변경으로 인한 소의 변경), 제23조(집행정지), 제24조(집행정지의 취소), 제25조(행정심판기록의 제출명령), 제26조(직권심리), 제29조(취소판결 등의 효력), 제30조(취소판결 등의 기속력), 제31조(제3자에 의한 재심청구), 제33조(소송비용에 관한 재판의 효력) 등의 규정은 무효등확인소송의 경우에 준용한다(제38조 제1항).

　　㉡ **준용되지 않는 규정** : 예외적 행정심판전치주의(제18조), 제소기간(제20조), 간접강제(제34조), 사정판결(제28조)에 관한 규정은 준용되지 않는다. 한편, 무효선언으로서의 취소소송의 경우는 예외적 행정심판전치주의와 제소기간제한의 적용을 받는다는 것이 통설·판례의 입장이다.

(2) 소송요건

① **재판관할** : 무효등확인소송의 제1심 관할법원은 피고인 행정청의 소재지를 관할하는 행정법원이 되며(제9조), 관할의 이송(제7조), 관련청구소송의 이송 및 병합(제10조) 등은 취소소송과 동일하다.

② **소송의 대상** : 무효등확인소송의 대상도 취소소송과 같이 '처분 등'이다(제19조, 제38조).

③ **당사자 및 참가인**

　　㉠ **원고적격** : 무효등확인소송은 처분의 효력 유무 또는 존재 여부의 확인을 구할 법률상 이익이 있는 자가 제기할 수 있다(제35조). 여기서 원고적격으로 법률상 이익이 요구될 뿐만 아니라 무효등확인소송도 확인의 소이기 때문에 민사소송법의 확인의 소에서 요구되는 확인의 이익도 요하는가가 문제된다. 이에 대해서는 다음과 같은 견해가 있다.

　　　　• **불요설(다수설)** : 행정소송법은 보충성을 요건으로 규정하고 있지 않으며, 행정소송은 민사소송과 목적을 달리하므로 확인의 이익을 요하지 않

> **Check Point**
>
> 무효등확인소송에는 제소기간의 제한이 없으나, 무효선언적 의미의 취소소송에는 제소기간이 적용된다.

는다는 견해이다.

- **필요설** : 무효등확인소송은 실질적으로 보아 민사소송에서 확인소송의 성질을 가지고 있는 것이므로 확인의 이익을 요한다는 견해이다. 필요설에서는 무효등확인소송을 보충적인 소송으로 본다.

- **판례의 입장** : 종전의 판례는 다수설의 견해와 달리 필요설의 입장에서 무효등확인소송의 경우 민사소송에서와 같이 별도의 확인의 이익이 있어야 무효등확인소송의 제기가 가능하며(보충성이 적용됨), 행정처분의 무효를 전제로 한 이행소송 등과 같은 직접적 구제수단이 있는 경우에는 소송제기를 할 수 없다고 보았다(소송제기 시 각하). 그러나 최근 대법원은 전원합의체 판결을 통해 이를 변경하고, 무효등확인소송의 경우도 다른 직접적인 구제수단의 존재 여부와 관계없이 무효등확인을 구할 법률상 이익이 있으면 동 소송의 제기가 가능하며, 이와는 별도의 확인의 이익이 그 소송요건으로 요구되는 것은 아니라 하여 동 소송에서의 보충성의 적용을 배제하였다[대판 2008. 3. 20, 2007두6342(전합)].

> 관련 판례 : 행정소송은 행정청의 위법한 처분 등을 취소·변경하거나 그 효력 유무 또는 존재 여부를 확인함으로써 국민의 권리 또는 이익의 침해를 구제하고, 공법상의 권리관계 또는 법적용에 관한 다툼을 적정하게 해결함을 목적으로 하는 것이므로, 대등한 주체 사이의 사법상 생활관계에 관한 분쟁을 심판대상으로 하는 민사소송과는 그 목적, 취지 및 기능 등을 달리한다. 또한 행정소송법 제4조에서는 무효등확인소송을 항고소송의 일종으로 규정하고 있고, 행정소송법 제38조 제1항에서는 처분 등을 취소하는 확정판결의 기속력 및 행정청의 재처분 의무에 관한 행정소송법 제30조를 무효등확인소송에도 준용하고 있으므로 무효확인판결 자체만으로도 실효성을 확보할 수 있다. 그리고 무효확인소송의 보충성을 규정하고 있는 외국의 일부 입법례와는 달리 우리나라 행정소송법에는 명문의 규정이 없어 이로 인한 명시적 제한이 존재하지 않는다.
> 이와 같은 사정을 비롯하여 행정에 대한 사법통제, 권익구제의 확대와 같은 행정소송의 기능 등을 종합하여 보면, 행정처분의 근거 법률에 의하여 보호되는 직접적이고 구체적인 이익이 있는 경우에는 행정소송법 제35조에 규정된 '무효등확인을 구할 법률상 이익'이 있다고 볼 수 있으며, 이와 별도로 무효등확인소송의 보충성이 요구되는 것은 아니므로 행정처분의 무효를 전제로 한 이행소송 등과 같은 직접적인 구제수단이 있는지 여부를 따질 필요가 없다고 해석함이 타당하다[대판 2008. 3. 20, 2007두6342(전합)].

ⓛ **피고적격** : 무효등확인소송도 취소소송과 같이 처분청을 피고로 한다.

ⓒ **소송참가** : 취소소송의 제3자 소송참가(제16조)와 행정청의 소송참가(제17조), 공동소송제도(제15조)도 무효등확인소송에 준용된다(법 제38조).

(3) 심리

① **심리의 내용과 범위 등** : 취소소송과 같다. 따라서 직권심리주의의 가미, 행정심판기록의 제출명령에 관한 규정이 적용되며, 위법판단의 기준 시도 취소소송의 경우와 마찬가지로 처분 시라는 설이 통설·판례이다.

Check Point

행정소송법 제16조(제3자의 소송참가)

① 법원은 소송의 결과에 따라 권리 또는 이익의 침해를 받을 제3자가 있는 경우에는 당사자 또는 제3자의 신청 또는 직권에 의하여 결정으로써 그 제3자를 소송에 참가시킬 수 있다.

② 법원이 제1항의 규정에 의한 결정을 하고자 할 때에는 미리 당사자 및 제3자의 의견을 들어야 한다.

③ 제1항의 규정에 의한 신청을 한 제3자는 그 신청을 각하한 결정에 대하여 즉시항고할 수 있다.

④ 제1항의 규정에 의하여 소송에 참가한 제3자에 대하여는 민사소송법 제67조의 규정을 준용한다.

② **입증책임** : 입증책임에 관하여는 견해의 대립이 있다.

   ⊙ **입증책임분배설** : 취소소송의 경우와 마찬가지로 입증책임을 분배해야 한다는 견해이다.

   ⓒ **피고책임부담설** : 피고인 행정청이 유효성·적법성의 입증책임을 져야 한다는 견해이다.

   ⓒ **원고책임부담설** : 무효원인인 중대·명백한 위법은 원고가 입증책임을 져야 한다는 견해이다.

   ⓒ **판례** : 판례는 무효원인에 대한 주장·입증책임은 취소소송의 경우와는 달리 원고가 부담한다고 판시하고 있다.

> 관련 판례 : 행정처분의 당연무효를 주장하여 그 무효확인을 구하는 행정소송에 있어서는 원고에게 그 행정처분이 무효인 사유를 주장·입증할 책임이 있다(대판 2000. 3. 23, 99두11851).

③ **선결문제**

   ⊙ **의의** : 행정소송법에서 선결문제라 함은 처분 등의 효력 유무 또는 존재 여부가 민사소송의 본안판결의 전제가 되어 있는 쟁송을 말한다.

   ⓒ **심리권의 소재** : 취소할 수 있는 행정행위의 경우에는 행정행위의 공정력에 의하여 민사사건의 수소법원은 선결적인 판단이 불가능하나, 무효인 행정행위의 경우에는 행정행위의 공정력이 부인되므로 선결적인 판단이 가능하다.

> 관련 판례 : 국세 등의 부과 및 징수처분과 같은 행정처분이 당연무효임을 전제로 하여 민사소송을 제기한 때에는 그 행정처분이 당연무효인지의 여부가 선결문제이므로 법원은 이를 심사하여 그 행정처분의 하자가 중대하고도 명백하여 당연무효라고 인정될 경우에는 이를 전제로 하여 판단할 수 있으나 그 하자가 단순한 취소사유에 그칠 때에는 법원은 그 효력을 부인할 수 없다(대판 1973. 7. 10, 70다1439).

   ⓒ **준용규정** : 처분 등의 효력 유무 또는 존재 여부가 민사소송의 선결문제가 되어 당해 민사소송의 수소법원이 이를 심리·판단하는 경우에는 행정청의 소송참가(제17조), 행정심판기록의 제출명령(제25조), 직권심리(제26조) 및 소송비용에 관한 재판의 효력(제33조)의 규정들이 준용된다(제11조).

(4) 판결

① **판결의 효력** : 무효확인소송의 판결에 대해서는 취소소송에 관한 규정이 원칙적으로 준용된다. 따라서 판결의 효력으로서 제3자효와 기속력이 인정된다(제29조, 제38조).

② **사정판결의 인정 여부** : 사정판결이 무효등확인소송에도 인정될 수 있는지에 관하여 준용규정이 없으므로 부정하는 견해와 공익상 기성사실을 존중할 필

Check Point

행정소송법 제29조(취소판결 등의 효력)

① 처분 등을 취소하는 확정판결은 제3자에 대하여도 효력이 있다.

② 제1항의 규정은 제23조의 규정에 의한 집행정지의 결정 또는 제24조의 규정에 의한 그 집행정지결정의 취소결정에 준용한다.

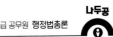
요가 있는 경우가 있으므로 긍정하는 견해가 대립하고 있다. 판례는 부정설을 취하고 있다.

> 관련 판례 : 행정처분이 무효인 경우에는 존치시킬 효력이 있는 행정행위가 없기 때문에 행정 소송법 제28조의 사정판결을 할 수 없다(대판 1992. 11. 10, 91누8227).

(5) 취소소송과의 관계

① **병렬관계** : 취소소송과 무효확인소송은 보충의 관계에 있는 것이 아니라 서로 병렬관계에 있다. 따라서 원고는 취소소송과 무효확인소송을 예비적으로 병합하여 제기할 수 있다. 다만, 판례는 취소소송의 청구기각판결의 기판력이 무효확인소송에도 미친다고 보고 있다.

② **무효사유에 대해 취소소송을 제기한 경우** : 취소소송을 제기하였지만 심리 결과 처분의 하자가 중대·명백한 당연무효의 사유로 밝혀진 경우에는 무효선언으로서의 취소판결을 할 수 있다. 다만, 이때에는 전심절차와 제소기간의 준수 등 취소소송의 제소요건을 갖추어야 한다.

③ **취소사유에 대해 무효확인소송을 제기한 경우**

   ⊙ **취소소송의 제기에 필요한 요건을 갖춘 경우** : 일반적으로 행정처분의 무효확인을 구하는 소에는 원고가 그 처분의 취소를 구하지 아니한다고 밝히지 아니한 이상 그 처분이 만약 당연무효가 아니라면 그 취소를 구하는 취지도 포함되어 있는 것으로 보아야 한다(대판 1994. 12. 23, 94누477). 따라서 판례에 의하면 취소판결을 할 수 있다.

   ⓛ **취소소송의 제기에 필요한 요건을 갖추지 못한 경우** : 취소소송의 제기에 필요한 요건을 갖추지 못한 경우에는 당해 무효등확인소송에서도 기각판결을 내려야 한다.

4. 부작위위법확인소송

(1) 개설

① **의의** : 부작위위법확인소송이란 행정청의 부작위가 위법하다는 것을 확인하는 소송을 말한다(제4조 제3호).

② **성질** : 법원에 부작위가 위법하다는 확인을 구하는 확인소송의 성질을 가지며, 공권력 발동이 없음을 다투는 것으로 이 또한 공권력 발동에 관한 소송이므로 항고소송의 범주에 속한다.

③ **준용규정** : 취소소송에 관한 대부분의 규정이 준용된다.

⊙ 준용되는 규정 : 제9조(재판관할), 제10조(관련청구소송의 이송 및 병합), 제13조(피고적격), 제14조(피고경정), 제15조(공동소송), 제16조(제3자의 소송참가), 제17조(행정청의 소송참가), 제18조(행정심판과의 관계), 제19조(취소소송의 대상), 제20조(제소기간), 제25조(행정심판기록의 제출명령), 제26조(직권심리), 제27조(재량처분의 취소), 제29조(취소판결 등의 효력), 제30조(취소판결 등의 기속력), 제31조(제3자에 의한 재심청구), 제33조(소송비용에 관한 재판의 효력) 및 제34조(거부처분취소판결의 간접강제)의 규정은 부작위위법확인소송의 경우에 준용된다(제38조 제2항).

ⓛ 준용되지 않는 규정 : 제22조(처분변경으로 인한 소의 변경), 제23조(집행정지), 제28조(사정판결), 제32조(피고의 소송비용부담)에 관한 규정은 준용되지 않는다.

(2) 소송요건

① 재판관할 : 부작위위법확인소송의 제1심 관할법원은 피고인 행정청의 소재지를 관할하는 행정법원이 되며(제9조), 관할의 이송(제7조), 관련청구소송의 이송 및 병합(제10조) 등은 취소소송과 동일하다.

② 소송의 대상 : 부작위위법확인소송의 대상은 부작위이다.

⊙ 부작위의 의의 : 부작위란 행정청이 당사자의 신청에 대하여 상당한 기간 내에 일정한 처분을 하여야 할 법률상 의무가 있음에도 불구하고 이를 하지 아니하는 것을 말한다(제2조 제1항 제2호).

ⓛ 부작위의 성립요건

• 당사자의 신청이 있을 것 : 당사자의 적법한 신청이 있어야 한다.

• 상당한 기간이 지날 것 : 상당한 기간(어떠한 처분을 함에 있어 통상 요구되는 기간)이 경과하도록 아무런 처분이 없을 때 그 부작위는 위법이 된다.

• 행정청에 처분을 하여야 할 법률상 의무가 존재할 것 : 여기서 법률상 의무는 법령에서 명문으로 규정한 의무만이 아니라, 법령의 취지나 당해 처분의 성질에서 오는 의무도 포함된다(대판 1991. 2. 12, 90누5825).

• 행정청이 아무런 처분을 하지 않을 것

  – 부작위는 처분으로 볼 만한 외관 자체가 존재하지 아니한 상태를 말하는바, 거부처분이 있거나 외관적 존재가 있는 무효인 행정처분의 경우는 부작위가 성립되지 않는다.

  – 간주거부의 경우에도 거부처분취소소송으로 다투어야 하는 것이며, 부작위위법확인소송은 허용되지 않는다.

– 부작위위법확인소송의 계속 중(판결 시까지) 행정청이 처분을 함으로써 부작위 상태가 해소되면 소의 이익이 상실되므로 각하판결을 내리게 된다(대판 1990. 9. 25, 89누4758).

부작위위법확인소송 관련 판례
- 행정소송은 구체적 사건에 대한 법률상 분쟁을 법에 의하여 해결함으로써 법적 안정을 기하자는 것이므로 부작위위법확인소송의 대상이 될 수 있는 것은 구체적 권리의무에 관한 분쟁이어야 하고 추상적인 법령에 관하여 제정의 여부 등은 그 자체로서 국민의 구체적인 권리의무에 직접적 변동을 초래하는 것이 아니어서 그 소송의 대상이 될 수 없다(대판 1992. 5. 8, 91누11261).
- 행정청이 당사자의 신청에 대하여 거부처분을 한 경우에는 거부처분에 대하여 취소소송을 제기하여야 하는 것이지 행정처분의 부존재를 전제로 한 부작위위법확인소송을 제기할 수 없다(대판 1992. 4. 28, 91누8753).

③ 당사자 및 참가인
　㉠ 원고적격 : 부작위위법확인소송은 처분의 신청을 한 자로서 부작위의 위법의 확인을 구할 법률상 이익이 있는 자만이 제기할 수 있다(제36조). 판례도 법규상 또는 조리상의 신청권을 갖는 자에 대해서만 원고적격이 인정된다고 본다.

> 관련 판례 : 부작위위법확인의 소에 있어 당사자가 행정청에 대하여 어떠한 행정행위를 하여 줄 것을 요구할 수 있는 법규상 또는 조리상 권리를 갖고 있지 아니한 경우에는 원고적격이 없거나 항고소송의 대상인 위법한 부작위가 있다고 볼 수 없어 그 부작위위법확인의 소는 부적법하다(대판 1999. 12. 7, 97누17568).

　㉡ 피고적격 : 부작위위법확인소송도 취소소송과 같이 처분청을 피고로 한다.
　㉢ 소송참가 : 취소소송의 제3자 소송참가(제16조)와 행정청의 소송참가(제17조), 공동소송제도(제15조)도 부작위위법확인소송에 준용된다(제38조).
④ 제소기간 : 부작위위법확인소송에 대해서는 부작위의 성질상 원칙적으로 제소기간이 인정될 수 없다(다수설). 그러나 부작위에 대해서도 행정심판으로서 의무이행심판을 제기할 수 있으므로 이러한 경우에는 행정심판재결서의 정본을 송달받은 날로부터 90일 이내에 소송을 제기하여야 한다(제20조, 제38조 제2항).
⑤ 행정심판전치주의 : 부작위위법확인소송에 있어서도 취소소송과 같이 예외적 행정심판전치주의가 적용된다(의무이행심판이 전치됨).

(3) 심리
① 심리권의 범위 : 부작위위법확인소송의 심리권이 신청의 실체적 내용에까지 미칠 수 있는 것인가에 대해 견해의 대립이 있다.

　　ⓐ 소극설(절차적 심리설) : 행정청이 행할 처분의 내용까지 심리한다면 의무이행소송을 인정하는 결과가 되므로, 부작위의 위법성 여부를 확인하는 데 그쳐야 한다는 견해이다(다수설 · 판례).

> 관련 판례 : 부작위위법확인의 소는 행정청이 당사자의 법규상 또는 조리상의 권리에 기한 신청에 대하여 상당한 기간 내에 신청을 인용하는 적극적 처분 또는 각하하거나 기각하는 등의 소극적 처분을 하여야 할 법률상 응답의무가 있음에도 불구하고 이를 하지 아니하는 경우 그 부작위가 위법하다는 것을 확인함으로써 행정청의 응답을 신속하게 하여 부작위 또는 무응답이라고 하는 소극적 위법상태를 제거하는 것을 목적으로 하는 제도이다(대판 2000. 2. 25, 99두11455).

　　ⓑ 적극설(실체적 심리설) : 부작위의 위법성 여부뿐만 아니라 실체적 내용도 심리하여 행정청의 처리방향까지 제시하여야 한다는 견해이다.

② 심리의 내용과 범위 등 : 취소소송과 같다. 따라서 직권심리주의의 가미, 행정심판기록의 제출명령에 관한 규정이 적용된다. 다만, 입증책임과 위법성 판단의 기준 시에는 약간의 차이가 있다.

　　ⓐ 입증책임 : 일정한 처분을 신청한 사실과 신청권이 있다는 사실의 입증책임은 원고에게 있으나, 상당한 기간이 경과한 것을 정당화할 만한 특별한 사유(부작위의 정당화 사유)에 대한 입증책임은 피고인 행정청에 있다.

　　ⓑ 위법성판단의 기준 시 : 부작위위법확인소송에서는 이미 이루어진 처분을 다투는 것이 아니라 행정청에 법규상 의무가 있음을 다투는 것이므로, 판결 시를 기준으로 위법 여부를 판단하여야 할 것이다.

> 관련 판례 : 부작위위법확인의 소는 판결 시(사실심의 구두변론 종결 시)를 기준으로 그 부작위의 위법을 확인함으로써 행정청의 응답을 신속하게 하여 부작위 내지 무응답이라고 하는 소극적인 위법상태를 제거하는 것을 목적으로 하는 것이고, … 최종적으로는 국민의 권리이익을 보호하려는 제도이므로, 소제기의 전후를 통하여 판결 시까지 행정청이 그 신청에 대하여 적극 또는 소극의 처분을 함으로써 부작위상태가 해소된 때에는 소의 이익을 상실하게 되어 당해 소는 각하를 면할 수가 없는 것이다(대판 1990. 9. 25, 89누4758).

Check Point
부작위위법확인 소송의 계속 중 행정청이 일정한 처분을 했을 경우 그 처분 등에 대한 취소소송으로 소의 변경이 가능하며 부작위위법확인소송을 당사자소송으로 변경할 수도 있다. 그러나 처분변경으로 인한 소의 변경은 준용되지 아니한다.

(4) 판결

① 판결의 효력 : 부작위위법확인판결에는 취소판결의 제3자효와 기속력에 관한 규정 및 거부처분취소판결의 간접강제에 관한 규정이 준용된다(제29조, 제38조).

② 사정판결의 인정 여부 : 소극적인 부작위상태의 위법의 확인을 목적으로 하는 부작위위법확인소송에서는 사정판결이 있을 수 없다.

다음 대법원 판결요지 중 괄호 안에 들어갈 내용으로 옳지 <u>않은</u> 것은? [국가직 9급 기출]

구 도시및주거환경정비법(2007. 12. 21. 법률 제8485호로 개정되기 전의 것)에 따른 주택재건축정비사업조합은 관할 행정청의 감독 아래 위 법상 주택재건축사업을 시행하는 공법인으로서, 그 목적 범위 내에서 법령이 정하는 바에 따라 일정한 행정작용을 행하는 행정주체의 지위를 가진다 할 것인데, 재건축정비사업조합이 이러한 행정주체의 지위에서 위 법에 기초하여 수립한 사업시행계획은 인가고시를 통해 확정되면 이해관계인에 대한 (㉠)으로서 독립된 행정처분에 해당하고, 이와 같은 사업시행계획안에 대한 조합 총회결의는 그 행정처분에 이르는 절차적 요건 중 하나에 불과한 것으로서, 그 계획이 확정된 후에는 (㉡)의 방법으로 계획의 취소 또는 무효확인을 구할 수 있을 뿐, 절차적 요건에 불과한 총회결의 부분만을 대상으로 그 효력유무를 다투는 확인의 소를 제기하는 것은 허용되지 아니하고, 한편 이러한 (㉢)의 대상이 되는 행정처분의 효력이나 집행 혹은 절차속행 등의 정지를 구하는 신청은 행정소송법상 (㉣)의 방법으로만 가능할 뿐 민사소송법상 가처분의 방법으로는 허용될 수 없다.

① ㉠ - 구속적 행정계획
② ㉡ - 항고소송
❸ ㉢ - 당사자소송
④ ㉣ - 집행정지신청

🖩 ❸ ㉢과 같이 행정처분의 효력이나 집행 등을 대상으로 하는 소송은 당사자소송이 아니라 항고소송이다. 항고소송은 행정청의 처분 등이나 부작위에 대하여 제기하는 소송이며, 당사자소송은 행정청의 처분 등을 원인으로 하는 법률관계에 관한 소송 그 밖에 공법상의 법률관계에 관한 소송으로서 그 법률관계의 한쪽 당사자를 피고로 하는 소송을 말한다(행정소송법 제3조 제2호). 한편, 제시된 내용은 대법원 결정(대판 2009. 11. 2. 자2009마596)의 요지인데, 여기서 대법원은 구 도시및주거환경정비법에 따른 주택재건축정비사업조합이 수립한 사업시행계획이 인가·고시를 통해 확정되면 구속적 행정계획(㉠)으로서 독립된 행정처분에 해당하며, 동 계획이 확정된 후에는 항고소송(㉡, ㉢)의 방법으로 인가된 사업시행계획의 취소나 무효확인을 구할 수 있을 뿐이지 절차적 요건에 불과한 총회결의를 대상으로 다툴 수는 없다고 하였다. 또한 이러한 항고소송(㉢)의 대상이 되는 행정처분의 효력이나 집행 혹은 절차속행 등의 정지를 구하는 방법은 행정소송법상 집행정지신청(㉣)만으로만 가능하며, 민사소송법상의 가처분으로는 허용되지 않는다고 하였다.

5. 당사자소송

(1) 개설

① **의의** : 당사자소송이란 행정청의 처분 등을 원인으로 하는 법률관계에 관한 소송, 그 밖에 공법상의 법률관계에 관한 소송으로서 그 법률관계의 한쪽 당사자를 피고로 하는 소송을 말한다(제3조 제2호).

② **타 소송과의 구별**

㉠ **항고소송과의 구별** : 항고소송은 공권력의 행사 또는 불행사 자체를 다투는 소송으로서 행정청의 우월적 지위의 존재를 전제로 하나, 당사자소송은 공법상의 법률관계 자체를 다투는 소송으로서 원고와 피고의 대등한 관계를 전제로 한다.

㉡ **민사소송과의 구별** : 민사소송은 사법상의 법률관계를 대상으로 하지만, 당사자소송은 공법상의 법률관계를 대상으로 한다.

③ **성질** : 당사자소송은 시심적 쟁송의 성질을 가지며, 소송절차면에서 민사소송

과 그 본질을 같이 하나(제8조 제2항), 공법원리가 지배하게 되어 민사소송에 대한 여러 가지 절차적 특례가 인정된다.

④ 준용규정

　　㉠ 준용되는 규정 : 취소소송과 관련한 제14조(피고경정), 제15조(공동소송), 제16조(제3자의 소송참가), 제17조(행정청의 소송참가), 제22조(처분변경으로 인한 소의 변경), 제25조(행정심판기록의 제출명령), 제26조(직권심리), 제30조(취소판결 등의 기속력) 제1항, 제32조(소송비용의 부담) 및 제33조(소송비용에 관한 재판의 효력)의 규정은 당사자소송의 경우에 준용한다(제44조 제1항).

　　㉡ 준용되지 않는 규정 : 제소기간, 원고적격과 피고적격, 행정심판전치주의, 사정판결, 집행정지, 제3자의 재심청구 등은 준용되지 않으며, 국가를 상대로 하는 당사자소송의 경우 가집행선고는 인정되지 않는다.

(2) 당사자소송의 종류

① 실질적 당사자소송 : 실질적 당사자소송이란 대립되는 대등한 당사자 사이의 공법상의 법률관계에 관한 다툼으로서 그 일방당사자를 피고로 하는 소송을 말한다. 대부분의 당사자소송은 이에 속하며, 그 종류는 다음과 같다.

　　㉠ 처분 등을 원인으로 하는 법률관계에 관한 소송 : 처분 등의 무효·취소를 전제로 하는 공법상의 부당이득반환청구소송(과오납금반환청구소송 등), 공무원의 직무상 불법행위로 인한 국가배상청구소송, 별도의 불복방법에 관한 규정이 없는 경우의 손실보상청구권 등이 있다. 다만, 판례는 이러한 소송들을 민사소송으로 본다.

　　㉡ 기타 공법상 법률관계에 관한 소송

　　　• 공법상 계약에 관한 소송 : 국가·지방자치단체 등의 행정주체 상호간 또는 행정주체와 사인 간에 체결되는 공법상 계약에 관련하여 제기되는 분쟁에 관한 소송이다. 판례는 민사소송으로 취급하나, 공중보건의사 채용계약해지의 의사표시(대판 95누10617)와 서울특별시립무용단 단원의 위촉(대판 95누4636)은 공법상의 당사자소송형식으로 그 의사표시의 무효확인을 청구할 수 있다고 하였다.

> 관련 판례
> • 전문직 공무원인 공중보건의사 채용계약해지의 의사표시에 대하여는 대등한 당사자 간의 소송형식인 공법상의 당사자소송으로 그 의사표시의 무효확인을 청구할 수 있는 것이지 이를 항고소송의 대상이 되는 행정처분이라는 전제에서 그 취소를 구하는 항고소송을 제기할 수는 없다고 할 것이다(대판 1996. 5. 31, 95누10617).
> • 서울특별시립무용단 단원의 위촉은 공법상의 계약이라고 할 것이고 따라서 그 단원

Check Point

민사소송과 당사자소송의 공통점

모두 대등한 당사자의 존재를 전제로 하며, 공권력 행사 자체를 다투는 것이 아니라는 점에서 같다. 이러한 점에서, 공법상 당사자소송의 성격을 지니는 국가배상청구나 손실보상청구, 결과제거청구 등이 소송실무상 민사소송으로 처리되고 있다.

답 12 ①

의 해촉에 대하여는 공법상의 당사자소송으로 그 무효확인을 청구할 수 있다(대판 1995. 12. 22, 95누4636).

- 공법상 금전지급청구소송 : 공법상 국가배상청구·부당이득반환청구, 손실보상청구, 공법상 사무관리비용청구소송 등이 있다. 판례는 원칙적으로 민사소송으로 취급하나, 다음의 판례에서는 당사자소송으로 보았다.

> 관련 판례
> - 공무원연금법상 유족부조금청구소송(대판 1970. 10. 30, 70다833)
> - 공무원의 보수지급청구소송(대판 1991. 5. 10, 90다10766)
> - 광주민주화운동관련자보상등에관한법률상 관련자 및 유족들이 갖는 보상청구소송 (대판 1992. 12. 24, 92누3335)
> - 구 석탄산업법상 석탄가격안정지원금 지급청구의 소(대판 1997. 5. 30, 95다28960)
> - 공무원연금법령개정으로 퇴직연금 중 일부금액의 지급이 정지되어서 미지급된 퇴직 연금의 지급을 구하는 소송(대판 2004. 12. 24, 2003두15195)
> - 하천법상 손실보상청구소송(대판 2006. 11. 9, 2006다23503)

ⓒ 공법상의 신분·지위 등의 확인소송 : 공무원·지방의회의원·국공립학교 학생 등의 신분이나 지위의 확인을 구하는 소송이다. 판례도 당사자소송으로 취급한다.

> 관련 판례
> - 수도료부과처분의 무효로 인한 채무부존재 확인소송(대판 1977. 2. 22, 76다2517)
> - 태극무공훈장을 수여받은 자임의 확인을 구하는 소송(대판 1990. 10. 23, 90누4440)
> - 영관생계보조기금 권리자임의 확인을 구하는 소송(대판 1991. 1. 25, 90누3041)
> - 구 도시재개발법에 의한 재개발조합에 대하여 조합원 자격확인을 구하는 소송(대판 1996. 2. 15, 94다31235)

ⓔ 공법상의 결과제거청구권에 관한 소송 : 판례는 민사소송으로 취급한다.

② 형식적 당사자소송

ⓐ 의의 : 형식적 당사자소송이란 실질적으로는 행정청의 처분 등을 다투는 것이나, 형식적으로는 처분 등의 효력을 다투지도 않고, 처분청을 피고로 하지도 않으며, 그 대신 처분 등으로 인해 형성된 법률관계를 다투기 위해 관련 법률관계의 일방당사자를 피고로 하여 제기하는 소송을 말한다.

ⓑ 실정법상의 근거

- 보상금증감청구소송 : 사업시행자·토지소유자 또는 관계인은 재결에 불복할 때에는 행정소송을 제기할 수 있고, 제기하려는 행정소송이 보상금의 증감에 관한 소송인 경우 그 소송을 제기하는 자가 토지소유자 또는 관계인일 때에는 사업시행자를, 사업시행자일 때에는 토지소유자 또는 관계인을 각각 피고로 한다(공익사업을위한토지등의취득및보상에관한법률 제85조).

Check Point

행정소송의 제기(공익사업을위한 토지등의취득및보상에관한법률 제85조)

① 사업시행자, 토지소유자 또는 관계인은 제34조에 따른 재결에 불복할 때에는 재결서를 받은 날부터 90일 이내에, 이의신청을 거쳤을 때에는 이의신청에 대한 재결서를 받은 날부터 60일 이내에 각각 행정소송을 제기할 수 있다.

② 제항에 따라 제기하려는 행정소송이 보상금의 증감에 관한 소송인 경우 그 소송을 제기하는 자가 토지소유자 또는 관계인일 때에는 사업시행자를, 사업시행자일 때에는 토지소유자 또는 관계인을 각각 피고로 한다.

- 지적재산권에 관한 소송 : 특허법, 실용신안법, 디자인보호법, 상표법, 전기통신기본법 등에 규정되어 있다.
- ⓒ 형식적 당사자소송의 인정 여부 : 행정소송법을 근거로 형식적 당사자소송을 일반적으로 인정할 것인지에 대해서는 긍정설(당사자소송설)과 개별규정의 근거가 없는 한 형식적 당사자소송은 없다는 부정설(항고소송설)이 대립하고 있다.

형식적 당사자소송의 필요성

당사자가 불복하여 다투는 것은 처분이나 재결 그 자체가 아니라 처분이나 재결에 근거하여 이루어진 법률관계, 즉 처분청의 관여가 별다른 의미가 없는 재산상 문제(보상금의 과다 등)이므로, 이해당사자가 직접 다투는 것이 분쟁의 해결에 보다 적절하다는 논거에 근거하여 이루어지고 있다.

(3) 소송요건

① 재판관할 : 제1심 관할법원은 항고소송처럼 피고의 소재지를 관할하는 행정법원이 된다. 다만, 국가 또는 공공단체가 피고인 경우에는 관계 행정청의 소재지를 피고의 소재지로 본다(제40조).

② 당사자 및 참가인

ㄱ 원고적격 : 행정소송법에서는 규정이 없으나, 민사소송과 같이 권리보호의 이익이 있는 자가 원고가 된다(제8조 제2항).

ㄴ 피고적격 : 당사자소송은 국가·공공단체 그 밖의 권리주체를 피고로 한다(제39조). 국가가 피고인 경우 법무부장관이 국가를 대표하며(국가를당사자로하는소송에관한법률 제2조), 지방자치단체가 피고가 되는 때에는 당해 지방자치단체의 장이 대표한다.

ㄷ 소송참가 : 취소소송의 제3자 소송참가(제16조)와 행정청의 소송참가(제17조), 공동소송제도(제15조)도 당사자소송에 준용된다(제44조 제1항).

③ 제소기간 : 취소소송에서의 제소기간제한은 당사자소송에는 적용되지 않으며, 법령에 정하여져 있는 경우에는 그에 의하고 그 기간은 불변기간으로 한다(제41조).

④ 행정심판전치제도 : 당사자소송은 시심적 소송으로서 행정심판전치제도가 적용되지 않는다.

⑤ 관련청구소송의 이송과 병합, 소의 변경 : 취소소송에 관한 규정이 준용된다(제44조).

Check Point

당사자소송과 취소소송 소송요건
당사자소송의 소송요건은 본질적으로 취소소송의 경우와 큰 차이가 없고, 다만 행정심판의 전치와 제소기간제한이 적용되지 않는다는 점에서 차이가 있다.

(4) 심리

취소소송의 경우와 같다. 따라서 행정심판기록의 제출명령(제25조, 제44조 제1항), 직권심리주의 및 직권탐지주의(제26조, 제44조 제1항) 등이 인정되며, 입증책임은 민사소송법상의 일반원칙인 법률요건분류설에 의한다.

(5) 판결

① **판결의 종류** : 판결의 종류는 기본적으로 취소소송의 경우와 같다. 다만, 사정판결의 제도가 없음은 취소소송의 경우와 다르다.

② **판결의 효력** : 판결의 효력으로 자박력·기판력·기속력을 갖는다. 다만, 판결의 제3자효(제29조), 재처분의무(제30조), 간접강제(제34조) 등은 당사자소송에는 적용되지 않는다.

③ **가집행선고** : 국가를 상대로 하는 당사자소송에 있어서는 가집행선고를 할 수 없다(제43조). 그러나 동 조항과 같은 취지인 소송촉진등에관한특례법 제6조가 평등원칙 위반을 이유로 위헌결정됨으로써(헌재 88헌가7), 동 조항의 효력에 대하여도 논란이 있다. 다만, 국가가 민사상 당사자인 경우 가집행선고가 가능하다.

> 관련 판례 : 행정소송법 제8조 제2항에 의하면 행정소송에도 민사소송법의 규정이 일반적으로 준용되므로 법원으로서는 공법상 당사자소송에서 재산권의 청구를 인용하는 판결을 하는 경우 가집행선고를 할 수 있다(대판 2000. 11. 28, 99두3416).

취소소송 규정의 다른 소송에의 준용 여부

내용	무효등확인소송	부작위위법확인소송	당사자소송
재판관할(제9조)	○	○	○
관련청구의 이송·병합(제10조)	○	○	○
선결문제(제11조)	×	×	×
피고적격(제13조)	○	○	×
피고의 경정(제14조)	○	○	○
공동소송(제15조)	○	○	○
제3자의 소송참가(제16조)	○	○	○
행정청의 소송참가(제17조)	○	○	○

행정심판전치주의(제18조)	×	○	×
취소소송의 대상(제19조)	○	○	×
제소기간의 제한(제20조)	×	○ (단, 학설 대립 있음)	×
소의 변경(제21조)	○	○	○
처분변경으로 인한 소의 변경(제22조)	○	×	○
집행정지(제23조)	○	×	×
행정심판기록의 제출명령(제25조)	○	○	○
직권증거조사(제26조)	○	○	○
사정판결(제28조)	×	×	×
인용판결의 제3자효(제29조)	○	○	×
판결의 기속력(제30조)	○	○	제30조 제1항만 준용
제3자에 의한 재심청구(제31조)	○	○	×
소송비용에 관한 재판의 효력(제33조)	○	○	○
판결의 간접강제(제34조)	×	○	×

6. 객관적 소송

(1) 의의

객관적 소송이란 법률의 공익적 관점에서 행정의 적법성 보장을 목적으로 하는 소송을 말한다. 객관적 소송은 직접적인 이해관계가 없는 일반국민이나 주민, 선거인 또는 행정기관도 제기할 수 있어 원고적격이 법률에 의하여 특별히 규정된다는 특성이 있다. 객관적 소송에는 민중소송과 기관소송이 있다.

(2) 민중소송

① 의의 : 민중소송이란 국가 또는 공공단체의 기관이 법률에 위반되는 행위를 한 때에 직접 자기의 법률상 이익과 관계없이 그 시정을 구하기 위하여 제기하는 소송을 말한다(제3조 제3호).
② 성격 : 민중소송은 구체적인 권리·의무에 관한 분쟁을 다툴 목적으로 하는 것이 아니라, 행정작용의 적법성을 확보하거나 선거 등의 공정성을 확보하기 위한 소송이므로 법률이 정한 자에 한하여 제소가 인정된다(제45조).

Check Point

행정소송법 제45조(소의 제기)
민중소송 및 기관소송은 법률이 정한 경우에 법률에 정한 자에 한하여 제기할 수 있다.

③ 현행법상의 예

　㉠ **국민투표무효의 소송** : 국민투표의 효력에 관하여 이의가 있는 투표인은 투표인 10만인 이상의 찬성을 얻어 중앙선거관리위원회위원장을 피고로 하여 투표일로부터 20일 이내에 대법원에 제소할 수 있다(국민투표법 제92조).

　㉡ **주민투표소송** : 소청에 대한 결정에 관하여 불복이 있는 소청인은 관할선거관리위원회위원장을 피고로 하여 그 결정서를 받은 날(결정서를 받지 못한 때에는 결정기간이 종료된 날을 말함)부터 10일 이내에 특별시 · 광역시 및 도에 있어서는 대법원에, 시 · 군 및 자치구에 있어서는 관할고등법원에 소를 제기할 수 있다(주민투표법 제25조 제2항).

　㉢ 선거소송 및 당선소송

　　• 선거소송

　　　– 대통령선거 및 국회의원선거에 있어서 선거의 효력에 관하여 이의가 있는 선거인 · 정당(후보자를 추천한 정당에 한함) 또는 후보자는 선거일부터 30일 이내에 당해 선거구선거관리위원회위원장을 피고로 하여 대법원에 소를 제기할 수 있다(공직선거법 제222조 제1항).

　　　– 지방의회의원 및 지방자치단체의 장의 선거에 있어서 선거의 효력에 관한 제220조의 결정에 불복이 있는 소청인(당선인을 포함함)은 해당 소청에 대하여 기각 또는 각하 결정이 있는 경우에는 해당 선거구선거관리위원회 위원장을, 인용결정이 있는 경우에는 그 인용결정을 한 선거관리위원회 위원장을 피고로 하여 그 결정서를 받은 날부터 10일 이내에 비례대표시 · 도의원선거 및 시 · 도지사선거에 있어서는 대법원에, 지역구시 · 도의원선거, 자치구 · 시 · 군의원선거 및 자치구 · 시 · 군의 장 선거에 있어서는 그 선거구를 관할하는 고등법원에 소를 제기할 수 있다(동조 제2항).

　　• 당선소송

　　　– 대통령선거 및 국회의원선거에 있어서 당선의 효력에 이의가 있는 정당(후보자를 추천한 정당에 한함) 또는 후보자는 당선인결정일부터 30일 이내에 당선인 등을 피고로 하여 대법원에 소를 제기할 수 있다(동법 제223조 제1항).

　　　– 지방의회의원 및 지방자치단체의 장의 선거에 있어서 당선의 효력에 관한 결정에 불복이 있는 소청인 또는 당선인인 피소청인은 당선인 등을 피고로 하여 그 결정서를 받은 날부터 10일 이내에 비례대표시 · 도의원선거 및 시 · 도지사선거에 있어서는 대법원에, 지역구시 · 도의

원선거, 자치구 · 시 · 군의원선거 및 자치구 · 시 · 군의 장 선거에 있어서는 그 선거구를 관할하는 고등법원에 소를 제기할 수 있다(동조 제2항).

    ㉣ 주민소송 : 공금의 지출에 관한 사항, 재산의 취득 · 관리 · 처분에 관한 사항 등을 감사청구한 주민은 감사청구한 사항과 관련이 있는 위법한 행위나 업무를 게을리 한 사실에 대하여 해당 지방자치단체의 장을 상대방으로 하여 소송을 제기할 수 있다(지방자치법 제22조 제1항).

④ 재판관할

    ㉠ 대법원의 관할 : 국민투표, 시 · 도 주민투표, 대통령선거 · 국회의원선거와 시 · 도지사선거 및 비례대표 시도의원선거에 관한 선거소송 · 당선소송 등의 경우 대법원이 관할법원이 된다.

    ㉡ 고등법원의 관할 : 시 · 군 · 자치구 주민투표 및 지역구시 · 도의원선거, 자치구 · 시 · 군의원선거와 자치구 · 시 · 군의 장 선거에 관한 선거소송과 당선소송의 경우 당해 선거구를 관할하는 고등법원이 관할법원이 된다.

    ㉢ 행정법원의 관할 : 주민소송은 당해 지방자치단체의 사무소 소재지를 관할하는 행정법원이 관할법원이 된다.

⑤ 준용규정 : 민중소송은 민중소송을 인정하는 개별법률에서 정한 사항을 제외하고는 행정소송법의 규정을 준용한다(제46조).

꼭! 확인 기출문제

지방자치단체인 A광역시가 부과하는 지방세의 징수를 담당하는 소속 공무원인 B는 납세의무자인 D의 허위신고를 묵인하고 해당 지방세를 징수하지 않았다. 이에 감사청구를 한 주민 C가 60일이 경과해도 감사가 종료되지 않았을 때 제기할 수 있는 소송의 유형은? [국가직 9급 기출]

① 민법상 손해배상청구소송
② 공법상 당사자소송
③ 항고소송
❹ 민중소송으로서의 주민소송

해 ❹ 제시된 사안의 경우 직접 자기의 법률상 이익과 관계없는 주민이 제기한 소송이라는 점에서 객관적 소송 중 민중소송에 해당한다고 할 수 있다. 민중소송이란 국가 또는 공공단체의 기관이 법률에 위반되는 행위를 한 때에 직접 자기의 법률상의 이익과 관계없이 그 시정을 구하기 위하여 제기하는 소송을 말한다(행정소송법 제3조 제3호).
    한편, 공금의 지출에 관한 사항, 재산의 취득 · 관리 · 처분에 관한 사항, 해당 지방자치단체를 당사자로 하는 매매 · 임차 · 도급 계약이나 그 밖의 계약의 체결 · 이행에 관한 사항, 지방세 · 사용료 · 수수료 · 과태료 등 공금의 부과 · 징수를 게을리한 사항 등을 감사청구한 주민은 주무부장관이나 시 · 도지사가 감사청구를 수리한 날부터 60일이 지나도 감사를 끝내지 아니한 경우나 감사결과 또는 조치요구에 불복하는 경우, 주무부장관이나 시 · 도지사의 조치요구를 지방자치단체의 장이 이행하지 아니한 경우, 지방자치단체의 장의 이행 조치에 불복하는 경우에는 그 감사청구한 사항과 관련이 있는 위법한 행위나 업무를 게을리한 사실에 대하여 해당 지방자치단체의 장을 상대방으로 하여 주민소송을 제기할 수 있다(지방자치법 제22조 제1항).
    ①, ②, ③ 소송의 제기인 주민 C에게 금전적 손해가 발생하거나 법률상 이익이 침해된 경우가 아니므로 손해배상청구소송이나 주관적 소송인 당사자소송 및 항고소송의 대상이 되기는 어렵다.

Check Point

행정소송법 제46조(준용규정)
① 민중소송 또는 기관소송으로써 처분 등의 취소를 구하는 소송에는 그 성질에 반하지 아니하는 한 취소소송에 관한 규정을 준용한다.
② 민중소송 또는 기관소송으로써 처분 등의 효력 유무 또는 존재 여부나 부작위의 위법의 확인을 구하는 소송에는 그 성질에 반하지 아니하는 한 각각 무효 등 확인소송 또는 부작위위법확인소송에 관한 규정을 준용한다.
③ 민중소송 또는 기관소송으로서 제1항 및 제2항에 규정된 소송 외의 소송에는 그 성질에 반하지 아니하는 한 당사자소송에 관한 규정을 준용한다.

(3) 기관소송

① **의의** : 국가 또는 공공단체의 기관 상호 간에 있어서의 권한의 존부 또는 그 행사에 관한 다툼이 있을 때에 이에 대하여 제기하는 소송을 말한다(제3조 제4호).

② **인정범위** : 국가기관 상호 간, 국가기관과 지방자치단체 간 및 지방자치단체 상호 간의 권한쟁의에 관한 심판은 헌법재판소의 관장사항으로 하므로(헌법 제111조 제1항, 헌법재판소법 제62조 내지 제66조), 헌법재판소의 관장사항으로 되는 소송은 기관소송에서 제외된다(제3조 제4호). 따라서 행정소송법상 기관소송은 주로 지방자치단체의 기관 상호 간의 영역에서 그 필요성이 인정된다 할 것이다.

③ **소의 제기** : 객관적 소송은 법률분쟁이 아닌 까닭에 법원의 심사대상이 될 수 없다는 것이 원칙이나, 권한쟁의에 적당한 해결기관이 없거나 특히 공정한 제3자의 판단을 요하는 경우 등으로서, 기관소송은 법률이 정한 경우에 법률에 정한 자에 한하여 제기할 수 있다(제45조).

④ **현행법상의 예**

    ㉠ **지방자치법상의 기관소송** : 지방자치법은 지방의회의 의결에 대하여 지방자치단체의 장이 대법원에 제소하는 기관소송을 인정하고 있다. 즉, 지방의회의 의결이 법령에 위반되거나 공익을 현저히 해한다고 판단될 때에 지방자치단체의 장이 지방의회에 이유를 붙여 재의를 요구하며, 이 경우 재의결된 사항이 법령에 위반된다고 판단되는 때에는 재의결된 날부터 20일 이내에 대법원에 제소할 수 있다. 이 경우 필요하다고 인정되는 때에는 그 의결의 집행을 정지하게 하는 집행정지결정을 신청할 수 있다(지방자치법 제192조).

    ㉡ **지방교육자치에관한법률상의 기관소송** : 교육감은 교육위원회의 의결 또는 교육 · 학예에 관한 시 · 도의회의 의결에 재의를 요구할 수 있으며, 재의결된 사항이 법령에 위반된다고 판단될 때에는 재의결된 날부터 20일 이내에 대법원에 제소할 수 있다(지방교육자치에관한법률 제28조).

⑤ **당사자** : 지방자치단체의 장(지방자치법), 교육감(지방교육자치에관한법률)이 각각 원고가 되며, 지방의회(지방자치법), 시 · 도의회 또는 교육위원회(지방교육자치에관한법률)가 각각 피고가 된다.

⑥ **준용규정** : 기관소송은 기관소송을 인정하는 개별법률에서 정한 사항을 제외하고는 행정소송법의 규정을 준용한다(제46조).

부록

행정기본법 조문

행정기본법 조문

제1장 총칙

제1조(목적)

이 법은 행정의 원칙과 기본사항을 규정하여 행정의 민주성과 적법성을 확보하고 적정성과 효율성을 향상시킴으로써 국민의 권익 보호에 이바지함을 목적으로 한다.

제2조(정의)

이 법에서 사용하는 용어의 뜻은 다음과 같다.

1. "법령등"이란 다음 각 목의 것을 말한다.

　　가. 법령 : 다음의 어느 하나에 해당하는 것

　　　　1) 법률 및 대통령령 · 총리령 · 부령

　　　　2) 국회규칙 · 대법원규칙 · 헌법재판소규칙 · 중앙선거관리위원회규칙 및 감사원규칙

　　　　3) 1) 또는 2)의 위임을 받아 중앙행정기관(정부조직법 및 그 밖의 법률에 따라 설치된 중앙행정기관을 말한다. 이하 같다)의 장이 정한 훈령 · 예규 및 고시 등 행정규칙

　　나. 자치법규 : 지방자치단체의 조례 및 규칙

2. "행정청"이란 다음 각 목의 자를 말한다.

　　가. 행정에 관한 의사를 결정하여 표시하는 국가 또는 지방자치단체의 기관

　　나. 그 밖에 법령등에 따라 행정에 관한 의사를 결정하여 표시하는 권한을 가지고 있거나 그 권한을 위임 또는 위탁받은 공공단체 또는 그 기관이나 사인(私人)

3. "당사자"란 처분의 상대방을 말한다.

4. "처분"이란 행정청이 구체적 사실에 관하여 행하는 법 집행으로서 공권력의 행사

또는 그 거부와 그 밖에 이에 준하는 행정작용을 말한다.

5. "제재처분"이란 법령등에 따른 의무를 위반하거나 이행하지 아니하였음을 이유로 당사자에게 의무를 부과하거나 권익을 제한하는 처분을 말한다. 다만, 제30조제1항 각 호에 따른 행정상 강제는 제외한다.

제3조(국가와 지방자치단체의 책무)

① 국가와 지방자치단체는 국민의 삶의 질을 향상시키기 위하여 적법절차에 따라 공정하고 합리적인 행정을 수행할 책무를 진다.

② 국가와 지방자치단체는 행정의 능률과 실효성을 높이기 위하여 지속적으로 법령 등과 제도를 정비·개선할 책무를 진다.

제4조(행정의 적극적 추진)

① 행정은 공공의 이익을 위하여 적극적으로 추진되어야 한다.

② 국가와 지방자치단체는 소속 공무원이 공공의 이익을 위하여 적극적으로 직무를 수행할 수 있도록 제반 여건을 조성하고, 이와 관련된 시책 및 조치를 추진하여야 한다.

③ 제1항 및 제2항에 따른 행정의 적극적 추진 및 적극행정 활성화를 위한 시책의 구체적인 사항 등은 대통령령으로 정한다.

제5조(다른 법률과의 관계)

① 행정에 관하여 다른 법률에 특별한 규정이 있는 경우를 제외하고는 이 법에서 정하는 바에 따른다.

② 행정에 관한 다른 법률을 제정하거나 개정하는 경우에는 이 법의 목적과 원칙, 기준 및 취지에 부합되도록 노력하여야 한다.

제6조(행정에 관한 기간의 계산)

① 행정에 관한 기간의 계산에 관하여는 이 법 또는 다른 법령등에 특별한 규정이 있는 경우를 제외하고는 민법을 준용한다.

② 법령등 또는 처분에서 국민의 권익을 제한하거나 의무를 부과하는 경우 권익이 제한되거나 의무가 지속되는 기간의 계산은 다음 각 호의 기준에 따른다. 다만, 다음 각 호의 기준에 따르는 것이 국민에게 불리한 경우에는 그러하지 아니하다.

1. 기간을 일, 주, 월 또는 연으로 정한 경우에는 기간의 첫날을 산입한다.
2. 기간의 말일이 토요일 또는 공휴일인 경우에도 기간은 그 날로 만료한다.

제7조(법령등 시행일의 기간 계산)

법령등(훈령·예규·고시·지침 등을 포함한다. 이하 이 조에서 같다)의 시행일을 정하거나 계산할 때에는 다음 각 호의 기준에 따른다.

1. 법령등을 공포한 날부터 시행하는 경우에는 공포한 날을 시행일로 한다.

2. 법령등을 공포한 날부터 일정 기간이 경과한 날부터 시행하는 경우 법령등을 공포한 날을 첫날에 산입하지 아니한다.

3. 법령등을 공포한 날부터 일정 기간이 경과한 날부터 시행하는 경우 그 기간의 말일이 토요일 또는 공휴일인 때에는 그 말일로 기간이 만료한다.

제2장 행정의 법 원칙

제8조(법치행정의 원칙)

행정작용은 법률에 위반되어서는 아니 되며, 국민의 권리를 제한하거나 의무를 부과하는 경우와 그 밖에 국민생활에 중요한 영향을 미치는 경우에는 법률에 근거하여야 한다.

제9조(평등의 원칙)

행정청은 합리적 이유 없이 국민을 차별하여서는 아니 된다.

제10조(비례의 원칙)

행정작용은 다음 각 호의 원칙에 따라야 한다.

1. 행정목적을 달성하는 데 유효하고 적절할 것

2. 행정목적을 달성하는 데 필요한 최소한도에 그칠 것

3. 행정작용으로 인한 국민의 이익 침해가 그 행정작용이 의도하는 공익보다 크지 아니할 것

제11조(성실의무 및 권한남용금지의 원칙)

① 행정청은 법령등에 따른 의무를 성실히 수행하여야 한다.
② 행정청은 행정권한을 남용하거나 그 권한의 범위를 넘어서는 아니 된다.

제12조(신뢰보호의 원칙)

① 행정청은 공익 또는 제3자의 이익을 현저히 해칠 우려가 있는 경우를 제외하고는 행정에 대한 국민의 정당하고 합리적인 신뢰를 보호하여야 한다.

② 행정청은 권한 행사의 기회가 있음에도 불구하고 장기간 권한을 행사하지 아니하여 국민이 그 권한이 행사되지 아니할 것으로 믿을 만한 정당한 사유가 있는 경우에는 그 권한을 행사해서는 아니 된다. 다만, 공익 또는 제3자의 이익을 현저히 해칠 우려가 있는 경우는 예외로 한다.

제13조(부당결부금지의 원칙)

행정청은 행정작용을 할 때 상대방에게 해당 행정작용과 실질적인 관련이 없는 의무를 부과해서는 아니 된다.

제3장 행정작용

제14조(법 적용의 기준)

① 새로운 법령등은 법령등에 특별한 규정이 있는 경우를 제외하고는 그 법령등의 효력 발생 전에 완성되거나 종결된 사실관계 또는 법률관계에 대해서는 적용되지 아니한다.

② 당사자의 신청에 따른 처분은 법령등에 특별한 규정이 있거나 처분 당시의 법령등을 적용하기 곤란한 특별한 사정이 있는 경우를 제외하고는 처분 당시의 법령등에 따른다.

③ 법령등을 위반한 행위의 성립과 이에 대한 제재처분은 법령등에 특별한 규정이 있는 경우를 제외하고는 법령등을 위반한 행위 당시의 법령등에 따른다. 다만, 법령등을 위반한 행위 후 법령등의 변경에 의하여 그 행위가 법령등을 위반한 행위에 해당하지 아니하거나 제재처분 기준이 가벼워진 경우로서 해당 법령등에 특별한 규정이 없는 경우에는 변경된 법령등을 적용한다.

제15조(처분의 효력)

처분은 권한이 있는 기관이 취소 또는 철회하거나 기간의 경과 등으로 소멸되기 전까지는 유효한 것으로 통용된다. 다만, 무효인 처분은 처음부터 그 효력이 발생하지 아니한다.

제16조(결격사유)

① 자격이나 신분 등을 취득 또는 부여할 수 없거나 인가, 허가, 지정, 승인, 영업등록, 신고 수리 등(이하 "인허가"라 한다)을 필요로 하는 영업 또는 사업 등을 할수 없는 사유(이하 이 조에서 "결격사유"라 한다)는 법률로 정한다.

② 결격사유를 규정할 때에는 다음 각 호의 기준에 따른다.

1. 규정의 필요성이 분명할 것
2. 필요한 항목만 최소한으로 규정할 것
3. 대상이 되는 자격, 신분, 영업 또는 사업 등과 실질적인 관련이 있을 것
4. 유사한 다른 제도와 균형을 이룰 것

제17조(부관)

① 행정청은 처분에 재량이 있는 경우에는 부관(조건, 기한, 부담, 철회권의 유보 등을 말한다. 이하 이 조에서 같다)을 붙일 수 있다.

② 행정청은 처분에 재량이 없는 경우에는 법률에 근거가 있는 경우에 부관을 붙일수 있다.

③ 행정청은 부관을 붙일 수 있는 처분이 다음 각 호의 어느 하나에 해당하는 경우에는 그 처분을 한 후에도 부관을 새로 붙이거나 종전의 부관을 변경할 수 있다.

1. 법률에 근거가 있는 경우
2. 당사자의 동의가 있는 경우
3. 사정이 변경되어 부관을 새로 붙이거나 종전의 부관을 변경하지 아니하면 해당처분의 목적을 달성할 수 없다고 인정되는 경우

④ 부관은 다음 각 호의 요건에 적합하여야 한다.

1. 해당 처분의 목적에 위배되지 아니할 것
2. 해당 처분과 실질적인 관련이 있을 것
3. 해당 처분의 목적을 달성하기 위하여 필요한 최소한의 범위일 것

제18조(위법 또는 부당한 처분의 취소)

① 행정청은 위법 또는 부당한 처분의 전부나 일부를 소급하여 취소할 수 있다. 다만, 당사자의 신뢰를 보호할 가치가 있는 등 정당한 사유가 있는 경우에는 장래를향하여 취소할 수 있다.

② 행정청은 제1항에 따라 당사자에게 권리나 이익을 부여하는 처분을 취소하려는경우에는 취소로 인하여 당사자가 입게 될 불이익을 취소로 달성되는 공익과 비교·형량(衡量)하여야 한다. 다만, 다음 각 호의 어느 하나에 해당하는 경우에는

그러하지 아니하다.

1. 거짓이나 그 밖의 부정한 방법으로 처분을 받은 경우
2. 당사자가 처분의 위법성을 알고 있었거나 중대한 과실로 알지 못한 경우

제19조(적법한 처분의 철회)

① 행정청은 적법한 처분이 다음 각 호의 어느 하나에 해당하는 경우에는 그 처분의 전부 또는 일부를 장래를 향하여 철회할 수 있다.
1. 법률에서 정한 철회 사유에 해당하게 된 경우
2. 법령등의 변경이나 사정변경으로 처분을 더 이상 존속시킬 필요가 없게 된 경우
3. 중대한 공익을 위하여 필요한 경우
② 행정청은 제1항에 따라 처분을 철회하려는 경우에는 철회로 인하여 당사자가 입게 될 불이익을 철회로 달성되는 공익과 비교·형량하여야 한다.

제20조(자동적 처분)

행정청은 법률로 정하는 바에 따라 완전히 자동화된 시스템(인공지능 기술을 적용한 시스템을 포함한다)으로 처분을 할 수 있다. 다만, 처분에 재량이 있는 경우는 그러하지 아니하다.

제21조(재량행사의 기준)

행정청은 재량이 있는 처분을 할 때에는 관련 이익을 정당하게 형량하여야 하며, 그 재량권의 범위를 넘어서는 아니 된다.

제22조(제재처분의 기준)

① 제재처분의 근거가 되는 법률에는 제재처분의 주체, 사유, 유형 및 상한을 명확하게 규정하여야 한다. 이 경우 제재처분의 유형 및 상한을 정할 때에는 해당 위반행위의 특수성 및 유사한 위반행위와의 형평성 등을 종합적으로 고려하여야 한다.
② 행정청은 재량이 있는 제재처분을 할 때에는 다음 각 호의 사항을 고려하여야 한다.
1. 위반행위의 동기, 목적 및 방법
2. 위반행위의 결과
3. 위반행위의 횟수
4. 그 밖에 제1호부터 제3호까지에 준하는 사항으로서 대통령령으로 정하는 사항

제23조(제재처분의 제척기간)

① 행정청은 법령등의 위반행위가 종료된 날부터 5년이 지나면 해당 위반행위에 대하여 제재처분(인허가의 정지·취소·철회, 등록 말소, 영업소 폐쇄와 정지를 갈음하는 과징금 부과를 말한다. 이하 이 조에서 같다)을 할 수 없다.

② 다음 각 호의 어느 하나에 해당하는 경우에는 제1항을 적용하지 아니한다.

1. 거짓이나 그 밖의 부정한 방법으로 인허가를 받거나 신고를 한 경우

2. 당사자가 인허가나 신고의 위법성을 알고 있었거나 중대한 과실로 알지 못한 경우

3. 정당한 사유 없이 행정청의 조사·출입·검사를 기피·방해·거부하여 제척기간이 지난 경우

4. 제재처분을 하지 아니하면 국민의 안전·생명 또는 환경을 심각하게 해치거나 해칠 우려가 있는 경우

③ 행정청은 제1항에도 불구하고 행정심판의 재결이나 법원의 판결에 따라 제재처분이 취소·철회된 경우에는 재결이나 판결이 확정된 날부터 1년(합의제행정기관은 2년)이 지나기 전까지는 그 취지에 따른 새로운 제재처분을 할 수 있다.

④ 다른 법률에서 제1항 및 제3항의 기간보다 짧거나 긴 기간을 규정하고 있으면 그 법률에서 정하는 바에 따른다.

제24조(인허가의제의 기준)

① 이 절에서 "인허가의제"란 하나의 인허가(이하 "주된 인허가"라 한다)를 받으면 법률로 정하는 바에 따라 그와 관련된 여러 인허가(이하 "관련 인허가"라 한다)를 받은 것으로 보는 것을 말한다.

② 인허가의제를 받으려면 주된 인허가를 신청할 때 관련 인허가에 필요한 서류를 함께 제출하여야 한다. 다만, 불가피한 사유로 함께 제출할 수 없는 경우에는 주된 인허가 행정청이 별도로 정하는 기한까지 제출할 수 있다.

③ 주된 인허가 행정청은 주된 인허가를 하기 전에 관련 인허가에 관하여 미리 관련 인허가 행정청과 협의하여야 한다.

④ 관련 인허가 행정청은 제3항에 따른 협의를 요청받으면 그 요청을 받은 날부터 20일 이내(제5항 단서에 따른 절차에 걸리는 기간은 제외한다)에 의견을 제출하여야 한다. 이 경우 전단에서 정한 기간(민원 처리 관련 법령에 따라 의견을 제출하여야 하는 기간을 연장한 경우에는 그 연장한 기간을 말한다) 내에 협의 여부에 관하여 의견을 제출하지 아니하면 협의가 된 것으로 본다.

⑤ 제3항에 따라 협의를 요청받은 관련 인허가 행정청은 해당 법령을 위반하여 협의에 응해서는 아니 된다. 다만, 관련 인허가에 필요한 심의, 의견 청취 등 절차에

관하여는 법률에 인허가의제 시에도 해당 절차를 거친다는 명시적인 규정이 있는 경우에만 이를 거친다.

제25조(인허가의제의 효과)

① 제24조제3항ㆍ제4항에 따라 협의가 된 사항에 대해서는 주된 인허가를 받았을 때 관련 인허가를 받은 것으로 본다.

② 인허가의제의 효과는 주된 인허가의 해당 법률에 규정된 관련 인허가에 한정된다.

제26조(인허가의제의 사후관리 등)

① 인허가의제의 경우 관련 인허가 행정청은 관련 인허가를 직접 한 것으로 보아 관계 법령에 따른 관리ㆍ감독 등 필요한 조치를 하여야 한다.

② 주된 인허가가 있은 후 이를 변경하는 경우에는 제24조ㆍ제25조 및 이 조 제1항을 준용한다.

③ 이 절에서 규정한 사항 외에 인허가의제의 방법, 그 밖에 필요한 세부 사항은 대통령령으로 정한다.

제27조(공법상 계약의 체결)

① 행정청은 법령등을 위반하지 아니하는 범위에서 행정목적을 달성하기 위하여 필요한 경우에는 공법상 법률관계에 관한 계약(이하 "공법상 계약"이라 한다)을 체결할 수 있다. 이 경우 계약의 목적 및 내용을 명확하게 적은 계약서를 작성하여야 한다.

② 행정청은 공법상 계약의 상대방을 선정하고 계약 내용을 정할 때 공법상 계약의 공공성과 제3자의 이해관계를 고려하여야 한다.

제28조(과징금의 기준)

① 행정청은 법령등에 따른 의무를 위반한 자에 대하여 법률로 정하는 바에 따라 그 위반행위에 대한 제재로서 과징금을 부과할 수 있다.

② 과징금의 근거가 되는 법률에는 과징금에 관한 다음 각 호의 사항을 명확하게 규정하여야 한다.

1. 부과ㆍ징수 주체
2. 부과 사유
3. 상한액
4. 가산금을 징수하려는 경우 그 사항

5. 과징금 또는 가산금 체납 시 강제징수를 하려는 경우 그 사항

제29조(과징금의 납부기한 연기 및 분할 납부)

과징금은 한꺼번에 납부하는 것을 원칙으로 한다. 다만, 행정청은 과징금을 부과받은 자가 다음 각 호의 어느 하나에 해당하는 사유로 과징금 전액을 한꺼번에 내기 어렵다고 인정될 때에는 그 납부기한을 연기하거나 분할 납부하게 할 수 있으며, 이 경우 필요하다고 인정하면 담보를 제공하게 할 수 있다.

1. 재해 등으로 재산에 현저한 손실을 입은 경우
2. 사업 여건의 악화로 사업이 중대한 위기에 처한 경우
3. 과징금을 한꺼번에 내면 자금 사정에 현저한 어려움이 예상되는 경우
4. 그 밖에 제1호부터 제3호까지에 준하는 경우로서 대통령령으로 정하는 사유가 있는 경우

제30조(행정상 강제)

① 행정청은 행정목적을 달성하기 위하여 필요한 경우에는 법률로 정하는 바에 따라 필요한 최소한의 범위에서 다음 각 호의 어느 하나에 해당하는 조치를 할 수 있다.

1. 행정대집행 : 의무자가 행정상 의무(법령등에서 직접 부과하거나 행정청이 법령 등에 따라 부과한 의무를 말한다. 이하 이 절에서 같다)로서 타인이 대신하여 행할 수 있는 의무를 이행하지 아니하는 경우 법률로 정하는 다른 수단으로는 그 이행을 확보하기 곤란하고 그 불이행을 방치하면 공익을 크게 해칠 것으로 인정될 때에 행정청이 의무자가 하여야 할 행위를 스스로 하거나 제3자에게 하게 하고 그 비용을 의무자로부터 징수하는 것
2. 이행강제금의 부과 : 의무자가 행정상 의무를 이행하지 아니하는 경우 행정청이 적절한 이행기간을 부여하고, 그 기한까지 행정상 의무를 이행하지 아니하면 금전급부의무를 부과하는 것
3. 직접강제 : 의무자가 행정상 의무를 이행하지 아니하는 경우 행정청이 의무자의 신체나 재산에 실력을 행사하여 그 행정상 의무의 이행이 있었던 것과 같은 상태를 실현하는 것
4. 강제징수 : 의무자가 행정상 의무 중 금전급부의무를 이행하지 아니하는 경우 행정청이 의무자의 재산에 실력을 행사하여 그 행정상 의무가 실현된 것과 같은 상태를 실현하는 것
5. 즉시강제 : 현재의 급박한 행정상의 장해를 제거하기 위한 경우로서 다음 각 목의 어느 하나에 해당하는 경우에 행정청이 곧바로 국민의 신체 또는 재산에 실력을

행사하여 행정목적을 달성하는 것

　가. 행정청이 미리 행정상 의무 이행을 명할 시간적 여유가 없는 경우

　나. 그 성질상 행정상 의무의 이행을 명하는 것만으로는 행정목적 달성이 곤란한 경우

② 행정상 강제 조치에 관하여 이 법에서 정한 사항 외에 필요한 사항은 따로 법률로 정한다.

③ 형사(刑事), 행형(行刑) 및 보안처분 관계 법령에 따라 행하는 사항이나 외국인의 출입국·난민인정·귀화·국적회복에 관한 사항에 관하여는 이 절을 적용하지 아니한다.

제31조(이행강제금의 부과)

① 이행강제금 부과의 근거가 되는 법률에는 이행강제금에 관한 다음 각 호의 사항을 명확하게 규정하여야 한다. 다만, 제4호 또는 제5호를 규정할 경우 입법목적이나 입법취지를 훼손할 우려가 크다고 인정되는 경우로서 대통령령으로 정하는 경우는 제외한다.

1. 부과·징수 주체

2. 부과 요건

3. 부과 금액

4. 부과 금액 산정기준

5. 연간 부과 횟수나 횟수의 상한

② 행정청은 다음 각 호의 사항을 고려하여 이행강제금의 부과 금액을 가중하거나 감경할 수 있다.

1. 의무 불이행의 동기, 목적 및 결과

2. 의무 불이행의 정도 및 상습성

3. 그 밖에 행정목적을 달성하는 데 필요하다고 인정되는 사유

③ 행정청은 이행강제금을 부과하기 전에 미리 의무자에게 적절한 이행기간을 정하여 그 기한까지 행정상 의무를 이행하지 아니하면 이행강제금을 부과한다는 뜻을 문서로 계고(戒告)하여야 한다.

④ 행정청은 의무자가 제3항에 따른 계고에서 정한 기한까지 행정상 의무를 이행하지 아니한 경우 이행강제금의 부과 금액·사유·시기를 문서로 명확하게 적어 의무자에게 통지하여야 한다.

⑤ 행정청은 의무자가 행정상 의무를 이행할 때까지 이행강제금을 반복하여 부과할 수 있다. 다만, 의무자가 의무를 이행하면 새로운 이행강제금의 부과를 즉시 중지하되, 이미 부과한 이행강제금은 징수하여야 한다.

⑥ 행정청은 이행강제금을 부과받은 자가 납부기한까지 이행강제금을 내지 아니하면 국세강제징수의 예 또는 「지방행정제재·부과금의 징수 등에 관한 법률」에 따라 징수한다.

제32조(직접강제)

① 직접강제는 행정대집행이나 이행강제금 부과의 방법으로는 행정상 의무 이행을 확보할 수 없거나 그 실현이 불가능한 경우에 실시하여야 한다.
② 직접강제를 실시하기 위하여 현장에 파견되는 집행책임자는 그가 집행책임자임을 표시하는 증표를 보여 주어야 한다.
③ 직접강제의 계고 및 통지에 관하여는 제31조제3항 및 제4항을 준용한다.

제33조(즉시강제)

① 즉시강제는 다른 수단으로는 행정목적을 달성할 수 없는 경우에만 허용되며, 이 경우에도 최소한으로만 실시하여야 한다.
② 즉시강제를 실시하기 위하여 현장에 파견되는 집행책임자는 그가 집행책임자임을 표시하는 증표를 보여 주어야 하며, 즉시강제의 이유와 내용을 고지하여야 한다.

제34조(수리 여부에 따른 신고의 효력)

법령등으로 정하는 바에 따라 행정청에 일정한 사항을 통지하여야 하는 신고로서 법률에 신고의 수리가 필요하다고 명시되어 있는 경우(행정기관의 내부 업무 처리 절차로서 수리를 규정한 경우는 제외한다)에는 행정청이 수리하여야 효력이 발생한다.

제35조(수수료 및 사용료)

① 행정청은 특정인을 위한 행정서비스를 제공받는 자에게 법령으로 정하는 바에 따라 수수료를 받을 수 있다.
② 행정청은 공공시설 및 재산 등의 이용 또는 사용에 대하여 사전에 공개된 금액이나 기준에 따라 사용료를 받을 수 있다.
③ 제1항 및 제2항에도 불구하고 지방자치단체의 경우에는 지방자치법에 따른다.

제36조(처분에 대한 이의신청)

① 행정청의 처분(행정심판법 제3조에 따라 같은 법에 따른 행정심판의 대상이 되는 처분을 말한다. 이하 이 조에서 같다)에 이의가 있는 당사자는 처분을 받은 날부

터 30일 이내에 해당 행정청에 이의신청을 할 수 있다.

② 행정청은 제1항에 따른 이의신청을 받으면 그 신청을 받은 날부터 14일 이내에 그 이의신청에 대한 결과를 신청인에게 통지하여야 한다. 다만, 부득이한 사유로 14일 이내에 통지할 수 없는 경우에는 그 기간을 만료일 다음 날부터 기산하여 10일의 범위에서 한 차례 연장할 수 있으며, 연장 사유를 신청인에게 통지하여야 한다.

③ 제1항에 따라 이의신청을 한 경우에도 그 이의신청과 관계없이 행정심판법에 따른 행정심판 또는 행정소송법에 따른 행정소송을 제기할 수 있다.

④ 이의신청에 대한 결과를 통지받은 후 행정심판 또는 행정소송을 제기하려는 자는 그 결과를 통지받은 날(제2항에 따른 통지기간 내에 결과를 통지받지 못한 경우에는 같은 항에 따른 통지기간이 만료되는 날의 다음 날을 말한다)부터 90일 이내에 행정심판 또는 행정소송을 제기할 수 있다.

⑤ 다른 법률에서 이의신청과 이에 준하는 절차에 대하여 정하고 있는 경우에도 그 법률에서 규정하지 아니한 사항에 관하여는 이 조에서 정하는 바에 따른다.

⑥ 제1항부터 제5항까지에서 규정한 사항 외에 이의신청의 방법 및 절차 등에 관한 사항은 대통령령으로 정한다.

⑦ 다음 각 호의 어느 하나에 해당하는 사항에 관하여는 이 조를 적용하지 아니한다.

1. 공무원 인사 관계 법령에 따른 징계 등 처분에 관한 사항

2. 국가인권위원회법 제30조에 따른 진정에 대한 국가인권위원회의 결정

3. 노동위원회법 제2조의2에 따라 노동위원회의 의결을 거쳐 행하는 사항

4. 형사, 행형 및 보안처분 관계 법령에 따라 행하는 사항

5. 외국인의 출입국·난민인정·귀화·국적회복에 관한 사항

6. 과태료 부과 및 징수에 관한 사항

제37조(처분의 재심사)

① 당사자는 처분(제재처분 및 행정상 강제는 제외한다. 이하 이 조에서 같다)이 행정심판, 행정소송 및 그 밖의 쟁송을 통하여 다툴 수 없게 된 경우(법원의 확정판결이 있는 경우는 제외한다)라도 다음 각 호의 어느 하나에 해당하는 경우에는 해당 처분을 한 행정청에 처분을 취소·철회하거나 변경하여 줄 것을 신청할 수 있다.

1. 처분의 근거가 된 사실관계 또는 법률관계가 추후에 당사자에게 유리하게 바뀐 경우

2. 당사자에게 유리한 결정을 가져다주었을 새로운 증거가 있는 경우

3. 민사소송법 제451조에 따른 재심사유에 준하는 사유가 발생한 경우 등 대통령령으로 정하는 경우

② 제1항에 따른 신청은 해당 처분의 절차, 행정심판, 행정소송 및 그 밖의 쟁송에서

당사자가 중대한 과실 없이 제1항 각 호의 사유를 주장하지 못한 경우에만 할 수 있다.

③ 제1항에 따른 신청은 당사자가 제1항 각 호의 사유를 안 날부터 60일 이내에 하여야 한다. 다만, 처분이 있은 날부터 5년이 지나면 신청할 수 없다.

④ 제1항에 따른 신청을 받은 행정청은 특별한 사정이 없으면 신청을 받은 날부터 90일(합의제행정기관은 180일) 이내에 처분의 재심사 결과(재심사 여부와 처분의 유지·취소·철회·변경 등에 대한 결정을 포함한다)를 신청인에게 통지하여야 한다. 다만, 부득이한 사유로 90일(합의제행정기관은 180일) 이내에 통지할 수 없는 경우에는 그 기간을 만료일 다음 날부터 기산하여 90일(합의제행정기관은 180일)의 범위에서 한 차례 연장할 수 있으며, 연장 사유를 신청인에게 통지하여야 한다.

⑤ 제4항에 따른 처분의 재심사 결과 중 처분을 유지하는 결과에 대해서는 행정심판, 행정소송 및 그 밖의 쟁송수단을 통하여 불복할 수 없다.

⑥ 행정청의 제18조에 따른 취소와 제19조에 따른 철회는 처분의 재심사에 의하여 영향을 받지 아니한다.

⑦ 제1항부터 제6항까지에서 규정한 사항 외에 처분의 재심사의 방법 및 절차 등에 관한 사항은 대통령령으로 정한다.

⑧ 다음 각 호의 어느 하나에 해당하는 사항에 관하여는 이 조를 적용하지 아니한다.

1. 공무원 인사 관계 법령에 따른 징계 등 처분에 관한 사항
2. 노동위원회법 제2조의2에 따라 노동위원회의 의결을 거쳐 행하는 사항
3. 형사, 행형 및 보안처분 관계 법령에 따라 행하는 사항
4. 외국인의 출입국·난민인정·귀화·국적회복에 관한 사항
5. 과태료 부과 및 징수에 관한 사항
6. 개별 법률에서 그 적용을 배제하고 있는 경우

제4장 행정의 입법활동 등

제38조(행정의 입법활동)

① 국가나 지방자치단체가 법령등을 제정·개정·폐지하고자 하거나 그와 관련된 활동(법률안의 국회 제출과 조례안의 지방의회 제출을 포함하며, 이하 이 장에서 "행정의 입법활동"이라 한다)을 할 때에는 헌법과 상위 법령을 위반해서는 아니되며, 헌법과 법령등에서 정한 절차를 준수하여야 한다.

② 행정의 입법활동은 다음 각 호의 기준에 따라야 한다.

1. 일반 국민 및 이해관계자로부터 의견을 수렴하고 관계 기관과 충분한 협의를 거쳐 책임 있게 추진되어야 한다.
2. 법령등의 내용과 규정은 다른 법령등과 조화를 이루어야 하고, 법령등 상호 간에 중복되거나 상충되지 아니하여야 한다.
3. 법령등은 일반 국민이 그 내용을 쉽고 명확하게 이해할 수 있도록 알기 쉽게 만들어져야 한다.
③ 정부는 매년 해당 연도에 추진할 법령안 입법계획(이하 "정부입법계획"이라 한다)을 수립하여야 한다.
④ 행정의 입법활동의 절차 및 정부입법계획의 수립에 관하여 필요한 사항은 정부의 법제업무에 관한 사항을 규율하는 대통령령으로 정한다.

제39조(행정법제의 개선)

① 정부는 권한 있는 기관에 의하여 위헌으로 결정되어 법령이 헌법에 위반되거나 법률에 위반되는 것이 명백한 경우 등 대통령령으로 정하는 경우에는 해당 법령을 개선하여야 한다.
② 정부는 행정 분야의 법제도 개선 및 일관된 법 적용 기준 마련 등을 위하여 필요한 경우 대통령령으로 정하는 바에 따라 관계 기관 협의 및 관계 전문가 의견 수렴을 거쳐 개선조치를 할 수 있으며, 이를 위하여 현행 법령에 관한 분석을 실시할 수 있다.

제40조(법령해석)

① 누구든지 법령등의 내용에 의문이 있으면 법령을 소관하는 중앙행정기관의 장(이하 "법령소관기관"이라 한다)과 자치법규를 소관하는 지방자치단체의 장에게 법령해석을 요청할 수 있다.
② 법령소관기관과 자치법규를 소관하는 지방자치단체의 장은 각각 소관 법령등을 헌법과 해당 법령등의 취지에 부합되게 해석·집행할 책임을 진다.
③ 법령소관기관이나 법령소관기관의 해석에 이의가 있는 자는 대통령령으로 정하는 바에 따라 법령해석업무를 전문으로 하는 기관에 법령해석을 요청할 수 있다.
④ 법령해석의 절차에 관하여 필요한 사항은 대통령령으로 정한다.